AF906242

Die Duldung rechtswidriger Zustände im öffentlichen Baurecht

Schriften zum Deutschen und Internationalen Bau-, Umwelt- und Energierecht

Herausgegeben von Axel Wirth

Band 17

PL ACADEMIC RESEARCH

Jan D. Sommer

Die Duldung rechtswidriger Zustände im öffentlichen Baurecht

PL ACADEMIC RESEARCH

Bibliografische Information der Deutschen Nationalbibliothek
Die Deutsche Nationalbibliothek verzeichnet diese Publikation in der Deutschen Nationalbibliografie; detaillierte bibliografische Daten sind im Internet über http://dnb.d-nb.de abrufbar.

Zugl.: Köln, Univ., Diss., 2016

D 38
ISSN 2197-0556
ISBN 978-3-631-72234-3 (Print)
E-ISBN 978-3-631-72236-7 (E-PDF)
E-ISBN 978-3-631-72237-4 (EPUB)
E-ISBN 978-3-631-72238-1 (MOBI)
DOI 10.3726/b11103

© Peter Lang GmbH
Internationaler Verlag der Wissenschaften
Frankfurt am Main 2017
Alle Rechte vorbehalten.
PL Academic Research ist ein Imprint der Peter Lang GmbH.

Peter Lang – Frankfurt am Main · Bern · Bruxelles · New York · Oxford · Warszawa · Wien

Das Werk einschließlich aller seiner Teile ist urheberrechtlich geschützt. Jede Verwertung außerhalb der engen Grenzen des Urheberrechtsgesetzes ist ohne Zustimmung des Verlages unzulässig und strafbar. Das gilt insbesondere für Vervielfältigungen, Übersetzungen, Mikroverfilmungen und die Einspeicherung und Verarbeitung in elektronischen Systemen.

Diese Publikation wurde begutachtet.

www.peterlang.com

Für meine Familie und für Svenja

Vorwort

Die vorliegende Arbeit wurde im Sommersemester 2016 von der Rechtswissenschaftlichen Fakultät der Universität zu Köln als Dissertation angenommen. Rechtsprechungs- und Literaturangaben befinden sich auf dem Stand von April 2016.

Mein aufrichtiger Dank gilt meinem Doktorvater Herrn Prof. Dr. Stefan Muckel, der seit Studienbeginn und später im Schwerpunktstudium mein Interesse für das öffentliche Recht im Allgemeinen und für das öffentliche Baurecht im Speziellen geweckt hat. Besonders danke ich ihm für seine Unterstützung und hilfreichen Ratschläge, die zügige Erstellung des Gutachtens sowie für seine stets vorhandene Bereitschaft, jegliche Fragen rund um das Thema „Promotion" zu beantworten.

Herrn Prof. Dr. Christian von Coelln gilt mein Dank für die zeitnahe Anfertigung des Zweitgutachtens und die wertvollen Anregungen zur Ausarbeitung des Manuskripts. Bei Herrn Prof. Dr. Axel Wirth möchte ich mich für die Aufnahme in die Schriftenreihe zum Deutschen und Internationalen Baurecht bedanken.

Danken möchte ich auch der Rechtswissenschaftlichen Fakultät der Universität zu Köln für die Auszeichnung der vorliegenden Arbeit mit dem Promotionspreis 2017.

Meiner Familie und insbesondere meinen Eltern danke ich von ganzem Herzen für ihre bedingungslose Hilfsbereitschaft, Unterstützung und Geduld, durch die sie mir das Studium und die Fertigstellung dieser Arbeit erst ermöglicht haben. Besonders danken möchte ich meinem Vater für die Korrektur des Manuskripts und seine Diskussionsbereitschaft.

Bei meiner Freundin Svenja möchte ich mich herzlich für ihre unterstützende Motivation, das Projekt „Promotion" in Angriff genommen zu haben, und ihren liebevollen Rückhalt bedanken.

Köln, im Januar 2017 *Jan D. Sommer*

Inhaltsverzeichnis

Abkürzungsverzeichnis

a.A.	andere Ansicht
Abs.	Absatz
a.E.	am Ende
a.F.	alte Fassung
AgrStatG	Agrarstatistikgesetz
allg.	allgemein
Alt.	Alternative
Art.	Artikel
AtG	Atomgesetz
AufenthG	Aufenthaltsgesetz
BauGB	Baugesetzbuch
BauNVO	Baunutzungsverordnung
BauO Bln.	Bauordnung für Berlin
BauO LSA	Bauordnung des Landes Sachsen-Anhalt
BauO NRW	Bauordnung für das Land Nordrhein-Westfalen
BauR	Zeitschrift für das gesamte öffentliche und zivile Baurecht
BayBO	Bayerische Bauordnung
BayDSchG	Bayerisches Datenschutzgesetz
BayVBl.	Bayerische Verwaltungsblätter
BayVGH	Bayerischer Verwaltungsgerichtshof
BayVwVfG	Bayerisches Verwaltungsverfahrensgesetz
BBauG	Bundesbaugesetz
BbgBO	Brandenburgische Bauordnung
BBodSchG	Bundes-Bodenschutzgesetz
Bd.	Band
Beschl. v.	Beschluss vom
BGB	Bürgerliches Gesetzbuch
BGH	Bundesgerichtshof
BGHSt	Entscheidungen des Bundesgerichtshofs in Strafsachen
BGHZ	Entscheidungen des Bundesgerichtshofs in Zivilsachen
BImSchG	Bundes-Immissionsschutzgesetz
BNatSchG	Bundes-Naturschutzgesetz
BRS	Baurechtssammlung
Bsp.	Beispiel
BT-Drucks.	Bundestagsdrucksache
BVerfG	Bundesverfassungsgericht
BVerfGE	Entscheidungen des Bundesverfassungsgerichts
BVerwG	Bundesverwaltungsgericht
BVerwGE	Entscheidungen des Bundesverwaltungsgerichts
bzw.	beziehungsweise

ca.	circa
DDR	Deutsche Demokratische Republik
ders.	derselbe
d.h.	das heißt
dies.	dieselben
Diss.	Dissertation
DÖD	Der öffentliche Dienst
DÖV	Die öffentliche Verwaltung
DVBl.	Deutsches Verwaltungsblatt
DZWir	Deutsche Zeitschrift für Wirtschafts- und Insolvenzrecht
EEG NRW	Landesenteignungs- und -entschädigungsgesetz Nordrhein-Westfalen
EnWG	Energiewirtschaftsgesetz
etc.	et cetera
evtl.	eventuell
f.	folgende Seite
ff.	folgende
FlurbG	Flurbereinigungsgesetz
Fn.	Fußnote
FS	Festschrift
FStrG	Bundesfernstraßengesetz
GABl.	Gemeinsames Amtsblatt Baden-Württemberg
GastG	Gaststättengesetz
GBl. DDR	Gesetzesblatt der Deutschen Demokratischen Republik
GewArch.	Gewerbearchiv
GewO	Gewerbeordnung
GG	Grundgesetz
ggf.	gegebenenfalls
GmS-OGB	Gemeinsamer Senat der obersten Gerichtshöfe des Bundes
HambOVG	Hamburgisches Oberverwaltungsgericht
HBauO	Hamburgische Bauordnung
HBO	Hessische Bauordnung
HessVGH	Hessischer Verwaltungsgerichtshof
h.M.	herrschende Meinung
Hrsg.	Herausgeber
Hs.	Halbsatz
IBR	Immobilien- & Baurecht
i.E.	im Ergebnis
i.e.S.	im engeren Sinne
i.S.d.	im Sinne des
i.S.v.	im Sinne von
i.V.m.	in Verbindung mit
JR	Juristische Rundschau
Jura	Juristische Ausbildung

JuS	Juristische Schulung
JustG NRW	Justizgesetz Nordrhein-Westfalen
JZ	Juristenzeitung
Kap.	Kapitel
KG	Kammergericht
KrWG	Kreislaufwirtschaftsgesetz
LBauO M-V	Landesbauordnung Mecklenburg-Vorpommern
LBauO Rh.-Pf.	Landesbauordnung Rheinland-Pfalz
LBO BW	Landesbauordnung für Baden-Württemberg
LG	Landgericht
LG NRW	Landschaftsgesetz Nordrhein-Westfalen
LK	Leipziger Kommentar
LKV	Landes- und Kommunalverwaltung
LPlG NRW	Landesplanungsgesetz Nordrhein-Westfalen
Ls.	Leitsatz
LT-Drucks.	Landtagsdrucksache
LWG NRW	Landeswassergesetz Nordrhein-Westfalen
LuftVG	Luftverkehrsgesetz
MBPlG	Magnetschwebebahnplanungsgesetz
MDR	Monatsschrift für Deutsches Recht
MüKo	Münchener Kommentar
m.w.N.	mit weiteren Nachweisen
NBauO	Niedersächsische Bauordnung
NdsOVG	Niedersächsisches Oberverwaltungsgericht
NdsVwVfG	Niedersächsisches Verwaltungsverfahrensgesetz
NdsRPfl.	Niedersächsische Rechtspflege
NFeiertagsG	Niedersächsisches Gesetz über die Feiertage
NJ	Neue Justiz
NJW	Neue Juristische Wochenschrift
NordÖR	Zeitschrift für öffentliches Recht in Norddeutschland
Nr.	Nummer
NStZ	Neue Zeitschrift für Strafrecht
NuR	Natur & Recht
n.V.	nicht veröffentlicht
NVwZ	Neue Zeitschrift für Verwaltungsrecht
NVwZ-RR	Neue Zeitschrift für Verwaltungsrecht – Rechtsprechungs-report
NWVBl.	Nordrhein-Westfälische Verwaltungsblätter
NZBau	Neue Zeitschrift für Baurecht und Vergaberecht
OBG NRW	Ordnungsbehördengesetz Nordrhein-Westfalen
OLG	Oberlandesgericht
OVG	Oberverwaltungsgericht
OVG Berlin	Oberverwaltungsgericht Berlin
OVG Berlin-Bbg.	Oberverwaltungsgericht Berlin-Brandenburg

OVG Bremen	Oberverwaltungsgericht der Freien Hansestadt Bremen
OVGE MüLü	Entscheidungssammlung der Oberverwaltungsgerichte für das Land Nordrhein-Westfalen in Münster und für das Land Niedersachsen in Lüneburg
OVG LSA	Oberverwaltungsgericht des Landes Sachsen-Anhalt
OVG M-V	Oberverwaltungsgericht Mecklenburg-Vorpommern
OVG NRW	Oberverwaltungsgericht für das Land Nordrhein-Westfalen
OVG Rh.-Pf.	Oberverwaltungsgericht Rheinland-Pfalz
OVG SH	Schleswig-Holsteinisches Oberverwaltungsgericht
OVG Saarl.	Oberverwaltungsgericht des Saarlandes
OVG LSA	Oberverwaltungsgericht Sachsen-Anhalt
OWiG	Gesetz über Ordnungswidrigkeiten
PBefG	Personenbeförderungsgesetz
PrOVGE	Entscheidungssammlung des Preußischen Oberverwaltungsgerichts
Rn.	Randnummer
ROG	Raumordnungsgesetz
Rspr.	Rechtsprechung
S.	Satz
SächsBO	Sächsische Bauordnung
SächsOVG	Sächsisches Oberverwaltungsgericht
SächsVBl.	Sächsische Verwaltungsblätter
sog.	sogenannte/n/s
SprengG	Sprengstoffgesetz
StGB	Strafgesetzbuch
str.	streitig
st. Rspr.	ständige Rechtsprechung
ThürBO	Thüringer Bauordnung
ThürOVG	Thüringer Oberverwaltungsgericht
ThürVBl.	Thüringer Verwaltungsblätter
u.a.	unter anderem / und andere
u.U.	unter Umständen
UPR	Umwelt- und Planungsrecht
Urt. v.	Urteil vom
VBlBW	Verwaltungsblätter für Baden-Württemberg
Die Verwaltung	Zeitschrift für Verwaltungsrecht und Verwaltungswissenschaften
VerwArch.	Verwaltungsarchiv
VG	Verwaltungsgericht
VGH	Verwaltungsgerichtshof
VGH BW	Verwaltungsgerichtshof Baden-Württemberg
vgl.	vergleiche
VO	Verordnung
Vorb.	Vorbemerkung

VR	Verwaltungsrundschau
VRS	Verkehrsrechtssammlung
VV	Verwaltungsvorschrift
VVDStRL	Veröffentlichungen der Vereinigung der Deutschen Staatsrechtslehrer
VwGO	Verwaltungsgerichtsordnung
VwVfG	Verwaltungsverfahrensgesetz
VwVfG NRW	Verwaltungsverfahrensgesetz für das Land Nordrhein-Westfalen
VwVG	Verwaltungsvollstreckungsgesetz
WaffG	Waffengesetz
WaStrG	Bundeswasserstraßengesetz
WEG	Wohnungseigentumsgesetz
WHG	Wasserhaushaltsgesetz
WiVerw	Wirtschaft und Verwaltung
WBewG	Wohnraumbewirtschaftungsgesetz
z.B.	zum Beispiel
ZfBR	Zeitschrift für deutsches und internationales Bau- und Vergaberecht
ZfW	Zeitschrift für Wasserrecht
zit.	zitiert
ZStW	Zeitschrift für die gesamte Strafrechtswissenschaft
z.T.	zum Teil
ZUR	Zeitschrift für Umweltrecht

Literaturverzeichnis

Aichele, Robert / *Herr*, Gunther: Die Aufgabe des übergesetzlichen Bestandsschutzes, in: NVwZ 2003, 415–421.

Alexejew, Igor: Hamburgisches Bauordnungsrecht, Band I, Loseblatt, Stand: Januar 2012 (27. Ergänzungslieferung), Kiel (zit.: *Bearbeiter* in: Alexejew, HBauO).

Alleweldt, Ralf: Zur Strafbarkeit der geduldeten Gewässerbenutzung, in: NuR 1992, 312–319.

Arnold, Peter: Die Arbeit mit öffentlich-rechtlichen Verträgen im Umweltschutz beim Regierungspräsidium Stuttgart, in: VerwArch. 1989, 125–142.

Aust, Manfred / *Jacobs*, Rainer / *Pasternak*, Dieter: Die Enteignungsentschädigung, 6. Auflage, Berlin 2007 (zit.: *Aust/Jacobs/Pasternak*, Enteignungsentschädigung).

Bärmann, Johannes: Wohnungseigentumsgesetz Kommentar, 12. Auflage, München 2013 (zit.: *Bearbeiter* in: Bärmann, WEG).

Bärmann, Johannes / *Pick*, Eckhart: Wohnungseigentumsgesetz Kommentar, 19. Auflage, München 2010 (zit.: *Bärmann/Pick*, WEG).

Battis, Ulrich: Öffentliches Baurecht und Raumordnungsrecht, 6. Auflage, Stuttgart 2014 (zit.: *Battis*, Öffentliches Baurecht).

Battis, Ulrich / *Krautzberger*, Michael / *Löhr*, Rolf-Peter: Baugesetzbuch Kommentar, 12. Auflage, München 2014 (zit.: *Bearbeiter* in: Battis/Krautzberger/Löhr, BauGB).

Bauer, Hartmut: Informelles Verwaltungshandeln im öffentlichen Wirtschaftsrecht, in: VerwArch. 1987, 241–268.

Becker, Jürgen: Informales Verwaltungshandeln zur Steuerung wirtschaftlicher Prozesse im Zeichen der Deregulierung – Eine Herausforderung an Verwaltung und Verwaltungsrecht, in: DÖV 1985, 1003–1011.

Becker, Michael / *Brilla*, Martin / *Keller*, Stephan / *Merschmeier*, Andreas / *Züll*, Wolfgang E.: Bauordnung Nordrhein-Westfalen Kommentar, Loseblatt, Stand: März 2015 (4. Ergänzungslieferung), Wiesbaden 2008 (zit.: *Bearbeiter* in: Becker/Brilla/Keller, BauO NRW).

Beyerlin, Ulrich: Schutzpflicht der Verwaltung gegenüber dem Bürger außerhalb des formellen Verwaltungsverfahrens? – Überlegungen zu Problemen der heutigen Umweltschutzpraxis, in: NJW 1987, 2713–2721.

Bickel, Christian: Die Strafbarkeit der unbefugten Gewässerbenutzung nach § 38 WHG, in: ZfW 1979, S. 139–149.

Boeddinghaus, Gerhard / *Hahn*, Dittmar / *Schulte*, Bernd: Bauordnung für das Land Nordrhein-Westfalen, Kommentar, Loseblatt, Stand: April 2014 (82. Ergänzungslieferung) (zit.: *Boeddinghaus/Hahn/Schulte*, BauO NRW).

Bohne, Eberhard: Informales Verwaltungs- und Regierungshandeln als Instrument des Umweltschutzes – Alternativen zu Rechtsnorm, Vertrag, Verwaltungsakt und anderen rechtlich geregelten Handlungsformen?, in: VerwArch. 1984, 343–373.

Bömer, Guido: Amtshaftung und Vertrauensschutz, in: NVwZ 1996, 749–754.

Bracher, Christian-Dietrich: Die bauaufsichtliche Zusage der Duldung formell und materiell rechtswidriger baulicher Anlagen, in: ZfBR 1987, 127–132.

Brenner, Michael: Öffentliches Baurecht, 3. Auflage, Heidelberg 2009 (zit.: *Brenner*, Öffentliches Baurecht).

Brohm, Winfried: Öffentliches Baurecht, Bauplanungs-, Bauordnungs- und Raumordnungsrecht, 3. Auflage, München 2002 (zit.: *Brohm*, Öffentliches Baurecht).

ders.: Rechtsstaatliche Vorgaben für informelles Verwaltungshandeln, in: DVBl. 1994, 133–139.

Brügelmann, Herrmann: Baugesetzbuch Kommentar, Loseblatt, Stand: April 2016 (99. Ergänzungslieferung) (zit.: *Bearbeiter* in: Brügelmann, BauGB).

Büchner, Hans / *Schlotterbeck*, Karlheinz: Baurecht Band 2 (Bauordnungsrecht einschließlich öffentlich-rechtliches Baunachbarschutzrecht), 4. Auflage, Stuttgart 2011 (zit.: *Büchner/Schlotterbeck*, Baurecht Bd. 2).

Bulling, Manfred: Kooperatives Verwaltungshandeln (Vorverhandlungen, Arrangements, Agreements und Verträge) in der Verwaltungspraxis, in: DÖV 1989, 277–289.

Czychowski, Manfred / *Reinhardt*, Michael: Wasserhaushaltsgesetz Kommentar, 11. Auflage, München 2014 (zit.: *Czychowski/Reinhardt*, WHG).

Dahs, Hans / *Pape*, Kay Artur: Die behördliche Duldung als Rechtfertigungsgrund im Gewässerstrafrecht, in: NStZ 1988, 393–396.

Depenheuer, Otto: Eigentum, in: Merten, Detlef / Papier, Hans-Jürgen (Hrsg.), Handbuch der Grundrechte in Deutschland und Europa, Band V (Grundrechte in Deutschland: Einzelgrundrechte II), 1. Auflage, Heidelberg 2013 (zit.: *Depenheuer* in: Merten/Papier, Handbuch der Grundrechte Bd. V).

Detterbeck, Steffen: Allgemeines Verwaltungsrecht, 12. Auflage, München 2014 (zit.: *Detterbeck*, Allgemeines Verwaltungsrecht).

de Wall, Heinrich: Die Anwendbarkeit privatrechtlicher Vorschriften im Verwaltungsrecht – dargestellt anhand der privatrechtlichen Regeln über Rechtsgeschäfte und anhand des allgemeinen Schuldrecht (Habilitationsschrift), Tübingen 1999 (zit.: *de Wall*, Anwendbarkeit privatrechtlicher Vorschriften im Verwaltungsrecht).

de Witt, Siegfried / *Burmeister*, Thomas: Amtshaftung für rechtswidrig erteilte Genehmigungen, in: NVwZ 1992, 1039–1045.

Dietlein, Johannes: Eigentumsfreiheit und das Erbrecht, in: Stern, Klaus, Das Staatsrecht der Bundesrepublik Deutschland, Band IV: Die einzelnen Grundrechte, 1. Halbband, München 2006 (zit.: *Dietlein* in: Stern, Staatsrecht Bd. IV/1).

Dietlein, Johannes / *Burgi*, Martin / *Hellermann*, Johannes: Öffentliches Recht in Nordrhein-Westfalen, 5. Auflage, München 2014 (zit.: *Bearbeiter* in: Dietlein/Burgi/Hellermann, Öffentliches Recht in NRW).

Dolde, Klaus-Peter: Zur Verwaltungsrechtsakzessorietät von § 327 StGB, in: NJW 1988, 2329–2335.

Dreier, Horst (Hrsg.): Grundgesetz Kommentar, Band I (Art. 1–19), 3. Auflage, Tübingen 2013 (zit.: *Bearbeiter* in: Dreier, GG Bd. I).

Drews, Bill / *Wacke*, Gerhard / *Vogel*, Klaus / *Martens*, Wolfgang: Gefahrenabwehr, Allgemeines Polizeirecht (Ordnungsrecht) des Bundes und der Länder, 9. Auflage, Köln 1986.

Dürr, Hansjochen / *Middecke*, Andreas / *Schulte Beerbühl*, Hubertus: Baurecht Nordrhein-Westfalen, 4. Auflage, Baden-Baden 2013 (zit.: *Dürr/Middecke/Schulte Beerbühl*, Baurecht NRW).

Ehlers, Dirk: Verwaltung und Verwaltungsrecht im demokratischen und sozialen Rechtsstaat, in: Erichsen, Hans-Uwe/Ehlers, Dirk (Hrsg.), Allgemeines Verwaltungsrecht, 14. Auflage, Berlin 2010, S. 1 ff. (zit.: *Ehlers* in: Erichsen/Ehlers, Allgemeines Verwaltungsrecht).

Engelhardt, Hanns / *App*, Michael / *Schlatmann*, Arne: Verwaltungsvollstreckungsgesetz / Verwaltungszustellungsgesetz Kommentar, 10. Auflage, München 2014 (zit.: *Bearbeiter* in: Engelhardt/App/Schlatmann, VwVG).

Epping, Volker / *Hillgruber*, Christian: Beck'scher Online Kommentar GG, Edition 24, Stand: 01.03.2015 (zit.: *Bearbeiter* in: Epping/Hillgruber, BeckOK GG).

Erbguth, Wilfried: Allgemeines Verwaltungsrecht, 7. Auflage, Baden-Baden 2014 (zit.: *Erbguth*, Allgemeines Verwaltungsrecht).

Erbguth, Wilfried / *Schubert*, Matthias: Öffentliches Baurecht mit Bezügen zum Umwelt- und Raumplanungsrecht, 6. Auflage, Berlin 2015 (zit.: *Erbguth/Schubert*, Öffentliches Baurecht).

Erhard, Sebastian: Außer-Kraft-Treten eines Bebauungsplans wegen Funktionslosigkeit nur bei „legaler" oder behördlich geduldeter planabweichender Entwicklung?, in: NVwZ 2006, 1362–1366.

Ernst, Werner / *Zinkahn*, Willy / *Bielenberg*, Walter / *Krautzberger*, Michael: Baugesetzbuch Kommentar, Loseblatt, Stand: Juli 2014 (114. Ergänzungslieferung), München (zit.: *Bearbeiter* in: Ernst/Zinkahn/Bielenberg/Krautzberger, BauGB).

Ewer, Wolfgang / *Rapp*, Angela: Zur Beweis- und Feststellungslast bei Ansprüchen auf Gewährung von Ermessensleistungen, in: NVwZ 1991, 549–551.

Fickert, Hans Carl / *Fieseler*, Herbert / *Determann*, Dietrich / *Stühler*, Hans Ulrich: Baunutzungsverordnung, 12. Auflage, Stuttgart 2014 (zit.: *Fickert/Fieseler*, BauNVO).

Finkelnburg, Klaus / *Dombert*, Matthias / *Külpmann*, Christoph: Vorläufiger Rechtsschutz im Verwaltungsstreitverfahren, 6. Auflage, München 2011 (zit.: *Finkelnburg / Dombert / Külpmann*, Vorläufiger Rechtsschutz).

Finkelnburg, Klaus / *Ortloff*, Karsten, Michael / *Kment*, Martin: Öffentliches Baurecht, Band I: Bauplanungsrecht, 6. Auflage, München 2011 (zit.: *Finkelnburg/Ortloff/Kment*, Öffentliches Baurecht Bd. I).

Finkelnburg, Klaus / *Ortloff*, Karsten, Michael / *Otto*, Christian-W.: Öffentliches Baurecht, Band II: Bauordnungsrecht, Nachbarschutz, Rechtsschutz, 6. Auflage, München 2010 (zit.: *Finkelnburg/Ortloff/Otto*, Öffentliches Baurecht Bd. II).

Fischer, Markus: Formelle und materielle Illegalität?, in: NVwZ 2004, 1057–1062.

Fischer, Thomas, Strafgesetzbuch Kommentar, 62. Auflage, München 2015 (zit.: *Fischer*, StGB).

Fluck, Jürgen: Die Duldung des unerlaubten Betreibens genehmigungsbedürftiger Anlagen – Ein Beitrag zu den verwaltungsrechtlichen und strafrechtlichen Wirkungen informellen Verwaltungshandelns, in: NuR 1990, 197–204.

v. Franckenstein, Georg: Die Haftung für baurechtliche Auskünfte, in: BauR 2003, 807–813.

Fröhlich, Werner: Illegale Abfallentsorgungsanlagen – Anmerkungen zum Spannungsverhältnis zwischen Abfallverwaltungsrecht und Abfallstrafrecht, in: DÖV 1989, 1029–1037.

Frye, Bernhard: Verwaltungsvorschriften: Begriff, Funktion, Art und Wirkungen, in: ThürVBl. 2012, 73–78.

Gädtke, Horst / *Czepuck*, Knut / *Johlen*, Markus / *Plietz*, Andreas / *Wenzel*, Gerhard: Bauordnung NRW Kommentar, 12. Auflage, Köln 2011 (zit.: *Bearbeiter* in: Gädtke/Czepuck/Johlen/Plietz/Wenzel, BauO NRW).

Gentzcke, Dieter: Informales Verwaltungshandeln und Umweltstrafrecht, Eine verwaltungs- und strafrechtsdogmatische Untersuchung am Beispiel der behördlichen Duldung im Wasserrecht, Freiburg i.Br. 1990 (zit.: *Gentzcke*, Informales Verwaltungshandeln).

Götz, Volkmar: Allgemeines Polizei- und Ordnungsrecht, 15. Auflage, München 2013 (zit.: *Götz*, Polizei- und Ordnungsrecht).

Große-Suchsdorf, Ulrich: Niedersächsische Bauordnung Kommentar, 9. Auflage, München 2013 (zit.: *Bearbeiter* in: Große-Suchsdorf, NBauO).

Grzeszick, Bernd: Staatshaftungsrecht, in: Erichsen Hans- Uwe / Ehlers, Dirk (Hrsg.), Allgemeines Verwaltungsrecht, 14. Auflage, Berlin 2010, S. 931 ff. (zit.: *Grzeszick* in: Erichsen/Ehlers, Allgemeines Verwaltungsrecht).

Guckelberger, Annette: Behördliche Zusicherungen und Zusagen, in: DÖV 2004, 357–366.

Gurlit, Elke: Verwaltungsrechtlicher Vertrag und andere verwaltungsrechtliche Sonderverbindungen, in: Erichsen Hans- Uwe / Ehlers, Dirk (Hrsg.), Allgemeines

Verwaltungsrecht, 14. Auflage, Berlin 2010, S. 756 ff. (zit.: *Gurlit* in: Erichsen/Ehlers, Allgemeines Verwaltungsrecht).

Hahn, Dittmar / *Schulte*, Bernd H.: Öffentlich-Rechtliches Baunachbarrecht, 1. Auflage, München 1998 (zit.: *Hahn/Schulte*, Baunachbarrecht).

Hallwaß, Carsten: Die behördliche Duldung als Unrechtsausschließungsgrund im Umweltstrafrecht, Dissertation, Kiel 1987 (zit.: *Hallwaß*, Behördliche Duldung).

ders.: Rechtmäßigkeit behördlich geduldeter Umweltbeeinträchtigungen?, in: NuR 1987, 296–301.

Heider, Karsten: Die Bedeutung der behördlichen Duldung im Umweltstrafrecht, Dissertation, Tübingen 1994 (zit.: *Heider*, Behördliche Duldung).

ders.: Die Bedeutung der behördlichen Duldung im Umweltrecht, in: NuR 1995, 335–342.

Heine, Günter: Verwaltungsakzessorietät des Umweltstrafrechts, Rechtsvergleichende Funktionsanalysen – unbestimmte Rechtsbegriffe – Reichweite von Genehmigungen, in: NJW 1990, 2425–2434.

Hermes, Georg / *Wieland*, Joachim: Die staatliche Duldung rechtswidrigen Verhaltens, Dogmatische Folgen behördlicher Untätigkeit im Umwelt- und Steuerrecht, Heidelberg 1988 (zit.: *Hermes/Wieland*, Die staatliche Duldung).

Hill, Hermann: Die befugte Gewässerbenutzung nach dem Wasserhaushaltsgesetz, in: GewArch. 1981, 155–161.

Hofmann, Rainer M. / *Hoffmann*, Holger (Hrsg.): Handkommentar Ausländerrecht, 1. Auflage, Baden-Baden 2008 (zit.: *Bearbeiter* in: Hofmann/Hoffmann, Ausländerrecht, AufenthG).

Hoppe, Werner / *Bönker*, Christian / *Grotefels*, Susan: Öffentliches Baurecht, Raumordnungsrecht, Städtebaurecht, Bauordnungsrecht, 4. Auflage, München 2010 (zit.: *Bearbeiter* in: Hoppe/Bönker/Grotefels, Öffentliches Baurecht).

Hornmann, Gerhard: Hessische Bauordnung (HBO) Kommentar, 2. Auflage, München 2011 (zit.: *Hornmann*, HBO).

Huber, Bertold: Aufenthaltsgesetz Kommentar, 1. Auflage, München 2010 (zit.: *Bearbeiter* in: Huber, AufenthG).

Hüting, Ralf: Die Wirkung der behördlichen Duldung im Umweltstrafrecht, Dissertation, Bonn 1995 (zit.: *Hüting*, Behördliche Duldung).

Jäde, Henning: Bauaufsichtliche Maßnahmen, 4. Auflage, Stuttgart 2012 (zit.: *Jäde*, Bauaufsichtliche Maßnahmen).

Jäde, Henning / *Dirnberger*, Franz / *Böhme*, Günter: Bauordnungsrecht Sachsen, Kommentar, Loseblatt, Stand: November 2015 (71. Ergänzungslieferung), Heidelberg (zit.: *Bearbeiter* in: Jäde/Dirnberger/Böhme, SächsBO).

Jarass, Hans D.: Bundesimmissionsschutzgesetz Kommentar, 10. Auflage, München 2013 (zit.: *Jarass*, BImSchG).

Jarass, Hans D. / *Pieroth*, Bodo: Grundgesetz für die Bundesrepublik Deutschland Kommentar, 13. Auflage, München 2014 (zit.: *Jarass/Pieroth*, GG).

Jeromin, Curt (Hrsg.): Landesbauordnung Rheinland-Pfalz, Kommentar, 3. Auflage, Köln 2012 (zit.: *Bearbeiter* in Jeromin, LBauO Rh.-Pf.).

Jestaedt, Matthias: Maßstäbe des Verwaltungshandelns, in: Erichsen Hans-Uwe / Ehlers, Dirk (Hrsg.), Allgemeines Verwaltungsrecht, 14. Auflage, Berlin 2010, S. 329 ff. (zit.: *Jestaedt* in: Erichsen/Ehlers, Allgemeines Verwaltungsrecht).

Karlsruher Kommentar OWiG, Kommentar zum Gesetz über Ordnungswidrigkeiten, 4. Auflage, München 2014 (zit.: *Bearbeiter* in: Karlsruher Kommentar OWiG).

Kaiser, Anna-Bettina: Bauordnungsrecht , in: Ehlers, Dirk / Fehling, Michael / Pünder, Herrmann (Hrsg.), Besonderes Verwaltungsrecht Band 2, Planungs- Bau- und Straßenrecht, Umweltrecht, Gesundheitsrecht, Medien- und Informationsrecht, 3. Auflage, Heidelberg 2013, S. 208 ff. (zit.: *Kaiser* in: Ehlers/Fehling/Pünder, Besonderes Verwaltungsrecht Bd. 2, § 41).

Kau, Marcel: Nicht-privilegierte Bauvorhaben im Außenbereich – § 35 Abs. 2 und Abs. 3 BauGB unter verfassungs- und verwaltungsrechtlichem Blickwinkel, in: ZfBR 2009, 120–129.

Kellner, Martin: Vertrauensschutz in kleiner Münze – Staatshaftungsrechtliche Aspekte der Zusicherung nach § 38 VwVfG, NVwZ 2013, 482–485.

Kischel, Uwe: Formelle und materielle Illegalität im Recht der Gefahrenabwehr, in: DVBl. 1996, 185–193.

Kisker, Gunter: Vertrauensschutz im Verwaltungsrecht, in: Veröffentlichungen der Vereinigung der Deutschen Staatsrechtslehrer, Heft 32 (Berichte und Diskussionen auf der Tagung der Vereinigung der deutschen Staatsrechtslehrer in Mannheim vom 3. bis 6. Oktober), S. 149–193, Berlin 1974 (zit.: *Kisker*, VVDStRL Heft 32 (1974)).

Klein, Christoph: Die Erlaubnis im waffenrechtlichen Straftatbestand, in: JR 2008, 185–188.

Knack, Hans Joachim / *Hennecke*, Hans-Günter: Verwaltungsverfahrensgesetz (VwVfG) Kommentar, 10. Auflage, Köln 2014 (zit.: *Bearbeiter* in: Knack/Hennecke, VwVfG).

Koch, Joachim / *Hendler*, Reinhard: Baurecht, Raumordnungs- und Landesplanungsrecht, 5. Auflage, Stuttgart 2009 (zit.: *Koch/Hendler*, Baurecht).

Koehn, Hans-Günther: Wirtschaftlichkeit des Vergleichs im Verwaltungsprozess aus haushaltsrechtlicher Sicht, in: SächsVBl. 1997, 253–256.

Köhler-Rott, Renate: Bauaufsichtliche Eingriffsbefugnisse in: Reichel, Gerhard Hans / Schulte, Bernd (Hrsg.), Handbuch Bauordnungsrecht, München 2004 (zit.: *Köhler-Rott* in: Reichel/Schulte, Handbuch Bauordnungsrecht).

König, Klaus: Rechtliche und tatsächliche Formen des Verwaltungshandelns, in: VR 1990, 401–407.

Kopp, Ferdinand O. / *Ramsauer*, Ulrich: Verwaltungsverfahrensgesetz Kommentar, 15. Auflage, München 2014 (zit.: *Kopp/Ramsauer*, VwVfG).

Kopp, Ferdinand O. / *Schenke*, Wolf-Rüdiger: Verwaltungsgerichtsordnung Kommentar, 21. Auflage, München 2015 (zit.: *Bearbeiter* in: Kopp/Schenke, VwGO).

Koppitz, Hans-Joachim: Das öffentliche Baurecht in der kommunalen Praxis, Grundsätze – Regelungsinhalte – Begriffe – Verfahren, Berlin 2007 (zit.: *Koppitz*, Öffentliches Baurecht).

Kothe, Peter: Das neue Umweltauditrecht, München 1997, (zit.: *Kothe*, Umweltauditrecht).

ders.: Die Verantwortlichkeit bei der Altlastensanierung, in: VerwArch. 1997, 456 ff.

Krebs, Walter: Baurecht in: Schoch, Friedrich (Hrsg.), Besonderes Verwaltungsrecht, 15. Auflage, Berlin 2013, S. 433 ff. (zit.: *Krebs* in: Schoch, Besonderes Verwaltungsrecht, 4. Kap).

ders.: Zur Anwendbarkeit des Verwaltungsverfahrensgesetzes auf verwaltungsbehördliche Zusagen, in: VerwArch. 1978, 85–91.

Krohn, Günter: Haftungsrechtlicher Vertrauensschutz bei rechtswidrigen baurechtlichen Genehmigungen in: Verantwortung und Gestaltung, Festschrift für Karlheinz Boujong zum 65. Geburtstag, München 1996, (zit.: *Krohn*, FS Boujong).

Kunig, Philip: Verträge und Absprachen zwischen Verwaltung und Privaten, in: DVBl. 1992, 1193–1203.

Kuschnerus, Ulrich / *Schöler*, Hans Günther / *Stehr*, Volkrat: Aus der neueren Rechtsprechung des Oberverwaltungsgerichts zum Bauplanungs- und Bauordnungsrecht – 3. Teil, in: NWVBl. 2004, 297–304.

Lange, Klaus: Probleme des Vertrauensschutzes im Verwaltungsrecht, in: WiVerw 1979, 15–36.

Leipziger Kommentar StGB, Strafgesetzbuch Kommentar, Band 8: §§ 302a bis 335a, 11. Auflage, Berlin 2005 (zit.: *Bearbeiter* in: LK-StGB).

Lemke, Hanno-Dirk: Das vorläufige Absehen von der Verwaltungsvollstreckung, in: SächsVBl. 1995, 121–124.

Lieder, Jan: Der Bestandsschutz im Baurecht (Teil I), in: ThürVBl. 2004, 51–62.

ders.: Der Bestandsschutz im Baurecht (Teil II), in: ThürVBl. 2004, 81–88.

ders.: Die bauordnungsrechtliche Behandlung ungenehmigter DDR-Altbauten – Zugleich Anmerkung zu ThürOVG, ThürVBl. 2003, 134 ff., in: ThürVBl. 2004, 173–180.

Malitz, Michael: Zur behördlichen Duldung im Strafrecht – Grenzen informellen Verwaltungshandelns, Dissertation, Köln 1994/95 (zit.: *Malitz*, Behördliche Duldung).

Mampel, Dietmar: Formelle und materielle Illegalität? – Zu den Voraussetzungen von Abbruchverfügungen, in: BauR 1996, 13–25.

ders.: Zum Anspruch Dritter auf bauaufsichtliches Einschreiten, in: DVBl. 1999, 1403–1408.

ders.: Baugenehmigung – Schluß mit der Schlußpunkttheorie?, in: BauR 2002, 719–726.

von Mangoldt, Hermann / *Klein*, Friedrich / *Starck*, Christian (Hrsg.): Kommentar zum Grundgesetz, Band 1: Präambel, Art. 1 bis 19; 6. Auflage, München 2010 (zit.: *Bearbeiter* in: v. Mangoldt/Klein/Starck, GG Bd. 1).

Mann, Thomas: Genehmigungsfreie Wohngebäude – Folgeprobleme der Deregulierung im Bauordnungsrecht in: „Für Sicherheit, für Europa", Festschrift für Volkmar Götz zum 70. Geburtstag, Göttingen 2005 (zit.: *Mann*, FS Götz).

Martens, Joachim: Die Praxis des Verwaltungsverfahrens, München 1985 (zit.: *Martens*, Praxis des Verwaltungsverfahrens).

Martensen, Jürgen: Die Verjährung als Grenze polizeilicher Verantwortlichkeit, in: NVwZ 1997, 442–446.

Maunz, Theodor / *Dürig*, Günter: Grundgesetz Kommentar, Band II, Loseblatt, Stand: August 2014 (73. Ergänzungslieferung) (zit.: *Bearbeiter* in: Maunz/Dürig, GG Bd. II).

Maurer, Hartmut: Allgemeines Verwaltungsrecht, 18. Auflage, München 2011 (zit.: *Maurer*, Allgemeines Verwaltungsrecht).

ders.: Kontinuitätsgewähr und Vertrauensschutz in: *Isensee*, Josef / *Kirchhof*, Paul (Hrsg.), Handbuch des Staatsrechts der Bundesrepublik Deutschland Band IV, Aufgaben des Staates, 3. Auflage, Heidelberg 2006 (zit.: *Maurer* in: Isensee/Kirchhof, Handbuch des Staatsrechts Bd. IV, § 79).

Mayer, Franz: Das Opportunitätsprinzip in der Verwaltung, Berlin 1963 (zit.: *Mayer*, Opportunitätsprinzip).

Mehde, Veith / *Hansen*, Stefan: Das subjektive Recht auf Bauordnungsverfügungen im Zeitalter der Baufreistellung – Eine Bilanz, in: NVwZ 2010, 14–19.

Millgramm, Karl-Heinz: Bestandsschutz, Vertrauensschutz und Duldung im Bereich des BImSchG, in : NuR 1999, 608–615.

Muckel, Stefan: Kriterien des verfassungsrechtlichen Vertrauensschutzes bei Gesetzesänderungen, Dissertation, Köln 1989 (zit.: *Muckel*, Kriterien des verfassungsrechtlichen Vertrauensschutzes).

ders.: Fälle zum Besonderen Verwaltungsrecht, 5. Auflage, München 2013 (zit.: *Muckel*, Fälle zum Besonderen Verwaltungsrecht).

Muckel, Stefan / *Ogorek*, Markus: Öffentliches Baurecht, 2. Auflage, München 2014 (zit.: *Muckel/Ogorek*, Öffentliches Baurecht).

Müller, Hermann / *Schulz*, Gerhard: Bundesfernstraßengesetz mit Autobahnmautgesetz, Kommentar, München 2008 (zit.: *Bearbeiter* in: Müller/Schulz, FStrG).

Müller, Jürgen: Amtshaftungsansprüche gegen die Baubehörden von der Auskunft bis zur Abnahme, in: NVwZ 1990, 1028–1032.

von Münch, Ingo / *Kunig*, Philip (Hrsg.): Grundgesetz Kommentar, Band 1: Präambel bis Art. 69, 6. Auflage, München 2012 (zit.: *Bearbeiter* in: v. Münch/Kunig, GG).

Münchener Kommentar zum Bürgerlichen Gesetzbuch, Band 5, Schuldrecht – Besonderer Teil III, 6. Auflage, München 2013 (zit.: *Bearbeiter* in: MüKo-BGB).

Münchener Kommentar zum Strafgesetzbuch, Band 5, §§ 263–358 StGB, 2. Auflage, München 2014 (zit.: *Bearbeiter* in: MüKo-StGB).

von Nicolai, Helmuth: Ferienwohnungen im unvermeidbaren Konflikt zu Dauerwohnen? – Analyse und machbare Lösungsansätze, NordÖR 2015, 361–367.

Nisipeanu, Peter: Die Duldung im (Ab-) Wasserrecht – Voraussetzungen sowie ordnungs- und strafrechtliche Auswirkungen wasserbehördlicher „Duldungen", in: ZfW 1990, 365–381.

Nolte, Martin / *Niestedt*, Marian: Grundfälle zur Rechtsnachfolge im Öffentlichen Recht, in: JuS 2000, 1071–1075.

Obermayer, Klaus / *Funke-Kaiser*, Michael: Verwaltungsverfahrensgesetz Kommentar, 4. Auflage, Köln 2014 (zit.: *Bearbeiter* in: Obermayer/Funke-Kaiser, VwVfG).

Oldiges, Martin: Bauordnungsrecht, in: Steiner, Udo (Hrsg.), Besonderes Verwaltungsrecht, 8. Auflage, Heidelberg 2006, S. 363 ff. (zit.: *Oldiges* in: Steiner, Besonderes Verwaltungsrecht, Kap. III).

Ossenbühl, Fritz: Die Rücknahme fehlerhafter begünstigender Verwaltungsakte, 2. Auflage, Berlin 1965 (zit.: *Ossenbühl*, Rücknahme fehlerhafter begünstigender Verwaltungsakte).

ders.: Verzicht, Verwirkung und Verjährung als Korrektive einer polizeilichen Ewigkeitshaftung, in: NVwZ 1995, 547–550.

Ossenbühl, Fritz / *Cornils*, Matthias: Staatshaftungsrecht, 6. Auflage, München 2013 (zit.: *Ossenbühl/Cornils*, Staatshaftungsrecht).

Oster, Jan: Das informell-kooperative Verwaltungshandeln im Umweltrecht – Begriffliche Abgrenzung, Erscheinungsformen und rechtliche Bewertung, in: NuR 2008, 845–850.

Otto, Christian-W.: Rechtsschutz gegen genehmigungsfreie Vorhaben, in: ZfBR 2012, 15–22.

Palandt, Otto: Bürgerliches Gesetzbuch Kommentar, 73. Auflage, München 2014, (zit.: *Bearbeiter* in: Palandt, BGB).

Palauro, Rainer: Haftungsrelevante Probleme der allgemeinen verwaltungsrechtlichen Zusage, Dissertation, Konstanz 1983.

Papier, Hans-Jürgen: Zur Disharmonie zwischen verwaltungs- und strafrechtlichen Bewertungsmaßstäben im Gewässerstrafrecht, in: NuR 1986, 1–8.

ders.: Die Verantwortlichkeit für Altlasten im öffentlichen Recht, in: NVwZ 1986, 256–263.

ders.: Staatshaftung bei rechtswidriger Genehmigungserteilung, in: DZWir 1997, 221–226.

Pauly, Walter: Gleichheit im Unrecht als Rechtsproblem, in: JZ 1997, 647–654.

Peine, Franz-Joseph: Allgemeines Verwaltungsrecht, 11. Auflage, Heidelberg 2014.

ders.: Öffentliches Baurecht, Grundzüge des Bauplanungs- und Bauordnungsrechts unter Berücksichtigung des Raumordnungs- und des Fachplanungsrechts, 4. Auflage, Tübingen 2003.

Pernice-Warnke, Silvia: Ferienwohnungen in Wohngebieten, in: NVwZ 2015, 112–116.

Pieroth, Bodo / *Schlink*, Bernhard / *Kniesel*, Michael: Polizei- und Ordnungsrecht, 8. Auflage, München 2014 (*Pieroth/Schlink/Kniesel*, Polizei- und Ordnungsrecht).

Pietzcker, Jost: Mitverantwortung des Staates, Verantwortung des Bürgers, in: JZ 1985, 209–216.

Platz, Karlheinz: Die Duldung im Verwaltungsrecht – speziell im Wasserrecht, in: BayVBl. 1983, 62–624.

Preschel, Christina: Kommentar zu ThürOVG, Urt. v. 24.10.2007 – 1 KO 645/06, in: NJ 2008, 186.

Pünder, Hermann: Verwaltungsverfahren, in: Erichsen, Hans-Uwe / Ehlers, Dirk (Hrsg.), Allgemeines Verwaltungsrecht, 14. Auflage, Berlin 2010, S. 415 ff. (zit.: *Pünder* in: Erichsen/Ehlers, Allgemeines Verwaltungsrecht).

Püttner, Günter: Vertrauensschutz im Verwaltungsrecht, in: Veröffentlichungen der Vereinigung der Deutschen Staatsrechtslehrer, Heft 32 (Berichte und Diskussionen auf der Tagung der Vereinigung der deutschen Staatsrechtslehrer in Mannheim vom 3. bis 6. Oktober), S. 200–227, Berlin 1974 (zit.: *Püttner*, VVDStRL Heft 32 (1974)).

Rabe, Klaus: Das Vorgehen der Bauaufsichtsbehörde gegen illegale Bauwerke, in: BauR 1978, 166–179.

Rabe, Klaus / *Pauli*, Felix / *Wenzel*, Gerhard: Bau- und Planungsrecht, 7. Auflage, Stuttgart 2014 (zit.: *Bearbeiter* in: Rabe/Pauli/Wenzel, Bau- und Planungsrecht).

Randelzhofer, Albrecht / *Wilke*, Dieter: Die Duldung als Form flexiblen Verwaltungshandelns – Dargestellt an einem Fall des Wasserrechts, Berlin 1981 (zit.: *Randelzhofer/Wilke*, Die Duldung als Form flexiblen Verwaltungshandelns).

Rapp, Ulrich: Inwieweit können illegale Bauwerke geduldet werden, in: BauR 1983, 126–130.

Remmert, Barbara: Schlichtes Verwaltungshandeln, in: Erichsen Hans- Uwe / Ehlers, Dirk (Hrsg.), Allgemeines Verwaltungsrecht, 14. Auflage, Berlin 2010, S. 832 ff. (zit.: *Remmert* in: Erichsen/Ehlers, Allgemeines Verwaltungsrecht).

Rengier, Rudolf: Die öffentlich-rechtliche Genehmigung im Strafrecht, in: ZStW 101 (1989), 874–907.

Renner, Günter / *Bergmann*, Jan / *Dienelt*, Klaus: Ausländerrecht Kommentar, 10. Auflage, München 2013 (zit.: *Bearbeiter* in: Renner/Bergmann/Dienelt, Ausländerrecht, AufenthG).

Robbers, Gerhard: Schliches Verwaltungshandeln – Ansätze zu einer systematischen Strukturierung, in: DÖV 1987, 272–280.

Roeckl, Kurt Winfried: Die Bindung der Baubehörde an eigene Akte, Dissertation, Berlin 1970 (zit.: *Roeckl*, Die Bindung der Baubehörde an eigene Akte).

Rogall, Klaus: Die Duldung im Umweltstrafrecht, in: NJW 1995, 922–925.

Rothfuchs, Hermann: Die Beseitigung der im Außenbereich belegenen Datsche nach Wegfall des Bestandsschutzes am Beispiel der Brandenburgischen Bauordnung – Zum Maßstab des Vertrauensschutzes für die ermessensfehlerfreie Entscheidung, in: LKV 2006, 454–456.

Ruske, Fabio: Die gleichheitsgemäße Ermessensausübung der Bauordnungsbehörden bei bauordnungsrechtlichen Maßnahmen, Dissertation, 1. Auflage, Baden-Baden 2015 (zit.: *Ruske*, Die gleichheitsgemäße Ermessensausübung).

Sachs, Michael (Hrsg.): Grundgesetz Kommentar, 7. Auflage, München 2014 (zit.: *Bearbeiter* in: Sachs, GG).

Sadler, Gerhard: Verwaltungsvollstreckungsgesetz / Verwaltungszustellungsgesetz Kommentar, 9. Auflage, Heidelberg 2014 (zit.: *Sadler*, VwVG).

Sander, Hilmar: Zur Wirksamkeit eines Prozessvergleichs – Anmerkung zum Beschluss des OVG Brandenburg vom 6.7.2006 (NuR 2006, 719), in: NuR 2007, 527–529.

Schenke, Wolf-Rüdiger: Baurecht in: Achterberg, Norbert / Püttner, Günter / Würtenberger, Thomas (Hrsg.), Besonderes Verwaltungsrecht Band I, Wirtschafts- Umwelt- Bau- und Kultusrecht, 2. Auflage, Heidelberg 2000, S. 748 ff. (zit.: *Schenke* in: Achterberg/Püttner/Würtenberger, Besonderes Verwaltungsrecht Bd. I, § 9).

ders.: Polizei- und Ordnungsrecht, 8. Auflage, Heidelberg 2013 (zit.: *Schenke*, Polizei- und Ordnungsrecht).

Scherzberg, Arno: Grundfragen des verwaltungsrechtlichen Vertrages, in: JuS 1992, 205–215.

Schmaltz, Hans Karsten: Formelle Illegalität und bauaufsichtliches Einschreiten in: „Für Sicherheit, für Europa", Festschrift für Volkmar Götz zum 70. Geburtstag, Göttingen 2005 (zit.: *Schmaltz*, FS Götz).

Schmidt-Eichstaedt, Gerd: Zulässigkeit von Ferienwohnungen und Ferienhäusern in den regulären Baugebieten nach den §§ 4 bis 9 BauNVO, in: ZfBR 2016, 225–230.

Schoch, Friedrich: Polizei- und Ordnungsrecht, in: Schoch, Besonderes Verwaltungsrecht, 15. Auflage, Berlin 2013 (zit.: *Schoch* in: Schoch, Besonderes Verwaltungsrecht, 2. Kap.).

ders.: Nachbarschutz im öffentlichen Recht, in: Jura 2004, 317–325.

ders.: Eingriffsbefugnisse der Bauaufsichtsbehörden, in: Jura 2005, 178–185.

Schoch, Friedrich / *Schneider*, Jens-Peter / *Bier*, Wolfgang: Verwaltungsgerichtsordnung Kommentar, Loseblatt, Stand: März 2015 (28. Ergänzungslieferung) (zit.: *Bearbeiter* in: Schoch/Schneider/Bier, VwGO).

Schönenbroicher, Klaus / *Kamp*, Manuel: Bauordnung Nordrhein-Westfalen (BauO NRW) Kommentar, 1. Auflage, München 2012 (zit.: *Bearbeiter* in: Schönenbroicher/Kamp, BauO NRW).

Schorsch, Patrick: Die Einzel- und Gesamtrechtsnachfolge in die gefahrenabwehrrechtliche Zustands- und Verhaltensverantwortlichkeit, Dissertation, Köln 2007 (zit.: *Schorsch*, Einzel- und Gesamtrechtnachfolge).

Schrödter, Hans: Baugesetzbuch Kommentar, 8. Auflage, Baden-Baden 2015 (zit.: *Bearbeiter* in: Schrödter, BauGB).

Schröer, Thomas: Grenzen des Bestandsschutzes bei nicht aufgeklärter Genehmigungslage, in: NZBau 2009, 228–230 .

Seidler, Anne-Carolin: Abwehrrechte gegen behördliche Duldung einer rechtswidrigen Umnutzung des Nachbargrundstücks, in: NZBau 2010, 305–306.

Sellmann, Klaus-Albrecht: Die bauaufsichtliche Duldung durch Verwaltungsakts, in: Festschrift für Konrad Gelzer zum 75. Geburtstag, Düsseldorf 1991 (zit.: *Sellmann*, FS Gelzer).

Selmer, Peter: Vorgehen gegen Schwarzbauten, in: JuS 2005, 477–478.

Sendler, Horst: Über formelle und materielle (Il)legalität im Baurecht und anderswo, in: Raumplanung und Eigentumsordnung, Festschrift für Werner Ernst zum 70. Geburtstag, München 1980 (zit.: *Sendler*, FS Ernst).

Simon, Alfons / *Busse*, Jürgen: Bayerische Bauordnung Kommentar, Loseblatt, Stand: Oktober 2014 (117. Ergänzungslieferung), München (zit.: *Bearbeiter* in: Simon/Busse, BayBO).

Sodan, Helge / *Ziekow*, Jan: Verwaltungsgerichtsordnung Großkommentar, 4. Auflage, Baden-Baden 2014 (zit.: *Bearbeiter* in: Sodan/Ziekow, VwGO).

Spannowsky, Willy / *Uechtritz*, Michael: Beck`scher Onlinekommentar BauGB, 29. Edition, Stand: 01.04.2015 (zit.: *Bearbeiter* in: Spannowsky/Uechtritz, BeckOK BauGB).

von Staudinger, Julius: Kommentar zum Bürgerlichen Gesetzbuch, Buch 2, Recht der Schuldverhältnisse, §§ 839, 839a (Unerlaubte Handlungen 4 – Amtshaftungsrecht), Neubearbeitung 2013 (Heinz Wöstmann), Berlin 2013 (zit.: *Wöstmann* in: Staudinger, BGB).

Steinberg, Rudolf: Grundfragen des öffentlichen Nachbarrechts, in: NJW 1984, 457–464.

Stelkens, Paul / *Bonk*, Heinz Joachim / *Sachs*, Michael: Verwaltungsverfahrensgesetz Kommentar, 8. Auflage, München 2014 (zit.: *Bearbeiter* in: Stelkens/Bonk/Sachs, VwVfG).

Stern, Klaus: Das Staatsrecht der Bundesrepublik Deutschland, Band I, 2. Auflage, München 1984 (zit.: *Stern*, Staatsrecht Bd. I).

Stollmann, Frank: Öffentliches Baurecht, 9. Auflage, München 2013 (zit.: *Stollmann*, Öffentliches Baurecht).

Tettinger, Peter / *Erbguth*, Wilfried / *Mann*, Thomas: Besonderes Verwaltungsrecht – Kommunalrecht, Polizei- und Ordnungsrecht, Baurecht, 11. Auflage, Heidelberg 2012 (zit.: *Tettinger/Erbguth/Mann*, Besonderes Verwaltungsrecht).

Thiel, Markus: Polizei- und Ordnungsrecht, 1. Auflage, Baden-Baden 2012 (zit.: *Thiel*, Polizei- und Ordnungsrecht).

ders.: Muss die Bauaufsichtsbehörde gegen alle Schwarzbauten gleichermaßen vorgehen?, in: IBR 2015, 38.

Troidl, Thomas: Verwirkung von Nachbarrechten im öffentlichen Baurecht, in: NVwZ 2004, 315–317.

Wasmuth, Johannes / *Koch*, Matthias: Rechtfertigende Wirkung der behördlichen Duldung im Umweltstrafrecht, in: NJW 1990, 2434–2441.

Weber-Dürler, Beatrice: Vertrauensschutz im öffentlichen Recht, Habilitationsschrift, Basel und Frankfurt am Main 1983 (zit.: *Weber-Dürler*, Vertrauensschutz).

Wegmann, Bernd: Zur Ermessensausübung bei Abbruchverfügungen, insbesondere zur Berücksichtigung des Gleichheitssatzes, in: NVwZ 1984, 777–778.

Wehr, Matthias: Materieller und formeller Bestandsschutz im Baurecht, in: Die Verwaltung, 38. Band 2005, S. 65–89 (zit.: *Wehr*, Die Verwaltung 2005).

Weidemann, Clemens / *Krappel*, Thomas: Der passive Bestandsschutz im Baurecht – offene verfassungsrechtliche Fragen, in: NVwZ 2009, 1207–1210.

Weyreuther, Felix: Bauen im Außenbereich, Köln 1979 (zit.: *Weyreuther*, Bauen im Außenbereich).

Wilke, Dieter: Der Anspruch auf behördliches Einschreiten im Polizei-,Ordnungs- und Baurecht, in: Recht und Staat im sozialen Wandel, Festschrift für Ulrich Scupin zum 80. Geburtstag, Berlin 1983 (zit.: *Wilke*, FS Scupin).

Winkelbauer, Wolfgang: Die Verwaltungsabhängigkeit des Umweltstrafrechts, in: DÖV 1988, 723–731.

Wolff, Hans J. / *Bachof*, Otto / *Stober*, Rolf / *Kluth*, Winfried: Verwaltungsrecht I, 12. Auflage, München 2007 (zit.: *Wolff/Bachof/Stober/Kluth*, Verwaltungsrecht I).

dies.: Verwaltungsrecht II, 7. Auflage, München 2010 (zit.: *Wolff/Bachof/Stober/Kluth*, Verwaltungsrecht II).

Wolke, Frank: Amtshaftungsansprüche im Rahmen von Baugenehmigungsverfahren – unter Berücksichtigung der aktuellen Rechtsprechung, in: ZfBR 2004, 226–236.

Wüterich, Christoph: Zur Duldung im Umweltstrafrecht, in: UPR 1988, 248–252.

Zepf, Uwe: Informelles Verwaltungshandeln – Ein Einfallstor für Korruption?, in: DÖD 2004, 5–12.

Ziekow, Jan / *Siegel*, Thorsten: Entwicklung und Perspektiven des Rechts des öffentlich-rechtlichen Vertrages Teil 3, in: VerwArch. 2004, S. 281–299.

Einleitung

A. Gegenstand der Untersuchung

Die Aufgaben der Bauaufsichtsbehörden sind in den Bauordnungen der Länder klar definiert. Sie haben darüber zu wachen, dass bei Errichtung, Änderung, Abbruch, Nutzung, Nutzungsänderung sowie Instandhaltung baulicher Anlagen die öffentlich-rechtlichen Vorschriften und die aufgrund dieser Vorschriften erlassenen Anordnungen eingehalten werden[1]. Dennoch sehen die Bauaufsichtsbehörden von einem Einschreiten gegen rechtswidrige Zustände nicht selten in Form der Duldung ab. Ein solches Verhalten provoziert Stimmen, die darin eine pflichtwidrige Untätigkeit der Behörden sehen oder den Behörden Korruption bzw. das Ausnutzen von „Vitamin B" vorwerfen[2]. Die Duldung als „kalkulierten Rechtsverstoß" zu verstehen, weil eine vom Gesetz abweichende Entscheidung getroffen werde[3], ist jedoch nicht ohne weiteres zulässig. Es ist nicht ausgeschlossen, dass die Hinnahme eines rechtswidrigen Zustands Ausdruck einer gewissen Hilflosigkeit angesichts komplexer Probleme sein kann[4]. Unterstellt man den Bauaufsichtsbehörden bei dieser Vorgehensweise aber nicht per se Arbeitsverweigerung oder Ausnutzung staatlicher Machtpositionen, kann das Hinnehmen rechtswidriger Zustände möglicherweise ein zulässiges Mittel der Behörden im Rahmen ihrer gesetzlichen Aufgaben sein. Erster Anhaltspunkt hierfür ist, dass der Erlass einer Bauordnungsverfügung nach den Bauordnungen der Länder im pflichtgemäßen Ermessen der Bauaufsichtsbehörden steht[5].

Ändert die Bauaufsichtsbehörde ihre Praxis und geht nach längerer Untätigkeit gegen einen rechtswidrigen Zustand vor, stellt sich in einem weiteren Schritt die Frage, ob sie aufgrund ihres vorangegangenen Verhaltens am Erlass einer Bauordnungsverfügung oder deren zwangsweiser Durchsetzung gehindert sein kann bzw. eine gewisse staatliche Verantwortung für ihr Verhalten übernehmen muss[6]. Der Adressat einer Bauordnungsverfügung bedient sich deshalb häufig der Argumentation, die Behörde habe auf Grund des Nichteinschreitens über einen langen Zeitraum ihre Eingriffsrechte verwirkt oder er habe auf ein Nichteinschreiten

---

1 Vgl. § 61 Abs. 1 S. 1 BauO NRW.

2 *Randelzhofer/Wilke*, Die Duldung als Form flexiblen Verwaltungshandelns, S. 9; *Heine*, NJW 1990, 2425, 2433; *Platz*, BayVBl. 1983, 622; *Rapp*, BauR 1983, 126; *Winkelbauer*, DÖV 1988, 723, 727; allgemein zu Korruption in der Verwaltung bei informellem Verwaltungshandeln *Zepf*, DÖD 2004, 5 ff.

3 So *Millgramm*, NuR 1999, 608, 613.

4 NdsOVG, Beschl. v. 09.03.2012 – 1 LA 254/09, juris Rn. 84; *Fröhlich*, DÖV 1989, 1029, 1036.

5 Vgl. etwa § 61 Abs. 1 S. 2 BauO NRW; § 79 Abs. 1 NBauO; allg.: § 40 VwVfG.

6 *Pietzcker*, JZ 1985, 209, 215.

vertrauen dürfen, sodass die Behörde an einem Vorgehen gehindert sei[7]. Es besteht letztlich ein Konflikt zwischen dem öffentlichen Interesse der Vollziehung von Gesetzen zur Herstellung rechtmäßiger Zustände und den Interessen des Bürgers, der davon ausgeht, sein Bauwerk erhalten oder seine Nutzung weiter ausüben zu dürfen[8]. Gerade dieser Aspekt der Duldung ist Auslöser dafür, dass die Gefahr der Entstehung rechtsunsicherer Zustände hervorgerufen wird. Darüber hinaus wirkt sich das Nichteinschreiten gegen einen rechtswidrigen Zustand auch in Dreiecksverhältnissen aus, weil in baurechtlichen Sachverhalten häufig auch Rechte der Nachbarn betroffen sein können.

Im Grundsatz lässt sich also eine Zweiteilung erkennen: Auf der einen Seite steht die Duldung als aktive Handlungsoption der Behörde beim Einschreiten gegen rechtswidrige Zustände, auf der anderen Seite stellt sich die Frage der Rechtswirkungen einer Duldung vor allem im Fall langjährigen Nichteinschreitens. Diese aktiven und passiven Komponenten erschweren es, die Duldung zwischen den präventiven und repressiven Maßnahmen der Bauaufsichtsbehörden einzuordnen. Eine Nähe zur Erteilung einer Baugenehmigung ist im Grundsatz nicht abzustreiten, weil der Betroffene faktisch die Möglichkeit erhält, einen rechtswidrigen Zustand aufrecht zu erhalten. Andererseits liegt der Schwerpunkt der Duldung eher im Bereich des repressiven Verwaltungshandelns, weil es sich um ein Mittel des bauaufsichtlichen „Nichteinschreitens" handelt.

Zur Untersuchung der behördlichen Duldung im öffentlichen Baurecht empfiehlt sich auch ein Blick in andere verwaltungsrechtliche Rechtsgebiete, in denen dieses Phänomen relevant wird. Vor allem im Umweltrecht, speziell im Wasserrecht, ist die Duldung bereits Gegenstand umfangreicher Publikationen und Untersuchungen gewesen, insbesondere mit dem Fokus auf die Auswirkungen der Duldung im Umweltstrafrecht[9]. Auch im Bereich des Gewerberechts, Straßenverkehrsrechts oder des allgemeinen Polizeirechts gehört die Duldung zur täglichen Verwaltungspraxis[10]. Im Ausländerrecht ist die Duldung in § 60a AufenthG gesetzlich geregelt.

Auch im öffentlichen Baurecht ist das Phänomen der Duldung seit langem in Literatur und Rechtsprechung präsent. Dennoch fehlt in diesem Rechtsgebiet eine umfassende und systematische Untersuchung der Duldung. Diese Lücke soll durch die vorliegende Arbeit geschlossen werden. Gerade im Baurecht tun sich zahlreiche Problemfelder im Hinblick auf Dreieckskonstellationen und baurechtliche

---

7 *Finkelnburg/Ortloff/Otto*, Öffentliches Baurecht Bd. II, S. 187.

8 *Rapp*, BauR 1983, 126, 129.

9 Vgl. etwa *Gentzcke*, Informales Verwaltungshandeln und Umweltstrafrecht, Diss. Freiburg, 1990; *Hallwaß*, Die behördliche Duldung als Unrechtsausschließungsgrund im Umweltstrafrecht, Diss. Kiel 1987; *Hermes/Wieland*, Die staatliche Duldung rechtswidrigen Verhaltens, 1988; *Hüting*, Die Wirkung der behördlichen Duldung im Umweltstrafrecht, Diss. Bonn 1996; *Malitz*, Zur behördlichen Duldung im Strafrecht; Diss. Köln 1995; *Randelzhofer/Wilke*, Die Duldung als Form flexiblen Verwaltungshandelns, 1981.

10 Übersicht bei *Hermes/Wieland*, Die staatliche Duldung, S. 6 ff.

Besonderheiten auf. Vor allem die Duldung großflächiger „Schwarzbaugebiete" wie z.B. illegaler Wohnnutzungen in Wochenendhausgebieten oder illegaler Wochenendhäuser im Außenbereich sind von großer praktischer Relevanz. Prominentestes Beispiel ist die sog. „Pirmasenser Amnestie", bei der die Beseitigung ungenehmigter und nicht genehmigungsfähiger Wochenendhäuser im Außenbereich durch die Bezirksregierung aus Gründen des allgemeinen Wohls für nicht geboten gehalten wurde[11]. Die hohe Bedeutung der Duldung im öffentlichen Baurecht in der Praxis zeigt sich besonders auch darin, dass die Duldung Bezüge zum Verfassungsrecht, allgemeinen Verwaltungsrecht, Bauordnungs- und Bauplanungsrecht, Recht der Ordnungswidrigkeiten und Zivilrecht aufweist. Im Prinzip ist ein Querschnitt durch die gesamte Rechtsordnung erforderlich, um die Duldung in allen Facetten zu erfassen. Dem korrespondierend zeigt sich die Praxisrelevanz auch darin, dass sich alle Instanzen der Verwaltungs- und Zivilgerichtsbarkeit und sogar das Bundesverfassungsgericht mit den Rechtswirkungen der Duldung zu befassen hatten.

Ziel dieser Arbeit ist es, die Erscheinungsformen und Rechtswirkungen der Duldung im öffentlichen Baurecht systematisch zu erfassen, an den anerkannten und ausdifferenzierten Kategorien des öffentlichen Baurechts zu messen und zwischen diesen zu platzieren. So ist vor allem bedeutsam, die behördliche Duldung zwischen Baugenehmigung, den bauaufsichtlichen Eingriffsbefugnissen, dem Bestandsschutz und den baurechtlichen Nachbarrechten einzuordnen. In Bezug auf das Eingriffsermessen wird die Duldung im Wechselbezug zu Opportunitätsprinzip, Verhältnismäßigkeitsgrundsatz, Vertrauensschutzprinzip und Gleichbehandlungsgrundsatz zu untersuchen sein.

B. Gang der Darstellung

Die nachfolgende Arbeit befasst sich mit der Duldung rechtswidriger Zustände im öffentlichen Baurecht unter besonderer Beachtung des nordrhein-westfälischen Landesrechts. Zunächst soll der Begriff der Duldung erörtert und die Grundvoraussetzungen einer Duldung erarbeitet werden. Im Anschluss erfolgt eine kurze Darstellung der Duldung in anderen verwaltungsrechtlichen Rechtsgebieten, etwa im Umweltrecht und im Aufenthaltsrecht. Es folgt eine Auseinandersetzung mit den Begriffen der aktiven (qualifizierten) und passiven (faktischen) Duldung sowie eine Untersuchung, was unter rechtswidrigen Zuständen im öffentlichen Baurecht zu verstehen ist. Daran anknüpfend werden anhand der zur Duldung ergangenen baurechtlichen Rechtsprechung typische Duldungsszenarien dargestellt.

Im nächsten Abschnitt erfolgt eine Auseinandersetzung mit den rechtlichen Grundlagen der Duldung im öffentlichen Baurecht. Zunächst werden die rechtlichen Grundlagen am Grundsatz des Vorbehalts des Gesetzes gemessen. Anschließend wird auf das Opportunitätsprinzip als dogmatische Rechtsgrundlage der Duldung und die Fallgruppe der sog. „rechtlich gebotenen Duldung" aus Gründen

11 Siehe unten 1. Teil. F.I.1.

der Verhältnismäßigkeit, des Gleichbehandlungsgrundsatzes und des Vertrauensschutzes eingegangen.

Darauf aufbauend werden im nachfolgenden Abschnitt die Unterschiede zwischen Duldung und Baugenehmigung untersucht. Im Rahmen dessen werden verfassungsrechtliche Bezüge der Duldung unter Berücksichtigung von Art. 14 GG herausgearbeitet. Außerdem wird vertieft der Frage nachgegangen, inwieweit der Duldung eine „Legalisierungswirkung" beizumessen ist. Im nächsten Teil wird die Duldung im Kontext des baurechtlichen Bestandsschutzes analysiert. Schwerpunkt der Untersuchung ist die Frage, ob durch einen „Duldungsverwaltungsakt" Bestandsschutz verbindlich festgestellt werden kann.

Der nächste Abschnitt befasst sich mit den Handlungsformen der Duldung als Handlungsoptionen der Bauaufsichtsbehörde. Es werden unterschiedliche Handlungs- und Erscheinungsformen der Duldung dargestellt und auf ihre rechtliche Zulässigkeit überprüft.

Ein weiterer Schwerpunkt der Darstellung liegt auf den Auswirkungen von Duldungen auf das bauaufsichtliche Einschreiten. Eine mögliche Einschränkung des Eingriffsermessens wird unter den Stichpunkten von Verzicht, Verwirkung, Verjährung, Vertrauensschutz, Verhältnismäßigkeit und Gleichbehandlungsgrundsatz untersucht. Im nächsten Teil erfolgt eine Auseinandersetzung mit den Wirkungen und der Bedeutung der Duldung im Baunachbarrecht. Hier wird relevant, inwiefern sowohl dem Nachbarn eines Duldungsadressaten als auch dem Duldungsadressaten selbst nachbarliche Abwehrrechte zustehen.

Das vorletzte Kapitel befasst sich mit der Untersuchung, ob dem Betroffenen ein Anspruch auf Schadensersatz aus Amtshaftung oder sonstigen Entschädigungstatbeständen zusteht, wenn er im Vertrauen auf die Duldung Aufwendungen getätigt hat. Außerdem wird der Frage nachgegangen, ob im Fall der Grundstücksenteignung eine Enteignungsentschädigung für die geduldete bauliche Nutzung zu leisten ist. Schließlich werden im letzten Abschnitt sonstige rechtliche Wirkungen der Duldung im bauplanungsrechtlichen Kontext und im Hinblick auf das Recht der Ordnungswidrigkeiten und das Zivilrecht untersucht. Abschließend werden die Ergebnisse der vorliegenden Arbeit in einer Schlussbetrachtung zusammengefasst.

1. Teil. Begriff, Voraussetzungen und Verwaltungspraxis der Duldung im öffentlichen Baurecht

Wurde früher die behördliche Duldung als „diffuses und mysteriöses Gebilde" bezeichnet[1], so hat die wissenschaftliche Untersuchung in den letzten Jahrzehnten dazu geführt, dass der Begriff der Duldung an Griffigkeit gewonnen hat, wenn auch immer noch kein allgemeines Verständnis ausgearbeitet werden konnte. Das liegt daran, dass der Begriff der Duldung vielschichtig und aufgrund seiner Konturlosigkeit einer einheitlichen Definition kaum zugänglich ist. Es handelt sich um einen Sammelbegriff, unter dem verschiedenste Fallkonstellationen zusammengefasst werden, denen gemeinsam ist, dass eine Behörde gegen einen ihr als rechtswidrig bekannten Zustand nicht einschreitet[2]. Zum Teil wird der Begriff der Duldung sogar als nicht mehr zeitgemäß angesehen, weil er seine Herkunft aus überholten obrigkeitsstaatlichen Strukturen nicht verleugnen könne[3].

Deshalb sollen in diesem Kapitel zunächst die Grundvoraussetzungen der Duldung erarbeitet werden. Dabei wird auch auf die Duldung in anderen verwaltungsrechtlichen Rechtsgebieten eingegangen. Des Weiteren erfolgt eine Untersuchung der Behördenpraxis im Umgang mit der Duldung anhand der bisher zahlreich ergangenen Rechtsprechung.

A. Duldung – ein Sammelbegriff

I. Keine gesetzliche Regelung

Eine allgemeingültige Legaldefinition der Duldung existiert nicht. Im öffentlichen Baurecht findet sich keine gesetzliche Regelung der Duldung[4]. Lediglich für den Bereich des Ausländerrechts ist die Duldung in § 60a AufenthG gesetzlich kodifiziert[5]. Für andere verwaltungsrechtliche Bereiche wie z.B. das Umweltrecht (speziell das Wasserrecht) und das hier zu behandelnde Baurecht lässt sich dem Gesetzestext keine Definition entnehmen.

Der Begriff der Duldung wird in den unterschiedlichsten öffentlich-rechtlichen Normen verwendet. Als Beispiele seien aus dem nordrhein-westfälischen

---

1 So *Nisipeanu*, ZfW 1990, 365.

2 *U. Stelkens* in: Stelkens/Bonk/Sachs, VwVfG, § 38 Rn. 16; *Fluck*, NuR 1990, 197, 198; *Heider*, NuR 1995, 335, 336; auch OVG NRW, NWVBl. 1995, 294, 296 f.; *Kothe*, Umweltauditrecht, Rn. 323.

3 *Fröhlich*, DÖV 1989, 1029, 1037.

4 So ausdrücklich OVG NRW, Beschl. v. 01.07.2014 – 2 A 690/14, juris Rn. 10.

5 Siehe unten 1. Teil. B.II.

Landesrecht die §§ 4 Abs. 2, 8, 60 Abs. 3 S. 2, 63 Abs. 1 S. 2, Abs. 2 VwVG NRW, §§ 13, 40 Abs. 1 S. 1 LWG NRW, §§ 39, 40 LG NRW und § 20 Abs. 1 S. 1 OBG NRW erwähnt. Allerdings wird der Begriff in unterschiedlichen Regelungszusammenhängen genannt. So richtet sich insbesondere im Verwaltungsvollstreckungsrecht der Begriff der Duldung oder des Duldens an den Bürger. Dulden bedeutet hierbei die Verpflichtung des Vollstreckungsschuldners, die Vornahme einer Vollstreckungshandlung nicht zu behindern[6]. Auch in § 19 KrWG und in den §§ 91 ff. WHG wird von Duldung gesprochen. Auch in diesem Kontext wird der Bürger angesprochen, ein bestimmtes Verhalten hinzunehmen. Im hier zu untersuchenden baurechtlichen Kontext geht die Duldung aber von der Behörde aus. Es lässt sich feststellen: Richtet sich die Duldung an den Bürger, geht damit eine bestimmte Eingriffsbefugnis des Staates einher, bezieht sich die Duldung dagegen auf die Behörde, so wird der Bürger in seinen Rechten begünstigt und die Behörde in ihren Eingriffsbefugnissen beschränkt[7].

II. Wortsinn

Zur Bestimmung des Begriffs „Duldung" ist es sinnvoll, sich zunächst vom allgemeinen Wortsinn zu nähern[8]. Dulden bedeutet so viel wie: „aus Nachsicht fortbestehen lassen, ohne ernsthaften Widerspruch einzulegen oder bestimmte Gegenmaßnahmen zu ergreifen, zulassen, gelten lassen oder auch das Vorhandensein einer Sache oder die Anwesenheit einer Person an einem Ort gestatten"[9]. Synonyme Begriffe sind beispielsweise: „akzeptieren, billigen, durchgehen lassen, einräumen, einverstanden sein, einwilligen, gelten/geschehen lassen, gestatten, gewähren lassen, hinnehmen, zugeben, zugestehen, zulassen und tolerieren"[10]. Schon aus dieser allgemeinen, frei von rechtlicher Wertung ausgehenden Begriffsbestimmung lässt sich erkennen, dass Dulden im Kontext grundsätzlich nicht erlaubter oder gewollter Zustände verwendet wird, aber im Ausnahmefall eine Tolerierung möglich ist. Somit bezieht sich der Wortinhalt schon auf rechtswidrige Zustände.

Dieser Befund ist auch aus rechtlicher Sicht eindeutig. Denn ein rechtmäßiger Zustand kann nicht durch die Behörde geduldet werden, sondern ist aufgrund seiner Übereinstimmung mit dem Gesetz und nicht nach dem Willen der Behörde rechtmäßig[11].

---

6 *Mosbacher* in: Engelhardt/App/Schlatmann, VwVG, Vor § 6 Rn. 2.

7 *Nisipeanu*, ZfW 1990, 365, 367.

8 So auch *Fluck*, NuR 1990, 197, 198.

9 Abrufbar unter http://www.duden.de/rechtschreibung/dulden (abgerufen am 28.02.2016).

10 Abrufbar unter http://www.duden.de/rechtschreibung/dulden (abgerufen am 28.02.2016).

11 *Robbers*, DÖV 1987, 272, 278.

III. „Belassung“

Obwohl der Begriff der Duldung schon genug schwierige dogmatische Fragen aufwirft, wird in der Praxis einzelner Bauaufsichtsbehörden anstatt von Duldung der Begriff *„Belassung“* verwendet. Blieb der Begriff der Belassung früher noch teilweise unwidersprochen[12], so soll nach der Rechtsprechung des OVG Nordrhein-Westfalen der Begriff der Belassung aus Gründen der Rechtsklarheit nicht mehr verwendet werden[13]. Das OVG Nordrhein-Westfalen hatte einen Fall zu entscheiden, in welchem dem Beigeladenen eines Nachbarrechtsstreites anstatt einer Baugenehmigung ein als Belassung bezeichneter und mit Rechtsmittelbelehrung versehener Bescheid erteilt wurde, durch den die dauerhafte Duldung eines formell und materiell illegalen Müllsammelraums ausgesprochen wurde. Nach Einschätzung des OVG Nordrhein-Westfalen erweckt die Verwendung des Begriffs der Belassung den falschen Eindruck, dem Bauherrn werde etwas rechtmäßig Erworbenes zur weiteren Verfügung und Nutzung überlassen, während in Wirklichkeit nur die Duldung eines illegalen aber vorübergehend hinnehmbaren Zustands ausgesprochen wird. Durch die Wahl dieses missverständlichen und inhaltlich unklaren Begriffs werde der begrenzte Regelungsgehalt einer Duldung sowohl gegenüber dem Adressaten als auch gegenüber betroffenen Nachbarn verschleiert[14].

Dieser Rechtsprechung ist im Grundsatz zuzustimmen. Allerdings impliziert der Begriff der Belassung nicht zwangsläufig, dass dem Bauherrn etwas rechtmäßig Erworbenes zur Verfügung überlassen wird. Vielmehr lässt sich der Begriff genauso gut dahingehend deuten, dass etwas Rechtswidriges belassen wird. Aber eben gerade diese Unklarheit und Auslegungsmöglichkeiten tragen wenig zur Rechtsklarheit bei. Deswegen sollte der Begriff der Duldung durch die Behörden einheitlich verwendet werden. Dies verhilft sowohl dem Adressaten als auch dem betroffenen Nachbarn zu besserem Begriffsverständnis. Des Weiteren ist eine einheitliche Begriffsverwendung gerade bei einem vielschichtigen Rechtsphänomen wie der Duldung unabdinglich, um die Rechtslage nicht unnötig zu verkomplizieren. Außerdem wird der Begriff der Duldung auch in anderen verwaltungsrechtlichen Kontexten verwendet, sodass eine einheitliche Verwendung die Verständlichkeit innerhalb des verwaltungsrechtlichen Systems fördert.

---

12 Vgl. etwa BayVGH, BayVBl. 1995, 751 f.

13 OVG NRW, BauR 2007, 1034 f.; *Boeddinghaus/Hahn/Schulte*, BauO NRW, § 75 Rn. 27 f.; *Hellhammer-Hawig* in: Schönenbroicher/Kamp, BauO NRW, § 75 Rn. 88 (Fn. 211); *Wenzel* in: Gädtke/Czepuck/Johlen/Plietz/Wenzel, BauO NRW, § 61 Rn. 75a.

14 OVG NRW, BauR 2007, 1034, 1035.

IV. Grundvoraussetzungen der Duldung

1. Kenntnis der rechtswidrigen Umstände – Kognitives Element

Der Duldung wird ein kognitives und ein voluntatives Element zugeschrieben[15]. Das kognitive Element liegt in der Kenntnis des rechtswidrigen Zustands und der zur Verfügung stehenden rechtlichen Handlungsmöglichkeiten. Das Bekanntwerden nicht genehmigter Bauwerke oder Nutzungen kann auf unterschiedliche Art und Weise geschehen. So können Außendienstbeamte der Bauaufsichtsbehörden entweder gezielt nach illegal errichteten Bauwerken oder nicht genehmigten Nutzungen suchen oder solche anlässlich sonstiger Ermittlungen feststellen. Möglich ist auch eine Anzeige durch die Gemeinde[16], sofern der Kreis die zuständige Bauaufsichtsbehörde ist, oder eine Anzeige sonstiger Behörden (z.B. Naturschutzbehörde, Wasserbehörde, Straßenbaubehörde), die im Rahmen eigener Ermittlungen auf baurechtswidrige Zustände stoßen[17]. Neben dem Bekanntwerden durch amtliche Feststellungen kommt auch ein Bekanntwerden durch die Anzeige von Bürgern in Betracht. Dabei handelt es sich in der Regel um Fälle, in denen Nachbarn von einer illegalen Bebauung oder Nutzung berührt sind. Des Weiteren weisen Bürger, die selbst Maßnahmen der Bauaufsicht ausgesetzt sind, nicht selten auf andere unbeanstandete illegale Bauwerke hin[18]. Auch durch Erkundigungen des Eigentümers bei der Bauaufsichtsbehörde über die Genehmigungssituation wegen Verkaufsabsichten oder aufgrund der Ermittlung von Vergleichsobjekten zur Wahrung des Gleichbehandlungsgrundsatzes können die Bauaufsichtsbehörden auf „Schwarzbauten" aufmerksam werden[19].

Die Kenntnis der maßgeblichen Umstände ist konstitutive Voraussetzung der Duldung, denn man kann nicht etwas dulden, von dessen Existenz man nichts weiß. Einem Nichteinschreiten aus Unkenntnis kann also keine rechtserhebliche Handlung entnommen werden[20]. Problematisch sind aber Fälle, in denen die

---

15 *Malitz*, Behördliche Duldung, S. 33; *Dahs/Pape*, NStZ 1988, 393, 395.

16 Umgekehrt kann es aber auch sein, dass die Gemeinden „Schwarzbauten" in ihrem Gebiet nicht als problematisch ansehen und daher die zuständige Bauaufsichtsbehörde über längere Zeiträume gerade keine Kenntnis von den rechtswidrigen Zuständen erlangt.

17 *Rabe*, BauR 1978, 166; *Nisipeanu*, ZfW 1990, 365, 370 f.; *Wenzel* in: Rabe/Pauli/Wenzel, Bau- und Planungsrecht, F. Rn. 50.

18 *Rabe*, BauR 1978, 166.

19 VG Köln, Urt. v. 22.11.2013 – 11 K 5286/12, juris Rn. 27.

20 *Gentzcke*, Informales Verwaltungshandeln, S. 21; *Heider*, Behördliche Duldung, S. 24 und 29; *Hermes/Wieland*, Die staatliche Duldung, S. 6; *Malitz*, Behördliche Duldung, S. 33; *Randelzhofer/Wilke*, Die Duldung als Form flexiblen Verwaltungshandelns, S. 54; *Weber-Dürler*, Vertrauensschutz, S. 231; *Alleweldt*, NuR 1992, 312, 315; *Nisipeanu*, ZfW 1990, 368, 370 f.; *Robbers*, DÖV 1987, 272, 278; *Rogall*, NJW 1995, 922, 923; *Wasmuth/Koch*, NJW 1990, 2434, 2436; *Wüterich*, UPR 1988, 248, 250.

Bauaufsichtsbehörden aufgrund fehlerhafter Einschätzungen oder mangelhafter Kommunikation unter den Fachbehörden nicht gegen einen rechtswidrigen Zustand vorgehen. In diesen Situationen wird häufig argumentiert, die Behörde habe den rechtswidrigen Zustand geduldet[21].

Daraus folgt, dass zumindest der Zeitraum, den die Behörde für notwendige Vorbereitungsmaßnahmen und zur Ermittlung des Sachverhalts nach dem Amtsermittlungsgrundsatz gemäß § 24 VwVfG[22] benötigt, nicht als Duldung zu qualifizieren ist[23].

2. *Möglichkeit des Einschreitens*

Für das Vorliegen einer Duldung wird überwiegend gefordert, dass die Behörde überhaupt die rechtliche und tatsächliche Möglichkeit zum Einschreiten hat[24]. In Anknüpfung an das kognitive Element der Duldung muss daher der Behörde der zugrunde liegende Sachverhalt zunächst einmal bekannt und ausermittelt sein. Weiter grundsätzliche Voraussetzung für die Duldung ist, dass überhaupt eine gesetzliche Norm existiert, durch die der Gesetzgeber zum Ausdruck bringt, dass er die Gefahr oder den Interessenkonflikt erkannt hat und die Verwaltung mit deren Kontrolle beauftragt hat[25]. Dies kann durch unmittelbar geltende Ge- oder Verbote, häufiger aber durch die Normierung von präventiven Verboten mit Erlaubnisvorbehalt geschehen, sodass das Verhalten ohne die erforderliche Genehmigung einen rechtswidrigen Zustand darstellt[26]. So verhält es sich im öffentlichen Baurecht, wo das Recht zu bauen als Inhalt der Eigentumsfreiheit gemäß Art. 14 Abs. 1 GG grundrechtlich geschützt ist und nicht erst durch die Baugenehmigung gewährt wird[27]. Allerdings wird die Baufreiheit durch die einfachen Gesetze konkretisiert und durch die Baugenehmigung einer formellen Beschränkung unterzogen. Es besteht also ein präventives Verbot mit Erlaubnisvorbehalt, das erst durch

---

21 VGH BW, BRS 32 Nr. 186 (Irrtum der Bauaufsichtsbehörde über die Anzeigepflichtigkeit eines Gebäudes); OVG NRW, BauR 1999, 383, 386 (jahrzehntelange Hinnahme einer formell rechtswidrigen Nutzung eines Schrottplatzes in der Annahme der Fachbehörde, dass es keiner Baugenehmigung bedürfe); zu behördlichen Auskünften siehe unten 5. Teil. F.I.1. und 6. Teil. E.III.4.e).

22 Für das bauaufsichtliche Verfahren gelten neben den Bestimmungen der Bauordnungen die Verwaltungsverfahrensgesetze der Länder. Weil letztere weitestgehend mit dem Verwaltungsverfahrensgesetz des Bundes übereinstimmen oder z.T. sogar auf dieses verweisen, werden hier im Interesse einer übersichtlichen Darstellung nur dessen Bestimmungen herangezogen.

23 *Gentzcke*, Informales Verwaltungshandeln, S. 22; *Hermes/Wieland*, Die staatliche Duldung, S. 5; *Hüting*, Behördliche Duldung, S. 56.

24 *Hermes/Wieland*, Die staatliche Duldung, S. 5 und 17; *Hüting*, Behördliche Duldung, S. 30; *Wüterich*, UPR 1988, 248, 250.

25 *Hermes/Wieland*, Die staatliche Duldung, S. 4.

26 *Hermes/Wieland*, Die staatliche Duldung, S. 5.

27 *Finkelnburg/Ortloff/Otto*, Öffentliches Baurecht Bd. II, S. 125 und 172.

die Erteilung der Baugenehmigung, auf die bei Vorliegen der Voraussetzungen ein Rechtsanspruch besteht, aufgehoben wird[28]. Ist für die Ausführung eines Vorhabens keine Baugenehmigung erforderlich, z.B. bei genehmigungsfreien Vorhaben, kann sich die Rechtswidrigkeit nur aus einem Verstoß gegen materielles Recht ergeben[29].

Für die Möglichkeit des Einschreitens ist weiter erforderlich, dass der Bauaufsichtsbehörde überhaupt gesetzlich geregelte Eingriffsbefugnisse zur Verfügung stehen, die bei Vorliegen bestimmter Voraussetzungen zum Einschreiten gegen rechtswidrige Zustände berechtigen. Denn ohne das Bestehen einer Eingriffsbefugnis bringt bereits das Gesetz selbst zum Ausdruck, dass ein Zustand hinzunehmen ist und daher die Duldung nicht von Interesse ist[30]. Dafür stehen den Behörden Stilllegungsverfügung, Abbruch- und Rückbauverfügung und die Nutzungsuntersagung zur Verfügung. In einigen Bundesländern sind hierfür differenzierte Ermächtigungsgrundlagen geschaffen worden. So ist in Niedersachsen die Baueinstellung gemeinsam mit der Abbruchverfügung und der Nutzungsuntersagung aufzählend in § 79 Abs. 1 NBauO geregelt. In Bayern ist die Stilllegungsverfügung in Art. 75 BayBO, die Abbruchverfügung und Nutzungsuntersagung in Art. 76 BayBO geregelt. In Nordrhein-Westfalen hingegen existiert mit § 61 Abs. 1 S. 2 BauO NRW eine bauordnungsrechtliche Generalklausel, die zum Erlass der unterschiedlichen Maßnahmen ermächtigt.

Aus dem Merkmal der rechtlichen Möglichkeit des Einschreitens ergibt sich darüber hinaus ein umstrittenes Folgeproblem. Problematisch ist, ob von einer Duldung auch gesprochen werden kann, wenn die Behörde aus rechtlichen Gründen verpflichtet ist, den rechtswidrigen Zustand hinzunehmen, also ob auch eine „Duldungspflicht" bestehen kann. Diese Fallgruppe wird unter dem Begriff der „rechtlich gebotenen Duldung" diskutiert. Im öffentlichen Baurecht sind insbesondere Fälle anzusprechen, in denen die Behörde aus Gründen der Verhältnismäßigkeit, aufgrund des Gleichbehandlungsgrundsatzes, Vertrauens- oder Bestandsschutzes nicht einschreiten darf. Die Problematik der rechtlich gebotenen Duldung wird im Zusammenhang mit den dogmatischen Grundlagen der Duldung erörtert[31].

---

28 BVerwGE 16, 116, 120; 42, 115, 116.

29 Vgl. etwa § 65 Abs. 4 BauO NRW: „Die Genehmigungsfreiheit entbindet nicht von der Verpflichtung zur Einhaltung der Anforderungen, die in diesem Gesetz, in Vorschriften aufgrund dieses Gesetzes oder in anderen öffentlich-rechtlichen Vorschriften gestellt werden".

30 *Hermes/Wieland*, Die staatliche Duldung, S. 5.

31 Siehe unten 2. Teil. C.

3. *Bewusstes Nichteinschreiten – Voluntatives Element*

Für die Duldung ist weiterhin erforderlich, dass sich die Behörde bewusst dafür entscheidet, von ihren Handlungsmöglichkeiten keinen Gebrauch zu machen[32]. In dieser bewussten Entscheidung liegt das voluntative Element[33].

Teilweise wird auch der bloßen Untätigkeit trotz Kenntnis des illegalen Zustands Duldungscharakter zugeschrieben[34], etwa wenn die Behörde vor einem rechtswidrigen Zustand „beide Augen verschließe" oder aus Gleichgültigkeit oder Arbeitsscheu untätig bleibe[35]. *Nisipeanu* unterscheidet dabei zwischen Verhaltensweisen egoistischer Natur, was sich in einem Nichtstun wegen Gleichgültigkeit, Arbeitsscheu oder Resignation ausdrücke, und altruistischen Motivationslagen, bei denen der vorübergehende Nichtvollzug des Gesetzes in Kenntnis der Handlungsvoraussetzungen und Handlungsmöglichkeiten bei gleichzeitiger Erreichung des Gesetzesziels und der Berücksichtigung höherrangiger Interessen erfolge[36]. Nicht auszuschließen ist auch, dass die Verwaltung aus Verunsicherung oder Hilflosigkeit vor eindeutigen und endgültigen Entscheidungen zurückweicht und mehrdeutige Verhaltensweisen bevorzugt[37]. *Heider* ist der Auffassung, dass die bewusste Entscheidung des Nichteinschreitens kein Wesensmerkmal der Duldung, sondern eine Zulässigkeitsvoraussetzung sei und deshalb im Rahmen eines Ermessensnichtgebrauchs zu prüfen sei[38].

Richtig ist, dass solche Verhaltensweisen zwar in der Praxis auftreten, allerdings ist ein solches Verhalten nicht als Duldung zu qualifizieren. Wesensmerkmal der Duldung ist, dass die Behörde aufgrund einer Ermessenserwägung zu dem Ergebnis kommt, zumindest vorübergehend nicht gegen einen rechtswidrigen Zustand vorzugehen. Dem Duldungswillen kommt also konstitutive Bedeutung zukommt. Mit dem Kriterium der bewussten Entscheidung kann die Duldung vom bloß pflichtwidrigen Unterlassen abgegrenzt werden. Dies ist notwendig, um zu klären, ob die Behörde überhaupt dulden will oder aus Unentschlossenheit, Nachlässigkeit oder menschlichem Versagen nicht handelt[39]. Natürlich wird im Einzelfall schwer nachzuprüfen sein, ob die Behörde aus bloßer Untätigkeit oder aufgrund einer Ermessensentscheidung untätig geblieben ist, sofern sie nicht

---

32 *Gentzcke*, Informales Verwaltungshandeln, S. 22 und S. 75; *Rengier*, ZStW 101 (1989), 874, 906; *Rogall*, NJW 1995, 922, 923; *Robbers*, DÖV 1987, 272, 278; *Wegmann*, NVwZ 1984, 777.

33 *Malitz*, Behördliche Duldung, S. 33; *Dahs/Pape*, NStZ 1988, 393, 395; *Nisipeanu*, ZfW 1990, 365, 370 f.

34 *Ruske*, Die gleichheitsgemäße Ermessensausübung, S. 50 f.

35 *Heider*, Behördliche Duldung, S. 36; *Wilke*, FS Scupin, S. 831, 840 f.; *Nisipeanu*, ZfW 1990, 365, 368; *Kothe*, Umweltauditrecht, Rn. 323.

36 So *Nisipeanu*, ZfW 1990, 365, 368.

37 NdsOVG, Beschl. v. 09.03.2012 – 1 LA 254/09, juris Rn. 84; *Fröhlich*, DÖV 1989, 1029, 1036.

38 *Heider*, Behördliche Duldung, S. 47.

39 *Gentzcke*, Informales Verwaltungshandeln, S. 22 und S. 75; *Hallwaß*, NuR 1987, 296, 298; *Platz*, BayVBl. 1983, 622; *Wüterich*, UPR 1988, 248, 250.

nach außen gehandelt hat. Deshalb kann z.B. ein Aktenvermerk ein Indiz für den Duldungswillen der Behörde sein[40]. Denn auch eine lediglich behördeninterne Entscheidung kann den Willen manifestieren, im Rahmen von Ermessenserwägungen von einem Einschreiten abzusehen[41].

4. *Zeitraum der Duldung*

Zum Teil wird gefordert, dass gerade der vorübergehende Charakter kennzeichnend für den Begriff der Duldung sei[42]. Richtigerweise ist die Frage, ob die Duldung sich nur auf einen Übergangszeitraum, z.B. durch Befristungen, bezieht oder dauerhaft erfolgen kann, im Bereich der Rechtmäßigkeit der Duldung anzusiedeln[43]. Auch die Entscheidung zu dauerhaftem Nichteinschreiten gegen einen rechtswidrigen Zustand oder ein rechtswidriges Verhalten ist eine bewusste behördliche Entscheidung, die den Begriff der Duldung erfüllt[44].

V. Ergebnis

Vor dem Hintergrund der Vielschichtigkeit des Begriffs der Duldung scheint es kaum möglich, diese in eine genaue Definition zu zwängen. Es ist jedoch möglich und auch geboten den Begriff der Duldung auf einen kleinstmöglichen Nenner zu bringen und davon ausgehend die unterschiedlichen Anforderungen, Erscheinungsformen und Wirkungen zu untersuchen.

Die Duldung enthält zusammenfassend im Wesentlichen vier Kernelemente:

- das Vorliegen eines rechtswidrigen Zustandes,
- die Kenntnis der Behörden des Sachverhalts,
- die tatsächliche und rechtliche Möglichkeit des Einschreitens,
- und das bewusste Nichteinschreiten bzw. Unterlassen des Einschreitens.

Die Duldung ist also das (zumindest vorübergehende) bewusste Unterlassen ordnungsbehördlichen Einschreitens gegen einen rechtswidrigen Zustand, trotz Vorliegens aller Handlungsvoraussetzungen in Kenntnis des maßgeblichen Sachverhalts[45].

---

40 Ähnlich: *Gentzcke*, Informales Verwaltungshandeln, S. 22, wonach das Vorliegen eines Aktenvermerks für die Duldung unerheblich, aber im Rahmen der Zulässigkeit der Duldung aus Gründen der Nachvollziehbarkeit zu fordern sei.

41 *Gentzcke*, Informales Verwaltungshandeln, S. 77; *Dahs/Pape*, NStZ 1988, 393, 395.

42 So etwa *Gentzcke*, Informales Verwaltungshandeln, S. 23; *Hallwaß*, Behördliche Duldung, S. 40; *Hüting*, Behördliche Duldung, S. 30; *Wüterich*, UPR 1988, 248, 250; *Dahs/Pape*, NStZ 1988, 393, 395.

43 Siehe allg. unten 3. Teil. C.III.5.; für die Duldungszusicherung siehe unten 5. Teil. B.VI.3.; für den Duldungsvertrag siehe unten 5. Teil. E.I.5.

44 *Malitz*, Behördliche Duldung, S. 34.

45 *Martens*, Praxis des Verwaltungsverfahrens, § 8 Rn. 236; *Kothe*, Umweltauditrecht, Rn. 324; *Fluck*, NuR 1990, 197, 198; *Heider*, NuR 1995, 335, 336; *Rogall*, NJW 1995, 922, 923; *Wüterich*, UPR, 1988, 248, 250.

Davon ausgehend können die unterschiedlichen Erscheinungsformen und Rechtswirkungen der Duldung untersucht werden.

B. Die Duldung im Verwaltungsrecht

I. Duldung im Umweltrecht

Duldungen rechtswidriger Zustände kommen nicht nur im öffentlichen Baurecht in Betracht, sondern sind im gesamten verwaltungsrechtlichen Spektrum denkbar[46]. Besonders im Umweltrecht, vor allem im Gewässerverwaltungsrecht, im Atomrecht, sowie im Abfall- und Immissionsschutzrecht ist die Duldung von erheblicher Bedeutung[47]. Die umweltrechtliche Duldung eines belastenden Zustands oder Verhaltens dürfte dabei oftmals das Ziel verfolgen, eine Anpassung an den derzeitigen technischen Zustand zu erreichen[48]. Das zeigt, dass der Bedeutungsgehalt der Duldung im Wesentlichen vom jeweiligen Fachrecht und von den konkreten Umständen des Einzelfalls abhängt[49].

1. Wasserrecht

Speziell im Wasserrecht ist die Duldung bereits Gegenstand umfangreicher Publikationen und Untersuchungen gewesen, insbesondere mit dem Fokus auf die Auswirkungen der Duldung im Umweltstrafrecht. Das Wasserrecht findet seine normative Grundlage im WHG und den Landeswassergesetzen der einzelnen Bundesländer. Die Einleitung von Abwasser steht gemäß §§ 57–59 WHG unter dem Vorbehalt der vorherigen Erlaubnis durch die Wasserbehörden. Fehlt eine gemäß § 10 WHG erforderliche Erlaubnis oder Bewilligung für die Gewässerbenutzung, kommt eine Duldung dieses rechtswidrigen Zustandes in Betracht[50]. Eine behördliche Duldung soll im Wasserrecht u.a. in folgenden Fällen möglich sein[51]:

- Duldung einer Abwassereinleitung wegen Unklarheit der Rechtslage,
- Duldung wegen materieller Genehmigungsfähigkeit einer formell nicht genehmigten Abwassereinleitung (evtl. nur für die Dauer des Genehmigungsverfahrens[52]),

46 Zur Duldung im Waffenrecht: *Klein*, JR 2008, 185, 188.

47 Vgl. die zusammenfassende Darstellung bei *Heider*, NuR 1995, 335, 339 ff.; zur Duldung im Abfallrecht *Fröhlich*, DÖV 1989, 1029, 1036 f.; *Kothe*, Umweltauditrecht, Rn. 317 ff.

48 OVG NRW, BRS 56 Nr. 32.

49 OVG NRW, BRS 56 Nr. 32; *Kothe*, Umweltauditrecht, Rn. 326, unter Hinweis auf die unterschiedlichen Schutzzwecke umweltrechtlicher Rechtsgebiete.

50 Zur Duldung im Wasserrecht im Überblick: *Czychowski/Reinhardt*, WHG, § 10 Rn. 10; *Fluck*, NuR 1990, 197 ff.; *Heider*, NuR 1995, 335 ff.

51 Vgl. die Auflistung bei *Nisipeanu*, ZfW 1990, 365, 369 m.w.N.; *Heider*, Behördliche Duldung, S. 16 ff.; *Wüterich*, UPR 1988, 248, 249.

52 *Czychowski/Reinhardt*, WHG, § 10 Rn. 10.

- Duldung einer Abwassereinleitung für die Dauer des Baus, der Reparatur oder Modernisierung einer Kläranlage[53],
- Duldung einer Abwassereinleitung im Rahmen von Sanierungsmaßnahmen[54].

2. *Immissionsschutzrecht*

Auch im Immissionsschutzrecht ist eine behördliche Duldung nicht selten. Wird eine gemäß § 4 BImSchG genehmigungsbedürftige Anlage ohne die Genehmigung betrieben, so kann die Behörde zunächst von einer Stilllegung gemäß § 20 BImSchG absehen und den Betrieb dulden[55].

3. *Umweltstrafrecht*

Eine Besonderheit der Duldung im Umweltrecht ist die Schnittstelle zwischen Verwaltungsrecht und Umweltstrafrecht nach den §§ 324 ff. StGB. Die §§ 324, 324a und 325 StGB stellen die unbefugte Gewässer-, Boden- und Luftverunreinigung unter Strafe. Außerdem ist nach § 327 StGB das unerlaubte Betreiben der dort aufgeführten Anlagen[56] strafbar. Wird eine solche Anlage ohne die erforderliche Genehmigung betrieben, ist grundsätzlich der Straftatbestand des § 327 StGB erfüllt.

Dieser Zusammenhang wirft die komplexe und umstrittene Frage auf, ob eine Duldung die Strafbarkeit beseitigen kann oder ob nur die förmliche Erlaubnis oder Genehmigung tatbestandsausschließende oder rechtfertigende Wirkung hat. Einigkeit herrscht im Wesentlichen darüber, dass ein schlichtes Untätigbleiben wegen Unkenntnis der Sachlage oder wegen tatsächlicher Hinnahme keine tatbestandsausschließende Wirkung haben kann[57]. Unterschiedlich wird die Sachlage beurteilt, wenn die Behörde ein Verhalten in Kenntnis des Sachverhalts toleriert. Das Meinungsspektrum reicht hierbei von der vollkommenen Ablehnung der Duldung als Rechtfertigungsgrund[58] bis zur Rechtfertigungswirkung einer gar rechtswidrigen Duldung. Zumindest einer rechtmäßigen Duldung wird überwiegend strafbarkeitsausschließende bzw. rechtfertigende Wirkung beigemessen[59]. Rechtswidriges Behördenhandeln soll dagegen teilweise nicht als Rechtfertigungsgrund herangezogen

---

53 *Bickel*, ZfW 1979, 139, 145.

54 *Gentzcke*, Informales Verwaltungshandeln, S. 15 f.

55 Dazu im Überblick: *Jarass*, BImSchG, § 4 Rn. 58, § 20 Rn. 39.

56 Z.B. das Betreiben kerntechnischer Anlagen, genehmigungsbedürftiger Anlagen nach dem BImSchG, Rohrleitungsanlagen zum Befördern wassergefährdender Stoffe, Abfallentsorgungsanlagen, Abwasserbehandlungsanlagen.

57 BGHSt 37, 21, 28 = NJW 1990, 2477, 2479; *Fischer*, StGB, Vor § 324 Rn. 11; *Schmitz* in: MüKo-StGB, Vor § 324 Rn. 99.

58 *Alleweldt*, NuR 1992, 312, 316 ff.; *Hallwaß*, NuR 1987, 296, 299 ff.

59 *Schmitz* in: MüKo-StGB, Vor § 324 Rn. 99; *Fluck*, NuR 1990, 197, 203; *Dolde*, NJW 1988, 2329, 2331 ff.; differenzierend nach einzelnen Gebieten des Umweltverwaltungsrechts *Heider*, NuR 1995, 335, 339 ff.; *Wüterich*, UPR 1988, 248, 251.

werden können[60]. Allerdings kann die Annahme, durch eine rechtswidrige Duldung gerechtfertigt zu sein, auch im Rahmen eines Verbotsirrtums berücksichtigt werden[61].

Diese hochumstrittene Frage kann an dieser Stelle jedoch offen bleiben. Denn für die Bewertung der Duldung im öffentlichen Baurecht hat die strafrechtliche Bewertung der Duldung im Umweltrecht keine Bedeutung[62]. Grund hierfür ist der grundlegende strukturelle Unterschied zwischen Baurecht und Umweltrecht. Das Recht zu bauen ist grundrechtlich durch Art. 14 GG geschützt, während die Gewässerbenutzung grundsätzlich verboten ist. Die Baugenehmigung ist dementsprechend als präventives Verbot mit Erlaubnisvorbehalt ausgestaltet, während die Gewässerbenutzung unter einem repressiven Verbot mit Befreiungsvorbehalt steht[63]. Denkbar wäre allenfalls eine Strafbarkeit des Bürgers bzw. des Amtswalters der Bauaufsichtsbehörde aufgrund eines Amtsdelikts, z.B. Bestechung gemäß § 333 StGB oder Bestechlichkeit gemäß § 331 StGB, zu problematisieren, wenn man einmal davon ausgeht, dass eine rechtswidrige Duldung eines rechtswidrigen Zustands aufgrund einer Gegenleistung erfolgt. Im Unterschied zur Problematik der Duldung im Umweltstrafrecht, besteht hier aber kein unmittelbarer Zusammenhang zwischen den Rechtswirkungen der Duldung und der Strafbarkeit. Die Strafbarkeit würde im Fall einer Duldung für eine Gegenleistung vielmehr an eine Handlung im Vorfeld anknüpfen, die mit den Rechtswirkungen der Duldung in keiner Relation steht.

II. Duldung im Ausländerrecht

1. *Rechtswirkungen*

Im Ausländerrecht ist die Duldung ein anerkanntes rechtliches Mittel, jedoch mit dem entscheidenden Unterschied, dass hier die Duldung einer gesetzlichen Regelung unterliegt. Deshalb ist es hilfreich, die Systematik dieser Vorschrift näher zu betrachten. Nach § 60a Abs. 1 AufenthG ist die Duldung als vorübergehende Aussetzung der Abschiebung eines Ausländers legaldefiniert und knüpft damit an die vollziehbare Ausreisepflicht nach § 50 AufenthG und die in § 58 AufenthG geregelte Abschiebung an. Die Duldung nach dem Aufenthaltsgesetz ist ein in der Verwaltungsvollstreckung ergehender begünstigender Verwaltungsakt[64]. Gemäß

60 *Heine*, NJW 1990, 2425, 2433 f.; *Rogall*, NJW 1995, 922, 924 f.

61 *Fischer*, StGB, Vor § 324 Rn. 11; *Schmitz* in: MüKo-StGB, Vor § 324 Rn. 99.

62 Auswirkungen kann die Duldung im Bauordnungsrecht allerdings auf die Frage haben, ob eine bußgeldbewehrte Ordnungswidrigkeit angenommen werden kann, siehe unten 9. Teil. C.

63 *Randelzhofer/Wilke*, Die Duldung als Form flexiblen Verwaltungshandelns, S. 55; *Sendler*, FS Ernst, S. 403, 414; *Hill*, GewArch. 1981, 155 f.; *Kischel*, DVBl. 1996, 185, 187; *Wasmuth/Koch*, NJW 1990, 2434, 2435 f.

64 *Bauer* in: Renner/Bergmann/Dienelt, Ausländerrecht, AufenthG, § 60a Rn. 15; *Wüterich*, UPR 1988, 248, 249, wonach die Duldung zwischen dem materiellen Ausländerrecht und dem Vollstreckungsrecht zu verorten sei.

§ 60a Abs. 3 AufenthG beseitigt die Duldung weder die Ausreisepflicht noch deren Vollziehbarkeit. Sie führt auch nicht zur Erledigung einer Abschiebungsandrohung. Die Duldung setzt einzig und allein den Vollzug einer an sich zulässigen Abschiebung zeitweilig aus und bewirkt, dass der geduldete Aufenthalt nicht strafbar ist[65].

2. *Arten der Duldung*

Die Regelung in § 60a AufenthG folgt einer ausdifferenzierten Systematik. Gemäß § 60a Abs. 1 AufenthG können die obersten Landesbehörden in besonderen Fällen anordnen, dass die Abschiebung von Ausländern für längstens sechs Monate ausgesetzt wird. Bei dieser Anordnung handelt es sich um einen ermessenslenkenden Ministerialerlass, der in Verbindung mit dem Gleichbehandlungsgebot des Art. 3 Abs. 1 GG einen Rechtsanspruch auf Erteilung einer Duldung auslöst[66]. Des Weiteren lassen sich nach der gesetzlichen Systematik des § 60a AufenthG zwei Arten der Duldung unterscheiden. Nach § 60a Abs. 2 S. 1 AufenthG besteht ein individueller Rechtsanspruch auf Duldung in den dort normierten Fällen der rechtlichen oder tatsächlichen Unmöglichkeit der Abschiebung[67]. Die Geltungsdauer einer Duldung richtet sich in erster Linie nach dem Zeitraum, für den das jeweilige Abschiebungshindernis voraussichtlich besteht. Ist dessen Wegfall jedoch nicht absehbar und kann die Erteilung einer Aufenthaltserlaubnis nicht erfolgen, soll die Gültigkeitsdauer auf ein Jahr befristet werden[68]. Neben der Möglichkeit der Befristung kann die Dauer der Duldung auch durch eine auflösende Bedingung begrenzt werden, wenn das Ereignis, mit dem der Aussetzungsgrund entfällt, bestimmt oder bestimmbar ist[69].

Dagegen regelt § 60a Abs. 2 S. 3 AufenthG eine Ermessensduldung, wenn der vorübergehende Aufenthalt zwar aus dringenden humanitären oder persönlichen Gründen oder erheblichen öffentlichen Interessen erforderlich ist, sich der Aufenthaltszweck aber noch nicht zu einem rechtlichen Abschiebungshindernis nach § 60a Abs. 2 S. 1 AufenthG verdichtet hat[70]. Die Vorschrift schafft die Möglichkeit Härtefällen wie z.B. bei Krankheit Rechnung zu tragen[71]. Die Ermessensduldung

---

65 *Bauer* in: Renner/Bergmann/Dienelt, Ausländerrecht, AufenthG, § 60a Rn. 16 f.; *Masuch* in: Huber, AufenthG, § 60a Rn. 12.

66 *Bruns* in: Hofmann/Hoffmann, Ausländerrecht, AufenthG, § 60a Rn. 8.

67 *Bauer* in: Renner/Bergmann/Dienelt, Ausländerrecht, AufenthG, § 60a Rn. 18 ff.; *Masuch* in: Huber, AufenthG, § 60a Rn. 6 ff.

68 *Bruns* in: Hofmann/Hoffmann, Ausländerrecht, AufenthG, § 60a Rn. 33.

69 *Bauer* in: Renner/Bergmann/Dienelt, Ausländerrecht, AufenthG, § 60a Rn. 47; *Bruns* in: Hofmann/Hoffmann, Ausländerrecht, AufenthG, § 60a Rn. 8, der allerdings aufgrund der weitreichenden Folgen des Erlöschens der Duldung hohe Anforderungen an die Bestimmtheit der auflösenden Bedingung stellt.

70 *Bauer* in: Renner/Bergmann/Dienelt, Ausländerrecht, AufenthG, § 60a Rn. 35 ff.; *Bruns* in: Hofmann/Hoffmann, Ausländerrecht, AufenthG, § 60a Rn. 26.

71 *Masuch* in: Huber, AufenthG, § 60a Rn. 10.

kann nur für einen vorläufigen Zeitraum erteilt werden. Dabei kommt es nicht auf einen von vornherein zeitlich bestimmbaren Zeitraum an, sondern darauf, dass der geduldete Aufenthalt aufgrund seines Zweckes beschränkt ist[72].

3. *Bescheinigung*

Weiterhin hat nach § 60a Abs. 4 AufenthG der Betroffene einen Anspruch auf Erteilung einer Bescheinigung seiner Duldung. Der Bescheinigung wird jedoch nur ein deklaratorischer Charakter beigemessen, sodass eine Duldung auch ohne Bescheinigung vorliegt. Allerdings ist die Bescheinigung als Beweismittel für den Duldungsstatus für den Betroffenen von großer Bedeutung[73].

4. *Beendigung der Duldung*

Die ausländerrechtliche Duldung endet grundsätzlich mit Ablauf der Duldungsfrist. Nach Ablauf der Duldungsfrist ist die unverzügliche Abschiebung zwingend vorgeschrieben, kann aber gemäß § 60a Abs. 5 S. 3 AufenthG aus denselben oder anderen Gründen durch eine Duldung erneut ausgesetzt werden. Im Fall einer solchen „Kettenduldung" bedarf es einer Ankündigung der Vollziehung einen Monat vor der Abschiebung, wenn eine ununterbrochene Dauer der Duldung von mehr als einem Jahr vorliegt, vgl. § 60a Abs. 5 S. 4 AufenthG[74]. Außerdem erlischt nach § 60a Abs. 5 S. 1 und 2 AufenthG die Duldung im Ausländerrecht mit der Ausreise des Ausländers oder ist zu widerrufen, wenn der Duldungsgrund entfällt.

5. *Bedeutung für die baurechtliche Duldung*

Auch wenn das Beispiel der Duldung im Ausländerrecht zeigt, dass es möglich sein kann, die Duldung einer gesetzlichen Regelung zu unterwerfen, ist festzuhalten, dass sie mit der hier zu untersuchenden baurechtlichen Duldung nicht vergleichbar ist. Grundlegender Unterschied ist, dass der Erlass einer Bauordnungsverfügung nach den Landesbauordnungen im Ermessen der Bauaufsichtsbehörde steht, während die Abschiebung eines Ausländers gemäß § 58 AufenthG eine gebundene Entscheidung ist. Das bedeutet, dass die Duldung im Ausländerrecht als gesetzliche Ausformung des Verhältnismäßigkeitsgrundsatzes einen Ausnahmecharakter hat[75]. Das zeigt sich darin, dass die Duldung im Grundsatz nur erteilt wird, wenn die Abschiebung aus rechtlichen oder tatsächlichen Gründen unmöglich ist.

Gleichwohl zeigt die Duldung im Ausländerrecht die Möglichkeit einer Normierung im Verwaltungsrecht auf, die es den Behörden erlaubt, einen rechtswidrigen

---

72 *Bruns* in: Hofmann/Hoffmann, Ausländerrecht, AufenthG, § 60a Rn. 26; Bsp.: Ausbildung, Krankenhausaufenthalt, Gerichtsverfahren etc.

73 *Bruns* in: Hofmann/Hoffmann, Ausländerrecht, AufenthG, § 60a Rn. 30.

74 *Bauer* in: Renner/Bergmann/Dienelt, Ausländerrecht, AufenthG, § 60a Rn. 44.

75 *Hermes/Wieland*, Die staatliche Duldung, S. 19 f.; *Wüterich*, UPR 1988, 248, 249.

Zustand aufrechtzuerhalten[76]. Vor allem der Ermessensduldung im AufenthG lassen sich somit einige Anforderungen entnehmen, die als allgemeine Grundsätze auch Eingang in die Bewertung der Duldung rechtswidriger Zustände im öffentlichen Baurecht finden können. Das gilt vor allem für die befristete Geltungsdauer der Duldung, die schriftliche Erteilung in Form einer Bescheinigung sowie das Erlöschen der Duldung bei Wegfall des Duldungsgrundes.

III. Abgrenzung zur sog. Duldungsverfügung

Die behördliche Duldung rechtswidriger Zustände darf in keinem Fall mit der sog. *Duldungsverfügung* verwechselt werden. Bei der Duldungsverfügung handelt es sich um einen Verwaltungsakt, der einer Ordnungsverfügung entgegenstehende private Rechte Dritter überwindet. Sie kommt immer dann in Betracht, wenn die bauliche Anlage im Eigentum mehrerer Personen steht oder Eigentum und Besitz – etwa bei Miete oder Pacht – auseinanderfallen[77]. Einer Duldungsverfügung bedarf es nur dann nicht, wenn der Dritte bei seiner Anhörung sein Einverständnis mit der Maßnahme erklärt[78]. Ergeht keine Duldungsverfügung, folgt daraus aber nicht die Rechtswidrigkeit der Ordnungsverfügung. Ihre Durchsetzbarkeit ist vielmehr wegen eines Vollstreckungshindernisses bis zum Erlass einer vollziehbaren Duldungsverfügung gehemmt[79]. Beispiel hierfür ist eine Abrissverfügung gegen den Pächter. Die Behörde muss dann gegenüber dem Eigentümer eine Duldungsverfügung erlassen, um das Vollstreckungshindernis auszuräumen. Ebenso muss gegenüber dem Mieter eine Duldungsverfügung ergehen, der einen „Schwarzbau" gemietet hat, denn der Mieter hat aufgrund des privatrechtlichen Mietvertrages ein Recht an der Sache erworben, die Gegenstand der Ordnungsverfügung ist[80]. Entscheidender Unterschied zwischen der Duldung und der Duldungsverfügung ist also, dass erstere die Behörde bindet, während die Duldungsverfügung an den Bürger gerichtet ist und diesen zur Duldung verpflichtet[81]. Um begriffliche Verwechslungen zu vermeiden, empfiehlt es sich daher, den Begriff der Duldungsverfügung im Kontext der Duldung nicht zu verwenden[82].

C. Zeitpunkt der Duldung im Verwaltungsverfahren

Klärungsbedürftig ist die Frage, in welchem Stadium des verwaltungsrechtlichen Verfahrens die Duldung relevant wird bzw. ob die Duldung im Verwaltungsverfahren,

76 *Hüting*, Behördliche Duldung, S. 27.
77 *Kopp/Ramsauer*, VwVfG, § 35 Rn. 113; *Mann* in: Große-Suchsdorf, NBauO, § 79 Rn. 90.
78 OVG Rh.-Pf., NVwZ-RR 2004, 239 f.
79 BVerwGE 40, 101, 103; BayVGH, BayVBl. 1977, 52, 53.
80 *Rabe*, BauR 1978, 166, 176.
81 *Nisipeanu*, ZfW 1990, 365, 367.
82 So geschehen aber in einem Beschluss des OVG NRW, BauR 2010, 1213 ff.

im vorgelagerten Stadium oder auch im Rahmen des Vollstreckungsverfahrens Anwendung finden kann.

I. Duldung vor Erlass der Bauordnungsverfügung

Erlangt die Bauaufsichtsbehörde Kenntnis von einem illegalen Bauwerk oder einer Nutzung, hat sie zunächst den maßgebenden Sachverhalt zu ermitteln, bevor sie sich gegebenenfalls entscheidet, von einer Bauordnungsverfügung vorübergehend abzusehen. Die Duldung äußert sich dann im Nichterlass der Bauordnungsverfügung.

II. Keine Duldung durch Aussetzung der Vollziehung nach § 80 Abs. 4 VwGO

Ist bereits eine Bauordnungsverfügung ergangen, ist zu überprüfen, ob sich die Duldung auch in der Aussetzung der Vollziehung der Beseitigungsanordnung gemäß § 80 Abs. 4 VwGO äußern kann[83]. Die Aussetzung kann grundsätzlich bis zur Unanfechtbarkeit des Verwaltungsakts getroffen werden, im Klageverfahren also bis zum Erlass einer rechtskräftigen Hauptsachentscheidung[84]. Voraussetzung einer solchen Entscheidung ist, dass der Betroffene gegen eine Bauordnungsverfügung Widerspruch oder Anfechtungsklage eingelegt hat und der Rechtsbehelf keine aufschiebende Wirkung hat. Das ist zum einen der Fall, wenn die Behörde zuvor die sofortige Vollziehung des Verwaltungsakts nach § 80 Abs. 2 S. 1 Nr. 4 VwGO angeordnet hat[85]. Denn bei der Aussetzungsentscheidung handelt es sich um den *actus contrarius* zur Anordnung der sofortigen Vollziehung, die eine Überprüfung enthält, ob die Vollzugsanordnung nach § 80 Abs. 2 S. 1 Nr. 4 VwGO weiterhin gerechtfertigt ist[86]. In der Regel erfolgt die Anordnung der sofortigen Vollziehung bei Nutzungsuntersagungen[87]. Dagegen bedarf die Anordnung der sofortigen Vollziehung bei einer Abbruchverfügung einer besonders sorgfältigen Abwägung und wird nur bei einem besonders starken Vollzugsinteresse in Betracht kommen, z.B. bei Gefahren für Menschen wegen Baufälligkeit eines Gebäudes oder bei Brandgefahr[88]. Bei Anordnung der sofortigen Vollziehung hat die Behörde die Vollziehung auszusetzen, wenn die gesetzlichen Voraussetzungen für seine sofortige Vollziehung zum Zeitpunkt der Behördenentscheidung nicht mehr bestehen. Die Behörde hat insbesondere das Bestehen eines überwiegenden Vollzugsinteresses zu

---

83 Die Aussetzung der Vollziehung nach § 80 Abs. 4 VwGO ist nicht zu verwechseln mit dem vorübergehenden Absehen von Vollstreckungsmaßnahmen, das häufig als Aussetzung der Vollziehung bezeichnet wird; siehe dazu unten 1. Teil. C.III.

84 *Finkelnburg/Dombert/Külpmann*, Vorläufiger Rechtsschutz, § 41 Rn. 825; *Puttler* in: Sodan/Ziekow, VwGO, § 80 Rn. 104; *Sadler*, VwVG, § 6 Rn. 217.

85 *Boeddinghaus/Hahn/Schulte*, BauO NRW, § 61 Rn. 174 ff.

86 *Finkelnburg/Dombert/Külpmann*, Vorläufiger Rechtsschutz, § 41 Rn. 839.

87 *Boeddinghaus/Hahn/Schulte*, BauO NRW, § 61 Rn. 177 f.

88 *Boeddinghaus/Hahn/Schulte*, BauO NRW, § 61 Rn. 176.

prüfen und kann die Vollziehung ausschließlich aus Zweckmäßigkeitserwägungen aussetzen[89]. So kann eine Aussetzungsentscheidung in Betracht kommen, wenn eine illegale Wohnnutzung über einen langen Zeitraum von der Behörde stillschweigend hingenommen wurde und dann die Wohnnutzung unter Anordnung der sofortigen Vollziehung untersagt wird[90].

Bedeutung erlangt die Aussetzung der Vollziehung daneben auch bei Verwaltungsakten im Vollstreckungsverfahren, wenn sich im Landesrecht eine gesetzliche Regelung findet, die die aufschiebende Wirkung von Rechtsbehelfen nach § 80 Abs. 2 S. 1 Nr. 3 VwGO entfallen lässt. So regelt § 112 JustG NRW, dass Rechtsbehelfe gegen Maßnahmen in der Verwaltungsvollstreckung keine aufschiebende Wirkung haben[91]. Auch dann kann nach § 80 Abs. 4 VwGO die Vollziehung durch die Behörde förmlich ausgesetzt werden. Bei sofort vollziehbaren Verwaltungsakten gemäß § 80 Abs. 2 S. 1 Nr. 1–3 und Abs. 3 S. 2 VwGO kommt eine Aussetzung der Vollziehung in Betracht, wenn besondere Umstände für eine Ausnahme vom gesetzlich bestimmten Sofortvollzug vorliegen[92].

Für die Annahme einer Duldung durch die Aussetzungsentscheidung nach § 80 Abs. 4 VwGO könnte sprechen, dass nach den rein tatsächlichen Auswirkungen die Grundverfügung gegen den Bürger nicht vollstreckt werden kann und er das illegale Bauwerk zunächst weiter behalten bzw. die illegale Nutzung weiter fortführen kann. Die Vollziehung wird damit vorübergehend verhindert und hinausgeschoben. Während der Dauer der Aussetzung ist das Verwaltungszwangsverfahren gehemmt, sodass Vollstreckungsmaßnahmen unzulässig sind[93]. Die Vollziehung der Grundverfügung kann auch von Amts wegen ohne Antrag des Bürgers ausgesetzt werden. Außerdem liegt der Aussetzungsentscheidung eine Interessenabwägung zugrunde, ob dem Interesse des Betroffenen an der Aussetzung der Vollziehung Vorrang gegenüber dem öffentlichen Interesse am sofortigen Vollzug einzuräumen ist. Maßstab der Aussetzungsentscheidung kann etwa sein, dass Einwände des Betroffenen oder eine Änderung der Sach- und Rechtslage eine andere Gewichtung von Vollzugs- und Suspensivinteresse erfordern[94].

Dagegen spricht aber, dass die Aussetzung der Vollziehung vor allem dem Rechtsschutzinteresse des betroffenen Bürgers dient und nicht wie die Duldung maßgeblich auf dem Willen der Behörde beruht[95]. Sinn und Zweck der Aussetzungsentscheidung ist es, die Ausnahmen von der aufschiebenden Wirkung von Rechtsbehelfen wieder rückgängig zu machen, sodass der Betroffene während der Dauer des Widerspruchsverfahrens oder des gerichtlichen Verfahrens von den Wirkungen der fehlenden

89 *Puttler* in: Sodan/Ziekow, VwGO, § 80 Rn. 109.
90 Siehe unten 6. Teil. F.III.2.
91 *Boeddinghaus/Hahn/Schulte*, BauO NRW, § 61 Rn. 174.
92 *Puttler* in: Sodan/Ziekow, VwGO, § 80 Rn. 106.
93 *Sadler*, VwVG, § 6 Rn. 220.
94 *Finkelnburg/Dombert/Külpmann*, Vorläufiger Rechtsschutz, § 41 Rn. 839.
95 *Wüterich* UPR 1988, 248, 250; ähnlich *Hallwaß*, NuR 1987, 296, 298.

aufschiebenden Wirkung von Rechtsbehelfen verschont bleibt[96]. Damit kann im Ergebnis in einer behördlichen Aussetzungsentscheidung nach § 80 Abs. 4 VwGO keine Duldung des rechtswidrigen Zustands gesehen werden.

Auch die Erklärung der Bauaufsichtsbehörde gegenüber dem Verwaltungsgericht im Verfahren nach § 80 Abs. 5 VwGO, von einer Vollstreckung des angefochtenen Verwaltungsakts bis zur gerichtlichen Entscheidung abzusehen, stellt sich nicht als Duldung dar. Diese Erklärung kommt dann in Betracht, wenn abzusehen ist, dass die in der Androhung von Zwangsmitteln gesetzte Frist abgelaufen ist, bevor das Gericht über einen Antrag nach § 80 Abs. 5 VwGO entscheiden kann. Hierbei handelt es sich aber auch nicht um eine Aussetzungsentscheidung nach § 80 Abs. 4 VwGO[97]. Denn zum einen bezieht sich die Erklärung nicht auf den Verwaltungsakt und dessen sofortige Vollziehbarkeit, sondern vielmehr auf seine zwangsweise Durchsetzung. Zum anderen hätte sich der Antrag des Betroffenen nach § 80 Abs. 5 VwGO in diesem Fall erledigt, weil er sein Rechtsschutzziel erreicht hätte. Vielmehr handelt es sich bei der Erklärung der Behörde, von der Vollstreckung bis zur Entscheidung des Gerichts nach § 80 Abs. 5 VwGO abzusehen, um eine informelle Prozesshandlung[98].

III. Duldung im Vollstreckungsverfahren

Kommt der Adressat einer Bauordnungsverfügung dieser nicht freiwillig nach, muss die Anordnung notfalls mit Mitteln des Verwaltungszwangs durchgesetzt werden. Zu den typischen Zwangsmitteln gehören die Versiegelung der Baustelle bei der Stilllegung, Zwangsgeld und Ersatzvornahmen bei der Beseitigungsanordnung, sowie Zwangsgeld und Anwendung unmittelbaren Zwangs bei der Nutzungsuntersagung[99]. Ob im Rahmen des Vollstreckungsverfahrens nach Erlass der Bauordnungsverfügung eine Duldung möglich ist, richtet sich danach, ob die Behörde zur Vollstreckung verpflichtet ist oder die Vollstreckung ebenso wie der Erlass der Bauordnungsverfügung im Ermessen der Behörde steht. Da sich im Vollstreckungsrecht zu dieser Frage keine Regelung findet, ist davon auszugehen, dass sich Einleitung des Vollstreckungsverfahrens nicht nach dem Vollstreckungsrecht als „dienendem Recht", sondern nach dem jeweiligen materiellen Recht der Grundverfügung richtet[100]. Die Einleitung des Vollstreckungsverfahrens steht also ebenso wie der Erlass einer Bauordnungsverfügung im pflichtgemäßen Ermessen der Behörde, sodass eine Duldung auch im Rahmen des Vollstreckungsverfahrens, etwa durch vorübergehenden Verzicht auf die

96 *Puttler* in: Sodan/Ziekow, VwGO, § 80 Rn. 101.
97 *W.-R. Schenke* in: Kopp/Schenke, VwGO, § 80 Rn. 107; *Schoch* in: Schoch/Schneider/Bier, VwGO, § 80 Rn. 276.
98 *Lemke*, SächsVBl. 1995, 121, 123 f.
99 *Boeddinghaus/Hahn/Schulte*, BauO NRW, § 61 Rn. 194 ff.
100 *Gentzcke*, Informales Verwaltungshandeln, S. 73 f.; *Hermes/Wieland*, Die staatliche Duldung, S. 21.

Einleitung des Vollstreckungsverfahrens[101], Verlängerung von (in der Androhung bestimmten) Beseitigungsfristen oder durch Aussetzen der Vollstreckung[102] möglich ist. Im Vollstreckungsverfahren zielt die Duldung mithin auf *„erweiterten Vollstreckungsschutz“*[103]. Die verbindliche Zusage, von der Vollstreckung einstweilen abzusehen bzw. diese auszusetzen, bildet folglich ein Vollstreckungshindernis[104]. Dieses Absehen von der Vollstreckung ist nicht zu verwechseln mit der Aussetzung der Vollziehung nach § 80 Abs. 4 VwGO, weil bei der Duldung im Vollstreckungsverfahren die Entscheidung erst nach Ablauf der Widerspruchs- bzw. Klagefrist getroffen wird.

Im Sinne eines solchen Vollstreckungshindernisses ist auch die bereits erwähnte Duldung im Ausländerrecht nach § 60a Abs. 1 AuslG ausgestaltet, wo die Duldung als ein in der Verwaltungsvollstreckung ergehender begünstigender Verwaltungsakt angesehen wird[105]. Die Duldung setzt einzig und allein den Vollzug einer an sich zulässigen Abschiebung zeitweilig aus und bewirkt, dass der geduldete Aufenthalt nicht strafbar ist[106]. Diese Vorgehensweise zeichnet sich im Baurecht auch in der Behördenpraxis bei der Erarbeitung von Sanierungskonzepten für rechtswidrige Zustände im Außenbereich ab. Danach wird für den Erlass einer Duldung eine Grundverfügung vorausgesetzt, auf die im Anschluss eine Zusicherung des Inhalts erfolgt, dass die Vollziehung der Verfügung ausgesetzt wird[107].

IV. Ergebnis

Die Duldung ist nicht von einem bestimmten Zeitpunkt im Rahmen des behördlichen Entscheidungsprozesses abhängig. Sie kann vielmehr im gesamten Zeitraum zwischen Erkenntnis- und Vollstreckungsverfahren in Erscheinung treten[108].

D. Unterscheidung zwischen aktiver und passiver Duldung

Zur Beschreibung der Art und Weise des Nichteinschreitens haben sich in der verwaltungsrechtlichen Rechtsprechung und Literatur die Begriffe der *„aktiven*

---

101 OVG Berlin-Bbg., Beschl. v. 27.12.2013 – OVG 10 S 26.13, juris Rn. 13 (Abschluss öffentlich-rechtlicher Verträge mit dem Inhalt, eine Nutzungsuntersagung nicht zu vollstrecken); OVG NRW, NWVBl. 1992, 205, 206; *Sadler*, VwVG, § 6 Rn. 224; *Nisipeanu*, ZfW 1990, 365, 373.

102 *Finkelnburg/Dombert/Külpmann*, Vorläufiger Rechtsschutz, § 41 Rn. 819.

103 So ausdrücklich OVG NRW, Beschl. v. 01.07.2014 – 2 A 690/14, juris Rn. 10.

104 VGH BW, NVwZ 1991, 686; *Lemke*, SächsVBl. 1995, 121, 124.

105 *Bauer* in: Renner/Bergmann/Dienelt, Ausländerrecht, AufenthG, § 60a Rn. 15.

106 *Bauer* in: Renner/Bergmann/Dienelt, Ausländerrecht, AufenthG, § 60a Rn. 16 f.; *Masuch* in: Huber, AufenthG, § 60a Rn. 12.

107 Vgl. das Außenbereichskonzept des Landratsamts Eichstätt unten 1. Teil. F.II.2. und das „Sanierungskonzept Alzenau“ unten 1. Teil. F.II.4.

108 *Nisipeanu*, ZfW 1990, 365, 372 f.; *Wüterich*, UPR 1988, 248, 250.

Duldung" und *„passiven Duldung*" etabliert. Dies macht es notwendig zunächst eine Abgrenzung vorzunehmen. Die Unterscheidung zwischen aktiver und passiver Duldung greift den zuvor erörterten Gedanken des bewussten Einschreitens wieder auf.

I. Die aktive oder qualifizierte Duldung

Als aktive Duldung bezeichnet man im Allgemeinen ein erkennbares positives Tun, zumindest aber konkludentes Verhalten der Behörde, durch das sie zu erkennen gibt, von ihrer Möglichkeit einzuschreiten, keinen Gebrauch machen zu wollen[109]. Die Behörde ist nicht verpflichtet den Ausdruck Duldung oder Duldungsentscheidung zu verwenden. Es reicht aus, wenn die Auslegung des Verhaltens[110] ergibt, dass die Behörde den rechtswidrigen Zustand zumindest vorübergehend hinnimmt. Voraussetzung ist aber die Kenntnis der Behörde von formeller und gegebenenfalls materieller Illegalität[111]. Abzulehnen ist dagegen die Auffassung, dass auch das schlichte Untätigbleiben in Kenntnis der Umstände aufgrund einer Ermessensentscheidung eine aktive Duldung darstellen können soll[112]. Hierin liegt vielmehr gerade ein Fall der passiven Duldung, da auch diese eine bewusste Ermessensentscheidung voraussetzt[113].

Jedenfalls setzt eine aktive Duldung nach der Rechtsprechung aufgrund ihres Ausnahmecharakters voraus, dass die zuständige Behörde in unmissverständlicher Art und Weise zu erkennen gibt, ob, in welchem Umfang, und gegebenenfalls über welchen Zeitraum die Duldung des illegalen Zustands erfolgen soll[114]. Ungeklärt ist, ob eine qualifizierte Duldung die Schriftform voraussetzt[115]. In der Rechtsprechung findet sich lediglich die Formulierung, dass „viel dafür spreche, dass die Duldung, soll sie Vertrauensschutz vermitteln, schriftlich erfolgen muss"[116]. Eine genaue Untersuchung der weiteren Voraussetzungen qualifizierter Duldungen und der

---

109 OVG Berlin, NJW 1977, 777 = BRS 39 Nr. 207; HessVGH, BRS 55 Nr. 205 (S. 584); OVG NRW, BRS 71 Nr. 187; OVG Rh.-Pf., DVBl. 2012, 1185; ähnlich *Gentzcke*, Informales Verwaltungshandeln, S. 76.

110 Im Fall eines Verwaltungsakts kommt es grundsätzlich auf den Empfängerhorizont an, d.h. wie der Adressat des Verwaltungsakts diesen nach Treu und Glauben unter Berücksichtigung der bekannten Umstände verstehen musste, vgl. BVerwGE 60, 223, 229; BVerwG, NVwZ 1993, 177, 179.

111 OVG NRW, Beschl. v. 29.11.2013 – 7 A 1879/12, juris Rn. 5; OVG NRW, NVwZ-RR 2007, 364, 366; OVG Rh.-Pf., BRS 76 Nr. 211.

112 So aber *Ruske*, Die gleichheitsgemäße Ermessensausübung, S. 51.

113 Siehe unten 1. Teil. D.II.

114 OVG NRW, Beschl. v. 26.02.2015 – 10 A 1432/12, juris Rn. 47; OVG NRW, Beschl. v. 29.11.2013 – 7 A 1879/12, juris Rn. 5; OVG NRW, Beschl. v. 11.11.2013 – 7 E 1036/13, juris Rn. 9; OVG NRW, BRS 74 Nr. 203 (S. 927); OVG NRW, NVwZ-RR 2007, 661, 662; OVG M-V, Urt. v. 04.09.2013 – 3 L 108/11, juris Rn. 70.

115 Siehe dazu unten 6. Teil. E.III.3.c); zum Schriftformerfordernis beim Duldungsverwaltungsakt siehe unten 5. Teil. D.II.

116 OVG NRW, Beschl. v. 26.02.2015 – 10 A 1432/12, juris Rn. 49; OVG NRW, NVwZ-RR 2009, 364, 366; OVG NRW, BauR 2006, 90, 93.

rechtlichen Wirkungen erfolgt im Rahmen der Auseinandersetzung mit dem Vertrauensschutzprinzip[117].

Die behördliche Praxis zeigt, dass sich die Bauaufsichtsbehörden bei einer aktiven Duldung des gesamten Spektrums verwaltungsrechtlicher Instrumente bedienen. So kann die Duldung eines baurechtswidrigen Zustands in Form einer Zusicherung nach § 38 VwVfG oder eines sog. „Duldungsverwaltungsakts" auftreten, die Bauaufsichtsbehörde kann sich in einem öffentlich-rechtlichen Vertrag nach § 54 VwVfG oder einem gerichtlichen Vergleich nach § 106 VwGO verpflichten, darüber hinaus kann sie sich aber auch Handlungsformen im Bereich des informellen Verwaltungshandelns bedienen[118]. Vor allem sind aber Duldungszusagen in Form der Zusicherung, nicht gegen ein rechtswidriges Vorhaben einzuschreiten, in der Praxis verbreitet[119].

Vereinzelt wird anstatt von aktiver Duldung auch von *„qualifizierter Duldung"* gesprochen[120]. Der Begriff der „qualifizierten Duldung" enthält dabei aber keinen über den Bedeutungsgehalt der aktiven Duldung hinausgehenden Inhalt.

II. Die passive oder faktische Duldung

Schwieriger ist der Bedeutungsgehalt des Begriffs der passiven Duldung zu erfassen, da diese Terminologie nicht immer einheitlich verwendet wird[121]. Unabhängig davon wird die passive Duldung auch als *„schlichte Duldung"*[122], *„bloße Duldung"*[123] oder *„faktische Duldung"*[124] bezeichnet. Dazu zählen grundsätzlich alle Verhaltensweisen der Behörden, die ein schlichtes Unterlassen des bauaufsichtlichen Einschreitens

---

117 Siehe zum Vertrauensschutz unten 6. Teil. E.; zu den Voraussetzungen der qualifizierten Duldung 6. Teil. E.III.3.

118 *Mann* in: Große-Suchsdorf, NBauO, § 79 Rn. 65; *Battis*, Öffentliches Baurecht, Rn. 607; *Götz*, Allgemeines Polizei- und Ordnungsrecht, § 11 Rn. 8; *Fluck*, NuR 1990, 197, 199; *Nisipeanu*, ZfW 1990, 365, 372; *Schoch*, Jura 2005, 178, 184; für eine genaue Darstellung der einzelnen Handlungsformen der Duldung siehe unten 5. Teil.

119 BayVGH, BayVBl. 1998, 660, 661 f.; OVG NRW, NWVBl. 1992, 205 ff.; ThürOVG, BRS 71 Nr. 196; *Bracher*, ZfBR 1987, 127 ff.; siehe auch die Sanierungs- und Außenbereichskonzepte, unten 1. Teil. F.II.

120 OVG Berlin, NVwZ 1990, 176, 178; vgl. auch *Muckel/Ogorek*, Öffentliches Baurecht, § 9 Rn. 40.

121 *Gentzcke*, Informales Verwaltungshandeln, S. 76.

122 *Ruske*, Die gleichheitsgemäße Ermessensausübung, S. 50.

123 BVerwG, DVBl. 1965, 525.

124 VGH BW, NVwZ-RR 2008, 696, 697; OVG NRW, Urt. v. 20.04.2016 – 7 A 1367/14, juris Rn. 35; OVG NRW, Urt. v. 24.02.2016 – 7 A 1623/14, juris Rn. 50; OVG NRW, Urt. v. 16.03.2012 – 2 A 760/10, juris Rn. 52; OVG NRW, NVwZ-RR 2007, 661, 662; OVG NRW, BRS 71 Nr. 187; OVG NRW, Beschl. v. 24.01.2006 – 10 B 2159/05 und 10 B 2160/05, juris Rn. 12; OVG NRW, BauR 2006, 90, 93 = BRS 69 Nr. 189; NdsOVG, Beschl. v. 09.03.2012 – 1 LA 254/09, juris Rn. 84; *Dürr/Middeke/Schulte Beerbühl*, Baurecht NRW, III. Rn. 348; *Rothfuchs*, LKV 2006, 454, 456.

in Kenntnis des Sachverhalts zum Inhalt haben. Die stillschweigende Hinnahme eines rechtswidrigen Zustands zeichnet sich insbesondere dadurch aus, dass die Duldungsentscheidung den behördeninternen Bereich nicht verlässt und, anders als die aktive Duldung, nicht nach außen hin mündlich oder schriftlich kommuniziert wird[125].

Teilweise wird jedoch auch die auf Unkenntnis des Sachverhalts oder Nachlässigkeit beruhende bloße Untätigkeit als passive Duldung bezeichnet[126]. Das Nichteinschreiten aufgrund von Unkenntnis ist aber aus dem Anwendungsbereich der Duldung auszuklammern, sodass in einem schlichten Unterlassen des Einschreitens aufgrund von Unkenntnis auch kein als passive Duldung zu bezeichnendes Verhalten gesehen werden kann[127]. Offen bleibt noch, ob auch die bloße Untätigkeit unter den Begriff der passiven Duldung subsumiert werden kann. Diese Untätigkeit kann z.B. daher rühren, dass sich der jeweilige Amtsträger keine Gedanken über ein behördliches Tätigwerden gemacht hat[128] oder die Behörde aus Nachlässigkeit, Unentschlossenheit oder Arbeitsscheu nicht handelt[129]. *Nisipeanu* sieht gerade in diesen mit einer egoistischen Motivation behafteten Fällen den Kern der passiven Duldung[130]. Dagegen spricht aber, dass entscheidend für das Vorliegen einer Duldung die Auseinandersetzung der Behörde mit dem Sachverhalt und das Treffen einer bewussten Ermessensentscheidung sind. Denn es ist festzuhalten, dass die Behörde auch in Kenntnis des Sachverhalts bewusst von einem Einschreiten absehen kann, auch wenn sie nicht – wie bei der aktiven Duldung – nach außen handelt. Auch die lediglich behördenintern bleibende Bearbeitung kann den Willen der Behörde manifestieren, einen rechtswidrigen Zustand zu dulden[131]. Dies tut sie aber gerade nicht, wenn sie aus Nachlässigkeit oder Bequemlichkeit schlicht untätig bleibt. Im Rahmen solcher Verhaltensweisen kann nicht der Begriff der (wenn auch passiven) Duldung Anwendung finden, setzt dieser doch nach dem oben genannten Verständnis eine bewusste Entscheidung in Kenntnis des Sachverhalts voraus. Aufgrund der Abgrenzungsschwierigkeiten in der Praxis ist daher für den Nachweis einer passiven Duldung erforderlich, dass sie sich behördenintern in einem den Duldungswillen dokumentierenden Aktenvermerk nachvollziehen lässt[132]. Ein Aktenvermerk kann auch aus Gründen des Gleichheitsgebots sinnvoll sein[133].

---

125 *Decker* in: Simon/Busse, BayBO Art. 76 Rn. 226.
126 *Winkelbauer*, DÖV 1988, 723, 728; *Ruske*, Die gleichheitsgemäße Ermessensausübung, S. 50.
127 Siehe oben 1. Teil. A.IV.1.
128 *Wasmuth/Koch*, NJW 1990, 2434, 2436.
129 *Gentzcke*, Informales Verwaltungshandeln, S. 22; *Nisipeanu*, ZfW 1990, 365, 368.
130 *Nisipeanu*, ZfW 1990, 365, 368.
131 *Gentzcke*, Informales Verwaltungshandeln, S. 77 f.; *Hüting*, Behördliche Duldung, S. 31; *Dahs/Pape*, NStZ 1988, 383, 385.
132 *Gentzcke*, Informales Verwaltungshandeln, S. 78; *Dolde*, NJW 1988, 2329, 2333; *Fröhlich*, DÖV 1989, 1029, 1036; *Winkelbauer*, DÖV 1988, 723, 728.
133 *Köhler-Rott* in: Reichel/Schulte, Handbuch Bauordnungsrecht, Kap. 15 Rn. 356.

Die Frage, ob einer passiven Duldung rechtliche Bedeutung zukommt, wird insbesondere dann relevant, wenn sich ein Bürger darauf beruft, die Bauaufsichtsbehörde sei über einen längeren Zeitraum nicht gegen ein rechtswidriges Bauwerk vorgegangen und habe deshalb ihre Eingriffsrechte verwirkt oder sei aus Vertrauensschutzgründen an einem Einschreiten gehindert[134]. Auch wenn der passiven Duldung meist jegliche rechtliche Bedeutung abgesprochen wird, sodass sie einer Bauordnungsverfügung nicht entgegenstehe[135], hat die Auseinandersetzung mit dem Begriff doch gezeigt, dass sich aktive und passive Duldung näher sind als vermutet. Der Unterschied liegt lediglich in der Kommunikation der Duldungsentscheidung nach außen, sodass die Differenzierung erst bei der Frage relevant wird, ob die Behörde an einem späteren Einschreiten, etwa aus Gründen des Vertrauensschutzes, gehindert sein kann. Die Bedeutung der Unterscheidung zeigt sich damit erst auf der Rechtsfolgenseite der Duldung[136].

III. Vorteile der Begriffe der qualifizierten und faktischen Duldung

Zu Recht wird eingewandt, dass der Begriff der aktiven Duldung missglückt sei und eher zu einer Begriffsverwirrung führe, als eine sinnvolle Abgrenzung und Definition der Duldung zu erreichen[137]. In der Tat ist diesem Befund zuzustimmen, wenn man sich den tatsächlichen Unterschied zwischen der passiven und aktiven Duldung vor Augen führt. Die aktive Duldung unterscheidet sich von der passiven Duldung dadurch, dass die Behörde ein über die schlichte Hinnahme hinausgehendes Verhalten an den Tag legt. Der Begriff des aktiven Duldens impliziert aber lediglich, dass die Behörde sich aktiv mit dem Duldungssachverhalt auseinandergesetzt hat. Das tut sie aber nach dem hier zugrunde liegenden Verständnis auch dann, wenn sie einen Zustand im Sinne passiven Duldens schlicht hinnimmt, ohne ihre Entscheidung

---

134 BayVGH, BayVBl. 1999, 590, 592 (Garagenüberdachung eines Carports); OVG Berlin, NVwZ 1990, 176 (zum dauerhaften Wohnen genutzte Gartenlaube mit Garage); Hess VGH, NVwZ 1983, 687 f. (rechtswidrige Umnutzung einer Gaststätte in einen Diskothekenbetrieb); HessVGH, BRS 28 Nr. 163 (Aufhebung einer auf naturschutzrechtlichen Gründen basierenden Abbruchverfügung und Nichtbescheidung eines daraufhin angestoßenen Bauantrags über 12 Jahre); OVG NRW, BRS 63 Nr. 214 (illegale Werbeanlage); OVG NRW, BRS 56 Nr. 32 (illegale Wohnnutzung in einer ehemaligen Werkssiedlung); OVG NRW, BRS 44 Nr. 146 (illegal errichtetes Wohnhaus).

135 Vgl. etwa BayVGH, BayVBl. 1999, 590,592; OVG Berlin, NVwZ 1990, 176, 179; OVG NRW, BRS 74 Nr. 203; OVG NRW, BRS 71 Nr. 187; *Kaiser* in: Ehlers/Fehling/Pünder, Besonderes Verwaltungsrecht Bd. 2, § 41 Rn. 141; *Hill*, GewArch. 1981, 155, 157; *Rengier*, ZStW 101 (1989), 874, 906; *Schoch*, Jura 2005, 178, 183.

136 *Heider*, Behördliche Duldung, S. 31; *Hüting*, Behördliche Duldung, S. 31; zu den Wirkungen der faktischen Duldung siehe unten 6. Teil. E.III.2.

137 *Steindorf* in: LK-StGB, § 324 Rn. 62, 88 f; *Wasmuth/Koch*, NJW 1990, 2434, 2436; *Wüterich*, UPR 1988, 248, 249.

nach außen zu tragen. Damit trägt die Unterscheidung von aktiver und passiver Duldung wenig zur Begriffsbestimmung bei.

Auf der anderen Seite ist die Abgrenzung einzelner Handlungsformen bzw. die Ermittlung, ob die Behörde im Einzelfall nach außen gehandelt hat, nicht immer leicht einzuschätzen, für die Bewertung der Rechtswirkung der Duldung aber von Bedeutung. Deshalb verdient zumindest der Begriff der „qualifizierten Duldung" Zuspruch[138]. Denn er impliziert, dass über die bloße Erkenntnis der Behörde, dass ein Zustand geduldet werden soll, ein darüber hinaus gehendes „qualifiziertes" Verhalten zu fordern ist. Die schlichte Hinnahme kann als Gegenbegriff als eine rein faktische Duldung bezeichnet werden. Ihr fehlt das Verhalten der Behörde, dass gegenüber dem Bürger die Hinnahme des Zustandes zum Ausdruck bringt. Im Folgenden werden deshalb die Begriffe qualifizierte und faktische Duldung verwendet.

IV. Konkludente Duldung

Neben dem ausdrücklichen Dulden sind auch interpretationsbedürftige Handlungen der Bauaufsichtsbehörden zu beobachten, die im Einzelfall ausgelegt werden müssen. Dabei handelt es sich bei konkludenten Duldungen nicht um eine dritte Kategorie neben qualifiziertem und faktischem Dulden. Vielmehr geht es dabei um behördliche Verhaltensweisen, aus denen der konkrete Wille der Bauaufsichtsbehörde zur Duldung nicht ausdrücklich hervorgeht, sondern erst durch Auslegung ermittelt werden muss. Aus der Rechtsprechung lassen sich unzählige Konstellationen entnehmen, in denen die betroffenen Bürger aus einem behördlichen Verhalten eine für sie günstige Duldung ableiten wollen[139]. Fraglich ist etwa, ob die Abhilfeentscheidung im Widerspruchsverfahren, in der die vollständige Beseitigung eines im Außenbereich gelegenen Altgebäudes in einen Teilabbruch umgeändert wurde, als Duldung des Teilbaus zu bewerten ist[140]. Weitere problematische Konstellationen sind etwa Darstellungen eines Gebäudes als Bestand in einem Flächennutzungsplan, Bebauungsplan oder Liegenschaftskataster[141], die Erteilung eines Schlussabnahmescheins[142] als Duldung einer rechtswidrigen Wohnnutzung[143] oder die behördliche

138 Mit anderer Begründung im Ergebnis so auch *Ruske*, Die gleichheitsgemäße Ermessensausübung, S. 51.

139 Zu den einzelnen Fallgruppen siehe unten 6. Teil. E.III.4.

140 OVG NRW, BRS 47 Nr. 193.

141 HessVGH, NuR 1993, 36 f.

142 Durch den Schlussabnahmeschein stellt die Bauaufsichtsbehörde die Bezugsfertigkeit einer baulichen Anlage fest, vgl. § 80 NBauO. Nach dem neueren Modell der Bauzustandsbesichtigung ist auf Verlangen des Bauherrn eine Bescheinigung über die Bauzustandsbesichtigung auszustellen, vgl. § 82 Abs. 5 BauO NRW.

143 VGH BW, BRS 40 Nr. 228; OVG NRW, NVwZ-RR 2007, 661, 662 (Umnutzung eines Ausstellungs- und Verkaufsraums zur Einzelhandelsnutzung).

Unterstützung eines rechtswidrigen Erweiterungsbaus[144]. Auch die Mitteilung einer Bauaufsichtsbehörde, dass ein Vorhaben nicht genehmigungsfähig sei und deshalb Maßnahmen angekündigt werden, die letztendlich aber nicht durchgeführt werden, wirft die Frage nach einer Duldung des Zustands auf[145]. Von Bedeutung sind vor allem auch fehlerhafte Auskünfte der Bauaufsichtsbehörden. Problematisch ist etwa, ob die Auskunft, ein Vorhaben sei nur anzeigepflichtig, obwohl es tatsächlich genehmigungspflichtig ist, eine Duldungspflicht nach sich zieht[146].

E. Der baurechtswidrige Zustand

Das Vorliegen eines rechtswidrigen Zustands ist Grundvoraussetzung für die Möglichkeit einer Duldung[147]. Rechtmäßige Zustände und Verhaltensweisen sind schon kraft Gesetzes legalisiert und bedürfen daher keines weiteren Gestattungsaktes mehr. Im Folgenden soll erläutert werden, was unter dem geduldeten „rechtswidrigen Zustand" im öffentlichen Baurecht zu verstehen ist. Diese ausführliche Auseinandersetzung mit den Begriffen der formellen und materiellen Illegalität ist unerlässlich, um die Duldung im öffentlichen Baurecht richtig zu erfassen.

I. Formelle und materielle Illegalität im öffentlichen Baurecht

Die bauaufsichtlichen Eingriffsbefugnisse dienen der repressiven Kontrolle des Baugeschehens. Sie richten sich insbesondere gegen rechtswidrige bauliche Anlagen (durch Stilllegung, Nutzungsuntersagung oder Abbruch bzw. Rückbau), aber auch gegen rechtmäßig errichtete Anlagen, um veränderten rechtlichen oder tatsächlichen Verhältnissen begegnen zu können[148]. Tatbestandsvoraussetzung für das bauaufsichtliche Einschreiten ist ein Verstoß gegen öffentlich-rechtliche Vorschriften und die aufgrund dieser Vorschriften erlassenen Anordnungen. Maßstab der Überwachung sind damit nicht nur die Bestimmungen der Bauordnungen, sondern auch die Vorschriften des Bauplanungsrechts und sonstige Vorschriften des öffentlichen Rechts, soweit sie den Gegenstand der Überwachung betreffen[149].

Um im öffentlichen Baurecht einen rechtswidrigen Zustand zu beschreiben, haben sich die Begriffe der formellen und materiellen Illegalität etabliert[150]. Diese

---

144 OVG NRW, BRS 69 Nr. 189 (Rechtswidriger Erweiterungsbau eines Übergangsheims für Ausgebombte).

145 VGH BW, UPR 1994, 236 f.

146 OVG NRW, BauR 1991, 448; siehe zu Auskünften unten 5. Teil. F.I.1. und 6. Teil. E.III.4.e).

147 *Gentzcke*, Informales Verwaltungshandeln, S. 21; *Heider*, Behördliche Duldung, S. 25; *Hermes/Wieland*, Die staatliche Duldung, S. 13.

148 *Finkelnburg/Ortloff/Otto*, Öffentliches Baurecht Bd. II, S. 157; *Mann* in: Große-Suchsdorf, NBauO, § 79 Rn. 3.

149 *Boeddinghaus/Hahn/Schulte*, BauO NRW, § 61 Rn. 7 und 30.

150 *Kischel*, DVBl. 1996, 185 ff.; *Mampel*, BauR 1996, 13 ff.

Unterscheidung resultiert aus der verfassungsrechtlichen Grundentscheidung, dass zwar das Recht zu bauen Inhalt der Eigentums- und Entfaltungsfreiheit ist[151], die Ausübung dieses Rechts aber aufgrund einfachgesetzlicher Regelung einem präventiven Verbot mit Erlaubnisvorbehalt unterliegt, das durch Erteilung der Baugenehmigung in Form einer gebundenen Entscheidung aufgehoben wird, wenn die Voraussetzungen für die Erteilung erfüllt sind[152]. Diese Trennung ist z.B. im Wasserrecht, in dessen Kontext die Duldung mehrfach untersucht wurde, nicht geboten. Denn es besteht kein dem Recht zu bauen vergleichbares Recht auf Gewässerbenutzung, sodass jede Einwirkung auf ein Gewässer ohne Genehmigung oder Erlaubnis den Erlass einer Ordnungsverfügung rechtfertigt[153].

1. Formelle Illegalität

Formelle Illegalität liegt vor, wenn ein Vorhaben ohne die erforderliche Genehmigung, Kenntnisgabe oder Anzeige oder vor der Erteilung der Genehmigung ausgeführt wird, das Bauwerk nicht den Vorgaben einer Baugenehmigung, Kenntnisgabe oder Anzeige entspricht oder die Bauarbeiten nach Erlöschen oder Rücknahme der Baugenehmigung bzw. trotz einer angeordneten aufschiebenden Wirkung eines Nachbarwiderspruchs gegen die Baugenehmigung durchgeführt wird[154].

Für die Bestimmung der formellen Illegalität ist das Baurecht zugrunde zu legen, das im Zeitpunkt der Errichtung oder Änderung bestand[155]. Die Beweislast für das Vorliegen einer Baugenehmigung und die damit verbundene Behauptung der formellen Legalität eines Vorhabens trifft grundsätzlich den Adressaten der Bauordnungsverfügung[156]. Nur ausnahmsweise soll bei sehr alten Anlagen, bei denen eine Baugenehmigung nicht mehr nachzuweisen ist, eine Vermutung dafür sprechen, dass bauliche Anlagen, die seit unvordenklicher Zeit unter den Augen der Behörde bestanden haben und von dieser als zu Recht bestehend angesehen und behandelt worden sind, seinerzeit auch ordnungsgemäß und in Übereinstimmung mit den damals bestehenden Gesetzen errichtet worden sind[157]. Diese Vermutung weist Berührungspunkte mit der Duldung eines rechtswidrigen Zustands auf. Letztlich

---

151 *Finkelnburg/Ortloff/Otto*, Öffentliches Baurecht Bd. II, S. 125 und 172.

152 BVerwGE 16, 116, 120; 42, 115, 116.

153 BVerwG, BRS 33 Nr. 191; BVerwG, ZfW 1978, 371, 373; auch BVerfGE 58, 300, 328 f. („Nassauskiesungsbeschluss"); *Randelzhofer/Wilke*, Die Duldung als Form flexiblen Verwaltungshandelns, S. 55; *Sendler*, FS Ernst, S. 403, 414; *Hill*, GewArch. 1981, 155 f.; *Kischel*, DVBl. 1996, 185, 187; *Wasmuth/Koch*, NJW 1990, 2434, 2436.

154 *Decker* in: Simon/Busse, BayBO, Art. 76 Rn. 80 ff.; *Finkelnburg/Ortloff/Otto*, Öffentliches Baurecht Bd. II, S. 163 und S. 172; *Tettinger/Erbguth/Mann*, Besonderes Verwaltungsrecht, Rn. 1301; *Schoch*, Jura 2005, 178, 179.

155 PrOVGE 102, 253, 256.

156 BVerwG, NJW 1980, 252; OVG NRW, BauR 2006, 90, 91; OVG NRW, BauR 2001, 758 ; *Rabe*, BauR 1978, 166, 169.

157 PrOVGE 68, 362, 369; OVG NRW, BRS 15 Nr. 25.

wird aufgrund der Unaufklärbarkeit des Vorliegens einer Baugenehmigung ein möglicherweise rechtswidriger Zustand hingenommen, weil dieser Zustand über einen so langen Zeitraum bestanden hat, dass im Sinne der Rechtssicherheit von einem Einschreiten abgesehen werden kann.

Die formelle Illegalität kann auch nachträglich eintreten, wenn eine Baugenehmigung befristet, auflösend bedingt oder widerruflich erteilt worden ist und die Frist abgelaufen, die auflösende Bedingung eingetreten oder von der Widerrufsmöglichkeit unanfechtbar Gebrauch gemacht worden ist[158]. Auch eine sofort vollziehbare Rücknahme oder ein Widerruf der Baugenehmigung nach §§ 48, 49 VwVfG NRW sowie die nachträgliche gerichtliche Aufhebung der Baugenehmigung aufgrund einer Nachbarklage führen zur nachträglichen formellen Illegalität[159].

2. Materielle Illegalität

Materielle Illegalität liegt dagegen vor, wenn ein Vorhaben im Widerspruch zum gegenwärtigen materiellen öffentlichen Baurecht errichtet, geändert, abgebrochen, genutzt oder die Nutzung geändert wird[160]. Die Bauaufsichtsbehörde hat zu prüfen, ob eine Anlage oder Nutzung im Zeitpunkt des Einschreitens gegen Bauordnungsrecht, Bauplanungsrecht oder sonstige öffentlich-rechtliche Vorschriften, soweit diese auf bauliche Anlagen einwirken, verstößt[161].

Aus bauplanungsrechtlicher Sicht ist ein Vorhaben im Geltungsbereich eines qualifizierten Bebauungsplans, der gemäß § 30 Abs. 1 BauGB zumindest Festsetzungen über Art und Maß der baulichen Nutzung trifft, zulässig, wenn es den Festsetzungen nicht widerspricht und die Erschließung gesichert ist. Darstellungen und Festsetzungen über Art und Maß der baulichen Nutzung im Bebauungsplan enthalten die Vorschriften der BauNVO, welche in den §§ 2–14 BauNVO Vorgaben für die Art der Nutzung in bestimmten Baugebieten machen und die nach § 1 Abs. 2 S. 2 BauNVO Bestandteil des Bebauungsplans werden, sofern eine der dort genannten Gebietsarten festgesetzt wird. Ohne Vorliegen eines Bebauungsplanes ist ein Vorhaben gemäß § 34 BauGB innerhalb eines im Zusammenhang bebauten Ortsteils zulässig, wenn es sich nach Art und Maß der baulichen Nutzung, der Bauweise und der Grundstücksfläche, die überbaut werden soll, in die Eigenart der näheren Umgebung einfügt und die Erschließung gesichert ist. Für die Beurteilung, ob ein Grundstück in einem Bebauungszusammenhang liegt, ist maßgeblich, ob eine tatsächlich

---

158 *Boeddinghaus/Hahn/Schulte*, BauO NRW, § 61 Rn. 43; *Wenzel* in: Gädtke/Czepuck/Johlen/Plietz/Wenzel, BauO NRW, § 61 Rn. 52; *Mann* in: Große-Suchsdorf, NBauO, § 79 Rn. 14.

159 OVG Berlin, BRS 62 Nr. 202; *Boeddinghaus/Hahn/Schulte*, BauO NRW, § 61, Rn. 43; *Decker* in: Simon/Busse, BayBO, Art. 76 Rn. 87.

160 *Boeddinghaus/Hahn/Schulte*, BauO NRW, § 61 Rn. 70.

161 *Boeddinghaus/Hahn/Schulte*, BauO NRW, § 61 Rn. 7 f.; *Wenzel* in: Gädtke/Czepuck/Johlen/Plietz/Wenzel, BauO NRW, § 61 Rn. 12; *Köhler-Rött* in: Reichel/Schulte, Handbuch Bauordnungsrecht, Kap. 15 Rn. 6 ff.

aufeinander folgende, zusammenhängende Bebauung besteht[162]. Befindet sich ein Vorhaben im Außenbereich, ist dieses nach § 35 Abs. 1 BauGB nur zulässig, wenn öffentliche Belange nicht entgegenstehen, die ausreichende Erschließung gesichert ist und es einem der in Nr. 1–8 genannten Zwecke dient. Alle sonstigen Vorhaben sind gemäß § 35 Abs. 2 BauGB im Einzelfall zulässig, wenn öffentliche Belange nicht beeinträchtigt sind und die Erschließung gesichert ist. § 35 Abs. 3 BauGB enthält eine beispielhafte Aufzählung der Beeinträchtigung öffentlicher Belange. Eine Beeinträchtigung öffentlicher Belange liegt etwa vor, wenn ein Vorhaben den Darstellungen des Flächennutzungsplans widerspricht (Nr. 1), schädliche Umwelteinwirkungen hervorruft (Nr. 3), unwirtschaftliche Aufwendungen für Infrastruktur erfordert (Nr. 4), Belange des Naturschutzes, der Landschaftspflege und des Bodenschutzes berührt oder das Orts- und Landschaftsbild verunstaltet (Nr. 5) oder die Entstehung, Verfestigung oder Erweiterung einer Splittersiedlung befürchten lässt (Nr. 7).

Neben den bauplanungsrechtlichen Anforderungen sind auch bauordnungsrechtliche Anforderungen, die sich aus den Bauordnungen der Länder ergeben, an die Zulässigkeit eines Vorhabens zu stellen. Aus der Bauordnung Nordrhein-Westfalen lassen sich u.a. die Bestimmungen zur Erschließung des Grundstücks (§ 4 Abs. 1 Nr. 1 BauO NRW), Versorgung mit Trink- und Löschwasser (§ 4 Abs. 1 Nr. 2 BauO NRW), Abwasserbeseitigung (§ 4 Abs. 1 Nr. 2 BauO NRW), Abstandsflächen (§ 6 BauO NRW), Standsicherheit (§ 15 BauO NRW), Brandschutz (§ 17 BauO NRW), Bauprodukten (§§ 20 ff. BauO NRW), Anforderungen an Wände, Decken und Dächern (§§ 29 ff. BauO NRW) und haustechnische Anlagen (Lüftungsanlagen, Wasserversorgung) (§§ 42 ff. BauO NRW) anführen.

Nicht entscheidend ist für die Beurteilung der materiellen Legalität, ob ein Vorhaben genehmigungsbedürftig ist. Denn auch die Genehmigungsfreiheit entbindet nicht von der Einhaltung der gesetzlichen Anforderungen[163]. Ebenfalls kann materielle Rechtmäßigkeit nicht mit dem Fehlen von Genehmigungsfähigkeit gleichgesetzt werden. Wenn eine bauliche Anlage gegen Vorschriften verstößt, die im eingeschränkten Prüfungsumfang des vereinfachten Verfahrens nicht zu prüfen sind, ist dieses Vorhaben zwar genehmigungsfähig, gleichwohl aber materiell rechtswidrig in Bezug auf die nicht geprüften Vorschriften[164]. Inwieweit materielle Illegalität bei einem Vorhaben gegeben ist, das zunächst den Vorschriften entsprach, aber durch eine Änderung der Rechtslage den aktuellen Vorschriften widerspricht, ist Frage des kontrovers diskutierten Bestandsschutzes[165].

---

162 BVerwGE 31, 20, 21; dazu auch *Mitschang/Reidt* in: Battis/Krautzberger/Löhr, BauGB, § 34 Rn. 3 ff.

163 Vgl. etwa § 65 Abs. 4 BauO NRW; § 59 Abs. 3 S. 1 NBauO.

164 *Krebs* in: Schoch, Besonderes Verwaltungsrecht, 4. Kap. Rn. 224; *Fischer*, NVwZ 2004, 1057, 1059.

165 Zur Duldung im Kontext des Bestandsschutzes siehe unten 4. Teil.

II. Erforderlichkeit formeller und materieller Illegalität für das bauaufsichtliche Einschreiten

Zu den möglichen Maßnahmen der Bauaufsichtsbehörden gegen rechtswidrige Zustände gehören die Stilllegungsverfügung, die Nutzungsuntersagung, die Abbruchverfügung und die Rückbauverfügung. Für den Erlass dieser Verfügungen haben sich unterschiedliche Kriterien in Bezug auf das Erfordernis der formellen und materiellen Illegalität herausgebildet.

1. Stilllegungsverfügung

Mittels der Stilllegungsverfügung kann die Bauaufsichtsbehörde erkennbar rechtswidrige Bauarbeiten aufhalten und die weitere Ausführung eines illegalen Vorhabens unterbinden, um die Schaffung vollendeter Tatsachen zu verhindern[166]. Sie beinhaltet das andauernde Verbot, die Bauarbeiten wieder aufzunehmen[167]. Damit sichert die Stilllegungsverfügung die Ordnungsfunktion des formellen Baurechts und gewährleistet, dass bauliche Anlagen erst errichtet werden, wenn ihre Vereinbarkeit mit den öffentlich-rechtlichen Vorschriften festgestellt ist[168]. Die Befugnis zur Einstellung der Bauarbeiten besteht deshalb regelmäßig schon bei nur formeller Illegalität[169].

Ausreichend ist in der Regel ein durch Tatsachen belegter Anfangsverdacht eines formellen oder materiellen Rechtsverstoßes[170]. Nur ausnahmsweise kann eine Stilllegungsverfügung bei nur formeller Illegalität unverhältnismäßig sein, wenn ein Bauantrag gestellt ist, das Vorhaben offensichtlich genehmigungsfähig ist und der Erteilung der Baugenehmigung auch sonst nichts im Wege steht[171]. Die Genehmigungsfähigkeit ist offensichtlich, wenn sich anhand der unmittelbar erkennbaren und ohne Einschaltung weiterer Fachleute oder Gutachter bewertbaren Umstände die praktische Gewissheit ergibt, dass die Genehmigungsvoraussetzungen erfüllt sind[172]. In dieser Vorgehensweise liegt keine Umgehung des Genehmigungsverfahrens, das eigentlich abgewartet werden müsste. Denn bei offensichtlicher Genehmigungsfähigkeit ist die Prüfung einer Gefahr für die Baurechtsordnung nicht mehr erforderlich und deshalb das Verfahren reine „Formsache". Eine

---

166 *Boeddinghaus/Hahn/Schulte*, BauO NRW, § 61 Rn. 48; *Maske* in: Schönenbroicher/Kamp, BauO NRW, § 61 Rn. 12; *Schoch*, Jura 2005, 178, 179.

167 OVG NRW, UPR 1996, 458.

168 BayVGH, BRS 32 Nr. 190.

169 St. Rspr. des OVG NRW, vgl. etwa OVG NRW BRS 16 Nr. 132; OVG NRW, BRS 23 Nr. 205; OVG NRW, Urt. V. 16.10.2008 – 7 A 696/07, juris Rn. 73; auch VGH BW, NVwZ-RR 2005, 10, 11.

170 VGH BW, BauR 2005, 1461; *Wenzel* in: Gädtke/Czepuck/Johlen/Plietz/Wenzel, BauO NRW, § 61 Rn. 57.

171 OVG NRW, NVwZ-RR 2002, 564.

172 *Kischel*, DVBl. 1996, 185, 191.

Ungleichbehandlung des rechtstreuen Bürgers, der das Verfahren abwarten muss, kann dabei außer Acht bleiben, da bei offensichtlicher Genehmigungsfähigkeit mit einem schnellen Genehmigungsverfahren gerechnet werden kann[173].

2. *Nutzungsuntersagung*

Neben der Errichtung und der Änderung von baulichen Anlagen umfasst die bauordnungsrechtliche Genehmigungspflicht auch deren Nutzung bzw. Nutzungsänderung[174]. Die Nutzungsuntersagung enthält das Gebot zur Einstellung einer baurechtswidrigen ausgeübten Nutzung und gleichzeitig das Verbot, dieselbe Nutzung wieder aufzunehmen[175]. Nach herrschender Ansicht kann die Bauaufsichtsbehörde eine Nutzungsuntersagung schon bei formeller Illegalität der Nutzung anordnen[176]. Dazu bedarf es ebenfalls eines durch Tatsachen belegten Anfangsverdachts eines Rechtsverstoßes[177]. Im Hinblick auf Art. 3 GG wäre es kaum vertretbar, den gesetzestreuen Bürger, der das Genehmigungsverfahren abwartet, zu benachteiligen[178]. Allein durch die Befugnis der Bauaufsichtsbehörden, schon bei formeller Illegalität einzuschreiten, kann das System der präventiven Kontrolle effektiv durchgesetzt werden[179]. Eine solche vorläufige Nutzungsuntersagung ist regelmäßig für sofort vollziehbar zu erklären, um zu verhindern, dass sich der rechtsuntreue Bürger gegenüber dem rechtstreuen Bürger Zeit- und Nutzungsvorteile verschafft[180].

Wie bei der Stilllegungsverfügung kann bei offensichtlicher Genehmigungsfähigkeit einer formell rechtswidrigen Nutzung ein Nutzungsverbot aber unverhältnismäßig sein, wenn ein Bauantrag bereits gestellt ist, dieser nach Auffassung der Behörde genehmigungsfähig ist und der Baugenehmigung auch keine sonstigen Hindernisse entgegenstehen[181].

---

173 *Kischel*, DVBl. 1996, 185, 190.

174 Vgl. etwa § 63 Abs. 1 S. 1 BauO NRW.

175 *Boeddinghaus/Hahn/Schulte*, BauO NRW, § 61 Rn. 46; *Decker* in: Simon/Busse, BayBO, Art. 76 Rn. 274.

176 St. Rspr. vgl. etwa BayVGH, NVwZ-RR 2006, 754, 755; BayVGH, NVwZ-RR 2005, 611; NdsOVG, BRS 42 Nr. 226; HessVGH, BauR 1995, 679, 680; OVG NRW, NWVBl. 2002, 191; OVG NRW, BRS 71 Nr. 187; OVG Rh.-Pf., BRS 58 Nr. 202; SächsOVG, BRS 58 Nr. 203; ThürOVG, BRS 59 Nr. 213; a.A. VGH BW, NVwZ 1996, 601; differenzierend BayVGH, BauR 2006, 1882 f.

177 VGH BW, ZfBR 2007, 166.

178 OVG NRW, Beschl. v. 24.01.2006 – 10 B 2159/05 und 10 B 2160/05, juris Rn. 7; auch OVG Rh.-Pf., BRS 58 Nr. 202; *Decker* in: Simon/Busse, BayBO, Art. 76 Rn. 284; *Schoch*, Jura 2005, 178, 180.

179 *Schoch*, Jura 2005, 178, 180.

180 VGH BW, DÖV 2007, 569; *Mann* in: Große-Suchsdorf, NBauO, § 79 Rn. 27.

181 BayVGH, BauR 2006, 1882; BayVGH, Beschl. v. 25.05.2012 – 14 CS 12.242, juris Rn. 17; OVG M-V, Urt. V. 04.09.2013 – 3 L 108/11, juris Rn. 39; OVG NRW, BauR 2009, 1719; OVG NRW, BRS 71 Nr. 187; OVG NRW, BRS 63 Nr. 214; SächsOVG, BRS 58 Nr. 203.; *Boeddinghaus/Hahn/Schulte*, BauO NRW, § 61 Rn. 46.

Die materielle Rechtswidrigkeit ist tatbestandlich bei der Nutzungsuntersagung dann entscheidend, wenn eine Anlage nicht der Genehmigungspflicht unterliegt oder im vereinfachten Verfahren nur eine eingeschränkte Prüfung erfolgt[182].

3. Abbruch- und Rückbauverfügung

Die Abbruchverfügung – auch Abriss- oder Beseitigungsverfügung genannt – gibt dem Verantwortlichen die Beseitigung eines bereits errichteten Bauwerks auf. Sie stellt damit die gravierendste Form einer Bauordnungsverfügung dar, weil sie den Adressaten zu einer endgültigen, nicht mehr rückgängig zu machenden Abbruchmaßnahme verpflichtet[183]. Demgegenüber zielt die Rückbauverfügung auf die Herstellung eines früheren Bauzustands ab[184]. Aufgrund des irreversiblen Eingriffs in die durch Art. 14 GG geschützte Eigentumsposition sind an Abbruch- und Rückbauverfügung höhere Anforderungen zu stellen[185]. Es ist eine differenziertere Betrachtung geboten.

Die Abbruchverfügung ist grundsätzlich nur zulässig, wenn die bauliche Anlage formell und materiell illegal ist[186]. Aufgrund der Ordnungsfunktion des öffentlichen Baurechts genügt grundsätzlich bereits die formelle Illegalität für einen behördlichen Eingriff. Alle darüber hinausgehenden Anforderungen wie die Forderung nach zusätzlicher materieller Illegalität bedürfen einer besonderen Rechtfertigung. Dafür spricht, dass das formelle Genehmigungserfordernis der Gefahrverhinderung durch ein vorgeschaltetes Prüfverfahren dient und keinesfalls nur Selbstzweck ist. Außerdem würde der rechtstreue Bürger, der das Baugenehmigungsverfahren abwartet, benachteiligt[187]. Auf der anderen Seite macht der Bürger von seiner grundrechtlich geschützten Baufreiheit Gebrauch. In der Situation formeller Illegalität, aber materieller Legalität steht daher sowohl Art. 14 GG als auch das Verhältnismäßigkeitsprinzip einer Abbruchverfügung entgegen. Denn durch Stellung eines neuen Bauantrags müsste die sofortige Wiedererrichtung genehmigt werden[188]. Nur ausnahmsweise soll nach der Rechtsprechung auch die bloße formelle Illegalität für ein Einschreiten ausreichen, wenn die Wiederherstellung des früheren Zustands ohne übermäßige Aufwendungen möglich und

---

182 *Schoch*, Jura 2005, 178, 180.

183 *Wenzel* in: Gädtke/Czepuck/Johlen/Plietz/Wenzel, BauO NRW, § 61 Rn. 68.

184 *Maske* in: Schönenbroicher/Kamp, BauO NRW, § 61 Rn. 13.

185 BVerwG, BRS 36 Nr. 99; *Boeddinghaus/Hahn/Schulte*, BauO NRW, § 61 Rn. 50.

186 Vgl. etwa BVerwGE 5, 351 f.; BVerwG, BRS 39 Nr. 80; VGH BW, BRS 52 Nr. 228; HessVGH, BRS 52 Nr. 239; *Decker* in: Simon/Busse, BayBO, Art. 76 Rn. 79 m.w.N.; *Mann* in: Große-Suchsdorf, NBauO, § 79 Rn. 30.

187 *Kischel*, DVBl. 1996, 185, 189.

188 *Finkelnburg/Ortloff/Otto*, Öffentliches Baurecht Bd. II, S. 173; *Stollmann*, Öffentliches Baurecht, § 19 Rn. 24; *Rabe*, BauR 1978, 166, 171.

wirtschaftlich vertretbar ist. Dies kann etwa bei formell illegalen Werbeanlagen der Fall sein[189].

Nach Ansicht von *Mampel* soll dagegen der Bestand einer einmal hergestellten Anlage allein von ihrer materiellen Legalität abhängen. Mit der Fertigstellung des genehmigten Vorhabens sei der verfügende Teil der Baugenehmigung verbraucht. Eine formell legale Anlage unterscheide sich dann nach Fertigstellung nicht mehr von einer formell illegal errichteten, da sich der Verstoß gegen das formelle Verbot, vor Zugang der Baugenehmigung nicht mit der Bauausführung zu beginnen, erledigt habe. Lediglich in der Phase der Bauausführung, spiele die formelle Illegalität eine Rolle. In dieser Phase könne die formelle Illegalität aber aus Gründen der Verhältnismäßigkeit nicht für einen Abbruch ausreichen[190]. Im Fall des Vorliegens einer Baugenehmigung bleibe der feststellende Teil der Baugenehmigung bestehen, sodass die Bauaufsichtsbehörde solange an diese gebunden sei, wie sie als Verwaltungsakt existiere[191].

Diese Ansicht übersieht jedoch, dass sich die Baugenehmigung nicht in der Baufreigabe erschöpft. Vielmehr bleibt die Feststellungswirkung der Baugenehmigung, d.h. die Feststellung, dass die Anlage mit dem zur Zeit der Entscheidung maßgeblichen materiellen Recht übereinstimmt, auch aufgrund der Tatbestandswirkung von Verwaltungsakten nach der Verwirklichung des Vorhabens erhalten. Zudem ist das Handeln des Bauherrn selbst durch eine rechtswidrige Baugenehmigung gedeckt. Ist eine bauliche Anlage formell legal, aber materiell illegal, ist eine Abbruchverfügung nur möglich, sofern die rechtswidrige Baugenehmigung bestandskräftig oder sofort vollziehbar zurückgenommen wurde[192]. Wäre für eine Abbruchverfügung die materielle Illegalität ausreichend, würde damit § 48 VwVfG und insbesondere die Entschädigungsregel des § 48 Abs. 3 VwVfG ausgehebelt[193]. Die materielle Baurechtswidrigkeit ist daher für eine Beseitigungsverfügung nur dann ausreichend, wenn die Anlage nicht genehmigungspflichtig, also nur anzeige- oder zustimmungspflichtig ist[194].

III. Anwendungsbereich der Duldung in Bezug auf formelle und materielle Illegalität

Nachdem nun die Grundsätze von formeller und materieller Illegalität im öffentlichen Baurecht dargestellt wurden, ist zu analysieren, wie die Duldung mit den unterschiedlichen Legalitätsformen zusammenhängt. Im Wasserrecht nach dem

---

189 Vgl. etwa OVG Berlin-Bbg., LKV 2008, 564; OVG NRW, BRS 58 Nr. 128; ThürOVG, BRS 57 Nr. 247.

190 *Mampel*, BauR 1996, 13, 15 f.; auch *Fischer* NVwZ 2004, 1057, 1059 f.

191 *Mampel*, BauR 1996, 19 f.

192 OVG NRW, NVwZ 1988, 942, 943 f.; *Muckel/Ogorek*, Öffentliches Baurecht, § 9 Rn. 35 ff.; *Rabe*, BauR 1978, 166, 170.

193 *Decker* in: Simon/Busse, BayBO, Art. 76 Rn. 150.

194 *Schoch*, Jura 2005, 178, 181.

WHG findet eine Differenzierung nach formeller und materieller Illegalität der Gewässerbenutzung bei Erlass einer Ordnungsverfügung nicht statt, sodass diese dem Baurecht immanente Unterscheidung im Rahmen der wasserrechtlichen Duldung keine Bedeutung zukommt. Im öffentlichen Baurecht hat aber die Feststellung, welche Form der Illegalität eines Vorhabens vorliegt, durchaus Auswirkungen auf den Anwendungsbereich der behördlichen Duldung.

1. Vorrang anderer Maßnahmen zur Wiederherstellung rechtmäßiger Zustände

Bevor die Bauaufsichtsbehörde sich zu einem Einschreiten gegen einen rechtswidrigen Zustand entschließt, hat sie zunächst zu prüfen, ob nicht auf andere Weise rechtmäßige Zustände hergestellt werden können. Das ergibt sich aus dem sog. „Ultima-Ratio-Prinzip", welches in einigen Landesbauordnungen für die Abbruchverfügung ausdrücklich festgeschrieben wurde[195]. Aber auch ohne ausdrückliche Normierung ergibt sich dies aus der Erforderlichkeitsprüfung im Rahmen der Verhältnismäßigkeit. Dieser Vorrang des milderen Mittels besteht aber nicht nur bei der Frage, ob gegen einen rechtswidrigen Zustand eingeschritten werden soll, sondern gehört gleichermaßen auch zum Prüfprogramm einer Duldung, bei der die Voraussetzungen für ein Nichteinschreiten gegen den rechtswidrigen Zustand zu prüfen sind. Auch im Vorfeld einer Duldung sind vorrangig solche gesetzlichen Maßnahmen zu ergreifen, die zur Legalisierung des Vorhabens beitragen können.

a) Legalisierung durch nachträgliche Baugenehmigung

Greift die Bauaufsichtsbehörde ein illegales Bauwerk oder eine illegale Nutzung auf, hat sie zunächst zu prüfen, ob eine Baugenehmigung vorliegt. Liegt eine solche vor, verleiht diese unabhängig von ihrer Rechtmäßigkeit dem Vorhaben formelle Legalität. Bei Rechtswidrigkeit der Genehmigung ist zu prüfen, ob diese nach § 48 VwVfG zurückgenommen werden kann. Liegt keine Baugenehmigung vor, ist das Vorhaben also formell illegal, ist im nächsten Schritt zu prüfen, ob das Vorhaben materiell rechtmäßig und damit genehmigungsfähig ist[196]. Kann der rechtswidrige Zustand durch eine nachträgliche Baugenehmigung beseitigt werden, ist eine Beseitigung als nicht erforderlich anzusehen, weil „auf andere Weise rechtmäßige

---

195 Vgl. etwa Art. 76 S. 1 BayBO, wonach die Beseitigung einer Anlage erst dann anzuordnen ist, wenn die Beseitigung die einzige Möglichkeit ist, um wieder rechtmäßige Zustände herzustellen.

196 Bei der Beurteilung der bauplanungsrechtlichen Zulässigkeit eines Vorhabens hat die Bauaufsichtsbehörde aber darauf zu achten, dass zum einen Bebauungspläne durch Funktionslosigkeit außer Kraft treten können, zum anderen, dass sich eine Ansammlung illegaler Vorhaben zu einem Ortsteil entwickeln kann, der dann nach § 34 BauGB zu bewerten ist, siehe unten 9. Teil. A.II.

Zustände hergestellt werden können“[197]. Der Bauherr, der ohne Genehmigung ein materiell legales Vorhaben realisiert, hat also zunächst die Möglichkeit, durch ein nachträgliches Baugenehmigungsverfahren sein Vorhaben auch formell zu legalisieren[198].

Die Bauaufsichtsbehörde ist aber nicht verpflichtet, den Bürger zur Stellung eines nachträglichen Bauantrags aufzufordern[199], weil das Baugenehmigungsverfahren allein durch den Bürger durch Stellung eines Bauantrags angestoßen wird. Allerdings kann die Behörde dem Betroffenen mitteilen, es sei festgestellt worden, dass er auf einem bestimmten Grundstück einen „Schwarzbau“ ohne Genehmigung errichtet habe und dass ihm Gelegenheit gegeben werde, dieses Bauwerk nachträglich legalisieren zu lassen[200]. Ein solches Vorgehen entspricht gerade dem „Ultima-Ratio-Prinzip“, weil die Bauaufsichtsbehörde ohnehin von Amts wegen überprüft, ob das Vorhaben durch eine nachträgliche Baugenehmigung legalisiert werden kann[201]. Außerdem soll die Behörde im Rahmen ihrer Beratungspflicht nach § 25 Abs. 1 VwVfG die Abgabe von Erklärungen, die Stellung von Anträgen oder die Berichtigung von Erklärungen oder Anträgen anregen. Darüber hinaus erfüllt das Bauen ohne Genehmigung den Tatbestand einer Ordnungswidrigkeit[202], sodass auch ein drohendes Bußgeld den „Schwarzbauenden“ zur Stellung eines nachträglichen Bauantrags bewegen wird[203]. An dieser Stelle anstatt der Durchführung des Genehmigungsverfahrens alternativ eine Duldung auszusprechen, widerspricht den gesetzlichen Vorgaben und würde zur Umgehung des Genehmigungsverfahrens führen. Folglich darf die Bauaufsichtsbehörde keine Duldung erteilen, wenn sie während der Durchführung eines Baugenehmigungsverfahrens der Ansicht ist, das Vorhaben sei bauplanungs- und bauordnungsrechtlich zulässig, auch wenn es tatsächlich materiell rechtswidrig ist. Denn geht sie von der Genehmigungsfähigkeit aus, hätte die Behörde eine Genehmigung erteilen müssen. Mit der Erteilung einer Duldung in dieser Situation verfehlt die Baugenehmigungsbehörde ihren Auftrag, dauerhaft für die Einhaltung der öffentlich-rechtlichen Vorschriften und damit für klare Verhältnisse zu sorgen, indem sie das Vorhaben entweder genehmigt oder die Genehmigung versagt[204].

---

197 Vgl. etwa Art. 76 S. 1 BayBO; *Fischer*, NVwZ 2004, 1057, 1059; *Schoch*, Jura 2005, 178, 181.

198 *Decker* in: Simon/Busse, BayBO, Art. 76 Rn. 139 ff.; *Fischer*, NVwZ 2004, 1057, 1059; *Schoch*, Jura 2005, 178, 181.

199 Nach Art. 76 S. 3 BayBO „kann“ die Bauaufsicht die Stellung eines Bauantrags verlangen.

200 *Peine*, Öffentliches Baurecht, Rn. 1123; *Rabe*, BauR 1978, 166, 169.

201 *Brohm*, Öffentliches Baurecht, § 29 Rn. 7.

202 Vgl. etwa § 84 Abs. 1 Nr. 13 BauO NRW.

203 *Schenke* in: Achterberg/Püttner/Würtenberger, Besonderes Verwaltungsrecht, Bauordnungsrecht, Rn. 240.

204 OVG NRW, BauR 2007, 1034 f.

b) Erteilung von Ausnahmen und Befreiungen

Stellt die Bauaufsichtsbehörde fest, dass keine Baugenehmigung vorliegt und das Vorhaben bauplanungsrechtlich unzulässig ist, hat sie zu prüfen, ob eine Ausnahme nach § 31 Abs. 1 BauGB oder eine Befreiung von den Festsetzungen eines Bebauungsplans nach § 31 Abs. 2 BauGB erteilt werden kann[205]. Ausnahme und Befreiung kommen nach dem Wortlaut von § 31 BauGB nur im Geltungsbereich eines Bebauungsplans oder gemäß § 34 Abs. 2 BauGB a.E. in faktischen Baugebieten in Betracht. Nach § 31 Abs. 1 BauGB können von den Festsetzungen eines Bebauungsplans Ausnahmen zugelassen werden, die im Bebauungsplan nach Art und Umfang ausdrücklich zugelassen sind. Die Entscheidung über die Erteilung einer Ausnahme steht im Ermessen der Behörde. Dieses Ermessen ist aber reduziert ist, wenn die Voraussetzungen einer festgesetzten Ausnahme vorliegen und die Ermessensentscheidung Sinn und Zweck der Ermächtigungsgrundlage entspricht[206]. Im Gegensatz zur Ausnahmen ist die Befreiung von den Festsetzungen eines Bebauungsplanes ein planexternes Institut, dessen Funktion es ist, in nicht vorhergesehenen Sonderfällen von der Anwendung einer Festsetzung in einem Bebauungsplan abzuweichen. Die Erteilung einer Befreiung nach § 31 Abs. 2 BauGB folgt einem dreigliedrigen Tatbestand. Die Befreiung kann nur erteilt werden, wenn die Grundzüge der Planung nicht berührt werden, alternativ einer der in § 31 Abs. 2 Nr. 1–3 BauGB genannten Gründe vorliegt und wenn die Abweichung auch unter Würdigung nachbarlicher Interessen mit den öffentlichen Belangen vereinbar ist[207]. Auch die Entscheidung über die Erteilung der Befreiung liegt letztlich im Ermessen der Behörde[208].

c) Bauplanungsrechtliche Mittel zur Legalisierung von Vorhaben

Insbesondere bei großflächigen „Schwarzbaugebieten“ im Außenbereich erfordert das Vorgehen der Bauaufsichtsbehörden eine gewisse Systematik, nach der die Anwendung rechtlicher Instrumentarien zur Herstellung rechtmäßiger Zustände geprüft werden. In besonderen Fällen kann es z.B. auch im Interesse der Gemeinde liegen, eine größere Ansammlung rechtswidriger Bauwerke oder Nutzungen durch eine gemeindliche Überplanung des Gebietes zu legalisieren[209]. In diesem Fall kann eine Duldung bis zum Inkrafttreten des geänderten Bebauungsplans in Betracht kommen.

---

205 *Sendler*, FS Ernst, S. 403, 415.

206 *Reidt* in: Battis/Krautzberger/Löhr, BauGB, § 31 Rn. 19.

207 Zu den einzelnen Voraussetzungen *Reidt* in: Battis/Krautzberger/Löhr, BauGB, § 31 Rn. 27 ff.

208 BVerwGE 117, 50, 55.

209 Siehe unten 9. Teil. A.IV.

2. *Duldung formell rechtswidriger Zustände*

Besonders im Fall formell rechtswidriger Nutzungen, für deren Untersagung bereits die formelle Illegalität ausreicht, käme die Duldung als Handlungsoption in Betracht, etwa befristet auf den Ausgang eines Genehmigungsverfahrens, wenn nicht schon der Grundsatz der Verhältnismäßigkeit ein Nichteinschreiten wegen der offensichtlichen Genehmigungsfähigkeit gebietet[210]. Eine Duldung ist aber möglich, wenn bereits mit der Aufnahme einer Nutzung ein Bauantrag gestellt wird, der zwar jahrelang nicht beschieden wird, die Behörde aber gegen die Nutzung trotzdem nicht einschreitet[211].

Bei einer Abbruchverfügung kann ausnahmsweise eine nur formelle Illegalität, z.B. bei leicht zu entfernenden Werbeanlagen, ausreichend sein, sodass auch hier eine Duldung bei formeller Illegalität grundsätzlich in Betracht kommt. Ansonsten ist fragwürdig, ob der Anwendungsbereich einer Duldung bei formeller Rechtswidrigkeit eines Bauwerks überhaupt eröffnet ist, weil einer Abbruchverfügung schon der Grundsatz der Verhältnismäßigkeit entgegensteht. Diese Konstellation wird noch unter dem Begriff der „rechtlich gebotenen Duldung" zu behandeln sein[212].

Dagegen dürfte eine Duldung bei einer auf die formelle Rechtswidrigkeit gestützten Stilllegungsverfügung ausscheiden. Eine Duldung weiterer Bauarbeiten ist bei Abwägung des öffentlichen Interesses an der Stilllegung mit den privaten Interessen nicht zu rechtfertigen, weil die Behörde durch die Duldung der weiteren Bauausführung vollendete Tatsachen schaffen würde[213].

3. *Duldung materiell rechtswidriger Zustände*

Im Fall eines lediglich materiell rechtswidrigen Zustands liegt entweder eine Baugenehmigung trotz fehlender Genehmigungsfähigkeit eines Vorhabens vor oder es handelt sich um ein genehmigungsfreies Vorhaben. Eine bestandskräftige Baugenehmigung bewirkt, dass der materiell illegale Zustand geschützt ist. Denn auch eine rechtswidrige Baugenehmigung entfaltet ihre rechtlichen Wirkungen bis zu dem Zeitpunkt, in dem sie gemäß § 48 VwVfG bestandskräftig oder sofort vollziehbar aufgehoben wird[214]. Im Umkehrschluss ist der Anwendungsbereich der Duldung bei lediglich materiell rechtswidrigen Vorhaben nicht eröffnet, weil der rechtswidrige Zustand durch die rechtswidrige Baugenehmigung abgesichert ist. Eine dann ausgesprochene Duldung liefe also ins Leere und hat keinerlei weitergehende Wirkung als die Baugenehmigung selbst. Nimmt die Bauaufsichtsbehörde die rechtswidrige Baugenehmigung zurück, besteht ab diesem Zeitpunkt die

---

210 Siehe unten 2. Teil. C.
211 NdsOVG, NVwZ-RR 1995, 7 f.; *Jäde*, Bauaufsichtliche Maßnahmen, Rn. 272.
212 Siehe unten 2. Teil. C.
213 OVG NRW, BRS 40 Nr. 239 (S. 516).
214 NdsOVG, BRS 56 Nr. 204; OVG Saarl., BRS 42 Nr. 215; *Decker* in: Simon/Busse, BayBO, Art. 76 Rn. 87.

Situation eines formell und materiell rechtswidrigen Zustands, der in der nächsten Fallgruppe behandelt wird.

Eine Duldung eines lediglich materiell rechtswidrigen Zustands kann aber bei baugenehmigungsfreien Vorhaben möglich sein. Ist für ein Vorhaben keine Baugenehmigung erforderlich, ist die materielle Illegalität ausreichend, um ein bauordnungsrechtliches Einschreiten zu rechtfertigen[215]. Auch im vereinfachten Verfahren kann es vorkommen, dass zwar eine Genehmigung und damit formelle Legalität vorliegt, aber ein Verstoß gegen Vorschriften des öffentlichen Baurechts gegeben ist, die außerhalb des Prüfungsprogramms des vereinfachten Verfahrens liegen[216]. In diesem Fall kommt eine Duldung des zwar formell rechtmäßigen aber materiell rechtswidrigen Zustands in Betracht.

4. Duldung formell und materiell rechtswidriger Zustände

Letztlich spielt die Duldung immer dann eine entscheidende Rolle, wenn ein Vorhaben sowohl formell als auch materiell rechtswidrig ist. Das ist der Fall, wenn weder eine Baugenehmigung vorliegt noch eine solche erteilt werden kann, weil das Vorhaben nicht genehmigungsfähig ist. In dieser Konstellation liegen in der Regel alle Voraussetzungen für einen Abriss oder eine endgültige Nutzungsuntersagung vor. Die Bauaufsichtsbehörde hat dann kaum noch Spielraum, von einem Einschreiten abzusehen.

IV. Typische Konstellationen in der Rechtsprechung

Das Phänomen der Duldung baurechtswidriger Zustände beschäftigt schon seit Jahrzehnten die Verwaltungsgerichtsbarkeit, sodass eine Vielzahl an Entscheidungen ergangen ist. Diese sollen dazu dienen, typische Sachverhalte zu ermitteln, in denen das Phänomen der Duldung eine Rolle gespielt hat.

1. „Schwarzbauten" im Außenbereich

a) Häufigkeit von „Schwarzbauten" im Außenbereich

Der Begriff „Schwarzbau" umschreibt das Vorliegen illegaler baurechtlicher Zustände. Unter einem „Schwarzbau" versteht man alle Bauwerke, die zumindest ohne die erforderliche Genehmigung errichtet bzw. solche, die trotz mangelnder Genehmigungsfähigkeit ohne Baugenehmigung errichtet wurden. „Schwarzbauten" sind besonders häufig im Außenbereich in Form von Wochenendhäusern oder Kleinbauten anzutreffen[217]. Offenbar besteht ein Bedürfnis sich „im Grünen" einen Rückzugsort zu schaffen. Besondere Tradition hatte die Errichtung von Wochenendhäusern

215 BVerwG, BauR 1997, 611, 612; *Erbguth/Schubert*, Öffentliches Baurecht, § 13 Rn. 55.
216 *Fischer*, NVwZ 2004, 1057, 1059.
217 *Finkelnburg/Ortloff/Otto*, Öffentliches Baurecht Bd. II, S. 168 (Fn. 1).

in der ehemaligen DDR, dort auch „Datschen“ genannt[218]. Dieses Verhalten führt zwangsläufig zu Konflikten. Denn nach der Rechtsprechung des Bundesverwaltungsgerichts soll gerade der unbeplante Außenbereich i.S.d. § 35 BauGB grundsätzlich von allen nicht unmittelbar seinem Wesen und seiner Funktion entsprechenden Bauvorhaben freigehalten werden[219]. Die bauplanungsrechtliche Zulässigkeit eines Vorhabens im Außenbereich richtet sich nach § 35 BauGB. Zum Außenbereich gehören alle Gebiete, die weder innerhalb eines Bebauungsplans i.S.d. § 30 Abs. 1 BauGB noch innerhalb der im Zusammenhang bebauten Ortsteile (§ 34 BauGB) liegen[220]. Die Tatsache, dass illegale Bauwerke besonders häufig im Außenbereich anzutreffen sind, mag zum einen daran liegen, dass im Außenbereich ein illegales Bauwerk schwerer aufzuspüren und zu kontrollieren ist. Zum anderen sind viele Bürger offenbar der Meinung, ein illegal errichtetes Bauwerk im Außenbereich rufe keine Störungen hervor, wenn es abseits jeder Bebauung liegt. Insbesondere im unbeplanten Außenbereich können aber öffentliche Belange im Sinne des § 35 Abs. 3 BauGB beeinträchtigt sein, sodass ein illegales Bauwerk bauplanungsrechtlich unzulässig ist. Hervorzuheben sind besonders schädliche Einwirkungen auf die Umwelt, Belange des Naturschutzes und der Landschaftspflege sowie die Entstehung von Splittersiedlungen.

b) Illegale Wochenendhäuser

Die illegale Errichtung und Nutzung von Wochenendhäusern bzw. Ferienhäusern im Außenbereich ist einer der zentralen Anwendungsbereiche für das Phänomen der Duldung. Dazu ist eine Vielzahl gerichtlicher Entscheidungen ergangen[221]. Planungsrechtlich besteht gemäß § 10 Abs. 1 BauNVO die Möglichkeit, der Erholung dienende Sondergebiete, insbesondere Wochenendhausgebiete, Ferienhausgebiete und Campingplatzgebiete festzusetzen. Im Außenbereich gehören Wochenendhäuser nicht zu den nach § 35 Abs. 1 BauGB privilegierten Vorhaben, da sie weder wegen ihrer besonderen Anforderungen an die Umgebung noch wegen ihrer besonderen Zweckbestimmung im Außenbereich ausgeführt werden müssen. Ihre

---

218 ThürOVG, BRS 65 Nr. 206; ThürOVG, DVBl. 2001, 404; VG Weimar, ThürVBl. 1999, 265; VG Weimar, ThürVBl. 2001, 190; *Lieder*, ThürVBl. 2004, 173 ff.; *Rothfuchs*, LKV 2006, 454 ff.

219 BVerwGE 27, 137, 139; BVerwG, NVwZ 1985, 747 f.; BVerwG, NJW 1976, 1855; *Kau*, ZfBR 2009, 120, 123 ff.

220 *Mitschang/Reidt* in: Battis/Krautzberger/Löhr, BauGB, § 35 Rn. 2.

221 Vgl. etwa VGH BW, BRS 28 Nr. 163; VGH BW, BRS 32 Nr. 186; HessVGH, NJW 1984, 318 ff.; NdsOVG, Beschl. v. 09.03.2012 – 1 LA 254/09, juris; OVG NRW, Urt. v. 20.04.2016 – 7 A 1367/14, juris; OVG NRW, Beschl. v. 05.08.2011 – 2 A 2137/10, juris; OVG NRW, Urt. v. 16.03.2012 – 2 A 760/10, juris; OVG NRW, BRS 71 Nr. 196; OVG NRW, BRS 30 Nr. 169; OVG NRW, NWVBl. 1992, 205 ff.; Rechtsprechung zur „Pirmasenser Amnestie“: BVerfG, NVwZ 2005, 203 f.; OVG Rh.-Pf., DVBl. 2012, 250 ff.; OVG Rh.-Pf., Urt. v. 20.04.2006 – 8 A 10119/06, juris; OVG Rh.-Pf., Urt. v. 08.09.1989 – 8 A 93/88 (n.V.).

bauplanungsrechtliche Zulässigkeit bestimmt sich daher als sonstiges Vorhaben nach § 35 Abs. 2 BauGB[222]. Entscheidend für ihre Beurteilung ist daher, ob das Wochenendhaus öffentliche Belange, die in einem nicht abschließenden Katalog in § 35 Abs. 3 BauGB aufgeführt sind, beeinträchtigt. Allein die negative Vorbildwirkung einer Bebauung im Außenbereich wird dabei schon eine Beeinträchtigung öffentlicher Belange darstellen. Außerdem werden häufig Beeinträchtigungen der Belange des Naturschutzes und der Landschaftspflege oder der natürlichen Eigenart der Landschaft gemäß § 35 Abs. 3 S. 1 Nr. 5 BauGB vorliegen. Unter bestimmten Voraussetzungen kann jedoch aus einer Ansammlung illegaler Wochenendhäuser ein im Zusammenhang bebauter Ortsteil entstehen, mit der Folge, dass die bauplanungsrechtliche Zulässigkeit nach § 34 BauGB zu beurteilen ist[223].

c) Sonstige „Schwarzbauten" im Außenbereich

Neben Wochenendhäusern sind zu Dauerwohnzwecken genutzte Wohngebäude[224], aber auch Kleinbauten wie Hundezwinger[225], Fischerhütten und Toilettenhäuschen[226], Baucontainer[227], illegale Bauten in Dauerkleingärten[228], aber auch illegale Freizeitsportanlagen wie Tennisplätze[229], rechtswidrige Um- und Erweiterungsbauten[230] oder illegale Campingplätze[231] bzw. unzulässige ortsfeste Vorbauten an Wohnwagen auf Campingplätzen[232] im Rahmen der Rechtsprechung zur Duldung relevant geworden.

2. „Schwarzbauten" im Innenbereich

Im Innenbereich richtet sich die bauplanungsrechtliche Zulässigkeit eines Vorhabens im Bereich eines qualifizierten Bebauungsplans, der mindestens Festsetzungen nach Art und Maß der baulichen Nutzung trifft, nach § 30 Abs. 1 BauGB, im Bereich eines einfachen Bebauungsplans nach § 30 Abs. 3 BauGB. Existiert kein Bebauungsplan, findet § 34 BauGB im unbeplanten Innenbereich Anwendung. Duldungen von „Schwarzbauten" im Innenbereich betreffen meist Klein- oder Anbauten wie

---

222 BVerwGE, 18, 247, 248 f.
223 Siehe unten 9. Teil. A.II.
224 OVG NRW, Urt. v. 24.02.2016 – 7 A 19/14; OVG NRW, Urt. v. 24.02.2016 – 7 A 1623/14, juris.
225 OVG NRW, BauR 1991, 448.
226 BayVGH , BayVBl. 1998, 660.
227 VGH BW, VBlBW 1988, 254 f.
228 OVG Berlin, NVwZ 1990, 176.
229 NdsOVG, BRS 55 Nr. 206 = NVwZ-RR 1994, 12.
230 HessVGH, BRS 44 Nr. 146.
231 VGH BW, UPR 1994, 236 f.
232 NdsOVG, Beschl. v. 12.06.2014 – 1 LA 219/13, juris.

etwa Carports und Garagen[233], Wintergärten[234], Bienenhäuser[235], Taubenschläge[236], Freisitze[237] und Werbeanlagen[238], aber auch Wohnhäuser[239] oder Abstellflächen[240].

3. *Rechtswidrige Nutzungen*

Bei den rechtswidrigen Nutzungen sind vor allem illegale Wohnnutzungen im Außenbereich relevant. Diese reichen oft viele Jahre zurück. In der Nachkriegszeit wurden z.B. vielerorts Behelfsheime errichtet, um gegen die kriegsbedingte Wohnungsnot anzukommen. Die Behörden förderten damit die illegale Entstehung ganzer Siedlungen, die zum Teil von staatlicher Seite sogar durch Infrastrukturmaßnahmen befestigt wurden[241]. Diese sollten solange bestehen, bis sich die Wohnungssituation wieder stabilisiert hat und anschließende zurückgebaut werden. Nach Entspannung der Wohnungsmarktlage in den 50er Jahren trat allerdings in vielen Fällen das Gegenteil ein. Die bestehenden Gebäude wurden nach und nach immer weiter ausgebaut, ohne dass die Bauaufsichtsbehörden einschritten.

a) Illegale Nutzung von Wochenendhäusern zu Wohnzwecken

Die illegale Nutzung von Wochenendhäusern im Außenbereich als ständiger Wohnsitz ist kein seltenes Phänomen. Die Abgrenzung der Begriffe des Wochenendhauses und der Wohnnutzung erfolgt anhand des Begriffs des „Wohnens", der durch eine auf Dauer angelegte Häuslichkeit, die Eigengestaltung der Haushaltsführung und des häuslichen Wirkungskreises sowie die Freiwilligkeit des Aufenthalts gekennzeichnet ist[242]. Die Abgrenzung von Wohn- und Wochenendnutzung kann anhand dieser Definition nur über das Kriterium der „auf Dauer angelegten" Häuslichkeit erfolgen, wobei die Differenzierungen der BauNVO zwischen Wohngebäuden und Wochenendhäusern zugrunde zu legen sind[243]. Gemäß §§ 2, 3, 4, 4a, 5 und 6 BauNVO sind „Wohngebäude" in den dort aufgeführten Baugebieten zulässig, während „Wochenendhäuser" gemäß § 10 Abs. 3 BauNVO und „Ferienhäuser" gemäß § 10 Abs. 4 BauNVO nur in Sondergebieten für Erholung zulässig sind. Damit hat der Verordnungsgeber zum Ausdruck gebracht, dass unterschiedliche Anforderungen an die Benutzung zu stellen sind. Einer Wohnung in einem genehmigten Wochenendhaus

---

233 BayVGH, BayVBl. 1999, 590 ff.; OVG NRW, Beschl. v. 13.02.2014 – 2 A 983/13, juris; VG Gelsenkirchen, Beschl. v. 15.10.2014 – 9 L 1395/14, juris.
234 OVG NRW, Beschl. v. 26.02.2015 – 10 A 1432/12, juris.
235 HessVGH, NVwZ-RR 2004, 390.
236 OVG NRW, Beschl. v. 01.07.2014 – 2 A 690/14, juris.
237 BayVGH, Urt. v. 28.6.2012 – 9 B 10.2532, juris.
238 OVG NRW, BRS 63 Nr. 214.
239 OVG NRW, BRS 44 Nr. 146.
240 OVG NRW, BauR 2007, 1034 f.
241 *Pietzcker*, JZ 1985, 209, 215.
242 BVerwG, BauR 1996, 676, 677.
243 OVG NRW, BRS 70 Nr. 187.

fehlt damit die rechtliche Eignung zur dauerhaften Benutzung[244]. Aus der Zweckbestimmung eines Wochenendhauses ergibt sich, dass es nur zum zeitlich begrenzten Aufenthalt dient, auch wenn es die Eignung zum dauernden Wohnen mit sich bringt[245], während ein Wohnhaus den Lebensmittelpunkt darstellt[246].

Die bauplanungsrechtliche Zulässigkeit der Umnutzung eines Wochenendhauses zu einem Wohnhaus im Außenbereich ist an den Voraussetzungen des § 35 Abs. 2 BauGB zu messen. Insbesondere ist zu beachten, ob die Wohnnutzung unwirtschaftliche Aufwendungen für Straßen oder andere Verkehrseinrichtungen, für Anlagen der Versorgung oder Entsorgung, für die Sicherheit oder Gesundheit oder für sonstige Aufgaben erfordert (§ 35 Abs. 3 Nr. 4 BauGB). Unwirtschaftlich sind Aufwendungen, denen keine entsprechende Förderung der Belange der Allgemeinheit gegenübersteht, die also für eine geordnete Entwicklung der Gemeinde ohne oder nur von geringer Bedeutung sind und daher allein oder überwiegend den Interessen des Bauantragstellers zugutekommen. Darüber hinaus dürfte im Fall der Umnutzung eines Wochenendhauses zur Wohnnutzung das Entstehen, Verfestigen oder Erweitern einer Splittersiedlung begünstigt sein (§ 35 Abs. 3 Nr. 7 BauGB). Aber auch Belange des Naturschutzes, der Umwelt und des Orts- und Landschaftsbildes (§ 35 Abs. 3 Nr. 8 BauGB) sind von besonderer Bedeutung.

Befindet sich das Wochenendhaus, das zur dauerhaften Wohnnutzung genutzt wird, innerhalb eines im Zusammenhang bebauten Ortsteils, ist es nach § 34 Abs. 1 BauGB zulässig, wenn es sich nach Art und Maß der baulichen Nutzung, der Bauweise und der Grundstücksfläche, die überbaut werden soll, in die Eigenart der näheren Umgebung einfügt und die Erschließung gesichert ist. Die Umnutzung zu einem Wohngebäude wäre also zulässig, wenn sich das Vorhaben in die Eigenart der näheren Umgebung einfügt, weil es etwa überwiegend von Wohnnutzung umgeben ist. Eine größere Ansammlung von Wochenendhäusern kann sich auch zu einem im Zusammenhang bebauten Ortsteil nach § 34 BauGB entwickeln. Maßgeblich ist dann, ob das betreffende Wochenendhausgebiet nach seiner Größe und Zahl der vorhandenen Häuser ein städtebauliches Gewicht besitzt und Ausdruck einer organischen Siedlungsstruktur ist[247]. Entspricht die Eigenart der näheren Umgebung der Wochenendhäuser einem der Baugebiete der BauNVO, richtet sich die Zulässigkeit der Umnutzung gemäß § 34 Abs. 2 BauGB nach den Vorschriften der BauNVO. Sind in einem solchen Gebiet also z.B. nur Wochenendhäuser vorhanden, liegt ein Fall des § 34 Abs. 2 BauGB vor, sodass in diesem Gebiet nur Wochenendhäuser gemäß § 10 BauNVO zulässig sind. Eine Umnutzung in Wohngebäude zum dauerhaften Wohnen ist daher in der Regel unzulässig.

---

244 OVG NRW, BRS 70 Nr. 187.
245 BVerwGE 87, 299, 303.
246 NdsOVG, UPR 1994, 237.
247 St. Rspr. des BVerwG seit BVerwGE 31, 22, 26 ff.; OVG NRW, Beschl. v. 05.08.2011 – 2 A 2137/10, juris Rn. 16 f.

Im Ergebnis spricht vieles dafür, dass die Umnutzung eines Wochenendhauses zur dauerhaften Wohnnutzung nur bei günstig gelegenen Einzelfällen planungsrechtlich zulässig sein dürfte. Deshalb lässt sich bei Aufdeckung einer solchen rechtswidrigen Umnutzung eines Wochenendhauses zu Wohnzwecken eine Praxis einiger Bauaufsichtsbehörden erkennen z.B. personengebundene Duldungen unter dem Vorbehalt der Änderung der Sach- und Rechtslage auszusprechen[248].

b) Sonstige illegale Nutzungen

Neben der illegalen Nutzung von Wochenendhäusern als dauerhaftem Wohnsitz sind im Außenbereich illegale Nutzungen von Campingplätzen[249], Lagerhallen oder Abstellplätzen[250], die Umnutzung von landwirtschaftlichen in gewerbliche Flächen[251], die Umnutzung eines Holzhandels in den Betrieb einer Druckerei[252], die Umnutzung von Stallgebäuden für sog. LAN-Partys[253] und den Betrieb einer Schreinerei[254] Gegenstand duldungsrelevanter Rechtsprechung geworden.

Im Innenbereich lassen sich als Beispiele der Duldung illegale Wohnnutzungen[255] oder gewerbliche Nutzungen[256], z.B. die Umnutzung einer Gaststätte in eine Diskothek[257], ungenehmigte Wettbüros[258], Pflegeeinrichtungen im allgemeinen Wohngebiet[259] und die Nutzung von Reihenhäusern zum Zwecke der Prostitution[260] ausmachen.

---

248 OVG NRW, BRS 70 Nr. 187 (S. 885).

249 OVG M-V, BRS 76 Nr. 210; OVG M-V, Urt. V. 04.09.2013–3 L 108/11, juris (Umnutzung eines Zeltplatzes in einen Wochenendplatz); OVG NRW, BauR 2001, 1892 (sog. „Wagenburg"); vgl. auch „Niederschrift über die Dienstbesprechung des Ministeriums für Bauen, Wohnen, Stadtentwicklung und Verkehr des Landes NRW mit den Bauaufsichtsbehörden im Oktober und November 2014", abrufbar im Internet unter http://www.aknw.de/fileadmin/user_upload/News-Pdfs/2015-03/dienstbesprechung-mit-bauaufsichtsbehoerden_03_2015.pdf (abgerufen am 28.02.2016).

250 VGH BW, BRS 39 Nr. 61 (Abstell- und Waschplatz für Lastkraftwagen im allgemeinen Wohngebiet); HessVGH, NuR 1993, 36.

251 OVG NRW, BauR 2010, 1213 = BRS 76 Nr. 211.

252 OVG NRW, Beschl. v. 09.05.2014 – 2 A 2819/13, juris.

253 OVG NRW, Beschl. v. 24.01.2006 – 10 B 2160/05, juris.

254 OVG NRW, Urt. v. 24.01.2006 – 10 B 2159/05, juris.

255 OVG Berlin, BRS 28 Nr. 169 (rechtswidrige Wohnungsnutzung eines Künstleratelier im Dachgeschoss); OVG Rh.-Pf., DVBl. 2012, 1185 ff. = NVwZ-RR 2012, 749 ff.

256 OVG NRW, NVwZ-RR 2007, 661, 662 (Umnutzung eines Ausstellungs- und Verkaufsraums zur Einzelhandelsnutzung); VG Gelsenkirchen, Beschl. v. 21.11.2014 – 6 L 1176/14, juris (Betrieb eines Kfz-Handels).

257 HessVGH, NVwZ 1983, 687 f.; OVG NRW, Beschl. v. 01.07.2011 – 2 B 740/11, juris.

258 VG München, Beschl. v. 25.02.2014 – M 8 S 14.667, juris.

259 VG Gelsenkirchen, Urt. v. 11.09.2014 – 5 K 873/13, juris.

260 OVG NRW, Beschl. v. 13.01.2014 – 10 B 1415/13, juris; OVG Rh.-Pf., ZfBR 2010, 807, 808; VG Karlsruhe, Urt. v. 23.07.2014 – 6 K 3323/13, juris.

F. Einblicke in die Verwaltungspraxis

In vielen Fällen wird es sich bei einer Duldung um eine Einzelfallentscheidung des Nichteinschreitens gegen rechtswidrige Zustände handeln. Das ergibt sich schon aus der Konsequenz, dass es sich bei der Duldung um eine Ausnahme zum Einschreiten gegen rechtswidrige Zustände handelt. Vor allem in anderen Rechtsgebieten wie z.B. im Wasserrecht oder Ausländerrecht stellt die Duldung eine typische Einzelfallentscheidung dar. Das öffentliche Baurecht zeigt aber die Besonderheit, dass nicht selten auch großflächig anhand ausgearbeiteter Duldungskonzepte Duldungen zum Einsatz kommen. Im Folgenden sollen einige Konzepte und ministerielle Duldungserlasse exemplarisch dargestellt werden.

I. Ministerialerlasse und Verfügungen höherer Verwaltungsstellen

Obwohl die Duldung in vielen Fällen eine Einzelfallentscheidung sein wird, kann das Verhalten der Bauaufsichtsbehörden durch höhere Verwaltungsstellen beeinflusst sein. Dem Handeln der Bauaufsichtsbehörden können planmäßige Konzepte oder Richtlinien zugrunde liegen. Bei solchen Konzeptduldungen werden Kriterien festgelegt, bei deren Erfüllung eine Duldung als möglich erscheint, z.B. ein Mindestalter des Betroffenen von 60 Jahren, eine bestimmte Dauer einer Wohnnutzung (z.B. seit 10 Jahren), eine vormals befristet erteilte Befreiung oder das Vorliegen einer nachgewiesenen Krankheit[261]. Ermessensbindende Richtlinien können auch als allgemeine Hinweise für die Entscheidungsträger ergehen, dass bei baulichen Anlagen, die schon vor sehr langer Zeit ohne Genehmigung errichtet wurden, im Regelfall von einer Beseitigung abgesehen werden soll[262]. Besonders in Gebieten, in denen viele „Schwarzbauten" errichtet wurden, meist illegale Wochenendhäuser oder Wochenendhäuser, die zum dauerhaften Wohnen genutzt werden, bemühen sich die zuständigen Behörden, eine planmäßige Überführung hin zu rechtmäßigen Zuständen zu verwirklichen. Dazu werden „Sanierungskonzepte" für die betreffenden Gebiete oder ministerielle Erlasse erarbeitet. Im Folgenden werden die Inhalte einer Auswahl solcher Konzepte und Erlasse dargestellt.

1. Die sog. „Pirmasenser Amnestie"

Den höchsten Bekanntheitsgrad hat wohl die sog. „Pirmasenser Amnestie" erlangt, nicht zuletzt wegen des Beschlusses des Bundesverfassungsgerichts[263]. Mit dem

261 OVG NRW, Urt. v. 23.10.2006 – 7 A 4947/05, juris Rn. 94.
262 BayVGH, BayVBl. 1983, 243, 244.
263 BVerfG, NVwZ 2005, 203 f. = BRS 69 Nr. 190; Näheres zur Rechtsprechung des BVerfG siehe unten 6. Teil. F.II.2.; zur eigentumsrechtlichen Deutung der Rechtsprechung siehe unten 3. Teil. C.IV.2.; zu den Wirkungen der Amnestie auf die Ermessensausübung siehe unten 6. Teil. E.III.4.d).

Begriff der „Pirmasenser Amnestie“ wird im Gebiet des damaligen Landkreises Pirmasens allgemein eine von der Bezirksregierung als Obere Bauaufsichtsbehörde an das frühere Landratsamt Pirmasens unter dem 11.07.1967 erlassene Verfügung über die Behandlung von „Schwarzbauten“ bezeichnet. Diese Verfügung ist das Ergebnis von sich über ein knappes Jahr hinziehenden Gesprächen zwischen einer Interessengemeinschaft von Bürgern, gegen die wegen ungenehmigter Bauten im Außenbereich Abrissverfügungen erlassen worden waren, und Vertretern der Bezirksregierung sowie des Landratsamtes. Die in großer Zahl erlassenen Beseitigungsanordnungen hatten deshalb zu Protesten geführt, weil sie zum Teil seit vielen Jahren bestehende Gebäude betrafen, die vielfach mündlich oder sogar schriftlich von den Ortsbürgermeistern „genehmigt“ waren. Der Versuch zu einer einvernehmlichen Lösung zu kommen, in den sich auch Innen- und Finanzministerium eingeschaltet hatten und der in der Presse lebhaft diskutiert worden war, führte zu der genannten Verfügung. Dort erklärt die Bezirksregierung:

> *„Wir halten die Beseitigung der Wochenendhäuser, der Gartenhäuser sowie der Geräteschuppen aus Gründen des allgemeinen Wohls nicht für geboten. Dies gilt für alle Beseitigungsverfügungen, die ohne Rechtsmittelverfahren oder nach einem Verfahren vor dem Kreisrechtsausschuss oder den Verwaltungsgerichten rechtskräftig wurden oder noch werden. Wir werden deshalb die stillschweigende Duldung der verschiedenen Vorhaben nach Rechtskraft der Beseitigungsverfügungen nicht beanstanden“*[264].

Die „Pirmasenser Amnestie“ schützte in der Folge nur Außenbereichsbauten im Landkreis Pirmasens, die vor dem 01.07.1967 fertiggestellt wurden. Die Amnestie umfasste auch die Durchführung bestandserhaltender Maßnahmen, nicht aber die Duldung darüber hinausgehender Arbeiten, die die Bauten erweiterten oder sonst in ihrem Äußeren oder Bauzustand veränderten, verbesserten oder ihre Funktionsfähigkeit erhöhten (sog. „amnestieschädliche Maßnahmen“)[265].

2. *Runderlass zur Duldung von Photovoltaikanlagen*

Durch den Ergänzenden Runderlass des Ministeriums für Wirtschaft, Energie, Bauen, Wohnen und Verkehr vom 27.10.2010[266] ist in Nordrhein-Westfalen bestimmt worden, dass die im Zusammenhang mit dem Anbringen von Photovoltaikanlagen auf und an Gebäuden eingetretenen Nutzungsänderungen, die den Bauaufsichtsbehörden weder angezeigt noch für die eine Baugenehmigung erteilt wurde, bis auf weiteres zu dulden sind. Zuvor hatte das OVG Nordrhein-Westfalen entschieden, dass eine gewerblich betriebene Solaranlage eine genehmigungspflichtige Nutzungsänderung eines im Außenbereich privilegierten Gebäudes darstellen kann[267].

---

264 OVG Rh.-Pf., Urt. v. 08.09.1989 – 8 A 93/88, S. 5 f. (n.V.).

265 BVerfG, NVwZ 2005, 203 f.; OVG Rh.-Pf., DVBl. 2012, 250, 252; zu den „amnestieschädlichen Maßnahmen“ siehe unten 6. Teil. E.VI.2.

266 Abgedruckt bei *Boeddinghaus/Hahn/Schulte*, BauO NRW, Teil E, A II 3.1.

267 OVG NRW, NWVBl. 2011, 58 ff.

In dem vom OVG Nordrhein-Westfalen zu entscheidenden Fall waren Dachflächen einer bisher privilegiert genutzten Reithalle mit Photovoltaikmodulen überzogen worden. Der erzeugte Strom wurde nicht in dem landwirtschaftlichen Betrieb selbst genutzt, sondern gegen ein monatliches Entgelt in das Netz eines Energieversorgers eingespeist. Eine solche Nutzungsänderung des Trägergebäudes sei nicht von der Genehmigungsfreistellung des § 65 Abs. 1 Nr. 44 BauO NRW erfasst. Als Grund für die Duldung führte das Ministerium an, der Bundesgesetzgeber beabsichtige, das Baugesetzbuch zu ändern. Deshalb werde erwartet, dass auch die bauplanungsrechtliche Zulässigkeit von Photovoltaikanlagen neu geregelt und erweitert werde.

3. *Erlasse zur Duldung von Flüchtlingsunterkünften*

In Nordrhein-Westfalen sind die Bauaufsichtsbehörden durch die Erlasse[268] des Ministeriums für Bauen, Wohnen, Stadtentwicklung und Verkehr des Landes Nordrhein-Westfalen vom 26.08.2015, 22.09.2015 und 30.11.2015 angewiesen worden, sich bis zum 01.10.2017 mit Zeltunterkünften, Traglufthallen und Sporthallen, in denen Flüchtlinge und Asylbegehrende sich nicht nur vorübergehend (höchstens zwei bis drei Wochen) aufhalten, bauaufsichtlich nicht zu befassen[269]. Mit anderen Worten sollen diese Nutzungen zunächst geduldet werden. Außerdem soll die Unterbringung von Flüchtlingen in anderen für diese Nutzung nicht genehmigten baulichen Anlagen befristet geduldet werden. Eine Duldung kommt nach den Erlassen nur in Betracht, wenn weder Gefahren für Leben oder Gesundheit von Menschen noch ein Verstoß gegen das Gebot der Rücksichtnahme vorliegen. Die Dauer der Duldung soll sich danach richten, in welchem Umfang das Gebäude genehmigungsfähig gemacht werden muss.

4. *Kleinbautenerlass des Landes Baden-Württemberg*

Ein weiteres Beispiel für eine groß angelegte Duldungspraxis zeigt der Kleinbautenerlass des Landes Baden-Württemberg vom 21.11.1978. Zwischen den Jahren 1978 und 1986 wurden ca. 1200 Kleinbauten durch öffentlich-rechtliche Verträge geduldet. Nachdem im Raum Stuttgart in einer Offensive gegen illegale Außenbereichsbauten etwa 50.000 illegal errichtete Gartenhäuser und sonstige Kleinbauten ermittelt wurden, sollten durch den sogenannten „Kleinbautenerlass" und den „Kleinbautenverfahrenserlass" des Landes Baden-Württemberg[270] wieder rechtmäßige Zustände

---

268 Abrufbar unter http://www.mbwsv.nrw.de/bauen/bauaufsicht/Landesbauordnung/ (abgerufen am 28.02.2016).

269 Vgl. auch Protokoll der Dienstbesprechung des Ministerium für Bauen, Wohnen, Stadtentwicklung und Verkehr des Landes Nordrhein-Westfalens mit den Bauaufsichtsbehörden im November 2015, abrufbar im Internet unter http://www.aknw.de/fileadmin/user_upload/Arbeitshilfen/niederschrift_dienstbesprechung_bauaufsichtsbehoerden_2015.pdf (abgerufen am 28.02.2016).

270 GABl. 1978, S. 1207 ff.

hergestellt werden. Rund 12.000 Bauten wurden nachträglich genehmigt, über 5000 Kleinbauten abgerissen und ca. 1200 öffentlich-rechtliche Verträge über die vorübergehende Duldung und den anschließenden Abbruch der Bauten mit Unterwerfung unter die sofortige Zwangsvollstreckung abgeschlossen[271].

5. *„Ferienhausproblematik" in Mecklenburg-Vorpommern*

Von nicht unerheblicher Brisanz ist die „Ferienhausproblematik" in Mecklenburg-Vorpommern. In touristisch geprägten, meist küstennahen Gemeinden sind über Jahrzehnte Häuser und Wohnungen entstanden, die sowohl zum dauerhaften Wohnen als auch zum vorübergehenden Erholen in Ferienwohnungen und Ferienhäusern dienen. Mit Urteil vom 28.12.2007 hat das OVG Mecklenburg-Vorpommern folgenträchtig entschieden, dass Ferienwohnungen in einem von der Gemeinde festgesetzten Allgemeinen Wohngebiet gemäß § 4 Abs. 2 BauNVO bauplanungsrechtlich nicht zulässig sind. Es handele sich bei Wohnnutzung und Ferienwohnnutzung um eigenständige Nutzungsarten[272].

Das OVG Mecklenburg-Vorpommern hat seine Rechtsprechung dahingehend konkretisiert, dass es sich bei Ferienwohnungen grundsätzlich nicht um einen nach § 4 Abs. 3 Nr. 1 BauNVO ausnahmsweise im Allgemeinen Wohngebiet zulässigen Beherbergungsbetrieb handele, es sei denn, es träten neben der Überlassung von Räumen beherbergungstypische Dienstleistungen hinzu, die einen nennenswerten Umfang besitzen und die Nutzung prägen[273]. Auch in der Literatur wurden verschiedene Lösungen der „Ferienhausproblematik" diskutiert[274].

Die Rechtsprechung des OVG Mecklenburg-Vorpommern hatte zur Folge, dass die Bauaufsichtsbehörden wegen der Konflikte zwischen Dauerwohnnutzung und Ferienwohnnutzung in zahlreichen Fällen ordnungsbehördliche Verfahren eingeleitet und Nutzungsuntersagungen angekündigt oder ausgesprochen hatten. Aufgrund der zu befürchtenden Auswirkungen auf die wirtschaftliche und touristische Entwicklung des Landes[275] bestand politischer Handlungsbedarf. Der Wirtschaftsausschuss des Landes erarbeitete daher die Beschlussempfehlung „Landesweites Moratorium für vorhandene Ferienwohnungen bzw. -häuser in Wohngebieten und unbeplanten Innenbereichen"[276], welcher der Landtag zustimmte. Darin forderte der

271 *Arnold* VerwArch. 1989, 125, 132; *Bulling*, DÖV 1989, 277, 282.

272 OVG M-V, NordÖR 2008, 169, 170; auch BVerwGE 147, 138, 141 f.

273 OVG M-V, BauR 2015, 81, 82 ff.; siehe auch NdsOVG, Urt. v. 15.01.2015 – 1 KN 61/14, juris Rn. 25.

274 Vgl. etwa *von Nicolai*, NordÖR 2015, 361 ff.; *Pernice-Warnke*, NVwZ 2015, 112 ff.; *Schmidt-Eichstaedt*, ZfBR 2016, 225 ff.

275 Zur Duldung aus wirtschaftlichen Gründen siehe unten 2. Teil. B.IV.4.

276 LT-Drucks. (Mecklenburg-Vorpommern) 6/3280 v. 10.09.2014.

Landtag die Landesregierung auch auf, die Möglichkeit einer Bundesratsinitiative zur Änderung der BauNVO zu prüfen[277].

Anschließend erließ das Ministerium für Wirtschaft, Bau und Tourismus des Landes Mecklenburg-Vorpommern den „Handlungsleitfaden zur bauplanungsrechtlichen- und bauordnungsrechtlichen Zulässigkeit von Ferienwohnungen“[278], der die Vorschläge der Beschlussempfehlung aufnahm. Nach dem Handlungsleitfaden sollen die unteren Bauaufsichtsbehörden darauf hingewiesen werden, dass, sofern Rechte Dritter nicht verletzt werden, bestimmte Kriterien für eine (befristete) „Aussetzung der Vollziehung“ sprechen. Kriterien sind insbesondere die Anbahnung einer Planänderung, -erweiterung oder Planaufhebung[279], das Vorliegen einer baurechtlichen Genehmigung oder einer schriftlich bestätigten Duldung, die Nutzung zu Ferienwohnzwecken bereits vor dem 03.10.1985 sowie der Abschluss noch zu erfüllender Vermietungsverträge durch den Eigentümer für die laufende Saison, bei deren Abschluss er noch nicht mit einer Nutzungsuntersagung rechnen konnte.

II. Konzepte zur Sanierung des Außenbereichs

Sanierungs- bzw. Außenbereichskonzepte verfolgen das Ziel, rechtswidrige Zustände im Außenbereich durch illegale Bebauungen und Nutzungen wieder in einen rechtmäßigen Zustand zu überführen bzw. die Durchführung eines neuen Bebauungsplans zu ermöglichen. Ein rechtliches Sanierungsmittel ist dabei auch die vorübergehende behördliche Duldung eines rechtswidrigen Zustands. In der Praxis der Bauaufsichtsbehörden werden Sanierungskonzepte vor allem für Wochenendhausgebiete mit illegaler Wohnnutzung erarbeitet, in denen Duldungen unter bestimmten Voraussetzungen in Betracht kommen können.

1. „Sanierungskonzept Notzingermoos“

Nach dem „Sanierungskonzept Notzingermoos“[280] ist Voraussetzung einer Duldung, dass die Behörde zunächst eine Nutzungsuntersagung ausspricht. Auf Antrag kann das Landratsamt dann eine Zusicherung nach Art. 38 BayVwVfG erteilen, wonach die Vollziehung der Nutzungsuntersagung bis zur Aufgabe der dauerhaften Wohnnutzung durch den derzeitigen Nutzer ausgesetzt wird. Dabei gilt die Aussetzung der Vollziehung ausdrücklich nicht für Rechtsnachfolger. Das Sanierungskonzept

277 Dieser Aufforderung ist die Landesregierung durch einen Verordnungsantrag im Bundesrat nachgekommen, vgl. BR-Drucks. 141/15 v. 01.04.015.

278 Abrufbar im Internet unter http://www.regierung-mv.de/serviceassistent/download?id=125838 (abgerufen am 28.02.2016).

279 Zur Duldung bei Rechtsänderungen siehe unten 2. Teil. B.IV.1.j).

280 Konzept zur Sanierung des „Sondergebietes-Wochenendhausgebiet Notzingermoos“ („Sanierungskonzept Notzingermoos“) vom 09.08.2013, abrufbar im Internet unter: https://www.landkreis-erding.de/media/3011/sanierungskonzept-notzingermoos_2013.pdf (abgerufen am 28.02.2016).

Notzingermoos enthält einen ausführlichen Kriterienkatalog für die Erteilung einer Zusicherung. Voraussetzung ist, dass die illegale Wohnnutzung vor dem genannten Stichtag (Inkrafttreten des Bebauungsplans „Sondergebiet-Wochenendhausgebiet Notzingermoos") aufgenommen wurde. Die Duldung durch Zusicherung erfolgt personenbezogen und wird auf Lebenszeit erteilt. Das Sanierungskonzept sieht auch eine Härtefallregelung für atypische Fälle vor, die eine befristete Duldung nach sich ziehen, die einen Zeitraum von 5 Jahren nicht überschreiten soll. Außerdem umfasst die Zusicherung ausdrücklich keine Erweiterungen oder Umgestaltungen des baulichen Bestandes. Schließlich endet die Duldung durch Aufgabe der Nutzung, kalendermäßige Befristung oder im Todesfall.

2. *Außenbereichskonzept des Landratsamts Eichstätt*

Auch das Landratsamt Eichstätt hat ein Außenbereichskonzept zur baurechtlichen Sanierung des Außenbereichs erarbeitet[281]. Ziel des Sanierungskonzeptes ist gemäß § 1 Abs. 1 und 2 des Außenbereichskonzepts die Gleichbehandlung von baurechtswidrigen Anlagen im Außenbereich des Landkreises Eichstätt unter größtmöglicher Schonung des Außenbereichs und unter Berücksichtigung privater Belange, um letztendlich in absehbarer Zeit wieder einen seinen ursprünglichen Funktionen zur Verfügung stehenden Außenbereich zu erreichen. Nach § 3 des Außenbereichskonzepts sind unterschiedliche bauliche Anlagen, darunter Bienenhäuser, Fischerhütten, Unterstände, landwirtschaftliche Nebengebäude, Jagdhütten, Jugendhütten, Wochenend- und Freizeithäuser, Lagerplätze und Zäune erfasst. Die §§ 13 und 14 enthalten allgemeine Duldungsvoraussetzungen. Nach § 13 gilt klarstellend der Vorrang der Genehmigung. Gemäß § 14 Abs. 1 dürfen die zu duldenden Anlagen keine Gefahr für Leben und Gesundheit darstellen und keine wesentliche Beeinträchtigung der Belange des Naturschutzes und des Ortsbildes hervorrufen. Die Absätze 2 und 3 differenzieren zwischen der „schlichten Duldung" und der „Duldung". Nach Maßgabe des § 14 Abs. 2 liegt eine schlichte Duldung vor, wenn das Landratsamt auf ein Aufgreifen des Verfahrens verzichtet. Eine Duldung liegt dagegen gemäß § 14 Abs. 3 vor, wenn eine bauliche Maßnahme erlassen wurde und das Landratsamt nach Maßgabe des Konzepts nach Bestandskraft der Verfügung die Vollstreckung aussetzt. Nach § 24 ist Voraussetzung der Duldung eine bestandskräftige Beseitigungsanordnung oder Nutzungsuntersagung. Die Duldung wird maximal für 5 Jahre ausgesprochen, mit der Möglichkeit der Verlängerung. Des Weiteren ist die Duldung auf eine Nutzung beschränkt und personenbezogen. Sie ergeht als Zusicherung i.S.d. Art. 38 BayVwVfG. Werden durch die Duldung

281 Konzept zur baurechtlichen Sanierung des Außenbereichs (Außenbereichskonzept) des Landratsamts Eichstätt, Stand 1. Juni 2011, abrufbar im Internet unter https://www.landkreis-eichstaett.de/landratsamt/bauverwaltung/bauverwaltung-nord/?KonzeptzurbaurechtlichenSanierungdesAussenbereichs(Aussenbereichskonzept)&view=org&orgid=44605506-88e0-4151-9a79-6b23129b5bb6 (abgerufen am 28.02.2016).

Belange Dritter berührt, so kann nach Maßgabe des § 25 eine Duldung oder schlichte Duldung nur ergehen, wenn unter Abwägung der gegenseitigen Interessen die Interessen des Duldungsadressaten die Interessen des Dritten überwiegen.

3. *„Sanierungskonzept Moosinning"*

Auch im „Sanierungskonzept Moosinning" hat das Landratsamt Erding spezifische Voraussetzungen für die Erteilung einer Duldung geregelt[282]. Zunächst ist bei Nichtvorliegen einer Genehmigung zu prüfen, ob eine Anlage materiellen Bestandsschutz genießt, was in einem Aktenvermerk festzuhalten ist, § 5 Abs. 2. Die §§ 6 und 7 enthalten allgemeine und besondere Duldungsvoraussetzungen. Nach § 6 Abs. 1 ist die Genehmigungsfähigkeit vorrangig zu prüfen. Auch bauliche Anlagen, die materiellen Bestandsschutz genießen, bedürfen keiner Duldung. Grundvoraussetzung für die Erteilung einer Duldung ist nach § 6 Abs. 2 eine bestandskräftige Beseitigungsanordnung oder Nutzungsuntersagung und eine Mindestbestandszeit der baulichen Anlage von 20 Jahren. § 6 Abs. 3 und 4 betreffen Anforderungen an die zu duldende Anlage (z.B. keine Gefahr für Leben und Gesundheit) und die Beachtung von Rechten Dritter. In § 7 sind die besonderen Duldungsvoraussetzungen geregelt. Erforderlich ist ein Antrag auf Duldung. Die Duldung erfolgt dann bis zum natürlichen Verfall der baulichen Anlage, sodass Erhaltungsmaßnahmen unzulässig sind, vgl. § 7 Abs. 1. Aufgrund der Grundstücksbezogenheit sollen dabei persönliche, wirtschaftliche oder soziale Besonderheiten nicht beachtlich sein. Gemäß § 7 Abs. 3 erfolgt die Duldung personenbezogen durch Zusicherung nach Art. 38 BayVwVfG. § 7 Abs. 4 enthält wiederum eine Härtefallregelung bei atypischen Sonderfällen, in denen eine Befristung auf 5 Jahre mit der Möglichkeit der Verlängerung möglich ist.

4. *„Sanierungskonzept Alzenau"*

Der Stadtrat der Stadt Alzenau hat mit Stadtratsbeschluss vom 27.09.2013 ein Außenbereichskonzept mit Handlungsanweisungen für die Beseitigung illegaler baulicher Anlage im Außenbereich beschlossen[283]. Die Duldung wird gemäß § 3 Abs. 2 und § 10 Abs. 2 als Aussetzung der Vollziehung einer erlassenen bauaufsichtlichen Verfügung beschrieben. Demgemäß ist Voraussetzung der Erteilung einer Duldung das Vorliegen einer bestandskräftigen Beseitigungsanordnung oder Nutzungsuntersagung, vgl. § 11 Abs. 1. Für die Duldungserteilung gelten sowohl allgemeine Anforderungen,

---

282 Konzept zur baurechtlichen Sanierung des Außenbereichs in der Gemeinde Moosinning („Sanierungskonzept Moosinning") des Landratsamts Erding, Stand: 11. März 2014, abrufbar im Internet unter https://www.landkreis-erding.de/media/3010/sanierungskonzept_original.pdf (abgerufen am 28.02.2016).

283 „Handlungsanweisungen für die Beseitigung baurechtswidriger baulicher Anlagen im Außenbereich (Außenbereichskonzept – auf Grundlage des Stadtratsbeschlusses vom 27. September 2013)", abrufbar im Internet unter http://www.alzenau.de/media/custom/2413_1206_1.PDF?1411421677 (abgerufen am 28.02.2016).

wie die Sicherstellung, dass keine Sicherheitsgefahren von der baulichen Anlage ausgehen, das Landschaftsbild nicht beeinträchtigt wird und die Entstehung einer Splittersiedlung nicht gefördert wird, als auch spezielle Duldungsvoraussetzungen für einzelne Bauwerke nach §§ 13 ff. Gemäß § 11 ergeht die Duldung als Zusicherung gemäß § 38 BayVwVfG und enthält eine nicht verlängerbare Befristung auf maximal 5 Jahre. Die Duldung ist personenbezogen und endet automatisch mit einem Eigentümerwechsel oder bei Aufgabe der Nutzung. Auch die Rechte und Interessen Dritter, die durch die Duldung beeinträchtigt sein können, sind nach § 12 im Rahmen einer Interessenabwägung angemessen zu berücksichtigen.

5. *Sonstige Duldungskonzepte*

Neben den oben geschilderten Duldungskonzepten bezogen auf illegale Bauten im Außenbereich, lassen sich weitere solcher planmäßiger Duldungen beschreiben. Im Fall einer formell und materiell illegalen Nutzung eines Reihenhauses zu Prostitutionszwecken entwickelte eine Bauaufsichtsbehörde ein Konzept zum Einschreiten, wonach zunächst nur gegen Neubetriebe vorgegangen und Altbetriebe vorerst geduldet werden[284]. Dieses Verhalten zeigt, dass auch Praktikabilitäts- und Effektivitätserwägungen eine Rolle spielen können. Ein weiteres Beispiel für ein planvolles Vorgehen der Behörden ist die Duldung einer illegalen Nutzung im Außenbereich im Fall einer sog. Wagenburg, also einer baurechtswidrigen Ansammlung von Bauwagen zu Wohnzwecken. Die Bewohner dieser Wagenburg waren mit Hilfe der Bauaufsichtsbehörde von einem Gelände, das für eine Gewerbeansiedlung benötigt wurde, auf ein von der Behörde eigens gepachtetes Grundstück umgezogen. Die Behörde hatte damit in Kenntnis der formellen und materiellen Illegalität die Nutzung der Wagenburg unterstützend vorbereitet und ausdrücklich geduldet. Nach etwa einem Jahr wies die Behörde die Bewohner der Wagenburg an, das Gelände nach Ablauf des Pachtvertrages zu räumen[285].

Auch aufgrund von Anordnungen eines Ministeriums können Duldungen ausgesprochen werden. So hatte das Innenministerium Baden-Württemberg im Landtag am 08.08.1979 erklärt, bei fortgeschrittenem Lebensalter des Betroffenen seien die Behörden in geeigneten Fällen mit einer Duldung auf Lebenszeit einverstanden. Ein Übergang auf die Familienmitglieder könne aber nicht gestattet werden[286].

III. Duldung als Ergebnis von Mediation

Duldungen können auch als Ergebnis eines Mediationsverfahrens formuliert werden[287]. Im Mediationsverfahren kann der Versuch unternommen werden, einen Interessenkonflikt zwischen zwei oder mehreren Personen unter Einschaltung eines

284 OVG Rh.-Pf., ZfBR 2010, 807, 808.
285 OVG NRW, BauR 2001, 1892.
286 LT-Drucks. 7/6217 (Baden-Württemberg), S. 3; VGH BW, NJW 1984, 319 f.
287 Dazu kritisch *Millgramm*, NuR 1999, 608, 615.

neutralen Dritten ohne eigene Entscheidungsmacht zu lösen[288]. In ähnlicher Weise ist z.B. die „Pirmasenser Amnestie“ zustande gekommen, die das Ergebnis langandauernder Gespräche zwischen einer Interessengemeinschaft von Bürgern und Behördenvertretern ist[289]. Das Mediationsverfahren kann besonders dann vorteilhaft sein, wenn es sich um eine große Ansammlung rechtswidriger Vorhaben handelt, um eine für alle Beteiligten systemgerechte Lösung zu erarbeiten. Dafür ist aber erforderlich, dass möglichst alle Betroffenen an diesem Mediationsverfahren teilnehmen, um Ungleichbehandlungen zu vermeiden[290]. Um eine hohe Akzeptanz und Transparenz der Entscheidung zu ermöglichen ist es besonders wichtig, Anhörungs- und Beteiligungsrechte nicht zu unterlaufen[291].

IV. Duldung infolge eines Petitionsbeschlusses

Der Beschluss eines Petitionsausschusses kann die Bauaufsichtsbehörde dahin lenken, einen rechtswidrigen Zustand zu dulden. Dies ist dann der Fall, wenn der Betroffene von seinem Petitionsrecht gemäß Art. 17 GG gegenüber dem Landtag Gebrauch macht und der Petitionsausschuss eine Duldung z.B. aufgrund des kooperativen Verhaltens des Petenten empfiehlt[292]. Der Petitionsausschuss des Landtags Baden-Württemberg hat mit Beschlussempfehlung vom 19.11.2003 in Bezug auf einen jahrzehntelangen Streit über ein illegales Wochenendhaus in einem Naturschutzgebiet einen stufenweisen Rückbau mit einer Duldung des restlichen Bestandes für mehrere Jahre empfohlen unter der Bedingung, dass andere bauliche Anlagen auf dem Grundstück beseitigt werden[293].

Zu einem ähnlichen Ergebnis kommt der Petitionsausschuss des Landtags Baden-Württemberg in der Beschlussempfehlung vom 12.11.2009 bezüglich der Duldung einer illegalen Dauerwohnnutzung eines Wochenendhauses. Die Petenten begehrten eine Duldung auf Lebenszeit, da die illegale Wohnnutzung immer wieder befristet geduldet wurde. Die Empfehlung des Petitionsausschusses sieht vor, in einem öffentlich-rechtlichen Vertrag einen stufenweisen Rückbau mehrerer illegaler Nebengebäude sowie eine Anpassung der Bepflanzung an die Umgebung festzuschreiben und im Gegenzug eine Duldung auf Lebenszeit auszusprechen[294].

In einem anderen Fall reichte ein Bürger beim Petitionsausschuss des Landtags Baden-Württemberg eine Petition ein, mit dem Ziel der Aufhebung einer Beseitigungsanordnung für sein im Rohbau errichtetes Gebäude und die Erteilung

288 *Kopp/Ramsauer*, VwVfG, Einführung I Rn. 77.
289 OVG Rh.-Pf., Urt. v. 08.09.1989 – 8 A 93/88, S. 5 f. (n.V.); siehe oben 1. Teil. F.I.1.
290 NdsOVG, Beschl. v. 12. 06.2014 – 1 LA 219/13, juris Rn. 20; *Pünder* in: Erichsen/Ehlers, Allgemeines Verwaltungsrecht, § 16 Rn. 2 f.
291 *Pünder* in: Erichsen/Ehlers, Allgemeines Verwaltungsrecht, § 16 Rn. 12.
292 VG Arnsberg, Urt v. 05.03.201 – 12 K 900/09, juris Rn. 38.
293 LT-Drucks. 13/2625 (Baden-Württemberg) vom 19.11.2003, S. 9.
294 LT-Drucks. 14/5425 (Baden-Württemberg) vom 12.11.2009, S. 4.

einer Erlaubnis zur Fertigstellung und Nutzung des Vorhabens als Wohngebäude im Außenbereich für sich und seine Angehörigen im Wege der Duldung[295]. Nachdem der Petitionsausschuss die Petition angenommen und der Landtag der Petition zugestimmt hatte, erteilte das Ministerium für Verkehr und Infrastruktur den begehrten Bescheid[296].

G. Fazit

Bei der Duldung handelt es sich um einen vielschichtigen Begriff, der schwer zu greifen ist, aber im Wesentlichen vier Kernelemente enthält: das Vorliegen eines rechtswidrigen Zustandes, die Kenntnis der Behörden des Sachverhalts, die tatsächliche und rechtliche Möglichkeit des Einschreitens und das bewusste Nichteinschreiten im Sinne eines Duldungswillens. Die Duldung ist nicht auf einen bestimmten Zeitraum im Verwaltungsverfahren beschränkt, sondern kann sowohl vor Erlass einer Bauordnungsverfügung als auch im Vollstreckungsverfahren durch Verzicht oder Aufschieben von Vollstreckungsmaßnahmen in Erscheinung treten.

Es hat sich durchgesetzt, das bewusste Nichteinschreiten der Bauaufsichtsbehörden in eine aktive und eine passive Duldung zu unterscheiden. Vorzugswürdig sind aber die Begriffe der qualifizierten und faktischen Duldung. Die qualifizierte Duldung zeichnet sich durch ein positives Tun in Kenntnis des rechtswidrigen Zustands aus, während die faktische Duldung eine bloßes Nichteinschreiten durch schlichtes Unterlassen beschreibt, bei dem die Duldungsentscheidung den behördeninternen Bereich nicht verlässt.

In Bezug auf den rechtswidrigen Zustand ist eine Duldung sowohl bei rein formell oder nur materiell rechtswidrigen Zuständen denkbar, der Hauptanwendungsfall wird aber meist bei formell und materiell rechtswidrigen Zuständen liegen. Vorher hat die Bauaufsichtsbehörde aber in jedem Fall zu prüfen, ob auf andere Art und Weise rechtmäßige Zustände herbeigeführt werden können, z.B. durch eine nachträgliche Baugenehmigung oder die Erteilung einer Ausnahme oder Befreiung. Zu den in der Praxis häufig zu verzeichnenden Duldungskonstellationen gehören vor allem Dauerwohnnutzungen von Wochenendhäusern und die illegale Errichtung von Wochenendhäusern im Außenbereich.

Zwar handelt es sich bei der Duldungsentscheidung regelmäßig um eine Ausnahmeentscheidung im Einzelfall, dennoch gibt es in der Rechtspraxis nicht selten großangelegte Duldungskonzepte, die großflächige „Schwarzbaugebiete" betreffen oder Ministerialerlasse, die einen bestimmten Umgang mit rechtswidrigen Zuständen vorgeben.

---

295 LT-Drucks. 15/215 (Baden-Württemberg) vom 13.07.2011, S. 2 ff.

296 Zum Sachverhalt siehe auch VG Stuttgart, Beschl. v. 18.06.2012 – 2 K 1627/12, juris Rn. 1 ff.

2. Teil. Rechtsgrundlagen der Duldung

Die Existenz der Duldung rechtswidriger Zustände ist unumstritten. Daher sind die dogmatischen Grundlagen der Duldung als Handlungsoption der Behörde zu problematisieren. Im Wesentlichen wird gegen die Zulässigkeit der Duldung vorgebracht, sie verstoße mangels gesetzlicher Grundlage gegen das Prinzip der Gesetzmäßigkeit der Verwaltung aus Art. 20 Abs. 3 GG, das sich in den Grundsätzen des Vorbehalts und des Vorrangs des Gesetzes ausdrückt[1]. Die Duldung wird zum Teil als „Instrument zur Kompensation von Leistungsschwächen des normativen Systems" gesehen, welches aber trotz dieses positiven Motivs die Rechtsstaatlichkeit und Rechtssicherheit vermissen lasse[2]. Es soll aber gezeigt werden, dass die Duldung mit dem Prinzip des Vorbehalts des Gesetzes vereinbar ist und eine Basis im Gesetz findet.

A. Erforderlichkeit einer gesetzlichen Grundlage

Nach dem rechtsstaatlichen Erfordernis des Vorbehalts des Gesetzes darf die Verwaltung nur tätig werden, wenn sie ihrem Handeln eine gesetzliche Ermächtigung zugrunde legen kann[3]. Der Grundsatz des Vorbehalts des Gesetzes wird verschiedentlich aus Art. 20 Abs. 3 GG hergeleitet[4]. Die Reichweite des Vorbehalts des Gesetzes hat das Bundesverfassungsgericht in der sog. Wesentlichkeitstheorie konkretisiert. Nach ständiger Rechtsprechung des Bundesverfassungsgerichts muss der Gesetzgeber in grundlegenden normativen Bereichen, besonders im Bereich der Grundrechtsausübung, alle wesentlichen Entscheidungen selbst treffen[5]. Daneben stellt die Wesentlichkeitstheorie auch Anforderungen an die Regelungsdichte eines Gesetzes: Je schwerwiegender die Grundrechte des Bürgers betroffen oder bedroht sind, je gewichtiger die Auswirkungen für die Allgemeinheit sind und je umstrittener ein Fragenkomplex in der Öffentlichkeit ist, desto präziser und bestimmter muss die gesetzliche Regelung sein[6]. Teilweise wird vertreten, die Duldung sei mit

---

1 *Hallwaß*, Behördliche Duldung, S. 40 ff.; *ders.* NuR 1987, 296, 298; allg. zu Vorbehalt und Vorrang des Gesetzes im Verwaltungsrecht: *Maurer*, Allgemeines Verwaltungsrecht, § 6 Rn. 1 ff.

2 *Millgramm*, NuR 1999, 608, 612 f.

3 *Sachs* in: Sachs, GG, Art. 20 Rn. 113 ff.; *Maurer*, Allgemeines Verwaltungsrecht, § 6 Rn. 3 ff.

4 BVerfGE 40, 237, 248 ff.; 77, 170, 230 f.; a.A. *Maurer*, Allgemeines Verwaltungsrecht, § 6 Rn. 4: der Vorbehalt des Gesetzes leite sich aus den grundrechtlichen Gesetzesvorbehalten, organisatorisch-institutionellen Gesetzesvorbehalten und dem Demokratie-, Rechtsstaats- und Gewaltenteilungsprinzip ab.

5 BVerfGE 40, 237, 249 f.; 49, 89, 126 f.; 95, 267, 307 f.

6 *Maurer*, Allgemeines Verwaltungsrecht, § 6 Rn. 14.

dem Vorbehalt des Gesetzes nicht vereinbar, da für sie eine gesetzliche Grundlage erforderlich sei, diese aber nicht existiere[7]. Diese Auffassung ist jedoch mit guten Gründen abzulehnen.

Der Vorbehalt des Gesetzes findet seine Berechtigung insbesondere im Bereich der Eingriffsverwaltung. Betrachtet man aber die Duldung, so handelt es sich nicht um einen Eingriff in Rechte des Betroffenen, sondern vielmehr um eine Begünstigung, weil gegen einen rechtswidrigen Zustand nicht eingeschritten wird[8]. Ob der Vorbehalt des Gesetzes auch im Bereich der Leistungsverwaltung gilt, ist umstritten[9]. Die Frage nach der Geltung des Vorbehalts des Gesetzes in der Leistungsverwaltung hat besondere Bedeutung bei der Gewährung von Subventionen. Nach der Rechtsprechung des Bundesverwaltungsgerichts bedürfen zwar Subventionen keiner gesetzlichen Grundlage, sofern eine parlamentarische Willensäußerung die Bereitstellung der Subventionen im Haushaltsplan legitimiert, ausnahmsweise ist aber eine gesetzliche Grundlage erforderlich, wenn durch die Gewährung von Subventionen in die Grundrechtssphäre Dritter eingegriffen wird[10]. Überträgt man den Grundgedanken dieser Rechtsprechung auf die behördliche Duldung, wird deutlich, dass es für die Duldung ebenfalls einer gesetzlichen Ermächtigung bedarf. Denn durch die Duldung eines rechtswidrigen Zustands besteht die Gefahr, dass öffentliche oder nachbarliche Interessen verletzt sein können. Dies wäre etwa der Fall, wenn die Behörde die Duldung eines „Schwarzbaus" unter Verletzung nachbarschützender Normen ausspricht. Damit hat die Duldung potentiell belastenden Charakter und unterliegt dem Vorbehalt des Gesetzes[11].

B. Die Verankerung der Duldung im Opportunitätsprinzip

I. Herleitung der Duldung

Der Ansicht, die behördliche Duldung eines rechtswidrigen Zustands sei unzulässig, weil es an einer gesetzlichen Grundlage fehle[12], ist entschieden entgegenzutreten. Es findet sich zwar noch keine ausdrückliche gesetzliche Regelung der Duldung wie etwa im Ausländerrecht, wie aber bereits erläutert, ist die ausländerrechtliche Duldung als gesetzlicher Ausdruck des Verhältnismäßigkeitsprinzips in der gebundenen Verwaltung nicht mit der behördlichen Duldung im Baurecht gleichzusetzen. Während eine Duldung im Bereich der gebundenen Verwaltung nur aufgrund einer ausdrücklichen gesetzlichen Ermächtigung denkbar ist, weil sonst die Behörde gegen ihre gesetzlichen Handlungspflichten verstieße, ist ein zeitweiser Verzicht

7 *Hallwaß*, Behördliche Duldung, S. 40 ff.; *ders.* NuR 1987, 296, 298.
8 *Gentzcke*, Informales Verwaltungshandeln, S. 83.
9 Zum Streitstand *Maurer*, Allgemeines Verwaltungsrecht, § 6 Rn. 19 ff.
10 BVerwGE 6, 282, 287 f.; 90, 112, 126.
11 *Gentzcke*, Informales Verwaltungshandeln, S. 84; *Hallwaß*, Behördliche Duldung, S. 42 ff.; *ders.*, NuR 1987, 296, 298.
12 So *Hallwaß*, Behördliche Duldung, S. 45; *ders.* NuR 1987, 296, 298.

auf ein Einschreiten im Bereich der Ermessensverwaltung auch ohne ausdrückliche gesetzliche Ermächtigung denkbar[13].

Zwar gab es Bestrebungen der hessischen SPD-Landtagsfraktion in Hessen ein Duldungsgesetz zu verabschieden[14], es bestehen aber bezüglich eines solchen Gesetzes verfassungs- bzw. kompetenzrechtliche Bedenken, wenn durch eine landesgesetzliche Regelung das bundesrechtliche Bauplanungsrecht nach §§ 29 ff. BauGB ausgehebelt wird[15]. Ein solches Gesetz ist auch nicht erforderlich.

Der Erlass einer Bauordnungsverfügung und der sich anschließenden Vollstreckungsmaßnahmen steht nach den Landesbauordnungen, z.B. nach § 61 Abs. 1 S. 2 BauO NRW, im Ermessen der Behörden. Dabei ist zwischen Entschließungs- und Auswahlermessen zu differenzieren. Das Entschließungsermessen betrifft die Entscheidung über das „Ob“ der Maßnahme, also ob die Behörde überhaupt tätig wird. Demgegenüber bezeichnet das Auswahlermessen die Frage, wie und gegenüber wem die Behörde handelt[16].

Gegen die Herleitung der Duldung aus dem Opportunitätsprinzip könnte angeführt werden, dass trotz des Ermessens der Bauaufsichtsbehörden eine gesetzgeberische Tendenz besteht, die grundsätzlich gebotene Pflicht zum Einschreiten gegen rechtswidrige Zustände im öffentlichen Interesse durchzusetzen. Gerade die Beseitigung von formell illegalen und nicht genehmigungsfähigen Anlagen liegt im Interesse der Allgemeinheit an einer geordneten städtebaulichen Entwicklung[17]. Auch der präventiven Prüfung der Bauaufsichtsbehörden durch den Erlaubnisvorbehalt der Baugenehmigung kommt besondere Bedeutung zu. Allein diese Prüfung stellt schon einen öffentlichen Belang dar, der nicht durch eigenmächtiges Handeln des Bürgers umgangen werden soll. Daraus folgt, dass die Bauaufsichtsbehörde gegen formell und materiell baurechtswidrige Zustände im Grundsatz einzuschreiten hat. Es handelt sich um einen Fall des sog. intendierten Ermessens[18]. Dies gilt vor allem bei der Durchsetzung von Bauplanungsrecht, das als Bundesrecht nicht zur Disposition der Bauaufsichtsbehörden steht[19]. Für die Annahme eines intendierten Ermessens spricht, dass andernfalls die Ordnungsfunktion des öffentlichen Baurechts, die sich in einem ordnungsgemäßen Genehmigungsverfahren und der Einhaltung formellen und materiellen Baurechts ausdrückt, preisgegeben würde. Der „Schwarzbauende“ wäre gegenüber demjenigen, der sich an die Rechtsordnung hält,

---

13 HessVGH, BRS 55 Nr. 205 (S. 584); OVG Saarl., BRS 44 Nr. 194 (S. 451).

14 Gesetzesentwurf der hessischen SPD-Landtagsfraktion zur Duldung bestehender Kleinbauten vom 17.11.1986, LT-Drucks. 11/6914 (Hessen).

15 HessVGH, UPR 1988, 74.

16 Allgemein *Maurer*, Allgemeines Verwaltungsrecht, § 7 Rn. 7 ff.

17 *Decker* in: Simon/Busse, BayBO, Art. 76 Rn. 208.

18 HambOVG, BRS 74 Nr. 205 (S. 933); OVG NRW, BauR 2006, 1716 ff.; *Schoch*, Jura 2005, 178, 182 m.w.N. aus der Rechtsprechung; a.A. *Kaiser* in: Ehlers/Fehling/Pünder, Besonderes Verwaltungsrecht Bd. 2, § 41 Rn. 136 f. m.w.N., die darin eine gesetzeswidrige Verschiebung von einer Kann- zu einer Sollvorschrift sieht.

19 HambOVG, BRS 74 Nr. 205 (S. 933).

dadurch bevorzugt, dass er entweder erheblich früher oder überhaupt bauen kann. Die Nachahmung solchen Verhaltens würde dann endgültig das Gebot einer geordneten baulichen Entwicklung ad absurdum führen[20]. Es genügt daher bei Erlass einer Bauordnungsverfügung regelmäßig, wenn die Behörde zum Ausdruck bringt, dass die Anordnung wegen der Rechtswidrigkeit des Vorhabens erfolgt. Eine genaue Begründung der Ermessensausübung nach § 39 VwVfG ist im Grundsatz entbehrlich[21].

Auch wenn es sich um einen Fall intendierten Ermessens handelt, besteht aber noch ein begrenzter Spielraum für Ausnahmen, besonders dann wenn der Verstoß gegen öffentlich-rechtliche Vorschriften nur geringfügig ist und weder Belange der Öffentlichkeit noch der Nachbarschaft ernsthaft berührt werden. Ein „Für und Wider" einer bauaufsichtlichen Maßnahme muss also dann gegeneinander abgewogen werden, wenn ganz bestimmte konkrete Anhaltspunkte für die Angemessenheit einer Ausnahme vorliegen[22]. Als eine solche Ausnahme ist die Duldung eines rechts- bzw. bauordnungswidrigen Zustands anzusehen. Dogmatischer Anknüpfungspunkt der Duldung ist also das Opportunitätsprinzip[23]. Nach dem Opportunitätsprinzip besitzen die Behörden in einem bestimmten Bereich der Verwaltung eine mehr oder weniger große Freiheit des Eingreifens, des Handelns und Gestaltens nach ihren Zweckmäßigkeitsüberlegungen[24]. Im Verhältnis zum Gegenbegriff des Legalitätsprinzips besteht gerade keine Verpflichtung, gegen rechtswidrige Zustände vorzugehen[25]. Stets eine Pflicht zum Handeln gegen rechtswidrige Zustände zu fordern, bedeutet geradezu eine „faktische Preisgabe des Opportunitätsprinzips" und ist mit dem Verhältnismäßigkeitsgrundsatz unvereinbar[26]. Mit anderen Worten liegt der Anwendungsbereich einer rechtlich zulässigen Duldung nur dort, wo der Behörde überhaupt eine Alternative zum Einschreiten gegen rechtswidrige Zustände eröffnet ist[27]. Dabei bezieht sich die Duldung des rechtswidrigen Zustands regelmäßig auf das Entschließungsermessen[28].

---

20 *Finkelnburg/Ortloff/Otto*, Öffentliches Baurecht Bd. II, S. 168 f.

21 BVerwGE 105, 55, 57.

22 BVerwG, BRS 36 Nr. 93; OVG NRW, Urt. v. 20.04.2016 – 7 A 1367/14, juris Rn. 42; OVG NRW, Urt. v. 24.02.2016 – 7 A 19/14, juris Rn. 29; NdsOVG, Urt. v. 09.03.2012 – 1 LA 352/07, juris Rn. 70 und 79; NdsOVG, Beschl. v. 09.03.2012 – 1 LA 254/09, juris Rn. 63; OVG SH, BRS 54 Nr. 207 (S. 552 f.); OVG Saarl., BRS 44 Nr. 194 (S. 452); *Brenner*, Öffentliches Baurecht, Rn. 771.

23 *Mann* in: Große-Suchsdorf, NBauO, § 79 Rn. 64; *Gentzcke*, Informales Verwaltungshandeln, S. 72; *Heider*, Behördliche Duldung, S. 32; *Hermes/Wieland*, Die staatliche Duldung, S. 21; *Kothe*, Umweltauditrecht, Rn. 325; *Malitz*, Behördliche Duldung, S. 44 f.; *Wolff/Bachof/Stober/Kluth*, Verwaltungsrecht I, § 57 Rn. 24; *Nisipeanu*, ZfW 1990, 365, 373; *Wegmann*, NVwZ 1984, 777; auch OVG Saarl., BRS 44 Nr. 194 (S. 451).

24 *Wenzel* in: Gädtke/Czepuck/Johlen/Plietz/Wenzel, BauO NRW, § 61 Rn. 39; *Mayer*, Opportunitätsprinzip, S. 9 f.

25 *Drews/Wacke/Vogel/Martens*, § 24 S. 370 f.; *Mayer*, Opportunitätsprinzip, S. 10.

26 *Schenke*, Polizei- und Ordnungsrecht, Rn. 100.

27 *Hermes/Wieland*, Die staatliche Duldung, S. 22.

28 *Hahn/Schulte*, Baunachbarrecht, Rn. 492.

Die Rechtsgrundlage für die behördliche Duldung ist also im Opportunitätsprinzip verankert[29]. Das Opportunitätsprinzip findet seine gesetzliche Ausformung im Begriff des „pflichtgemäßen Ermessens" wie er etwa in § 61 Abs. 1 S. 2 BauO NRW oder allgemein in § 40 VwVfG verwendet wird. Pflichtgemäßes Ermessen bedeutet, dass die Behörde in der Ausübung des Ermessens nicht vollkommen frei ist. Die Behörde hat sich vielmehr ausschließlich am Zweck der Ermächtigung und den Wertungen der Rechtsordnung zu orientieren[30]. Die Ermessensausübung bei Erlass von Bauordnungsverfügungen ist durch die anerkannten Ermessensfehler (Ermessensüberschreitungen, Ermessensnichtgebrauch und Ermessensfehlgebrauch) beschränkt[31]. Besondere Bedeutung kommt bei einer Bauordnungsverfügung im Rahmen der Ermessensgrenzen auch dem Grundsatz der Verhältnismäßigkeit[32], dem Gleichbehandlungsgrundsatz sowie Rechten Dritter zu. Allerdings ist die Einräumung von Ermessen im Fall des Einschreitens gegen baurechtswidrige Zustände nicht Ausdruck eigennütziger Freiheit bei der Wahrnehmung behördlicher Aufgaben. Ermessen ermöglicht der Behörde vielmehr einen flexiblen Umgang mit der jeweiligen Situation und gewährleistet vor allem, dass Besonderheiten des Einzelfalls berücksichtigt werden können[33]. Um diese Einzelfallgerechtigkeit herstellen zu können, muss die Bauaufsichtsbehörde nach dem Grundsatz des § 24 VwVfG den Sachverhalt zunächst vollständig ermitteln. Denn eine Entscheidung, nicht von der Ermächtigung Gebrauch zu machen, verlangt die Kenntnis der maßgeblichen Umstände. Deswegen ist der Zeitraum aus dem Begriff der Duldung auszuklammern, den die Behörde benötigt, um die maßgeblichen Fakten des Sachverhalts zusammenzutragen.

II. Bestimmtheit der Rechtsgrundlage

Aus der Verankerung der Duldung im Opportunitätsprinzip lässt sich nicht schließen, dass die Duldung wegen Verstoßes gegen den Bestimmtheitsgrundsatz als Aspekt der Wesentlichkeitslehre unzulässig ist. Der Bestimmtheitsgrundsatz ist Ausdruck des im Rechtsstaatsprinzip wurzelnden Gebots der Rechtssicherheit. Er verlangt lediglich, dass der Bürger wissen muss, inwieweit die Verwaltung in seine Rechte eingreifen kann. Er besagt aber nicht, dass von Eingriffsbefugnissen stets Gebrauch gemacht werden muss oder dass die Fälle des Untätigbleibens gesetzlich

29 *Gentzcke*, Informales Verwaltungshandeln, S. 84; *Heider*, NuR 1995, 335, 336.

30 *Kopp/Ramsauer*, VwVfG, § 40 Rn. 20; *Wilke*, FS Scupin, S. 831, 840.

31 Allg. *Maurer*, Allgemeines Verwaltungsrecht, § 7 Rn. 19 ff.; *Jestaedt* in: Erichsen/Ehlers, Allgemeines Verwaltungsrecht, § 11 Rn. 60 ff.

32 BVerfGE 19, 342; 27, 211.

33 *Decker* in: Simon/Busse, BayBO, Art. 76 Rn. 203; *Hermes/Wieland*, Die staatliche Duldung, S. 37; *Maurer*, Allgemeines Verwaltungsrecht, § 7 Rn. 13; aus der Rechtsprechung z.B. OVG Berlin, BRS 28 Nr. 169 (S. 345).

festgelegt werden müssen[34]. Im Ergebnis verstößt die Duldung damit nicht gegen den Vorbehalt des Gesetzes.

III. Zweckorientierte Ermessensausübung

Die Entscheidung der Bauaufsichtsbehörde, nicht gegen den rechtswidrigen Zustand einzuschreiten, hat sich danach zu richten, ob eine Duldung in der konkreten Situation zweckmäßig erscheint und auf sachlichen Gründen basiert[35]. Deshalb ist klarzustellen, ob sich die Duldung überhaupt dem Zweck der Eingriffsermächtigungen entnehmen lässt oder diesem Zweck diametral zuwiderläuft. Wenn man bei der Ermessensausübung im Rahmen der Bauaufsicht ein intendiertes Ermessen annimmt, wird auf der einen Seite grundsätzlich nur wenig Raum für eine Duldung bleiben[36], auf der anderen Seite ermöglicht die Einräumung des Ermessens der Behörde gerade auch eine zeitliche Flexibilität, sich eine Entscheidung für die Zukunft offenzuhalten[37].

Der Zweck der jeweiligen Ermächtigung ist durch Auslegung zu ermitteln[38] und kann zum einen der Ermächtigungsgrundlage selbst, zum anderen aber auch den Aufgabennormen entnommen werden[39]. Neben den Zielen der Bauordnung sind auch verfassungsrechtliche Grundentscheidungen zu berücksichtigen[40], vor allem die aus Art. 14 GG resultierende Baufreiheit, der Grundsatz der Verhältnismäßigkeit, das Rechtsstaatsprinzip in Form von Rechtssicherheit sowie der Grundsatz der Gesetzmäßigkeit der Verwaltung gemäß Art. 20 Abs. 3 GG. Nach § 60 Abs. 2 S. 1 BauO NRW gelten die Aufgaben der Bauaufsichtsbehörden als Sonderordnungsbehörden i.S.d. § 12 OBG NRW als solche der Gefahrenabwehr[41]. Schon im „Bandsäge-Urteil" führt das Bundesverwaltungsgericht aus, dass sich die Behörde bei der Ausübung des Ermessens „nach den leitenden Aufgaben der Polizei, der Erhaltung der öffentlichen Sicherheit und Ordnung zu richten habe"[42]. Eine solche Ermessensausübung beinhaltet die Wiederherstellung der öffentlichen Sicherheit und Ordnung unter möglichst schonender Behandlung der Rechtspositionen des Betroffenen[43]. Aufgabe der Bauaufsichtsbehörden ist es darüber zu wachen, dass durch Errichtung, Änderung, Abbruch, Nutzung und Nutzungsänderung

34 BVerfGE 9, 137, 149; *Gentzcke*, Informales Verwaltungshandeln, S. 85.
35 BVerwGE 79, 118, 129 f.; *Hahn/Schulte*, Baunachbarrecht, Rn. 492.
36 *Kaiser* in: Ehlers/Fehling/Pünder, Besonderes Verwaltungsrecht Bd. 2, § 41 Rn. 140.
37 *Hermes/Wieland*, Die staatliche Duldung, S. 37; *Schenke*, Polizei- und Ordnungsrecht, Rn. 102.
38 *Kopp/Ramsauer*, VwVfG, § 40 Rn. 74.
39 *Mayer*, Opportunitätsprinzip, S. 26.
40 *Hahn/Schulte*, Baunachbarrecht, Rn. 492.
41 *Boeddinghaus/Hahn/Schulte*, BauO NRW, § 61 Rn. 4.
42 BVerwGE 11, 95, 97.
43 *Kopp/Ramsauer*, VwVfG, § 40 Rn. 74.

öffentlich-rechtliche Vorschriften nicht verletzt werden[44]. Die Überwachung der Einhaltung öffentlich-rechtlicher Vorschriften bezieht sich zunächst auf das Bauordnungsrecht und das Bauplanungsrecht. Vereinfacht ausgedrückt regelt das Bauordnungsrecht die Ausführung eines Vorhabens auf dem Grundstück, während das Bauplanungsrecht das Einfügen des Vorhabens in die Umgebung betrifft. Darüber hinaus gibt es noch auf das Bauen einwirkende Bestimmungen in sonstigen öffentlich-rechtlichen Vorschriften (sog. Baunebenrecht)[45].

1. Gefahrenabwehr

Hauptzweck des Bauordnungsrechts ist die Gefahrenabwehr. In Bezug auf diesen Gesetzeszweck enthalten die Landesbauordnungen bauordnungsrechtliche Generalklauseln. Im Landesrecht Nordrhein-Westfalens regelt z.B. § 3 BauO NRW, dass bauliche Anlagen so anzuordnen, zu errichten, zu ändern und instand zu halten sind, dass die öffentliche Sicherheit oder Ordnung, insbesondere Leben, Gesundheit oder die natürlichen Lebensgrundlagen nicht gefährdet werden[46]. Neben typischen Anforderungen der Gefahrenabwehr spielen auch bauästhetische Belange wie z.B. das Verunstaltungsverbot gemäß § 12 BauO NRW sowie die Verhütung sozialer und ökologischer Missstände eine wichtige Rolle[47]. Darüber hinausgehende weitere Schutzzwecke sind den jeweiligen landesrechtlichen Regelungen zu entnehmen[48]. Das Einschreiten dient letztlich einer effektiven Gefahrenabwehr. Eine zweckorientierte Ermessensausübung verlangt daher, dass gewisse Grundvoraussetzungen an die Sicherheit eingehalten werden. So kann das vorübergehende Absehen von einem Einschreiten nur unter der Bedingung erfolgen, dass etwa Anforderungen des Brandschutzes erfüllt werden, ein Anschluss an eine einwandfreie Wasserversorgung oder an die Kanalisation vorgenommen werden oder bestimmte Nutzungen wie z.B. ein Aufenthalt von Menschen unterbleiben[49].

Hervorzuheben ist vor allem auch die Ordnungsfunktion des öffentlichen Baurechts, welches durch die Einhaltung des bauaufsichtlichen Genehmigungsverfahrens als präventives Mittel, als auch im Rahmen des repressiven Einschreitens einen gewichtigen Faktor bei der Ermessensausübung darstellt. Besonders bei der Duldung rechtswidriger Nutzungen ist zwischen dem privaten Interesse an der Fortführung einer Nutzung und dem öffentlichen Interesse an der Durchsetzung der Ordnungsfunktion des öffentlichen Baurechts abzuwägen[50].

---

44 Vgl. § 61 Abs. 1 S. 1 BauO NRW.
45 *Johlen* in: Gädtke/Czepuck/Johlen/Plietz/Wenzel, BauO NRW, Einleitung Rn. 4 und Rn. 19.
46 *Grotefels* in: Hoppe/Bönker/Grotefels, Öffentliches Baurecht, § 15 Rn. 9 ff.
47 *Finkelnburg/Ortloff/Otto*, Öffentliches Baurecht Bd. II, S. 23; *Oldiges* in: Steiner, Besonderes Verwaltungsrecht, Kap. III Rn. 290 ff.
48 *Boeddinghaus/Hahn/Schulte*, BauO NRW, § 61 Rn. 5.
49 *Decker* in: Simon/Busse, BayBO, Art. 76 Rn. 228.
50 OVG NRW, Beschl. v. 01.07.2014 – 2 A 690/14, juris Rn. 17 ff.

2. Geordnete städtebauliche Entwicklung

Das bauaufsichtliche Einschreiten verfolgt auch das Ziel der Durchsetzung des Bauplanungsrechts. Das Baugesetzbuch bestimmt in § 1 Abs. 1 BauGB die Bauleitplanung zum zentralen städtebaulichen Gestaltungsinstrument. Der Gesetzgeber geht davon aus, dass die städtebauliche Entwicklung nicht vollständig dem „Spiel der freien Kräfte“[51] oder isolierten Einzelentscheidungen nach §§ 34 und 35 BauGB überlassen bleiben soll, sondern der Lenkung und Ordnung durch Planung bedarf. Zugleich ist die Bauleitplanung der Gemeinde nicht zu beliebiger Handhabung, sondern als öffentliche Aufgabe anvertraut, die sie nach Maßgabe des Baugesetzbuchs im Interesse einer geordneten städtebaulichen Entwicklung zu erfüllen hat, vgl. § 1 Abs. 3 BauGB. Die Überwachungsaufgabe der Bauaufsichtsbehörden bezieht sich also auch darauf, eine dauerhafte städtebauliche Ordnung und Entwicklung z.B. durch die Verhinderung von Splittersiedlungen zu gewährleisten[52]. Vor allem im Außenbereich besteht die Gefahr von Nachahmungsfällen, die zu Splittersiedlungen führen können[53], im Innenbereich kann die Duldung zur städtebaulichen Entwertung einer Bebauungsumgebung führen[54]. Eine Duldung darf deshalb nicht zur Verfestigung und Intensivierung illegaler Zustände führen. Denn jede Duldung ist isoliert betrachtet ein Präzedenzfall, sodass eine Verpflichtung zum Einschreiten gegeben ist, wenn die Gefahr einer Nachahmung durch andere Bauherren besteht[55].

3. Anstreben des gesetzlichen Zwecks

Eine zweckorientierte Ermessensausübung verlangt, dass der gesetzliche Zweck erfüllt, zumindest aber angestrebt wird[56]. Die Behörde darf also, wenn sie sich für eine Duldung entscheidet, das Ziel der mittel- und langfristigen Wiederherstellung rechtmäßiger Zustände nicht vernachlässigen. Ermessen ist nämlich kein Mittel zur Vernachlässigung, sondern ein Mittel zur zweckmäßigen Erfüllung der gesetzlichen Aufgaben. Es verschafft den Behörden den erforderlichen Handlungsspielraum, ermächtigt aber nicht zur Untätigkeit[57]. Im Umweltrecht wird die Duldung etwa häufig angewendet, um eine Anpassung an neue technische Zustände erreichen[58]. Die Bauaufsichtsbehörde handelt deshalb ermessensfehlerhaft, wenn

---

51 BVerfGE 21, 73, 82 f.

52 OVG Berlin-Bbg., Beschl. v. 27.12.2013 – OVG 10 S 26.13, juris Rn. 7.

53 BVerwG, NVwZ 1985, 747.

54 OVG Berlin, LKV 2003, 276, 278 im Fall des Einschreitens gegen eine „Wagenburg“; zum sog. „trading-down-Effekt“ vgl. BVerwG, ZfBR 2008, 799 f.

55 OVG Saarl., BRS 44 Nr. 194 (S. 451).

56 *Büchner/Schlotterbeck*, Baurecht Bd. 2, Rn. 261; *Dürr/Middecke/Schulte Beerbühl*, Baurecht NRW, Rn. 353; *Gentzcke*, Informales Verwaltungshandeln, S. 82; *Robbers*, DÖV 1987, 272, 279.

57 *Götz*, Allgemeines Polizei- und Ordnungsrecht, § 11 Rn. 4; ähnlich OVG Berlin, LKV 2003, 276, 278.

58 OVG NRW, BRS 56 Nr. 32; *Bickel*, ZfW 1979, 139, 145.

sie sich nicht von sachlichen und zweckgerichteten Erwägungen leiten lässt. Das ist etwa der Fall, wenn der Entschluss zur Duldung aufgrund politischen Drucks bzw. parteipolitischer Erwägungen, persönlicher Interessen oder unter Gewährung wirtschaftlicher Vorteile gefasst wird[59]. Ausgeschlossen ist die Duldung auch dann, wenn die Behörde aufgrund gesetzlich geregelter Verbotsgründe nicht befugt ist, von einem Einschreiten abzusehen[60].

IV. Sachgerechte Duldungsgründe

1. Rechtliche Erwägungen – Sachbezogenheit des Baurechts

Für die Frage, ob gegen einen rechtswidrigen Zustand eingeschritten werden soll, ist vor allem die Sachbezogenheit des Baurechts ein entscheidender Faktor. Wirtschaftliches Unvermögen der Bauaufsichtsbehörde, z.B. aufgrund personalwirtschaftlicher Überlegungen, ist daher in der Regel kein Hinderungsgrund für bauaufsichtliche Maßnahmen[61], ebenso wenig wie mangelnder Handlungsantrieb oder eine rechtliche Fehleinschätzung der Sachlage. Bei derartigen Erwägungen liegt schon kein Duldungswille vor, der als voluntatives Element aber konstitutive Voraussetzung einer Duldung ist[62]. Zweckmäßige Ermessenserwägungen liegen deshalb auch dann nicht vor, wenn die behördliche Untätigkeit Ausdruck fehlenden Willens ist, gegen einen rechtswidrigen Zustand vorzugehen. Eine derartige Vernachlässigung des gesetzlichen Auftrags ist eine unsachliche Ermessenserwägung, die die Rechtswidrigkeit der Maßnahme nach sich zieht[63]. Auf der anderen Seite kann aber die Konzentration auf andere Aufgaben ein legitimer Grund für vorübergehendes Nichteinschreiten sein, die für dringlicher gehalten werden[64]. Im Folgenden sollen einige sachgerechte rechtliche Ermessenserwägungen dargestellt werden.

a) Geringfügige Verstöße

Die Duldung eines rechtswidrigen Zustands fußt in erster Linie dann auf zweckmäßigen Überlegungen, wenn die Beseitigung mangels schwerwiegender Beeinträchtigungen nicht sofort geboten ist. Hiervon sind Bagatellfälle erfasst, bei denen die Geringfügigkeit des Verstoßes eine Duldung als rechtmäßig erscheinen

59 *Sellmann*, FS Gelzer, S. 249, 254.

60 Z.B. Unzulässigkeit der Duldung eines Gebrauchtwagenmarktes an einem Sonntag wegen Verstoßes gegen den Schutz des Sonntags gem. § 4 NFeiertagsG, vgl. BVerwGE 79, 118, 129 f.

61 *Maske* in: Schönenbroicher/Kamp, BauO NRW, § 61 Rn. 26; *Wenzel* in: Gädtke/Czepuck/Johlen/Plietz/Wenzel, BauO NRW, § 61 Rn. 38.

62 Siehe oben 1. Teil. A.IV.3.

63 *Wilke*, FS Scupin, S. 831, 840.

64 *Lange*, WiVerw 1979, 15, 35.

lassen kann[65]. Besonders bei weniger bedeutsamen Fällen, die eine Berufung in Nachahmungsfällen nicht befürchten lassen, sprechen sachgerechte Gründe für die Duldung[66]. Dies ist etwa der Fall, wenn keine schleichende Veränderung eines Gebietscharakters zu befürchten ist[67]. Als nicht schwerwiegender Verstoß wurde z.B. die geringfügige Abweichung von der Baugenehmigung bei einem Grenzabstand um wenige Zentimeter angesehen[68]. Auf der einen Seite gebietet das Verhältnismäßigkeitsprinzip bzw. das Übermaßverbot grundsätzlich nicht von einem Einschreiten abzusehen, wenn nur eine geringfügige zahlenmäßige Abweichung eines Bauwerks vorliegt. Denn gerade solche durch Zahlen bezeichnete Regelungen – etwa zulässige Geschossfläche, Rauminhalt oder Abstandsfläche – bieten ein besonderes Maß an Klarheit und Genauigkeit, welches bei einer Auflockerung verlorenginge[69]. Auf der anderen Seite kann eine geringfügige Abweichung geduldet werden, wenn die Abweichung weder dem Bauherrn Vorteile noch dem Nachbarn spürbare Nachteile bringt[70]. Als geringfügiger Verstoß wurde auch die Errichtung eines Schuppens zur Lagerung von Baugeräten angesehen, sodass eine Duldung des Schuppens bis zur Fertigstellung des Gebäudes nicht zu beanstanden ist[71].

In diesem Kontext dürfte eine Duldung umso mehr in Betracht kommen, wenn der rechtswidrige Zustand über einen längeren Zeitraum bereits bestanden und dabei keine Störungen hervorgerufen hat[72]. Ein gewichtiger Faktor für die Duldung eines rechtswidrigen Zustands ist also grundsätzlich erst einmal die Intensität des Verstoßes gegen öffentlich-rechtliche Vorschriften. Ergibt eine Interessenabwägung, dass nur ein geringfügiger Verstoß vorliegt, der zur materiellen Illegalität führt, kann eine Duldung grundsätzlich in Betracht kommen[73]. Daher ist die Duldung besonders bei eher kleineren unbedeutenden und untergeordneten Bauwerken möglich.

---

65 NdsOVG, Beschl. v. 12.06.2014 – 1 LA 219/13, juris Rn. 3; zur sog. „Pirmasenser Amnestie“: BVerfG, NVwZ 2005, 203 f.; OVG Rh.-Pf., DVBl. 2012, 250 ff.; OVG Rh.-Pf., Urt. v. 20.04.2006 – 8 A 10119/06, juris; OVG Rh.-Pf., Urt. v. 08.09.1989 – 8 A 93/88 (n.V.); siehe unten 6. Teil. F.II.2.; *Decker* in: Simon/Busse, BayBO, Art. 76 Rn. 228; *Wenzel* in: Gädtke/Czepuck/Johlen/Plietz/Wenzel, BauO NRW, § 61 Rn. 39; *ders.* in: Rabe/Pauli/Wenzel, Bau- und Planungsrecht, F. Rn. 48.

66 *Hahn/Schulte*, Baunachbarrecht, Rn. 494.

67 OVG NRW, BauR 2009, 1716, 1718.

68 NdsOVG, BRS 23 Nr. 198 (S. 286 f.).

69 BVerwG, BayVBl. 1973, 412; OVG NRW, BRS 36 Nr. 217 (S. 426); *Finkelnburg/Ortloff/Otto*, Öffentliches Baurecht Bd. II, S. 184.

70 NdsOVG, BRS 40 Nr. 226 (S. 487); OVG NRW, NVwZ-RR 2006, 309, 310 f.; *Schenke* in: Achterberg/Püttner/Würtenberger, Besonderes Verwaltungsrecht Bd. I, § 9 Rn. 244; *Rapp*, BauR 1983, 126, 127.

71 VG Freiburg, VBlBW 2003, 72.

72 BayVGH, BayVBl. 1983, 243, 244; *Wolff/Bachoff/Stober/Kluth*, Verwaltungsrecht I, § 51 Rn. 69.

73 VG Arnsberg, Urt. v. 05.03.2010 – 12 K 900/09, juris Rn. 36.

b) *Effektivitäts- und Praktikabilitätserwägungen*

Duldungen können auch auf Effektivitäts- und Praktikabilitätserwägungen beruhen. Ist eine Bauaufsichtsbehörde angesichts einer Vielzahl von Rechtsverstößen personell unterbesetzt, kann es sinnvoll sein, unwesentliche Rechtsverstöße zunächst aufzuschieben und wesentliche vorrangig zu bearbeiten[74]. Außerdem ist nicht ausgeschlossen, durch die Nichtanwendung des gesetzlichen Handlungsinstrumentariums die konkrete Situation möglicherweise schneller, effektiver und ohne Nebenwirkungen zu bewältigen, wodurch auch der finanzielle und personelle Aufwand reduziert werden kann[75].

c) *Vermeidung langwieriger Rechtsstreitigkeiten*

Eine Duldung kann sachgerecht auch dann ergehen, wenn bei einem Streit um die Rechtslage ein langwieriger Rechtsstreit droht oder bereits anhängig ist. Dann kann die Duldung im Sinne eines Vergleichsvorschlags den Rechtsstreit beenden oder weitere langandauernde Rechtsstreite vermeiden. So hatte sich etwa eine Bauaufsichtsbehörde in einem gerichtlichen Vergleich zur Duldung eines Wochenendhauses in seinem derzeitigen Bestand verpflichtet, solange es in Eigentum und Besitz der Kläger verbleibe[76]. Im Fall einer illegalen Nutzungsänderung einer Abstellhalle in eine Lager- und Montagehalle mit Büroräumen verpflichtete sich eine Bauaufsichtsbehörde ebenfalls in einem gerichtlichen Vergleich zu einer auf wenige Jahre befristeten Duldung[77]. Die Duldung durch Prozessvergleich wird dem Kläger, der eine Baugenehmigung erstrebt also häufig angeboten, wenn dieser im Gegenzug die Klage zurückzieht[78].

Die Fallgruppe der Vermeidung von Rechtsstreiten kommt immer dann zum Tragen, wenn die Duldung im Gegenzug zu Verzicht oder Rücknahme von Rechtsbehelfen erteilt wird. Dieses Vorgehen ist zweckmäßig, weil es keinen Unterschied macht, ob ein rechtswidriger Zustand für einen bestimmten Zeitraum noch weiter geduldet wird oder ob über die Rechtmäßigkeit eines Einschreitens ein u.U. jahrelanger Prozess geführt wird, für dessen Dauer der rechtwidrige Zustand ebenfalls bestehen bleibt[79].

---

74 *Thiel*, Polizei- und Ordnungsrecht, § 8 Rn. 303.

75 *Gentzcke*, Informales Verwaltungshandeln, S. 19 f.; *Lange*, WiVerw 1979, 15, 35.

76 OVG NRW, BRS 30 Nr. 169.

77 HessVGH, BRS 55 Nr. 205: Kurz vor Ablauf der Frist wurde in diesem Fall durch schriftlichen Bescheid allerdings eine unbefristete Duldung ausgesprochen, die aufgrund einer Anweisung des Regierungspräsidenten zurückgenommen werden musste.

78 *Bracher*, ZfBR 1987, 127.

79 *Arnold*, VerwArch. 1989, 132, 134.

d) Stichtagsregelungen – Duldung „alt vor neu“

Kennzeichnend für Duldungskonzepte zur Neuordnung großflächiger „Schwarzbaugebiete“ ist häufig, dass ältere „Schwarzbauten“ vor neueren „Schwarzbauten“ bzw. ältere illegale Nutzungen vor neueren Nutzungen geduldet werden[80]. Auch darin liegt eine Ermessenserwägung, die mit dem Zweck der Ermächtigungsnorm zu vereinbaren ist, um ein sachgerechtes Vorgehen zu gewährleisten. Eine Stichtagsregelung ist daher vor allem im Hinblick auf den Gleichbehandlungsgrundsatz erforderlich[81]. Alle Gebäude, die nach dem Stichtag errichtet wurden, sind dann von der Duldung ausgenommen[82].

aa) Rechtsprechungsänderung des OVG Nordrhein-Westfalen

Das OVG Nordrhein-Westfalen hat seine Rechtsprechung zu Stichtagsregelungen über die Bedeutung des Gleichbehandlungsgrundsatzes hinaus erweitert[83]. In dem zugrunde liegenden Sachverhalt ging es um ein Außenbereichsgrundstück, das u.a. mit einem zwischen 1936 und 1944 errichteten Wohnhaus bebaut war. Da eine Baugenehmigung für sämtliche baulichen Anlagen auf dem Grundstück nicht auffindbar war, ordnete die Behörde gemäß der ständigen Praxis im Umgang mit vergleichbaren Vorhaben den Abriss der Gebäude an. Das Verwaltungsgericht Köln hatte in der Vorinstanz die Klage gegen die Abrissverfügung gemäß der bisherigen Judikatur abgewiesen, da besondere Umstände des Einzelfalls, vom Erlass einer Beseitigungsanordnung abzusehen, nicht vorlägen[84].

Das OVG Nordrhein-Westfalen hat das Urteil des VG Köln überraschend aufgehoben. Die Bauaufsichtsbehörde sei bei Schwarzbauten aus dieser Zeit verpflichtet, Umstände, die für eine Stichtagsregelung sprechen, im Rahmen ihrer Ermessensbetätigung zu prüfen und mit angemessenem Gewicht in ihre Entscheidung einzustellen[85]. Dies folge daraus, dass diese Bauten bereits seit vielen Jahrzehnten existierten, zum anderen daraus, dass vielfach Aktenbestände durch den Krieg verloren gegangen seien und aufgrund der verstrichenen Zeit eine Vernehmung von Zeugen regelmäßig ausgeschlossen sei. Einschränkend seien Stichtagsregelungen aber eine „Ermessensrichtschnur“, die unter Berücksichtigung des Gleichheitssatzes Ausnahmen zugänglich sei[86].

---

80 Im Fall einer formell und materiell illegalen Nutzung eines Reihenhauses zu Prostitutionszwecken sollte zunächst nur gegen Neubetriebe vorgegangen werden, während Altbetriebe vorerst geduldet wurden, vgl. OVG Rh.-Pf., ZfBR 2010, 807, 808.

81 BVerwG, BauR 2014, 1923; siehe unten 6. Teil. G.III.2.a).

82 Z.B. Duldung von Bauten, die bis zum Jahr 1956 errichtet wurden, vgl. OVG Bremen, BRS 16 Nr. 124 (S. 208).

83 OVG NRW, Urt. v. 24.02.2016 – 7 A 19/14, juris Rn. 31 ff.; siehe auch OVG NRW, Urt. v. 20.04.2016 – 7 A 1367/14, juris Rn 46 ff.

84 VG Köln, Urt. v. 22.11.2013 – 11 K 5286/12 , juris Rn. 27 und Rn. 37 f.

85 OVG NRW, Urt. v. 24.02.2016 – 7 A 19/14, juris Rn. 33.

86 OVG NRW, Urt. v. 24.02.2016 – 7 A 19/14, juris Rn. 38.

bb) Stellungnahme

Die Entscheidung des OVG Nordrhein-Westfalen hat weitreichende Folgen für die Behördenpraxis in Bezug auf „Schwarzbauten", die in der Zeit um den Zweiten Weltkrieg entstanden sind. War es früher den Behörden überlassen, entweder gegen alle Schwarzbauten in einem bestimmten Gebiet einzuschreiten oder aus Gründen der Gleichbehandlung eine Stichtagsregelung festzulegen[87], sollen die Behörden nach der neuen Rechtsprechung schon allein aufgrund des Errichtungszeitpunktes verpflichtet sein, eine Stichtagsregelung zu prüfen. Diese Rechtsprechungsänderung kann aber im Ergebnis nicht überzeugen.

Obwohl das VG Köln in der ersten Instanz gerade keine kriegsbedingt undurchsichtige Aktenlage feststellen konnte und auch das OVG Nordrhein-Westfalen davon ausging, dass der Umstand der fehlenden Baugenehmigung zu Lasten der Klägerin gehe[88], wird letztlich der Grundsatz, dass den Bauherrn das Risiko der fehlenden Baugenehmigung trifft[89], durch die Entscheidung bei baulichen Anlagen aus der Kriegszeit umgekehrt. Das OVG Nordrhein-Westfalen sieht zudem den Umstand, dass das Wohnhaus über Jahrzehnte zu Wohnzwecken genutzt wurde, als weiteren Grund für eine dauerhafte Duldung aufgrund eines Stichtages an. Allein die jahrzehntelange Nutzung, im vorliegenden Fall sogar in Unkenntnis der Behörden, hindert die Behörde grundsätzlich aber nicht an einem Einschreiten. In welchen Fällen die Behörden Erwägungen über eine Stichtagsregelung anstellen soll, wird ebenfalls nicht eindeutig beantwortet. In einer nur wenig später ergangenen Entscheidung, die eine in den 1960er Jahren errichtete bauliche Anlage zum Gegenstand hatte, konnte eine Beseitigung nach Auffassung des OVG Nordrhein-Westfalen ohne Erwägungen zu einer Stichtagsregelung ermessensfehlerfrei angeordnet werden[90], sodass insgesamt von einer Einzelfallentscheidung zugunsten von Gebäuden aus der Zeit des Zweiten Weltkriegs auszugehen sein dürfte.

e) Frühere befristete Befreiung oder Genehmigung

Wurde zuvor etwa für eine dauerhafte Wohnnutzung auf einem Campingplatz eine Befreiung von den Bestimmungen eines Bebauungsplans gemäß § 31 Abs. 2 BauGB befristet erteilt, kann die Bauaufsichtsbehörde dies zum Anlass nehmen, eine nach Ablauf dieser Befristung weitergeführte illegale Nutzung für einen bestimmten

---

87 BVerwG, BauR 2014, 1923 mit Anmerkung *Thiel*, IBR 2015, 38.

88 OVG NRW, Urt. v. 24.02.2016 – 7 A 19/14, juris Rn. 23.

89 BVerwG, NVwZ-RR 1997, 273, 274 f.; HessVGH, BRS 44 Nr. 146 (S. 349 f.) in Bezug auf die Beweisnot bei Akten aus der Kriegszeit; NdsOVG, Urt. v. 09.03.2012 – 1 LA 352/07, juris Rn. 84; OVG NRW, BRS 47 Nr. 193 (S. 482); *Battis*, Öffentliches Baurecht, Rn. 606; *Finkelnburg/Ortloff/Otto*, Öffentliches Baurecht Bd. II, S. 168 f.; *Grotefels* in: Hoppe/Bönker/Grotefels, Öffentliches Baurecht, § 16 Rn. 96; *Hellermann* in: Dietlein/Burgi/Hellermann, Öffentliches Recht in NRW, § 4 Rn. 295; *Stollmann*, Öffentliches Baurecht, § 19 Rn. 33.

90 OVG NRW, Urt. v. 20.04.2016 – 7 A 1367/14, juris Rn. 49.

Zeitraum weiter zu dulden[91]. In diesem Fall wurde durch die Behörde bereits zum Ausdruck gebracht, dass die Nutzung ausnahmsweise bestehen bleiben darf. Die Kriterien des § 31 Abs. 2 BauGB können bei den Überlegungen, ob eine Duldung erteilt werden kann, entsprechend herangezogen werden. Auf keinen Fall darf aber die Duldung mit einer Befreiung gleichgesetzt werden[92].

Die Bauaufsichtsbehörde kann auch dann über eine Duldung nachdenken, wenn eine rechtswidrige Nutzung vormals befristet genehmigt wurde oder rechtswidrige Umbaumaßnahmen auf Anregung der Behörde vorgenommen wurden, weil die Behörde in diesem Fall an der Entstehung des rechtswidrigen Zustands mitgewirkt hat[93].

f) Frühere materielle Legalität

Eine Duldung dürfte auch dann auf zweckmäßigen Erwägungen beruhen, wenn das Vorhaben unter der alten Rechtslage materiell rechtmäßig war, aber mangels Baugenehmigung nach einer Rechtsänderung keinen Bestandsschutz genießt[94]. In diesem Fall kann sich die Behörde dazu entschließen, das Gebäude weiter zu dulden[95]. Genauso kann sich die Behörde rechtmäßig entscheiden, eine Duldung auszusprechen, wenn mangels Auffindbarkeit der Baugenehmigung ernstliche Zweifel bestehen, ob ein Vorhaben mit oder ohne Baugenehmigung errichtet wurde und damit bestandsgeschützt ist[96].

g) Genehmigungsfreie Vorhaben

Bei Vorhaben, die ohne Baugenehmigung errichtet werden dürfen, kommt eine Duldung dann in Betracht, wenn ein Vorhaben materiell rechtswidrig, aber schon fertiggestellt ist. Gerade weil es sich bei solchen Vorhaben meist um Vorhaben mit untergeordneter und geringfügiger Bedeutung handelt, hat die Bauaufsichtsbehörde einen breiten Ermessensspielraum[97].

h) Abwarten eines Genehmigungsverfahrens

Eine Duldung bis zum Abschluss eines Genehmigungsverfahrens käme in Betracht, wenn eine formell illegale Nutzung vorliegt, die regelmäßig schon bei formeller Illegalität untersagt werden kann. Dabei ist besonders die Konstellation zu beachten, dass die Nutzung nicht offensichtlich genehmigungsfähig ist. Denn

---

91 OVG NRW, Urt. v. 23.10.2006 – 7 A 4947/05, juris Rn. 94.

92 So aber wohl *Rapp*, BauR 1983, 126, 127.

93 OVG Berlin, BRS 28 Nr. 169 (S. 345); OVG NRW, BauR 2009, 1716, 1718.

94 Nach der hier vertretenen Ansicht ist Voraussetzung des Bestandsschutzes die Erteilung einer Baugenehmigung unter der alten Rechtslage, siehe unten 4. Teil. B.IV.1.

95 *Rapp*, BauR 1983, 126, 128.

96 OVG NRW, BRS 30 Nr. 169 (S. 312); *Bracher*, ZfBR 1987, 127.

97 *Brohm*, Öffentliches Baurecht, § 22 Rn. 13; siehe auch unten 4. Teil. B.IV.3.

bei offensichtlicher Genehmigungsfähigkeit steht nach Stellung eines Bauantrags schon der Grundsatz der Verhältnismäßigkeit einem Einschreiten entgegen[98]. Darüber hinaus kommt eine Duldung vor Stellung eines Bauantrags in Betracht, wenn die illegale Nutzung offensichtlich genehmigungsfähig ist. Die Bauaufsichtsbehörde kann folglich den Ablauf eines Genehmigungsverfahrens abwarten, ohne die Berechtigung zum Einschreiten zu verlieren[99].

i) Überbrückung von Übergangszeiten

Der gesetzliche Zweck der Eingriffsbefugnisse wird besonders dann gewahrt, wenn die Duldung als Mittel zur Überbrückung rechtswidriger Zustände hin zur Legalität eingesetzt wird. Das OVG Nordrhein-Westfalen hatte einen Fall zu entscheiden, in dem eine zunächst formell und materiell legale Wohnnutzung auf einem Betriebsgelände in einem Gewerbegebiet ausgeübt wurde. Diese betriebsbezogene Wohnnutzung entfiel jedoch nachträglich aufgrund einer Betriebsaufgabe. In diesem Fall ist die Duldung der rechtswidrigen Wohnnutzung bis zur Aufnahme der Wohnnutzung durch den neuen Betriebseigentümer ein angemessenes Mittel zur Überbrückung des rechtswidrigen Zustands[100]. Dies gilt vor allem dann, wenn die Rückkehr zur Legalität bereits zeitlich abzusehen ist.

j) Bevorstehende Rechtsänderungen

Eine Duldung eines rechtswidrigen Zustands ist vor allem auch dann ein zweckmäßiges Mittel, wenn eine Rechtsänderung, z.B. des BauGB oder der BauNVO, zu erwarten ist, die den Zustand in Zukunft legalisieren wird[101]. Aus der Praxis ist der Runderlass des nordrhein-westfälischen Ministeriums für Wirtschaft, Energie, Bauen, Wohnen und Verkehr vom 27. Oktober 2010 bezüglich rechtswidriger Nutzungsänderungen durch das Anbringen von Photovoltaikanlagen zu nennen[102]. Als Grund für die Duldung führte das Ministerium an, dass der Bundesgesetzgeber beabsichtige, das Baugesetzbuch zu ändern und deshalb eine Neuregelung der bauplanungsrechtlichen Zulässigkeit von Photovoltaikanlagen zu erwarten sei[103]. Neben Gesetzesänderungen kommt auch die Duldung bis zur Änderung eines Bebauungsplans oder Flächennutzungsplans in Betracht, wenn dadurch die

---

98 Siehe unten 2. Teil. C.I.3.

99 *Jäde*, Bauaufsichtliche Maßnahmen, Rn. 119; *Wenzel* in: Gädtke/Czepuck/Johlen/Plietz/Wenzel, BauO NRW, § 61 Rn. 40.

100 OVG NRW, BauR 2009, 1716, 1718.

101 *Weber-Dürler*, Vertrauensschutz, S. 231.

102 Siehe oben 1. Teil. F.I.2.

103 Vgl. auch den „Ergänzenden Runderlass des Ministeriums für Wirtschaft, Energie, Bauen, Wohnen und Verkehr vom 27. Oktober 2010" in Nordrhein-Westfalen, abgedruckt bei *Boeddinghaus/Hahn/Schulte*, BauO NRW, Teil E, A II 3.1.

bauplanungsrechtliche Zulässigkeit zu Gunsten des Bauherrn geändert wird[104]. Auch wenn ein Vorhaben mit den Festsetzungen eines Bebauungsplans übereinstimmt, der nachträglich für unwirksam erklärt wird, rechtfertigt dies eine vorübergehende weitere Duldung. Der Betroffene erscheint insoweit schutzwürdig, als die Illegalität seines Vorhabens wegen der fehlerhaften Planung nicht aus seiner Sphäre stammt[105].

2. Persönliche und soziale Erwägungen

a) Grundsatz

Fraglich ist, ob neben der Sachbezogenheit bzw. Objektbezogenheit des Baurechts die Behörde auch aus Gründen, die in der Person des Betroffenen angelegt sind, von einem Einschreiten absehen darf. Wenn die Durchsetzung des Bauplanungsrechts vor allem einer geordneten städtebaulichen Entwicklung dient, ließe sich daraus schließen, dass persönliche Umstände des Betroffenen nicht notwendig in die Ermessensentscheidung einbezogen werden müssen. In der Tat können die persönlichen oder wirtschaftlichen Verhältnisse des Betroffenen grundsätzlich nicht gegen die Beseitigung eines Bauwerks eingewendet werden. Ansonsten wäre derjenige Bauherr, der gegen formelles und materielles Baurecht verstößt, besser gestellt als derjenige, der die Ablehnung eines Bauantrags hinnimmt[106]. Diese Erwägung gilt zumindest dann, wenn es um den Erlass einer Bauordnungsverfügung geht.

Eine einzelfallgerechte Berücksichtigung persönlicher und sozialer Umstände kann und muss aber gegebenenfalls im Rahmen der Vollstreckung der Beseitigungsanordnung erfolgen[107] oder bei den Modalitäten des Einschreitens, etwa bei der Bestimmung der Frist zur Herstellung rechtmäßiger Zustände[108] berücksichtigt werden. Denn wie bereits gezeigt, kann die Duldung im gesamten verwaltungsrechtlichen Verfahrenszeitraum erfolgen, mithin auch im Rahmen der Vollstreckung. Insofern vermittelt die Duldung eines rechtswidrigen Zustands erweiterten Vollstreckungsschutz[109].

---

104 NdsOVG, BRS 42 Nr. 218; OVG NRW, BRS 30 Nr. 177; offengelassen für vage Rechtsänderungen: BVerwG, NJW 1986, 1186, 1187; vgl. auch den „Handlungsleitfaden zur bauplanungsrechtlichen- und bauordnungsrechtlichen Zulässigkeit von Ferienwohnungen“ des Ministeriums für Wirtschaft, Bau und Tourismus des Landes Mecklenburg-Vorpommern, S. 13, abrufbar im Internet unter: http://www.regierung-mv.de/serviceassistent/download?id=125838 (abgerufen am 28.02.2016), siehe dazu auch oben 1. Teil. F.I.5.

105 NdsOVG, Beschl. v. 09.03.2012 – 1 LA 254/09, juris Rn. 66 ff.

106 *Wenzel* in: Gädtke/Czepuck/Johlen/Plietz/Wenzel, BauO NRW, § 61 Rn. 38; *Rabe*, BauR 1978, 166, 178.

107 OVG Berlin-Bbg., Beschl. v. 27.12.2013 – OVG 10 S 26.13, juris Rn. 7; *Decker* in: Simon/Busse, BayBO, Art. 76 Rn. 246.

108 BVerwG, NJW 1989, 2638; VGH BW, NJW 1984, 319.

109 OVG NRW, Beschl. v. 01.07.2014 – 2 A 690/14, juris Rn. 10.

b) Soziale Erwägungen

Anschaulich lässt sich die Berücksichtigung persönlicher und sozialer Umstände am Beispiel illegaler Wohnnutzungen im Außenbereich oder in Kleingartengebieten festmachen. Eine solche Wohnnutzung wird oftmals von sozial schwächeren Menschen gewählt, die nicht über die finanziellen Möglichkeiten zur Anmietung einer regulären Wohnung verfügen[110]. Daher müssen neben rechtlichen Erwägungen auch politische und gesellschaftliche Interessenlagen in die Betrachtung einbezogen werden. Es gilt zwischen der rechtlichen Bewertung und der sozialpolitischen Bedeutung, die ungenehmigte Wohnnutzungen für die Wohnraumversorgung übernehmen, abzuwägen. In der Abwägung ist zu berücksichtigen, ob der durch eine Beseitigung oder Nutzungsuntersagung entstehende Schaden größer ist, als bei einer vorübergehenden Duldung. Würden etwa die Bewohner durch eine rechtswidrige Wohnnutzungsuntersagung „auf der Straße sitzen", lässt sich der rechtswidrige Zustand durch eine Duldung überbrücken, bis die Betroffenen eine neue Wohnung bezogen haben. Dies dürfte auch der Grund sein, warum teilweise eine Duldung davon abhängig gemacht wird, ob der Betroffene in dem illegal genutzten Bauwerk seinen Hauptwohnsitz hat[111].

Generell ist eine Duldung rechtswidriger Wohnnutzungen in Zeiten von Wohnungsknappheit zweckmäßig. In der Nachkriegszeit kam es aufgrund der starken Zerstörung von Wohnraum verstärkt zu Duldungen von Wohnnutzungen[112]. In solchen Fällen tritt das öffentliche Interesse an einem bauaufsichtlichen Einschreiten hinter den Interessen des Einzelnen, überhaupt ein Dach über dem Kopf zu haben, zurück[113].

c) Flüchtlingsunterkünfte

Die Duldung einer an sich unzulässigen Wohnnutzung kann ein zweckmäßiges Mittel sein, wenn kurzfristig Unterkünfte für Flüchtlinge bereitgestellt werden müssen. In Nordrhein-Westfalen sind die Bauaufsichtsbehörden durch verschieden Ministerialerlasse angewiesen worden, Zeltunterkünfte, Traglufthallen und Sporthallen, in denen Flüchtlinge und Asylbegehrende sich nicht nur vorübergehend aufhalten, bis zum 01.10.2017 zu dulden[114].

Auf kommunaler Ebene wurde etwa in der Gemeinde Walldürn beschlossen, die Nutzungsänderung ehemaliger Bürogebäude der Stadtverwaltung im unbeplanten Innenbereich in eine Flüchtlingsunterkunft aufgrund des zeitlichen Drucks zunächst

---

110 Vgl. „Beschlussvorlage für den Bauausschuss der Landeshauptstadt Kiel für das Konzept „Wohnen im Grünen", Drucks. 0674/2013, S. 2 f.; abrufbar unter https://ratsinfo.kiel.de/bi/vo020.asp?VOLFDNR=16134&options=4 (abgerufen am 28.02.2016).

111 Vgl. zu dieser Bedingung OVG Berlin-Bbg., Beschl. v. 27.12.2013 – OVG 10 S 26.13, juris Rn. 13.

112 OVG Bremen, BRS 16 Nr. 124; OVG NRW, BRS 27 Nr. 204.

113 OVG NRW, BRS 27 Nr. 204 (S. 347).

114 Siehe oben 1. Teil. F.I.3.

befristet zu dulden. Bis zum Ablauf der Befristung soll dann der Flächennutzungsplan geändert werden und die befristete Duldung in eine befristete Baugenehmigung umgewandelt werden[115]. In einem solchen Fall wird die Bauaufsichtsbehörde selbstverständlich auf den Erlass einer Bauordnungsverfügung verzichten und die Duldung schon vor Aufnahme der illegalen Nutzung aussprechen.

Die Duldung kann also nicht nur eine Reaktion auf rechtswidrige Zustände sein, sondern auch ein Mittel, um in Notsituationen vorläufige Maßnahmen zu treffen.

d) Alter und Krankheit

Häufig werden Duldungen auf Lebenszeit ausgesprochen. Bei personenbezogenen Duldungserwägungen kann also das Alter des Betroffenen ein wichtiger Erwägungsgrund sein. Hat der Betroffene schon über einen sehr langen Zeitraum, vielleicht gar über Jahrzehnte eine illegale Nutzung ausgeübt oder hat sein illegales Bauwerk seit Jahrzehnten Bestand und hat der Betroffene bereits ein gewisses Alter erreicht (z.B. Eintritt des Rentenalters als Stichtag[116]), kann es gerechtfertigt sein, eine Duldung auf Lebenszeit auszusprechen[117]. Eine solche Duldung auf Lebenszeit kommt allerdings dann nicht in Betracht, wenn der Verstoß dermaßen erheblich ist, dass die Bauaufsichtsbehörde der Ordnungsfunktion des öffentlichen Baurechts den Vorrang einräumt[118]. Ein weiterer personengebundener Grund für eine befristete Duldung kann die baldige Betriebsaufgabe eines bauplanungsrechtlich unzulässigen Gewerbebetriebs sein, wenn dieser schon über einen längeren Zeitraum bestanden hat[119]. Auch eine schwere Krankheit des Betroffenen kann unter Umständen eine Duldung erlauben, wenn es für diesen unzumutbar erscheint, etwa eine illegale Wohnnutzung aufzugeben oder ein Gebäude zu beseitigen[120]. Dieses Kriterium korreliert dabei häufig mit dem Alter des Betroffenen.

Auch die schwere Krankheit oder körperliche und geistige Behinderung eines Kindes kann grundsätzlich als sachliche Erwägung einer Duldung eines illegalen Wochenendhauses im Außenbereich in Betracht kommen, zumal in einem solchen Ausnahmefall weitgehend ausgeschlossen sein dürfte, dass sich andere

---

115 Vgl. http://www.rnz.de/nachrichten/buchen_artikel,-Wallduerner-Buerogebaeude-kann-fuer-Fluechtlinge-umgebaut-werden-_arid,831.html (abgerufen am 28.02.2016).

116 OVG Berlin-Bbg., Beschl. v. 27.12.2013 – OVG 10 S 26.13, juris Rn. 13.

117 VGH BW, NJW 1984, 319 f.; NdsOVG, Beschl. v. 09.03.2012 – 1 LA 254/09, juris Rn. 84; OVG NRW, BauR 2009, 1716, 1718; *Battis*, Öffentliches Baurecht, Rn. 606; *Erbguth/Schubert*, Öffentliches Baurecht, § 13 Rn. 61; *Kaiser* in: Ehlers/Fehling/Pünder, Besonderes Verwaltungsrecht Bd. 2, § 41 Rn. 140; a.A. wohl OVG NRW, Beschl. v. 01.07.2014 – 2 A 690/14, juris Rn. 20; *Jäde*, Bauaufsichtliche Maßnahmen, Rn. 149 m.w.N.

118 OVG NRW, Beschl. v. 01.07.2014 – 2 A 690/14, juris Rn. 20.

119 *Erbguth/Schubert*, Öffentliches Baurecht, § 13 Rn. 61.

120 NdsOVG, Beschl. v. 09.03.2012 – 1 LA 254/09, juris Rn. 84.

Wochenendhausbesitzer auf vergleichbare Umstände berufen[121]. Dies gilt allerdings nicht, wenn das öffentliche Interesse an der Beseitigung wegen Verstößen gegen schutzwürdige Belange des Außenbereichs besonders schwer wiegt und keine ausweglose Zwangslage für die Betroffenen entsteht[122].

e) *Fehlendes Verschulden des Bauherrn*

Aufgrund der Sachbezogenheit des öffentlichen Baurechts hat das Verschulden des betroffenen Bürgers bei der Entstehung des rechtswidrigen Zustands im Grundsatz keine Bedeutung. Ausnahmsweise kann das Verschulden aber durchaus als zusätzliches Kriterium für die Erteilung einer Duldung berücksichtigt werden. Denn der vorsätzlich handelnde „Schwarzbauende" erscheint weniger schutzwürdig als derjenige, der bei der Entstehung eines illegalen Zustands fahrlässig oder in Unkenntnis gehandelt hat[123].

3. *Politische Erwägungen – Akzeptanz der Entscheidung*

Auch aus politischer Sicht kann das vorübergehende Dulden eines rechtswidrigen Zustands zweckmäßig sein. Denn das konsequente Ahnden baurechtswidriger Zustände stellt nicht in jedem Fall einen gesellschaftlich akzeptierten Weg dar. Dabei wird in jedem Fall zu beachten sein, wie intensiv der Verstoß gegen baurechtliche Vorschriften ist. Da eine Legalisierung durch Planung bei großflächigen „Schwarzbaugebieten" kostenintensiv ist und ohnehin wegen entgegenstehender öffentlicher Belange meist nicht in Betracht kommen wird, werden häufig einvernehmliche Lösungen durch zeitlich befristete Duldungsverträge gesucht, die eine besonders hohe Akzeptanz genießen[124]. Ein möglicher Weg ist die Duldung für eine gewisse Restlaufzeit unter der Bedingung, dass Mindestanforderungen an Ver- und Entsorgung sowie brandschutz- und standsicherheitstechnische Anforderungen eingehalten werden und der Betroffene nach Ablauf der Frist seine Verpflichtung zum Rückbau bzw. zur Nutzungsaufgabe erfüllt[125].

Keine sachgerechte Ermessenserwägung liegt aber vor, wenn die Entscheidung, gegen illegale Bauwerke nicht einzuschreiten, durch politischen Druck motiviert ist, wenn Amtsträger z.B. keine unpopulären Entscheidungen gegenüber den Bürgern

---

121 VGH BW, BRS 28 Nr. 164 (S. 338 f.); a.A. OVG NRW, BRS 29 Nr. 171 (S. 321 f.) wonach die Behinderung eines Kindes überhaupt nicht in die Ermessenserwägungen einbezogen werden dürfe, weil ansonsten der „Schwarzbauende" gegenüber dem sich ordnungsgemäß verhaltenden Bürger bevorzugt würde und die Berücksichtigung persönlicher Besonderheiten bei der Prüfung bauplanungsrechtlicher Vorschriften nicht zulässig sei.

122 VGH BW, BRS 28 Nr. 164 (S. 338 f.).

123 *Rapp*, BauR 1983, 126, 130.

124 Zu den Vorteilen vertraglicher Duldungen siehe unten 5. Teil. E.I.7.

125 Siehe unten 5. Teil. B.VI.3.c).

treffen wollen und die Einschaltung der Presse befürchten[126]. Allerdings kann darin ein Anstoß zu sehen sein, eine einvernehmliche Lösung mit größtmöglicher Akzeptanz im Dialog mit den betroffenen Bürgern zu suchen. Auch im Fall der „Pirmasenser Amnestie" kam die Verfügung der Bezirksregierung bezüglich der Duldung der Wochenendhäuser unter anderem deshalb zustande, weil sich eine Interessengemeinschaft der Betroffenen gebildet hatte und eine lebhafte Diskussion in der Presse entstand[127].

4. Wirtschaftliche Erwägungen

Inwiefern wirtschaftliche Erwägungen ausschlaggebend für eine Duldung sein können, zeigt die „Ferienhausproblematik" in Mecklenburg-Vorpommern[128]. Nachdem das OVG Mecklenburg-Vorpommern entschieden hatte, dass Ferienwohnungen und -häuser in Wohngebieten unzulässig sind[129] und die Bauaufsichtsbehörden in zahlreichen Fällen Nutzungsuntersagungsverfahren eingeleitet hatten, war die Landespolitik gezwungen, eine Lösung zu finden, um die wirtschaftliche und touristische Entwicklung des Landes zu sichern[130]. Die Herausforderung bestand darin, die Konflikte zwischen Ferienwohnungsnutzung und Wohnungsknappheit auszuräumen, die Urlaubssaison nicht zu gefährden, einen Leerstand von Urlaubshochburgen zu vermeiden sowie die Abwanderung von Touristen in andere Bundesländer zu verhindern[131]. Am Ende des Prozesses stand eine Beschlussempfehlung[132] mit der Intention, eine Änderung der BauNVO im Hinblick auf Ferienwohnung und die Möglichkeit der Duldung bis zur möglichen Änderung von Bebauungsplänen zu erreichen. Die vom Landtag angenommene Beschlussempfehlung wurde durch den „Handlungsleitfaden zur bauplanungsrechtlichen- und bauordnungsrechtlichen Zulässigkeit von Ferienwohnungen" des Ministeriums für Wirtschaft, Bau und Tourismus des Landes Mecklenburg-Vorpommern umgesetzt.

V. Ermessensgrenzen

Wenn die Befugnis der Bauaufsichtsbehörde, einen rechtswidrigen Zustand über einen gewissen Zeitraum zu dulden, in ihrem Eingriffsermessen angelegt ist, lässt sich als Grenze zulässigen behördlichen Duldens die allgemeine Ermessensfehlerlehre

126 *Arnold*, VerwArch. 1989, 132, 134; *Rapp*, BauR 1983, 126.
127 OVG Rh.-Pf., Urt. v. 08.09.1989 – 8 A 93/88, S. 7 (n.V.); siehe zur „Pirmasenser Amnestie" oben 1. Teil. F.I.1.
128 Siehe oben 1. Teil. F.I.5.
129 OVG M-V, NordÖR 2008, 169, 170; OVG M-V, BauR 2015, 81, 82 ff.
130 LT-Drucks. (Mecklenburg-Vorpommern) 6/3280 vom 10.09.2014, S. 3.
131 LT-Drucks. (Mecklenburg-Vorpommern) 6/2967 vom 14.05.2014, S. 2.
132 LT-Drucks. (Mecklenburg-Vorpommern) 6/3280 vom 10.09.2014.

ausmachen[133]. Die Entscheidung der Behörde ist also durch die Fehler des Ermessensnichtgebrauchs, des Ermessensfehlgebrauchs und der Ermessensüberschreitung begrenzt. Besondere Bedeutung kommen im Rahmen der Ermessensüberschreitung dem Vertrauensschutzprinzip[134] und dem Gleichbehandlungsgrundsatz zu[135].

Duldungen kommen vor allem dann nicht in Betracht, wenn der Verstoß gegen formelles und materielles Baurecht derart schwerwiegt, dass der Verstoß ein Überwiegen der öffentlichen Belange an der Beseitigung rechtfertigt[136]. Auch in besonders schweren Gefahrenfällen kann die Ermessensfreiheit derart eingeschränkt sein, dass die Behörde keine andere Wahl hat, als einzuschreiten und eine bestimmte Maßnahme zu wählen[137]. Die Behörde ist also nicht an einem Einschreiten gehindert, wenn Gefahren für die öffentliche Sicherheit bestehen, z.B. wenn Verkehrssicherheit, Brandsicherheit, Gewässer- und Gesundheitsschutz nicht gewährleistet sind[138]. Auch bei besonders grobem Verstoß gegen Anforderungen eines Bebauungsplans muss eine Duldung ausscheiden[139]. Ermessensreduktionen können sich auch aufgrund des Gleichheitssatzes bzw. des Grundsatzes der Selbstbindung der Verwaltung ergeben. Insbesondere die Beeinträchtigung von Rechten Dritter kann zu einer Ermessensreduktion führen[140].

Die Duldungsentscheidung verlangt von der Bauaufsichtsbehörde letztlich eine umfassende Interessenabwägung, in der das öffentliche Interesse an der Beseitigung und das private Interesse des Betroffenen an der Aufrechterhaltung des baurechtswidrigen Zustands unter Berücksichtigung von Interessen Dritter abgewogen wird. Es kann also festgehalten werden, dass bei der Ermessensausübung alle Gesamtumstände der Maßnahme zu berücksichtigen sind[141].

C. Rechtlich gebotene Duldungen

Unter einer „rechtlich gebotenen Duldung“[142] sind solche Fälle zu verstehen, in denen die Behörde aus Rechtsgründen an einem Einschreiten gehindert ist. Damit sind vornehmlich Konstellationen angesprochen, in denen die Behörden aus Gründen der Verhältnismäßigkeit zu einem Nichteinschreiten rechtlich verpflichtet

---

133 *Hermes/Wieland*, Die staatliche Duldung, S. 38 f; *Heider*, Behördliche Duldung, S. 46 ff; *ders.* NuR 1995, 335, 336 f.; *Kothe*, Umweltauditrecht, Rn. 326.

134 Siehe unten 6. Teil. E.

135 Siehe unten 6. Teil. G.

136 VGH BW, NJW 1984, 319, 320.

137 Z.B. BVerwG, DVBl. 1969, 586; *Wilke*, FS Scupin, S. 831, 838 f.

138 *Decker* in: Simon/Busse, BayBO, Art. 76 Rn. 228; *Rapp*, BauR 1983, 126, 130.

139 *Rapp*, BauR 1983, 126, 130.

140 Siehe unten 7. Teil. C.

141 *Gentzcke*, Informales Verwaltungshandeln, S. 109; *Wüterich*, UPR 1988, 248, 252.

142 Der Begriff geht zurück auf *Gentzcke*, Informales Verwaltungshandeln, S. 22 f.

sind[143]. Darüber hinaus könnte sich eine solche Pflicht zur Duldung auch aus dem Gleichbehandlungsgrundsatz oder dem Vertrauensschutzprinzip ergeben. Bei allen diesen Rechtsgrundsätzen handelt es sich um rechtliche Grenzen des auszuübenden Ermessens, bei deren Nichteinhalten ein Vorgehen ermessensfehlerhaft und damit rechtswidrig ist. Umstritten ist, ob bei einem Eingriffshindernis aus Rechtsgründen überhaupt noch von einer Duldung gesprochen werden kann.

I. Duldung aus Verhältnismäßigkeitsgründen

Dem im Rechtsstaatsprinzip wurzelnden Grundsatz der Verhältnismäßigkeit[144] kommt auch im Bauordnungsrecht erhebliche Bedeutung zu. Die bauaufsichtliche Maßnahme muss grundsätzlich geeignet und erforderlich sein und darf zum erwartenden Erfolg nicht außer Verhältnis stehen („Angemessenheit")[145]. In den Bauordnungen einiger Länder findet sich die deklaratorische Verankerung des Verhältnismäßigkeitsgrundsatzes in Bezug auf die Erforderlichkeit einer Maßnahme in der Formel, dass eine Bauordnungsverfügung nur rechtmäßig ist, wenn „nicht auf andere Weise rechtmäßige Zustände hergestellt werden können"[146]. So ist der Erlass einer Beseitigungsverfügung z.B. dann nicht erforderlich und damit unverhältnismäßig, wenn das Vorhaben nachträglich durch eine Genehmigung legalisiert werden kann oder der rechtswidrige Zustand nachträglich durch Nebenbestimmungen, Ausnahmen oder Befreiungen beseitigt werden kann[147]. Nicht erforderlich ist eine Beseitigungsanordnung auch dann, wenn der rechtswidrige Zustand durch Erlass einer Nutzungsuntersagung oder eines Teilabrisses beseitigt werden kann[148]. Im öffentlichen Baurecht sind besonders die Konstellationen relevant, in denen ein Bauwerk oder eine Nutzung nur formell illegal ist, die Erteilung einer Baugenehmigung aber wegen offensichtlicher Genehmigungsfähigkeit absehbar ist. Auch das hohe Alter des Bewohners eines „Schwarzbaus" kann Anlass dazu geben, die Beseitigung aufzuschieben. Angemessene Übergangsfristen sollen auch im Fall der drohenden Obdachlosigkeit bei der Untersagung einer Wohnnutzung[149] oder bei Gefährdung der Existenz eines Vereins zu gewähren sein[150].

---

143 *Steinberg* in: LK-StGB, § 324 Rn. 88; *Malitz*, Behördliche Duldung, S. 34 f.; *Randelzhofer/Wilke*, Die Duldung als Form flexiblen Verwaltungshandelns, S. 64; *Sellmann*, FS Gelzer, S. 249, 250; *Robbers* DÖV 1987, 272, 279; *Rogall*, NJW 1995, 922, 923; auch *Wolff/Bachof/Stober/Kluth*, Verwaltungsrecht I, § 57 Rn. 24.

144 St. Rspr. des BVerfG, etwa BVerfGE 61, 126, 134.

145 BVerfGE, 27, 211, 219; *Sachs* in: Sachs, GG, Art. 20 Rn. 145 ff.

146 Vgl. Art. 76 S. 1 BayBO.

147 *Grotefels* in: Hoppe/Bönker/Grotefels, Öffentliches Baurecht, § 16 Rn. 96; *Schenke* in: Achterberg/Püttner/Würtenberger, Besonderes Verwaltungsrecht Bd. I, § 9 Rn. 245 f.; *Stollmann*, Öffentliches Baurecht, § 19 Rn. 32 mit umfassenden Beispielen; *Fischer*, NVwZ 2004, 1057, 1059; *Schoch*, Jura 2005, 178, 181.

148 *Fischer*, NVwZ 2004, 1057, 1059; *Schoch*, Jura 2005, 178, 183.

149 *Mann* in: Große-Suchsdorf, NBauO, § 79 Rn. 58.

150 NdsOVG, BRS 56 Nr. 210.

Dagegen kann der Betroffene gegen eine Beseitigungsverfügung nicht die Höhe der Beseitigungskosten für ein illegal errichtetes Bauwerk einwenden und damit die Unverhältnismäßigkeit des Einschreitens anführen. Wer ohne die erforderliche Baugenehmigung baut, hat das Risiko einer baurechtswidrigen Ausführung selbst zu tragen[151]. Ansonsten würde man zu ungenehmigtem Bauen geradezu einladen[152].

Umstritten ist, ob das Nichteinschreiten aus Gründen der Verhältnismäßigkeit überhaupt als Duldung im hier verstandenen Sinne aufgefasst werden kann.

1. Ansichten zur rechtlich gebotenen Duldung in der Literatur

Kann die Behörde aus Gründen der Verhältnismäßigkeit nicht gegen eine rechtswidrige bauliche Anlage oder Nutzung vorgehen, so wird daraus zum Teil ein Fall der „rechtlich gebotenen Duldung" gefolgert. Die Behörde treffe eine „Duldungspflicht"[153]. Kennzeichnend für eine rechtlich gebotene Duldung sei, dass die Behörde zum Nichteinschreiten verpflichtet ist und keine freie Entscheidung treffen könne[154]. *Randelzhofer/Wilke* sehen im Nichteinschreiten aus Gründen der Verhältnismäßigkeit gerade den Hauptanwendungsfall der Duldung. Demnach handele die Bauaufsichtsbehörde rechtswidrig, wenn sie den Zustand nicht dulde[155]. Nach *Malitz* bezeichnet die Duldung ausschließlich ein behördliches Verhalten und ist losgelöst vom Verhalten des Bürgers zu betrachten. Eine Herausnahme des rechtlich gebotenen Verhaltens aus dem Begriff der Duldung führe zu noch mehr Abgrenzungsschwierigkeiten, da eine starre Grenzziehung zwischen gebundener und Ermessensverwaltung nicht möglich sei[156]. *Heider* stellt primär auf den rechtswidrigen Zustand und nicht auf das Verhalten der Behörde ab. Demnach sei für den Duldungsbegriff nicht maßgebend, ob die Behörde freiwillig oder gezwungenermaßen nicht einschreite, sondern dass ein den Behörden bekannter aber ungenehmigter rechtswidriger Zustand gegeben sei[157].

2. Stellungnahme

Gegen die Anerkennung der rechtlich gebotenen Duldung könnte sprechen, dass der Grundsatz der Verhältnismäßigkeit den Behörden bei ihrer Ermessensausübung

---

151 BVerwG, NVwZ-RR 1997, 273, 274 f.; NdsOVG, Urt. v. 09.03.2012 – 1 LA 352/07, juris Rn. 84; OVG NRW, BRS 47 Nr. 193 (S. 482); *Battis*, Öffentliches Baurecht, Rn. 606; *Finkelnburg/Ortloff/Otto*, Öffentliches Baurecht Bd. II, S. 168 f.; *Grotefels* in: Hoppe/Bönker/Grotefels, Öffentliches Baurecht, § 16 Rn. 96; *Hellermann* in: Dietlein/Burgi/Hellermann, Öffentliches Recht in NRW, § 4 Rn. 295; *Stollmann*, Öffentliches Baurecht, § 19 Rn. 33.

152 *Brohm*, Öffentliches Baurecht, § 29 Rn. 12.

153 *Heider*, Behördliche Duldung, S. 33 und 36.

154 *Gentzcke*, Informales Verwaltungshandeln, S. 23.

155 *Randelzhofer/Wilke*, Die Duldung als Form flexiblen Verwaltungshandelns, S. 64.

156 *Malitz*, Behördliche Duldung, S. 34 f.

157 *Heider*, Behördliche Duldung, S. 36.

in Bezug auf eine Beseitigungsanordnung Grenzen setzt und damit der Ermessensbetätigung vorgelagert ist[158]. Kommt die Behörde im Rahmen der Rechtsprüfung zu dem Ergebnis, dass eine Maßnahme unverhältnismäßig ist, erfolgt also keine weitere abwägende Ermessensentscheidung[159]. Wenn aber bei einem Nichteinschreiten aus Gründen der Verhältnismäßigkeit keine weitere Ermessensentscheidung mehr erfolgt, kann nach der oben gefundenen Definition nicht mehr von einer Duldung gesprochen werden, weil die Duldung voraussetzt, dass ein rechtswidriger Zustand besteht, gegen den die Eingriffsvoraussetzungen grundsätzlich erfüllt sind und die grundsätzliche Möglichkeit eines Einschreitens besteht[160]. In diesem Fall ist es weder erforderlich, dass die Behörde eine Duldung ausspricht[161], noch das Nichteinschreiten als Duldung zu werten.

Gegen die Ansicht von *Randelzhofer/Wilke*, die gerade im Nichteinschreiten aus Gründen der Verhältnismäßigkeit den Hauptanwendungsfall der Duldung sehen, lässt sich anführen, dass sie eine Vermengung des Instituts der Duldung und den Ermessensgrenzen vornehmen. Das Rechtsproblem der Duldung wird so seines eigenständigen Bedeutungsgehalts beraubt und unnötigerweise auf andere Sachverhaltskonstellationen ausgedehnt. *Malitz* stellt entscheidend auf das Verhalten der Behörde ab, um die rechtlich gebotene Duldung zu rechtfertigen. Eine solche Schlussfolgerung führt ebenfalls zu einem zu weiten Verständnis duldenden Verhaltens. Denn nicht jedes Verhalten einer Behörde, die nicht gegen einen rechtswidrigen Zustand vorgeht, kann als Duldung bezeichnet werden. Entscheidend ist, dass trotz Eingriffsvoraussetzungen auf der Grundlage pflichtgemäßen Ermessens von einem Einschreiten abgesehen wird. Ob eine Duldung vorliegt, sollte sich nicht am behördlichen Verhalten, sondern an den gesetzlichen Eingriffsvoraussetzungen orientieren. Das gilt im Rahmen der Ermessensverwaltung umso mehr, als dem behördlichen Verhalten bereits rechtliche Grenzen des Ermessens aufgezeigt sind, die ein Einschreiten ermessensfehlerhaft machen. Zu eng ist daher auch das Verständnis *Heiders*, der das Vorliegen eines rechtswidrigen Zustands in den Vordergrund stellt.

Grundsätzlich dürfte die Konstruktion einer rechtlich gebotenen Duldung aus Gründen der Verhältnismäßigkeit daher abzulehnen sein. Dem widerspricht auch nicht die Tatsache, dass die Duldung nach dem Aufenthaltsgesetz gerade Ausprägung des Verhältnismäßigkeitsgrundsatzes ist. Zum einen handelt es sich hier um eine spezialgesetzliche Regelung des Ausländerrechts, zum anderen handelt es sich bei der Duldung im Aufenthaltsrecht gemäß § 60a AufenthG um die Aussetzung einer Abschiebungsentscheidung. Diese Abschiebungsentscheidung ergeht als gebundene Entscheidung und ist damit nicht mit der baubehördlichen Duldung im Rahmen der Ermessensverwaltung zu vergleichen.

---

158 BayVGH, BayVBl. 2008, 629, 630; *Decker* in: Simon/Busse, BayBO, Art. 76 Rn. 240.
159 *Boeddinghaus/Hahn/Schulte*, BauO NRW, § 61 Rn. 76.
160 *Hermes/Wieland*, Die staatliche Duldung, S. 17; *Fluck*, NuR 1990, 197, 199; *Wasmuth/Koch*, NJW 1990, 2434, 2438; *Wüterich*, UPR 1988, 248, 250.
161 *Fluck*, NuR 1990, 197, 198.

3. *Praktische Lösung – keine Duldung bei offensichtlicher Unverhältnismäßigkeit*

Dieses Ergebnis hätte allerdings zur Folge, dass alle Fälle, in denen die Behörde aus Verhältnismäßigkeitsgründen nicht einschreitet, aus dem Begriff der Duldung auszuklammern sind. Es kann aber nicht ignoriert werden, dass in der Rechtswirklichkeit eine genaue Einordnung behördlichen Verhaltens schwierig ist. In komplexen Entscheidungssituationen ist nicht immer eindeutig, wann ein behördliches Verhalten noch freie Ermessensentscheidung oder eine auf Rechtsgründen beruhende Entscheidung ist[162]. Dies belegt etwa der Fall, dass aus Gründen des Alters des Betroffenen nicht gegen eine illegale Nutzung eingeschritten wird oder im Fall einer langjährigen formell illegalen Wohnnutzung von einer sofortigen Untersagung abgesehen wird. Das OVG Nordrhein-Westfalen hat z.B. in einem Fall entschieden, dass eine Duldung aus Gründen der Verhältnismäßigkeit u.a. wegen des Alters der Betroffenen zulässig sei[163]. In solchen Fällen lässt sich kaum abschätzen, ob noch Verhältnismäßigkeitserwägungen oder andere sachliche Gründe auf der Basis einer Opportunitätsentscheidung maßgebend sind. Außerdem ist festzuhalten, dass auch im Fall eines Nichteinschreitens aus Rechtsgründen ein Abwägungsvorgang der Behörden stattgefunden hat, wenn sie zu dem Ergebnis führt, dass ein Einschreiten aus Rechtsgründen unmöglich ist[164]. Auch die Duldung im Ausländerrecht nach § 60a AufenthG ergibt sich aus einer rechtlichen oder tatsächlichen Unmöglichkeit des Eingreifens. Zwar ist in diesem Fall eine gesetzliche Regelung erforderlich, weil es sich bei der Abschiebungsanordnung, die durch die Duldung ausgesetzt wird, um eine gebundene Entscheidung handelt, dennoch lässt sich eine auf den Grundsatz der Verhältnismäßigkeit gestützte Duldung dann erst recht für die ermessensgeprägten baurechtlichen Eingriffsbefugnisse begründen. Außerdem dürfte der Duldung aus Gründen der Verhältnismäßigkeit praktisch gesehen wenig Problempotential zukommen, weil in diesen Fällen der rechtswidrige Zustand später kaum noch einmal aufgegriffen werden wird. Folglich wird der betroffene Bürger zukünftig nicht in die Lage kommen, nochmal gegen eine Verfügung vorzugehen, bei der die Duldung relevant wird. Das zeigt das Beispiel des Nichteinschreitens wegen eines geringfügigen Verstoßes gegen die Abstandsflächen von wenigen Zentimetern. Hier wird ein dauerhaftes Eingriffshindernis anzunehmen sein. Dies ist bei der Duldung aus Opportunitätsgründen anders, weil hier Überlegungen maßgeblich sind, die sich derart ändern können, dass die Duldungsgründe entfallen.

Folglich erscheint es sachgerecht, in diesen Grenzfällen wie folgt zu differenzieren:

- Ist ein Einschreiten gegen einen rechtswidrigen Zustand offensichtlich unverhältnismäßig, liegt keine Duldung im rechtlichen Sinne vor. Offensichtliche

162 *Malitz*, Behördliche Duldung, S. 35.
163 OVG NRW BauR 2009, 1716, 1717 f.
164 *Gentzcke*, Informales Verwaltungshandeln, S. 80.

Unverhältnismäßigkeit ist in den Fällen anzunehmen, in denen eine Duldung entbehrlich bzw. überflüssig erscheint. Das ist der Fall, wenn eine formell illegale Nutzung offensichtlich genehmigungsfähig ist und bereits ein Bauantrag gestellt wurde. Ebenfalls offensichtlich ist die Konstellation, dass eine Abbruchverfügung bei nur formeller Illegalität, aber materieller Legalität wegen Art. 14 GG unverhältnismäßig ist. Hier besteht die Möglichkeit der Erteilung einer nachträglichen Baugenehmigung. Der Zeitraum bis zur Erteilung der Baugenehmigung ist durch den Grundsatz der Verhältnismäßigkeit abgesichert, sodass kein Raum für eine Duldung bleibt.

- In allen anderen Fällen, in denen die Bauaufsicht aus Gründen der Verhältnismäßigkeit an einem Einschreiten gegen rechtswidrige Zustände gehindert ist, kann von einer Duldung gesprochen werden. Auch wenn in diesen Fällen die Voraussetzungen für ein Einschreiten gerade nicht erfüllt sind, ist es für eine vereinfachte Rechtsanwendung erforderlich, solche Grenzfälle in den Bereich der Duldung mit einzubeziehen, in denen die Unterscheidung zwischen einer Duldung aus Opportunitätserwägungen und dem Nichteinschreiten aus Gründen der Verhältnismäßigkeit nicht eindeutig zu bestimmen ist[165].

II. Der Gleichbehandlungsgrundsatz

Der im Gleichheitssatz des Art. 3 GG wurzelnde Gleichbehandlungsgrundsatz kann zu Ermessensbindungen als Folge einer Selbstbindung der Verwaltung führen[166]. Er fordert, dass gleich gelagerte Fälle nicht ohne sachliche Rechtfertigung unterschiedlich behandelt werden[167]. Durch eine dauernde Verwaltungspraxis kann die Verwaltung ihren Ermessensspielraum also derart selbst einengen, dass sie sich selbst bindet. Ein Verstoß gegen den Gleichbehandlungsgrundsatz kann daher grundsätzlich angenommen werden, wenn die Behörde in Vergleichsfällen nicht einschreitet, obwohl die rechtlichen Voraussetzungen dafür vorliegen oder wenn sie rechts- und bestandskräftige Abbruchverfügungen nicht vollstreckt[168].

Es sprechen allerdings mehrere Gründe dagegen, die Duldung aus dem Gleichbehandlungsgrundsatz herzuleiten. Zum einen setzt die Berufung auf den Gleichbehandlungsgrundsatz gerade eine vorangegangene Duldung voraus. Der Gleichbehandlungsgrundsatz führt zu einer Ermessensbindung der Bauaufsichtsbehörde und beschreibt damit vorrangig die Rechtswirkung einer Duldungspraxis.

---

165 Auch *Gentzcke* bezieht die Fälle des Nichteinschreitens aus Gründen der Verhältnismäßigkeit in seine Untersuchung der Vollständigkeit halber mit ein, obwohl er der Ansicht ist, dass eigentlich keine Duldung im engeren Sinne vorliegt, vgl. *Gentzcke*, Informales Verwaltungshandeln, S. 22 f.

166 BVerwGE 104, 203, 223; *Sachs* in: Stelkens/Bonk/Sachs, VwVfG, § 40 Rn. 104 m.w.N.

167 BVerwG, NVwZ-RR 1992, 360; *Boeddinghaus/Hahn/Schulte*, BauO NRW, § 61 Rn. 138 m.w.N.

168 HessVGH, NJW 1984, 318, 319; *Schoch*, Jura 2005, 178, 183.

Der rechtliche Grund für eine Duldungspraxis liegt auch im Fall der Selbstbindung im Verhalten der Behörde, aufgrund dessen diese Selbstbindung eintritt. Eine Verwaltungsrichtlinie beispielsweise, die eine bestimmte Duldungspraxis vorschreibt, beruht auf den Opportunitätserwägungen, die zum Erlass dieser Vorschriften geführt haben. Denn auch die Verwaltungsvorschriften müssen sich ihrerseits im Rahmen des durch die Vorschrift gegebenen Ermessens halten[169]. Sie schreiben zwar eine gleichmäßige Ermessensausübung vor, ihre Legitimation erfahren sie jedoch aus dem Opportunitätsprinzip.

Außerdem führt der Verstoß gegen den Gleichbehandlungsgrundsatz regelmäßig nur zu einer vorläufigen Aufhebung einer an sich gebotenen und sachgemäßen Maßnahme, weil die Bauaufsichtsbehörde nur zu einem gleichmäßigen Einschreiten angehalten werden soll[170]. Insofern fungiert der Gleichbehandlungsgrundsatz als Ermessensgrenze. Die Behörde bleibt aber aufgrund des Grundsatzes der Gesetzmäßigkeit der Verwaltung aus Art. 20 Abs. 3 GG dazu verpflichtet, in allen vergleichbaren Fällen einzuschreiten[171]. Im Ergebnis ergibt sich damit aus dem Gleichbehandlungsgrundsatz keine dogmatische Grundlage der Duldung. Davon ist aber auf einer zweiten Ebene die Frage zu unterscheiden, ob der Betroffene infolge einer behördlichen Selbstbindung infolge des Gleichbehandlungsgrundsatzes einen Anspruch gegen die Behörde auf Duldung haben kann[172].

III. Vertrauensschutz

Eine Selbstbindung der Verwaltung kann sich aufgrund des rechtsstaatlichen Vertrauensschutzprinzips ergeben[173]. Das Vertrauensschutzprinzip bedeutet, dass die Behörde aufgrund eines vorangegangen Verhaltens am ermessensfehlerfreien Erlass einer Bauordnungsverfügung gehindert sein kann, wenn der Betroffene aufgrund eines bestimmten Verhaltens schutzwürdig darauf vertrauen konnte, dass die Behörde nicht gegen den rechtswidrigen Zustand einschreiten wird. Besonders das Vertrauensschutzprinzip hat für die Duldung überragende Bedeutung, stellt sich doch oftmals die Frage, ob der Betroffene nach längerem Zeitablauf bzw. aufgrund eines bestimmten Verhaltens der Behörde auf den Bestand eines rechtswidrigen Bauwerks oder die weitere Nutzung vertrauen durfte[174]. Ebenso wie im Fall des Gleichbehandlungsgrundsatzes ist hiermit aber eine rechtliche Wirkung vorangegangenen duldenden Verhaltens angesprochen. Das Vertrauensschutzprinzip fungiert als Ermessensgrenze, die ein Einschreiten ermessensfehlerhaft macht. Aus dem Grundsatz des Vertrauensschutzes lässt sich die Möglichkeit der Duldung rechtsdogmatisch jedoch nicht herleiten. Denn die Entstehung eines Vertrauenstatbestandes

---

169 *Sachs* in: Stelkens/Bonk/Sachs, VwVfG, § 40 Rn. 108.
170 *Decker* in: Simon/Busse, BayBO, Art. 76 Rn. 61.
171 HessVGH, BRS 44 Nr. 198 (S. 461).
172 Siehe unten 6. Teil. G.II.
173 *Sachs* in: Stelkens/Bonk/Sachs, VwVfG, § 40 Rn. 104.
174 Siehe unten 6. Teil. E.

setzt voraus, dass die Behörde bereits ein duldendes Verhalten an den Tag gelegt hat. Die Duldungserklärung kann daher nicht durch das Vertrauensschutzgebot gerechtfertigt sein[175].

IV. Ergebnis

Grundsätzlich ist die Konstruktion der rechtlich gebotenen Duldung abzulehnen, weil hier schon aus rechtlichen Gründen keine Möglichkeit des Einschreitens besteht. Damit sind die Voraussetzungen einer Duldung nicht erfüllt. Das gilt vor allem für den Gleichbehandlungsgrundsatz und das Vertrauensschutzprinzip. Hier ergibt sich der Grund für die Ermessensbindung gerade aus einem vorangegangenen Duldungsverhalten, sodass hieraus kein dogmatischer Ansatz für die Herleitung der Duldung abgeleitet werden kann. Gleiches gilt dem Grunde nach auch für eine „Duldungspflicht" aus Gründen der Verhältnismäßigkeit. Hier muss aber im Sinne einer praktischen Lösung aufgrund von Abgrenzungsschwierigkeiten davon ausgegangen werden, dass eine Duldung nur bei offensichtlicher Unverhältnismäßigkeit einer Maßnahme ausscheidet.

D. Fazit

Die Duldung ist mit dem Vorbehalt des Gesetzes vereinbar. Die Duldung findet ihre rechtsdogmatische Grundlage im Opportunitätsprinzip, welches in den bauordnungsrechtlichen Eingriffsbefugnissen verankert ist. Eine rechtmäßige Ermessensausübung in Bezug auf ein Nichteinschreiten verlangt eine Orientierung am Zweck der Ermächtigung. Die Behörde muss ihr Ermessen in sachlicher Weise nach Maßgabe der Ziele vor allem der Bauordnung und des Bauplanungsrechts, aber auch unter Beachtung der Wertentscheidungen des Grundgesetzes ausüben. Dabei sind die gegen ein Einschreiten sprechenden sachlichen Gründe zu ermitteln und abzuwägen[176]. Sachgerechte Ermessenserwägungen sind dabei maßgeblich auf rechtliche Aspekte zu stützen, können aber auch persönliche, soziale, politische oder wirtschaftliche Umstände berücksichtigen. Diese Ermessensausübung ist aber durch die allgemeine Ermessensfehlerlehre begrenzt.

Die Konstruktion einer rechtlich gebotenen Duldung bzw. einer daraus abgeleiteten Duldungspflicht dürfte im Grundsatz abzulehnen sein. Eine Berufung auf den Gleichbehandlungsgrundsatz und das Vertrauensschutzprinzip setzt eine vorangegangene Duldung voraus, sodass sich aus diesen Rechtsprinzipien keine dogmatische Grundlage der Duldung ergibt. Auch eine Duldungspflicht infolge des Verhältnismäßigkeitsgrundsatzes dürfte im Grundsatz nicht anzuerkennen sein, weil hier schon die Voraussetzungen für die Möglichkeit des Eingreifens nicht

175 *Gentzcke*, Informales Verwaltungshandeln, S. 116; *Hermes/Wieland*, Die staatliche Duldung, S. 42; *Malitz*, Behördliche Duldung, S. 50 f.

176 *Hahn/Schulte*, Baunachbarrecht, Rn. 492.

gegeben sind. Vielmehr bezeichnen Verhältnismäßigkeit, Gleichbehandlungsgrundsatz und Vertrauensschutzprinzip rechtliche Grenzen der Ermessensausübung und werden im Rahmen der Rechtswirkungen einer Duldung relevant. Aufgrund der Abgrenzungsschwierigkeiten zwischen Verhältnismäßigkeitsgründen und Opportunitätserwägungen ist im Sinne einer praktischen Lösung aber davon auszugehen, dass eine Duldung nur bei offensichtlicher Unverhältnismäßigkeit einer Maßnahme nicht vorliegt.

3. Teil. Die Wirkungen der Duldung im Vergleich zur Baugenehmigung

In Rechtsprechung und Literatur wird die Ansicht vertreten, die Duldung habe „genehmigungsgleiche Wirkung“[1]. Nach anderer Auffassung ist die Duldung in ihren Wirkungen „genehmigungsähnlich“, weil die Duldung einen Rechtsstatus verleihe, der „nicht weit von demjenigen entfernt ist, den eine Baugenehmigung begründet“[2]. Damit ist die Frage nach der „Legalisierungswirkung“ der Duldung angesprochen. Außerdem ist streitig, ob durch die Duldung Bestimmungen des Baugenehmigungsverfahrens umgangen werden. Dieser Frage wird ausführlich bei der Untersuchung der „Duldungszusicherung“ nachgegangen, weil dort die Wechselwirkungen zwischen verfahrensrechtlichen Anforderungen des Baugenehmigungsverfahrens mit denjenigen der Duldungszusicherung dargestellt werden[3].

A. Präventive und repressive Elemente

Grundsätzlicher Unterschied zwischen beiden Rechtsinstituten ist zunächst, dass die Baugenehmigung eine Form des präventiven Verwaltungshandelns durch Überprüfung der Übereinstimmung eines Vorhabens mit den öffentlich-rechtlichen Vorschriften darstellt, während die Duldung typischerweise im Bereich der repressiven Tätigkeit der Bauaufsichtsbehörden nach Aufgreifen eines rechtswidrigen Zustands anzusiedeln sein dürfte. Ohne in Details einer Prüfung von Gemeinsamkeiten und Unterschieden von Duldung und förmlicher Baugenehmigung einzusteigen, lässt sich eine gewisse Ähnlichkeit beider Rechtsinstitute aber nicht leugnen. Auch die Duldung enthält in gewisser Weise eine Art der Gestattung eines bestimmten Verhaltens oder eines baulichen Zustands. Vom Ergebnis her unterscheiden sich Duldung und Baugenehmigung somit oberflächlich betrachtet

---

1 HessVGH, BRS 55 Nr. 205 (S. 585); HessVGH, BauR 1995, 679, 682 = BRS 57 Nr. 259; OVG NRW, NVwZ 1988, 370, 371; OVG NRW, NWVBl. 1992, 205, 207; OVG NRW, Beschl. v. 01.07.2014 – 2 A 690/14, juris Rn. 20; OVG Rh.-Pf., DVBl. 2012, 1185, 1187 = NVwZ-RR 2012, 749, 751; *Boeddinghaus/Hahn/Schulte*, BauO NRW, § 75 Rn. 21; *Wenzel* in: Gädtke/Czepuck/Johlen/Plietz/Wenzel, BauO NRW, § 61 Rn. 76; *Hornmann*, HBO, § 72 Rn. 129a; *Finkelnburg/Ortloff/Otto*, Öffentliches Baurecht Bd. II, S. 186; *Oldiges* in: Steiner, Besonderes Verwaltungsrecht, Kap. III Rn. 332; *Stollmann*, Öffentliches Baurecht, § 19 Rn. 37; *Wasmuth/Koch*, NJW 1990, 2434, 2437.

2 OVG Berlin, NJW 1977, 1983, 777, 778; siehe auch BVerwG, Beschl. v. 05.08.1977 – IV B 1.77, juris Rn. 2; BVerwG, NJW 1990, 3163, 3164; OVG NRW, BRS 76 Nr. 211 (S. 1018); OVG NRW, BRS 40 Nr. 239 (S. 516); OVG NRW, BRS 30 Nr. 169 (S. 313); *Decker* in: Simon/Busse, BayBO, Art. 76 Rn. 228; *Drews/Wacke/Vogel/Martens*, Gefahrenabwehr, S. 387 f.; *Rabe*, BauR 1978, 166, 175.

3 Siehe unten 5. Teil. B.V.1.

wenig. Aus rechtlich-dogmatischer Sicht treten bei genauer Untersuchung aber erhebliche Unterschiede zutage, die im Folgenden dargestellt werden. Es dürfte sich jedenfalls um eine Frage der Formulierung handeln, ob die Folgen einer Duldung als genehmigungsgleich oder genehmigungsähnlich beschrieben werden, da der Bauherr auch in der Situation der Duldung zumindest die schutzwürdige Rechtsposition erhält, eine bestimmte bauliche Anlage weiterbehalten und nutzen zu dürfen[4]. Darüber hinaus dürfte es dem Bauherrn auch gleichgültig sein, ob er aufgrund einer Baugenehmigung oder einer Duldung eine rechtswidrige Nutzung ausübt[5].

Im Kontext der Baufreiheit ist deshalb die Duldung auf ihre Legalisierungswirkung zu überprüfen. Außerdem ist zu untersuchen, ob ein Anspruch auf eine Duldung wie bei der Baugenehmigung besteht und ob die Duldung auf den Rechtsnachfolger übergehen kann.

B. Überblick zu Baugenehmigungsverfahren und Baugenehmigung

I. Klassisches und vereinfachtes Genehmigungsverfahren

Um die Unterschiede zwischen Duldung und Baugenehmigung darzustellen, sollen zunächst die Grundlagen des Baugenehmigungsverfahrens und der im Anschluss zu erteilenden oder zu versagenden Baugenehmigung erläutert werden. Die Einleitung des Baugenehmigungsverfahrens erfolgt durch den schriftlichen Bauantrag des Bauherrn. Es handelt sich bei der Baugenehmigung also um einen mitwirkungsbedürftigen Verwaltungsakt. Der Bauantrag muss hinreichend bestimmt sein und alle für die Beurteilung relevanten Unterlagen (Bauvorlagen) beinhalten. Vor der Entscheidung über den Antrag hört die Bauaufsichtsbehörde die Gemeinde und diejenigen Stellen, deren Beteiligung oder Anhörung für die Entscheidung über den Bauantrag durch Rechtsvorschrift vorgeschrieben ist[6]. Nach Prüfung des Antrags ergeht im Fall der positiven Entscheidung die in Schriftform[7] zu erteilende Baugenehmigung. Die Baugenehmigung selbst besteht aus einem feststellenden und einem verfügenden Teil[8]. Zum einen stellt die Baugenehmigung fest, dass ein Vorhaben mit den öffentlich-rechtlichen Vorschriften vereinbar ist. Dieser feststellende Teil ist Voraussetzung für den verfügenden Teil, durch den die Baufreigabe erteilt wird. Durch die Baufreigabe wird das präventive Verbot mit Erlaubnisvorbehalt aufgehoben, sodass der Baugenehmigung insoweit auch rechtsgestaltende Wirkung zukommt[9].

---

4 *Sellmann*, FS Gelzer, S. 249, 256.

5 *Rabe*, BauR 1978, 166, 174.

6 *Finkelnburg/Ortloff/Otto*, Öffentliches Baurecht Bd. II, S. 113 ff.

7 Vgl. etwa § 75 Abs. 1 S. 2 BauO NRW.

8 BVerwGE 48, 242, 245; 69, 1 f.

9 Allg. *Finkelnburg/Ortloff/Otto*, Öffentliches Baurecht Bd. II, S. 125 f; *Muckel/Ogorek*, Öffentliches Baurecht, § 9 Rn. 35.

Neben dem klassischen Baugenehmigungsverfahren existiert das vereinfachte Genehmigungsverfahren, das ebenfalls mit der Erteilung einer Genehmigung abschließt. Die Besonderheiten des vereinfachten Genehmigungsverfahrens lassen sich an drei wesentlichen Punkten festmachen. Das vereinfachte Genehmigungsverfahren zeichnet sich maßgeblich durch einen eingeschränkten Prüfungsumfang der Bauaufsichtsbehörde aus (z.B. Art. 59 BayBO, § 64 BauO Bln., § 68 BauO NRW), mit der Folge, dass der Genehmigung nur eine eingeschränkte Legalisierungswirkung zukommt. Des Weiteren sind kürzere Bearbeitungsfristen und in einigen Bundesländern auch eine Genehmigungsfiktion nach Fristablauf charakteristisch. Zudem besteht in einigen Bundesländern ein Wahlrecht zwischen dem vereinfachten und dem klassischen Baugenehmigungsverfahren, sodass der Bauherr auch die Möglichkeit hat, eine umfassende Legalisierungswirkung herbeizuführen[10].

II. Genehmigungsfreie Vorhaben

Hauptaufgabe des bauordnungsrechtlichen Genehmigungsverfahrensrechts ist es, durch eine effektive präventive Kontrolle die Einhaltung öffentlich-rechtlicher Vorschriften bei Errichtung, Änderung, Nutzungsänderung oder Beseitigung zu gewährleisten. Im Rahmen des Verfahrens wird eine mehr oder weniger umfassende Prüfung einschlägiger öffentlich-rechtlicher Vorschriften vor der Freigabe der Bauausführung durchgeführt. Die politische Zielsetzung der Deregulierung und Privatisierung hat allerdings dazu geführt, dass das klassische Baugenehmigungsverfahren immer weiter zurückgedrängt und eine Verschiebung von der präventiven zur repressiven Kontrolle erkennbar wird[11].

Neben dem klassischen und dem vereinfachten Genehmigungsverfahren kennen die Landesbauordnungen daher weitere Verfahrensarten, die nicht mit der Erteilung einer Baugenehmigung abgeschlossen werden. Dazu gehören das Genehmigungsfreistellungsverfahren (z.B. § 67 BauO NRW, Art. 58 BayBO), das Anzeigeverfahren (§ 58 BbgBO), das Kenntnisgabeverfahren (§ 51 LBO BW) und die genehmigungsfreien Vorhaben[12] (§§ 65, 66 BauO NRW) bzw. verfahrensfreien Vorhaben (z.B. § 50

10 Allg. zum vereinfachten Genehmigungsverfahren: *Grotefels* in: Hoppe/Bönker/Grotefels, Öffentliches Baurecht, § 16 Rn. 21 ff.; *Kaiser* in: Ehlers/Fehling/Pünder, Besonderes Verwaltungsrecht Bd. 2, § 41 Rn. 77 ff.

11 *Erbguth/Schubert*, Öffentliches Baurecht, § 13 Rn. 47; *Finkelnburg/Ortloff/Otto*, Öffentliches Baurecht Bd. II, S. 84; *Grotefels* in: Hoppe/Bönker/Grotefels, Öffentliches Baurecht, § 16 Rn. 16; *Tettinger/Erbguth/Mann*, Besonderes Verwaltungsrecht, Rn. 8; *Schoch*, Jura 2005, 178; *Fischer*, NVwZ 2004, 1057, 1061.

12 In Nordrhein-Westfalen werden die in den §§ 65–67 BauO NRW genannten Vorhaben als „genehmigungsfreie Vorhaben“ bezeichnet. Dabei meinen die §§ 65, 66 BauO NRW solche Vorhaben, die ohne Genehmigung und ohne Durchführung eines Verfahrens ausgeführt werden können, während § 67 BauO NRW das „Genehmigungsfreistellungsverfahren“ regelt, dass ebenfalls ohne Baugenehmigung abschließt, aber bestimmte Verfahrensanforderungen aufstellt. In anderen Bundesländern werden die

LBO BW, Art. 57 BayBO)[13]. Die Genehmigungsfreistellung kommt in der Regel bei Wohngebäuden geringer Höhe einschließlich ihrer Nebengebäude im Geltungsbereich eines qualifizierten Bebauungsplans oder eines vorhabenbezogenen Bebauungsplans zur Anwendung, sofern solche Vorhaben nicht dem vereinfachten Genehmigungsverfahren unterliegen. Diese Vorhaben bedürfen keiner Genehmigung, wenn sie den Festsetzungen des Bebauungsplans nicht widersprechen, die Erschließung gesichert ist und je nach Landesrecht weitere Voraussetzungen erfüllt sind[14]. Bei Vorhaben des Genehmigungsfreistellungsverfahrens[15] muss der Bauherr die Bauvorlagen bei der Gemeinde einreichen. Diese kann innerhalb eines Monats die Durchführung eines vereinfachten Genehmigungsverfahrens verlangen. Außerdem ist in den Landesbauordnungen unterschiedlich geregelt, ob eine Prüfpflicht der Bauaufsichtsbehörde besteht[16]. Das Vorhaben kann aber auf seine materielle Legalität hin überprüft werden, sodass eine begrenzte präventive Kontrolle möglich bleibt. Der Unterschied zum vereinfachten Verfahren besteht darin, dass die Überprüfung im Ermessen der Bauaufsichtsbehörde steht und der Bauherr auch keine Bescheinigung über die Unbedenklichkeit seines Vorhabens erhält[17]. Nach Ablauf der Frist darf der Bauherr mit der Ausführung beginnen oder bereits dann, wenn ihm die Gemeinde zuvor mitteilt, kein Genehmigungsverfahren durchführen zu wollen. Die Vorlagepflicht dient dazu, der Bauaufsichtsbehörde die notwendigen Kenntnisse für ein späteres Eingreifen zu verschaffen. Die Verantwortung für die Einhaltung der öffentlich-rechtlichen Vorschriften wird aber auf den Bauherrn übertragen[18]. Da kein Genehmigungsbescheid ergeht, wird diesen Verfahren auch keine Legalisierungswirkung zugesprochen, sodass ein repressives Einschreiten möglich bleibt, wenn sich nachträglich herausstellt, dass das Vorhaben materiell rechtswidrig ist[19].

Außerdem existieren noch das Anzeigeverfahren in Brandenburg gemäß § 58 BbgBO und das Kenntnisgabeverfahren in Baden-Württemberg nach § 51 BauO BW. Danach darf mit der Bauausführung erst begonnen werden, wenn das Vorhaben der Behörde angezeigt und die Ausführung nicht untersagt wurde. Schließlich sind genehmigungsfreie Vorhaben (§§ 65, 66 BauO NRW) bzw. verfahrensfreie Vorhaben (z.B. Art. 57 BayBO, § 50 LBO BW) solche, die ohne weiteres ohne Verfahren

genehmigungsfreien Vorhaben auch als „verfahrensfreie Vorhaben" bezeichnet, vgl. § 50 LBO BW oder Art. 57 BayBO.

13 *Grotefels* in: Hoppe/Bönker/Grotefels, Öffentliches Baurecht, § 16 Rn. 25.

14 *Grotefels* in: Hoppe/Bönker/Grotefels, Öffentliches Baurecht, § 16 Rn. 27.

15 Dazu allgemein: *Grotefels* in: Hoppe/Bönker/Grotefels, Öffentliches Baurecht, § 16 Rn. 25 ff.; *Mann*, FS Götz, S. 463, 468 ff.

16 Dazu *Kaiser* in: Ehlers/Fehling/Pünder, Besonderes Verwaltungsrecht Bd.2, § 41 Rn. 84.

17 *Grotefels* in: Hoppe/Bönker/Grotefels, Öffentliches Baurecht, § 16 Rn. 31.

18 *Mann*, FS Götz, S. 436, 470.

19 *Grotefels* in: Hoppe/Bönker/Grotefels, Öffentliches Baurecht, § 16 Rn. 31.

ausgeführt werden dürfen. Hierbei handelt es sich in der Regel um Anlagen von untergeordneter bauplanungs- und bauordnungsrechtlicher Bedeutung.

C. Das Exklusivitätsverhältnis zwischen Duldung und Baugenehmigung

Die Baugenehmigung stellt als einfach-gesetzliche Inhalts- und Schrankenbestimmung des Eigentums i.S.d. Art. 14 Abs. 1 S. 2 GG verbindlich fest, dass ein Vorhaben mit den öffentlich-rechtlichen Vorschriften vereinbar ist und erteilt durch den verfügenden Teil die Baufreigabe. Ein genehmigtes Bauvorhaben bzw. eine genehmigte Nutzung genießen deshalb Eigentumsschutz nach Art. 14 Abs. 1 GG. Das wirft die Frage auf, ob auch ein lediglich geduldetes Bauwerk die Kriterien der geschützten eigentumsrechtlichen Position erfüllt und damit unter den Schutz der Eigentumsgarantie aus Art. 14 Abs. 1 GG fällt. Das hat sowohl Auswirkungen auf die Frage, ob die Beseitigung eines geduldeten Bauwerks eine Enteignungsentschädigungspflicht auslöst[20] als auch, ob die Duldung eine eigentumsrechtliche Rechtsposition vermittelt, die einer Beseitigungsanordnung entgegenstehen kann.

Bei der Eigentumsgarantie des Art. 14 Abs. 1 S. 1 GG handelt es sich um ein sog. normgeprägtes Grundrecht, dessen Inhalt der Gesetzgeber im Rahmen der Inhalts- und Schrankenbestimmungen nach Art. 14 Abs. 1 S. 2 GG auszuformen hat[21]. Wie weit die durch Art. 14 GG geschützte Rechtsposition reicht, ergibt sich also aus der Gesamtheit der verfassungsmäßigen Gesetze bürgerlichen und öffentlichen Rechts[22]. Ob die Duldung ein von Art. 14 GG geschütztes Recht vermittelt, muss daher insbesondere vor dem Hintergrund von Baufreiheit, den Bestimmungen über die Baugenehmigung und den bauaufsichtlichen Eingriffsbefugnissen ausgelegt und ermittelt werden. Eine Legalisierung des rechtswidrigen Zustands bzw. ein Schutz durch Art. 14 GG besteht also grundsätzlich nur, wenn eine einfachgesetzliche Rechtsposition besteht, aus der sich die Legalisierungswirkung ableitet.

Dafür ist zunächst zu klären, ob in einer Duldung auch eine konkludente (rechtswidrige) Baugenehmigung gesehen werden kann. Weiterhin ist zu untersuchen, ob der Duldung eine Legalisierungswirkung wie der Baugenehmigung zukommen kann oder ob sich ein eigentumsrechtlicher Schutz aus dem in den Eingriffsermächtigungsnormen verankerten Opportunitätsprinzip ergeben kann.

20 Siehe unten 8. Teil. D.

21 *Depenheuer* in: Merten/Papier, Handbuch der Grundrechte Bd. V, § 111 Rn. 44.

22 BVerfGE 74, 129, 148; 58, 300, 335 f; *Jarass* in: Jarass/Pieroth, GG, Art. 14 Rn. 18.

I. Der Grundsatz der Baufreiheit

Als „integraler Bestandteil" des Grundeigentums sind auch die damit verbundenen Nutzungsrechte grundrechtlich geschützt[23]. So schützt Art. 14 Abs. 1 S. 1 GG das Recht, ein Grundstück im Rahmen der Gesetze baulich zu nutzen[24]. Die bauliche Nutzbarkeit ist geradezu essentieller Bestandteil des Eigentums und als intensivste Nutzungsform für den Eigentümer von besonderer Bedeutung[25]. Dass die Baufreiheit nur im Rahmen der Gesetze gewährleistet ist, zeigt aber, dass der Umfang der Baufreiheit nicht allein durch die Eigentumsgarantie des Art. 14 Abs. 1 S. 1 GG bestimmt wird. Das Bundesverfassungsgericht hat bereits im sog. „Nassauskiesungsbeschluss"[26] klargestellt, dass sich die konkreten Befugnisse des Eigentümers nicht unmittelbar aus Art. 14 Abs. 1 S. 1 GG, sondern aus der Gesamtheit der die Eigentümerstellung ausformenden gesetzlichen Bestimmungen ergeben. Nach Art. 14 Abs. 1 S. 2 GG unterliegt das Eigentumsrecht den gesetzlichen Inhalts- und Schrankenbestimmungen, insbesondere aus dem BauGB und den Landesbauordnungen. Anders ausgedrückt sind enteignungsfähige Rechtspositionen letztlich nur solche, die der Gesetzgeber nach Art. 14 Abs. 1 S. 2 GG auf der Ebene des einfachen Rechts ausgeformt hat und dem Einzelnen zugeordnet hat[27]. Ein Anspruch auf Erteilung einer Baugenehmigung folgt deshalb nicht unmittelbar aus Art. 14 GG, sondern aus den das Eigentum ausformenden Gesetzen, welche als Inhalts- und Schrankenbestimmung des Eigentums nach Art. 14 Abs. 1 S. 2 GG die Baufreiheit einschränken[28].

Die Vorschriften über die Baugenehmigung sind als präventives Verbot mit Erlaubnisvorbehalt ausgestaltet. Dieses Instrument, wonach mit der Durchführung genehmigungsbedürftiger Baumaßnahmen nicht vor Erteilung der Baugenehmigung begonnen werden darf, dient der vorbeugenden Kontrolle, ob das Vorhaben mit dem öffentlichen Recht in Einklang steht und das Verhalten des Bürgers eine rechtmäßige Grundrechtsausübung darstellt[29]. Der Baugenehmigung kommt also

---

23 *Depenheuer* in: Merten/Papier, Handbuch der Grundrechte Bd. V, § 111 Rn. 56 unter Verweis auf den Wortlaut „Gebrauch" in Art. 14 Abs. 2 S. 2 GG; *Dietlein* in: Stern, Staatsrecht Bd. IV/1, S. 2187; *Papier* in: Maunz/Dürig, GG Bd. II, Art. 14 Rn. 66 ff.

24 BVerfGE 104, 1, 11; BVerwGE 106, 228, 234; *Stollmann*, Öffentliches Baurecht, § 2 Rn. 3 ff. und 9.

25 *Depenheuer* in: v. Mangoldt/Klein/Starck, GG Bd. 1, Art. 14 Rn. 117; *Papier* in: Maunz/Dürig, GG Bd. II, Art. 14 Rn. 57; *Kau*, ZfBR 2009, 120, 122 m.w.N.

26 BVerfGE 58, 300, 335 ff.

27 *Erbguth/Schubert*, Öffentliches Baurecht, § 2 Rn. 30.

28 *Axer* in: Epping/Hillgruber, BeckOK GG, Art. 14 Rn. 45; *Decker* in: Simon/Busse, BayBO, Art. 55 Rn. 12 ff.; *Depenheuer* in: v. Mangoldt/Klein/Starck, GG Bd. 1, Art. 14 Rn. 117 ff; *ders.* in: Merten/Papier, Handbuch der Grundrechte Bd. V, § 111 Rn. 57; *Dietlein* in: Stern, Staatsrecht Bd. IV/1, S. 2187; *Papier* in: Maunz/Dürig, GG Bd. II, Art. 14 Rn. 57; *Wendt* in: Sachs, GG, Art. 14 Rn. 46; *Muckel/Ogorek*, Öffentliches Baurecht, § 3 Rn. 1 f.; *Stollmann*, Öffentliches Baurecht, § 2 Rn. 4.

29 BVerfGE 20, 150, 155; *Burzynska* in: Große-Suchsdorf, NBauO, § 59 Rn. 5 f.

rechtsgestaltende Wirkung zu, die in der Aufhebung des präventiven Bauverbots mit Erlaubnisvorbehalt liegt[30]. Die vorbeugende Kontrolle besteht aber auch im Interesse des Bauherrn, weil ihm von der Behörde bestätigt wird, dass sein Vorhaben mit dem öffentlichen Recht übereinstimmt und er damit ein gewisses Maß an Investitionssicherheit gewinnt[31]. Baufreiheit besteht deshalb nur nach Maßgabe des einfachen Rechts[32]. Der anderen Ansicht, nach der eine Baufreiheit tatsächlich nicht existiere, sondern das Recht zu bauen erst durch hoheitlichen Akt verliehen wird[33] ist entgegenzuhalten, dass die öffentlich-rechtlichen Regelungen des Baurechts nicht den Schutzbereich des Eigentums festlegen, sondern eine Beschränkung der grundrechtlichen Baufreiheit darstellen[34]. Außerdem läuft die Anerkennung einer nur verwaltungsrechtlichen Bebauungsbefugnis im Ergebnis auf eine Aushöhlung des verfassungsrechtlichen Eigentumsschutzes hinaus[35]. Man könnte allenfalls von einer potentiellen Baufreiheit sprechen, die nur nach Maßgabe der Planung besteht[36].

II. Duldung als konkludente Baugenehmigung?

Duldungen werden häufig konkludent aus bestimmten Handlungen, Aussagen oder Schreiben der Bauaufsichtsbehörden hergeleitet. Neben der Untersuchung, ob ein bestimmtes Verhalten der Behörde als Duldung eines rechtswidrigen Zustands aufgefasst werden kann, ist zunächst der Frage nachzugehen, ob dieses Verhalten auch als konkludente Erteilung einer rechtswidrigen Baugenehmigung ausgelegt werden kann[37]. Denn der Grundsatz der Formfreiheit nach § 37 Abs. 2 VwVfG gestattet Erklärungen durch konkludentes Handeln, was durch den Wortlaut der Vorschrift „in anderer Weise" zum Ausdruck kommt. Willensäußerung und Bekanntgabe geschehen hier durch ein unmissverständliches Verhalten, sodass der Inhalt der Erklärung aus diesem Verhalten durch Auslegung geschlossen werden muss[38].

30 *Finkelnburg/Ortloff/Otto*, Öffentliches Baurecht, Bd. II, S. 125.
31 *Decker* in: Simon/Busse, BayBO, Art. 55 Rn. 9.
32 BVerwGE 106, 228, 234; 120, 130, 137.
33 *Bryde* in: v. Münch/Kunig, GG, Art. 14 Rn. 15; *Wieland* in: Dreier, GG Bd. I, Art. 14 Rn. 50.
34 *Depenheuer* in: v. Mangoldt/Klein/Starck, GG Bd. 1, Art. 14 Rn. 117.
35 *Depenheuer* in: v. Mangoldt/Klein/Starck, GG Bd. 1, Art. 14 Rn. 118.
36 *Erbguth/Schubert*, Öffentliches Baurecht, § 2 Rn. 24; *Just* in: Hoppe/Bönker/Grotefels, Öffentliches Baurecht, § 2 Rn. 35.
37 Insbesondere *Randelzhofer/Wilke* lehnen die Annahme einer Duldung im Wasserrecht dann ab, wenn die Behörde durch schlüssiges Verhalten zu verstehen gebe, ein bestimmtes umweltrechtlich relevantes Geschehen zu erlauben, da in diesem Fall bereits eine Genehmigung vorliege, vgl. *Randelzhofer/Wilke*, Duldung als Form flexiblen Verwaltungshandelns, S. 34; zur konkludenten waffenrechtlichen Genehmigung durch die Duldung *Klein*, JR 2008, 185, 188.
38 *U. Stelkens* in: Stelkens/Bonk/Sachs, VwVfG, § 35 Rn. 81.

1. Vorliegen eines Verwaltungsakts

Ob eine konkludente Genehmigung möglich ist, hängt zunächst davon ab, in welcher Form die Duldung auftritt. Bei einer Genehmigung, so auch der Baugenehmigung, handelt es sich um einen Verwaltungsakt, sodass neben den speziellen Vorschriften der Landesbauordnungen die allgemeinen Regelungen des VwVfG über Verwaltungsakte anzuwenden sind. Zumindest ist eine faktische Duldung durch Unterlassen nicht als konkludente Genehmigung zu beurteilen, da es dem bloßen Nichteinschreiten der Behörde bereits an einem Erklärungstatbestand i.S.d. § 35 S. 1 VwVfG fehlt und damit kein Verwaltungsakt vorliegt[39]. Eine konkludente Genehmigung käme also nur dann in Betracht, wenn die Duldung ausdrücklich in Form eines Verwaltungsakts erklärt wird.

2. Kein Bauantrag gestellt

Im Gegensatz zur Duldung im Wasserrecht, in welchem die konkludente Erteilung einer Erlaubnis besonders intensiv geführt wird[40], sind die speziellen Vorschriften der Landesbauordnungen über das Baugenehmigungsverfahren und die Erteilung der Genehmigung zu beachten. Danach dürfte eine konkludente Baugenehmigung häufig schon daran scheitern, dass in vielen Fällen überhaupt kein Bauantrag durch den Bauherrn gestellt ist bzw. die Bauvorlagen nicht eingereicht wurden, es sei denn der Betroffene verlangt nachträglich die Genehmigung seines Vorhabens, die ihm dann jedoch versagt wird. Der Bauantrag ist aber konstitutive Voraussetzung für die Einleitung des Baugenehmigungsverfahrens, da es sich bei der Baugenehmigung um einen mitwirkungsbedürftigen und antragsgebundenen Verwaltungsakt handelt[41].

3. Keine Einhaltung der Schriftform

Gegen eine konkludente Erteilung der Genehmigung spricht auch, dass die Landesbauordnungen für die Genehmigung die Schriftform voraussetzen, vgl. etwa § 75 Abs. 1 S. 2 BauO NRW[42]. In den meisten Fällen erfolgt die Duldung aber gerade nicht schriftlich. Auch wenn die Frage umstritten ist, ob ein Verstoß gegen das Schriftformerfordernis zwingend zur Nichtigkeit nach § 44 VwVfG[43] oder nur zur

---

39 *U. Stelkens* in: Stelkens/Bonk/Sachs, VwVfG, § 35 Rn. 81; *Hermes/Wieland*, Die staatliche Duldung, S. 15; *Papier*, NuR 1986, 1, 6.

40 Für eine wasserrechtliche Erlaubnis ist in einigen Ländern keine Schriftform vorgeschrieben, sodass die Begründung einer konkludenten Erlaubnis einfacher gelingt. Die h.M. geht aber davon aus, dass angesichts der Komplexität der wasserrechtlichen Erlaubnis, eine formlose Erteilung ausgeschlossen ist, vgl. *Wasmuth/Koch*, NJW 1990, 2434, 2436 m.w.N.

41 *Hartmann* in: Schönenbroicher/Kamp, BauO NRW, § 69 Rn. 3; *Wenzel* in: Gädtke/Czepuck/Johlen/Plietz/Wenzel, BauO NRW, § 69 Rn. 9.

42 OVG NRW, Urt. v. 18.11.2008 – 7 A 103/08, juris Rn. 53.

43 *Kopp/Ramsauer*, VwVfG, § 44 Rn. 25; *Hallwaß*, NuR 1987, 296, 297.

Rechtswidrigkeit der Maßnahme führt[44], dürfte bei einer gesetzlich angeordneten Schriftform eine konkludent erteilte Genehmigung nur in seltenen Fällen vorkommen[45].

4. *Auslegung des Behördenwillens*

Selbst wenn die Duldung schriftlich in Form eines Verwaltungsakts erfolgt, lässt sich daraus aber noch nicht der Wille der Behörde ableiten, konkludent eine Genehmigung zu erteilen[46]. Der Inhalt eines Verwaltungsakts ist nach dem Empfängerhorizont zu bestimmen, also danach, wie der Adressat den Verwaltungsakt nach Treu und Glauben unter Berücksichtigung aller den Beteiligten bekannten Umstände verstehen muss[47]. So lässt sich in der Aufhebungsentscheidung einer Beseitigungsanordnung durch die beklagte Behörde keine konkludente Baugenehmigung erkennen[48]. Auch die Tatsache, dass die Behörde einen „Duldungsverwaltungsakt" bzw. keinen als Baugenehmigung gekennzeichneten Bescheid erlässt, spricht dafür, dass sie auch keine Genehmigung erteilen will. Außerdem sind im Zweifel behördliche Maßnahmen so auszulegen, dass ihre Rechtmäßigkeitsvoraussetzungen erfüllt sind, sodass ein Verhalten nur dann als Genehmigung interpretiert werden kann, wenn alle formellen und materiellen Genehmigungsvoraussetzungen erfüllt sind[49]. Das ist aber bei der Duldung im Gegensatz zur Genehmigung gerade nicht der Fall. Wenn die Behörde die formelle und materielle Rechtslage geprüft hat und zum Ergebnis kommt, ein Vorhaben sei formell und materiell rechtswidrig, kann nicht davon ausgegangen werden, dass die Behörde trotzdem eine rechtswidrige Baugenehmigung erteilen will. Damit ist eine konkludente Erteilung einer Baugenehmigung durch eine Duldung ausgeschlossen[50].

III. Keine Legalisierungswirkung der Duldung

Ob der Duldung eine Legalisierungswirkung zukommt, ist unter Berücksichtigung des Vorrangs des Gesetzes gemäß Art. 20 Abs. 3 GG zu erläutern. In positiver Hinsicht besagt der Vorrang des Gesetzes, dass die Verwaltung an die bestehenden Gesetze gebunden ist und den Gesetzen entsprechend handeln muss, in negativer Hinsicht, dass sie nicht gegen das Gesetz verstoßen darf[51].

---

44 *Sachs* in: Stelkens/Bonk/Sachs, VwVfG, § 44 Rn. 135.
45 *Dolde*, NJW 1988, 2329, 2330.
46 *Kothe*, Umweltauditrecht, Rn. 330.
47 BVerwGE 60, 223, 228 f.; 67, 222, 234; BVerwG, NVwZ 1993, 177, 179.
48 NdsOVG, BRS 64 Nr. 198 (S. 770).
49 *Hermes/Wieland*, Die staatliche Duldung, S. 16.
50 Ohne weitere Begründung auch *Oldiges* in: Steiner, Besonderes Verwaltungsrecht, Kap. III Rn. 332; a.A. für die Duldung im Waffenrecht *Klein*, JR 2008, 185, 188.
51 *Maurer*, Allgemeines Verwaltungsrecht, § 6 Rn. 2.

Gegen die generelle Zulässigkeit der Duldung wird im Wesentlichen angeführt, dass sie eine Umgehung gesetzlicher Genehmigungsverfahren und eine damit verbundene Aushöhlung des Instituts der Genehmigung darstelle[52]. Eine Aushöhlung des Instituts der Baugenehmigung wäre aber nur dann zu befürchten, wenn durch die Duldung ein Rechtszustand eintreten sollte, der den Wirkungen der Baugenehmigung gleichzusetzen wäre. Ob der Duldung eine Legalisierung- oder Genehmigungswirkung beigemessen werden kann, lässt sich also nur anhand eines Vergleichs der Rechtswirkungen von Baugenehmigung und Duldung bestimmen.

1. *Begriff der Legalisierungswirkung*

Der Begriff der Legalisierungswirkung stößt schon bei der Baugenehmigung auf Kritik, wird doch durch die Baugenehmigung ein Vorhaben nicht legalisiert, sondern lediglich festgestellt, dass dem Vorhaben keine öffentlich-rechtlichen Vorschriften entgegenstehen[53]. Zumindest im Hinblick auf die Duldung ist der Begriff der Legalisierungswirkung aber nicht verfehlt, weil anders als bei der Baugenehmigung ein nicht genehmigter aber auch nicht genehmigungsfähiger Zustand gegeben ist. Legalisierungswirkung bedeutet im Kontext der Duldung also, ob das rechtswidrig errichtete Bauwerk oder die rechtswidrige Nutzung durch die Duldung als rechtmäßig angesehen werden kann. Wäre dies der Fall, kämen der Duldung die gleichen formellen Rechtswirkungen wie der Baugenehmigung zu.

2. *Meinungsstand in Rechtsprechung und Literatur*

In Rechtsprechung und Literatur wird vertreten, eine langjährige Duldung verschaffe eine Rechtsposition, die derjenigen der Baugenehmigung angenähert sei[54] bzw. die langjährige Duldung komme sogar in ihren Wirkungen der Baugenehmigung gleich[55]. So könne ein seit über einem Vierteljahrhundert geduldeter rechtswidriger Zustand nicht ohne jede Einschränkung als formell und materiell illegal bezeichnet

---

52 *Hallwaß*, Behördliche Duldung, S. 40 ff.; *ders.*, NuR 1987, 296, 298 f.; *Millgramm*, NuR 1999, 608, 612 f.

53 *Hellhammer-Hawig* in: Schönenbroicher/Kamp, BauO NRW, § 75 Rn. 9 (Fn. 19); a.A. *Boeddinghaus/Hahn/Schulte*, BauO NRW, § 75 Rn. 20.

54 OVG Berlin, NJW 1977, 1983, 777, 778; siehe auch BVerwG, Beschl. v. 05.08.1977 – IV B 1.77, juris Rn. 2; BVerwG, NJW 1990, 3163, 3164; OVG NRW, BRS 76 Nr. 211 (S. 1018); OVG NRW, BRS 40 Nr. 239 (S. 516); OVG NRW, BRS 30 Nr. 169 (S. 313); *Decker* in: Simon/Busse, BayBO, Art. 76 Rn. 228; *Drews/Wacke/Vogel/Martens*, Gefahrenabwehr, S. 387 f.; *Rabe*, BauR 1978, 166, 175.

55 HessVGH, BRS 55 Nr. 205 (S. 585); HessVGH, BauR 1995, 679, 682 = BRS 57 Nr. 259; OVG NRW, NVwZ 1988, 370, 371; OVG NRW, NWVBl. 1992, 205, 207; OVG NRW, Beschl. v. 01.07.2014 – 2 A 690/14, juris Rn. 20; OVG Rh.-Pf., DVBl. 2012, 1185, 1187 = NVwZ-RR 2012, 749, 751; *Boeddinghaus/Hahn/Schulte*, BauO NRW, § 75 Rn. 21; *Wenzel* in: Gädtke/Czepuck/Johlen/Plietz/Wenzel, BauO NRW, § 61 Rn. 76; *Hornmann*, HBO, § 72 Rn. 129a; *Finkelnburg/Ortloff/Otto*, Öffentliches Baurecht Bd. II,

werden[56]. Präziser müsste man aber sagen, dass eine unbeschränkte langjährige Duldung eines rechtswidrigen und nicht genehmigungsfähigen Zustands den Wirkungen einer nachträglichen *rechtswidrigen* Baugenehmigung angenähert ist[57]. Darüber hinaus wäre die Annahme einer genehmigungsgleichen Wirkung allenfalls dann denkbar, wenn die Duldung ausdrücklich durch Verwaltungsakt erklärt wird[58]. Einer bloß faktischen Duldung durch bloße Untätigkeit wird man mangels eines ausdrücklichen Erklärungstatbestands, der den Willen der Behörde zur Duldung manifestiert, eine solche Wirkung nicht anerkennen können.

Teilweise wird vertreten, im Fall einer Duldungspflicht, also bei einer Ermessensreduzierung auf Null, müsse dem gegen die Behörde gerichteten Verbot des Einschreitens eine korrespondierende Befugnis des Bürgers gegenüberstehen, die man als Legalisierungswirkung bezeichnen könne[59]. Zum Teil wird die Legalisierungswirkung aber auch aus dem Vertrauensschutzprinzip hergeleitet. Bei schutzwürdigem Vertrauen des Bürgers auf die Duldung sei das geduldete Verhalten für die Vergangenheit als rechtmäßig zu behandeln, sodass eine genehmigungsähnliche Situation bestehe, die die Rechtmäßigkeit des an sich rechtswidrigen Verhaltens nach sich ziehe[60].

Nach überwiegender Ansicht wird der Duldung aber jegliche Legalisierungswirkung abgesprochen[61]. Keinesfalls dürfe die auf schutzwürdiges Vertrauen gestützte Duldung in ihrer Wirkung derjenigen einer Baugenehmigung gleichkommen[62]. Diese Ansicht kann durch einige rechtliche Erwägungen unterstützt werden, die den Unterschied zwischen Duldung und Baugenehmigung aufzeigen.

3. *Keine Feststellung der materiellen Legalität*

Deutlich wird der Unterschied zwischen Duldung und Genehmigung, wenn man die rechtlichen Regelungsinhalte gegenüberstellt. Die Legalisierungswirkung der Baugenehmigung geht von ihrem feststellenden Teil aus[63]. Denn bei der

---

S. 186; *Oldiges* in: Steiner, Besonderes Verwaltungsrecht, Kap. III Rn. 332; *Stollmann*, Öffentliches Baurecht, § 19 Rn. 37; *Wasmuth/Koch*, NJW 1990, 2434, 2437.

56 OVG Berlin, NJW 1983, 777, 778 = BRS 39 Nr. 207 (S. 415).

57 *Wenzel* in: Gädtke/Czepuck/Johlen/Plietz/Wenzel, BauO NRW, § 61 Rn. 76.

58 Z.B. verliere die Duldung in Form informellen Verwaltungshandelns ihre Wirkung automatisch, sobald eine Voraussetzung des Vertrauensschutzes wegfalle, so *Wasmuth/Koch*, NJW 1990, 2434, 2439.

59 *Randelzhofer/Wilke*, Die Duldung als Form flexiblen Verwaltungshandelns, S. 71.

60 *Wasmuth/Koch*, NJW 1990, 2434, 2439.

61 BVerwGE 125, 325, 336 (Rn. 31) m.w.N.; *Gentzcke*, Informales Verwaltungshandeln, S. 68 f.; *Hallwaß*, Behördliche Duldung, S. 21; *ders.*, NuR 1987, 296, 298; *Hermes/Wieland*, Die staatliche Duldung, S. 44; *Kothe*, Umweltauditrecht, Rn. 330; *Stollmann*, Öffentliches Baurecht, § 19 Rn. 37; *Alleweldt*, NuR 1992, 312, 314; *Hill*, GewArch. 1981, 155, 157; *Papier*, NuR 1986, 1, 6; *ders.*, NVwZ 1986, 256, 259.

62 HessVGH, BRS 55 Nr. 205 (S. 585); OVG Rh.-Pf., DVBl. 2012, 1185, 1187 = NVwZ-RR 2012, 749, 751.

63 *Oldiges* in: Steiner, Besonderes Verwaltungsrecht, Kap. III Rn. 335.

Baugenehmigung handelt es sich um einen feststellenden Verwaltungsakt, der die Übereinstimmung eines Vorhabens mit öffentlich-rechtlichen Vorschriften bzw. den Nichtverstoß gegen öffentlich-rechtliche Vorschriften feststellt[64]. Lediglich beim vereinfachten Genehmigungsverfahren ist der Prüfungsumfang eingeschränkt, sodass trotz formeller Legalität auch ohne Aufhebung der Genehmigung bauaufsichtliche Maßnahmen wegen eines Verstoßes gegen Rechtsvorschriften ergriffen werden können, die nicht Gegenstand der Prüfung waren[65].

Dagegen stellt sich die Duldung als behördliche Entscheidung dar, von der Möglichkeit des Einschreitens gegen einen ungenehmigten rechtswidrigen Zustand abzusehen[66]. Die behördliche Duldung stellt also nicht in rechtlich verbindlicher Weise die materielle Legalität eines Vorhabens fest. Vielmehr ist die materielle und gegebenenfalls formelle Illegalität eines Vorhabens gerade Voraussetzung für die Duldung. Die Duldung stellt sich also nicht nur als „Minus zur Genehmigung" dar[67], sondern steht vielmehr in einem Exklusivitätsverhältnis zur Baugenehmigung[68]. Denn während die Duldung einen rechtswidrigen Zustand voraussetzt, stellt die Baugenehmigung – sofern rechtmäßig – gerade die Rechtmäßigkeit des Vorhabens fest, sodass sich Duldung und Genehmigung gegenseitig ausschließen. Anders als die Baugenehmigung ist die Duldung kein präventives Kontrollmittel, sondern im Bereich der repressiven Kontrolle anzusiedeln. Im Rahmen der repressiven Bauüberwachung geht es um die Wiederherstellung rechtmäßiger Zustände[69].

Darüber hinaus ist die Genehmigung zukunftsorientiert, während die Duldung nur das aktuelle Verhalten des Bürgers und die tatsächlich gegebenen baurechtlichen Umstände betrifft. Die Duldung soll einen tatsächlich vorhandenen rechtswidrigen Zustand im Zeitpunkt der Duldungsentscheidung konservieren und entfällt dementsprechend, wenn eine Änderung der Sach- oder Rechtslage eintritt[70]. Somit beinhaltet die Duldung keine Legalisierung für die Zukunft. Für den Betroffenen besteht allenfalls die Hoffnung, auch in Zukunft von bauaufsichtlichen Maßnahmen verschont zu bleiben[71]. Dagegen hat der Bürger nach Erteilung der Baugenehmigung eine geschützte Rechtsposition erlangt, die nicht ohne weiteres aufgehoben werden kann.

---

64 *Finkelnburg/Ortloff/Otto,* Öffentliches Baurecht II, S. 125; *Stollmann,* Öffentliches Baurecht, § 2 Rn. 36.

65 *Oldiges* in: Steiner, Besonderes Verwaltungsrecht, Kap. III Rn. 335.

66 HessVGH, BRS 55 Nr. 205 (S. 858); OVG NRW, BRS 30 Nr. 169 (S. 312 f.); *Malitz,* Behördliche Duldung, S. 75; *Dolde,* NJW 1988, 2329, 2330.

67 So *Wüterich,* UPR 1988, 248, 250.

68 *Heider,* Behördliche Duldung, S. 79; *ders.,* NuR 1995, 335, 337 f.; *Kothe,* Umweltauditrecht, Rn. 330.

69 *Schoch,* Jura 2005, 178, 179.

70 Siehe zur Duldungszusicherung unten 5. Teil. B.VII. und zum Vertrauensschutz unten 6. Teil. E.VI.

71 *Malitz,* Behördliche Duldung, S. 75.

Zuletzt zeigt auch ein Blick auf die im Aufenthaltsgesetz geregelte Duldung, dass die Duldung einen rechtswidrigen Zustand nicht legalisieren kann und soll. Denn bei der Duldung nach § 60a AufenthG bleibt der geduldete Ausländer nach § 60a Abs. 3 AufenthG weiterhin zur Ausreise verpflichtet, sodass sein Aufenthalt damit nicht legalisiert ist[72].

4. *Keine Verleihung formeller Legalität*

Eine Legalisierungswirkung würde zudem eintreten, wenn die Duldung einem baulichen Vorhaben auch formelle Legalität verleiht. Die Baugenehmigung gewährleistet in ihrer Sicherungsfunktion vor ihrer Ausnutzung das Recht zu bauen, wobei nachfolgende Rechtsänderungen außer Betracht bleiben[73]. Auch nach Ausführung des Baus genießt das Bauwerk oder die Nutzung durch die rechtmäßige oder rechtswidrige Baugenehmigung formellen Bestandsschutz, der sich gegen nachträgliche Rechtsänderungen, die ein Vorhaben materiell illegal werden lassen, durchsetzt.

Die Duldung verleiht dagegen keine formelle Legalität[74] und kann sich daher auch nicht gegen Rechtsänderungen durchsetzen. Ihre rechtliche Wirkung erschöpft sich darin, dass die Behörde ihr Ermessen im Einzelfall rechtmäßig oder rechtswidrig dahingehend ausübt, gegen den „Schwarzbau" nicht einzuschreiten, um rechtswidrige Zustände zumindest vorübergehend zu überbrücken, genehmigungsfähige Zustände herzustellen oder eine Genehmigung vorzubereiten[75]. Auch das OVG Nordrhein-Westfalen hat zutreffend entschieden, die jahrelange Duldung eines Betriebes ersetze eine Baugenehmigung nicht, weil eine Duldung gerade auf die (vorübergehende) Hinnahme einer jedenfalls formell illegalen baulichen Anlage gerichtet sei. Daher sei ein geduldeter Betrieb nicht einem „zulässigerweise errichteten Betrieb" i.S.d. § 35 Abs. 4 S. 1 Nr. 6 BauGB gleichzusetzen[76].

Die Bauaufsichtsbehörde kann aber ihre rechtliche Position auch später noch überprüfen und durch ermessensfehlerfreie Entscheidung ändern. Dafür sprechen schon die Wertungen der §§ 38 Abs. 3, 48 und 49 VwVfG. Die Erklärung der Duldung kann also allenfalls bei der gerichtlichen Prüfung der Ermessensausübung über ein beschlossenes Einschreiten eine Rolle spielen[77]. Im Gegensatz zum formellen Bestandsschutz durch die Baugenehmigung bleibt die Bauaufsichtsbehörde aber grundsätzlich befugt, gegen den baurechtswidrigen Zustand einzuschreiten. Aus

72 *Hermes/Wieland*, Die staatliche Duldung, S. 49; *Malitz*, Behördliche Duldung, S. 75, jeweils m.w.N.

73 *Stollmann*, Öffentliches Baurecht, § 18 Rn. 36.

74 HessVGH, BRS 55 Nr. 205 (S. 858); OVG NRW, BRS 30 Nr. 169 (S. 313).

75 HessVGH, BRS 55 Nr. 205 (S. 585); *Gentzcke*, Informales Verwaltungshandeln, S. 86; *Malitz*, Behördliche Duldung, S. 60.

76 OVG NRW, Beschl. v. 19.07.2007 – 7 A 134/07, juris Rn. 12; dazu siehe unten 4. Teil. C.II.

77 OVG M-V, BRS 76 Nr. 210 (S. 1016).

Sicht der Bauaufsichtsbehörde erscheint es deshalb sachgerecht, den Unterschied zu einer Baugenehmigung durch den Vorbehalt einer Änderung der Sach- und Rechtslage deutlich zu machen[78].

Folglich entfällt durch die qualifizierte Duldung also nicht der baurechtswidrige Zustand. Die materiell illegale bauliche Anlage oder Nutzung wird lediglich aufgrund einer Ermessensbeschränkung faktisch weiter aufrechterhalten. Allein eine förmliche Baugenehmigung kann diese Legalisierungswirkung hervorrufen[79]. Das bedeutet auch, dass allein die Tatsache, dass eine Baugenehmigung nicht erteilt werden kann, nicht ausreichend für die Erteilung einer Duldung sein kann[80]. Denn dadurch wäre das Erfordernis einer Baugenehmigung tatsächlich ad absurdum geführt. Vielmehr hat die Behörde im Rahmen ihrer Ermessenserwägungen sicherzustellen, dass besondere Umstände vorliegen, die eine Duldung rechtfertigen. Deshalb kann sich der Betroffene, der eine Duldung begehrt, auch nicht mit dem Argument wehren, er begehre durch die Duldung weniger als eine Befreiung nach § 31 BauGB, was bauordnungsrechtlichen Grundsätzen nicht zuwiderlaufe. Denn durch die Duldung entfällt der baurechtswidrige Zustand nicht, weil es an der erforderlichen Genehmigung fehlt[81]. Außerdem ist neben den bauaufsichtlichen Gestattungsformen der Baugenehmigung und des Vorbescheids für andere genehmigungsartige Gestaltungen kein Raum[82]. Auch für das Wasserrecht hat das Bundesverwaltungsgericht entschieden, dass sich eine Legalisierungswirkung allenfalls aus Gegenstand, Inhalt und Umfang der konkreten Regelung des Genehmigungsbescheids herleiten lässt[83].

Eine formelle Legalisierung eines Vorhabens durch eine Duldung ist letztlich abzulehnen, weil allein die Baugenehmigung diese Wirkung hervorrufen kann. Bestünde die Möglichkeit durch die Duldung die formelle Legalität und damit sogar formellen Bestandsschutz gegen Rechtsänderungen herbeizuführen, würden in einer mit dem Grundsatz der Gesetzmäßigkeit der Verwaltung gemäß Art. 20 Abs. 3 GG nicht zu vereinbarenden Art und Weise die Voraussetzungen der Baugenehmigung, nämlich die Übereinstimmung mit den materiellen öffentlich-rechtlichen Vorschriften, umgangen[84]. Das bedeutet, dass auch durch die Duldung kein formeller Bestandsschutz, der sich gegen Rechtsänderungen durchsetzt, hervorgerufen wird[85]. Dieses Ergebnis ist auch im Hinblick auf den Gleichbehandlungsgrundsatz

---

78 *Mann* in: Große-Suchsdorf, NBauO, § 79 Rn. 64.

79 OVG NRW, Beschl. v. 01.07.2014 – 2 A 690/14, juris Rn. 20.

80 OVG NRW, BauR 2007, 1034, 1035.

81 OVG NRW, Beschl. v. 01.07.2014 – 2 A 690/14, juris Rn. 20.

82 HessVGH, BRS 55 Nr. 205 (S. 585); *Jäde*, Bauaufsichtliche Maßnahmen Rn. 119 (Fn. 201).

83 BVerwGE 55, 128, 123 = NJW 1978, 1818; VGH BW, NVwZ-RR 1996, 387, 389; auch VGH BW, ZUR 2013, 298 für das Bodenschutzrecht; BVerwG, NVwZ 1991, 369, 370 für das Immissionsschutzrecht.

84 *Finkelnburg/Ortloff/Otto*, Öffentliches Baurecht II, S. 186 m.w.N.

85 BGH, NVwZ 1991, 403 f. in Bezug auf ein jahrzehntelang geduldetes Bauwerk.

überzeugend. Die Duldung des Bestandes in seinem derzeitigen Zustand muss hinter dem durch eine Genehmigung begründeten Bestandsschutz zurückbleiben, sodass auch keine rechtswidrige Gleichbehandlung zwischen den genehmigten und ungenehmigten Bauten besteht[86].

Im Ergebnis verleiht die Duldung also keine formelle Legalität und hat damit grundsätzlich keine baugenehmigungsgleiche Wirkung. Soweit vertreten wird, die ausdrücklich erklärte Duldung sei der Baugenehmigung in vielem vergleichbar, so bezieht sich dies in erster Linie auf die tatsächliche Wirkung, dass das illegale Bauwerk weiter bestehen bleiben bzw. eine illegale Nutzung weiter aufrechterhalten werden darf. Damit kommt es für die Rechtsposition des Duldungsadressaten auch nicht unbedingt darauf an, ob die Duldung eine Legalisierungswirkung hat. Jedenfalls erlangt der Betroffene eine Rechtsposition, die es ihm ermöglicht, sich gegen ein bauaufsichtliches Einschreiten zu verteidigen[87].

5. Zeitliche und inhaltliche Beschränkungen

Der Aspekt der Legalisierungswirkung bezieht sich auf die tatsächliche Wirkung der Duldung, einen rechtswidrigen Zustand weiter aufrechterhalten zu dürfen. In diesem Kontext ist der zeitliche Aspekt der Duldung von besonderer Relevanz. Die baugenehmigungsähnliche Wirkung könnte sich nämlich daraus ergeben, dass die Duldung einen „dauerhaften Schutz" vor behördlichem Einschreiten vermitteln kann. Wäre das der Fall, so wäre rein faktisch gesehen der Rechtszustand der Duldung demjenigen der Baugenehmigung sehr weit angenähert.

Von zentraler Bedeutung ist deshalb die Frage, ob eine Duldung nur für einen begrenzten Zeitraum erteilt werden darf oder ob es auch eine Duldung auf Dauer bzw. eine unbeschränkte Duldung geben kann. In der Praxis der Behörden sind dauerhafte Duldungen durchaus zu beobachten. Eine Bauaufsichtsbehörde hat z.B. in einem Bescheid statt der Erteilung einer Baugenehmigung für einen „Müllsammelraum" die dauerhafte Duldung des Bauwerks ausgesprochen[88]. Weiteres Beispiel für eine dauerhafte Duldung ist die unbeschränkte Duldung eines illegalen Wohnwagenstellplatzes in seinem Bestand[89]. Wegen der Geringfügigkeit des baurechtlichen Verstoßes ist auf einem Campingplatz eine unbefristete Duldung für ein Holzhaus ausgesprochen worden[90].

a) Ansichten zur Rechtmäßigkeit dauerhafter Duldungen

In der Rechtsprechung wird vielfach vertreten, dass eine Duldung auf faktisch unbegrenzte Dauer durchaus eine rechtmäßige Ermessensausübung darstellen könne.

---

86 OVG Rh.-Pf., Urt. v. 08.09.1989 – 8 A 93/88, S. 9 (n.V.).

87 *Sellmann*, FS Gelzer, S. 249, 256.

88 OVG NRW, BauR 2007, 1034 f.

89 OVG M-V, BRS 76 Nr. 210.

90 NdsOVG, Beschl. v. 12.06.2014 – 1 LA 219/13, juris Rn. 3.

Das OVG Berlin hat entschieden, dass durch die dauerhafte Duldung ein Rechtszustand herbeigeführt werden könne, der der Baugenehmigung angenähert sei[91]. Einschränkend wird aber gefordert, dass bei einer unbeschränkten Duldung die Bauaufsichtsbehörde nicht ohne Zustimmung anderer zu beteiligender Behörden bzw. der Gemeinde oder betroffener Dritter ermessensfehlerfrei entscheiden könne[92], weil ansonsten das Baugenehmigungsverfahren mit seinen speziellen Prüfungen und damit letztlich die Baugenehmigung umgangen werden[93]. In der jüngeren Rechtsprechung des OVG Nordrhein-Westfalen wird teilweise die Tatsache nicht beanstandet, dass die Behörde von einer Befristung der Duldung abgesehen hat, sodass durch die Duldung ein Rechtszustand herbeigeführt werde, der einer Baugenehmigung gleichkomme[94]. Andererseits ist aber auch eine Duldung auf Lebenszeit des Betroffenen bei fortgeschrittenem Lebensalter wegen baugenehmigungsgleicher Wirkung als unzulässig angesehen worden[95].

b) Ermessensfehlerhaftigkeit unbeschränkter Duldungen

Mit der überwiegend vertretenen Ansicht ist jedoch eine unbeschränkte Duldung als rechtswidrig anzusehen. Auch wenn die Rechtswirkungen der Duldung hinter denen der Baugenehmigung zurückbleiben, so ist doch faktisch gesehen der rechtliche Zustand bei einer Duldung demjenigen der Baugenehmigung zumindest stark angenähert. Bestünde die Möglichkeit eine unbeschränkte Duldung zu erteilen, würden folglich die Vorschriften über die Erteilung der Baugenehmigung ausgehöhlt und umgangen werden. Darin liegt ein Verstoß gegen den Grundsatz der Gesetzmäßigkeit der Verwaltung aus Art. 20 Abs. 3 GG[96]. Folglich handelt die Behörde wegen Überschreitung des Eingriffsermessens ermessensfehlerhaft, weil die Behörde eine Rechtsfolge anordnet, die außerhalb ihres gesetzlich vorgegebenen

---

91 OVG Berlin, NJW 1983, 777.

92 Zu den Beteiligungen bei der Duldungszusicherung siehe unten 5. Teil. B.V. und für den Duldungsvertrag 5. Teil. E.I.4.b).

93 BayVGH, BauR 2005, 81, 82 (Zustimmung der Gemeinde bei einer Duldung durch öffentlich-rechtlichen Vertrag); OVG NRW, BRS 30 Nr. 169 (S. 313) (Zustimmung der höheren Verwaltungsbehörde bei einer Duldung durch gerichtlichen Vergleich); OVG NRW, NVwZ 1988, 370, 371 (Zustimmung betroffener Dritter bei einer Duldung durch Prozessvergleich).

94 OVG NRW, BRS 76 Nr. 211 (S. 1018) unter Verweis auf OVG Berlin, NJW 1983, 777, 778 = BRS 39 Nr. 207 (S. 415).

95 OVG NRW, Beschl. v. 01.07.2014 – 2 A 690/14, juris Rn. 20.

96 HessVGH, BRS 55 Nr. 205 (S. 585); Hess VGH, BauR 1995, 680, 682; OVG NRW, Beschl. v. 01.07.2014 – 2 A 690/14, juris Rn. 20; OVG NRW, NWVBl. 1992, 205, 207; OVG NRW, NVwZ 1988, 370, 371; OVG Rh.-Pf., DVBl. 2012, 1185, 1187 = NVwZ-RR 2012, 749, 751; *Boeddinghaus/Hahn/Schulte*, BauO NRW, § 75 Rn. 21; *Wenzel* in: Gädtke/Czepuck/Johlen/Plietz/Wenzel, BauO NRW, § 61 Rn. 76; *Hornmann*, HBO, § 72 Rn. 129a; *Finkelnburg/Ortloff/Otto*, Öffentliches Baurecht Bd. II, S. 186; *Stollmann*, Öffentliches Baurecht, § 19 Rn. 37; *Rabe*, BauR 1978, 166, 174 f.

Ermessens steht[97]. Eine unbeschränkte Duldung verstößt geradezu gegen das Wesen der Duldung, welche gerade ein Instrument vorübergehender Natur darstellt[98]. Gegen eine sofortige förmliche Bindung spricht auch, dass die Duldung nicht in einem fachgesetzlich geregelten Verfahren erteilt wird, sodass insbesondere bei unklaren und streitigen Verhältnissen Interessen der Allgemeinheit oder Dritter die Ermessensausübung bestimmen können[99]. Vor allem der Außenbereich soll von öffentliche Belange beeinträchtigenden Vorhaben freigehalten werden. Die Bauaufsichtsbehörde kann sich daher nicht rechtmäßig dazu entscheiden, ein Wochenendhaus im Außenbereich unbefristet zu dulden, weil es gerade Aufgabe der Behörde ist, für die Einhaltung der baurechtlichen Vorschriften zu sorgen[100].

Nach *Sellmann* soll es dagegen nicht darauf ankommen, ob die Duldung, sofern sie durch Verwaltungsakt erklärt wird, befristet oder mit Widerrufsvorbehalt versehen wird. Denn die Behörde könne nach wie vor den Verwaltungsakt zurücknehmen oder widerrufen, habe dann allerdings unter Umständen die Pflicht zum Ausgleich des Vertrauensschadens nach § 48 Abs. 3 S. 1 VwVfG. Es komme insoweit nicht darauf an, ob die Duldung eine Rechtsposition vermittle, die der der Baugenehmigung angenähert ist[101]. Das spricht aber nicht dagegen, eine unbeschränkte Duldung als rechtswidrig anzusehen. Wird eine rechtswidrige Duldung in Form eines Verwaltungsakts erteilt, richtet sich die Rücknahme ohnehin nach § 48 VwVfG. Damit wird das Problem der Wirkung einer unbeschränkten Duldung in den Bereich des Vertrauensschutzes bei der Rücknahme rechtswidriger Verwaltungsakte verlagert. Auch wenn die Duldung anders als die Baugenehmigung nicht die materielle Legalität feststellt und einem Vorhaben formelle Illegalität verleiht, würde dem „Schwarzbauenden" durch die unbefristete Duldung dennoch eine Rechtsposition zugesichert, die derjenigen einer rechtswidrigen Baugenehmigung stark angenähert ist.

Es sprechen auch Gründe der Rechtssicherheit und Rechtsklarheit gegen die Anerkennung unbeschränkter Duldungen. Denn andernfalls wäre für den Bürger nicht mehr erkennbar, wo der Unterschied zwischen Baugenehmigung und Duldung liegt, denn rein faktisch gesehen beinhaltet eine derartige unbeschränkte Duldung eine tatsächlich unbeschränkte Nutzungsmöglichkeit bzw. ein unbeschränktes Weiterbestehen einer baulichen Anlage. Ein weiteres Argument gegen die Zulässigkeit einer unbeschränkten Duldung ergibt sich aus einem Vergleich mit dem Rechtsinstitut der Verwirkung hoheitlicher Befugnisse, die im Rahmen der Ermessensausübung noch zu untersuchen sein wird[102]. Wer nämlich eine Verwirkung mit dem Argument ablehnt, gesetzliche Eingriffsbefugnisse seien nicht disponibel, kann andererseits

---

97 OVG NRW, BRS 30 Nr. 169 (S. 313); *Battis*, Öffentliches Baurecht, Rn. 607; *Hermes/Wieland*, Die staatliche Duldung, S. 30 f.

98 *Götz*, Allgemeines Polizei- und Ordnungsrecht, § 11 Rn. 8.

99 OVG NRW, Beschl. v. 01.07.2014 – 2 A 690/14, juris Rn. 12.

100 HessVGH, BRS 28 Nr. 163 (S. 335).

101 *Sellmann*, FS Gelzer, S. 249, 251 f.

102 Siehe unten 6. Teil. B.

nicht über den Umweg der Duldung zum gleichen Ergebnis eines dauerhaften Ausschlusses eines Beseitigungsverlangens gelangen[103]. Außerdem dürfte es für den Bürger, der den zeitlichen und finanziellen Aufwand des Baugenehmigungsverfahrens auf sich nimmt, nicht verständlich sein, warum ein Bauwerk auch ohne dieses Verfahren unbegrenzt bestehen bleiben darf[104]. Daraus folgt, dass der Bauherr auch keinen Anspruch auf eine durch Bescheid auszusprechende unbeschränkte Duldung hat[105].

Zur Vermeidung rechtswidriger unbeschränkter Duldungen ist die qualifizierte Duldung also in ihren rechtlichen Wirkungen zu beschränken, was durch Bedingungen, Befristungen oder Widerrufsvorbehalte umgesetzt werden kann[106]. Ansonsten liegt eine Umgehung verfahrens- und materiell-rechtlicher Vorschriften der Baugenehmigung vor. Die Duldung ist dann aufgrund eines Verstoßes gegen den Grundsatz der Gesetzmäßigkeit der Verwaltung als rechtswidrig anzusehen[107].

6. Schutz genehmigungsfreier Vorhaben

Im Genehmigungsfreistellungs-, Anzeige- oder Kenntnisgabeverfahren und bei den sonstigen genehmigungsfreien bzw. verfahrensfreien Vorhaben spielt die formelle Legalität überhaupt keine Rolle. Bauaufsichtliche Maßnahmen knüpfen hier ausschließlich an die materielle Illegalität an[108]. Unterliegt ein Vorhaben keiner Prüfung im Genehmigungsverfahren, genießt es insoweit Grundrechtsschutz, als es baurechtskonform, also materiell legal errichtet und genutzt wird[109]. Weil aber gerade bei der Duldung eine Situation materieller Illegalität vorliegt und bei den genehmigungsfreien Vorhaben keine Baugenehmigung oder sonstige genehmigungsgleiche Bescheide erteilt werden, kann auch nicht über eine Duldung ein eigentumsrechtlicher Schutz hergeleitet werden.

IV. Keine Legalisierung nach Maßgabe der Ermächtigungsnorm

Auch die bauordnungsrechtlichen Eingriffsermächtigungen wie etwa § 61 Abs. 1 S. 2 BauO NRW stellen eine Inhalts- und Schrankenbestimmung des Eigentums

---

103 *Kaiser* in: Ehlers/Fehling/Pünder, Besonderes Verwaltungsrecht Bd. 2, § 41 Rn. 141.

104 *Rabe*, BauR 1978, 166, 175.

105 OVG NRW, NWVBl. 1992, 205, 207.

106 Siehe unten 5. Teil. B.VI.3.

107 Hess VGH, BRS 55 Nr. 205 (S. 585); HessVGH, BauR 1995, 679, 682 = BRS 57 Nr. 259; OVG NRW, NWVBl. 1992, 205, 207; OVG NRW, NVwZ 1988, 370, 371; OVG NRW, BRS 30 Nr. 169; *Brohm*, Öffentliches Baurecht, § 29 Rn. 14; *Erbguth/Schubert*, Öffentliches Baurecht, § 13 Rn. 61; *Tettinger/Erbguth/Mann*, Besonderes Verwaltungsrecht, Rn. 1310; *Stollmann*, Öffentliches Baurecht, § 19 Rn. 37; *Rabe*, BauR 1978, 166, 175.

108 *Erbguth/Schubert*, Öffentliches Baurecht, § 13 Rn. 56; *Schenke* in: Achterberg/Püttner/Würtenberger, Besonderes Verwaltungsrecht Bd. I, § 9 Rn. 238 f.

109 *Krebs* in: Schoch, Besonderes Verwaltungsrecht, 4. Kap. Rn. 231.

dar. Da diese Vorschriften den Bauaufsichtsbehörden Ermessen einräumen, ließe sich ein eigentumsrechtlicher Schutz unter der Annahme konstruieren, bei einer Duldungsentscheidung werde von dieser Eigentumsbeschränkung dahingehend Gebrauch gemacht, dass die geduldete Anlage nunmehr Bestand haben soll und daher Eigentumsschutz genießt. Denn die Duldung kann als negative Entscheidung als Gegenstück zur Entscheidung bauaufsichtlichen Einschreitens angesehen werden[110].

1. *Eigentumsschutz befürwortende Ansichten*

Teilweise wird der im Vertrauen auf eine Duldung erworbenen Rechtsposition Eigentumsschutz zugesprochen[111]. *Bracher* ist der Ansicht, dass zumindest die Duldung durch eine Zusicherung nach § 38 VwVfG für den Zeitraum der Bindung oder der Befristung ein vermögenswertes Recht vermittelt, weil der Adressat die Anlage weiter behalten und nutzen darf[112]. Lediglich der faktischen Duldung einer baulichen Anlage, deren Abbruch jederzeit gefordert werden kann, wird kein Eigentumsschutz zuerkannt[113].

Im Gegensatz dazu stellt der BGH bei der Frage, ob qualifiziert geduldete Vorhaben Eigentumsschutz genießen, auf den Zeitraum der Duldung ab. Aus dem Behalten- und Nutzendürfen folgert der BGH, dass durch die qualifizierte Duldung ein vermögenswertes Recht abgeleitet werden kann, wenn ein Bauwerk dadurch „dauerhaft“ in seinem Bestand gesichert ist[114]. Die nur tatsächlich „auf absehbare Zeit“ verschaffte Möglichkeit eine formell und materiell illegale Anlage oder Nutzung noch weiter aufrechtzuerhalten, sei vom Eigentumsrecht aus Art. 14 GG dagegen nicht umfasst[115]. Auch in Bezug auf eine illegale Gewässerbenutzung hat der BGH entschieden, allein der Umstand, dass dem Anlieger eines Gewässers die mit bestimmten Baulichkeiten verbundene illegale Benutzung desselben von der Wasserbehörde nach dem Grundsatz der Verhältnismäßigkeit für eine gewisse Zeit nicht untersagt werden kann, begründe noch keine als Eigentum geschützte Rechtsposition[116].

---

110 *Sellmann*, FS Gelzer, S. 249, 251 f.

111 *Drews/Wacke/Vogel/Martens*, Gefahrenabwehr, S. 387; *Bracher*, ZfBR 1987, 127, 131; BGH, NVwZ 2003, 1546, 1548.

112 *Wenzel* in: Gädtke/Czepuck/Johlen/Plietz/Wenzel, BauO NRW, § 61 Rn. 75; *Bracher*, ZfBR 1987, 127, 131.

113 *Bracher*, ZfBR 1987, 127, 131; so auch BGHZ 140, 285, 292 f.; BGH, NVwZ 2003, 1546.

114 BGH, NVwZ 2003, 1546, 1549.

115 BGH, NVwZ 2003, 1546, 1548.

116 BGHZ 140, 285, 292 f.

2. *Rechtsprechung des Bundesverfassungsgerichts zur „Pirmasenser Amnestie"*

Auf den ersten Blick gibt auch der Beschluss des Bundesverfassungsgerichts vom 02.09.2004[117] Anlass zur Annahme, dass die Duldung eine von Art. 14 GG geschützte Rechtsposition vermitteln könnte. Dem Beschluss lag folgender Sachverhalt zugrunde: Das formell und materiell rechtswidrige Wochenendhaus der Beschwerdeführer befand sich im räumlichen Geltungsbereich der „Pirmasenser Amnestie", wurde also geduldet, weil die Beseitigung aus Gründen des allgemeinen Wohls nicht für erforderlich gehalten wurde[118]. Das Haus verfügte über eine überdachte Terrasse mit drei das Terrassendach tragenden Holzstützen. Die Beschwerdeführer versahen die Holzstützen mit einer Vorrichtung, die es erlaubt, zwischen die Holzpfosten mobile Kunststofffenster einzuhängen. Daraufhin wurde den Beschwerdeführern durch eine Beseitigungsverfügung aufgegeben, das gesamte Wochenendhaus abzureißen. Durch amnestieschädliche Maßnahmen sei ein etwaiger Vertrauensschutz entfallen.

Das Bundesverfassungsgericht hat entschieden, dass das vorausgegangene Urteil des OVG Rheinland-Pfalz, ein geduldetes Wochenendhaus aufgrund einer Abbruchsanordnung vollständig abzureißen, den Schutzbereich des Art. 14 Abs. 1 S. 1 GG berühre[119]. Weil bauordnungsrechtliche Eingriffsbefugnisse eine verfassungsmäßige Inhalts- und Schrankenbestimmung des Eigentums darstellen, hätten die Gerichte bei Auslegung und Anwendung dieser Bestimmungen Bedeutung und Tragweite der Eigentumsgarantie nach Art. 14 Abs. 1 und 2 GG zu beachten. Insbesondere müssten die Gerichte bei ihren Entscheidungen der verfassungsrechtlichen Anerkennung des Privateigentums sowie seiner Sozialpflichtigkeit gleichermaßen Rechnung tragen und insbesondere den Grundsatz der Verhältnismäßigkeit wahren[120].

3. *Stellungnahme*

Entscheidend gegen die Ansicht *Brachers* spricht, dass die Duldung gerade eine Zwischen- oder Übergangslösung darstellt und daher selbst die verwaltungsrechtlich zulässige Duldung ohne Einfluss auf die verwaltungsrechtliche Illegalität eines ungenehmigten Vorhabens bleibt[121]. Das bedeutet, dass selbst für den Zeitraum der Bindung an die Duldung keine rechtmäßige Eigentumsnutzung vorliegt. Dass der Betroffene sein rechtswidriges Vorhaben weiter behalten und nutzen darf, ist vielmehr nur mittelbare Folge der Duldung, die sich darin erschöpft,

---

117 BVerfG, NVwZ 2005, 203 ff.; siehe zur Rechtsprechung des BVerfG zur „Pirmasenser Amnestie" im Kontext des Verhältnismäßigkeitsgrundsatzes unten 6. Teil. F.II.2.

118 Siehe zur „Pirmasenser Amnestie" oben 1. Teil. F.I.1.

119 BVerfG, NVwZ 2005, 203, 204.

120 BVerfGE, 102, 1, 18.

121 *Heider*, Behördliche Duldung, S. 79; *Rabe*, BauR 1978, 166, 174; zur fehlenden Legalisierungswirkung siehe oben 3. Teil. C.III.

dass die Behörde sich in ihrer Ermessensausübung beschränkt und von einem Einschreiten absieht. Auch in den Fällen in denen die Duldung unter Widerrufsvorbehalt steht (§ 49 Abs. 2 Nr. 1 VwVfG) oder eine Auflage nicht erfüllt wurde (§ 49 Abs. 2 Nr. 2 VwVfG) liegt keine eigentumsrechtlich geschützte Rechtsposition vor. Denn die Widerruflichkeit der Duldungsentscheidung besteht von vornherein, was eine verfestigte Rechtsposition, wie sie das Eigentum verlangt, in der Regel ausschließt[122].

Zuzugeben ist dem BGH, dass eine qualifizierte Duldung über einen begrenzten Zeitraum nicht vom Eigentumsrecht aus Art. 14 GG umfasst sein kann, weil es an einer verfestigten eigentumsrechtlichen Rechtsposition fehlt. Die bloße Erwartung oder Hoffnung, dass in Zukunft nicht mehr mit bauaufsichtlichen Mitteln eingeschritten wird, kann schwerlich als Eigentumsrecht bezeichnet werden. Nicht zugestimmt werden kann aber in dem Punkt, dass das geduldete Vorhaben durch Art. 14 GG geschützt ist, wenn es „dauerhaft" in seinem Bestand geschützt ist. Eine unbeschränkte Duldung ist rechtswidrig, da sie ähnlich wie eine rechtswidrige nachträgliche Baugenehmigung wirken würde. Eigentumsrechtlicher Schutz kann sich aber nur aus den einfachen Gesetzen ergeben. Insoweit enthalten die Vorschriften über die Baugenehmigung abschließende Regelungen und können nicht durch eine Duldung umgangen werden, die einen gleichwertigen eigentumsrechtlichem Schutz gewährleistet. Ein rechtswidriges Vorhaben kann auch nicht durch eine Duldung dauerhaft in seinem Bestand geschützt sein. Eine solche rechtliche Wirkung lässt sich allein durch den Bestandsschutz einer baulichen Anlage vermitteln, welcher aber zumindest das Vorliegen einer Baugenehmigung oder bei genehmigungsfreien Vorhaben eine materiell legale Errichtung fordert, was bei Duldungen gerade nicht der Fall ist.

Bei genauer Betrachtung lässt sich auch dem Beschluss des Bundesverfassungsgerichts zur „Pirmasenser Amnestie" nicht entnehmen, dass dem Inhaber einer Duldung ein so weitreichender Schutz gewährt werden soll. Die Argumentation des Bundesverfassungsgerichts bezieht sich vielmehr darauf, dass durch die Abbruchsanordnung ein Eingriff in das Eigentum an der Bausubstanz erfolgt. Denn auch der ungenehmigte Bau ist jedenfalls Sacheigentum und insofern von Art. 14 Abs. 1 GG erfasst. Dem durch Art. 14 GG geschützten bürgerlich-rechtlichen Sacheigentum kommt für die Bestimmung des verfassungsrechtlichen Eigentumsbegriffs eine Leitbildfunktion zu[123]. Dies gilt insbesondere auch für das Grundeigentum, denn nach § 903 S. 1 BGB ist der Grundeigentümer berechtigt, mit dem Grundstück nach Belieben zu verfahren[124]. Das Vorgehen gegen den Bauherrn steht deshalb

122 *Sachs* in: Stelkens/Bonk/Sachs, VwVfG, § 49 Rn. 125.
123 *Dietlein* in: Stern, Staatsrecht Bd. IV/1, S. 2185; *Wendt* in: Sachs, GG, Art. 14 Rn. 22.
124 BVerfGE 98, 17, 35; *Depenheuer* in: v. Mangoldt/Klein/Starck, GG Bd. 1, Art. 14 Rn. 117; *Papier* in: Maunz/Dürig, GG Bd. II, Art. 14 Rn. 55 ff.; *Wieland* in: Dreier, GG Bd. I, Art. 14 Rn. 49.

nach Art. 14 Abs. 1 S. 2 GG unter Gesetzesvorbehalt und muss dem Verhältnismäßigkeitsgrundsatz genügen[125]. Da die Abbruchsanordnung eine verfassungsrechtliche Inhalts- und Schrankenbestimmung darstellt, müssten die Gerichte Bedeutung und Tragweite des Eigentumsgrundrechts aus Art. 14 Abs. 1 S. 1 GG beachten[126]. Gerade das bedeutet aber nicht, dass der Duldung ein eigentumsrechtlicher Stellenwert beigemessen wird. Vielmehr sind allgemeine Rechtsgrundsätze wie der vom Bundesverfassungsgericht in dieser Entscheidung besonders hervorgehobene Grundsatz der Verhältnismäßigkeit[127] oder die im Rahmen der Duldung herausragende Stellung des Vertrauensschutzes angemessen zu berücksichtigen.

Die Entscheidung hatte außerdem die besondere Konstellation einer Abbruchsanordnung zum Inhalt, die aufgrund leicht rückgängig zu machender Umbauten als unverhältnismäßig angesehen wurde[128]. Auch das Bundesverfassungsgericht weist aber in der Entscheidung ausdrücklich darauf hin, dass eine Beseitigung grundsätzlich im öffentlichen Interesse liegt und der Grundsatz der Verhältnismäßigkeit nur in Ausnahmefällen einer Beseitigung entgegenstehen kann. Außerdem ist noch zu bedenken, dass durch die Duldung nicht bezweckt werden kann, dem Inhaber eine derart starke Rechtsposition zuzubilligen, die ihm etwa eine Enteignungsentschädigung zubilligt. Eine solche Sichtweise hätte zudem zur Folge, dass die Duldung im Prinzip kaum Unterschiede zur Baugenehmigung aufweist, was aber rechtlich unzulässig ist. Die Entscheidung verdeutlicht vielmehr, dass der Schutz des Betroffenen sich nicht aus dem Eigentumsgrundrecht, sondern vielmehr aus dem Rechtsgedanken des Vertrauensschutzes und der Verhältnismäßigkeit bzw. aus dem Grundsatz der Selbstbindung der Verwaltung ergibt.

V. Ergebnis

Im Ergebnis lässt sich der Duldung rechtswidriger Zustände durch die Bauaufsichtsbehörde keine eigentumsrechtlich geschützte Rechtsposition entnehmen. Das Recht zu bauen ist gemäß Art. 14 Abs. 1 S. 2 GG nur nach Maßgabe der einfachen Gesetze gewährt. Die verbindliche Feststellung der materiellen Legalität und die Verleihung formeller Legalität können also nur nach Maßgabe der einfachen Gesetze in Form der Baugenehmigung erfolgen, deren Erteilungsvoraussetzungen abschließend in den Landesbauordnungen geregelt sind. Die Duldung lässt sich zum einen nicht als konkludente Baugenehmigung interpretieren, weil es letztlich am fehlenden behördlichen Willen scheitern wird, trotz materieller Illegalität eine Baugenehmigung erteilen zu wollen. Zum anderen kann die Duldung auch als solche einen rechtswidrigen Zustand nicht legalisieren, sodass der Bauherr auch keine eigentumsrechtlich geschützte Position erlangt. Anders als bei der Genehmigung bleibt das Vorhaben sowohl formell als auch materiell illegal. Durch die Duldung erhält der Bauherr

---

125 *Krebs* in: Schoch, Besonderes Verwaltungsrecht, 4. Kap. Rn. 230.
126 BVerfG, NVwZ 2005, 203, 204.
127 *Selmer*, JuS 2005, 477, 478.
128 BVerfG, NVwZ 2005, 203, 204.

keine Rechtsposition, die der einer Baugenehmigung zu vergleichen ist, vielmehr steht die Duldung in einem Exklusivitätsverhältnis zur Baugenehmigung. Eine auf Dauer erteilte Duldung ist rechtwidrig, weil diese faktisch gesehen einen Rechtszustand herbeiführt, der demjenigen der Baugenehmigung sehr weit angenähert ist. Auch eine Legalisierung rechtswidriger Zustände durch eine Beschränkung des behördlichen Eingriffsermessens ist im Ergebnis abzulehnen. Eine solche Schlussfolgerung verkennt, dass auch im Fall der Duldung weiterhin ein Verstoß gegen Vorschriften des öffentlichen Baurechts vorliegt. Die Baufreiheit sichert das Recht, „im Rahmen der Gesetze" ein Grundstück zu bebauen. Im Fall der Duldung hält sich das Vorhaben aber nicht mehr im Rahmen der Gesetze, da mangels Legalisierungswirkung weiterhin ein formell und materiell rechtswidriger Zustand vorliegt. Das Nichteinschreiten aufgrund der Ausübung des Eingriffsermessens in die „negative Richtung" führt nicht dazu, dass sich die Bebauung im Rahmen der Gesetze bewegt. Allein die Baugenehmigung bewirkt als abschließende Regelung eine formelle Legalität, selbst wenn ein Vorhaben materiell illegal ist. Auch die Rechtsprechung des Bundesverfassungsgerichts zur „Pirmasenser Amnestie" zeigt, dass die Duldung einen Zustand nicht legalisiert. Ihre Wirkung beschränkt sich vielmehr auf eine Ermessensbindung der Verwaltung nach Maßgabe von Vertrauensschutz und Verhältnismäßigkeit.

D. Der Anspruch des Bauherrn auf Duldung

I. Kein Anspruch auf Genehmigung nach langjähriger Untätigkeit

Es dürfte feststehen, dass eine langjährige Duldung oder behördliche Untätigkeit keinen Anspruch auf Erteilung einer Baugenehmigung auslöst[129]. Denn durch die Duldung ändert sich nichts an der materiellen Rechtswidrigkeit eines Vorhabens, sodass keine Genehmigungsfähigkeit eintritt.

II. Anspruch auf ermessensfehlerfreie Entscheidung

Bei der Erteilung der Baugenehmigung handelt es sich um eine gebundene Entscheidung, der ein subjektiv-öffentliches Recht des Bürgers in Form eines Anspruchs auf Genehmigungserteilung entspricht[130]. Im Gegensatz dazu handelt es sich bei der Duldung um eine Entscheidung nach pflichtgemäßem Ermessen. Es existiert auch keine anderweitige Rechtsgrundlage, die einen Anspruch auf Duldung gewährt. Daher kann es grundsätzlich keinen Rechtsanspruch auf Duldung geben[131]. Auch eine analoge Anwendung der Anspruchsgrundlage für die Erteilung einer

---

129 *U. Stelkens* in: Stelkens/Bonk/Sachs, VwVfG, § 35 Rn. 92; *Hallwaß* NuR 1987, 296, 298.
130 *Finkelnburg/Ortloff/Otto*, Öffentliches Baurecht Bd. II, S. 127.
131 OVG NRW, DÖV 1971, 208, 209.

Baugenehmigung z.B. nach § 75 Abs. 1 BauO NRW kommt nicht in Betracht. Die Einräumung des Ermessens ermöglicht der Behörde gerade auch eine zeitliche Flexibilität, sich eine Entscheidung für die Zukunft offenzuhalten. In der Konsequenz kann daher der Betroffene kein subjektives Recht auf ein bestimmtes Verwaltungshandeln bei der Ermessensverwaltung herleiten. Somit verbleibt auch das Dispositionsrisiko beim Betroffenen[132].

Folglich hat der Bürger keinen Anspruch auf Erteilung einer Duldungsentscheidung, sondern allenfalls einen Anspruch auf ermessensfehlerfreie Entscheidung. Dieser Anspruch kann aber inhaltlich nicht auf eine unbeschränkte Duldung gerichtet sein, weil diese in ihren Wirkungen einer rechtswidrigen Baugenehmigung gleichkommt und somit das Baugenehmigungsverfahren umgangen wird[133].

III. Ermessensreduzierungen

Der Anspruch auf ermessensfehlerfreie Entscheidung kann sich in Ausnahmefällen zu einem Anspruch auf Duldung verdichten, wenn eine Ermessensreduzierung auf Null vorliegt, die Duldung also die einzige ermessensfehlerfreie Entscheidung ist[134]. Solche Ermessensreduzierungen können sich vor allem aus dem Gleichbehandlungsgrundsatz[135] wegen einer durch gleichmäßige Verwaltungsübung entstehenden Selbstbindung, aus einer Selbstbindung durch Verwaltungsvorschriften, aus dem Grundsatz des Vertrauensschutzes[136] oder aus dem Verhältnismäßigkeitsgrundsatz[137] ergeben[138].

IV. Kein Anspruch auf Duldung in einer bestimmten Handlungsform

Für die Praxis ist wichtig, ob der Betroffene lediglich die faktische Duldung seines illegalen Vorhabens durch ein bloßes Nichteinschreiten begehrt, oder ob sein Begehren auf förmliche Entscheidung in Gestalt einer Zusicherung oder eines „Duldungsverwaltungsakts" gerichtet ist. Zwischen diesen Ansprüchen ist zu differenzieren[139].

Der Betroffene kann einen Anspruch auf Duldung in Form des bloßen Nichteinschreitens geltend machen. Rechtlich dürfte dieser Anspruch als Unterlassungsanspruch zu qualifizieren sein. Dieser Anspruch auf „negative Ermessensentscheidung"

---

132 *Hermes/Wieland*, Die staatliche Duldung, S. 37.

133 OVG NRW, NWVBl. 1992, 205, 207; siehe dazu oben 3. Teil. C.III.5.

134 *Winkelbauer*, DÖV 1988, 723, 728.

135 OVG Berlin, NVwZ 1990, 176; VGH BW, NJW 1984, 319; *Erbguth/Schubert*, Öffentliches Baurecht, § 13 Rn. 61; *Ruske*, Die gleichheitsgemäße Ermessensausübung, S. 70; siehe unten 6. Teil. G.

136 Siehe unten 6. Teil. E.

137 NdsOVG, BRS 23 Nr. 198; *Hermes/Wieland*, Die staatliche Duldung, S. 38 ff; siehe unten 6. Teil. F.

138 *Sellmann*, FS Gelzer, S. 249, 256 f.; *Winkelbauer*, DÖV 1988, 723, 728.

139 *Sellmann*, FS Gelzer, S. 249, 256 f.

ist auf ermessensfehlerfreie Entscheidung gerichtet, es sei denn es liegt eine Ermessensreduzierung auf Null vor.

Fraglich ist, ob neben dem Anspruch auf bloßes Nichteinschreiten, das Begehren des Betroffenen zusätzlich auch auf den Erlass einer verbindlichen förmlichen Duldung durch Verwaltungsakt bzw. Zusicherung gerichtet sein kann. Für einen Anspruch auf Erlass einer Duldung in Form des Verwaltungsakts könnte sprechen, dass der Verwaltungsakt den Interessen des Betroffenen in Bezug auf Rechts- und Investitionssicherheit dient, weil der Verwaltungsakt nur unter bestimmten Voraussetzungen zurückgenommen werden kann. Außerdem ergehen auch Bauordnungsverfügungen als Verwaltungsakte, sodass es vertretbar ist, auch die entgegengesetzte Entscheidung des Nichteinschreitens durch Verwaltungsakt zu regeln. Daraus allein kann aber noch nicht gefolgert werden, dass ein Anspruch auf die Handlungsform des Verwaltungsakts besteht. Auch das Bundesverwaltungsgericht hat entschieden, dass ein Anspruch auf Zusicherung nicht – auch nicht aus einem allgemeinen Rechtsgedanken – hergeleitet werden kann[140]. Diese Rechtsprechung lässt sich auf die Duldung übertragen. Aus den Normen des Bauordnungsrechts ergibt sich keine Anspruchsgrundlage oder ein allgemeiner Rechtsgedanke, die den Erlass eines Verwaltungsakts bei der Duldung vorschreibt[141]. Auch die verbindliche Erklärung durch Verwaltungsakt steht also im Ermessen der Behörde. Eine Ermessensreduzierung, die nur die Handlungsform des Verwaltungsakts zulässt, kommt allenfalls dann in Betracht, wenn sich die Bauaufsichtsbehörde aufgrund einer Selbstbindung, etwa wenn sie in anderen vergleichbaren Fällen durch Verwaltungsakt beschieden hat oder aufgrund einer Verwaltungsvorschrift, die z.B. den Erlass einer Zusicherung vorschreibt, zu einem bestimmten Handeln gebunden hat[142].

V. Rechtsschutz

Gegen eine Beseitigungsanordnung oder Nutzungsuntersagung durch die Bauaufsichtsbehörde kann sich der Betroffene mit Widerspruch und Anfechtungsklage zur Wehr setzen. In der Literatur wird zum Teil aber vorgeschlagen, der Betroffene solle sich bereits im Vorfeld darum bemühen, von der Bauaufsichtsbehörde eine Zusicherung zu erhalten, dass keine Abrissverfügung ergeht[143]. Begehrt der Betroffen den Erlass einer Zusicherung, wird er eine Verpflichtungsklage erheben müssen. Mangels Rechtsanspruchs auf ein bestimmtes behördliches Handeln wird es aber nicht zu einem Vornahmeurteil, sondern nach § 113 Abs. 5 S. 2 VwGO nur zu einem Bescheidungsurteil kommen[144], es sei denn es liegt eine Ermessensreduktion auf Null vor.

---

140 BVerwG, Urt. v. 23.05.1986 – 8 C 5.85, juris Rn. 25.

141 *Sellmann,* FS Gelzer, S. 249; OVG NRW, NWVBl. 1992, 205, 207.

142 *Sellmann,* FS Gelzer, S. 249.

143 *Schenke* in: Achterberg/Püttner/Würtenberger, Besonderes Verwaltungsrecht, Bauordnungsrecht, Rn. 248.

144 BVerwGE 11, 95, 98.

Teilweise wird auch die Ansicht vertreten, der Betroffene könne im Rahmen vorbeugenden Rechtsschutzes durch vorbeugende Unterlassungsklage oder Feststellungsklage auf die Unterlassung einer Verfügung hinwirken, weil ansonsten die Gefahr der Schaffung vollendeter Tatsachen bestehe und dem Betroffenen kein Folgenbeseitigungsanspruch mehr zustehe, wenn sich die Beseitigungsanordnung nachträglich als rechtswidrig erweist[145].

Dagegen spricht aber, dass es dem Betroffenen an einem qualifizierten Rechtsschutzbedürfnis bzw. einem qualifizierten Feststellungsinteresse fehlen dürfte, welches aufgrund der Gefahr der Umgehung besonderer Zulässigkeitsvoraussetzungen der speziellen Klagearten erforderlich ist. Vorbeugender Rechtsschutz kommt nur dann in Betracht, wenn dem Betroffenen Rechtsnachteile drohen, die mit einem späteren Rechtsschutzverfahren nicht mehr ausgeräumt werden können oder wenn ein sonst nicht wieder gutzumachender Schaden droht[146]. In der Situation, dass sich der Betroffene auf eine Duldung beruft, richtet sich die vorbeugende Klage gegen den Erlass einer Bauordnungsverfügung, also gegen einen drohenden belastenden Verwaltungsakt. Es ist aber dem Betroffenen durchaus zumutbar, den Erlass der Bauordnungsverfügung abzuwarten und dann nachgehend Rechtsschutz in Form der Anfechtungsklage zu erheben oder im Fall der Anordnung der sofortigen Vollziehung einen Antrag nach § 80 Abs. 5 VwGO zu stellen. Etwas anderes kann nach der Rechtsprechung des OVG Nordrhein-Westfalen dann gelten, wenn bereits eine Duldung ausgesprochen wurde, und die (vorbeugende) Feststellung des Übergangs der Duldung auf den Rechtsnachfolger begehrt wird[147].

E. Wirkung der Duldung gegenüber dem Rechtsnachfolger

In den meisten Bauordnungen der Länder finden sich Regelungen zur Rechtsnachfolge in eine Baugenehmigung. Nach § 75 Abs. 2 BauO NRW etwa gilt die Baugenehmigung auch für und gegen die Rechtsnachfolgerin oder den Rechtsnachfolger der Bauherrin oder des Bauherrn. Das folgt daraus, dass das öffentliche Baurecht im Grundsatz grundstücksbezogen ist und die Erteilung der Baugenehmigung an die Einhaltung der öffentlich-rechtlichen Vorschriften in Bezug auf ein bestimmtes Objekt anknüpft[148]. Unerheblich ist, dass die Baugenehmigung nicht dem Grundstück erteilt wird, sondern gegenüber einem bestimmten Bauherrn[149]. Baugenehmigungsverfahren und Baugenehmigung stellen regelmäßig auf das Vorhaben und

145 *Schenke* in: Achterberg/Püttner/Würtenberger, Besonderes Verwaltungsrecht, Bauordnungsrecht, Rn. 248.

146 BVerwG, NVwZ 1986, 35; *W.-R. Schenke* in: Kopp/Schenke, VwGO, Vorb. § 40 Rn. 33 ff. und § 43 Rn. 24.

147 OVG NRW, Urt. v. 24.02.2016 – 7 A 1623/14, juris Rn. 28 ff.; siehe unten 3. Teil. E.VII.

148 *Johlen* in: Gädtke/Czepuck/Johlen/Plietz/Wenzel, BauO NRW, § 75 Rn. 160.

149 *Maurer*, Allgemeines Verwaltungsrecht, § 9 Rn. 56.

nicht auf die Person des Eigentümers ab[150]. Das wirft die Frage auf, ob auch die Duldung durch Rechtsnachfolge auf den Rechtsnachfolger des Duldungsadressaten übergehen kann.

I. Anknüpfung der Duldung an die Verantwortlichkeit

Den Rechtsnachfolgevorschriften für die Baugenehmigung könnte der Rechtsgedanke zu entnehmen sein, dass auch die den Bauherrn begünstigenden Regelungen einer Duldung auf den Rechtsnachfolger übergehen können. Es ist aber zu berücksichtigen, dass die Duldung zwar auch eine eigenständige Rechtsposition verleiht, andererseits aber als Gegenstück zum bauaufsichtlichen Einschreiten an die bauordnungsrechtliche Zustands- und Verhaltensverantwortlichkeit anknüpft. Voraussetzung für die Übergangsfähigkeit der Duldung ist also, dass der Rechtsnachfolger überhaupt als Zustands- oder Verhaltensstörer in Anspruch genommen werden könnte. Die Prüfung der Rechtsnachfolge in ordnungsrechtliche Pflichten folgt dabei bestimmten Systematisierungen[151]. Zu prüfen sind Nachfolgetatbestand und Übergangsfähigkeit einer Pflicht. Bei der Prüfung des Nachfolgetatbestands wird zwischen Gesamtrechtsnachfolge und Einzelrechtsnachfolge unterschieden. Außerdem wird zwischen Zustands- und Verhaltensverantwortlichkeit und weiter danach differenziert, ob die Pflicht nur abstrakt besteht oder bereits durch eine behördliche Verfügung konkretisiert wurde. Des Weiteren ist durch Auslegung zu bestimmen, ob die Behörde überhaupt eine rechtsnachfolgefähige Regelung treffen wollte oder die Übergangsfähigkeit der Duldung nicht bereits in der Duldungsentscheidung ausgeschlossen wurde[152].

Um die Rechtsnachfolge in eine Duldung systematisch zu erfassen, ist zwischen personenbezogenen, grundstücksbezogenen bzw. vorhabenbezogenen Duldungen und verhaltensbezogenen bzw. nutzungsbezogenen Duldungen zu differenzieren. Ob sich eine Duldung als personen- oder grundstücksbezogen darstellt, ist mittels Auslegung zu ermitteln[153].

II. Keine Übergangsfähigkeit faktischer Duldungen

Grundvoraussetzung der Übergangsfähigkeit einer Duldung dürfte sein, dass die Duldung ausdrücklich in Form eines Verwaltungsakts, etwa durch eine Zusicherung[154], konkretisiert ist. Bei faktischen Duldungen fehlt es schon an einer konkreten

150 BVerwG, BRS 24 Nr. 193 (S. 304).
151 Dazu instruktiv *Muckel*, Fälle zum Besonderen Verwaltungsrecht, Fälle 19a-e; *Schorsch*, Einzel- und Gesamtrechtsnachfolge, S. 97 ff.
152 OVG NRW, Urt. v. 16.03.2012 – 2 A 760/10, juris Rn. 56.
153 OVG NRW, Urt. v. 24.02.2016 – 7 A 1623/14, juris Rn. 53 ff.
154 Siehe unten 5. Teil. B.

übergangsfähigen Rechtsposition, weil die Behörde gegenüber dem vorherigen Eigentümer schlicht untätig geblieben ist[155].

III. Personenbezogene Duldungen

Bei Duldungen ist die Besonderheit zu beachten, dass diese häufig aufgrund persönlicher Gründe ausgesprochen werden. In manchen Fällen erteilt die Bauaufsichtsbehörde personenbezogene Duldungen, die etwa an das Lebensalter des Betroffenen anknüpfen oder wegen einer Krankheit erteilt werden und demgemäß auf die Lebenszeit des Betroffenen beschränkt sind[156]. Auch die Tatsache, dass die Duldung nach einer Petition des Adressaten an den Landtag erfolgte, kann für die Personenbezogenheit sprechen, da es sich beim Petitionsrecht gemäß Art. 17 GG um ein subjektiv-öffentliches Recht handelt, das dem Petenten persönlich zusteht[157]. Wird eine Duldung an die Bedingung geknüpft, dass der Adressat sich verpflichtet, bestimmte bauliche Anlagen auf seinem Grundstück zu beseitigen und keine weiteren Baumaßnahmen durchzuführen, spricht dies für eine personenbezogene Duldung[158]. Im Fall personenbezogener Duldungen ist die Rechtsposition des Betroffenen also durch höchstpersönliche Umstände geprägt. Solche höchstpersönliche Rechtsbeziehungen, die sich nicht von der Person des Trägers lösen lassen und sich in diesem persönlichen Bezug erschöpfen, sind aber nicht übergangsfähig[159]. Aus diesem Grund ist die personenbezogene Duldung für den Zweck der bauaufsichtlichen Eingriffsbefugnisse, mittel- und langfristig rechtmäßig Zustände wiederherzustellen, besonders geeignet.

IV. Grundstücksbezogene bzw. vorhabenbezogene Duldungen

In der Regel bezieht sich die Duldung auf ein bestimmtes Vorhaben und ist damit grundstücksbezogen[160]. Auch die Duldung als Gegenstück zur bauaufsichtlichen Beseitigungsverfügung wird durch die „Dinglichkeit des Bezugsobjekts“ geprägt, sodass es sachgerecht erscheint, die Rechtsnachfolgefähigkeit an vergleichbare Maßstäbe wie bei einem Beseitigungsverlangen zu knüpfen[161]. Voraussetzung für die Übergangsfähigkeit der Duldung ist zunächst, dass der Rechtsnachfolger auch als Zustandsverantwortlicher in Anspruch genommen werden kann.

---

155 VG Düsseldorf, Beschl. v. 04.05.2015 – 11 L 1419/15, juris Rn. 28.

156 OVG NRW, BRS 70 Nr. 187 (S. 885); VG Arnsberg, Urt. v. 05.03.2010 – 12 K 900/09, juris Rn. 36.

157 VG Arnsberg, Urt. v. 05.03.2010 – 12 K 900/09, juris Rn. 38.

158 VG Arnsberg, Urt. v. 05.03.2010 – 12 K 900/09, juris Rn. 38; nachgehend OVG NRW, Urt. v. 16.03.2012 – 2 A 760/10, juris Rn. 61.

159 BVerwGE 125, 325, 334 (Rn. 27).

160 VG Arnsberg, Urt. v. 05.03.2010 – 12 K 900/09, juris Rn. 36.

161 OVG NRW, Urt. v. 16.03.2012 – 2 A 760/10, juris Rn. 56.

Ist dem Rechtsvorgänger vor Erlass einer Beseitigungsverfügung eine Duldung erteilt worden, liegt die Situation der abstrakten Zustandsverantwortlichkeit vor. Auch wenn eine abstrakte Zustandsverantwortlichkeit nicht übergangsfähig ist, fehlt es dennoch nicht an einem Anknüpfungspunkt für die Duldung. Die Zustandshaftung entsteht nämlich in der Person des Rechtsnachfolgers neu[162].

Ist dem Rechtsvorgänger erst nach Erlass einer Beseitigungsverfügung eine Duldung erteilt worden, liegt eine konkretisierte Zustandsverantwortlichkeit vor. Lediglich in zwei Bundesländern ist der Übergang der Haftung gesetzlich geregelt[163]. Es ist aber weitgehend anerkannt, dass die durch eine Abrissverfügung konkretisierte Zustandsverantwortlichkeit sowohl im Wege der Gesamtrechtsnachfolge auf die Erben als auch im Wege der Einzelrechtsnachfolge auf den Erwerber übergeht[164]. Die Übergangsfähigkeit der Beseitigungspflicht ergibt sich daraus, dass die Ordnungsverfügung maßgeblich an das Eigentum und die damit verbundene Sachherrschaft anknüpft und es sich somit nicht um eine höchstpersönliche, sondern um eine vertretbare und damit übergangsfähige Pflicht handelt[165]. Die Übergangsfähigkeit wird auch nicht dadurch verhindert, dass die Bauaufsichtsbehörde im Rahmen ihres Ermessens aus personenbezogenen Gründen von einer Verfügung gegenüber dem Rechtsnachfolger absehen kann, da solche Gründe im Vollstreckungsverfahren berücksichtigt werden können[166]. Geht also die durch eine Verfügung konkretisierte Zustandsverantwortlichkeit auf den Rechtsnachfolger über, ist auch die durch eine grundstücksbezogene Duldung konkretisierte Rechtsposition dem Grunde nach übergangsfähig.

Allerdings ist bei der Auslegung der Duldung immer auch zu prüfen, ob personenbezogene Elemente in der Duldungsentscheidung überwiegen. Aufgrund der Gefahr der Versteinerung illegaler Zustände bei der Annahme grundstücksbezogener Duldungen, ist ein reiner Grundstücksbezug restriktiv zu handhaben. Eine übergangsfähige Duldung kann demnach nur angenommen werden, wenn eine Personenbezogenheit ausgeschlossen werden kann[167]. Außerdem ist die konkrete Entscheidung daraufhin zu untersuchen, ob die Behörde einen Übergang auf den Rechtsnachfolger ausdrücklich oder konkludent ausgeschlossen hat[168].

---

162 *Götz*, Allgemeines Polizei- und Ordnungsrecht, § 9 Rn. 83; *Muckel*, Fälle zum Besonderen Verwaltungsrecht, Fall 19a; *Pieroth/Schlink/Kniesel*, Polizei- und Ordnungsrecht, § 9 Rn. 58; *Schorsch*, Einzel- und Gesamtrechtsnachfolge, S. 97 ff.

163 § 80 Abs. 1 S. 2 BauO M-V; § 79 Abs. 1 S. 5 NBauO.

164 *Finkelnburg/Ortloff/Otto*, Öffentliches Baurecht Bd. II, S. 190 (Fn. 131) mit umfangreichen Nachweisen aus der Rspr.; *Muckel*, Fälle zum Besonderen Verwaltungsrecht, Fälle 19c und d; *Schorsch*, Einzel- und Gesamtrechtsnachfolge, S. 121 f.

165 BVerwG, BRS 24 Nr. 193 (S. 304); *Battis*, Öffentliches Baurecht, Rn. 610; *Muckel*, Fälle zum Besonderen Verwaltungsrecht, Fall 19c; *Pieroth/Schlink/Kniesel*, Polizei- und Ordnungsrecht, § 9 Rn. 54; kritisch *Schoch*, Jura 2005, 178, 185.

166 BVerwG, BRS 24 Nr. 193 (S. 304).

167 Siehe unten 3. Teil. E.VII.

168 Siehe unten 3. Teil. E.VI.

V. Nutzungsbezogene bzw. verhaltensbezogene Duldungen

Ist die Duldung dem Rechtsvorgänger vor Erlass einer Nutzungsuntersagung erteilt worden, liegt ein Fall der abstrakten Verhaltensverantwortlichkeit vor. Auch wenn eine Rechtsnachfolge in die abstrakte Verhaltensverantwortlichkeit nicht möglich ist[169], kann durch den Nachfolger z.B. eine illegale Wohnnutzung im Außenbereich fortgeführt werden. Dann begründet dieses neue Verhalten eine eigene Verhaltensverantwortlichkeit. Gegen eine Übergangsfähigkeit der Duldung könnte sprechen, dass die Duldung vor allem an das Verhalten des Rechtsvorgängers anknüpft und damit anders als die grundstücksbezogene bzw. vorhabenbezogene Duldung eine stärkere persönliche Bindung aufweist. Da die Duldung sich in diesem Fall aber nicht auf eine bestimmte Nutzungsuntersagungsverfügung bezieht, sondern an die konkrete Art der Nutzung anknüpft, dürfte die Duldung als konkretisierte Rechtsposition dem Grunde nach auf den Rechtsnachfolger übergehen. Allerdings ist auch hier zu prüfen, ob die Duldungsentscheidung personenbezogene Elemente enthält und ob die Behörde den Übergang der Duldung in der Verfügung ausgeschlossen[170] und sich vorbehalten hat, die Möglichkeit der Duldung für den Nachfolger unter Berücksichtigung seiner persönlichen Umstände erneut und eigenständig zu prüfen.

Ist dem ursprünglichen Nutzer die Duldung nach Erlass einer Nutzungsuntersagung erteilt worden, liegt eine konkretisierte Verhaltensverantwortlichkeit vor. Da hier die Duldung als Gegenstück zur Nutzungsuntersagungsverfügung ergeht, ist es sachgerecht, die Duldung nur dann als übergangsfähige Rechtsposition anzusehen, wenn auch die Nutzungsuntersagung auf den Rechtsnachfolger übergeht. Ob die Nutzungsuntersagung als verhaltensbezogene Pflicht übergangsfähig ist, wird unterschiedlich beurteilt. Lehnt man die Übergangsfähigkeit einer konkretisierten Verhaltensverantwortlichkeit ab, weil es sich nach den Vertretern dieser Meinung um eine nicht vertretbare Pflicht handele, wäre die Verhaltensverantwortlichkeit nicht übergangsfähig, sondern entstünde erst bei Fortführung der Nutzung in der Person des Nachfolgers neu[171]. Dann bezieht sich die Duldung aber nicht mehr auf die bereits erteilte Nutzungsuntersagung und dürfte konsequenterweise auch nicht übergangsfähig sein.

Überzeugender erscheint es jedoch, auch die durch eine Nutzungsuntersagung konkretisierte Verhaltensverantwortlichkeit als übergangsfähige Rechtsposition anzusehen. Die konkretisierte Verhaltensverantwortlichkeit knüpft nämlich nicht an die Verursachung, sondern an die Erfüllbarkeit der Pflicht an[172]. Handelt es sich bei dieser Pflicht um eine vertretbare Handlung, kann sie nicht höchstpersönlich

---

169 *Schorsch*, Einzel- und Gesamtrechtsnachfolge, S. 102 ff.

170 Siehe unten 3. Teil. E.VI.

171 *Schorsch*, Einzel- und Gesamtrechtsnachfolge, S. 122 ff.

172 *Muckel*, Fälle zum Besonderen Verwaltungsrecht, Fall 19e; *Nolte/Niestedt*, JuS 2000, 1071, 1074; auch *Erbguth/Schubert*, Öffentliches Baurecht, § 13 Rn. 65a unter Hinweis auf das Bedürfnis nach Rechtsnachfolge in der Praxis.

sein und ist damit nachfolgefähig[173]. Dann ist es konsequent, auch die Übergangsfähigkeit der konkretisierten Duldungsentscheidung anzunehmen, sofern diese an die konkrete Art der Nutzung anknüpft. Außerdem ist bei baurechtlichen Sachverhalten zu beachten, dass die Duldung neben verhaltensbezogenen häufig auch grundstücksbezogene Elemente aufweisen kann. Das OVG Nordrhein-Westfalen hat im Fall einer rechtswidrigen Wochenendhausnutzung in einem formell und materiell rechtswidrig errichteten Gebäude im Außenbereich eine rechtsnachfolgefähige Duldungsentscheidung angenommen, wenn sich die Duldung nicht nur auf die konkrete Art der Nutzung einer baulichen Anlage, sondern auch auf den Bestand der Anlage an sich bezieht[174]. Auch bei verhaltensbezogenen Duldungen ist aber im Wege der Auslegung der Duldungsentscheidung zu bestimmen, ob die Duldung an die Person des Rechtsvorgängers gebunden sein soll oder ob die Behörde die Übergangsfähigkeit ausgeschlossen hat.

VI. Ausschluss der Rechtsnachfolge

Eine Rechtsnachfolge in die Duldung kann die Bauaufsichtsbehörde verhindern, indem sie die Rechtsnachfolge explizit ausschließt. Beispielsweise wurde im bereits dargestellten „Sanierungskonzept Notzingermoos“ die Rechtsnachfolge ausdrücklich ausgeschlossen[175]. Auch wenn eine Duldung auflösend bedingt auf den Tod des Betroffenen erteilt wird, liegt ein Ausschluss des Übergangs vor. Knüpft die Bauaufsichtsbehörde die Duldung an die Bedingung, dass das geduldete Bauwerk in Eigentum und Besitz der Familie des Duldungsadressaten verbleibt[176], wird nur ein Übergang auf den Grundstückserwerber, nicht aber auf die Erben verhindert. Auch das Innenministerium des Landes Baden-Württemberg hatte in einem Erlass erklärt, dass bei fortgeschrittenem Alter in geeigneten Fällen eine Duldung auf Lebenszeit erteilt werden könne, einen Übergang auf den Rechtsnachfolger aber ausdrücklich ausgeschlossen[177].

VII. Feststellungsklage auf Feststellung der Übergangsfähigkeit

Beruft sich der Rechtsnachfolger eines geduldeten Vorhabens auf die Duldung, hat er ein Interesse an der Klärung der Frage, ob die Duldung grundstücks- oder personenbezogen, also übergangsfähig ist.

173 BVerwGE 125, 325, 334 (Rn. 27).
174 OVG NRW, Urt. v. 16.03.2012 – 2 A 760/10, juris Rn. 56.
175 Siehe oben 1. Teil. F.II.
176 OVG NRW, BRS 30 Nr. 169 (S. 312).
177 Nachzulesen in VGH BW, NJW 1984, 319.

1. *Auffassung des OVG Nordrhein-Westfalen*

Nach zutreffender Auffassung des OVG Nordrhein-Westfalen steht dem Rechtsnachfolger zur Klärung der Übergangsfähigkeit der Duldung die allgemeine Feststellungsklage zur Verfügung. Das feststellungsfähige Rechtsverhältnis ergibt sich aus der Frage, ob zwischen dem Rechtsnachfolger und der Bauaufsichtsbehörde eine rechtliche Beziehung besteht, wonach die Behörde zur weiteren Duldung verpflichtet ist. Wegen der ungewissen Rechtslage kommt eine Verpflichtungsklage auf Erteilung eines Duldungsbescheides ebenso wenig in Betracht wie das Abwarten einer Beseitigungsanordnung mit anschließender Anfechtungsklage[178]. Das Feststellungsinteresse gemäß § 43 Abs. 1 VwGO ergab sich im vorliegenden Fall aus dem beabsichtigten Verkauf des Grundstücks und der daraus resultierenden Frage, ob die Bauaufsichtsbehörde das Gebäude weiter dulden werde[179].

Im Rahmen der Begründetheit nimmt das OVG Nordrhein-Westfalen eine Auslegung des streitgegenständlichen Duldungsschreibens vor. In dem zugrunde liegenden Fall war die Klägerin Eigentümerin eines Wohnhauses im Außenbereich, das bereits in den 1980er Jahren aufgrund eines gerichtlichen Vergleichs für eine Frist von 10 Jahren geduldet wurde. Sich anschließende Vertragsverhandlungen zum Abschluss eines öffentlich-rechtlichen Duldungsvertrags, nach dem sich die beklagte Behörde u.a. verpflichten sollte, das Wohnhaus auf Dauer zu dulden und damit zugleich der Klägerin und ihrem Ehemann zu gestatten, das Wohnhaus zu nutzen, scheiterten. Im Rahmen der Verhandlungen hatte der Prozessbevollmächtigte der Klägerin erfolglos versucht, die Duldung auch auf den Sohn der Klägerin zu übertragen. Durch einen „Duldungsbescheid" wurde schließlich geregelt, dass das Wohnhaus unter bestimmten Auflagen „bis auf weiteres" geduldet werde. Zwischenzeitlich hatte die Klägerin jedoch die Wohnnutzung aus gesundheitlichen Gründen aufgegeben. Aus diesen Umständen hatte das Verwaltungsgericht Köln in der Vorinstanz noch eine personenbezogene und damit nicht übergangsfähige Duldung gefolgert[180].

Das OVG Nordrhein-Westfalen hingegen wertete die Duldung als grundstücksbezogen und übergangsfähig, sodass die Behörde zur weiteren Duldung verpflichtet sei. Die Duldung sei zeitlich nicht begrenzt. Der Zusatz „bis auf weiteres" sei im Sinne von „auf Widerruf" bzw. „bis anderes verlautet" zu verstehen und beziehe sich daher nur auf den im Duldungsbescheid geregelten Widerrufsvorbehalt bei baulichen Änderungen am Bestand. Der Grundstücksbezug der Duldung ergebe sich insbesondere aus dem Wortlaut des Bescheids, wonach sich die Duldung auf das „vorhandene Wohnhaus" beziehe. Außerdem ergebe sich die Grundstücksbezogenheit daraus, dass der Bescheid mit Auflagen zur Versickerung von Regenwasser versehen sei[181].

---

178 OVG NRW, Urt. v. 24.02.2016 – 7 A 1623/14, juris Rn. 36.
179 OVG NRW, Urt. v. 24.02.2016 – 7 A 1623/14, juris Rn. 42.
180 VG Köln, Urt. v. 17.07.2014 – 11 K 791/14 (n.V.).
181 OVG NRW, Urt. v. 24.02.2016 – 7 A 1623/14, juris Rn. 58.

2. *Stellungnahme*

Zutreffend betont das OVG Nordrhein-Westfalen, dass nur eine genaue Auslegung des Duldungsbescheids aufdecken kann, ob eine personen- oder grundstücksbezogene Duldung vorliegt. Allerdings legt das Gericht die Kriterien der Grundstücksbezogenheit sehr weit aus. Es wäre aber vielmehr eine restriktivere Auslegung geboten, wie sie noch die Vorinstanz vorgenommen hat. Denn es ist zu beachten, dass neben den grundstücksbezogenen Elementen eben häufig auch personenbezogene Elemente hinzutreten, die in der Regel aber überwiegen dürften und eine Übergangsfähigkeit verhindern. Es muss also ausgeschlossen werden, dass die Duldung überhaupt keinen Personenbezug hat, was in dem zugrundeliegenden Sachverhalt nach den Feststellungen gerade nicht der Fall war.

Außer Betracht gelassen wird die Überlegung, dass in dem Duldungsbescheid auch eine Zusicherung des Nichteinschreitens i.S.d. § 38 VwVfG liegen könnte. Dies hätte zur Folge, dass dessen Bindungswirkung nach § 38 Abs. 3 VwVfG wegen einer Änderung der Sach- und Rechtslage entfallen sein könnte[182], wofür zwei Anhaltspunkte sprechen. Zum einen könnte in einer im Verwaltungsverfahren abgegebene Stellungnahme der höheren Bauaufsichtsbehörde eine Änderung der Sachlage zu sehen sein[183]. In der Stellungnahme heißt es, dass entgegen der Ansicht der Sachbearbeiterin der Beklagten nicht von einer unbefristeten Duldung ausgegangen werden könne, da eine solche nicht gesetzeskonform sei und bei Aufgabe der Wohnnutzung aus Altersgründen eine Beseitigung zu fordern sei[184]. Zum anderen hat das OVG Nordrhein-Westfalen auch nicht berücksichtigt, dass die Klägerin ihre Wohnnutzung zwischenzeitlich aus Altergründen aufgegeben hat. Bei der Auslegung des Duldungsbescheids ist aber zu beachten, dass die Duldung des Wohnhauses im Außenbereich nach Sinn und Zweck der Duldungsentscheidung mit der Wohnnutzung verknüpft ist. Durch die endgültige Aufgabe der Wohnnutzung durch die Klägerin ist folglich das Vertrauen in die weitere Duldung nicht mehr schutzwürdig[185].

Allerdings betont das OVG Nordrhein-Westfalen, dass selbst bei der Annahme einer Grundstücksbezogenheit auch eine Aufhebung der Duldungsentscheidung nach §§ 48, 49 VwVfG in Betracht kommt[186]. Die Rechtswidrigkeit könnte sich in diesem Fall daraus ergeben, dass die Duldung unbeschränkt erteilt wurde[187].

---

182 Siehe unten 5. Teil. B.VII.

183 So auch NdsOVG, BRS 55 Nr. 206 (S. 591); a.A. *Mann* in: Große-Suchsdorf, NBauO, § 79 Rn. 66.

184 OVG NRW, Urt. v. 24.02.2016 – 7 A 1623/14, juris Rn. 12.

185 Zur Aufgabe einer geduldeten Nutzung vgl. NdsOVG, BRS 64 Nr. 198; siehe auch unten 6. Teil. E.VI.3.

186 OVG NRW, Urt. v. 24.02.2016 – 7 A 1623/14, juris Rn. 64; siehe auch unten 6. Teil. E.II.2. und 6. Teil. E.II.3.

187 Siehe oben 3. Teil. C.III.5.b).

VIII. Ergebnis

Für die Rechtsnachfolge in eine Duldung ist zwischen personenbezogenen, grundstücksbezogenen und verhaltensbezogenen Duldungen zu differenzieren, wobei dem behördlichen Willen durch Auslegung zu entnehmen ist, ob eine rechtsnachfolgefähige Regelung getroffen werden sollte[188]. Eine Rechtsnachfolge scheidet aus, wenn die Duldung an spezifische Gründe anknüpft, die in der Person des Duldungsadressaten angelegt sind. Erfolgt die Duldung aber grundstücksbezogen bzw. vorhabenbezogen, bezieht sie sich also ausschließlich auf den konkreten Bestand, ist eine Rechtsnachfolge in die Rechtsposition der Duldung möglich. Auch verhaltensbezogene bzw. nutzungsbezogene Duldungen sind übergangsfähig, sofern die Duldungsentscheidung an die konkrete Art der Nutzung anknüpft oder zusätzlich auch grundstücksbezogene Elemente aufweist. Bei allen Duldungsentscheidungen ist jedoch im Wege der Auslegung immer zu ermitteln, ob die Behörde eine personalisierte Duldung erlassen wollte und ob die Nachfolgefähigkeit in der Entscheidung ausdrücklich oder konkludent ausgeschlossen ist. Eine Nachfolgefähigkeit kann erst angenommen werden, wenn die Personenbezogenheit ausgeschlossen werden kann. Ob eine Duldung grundstücks- oder personenbezogen und damit nachfolgefähig sein kann, lässt sich für den Betroffenen im Wege der allgemeinen Feststellungsklage gerichtlich klären.

F. Fazit

Auch wenn Duldung und Baugenehmigung auf den ersten Blick einige Gemeinsamkeiten aufweisen, so hat doch die Untersuchung beider Rechtsinstitute im Kontext der Baufreiheit gezeigt, dass Duldung und Baugenehmigung nicht nur unterschiedliche Rechtswirkungen hervorbringen, sondern darüber hinaus in einem Exklusivitätsverhältnis stehen. Der Duldung lässt sich keine eigentumsrechtlich geschützte Rechtsposition entnehmen, weil das Recht zu bauen gemäß Art. 14 Abs. 1 S. 2 GG nur nach Maßgabe der einfachen Gesetze gewährt wird. Die verbindliche Feststellung der materiellen Legalität und die Verleihung formeller Legalität können nur nach Maßgabe der einfachen Gesetze in Form der Baugenehmigung erfolgen, deren Erteilungsvoraussetzungen abschließend in den Landesbauordnungen geregelt sind. Folglich kommt der Duldung keine Legalisierungswirkung zu. Im Fall der Duldung hält sich das Vorhaben nicht mehr im Rahmen der Gesetze, da mangels Legalisierungswirkung weiterhin ein formell und materiell rechtswidriger Zustand vorliegt. Daran anknüpfend stellt sich eine zeitlich unbeschränkt erteilte Duldung als Ermessensüberschreitung dar, weil eine genehmigungsähnliche Wirkung eintreten würde. Auch die Ausübung des Eingriffsermessens in die „negative Richtung" des Nichteinschreitens führt nicht dazu, dass sich die Bebauung im Rahmen der

188 OVG NRW, Urt. v. 16.03.2012 – 2 A 760/10, juris Rn. 56.

Gesetze bewegt. Allein die Baugenehmigung verleiht einem Vorhaben als abschließende Regelung formelle Legalität, selbst wenn ein Vorhaben materiell illegal ist.

Anders als bei der Baugenehmigung, die aufgrund eines gebundenen Anspruchs bei Vorliegen der Voraussetzungen zu erteilen ist, hat der Bürger keinen strikten Rechtsanspruch auf Erteilung einer Duldungsentscheidung, sondern allenfalls einen Anspruch auf ermessensfehlerfreie Entscheidung. Außerdem hat der Betroffene keinen Anspruch auf eine bestimmte Handlungsform, also beispielsweise eine Duldung durch Zusicherung nach § 38 VwVfG, es sei denn es liegt auch in diesem Fall eine Ermessensreduzierung z.B. aufgrund des Gleichbehandlungsgrundsatzes vor. Denn aus den Normen des Bauordnungsrechts ergibt sich keine Anspruchsgrundlage oder ein allgemeiner Rechtsgedanke, der den Erlass einer Duldungszusicherung vorschreibt.

Darüber hinaus geht eine Duldung nicht automatisch auf den Rechtsnachfolger des Duldungsadressaten über. Es ist zwischen personenbezogenen, grundstücksbezogenen und verhaltensbezogenen Duldungen zu differenzieren, wobei dem behördlichen Willen durch Auslegung zu entnehmen ist, ob eine rechtsnachfolgefähige Regelung getroffen werden sollte. Eine Rechtsnachfolge scheidet zumindest dann aus, wenn die Duldung an spezifische Gründe anknüpft, die in der Person des Duldungsadressaten angelegt sind. Die Übergangsfähigkeit der Duldung ist gerichtlich im Wege der Feststellungsklage überprüfbar.

4. Teil. Die Duldung im Kontext des Bestandsschutzes

Wie die Duldung steht auch das im öffentlichen Baurecht kontrovers diskutierte Institut des Bestandsschutzes im Zusammenhang mit der Verpflichtung der Bauaufsichtsbehörde, gegen einen nach aktuell geltendem Recht baurechtswidrigen Zustand nicht einzuschreiten. Baurechtswidrige Zustände bleiben nicht selten über längere Zeiträume unerkannt. Erfährt die Bauaufsichtsbehörde nachträglich von der Existenz einer illegalen Anlage, muss sie zunächst prüfen, ob sie hiergegen noch bauaufsichtlich vorgehen kann. Dabei hat sie abzuklären, ob das Bauwerk oder die Nutzung bestandsgeschützt sind mit der Folge, dass die Behörde auch nach Rechtsänderungen nicht dagegen vorgehen kann.

Insbesondere der Hessische VGH hat sich in einer Entscheidung dafür ausgesprochen, im Fall von Bestandsschutz einen Anspruch auf Erlass eines „Duldungsverwaltungsakts" zu gewähren[1]. Im Folgenden sollen die Wechselwirkungen von Duldung und Bestandsschutz analysiert werden. Des Weiteren soll auf den Bestandsschutz bei genehmigungsfreien und genehmigungsfreigestellten sowie anzeige- und kenntnisgabepflichtigen Vorhaben eingegangen und abschließend der Anwendungsbereich der Duldung im Kontext des Bestandsschutzes konkretisiert werden.

A. Der Bestandsschutz im öffentlichen Baurecht

I. Verfassungsunmittelbarer und einfachgesetzlicher Bestandsschutz

Eine nach heutigem Recht materiell illegale bauliche Anlage oder Nutzung kann nicht mehr beseitigt bzw. untersagt werden, wenn sie Bestandsschutz genießt. Das ist nach traditioneller Auffassung der Fall, wenn diese Anlage oder Nutzung vor der Rechtsänderung einmal materiell rechtmäßig war. Diese Wirkung des Bestandsschutzes wurde nach früherer und jahrzehntelanger Rechtsprechung des Bundesverwaltungsgerichts unmittelbar aus Art. 14 Abs. 1 GG hergeleitet[2].

Das Bundesverwaltungsgericht hat seine Rechtsprechung zum Bestandsschutz als eigenständiger unmittelbarer aus Art. 14 Abs. 1 S. 1 GG folgender Anspruchsgrundlage mittlerweile aber ausdrücklich aufgegeben. Einen Anspruch auf Zulassung eines Vorhabens aus eigentumsrechtlichem Bestandsschutz außerhalb der gesetzlichen Regelungen gebe es nicht. Wie weit der Schutz der Eigentumsgarantie reiche, ergebe sich aus der Bestimmung von Inhalt und Schranken des Eigentums,

1 HessVGH, BauR 1995, 679, 681 = BRS 57 Nr. 259 (S. 622 ff.).
2 BVerwG, BauR 1981, 2140, 2142; zur Entwicklung des Bestandsschutzes *Lieder*, ThürVBl. 2004, 53, 54 ff.; *Weidemann/Krappel*, NVwZ 2009, 1207 ff.

die nach Art. 14 Abs. 1 S. 2 GG Sache des Gesetzgebers sei. Auch die Baufreiheit, die vom Schutzbereich des Eigentumsgrundrechts umfasst werde, sei nur nach Maßgabe des einfachen Rechts gewährleistet[3]. Das Bundesverfassungsgericht hatte ebenfalls schon im sog. „Nassauskiesungsbeschluss" klargestellt, dass sich die konkreten Befugnisse des Eigentümers nicht unmittelbar aus Art. 14 Abs. 1 S. 1 GG, sondern aus der Gesamtheit der die Eigentümerstellung regelnden gesetzlichen Bestimmungen ergeben[4]. Der Bestandsschutz richtet sich also in erster Linie nach der einfachgesetzlichen Ausgestaltung des Landes- oder Bundesgesetzgebers[5].

II. Passiver, aktiver und überwirkender Bestandsschutz

Beim Rechtsinstitut des Bestandsschutzes wird zwischen passivem und aktivem Bestandsschutz unterschieden. Der passive Bestandsschutz berechtigt den Eigentümer in Form eines Abwehrrechts gegen Beseitigungsverfügungen eine bauliche Anlage zu erhalten und wie bisher zu nutzen, auch wenn dies nach dem aktuell geltenden Recht nicht mehr zulässig ist[6]. Dagegen betrifft der aktive Bestandsschutz die Erweiterung des vorhandenen Bestandes. Zulässig ist die Instandsetzung und Modernisierung sowie die Anpassung der baulichen Anlage an gewandelte Lebensgewohnheiten[7].

Aus dem aktiven Bestandsschutz entwickelte die Rechtsprechung den sog. überwirkenden oder erweiterten Bestandsschutz. Danach gestattete der Bestandsschutz auch die Ergänzung, Erweiterung oder Nutzungsänderung einer baulichen Anlage, wenn der Schutz des vorhandenen Bestandes wegen eines bestehenden Funktionszusammenhangs mit der geplanten Änderung oder Erweiterung ohne diese schlechterdings gegenstandslos würde[8]. Diese Rechtsprechung wurde jedoch mittlerweile aufgegeben, weil sich Inhalt und Schranken des Eigentums gemäß Art. 14 Abs. 1 S. 2 GG nach dem einfachgesetzlichen Recht richten. Der Gesetzgeber hat mit § 35 Abs. 4 S. 1 Nr. 1 und 4 BauGB (Nutzungsänderungen), § 35 Abs. 4 S. 1 Nr. 2 und 3 BauGB (Neuerrichtungen) und § 35 Abs. 4 S. 1 Nr. 5 und 6 (Erweiterungen) abschließende Regelungen zum aktiven Bestandsschutz getroffen, sodass eine Berufung auf den unmittelbar aus Art. 14 GG hergeleiteten überwirkenden Bestandsschutz ausscheidet[9].

Daneben wurde für unbebaute Grundstücke ein Genehmigungsanspruch für Fälle angenommen, in denen Vorhaben zwar nach geltendem Recht unzulässig sind,

---

3 BVerwGE 106, 228, 234; dazu auch *Koch/Hendler*, Baurecht, § 25 Rn. 117 ff.

4 BVerfGE 58, 300, 335 f.

5 BVerwG, NVwZ 1998, 735, 736.

6 BVerwGE 72, 362, 363; *Brenner*, Öffentliches Baurecht, Rn. 652 ff.; dazu auch *Lieder*, ThürVBl. 2004, 53 ff.; *Weidemann/Krappel*, NVwZ 2009, 1207 ff.

7 BVerwGE 72, 362, 363 f.; *Brenner*, Öffentliches Baurecht, Rn. 661 ff.; *Lieder*, ThürVBl. 2004, 53, 54.

8 BVerwGE 50, 49, 56 f.; *Brenner*, Öffentliches Baurecht, Rn. 670 f.

9 BVerwGE 106, 228, 234; *Koch/Hendler*, Baurecht, § 25 Rn. 117 f.

jedoch eine sog. „eigentumskräftig verfestigte Anspruchsposition“ vorliegen soll. In der grundlegenden Entscheidung heißt es: „Soweit Grundstücke bei Inkrafttreten des Bundesbaugesetzes in einer Weise bebaubar waren, die nach § 35 Abs. 2 BBauG nicht mehr zulässig ist, besteht die Bebaubarkeit trotz § 35 Abs. 2 BBauG dann fort, wenn sie den Schutz des Art. 14 Abs. 1 GG genoss und deshalb nicht ohne Zubilligung einer Entschädigung entzogen werden konnte“[10]. Eine derart eigentumskräftig verfestigte Anspruchsposition setzte nach der Rechtsprechung des Bundesverwaltungsgerichts zweierlei voraus, nämlich erstens, dass überhaupt irgendwann ein Anspruch auf die Zulassung der Bebauung entstanden ist, und zweitens, dass dieser Anspruch nach Art. 14 Abs. 1 GG gegen eine entschädigungslose Entziehung geschützt, also mit anderen Worten „Eigentum“ im Sinne dieser Vorschrift geworden ist[11]. Auch diese Rechtsprechung hat das Bundesverwaltungsgericht mittlerweile revidiert, da durch die Regelungen in § 34 Abs. 3a und § 35 Abs. 4 BauGB Inhalt und Schranken des Eigentums abschließend bestimmt werden[12].

B. Der Anspruch auf Feststellung des Bestandsschutzes durch einen Duldungsverwaltungsakt

Umstritten ist, ob die Bauaufsichtsbehörde einen Bestandsschutz feststellenden Duldungsverwaltungsakt erlassen kann bzw. ob der betroffene Bürger einen Anspruch auf Erlass eines derartigen Verwaltungsakts haben kann, wenn seine bauliche Anlage oder Nutzung einmal dem materiellen Recht entsprochen hat. Hierzu werden unterschiedliche Ansichten vertreten.

I. Ansicht des Hessischen VGH: Anspruch auf Duldungsverwaltungsakt

In einer Entscheidung des Hessischen VGH, die eine formell und materiell rechtswidrige Büronutzung in einem Wohnhaus betraf, erkannte das Gericht dem Bauherrn ein Abwehrrecht gegen ein endgültiges Nutzungsverbot zu, da die Behörde aufgrund des Bestandsschutzes zur Duldung der rechtswidrigen Nutzung verpflichtet sei. Eine solche unbeschränkte Duldung könne als feststellender Verwaltungsakt mit der Feststellung ergehen, dass die ausgeübte Nutzung über einen nicht unerheblichen Zeitraum in der Vergangenheit materiell rechtmäßig ausgeübt wurde[13]. Der

---

10 BVerwGE 26, 111, Ls. 2.

11 BVerwGE 26, 111, 117 f.

12 BVerwGE 85, 289, 294; *Depenheuer* in: v. Mangoldt/Klein/Starck, GG Bd. 1, Art. 14 Rn. 127; *Wieland* in: Dreier, GG I, Art. 14 Rn. 51.

13 HessVGH, NVwZ-RR 2004, 390; HessVGH, BauR 1995, 679, 681; *Battis*, Öffentliches Baurecht, Rn. 605; *Brenner*, Öffentliches Baurecht, Rn. 653; *Jeromin* in: Jeromin, LBauO Rh.-Pf., § 70 Rn. 30; *Wenzel* in: Gädtke/Czepuck/Johlen/Plietz/Wenzel, BauO NRW, § 61 Rn. 41.

Ausspruch einer unbefristeten Duldung, die den Wirkungen einer Baugenehmigung gleichkomme, ermögliche es, die wegen einer fehlenden Baugenehmigung bestehenden Ungewissheiten hinsichtlich der Legalität der Nutzung im Interesse der Rechtssicherheit zu beseitigen[14]. Darüber hinaus bestehe auch ein Anspruch des Bürgers auf Erlass eines solchen feststellenden Duldungsverwaltungsakts[15].

II. Differenzierende Ansicht

Nach differenzierender Auffassung soll zwar grundsätzlich die Möglichkeit eines den Bestandsschutz feststellenden Duldungsverwaltungsakts bestehen. Die Behörde sei befugt, in Ausführung der Gesetze konkrete Rechte und Pflichten des Bürgers im Einzelfall festzulegen und zu konkretisieren. Allerdings habe der Bürger keinen Anspruch auf Erlass eines derartigen Verwaltungsakts[16].

III. Ansicht von *Finkelnburg/Ortloff/Otto*: Anspruch auf Genehmigung im Fall des Bestandsschutzes

Finkelnburg/Ortloff/Otto vertreten die Ansicht, dass es eines solchen feststellenden Duldungsverwaltungsakts nicht bedarf. Zur Beurteilung der Genehmigungsfähigkeit sei zwar das materielle Recht zum Zeitpunkt der Entscheidung über den Genehmigungsantrag maßgeblich, allerdings könne sich dieser von dem Inhalt des anzuwendenden Rechts unterscheiden. Ein früherer Anspruch könne sich gegenüber einer Rechtsänderung auch ohne ausdrückliche Regelung durchsetzen, was im Fall des Bestandsschutzes aus Art. 14 Abs. 1 GG zu folgern sei. Damit setze sich die frühere Legalität gegenüber einer Rechtsänderung durch und führe dazu, dass das Vorhaben genehmigungsfähig sei. Die Baugenehmigungsbehörde sei daher verpflichtet eine Baugenehmigung unter der auflösenden Bedingung für den Fall der Beendigung des Bestands zu erteilen[17].

IV. Stellungnahme

Die Auffassung von *Finkelnburg/Ortloff/Otto* ist abzulehnen. Die Erteilung einer Baugenehmigung in dieser Situation widerspräche der materiellen Rechtslage sowohl zum Zeitpunkt der Erteilung der Baugenehmigung als auch zum Zeitpunkt seiner Errichtung, sofern das Vorhaben nur zwischendurch für einen

14 HessVGH, BauR 1995, 679, 682, unter Verweis auf HessVGH, BRS 55 Nr. 205 (S. 585), der außer in dieser Entscheidung in den Bestandsschutzfällen nur eine eingeschränkte Duldung zulassen will.

15 HessVGH, BauR 1995, 679, 682; *Lieder*, ThürVBl. 2004, 81.

16 *Köhler-Rott* in: Reichel/Schulte, Handbuch Bauordnungsrecht, § 15 Rn. 357.

17 *Finkelnburg/Ortloff/Otto*, Öffentliches Baurecht Bd. II, S. 181 f.

bestimmten Zeitraum materiell rechtmäßig gewesen ist[18]. Wenn zum Zeitpunkt der Genehmigungserteilung das nunmehr geltende Recht anzuwenden ist[19], würde die Erteilung einer Genehmigung in diesen Fällen dem materiellen Baurecht widersprechen, sodass eine Umgehung des Baugenehmigungsverfahrens vorläge[20].

Darüber hinaus bedarf es aber auch keines Duldungsverwaltungsakts, der den Bestandsschutz verbindlich feststellt. Dies ergibt sich aus der Dogmatik zur Duldung und der neueren Eigentumsdogmatik zum Bestandsschutz.

1. Duldung bei formellem Bestandsschutz nicht erforderlich

Ein Anspruch auf einen Duldungsverwaltungsakt, der den Bestandsschutz verbindlich feststellt, käme überhaupt nur dann in Betracht, wenn man einen sog. materiellen Bestandsschutz anerkennt. Nach einer Ansicht setzt der Bestandsschutz nur die rechtmäßige Errichtung der baulichen Anlage voraus[21]. Danach liegt Bestandsschutz vor, wenn der Bestand zu irgendeinem Zeitpunkt genehmigt worden oder genehmigungsfähig gewesen ist[22]. Für die materielle Rechtmäßigkeit sei dabei ausreichend, dass der Bestand in irgendeinem namhaften Zeitraum dem maßgebenden materiellen Recht entsprochen habe[23]. Namhaft ist der Zeitraum, wenn die Rechtmäßigkeit der Anlage für einen Mindestzeitraum bestand, der die angemessene Frist zur Bearbeitung eines dem vorhandenen Bestand entsprechenden Bauantrags umfassen würde[24]. Gegen die Anerkennung eines solchen Verwaltungsakts sprechen aber mehrere gewichtige Gründe.

a) Unterschied zwischen Duldung und Bestandsschutz

Zum einen spricht die Dogmatik der Duldung gegen die Anerkennung eines den Bestandsschutz feststellenden Duldungsverwaltungsakts. Wenn eine rechtswidrige bauliche Anlage oder eine rechtswidrige Nutzung Bestandsschutz genießt, liegen schon die Eingriffsvoraussetzungen nicht vor, sodass keine weitere Ermessensentscheidung mehr zu treffen ist. Zwar handelt es sich bei der Duldung wie beim Bestandsschutz im Verhältnis zur Bauordnungsverfügung um ein Gegenrecht des Betroffenen im Sinne einer Einwendung. Der Betroffene kann seine materiell rechtswidrig gewordene Anlage oder Nutzung verteidigen, da er aus der Vergangenheit ein Recht ableitet, dass sich gegen die Bauordnungsverfügung

18 BVerwGE 72, 362, 365; *Battis*, Öffentliches Baurecht, Rn. 605; *Brenner*, Öffentliches Baurecht, Rn. 653; *Koch/Hendler*, Baurecht, § 26 Rn. 26; *Schenke* in: Achterberg/Püttner/Würtenberger, Besonderes Verwaltungsrecht Bd. I, § 9 Rn. 248.

19 BVerwGE 72, 362, 365.

20 BayVGH, BayVBl. 2002, 737; *Lieder*, ThürVBl. 2004, 81.

21 BVerwG, NJW 1971, 1624; *Decker* in: Simon Busse, BayBO, Art. 76 Rn. 116 m.w.N.; *Weidemann/Krappel*, NVwZ 2009, 1207, 1208 f.

22 BVerfG, NVwZ 2001, 424.

23 BVerwG, NJW 1981, 473; BVerwG, NJW 1971, 1624, 1625.

24 BVerwG, BRS 24 Nr. 193 (S. 307).

durchsetzt[25]. Entscheidender Unterschied zwischen Bestandsschutz und Duldung ist aber, dass die Duldung auf behördlichem Verhalten und einer Ermessensentscheidung beruht, während der Bestandsschutz eine Folge der formellen und materiellen Rechtslage ist.

b) Neuere Bestandsschutzdogmatik

Maßgeblich sprechen Gründe der neueren Bestandsschutzdogmatik gegen einen Duldungsverwaltungsakt. Unter Zugrundelegung der neueren Eigentumsdogmatik, wonach sich der Bestandsschutz aus der einfachgesetzlichen Ausgestaltung ergibt, erstreckt sich der Bestandsschutz für bauliche Anlagen gegenüber Änderungen der Rechtsordnung aus verfassungsrechtlicher Sicht nur noch auf den genehmigten Bestand und die genehmigte Funktion[26]. Damit liegt Bestandsschutz nur dann vor, wenn das Vorhaben formell rechtmäßig ist, unabhängig davon, ob die erteilte Baugenehmigung rechtmäßig oder rechtswidrig ist[27]. Die nach der oben genannten Ansicht erforderliche materielle Legalität einer Anlage über einen namhaften Zeitraum ist folglich nur dann ausreichend, wenn die Anlage genehmigungsfrei errichtet werden konnte[28].

Diese neuere Ansicht ist aus mehreren Gründen vorzugswürdig. Wenn sich Inhalt und Schranken des Bestandsschutzes gemäß Art. 14 Abs. 1 S. 2 GG aus dem einfachen Recht ergeben, kann ein Schutz gegen Eingriffe bei genehmigungsbedürftigen Anlagen erst gegeben sein, wenn eine Baugenehmigung erteilt wurde[29]. Im Umkehrschluss kann es für den Bestandsschutz also nicht ausreichend sein, dass eine genehmigungsbedürftige Anlage über einen namhaften Zeitraum nur dem materiellen Recht entsprochen hat. Der rein aus Art. 14 Abs. 1 S. 1 GG abgeleitete materielle Bestandsschutz umgeht die Kompetenz des Gesetzgebers zur Ausgestaltung der Rechtsordnung[30] und führt zu einem rechtswidrigen Anwendungsvorrang des Grundgesetzes vor dem einfachen Gesetz[31]. Des Weiteren erscheint es unbillig, denjenigen, der das Baugenehmigungsverfahren umgeht, mit den Vorteilen des Bestandsschutzes zu belohnen. Wer sich nicht rechtskonform verhält, kann auch keinen Schutz durch die Rechtsordnung verlangen, selbst

---

25 *Decker* in: Simon/Busse, BayBO, Art. 76 Rn. 130.

26 BVerfG, NVwZ-RR 1996, 483; *Decker* in: Simon Busse, BayBO, Art. 76 Rn. 117 m.w.N.; ähnlich auch BVerwGE 98, 235, 246 f.

27 BVerfG, NVwZ-RR 1996, 483; BVerwG, NVwZ –RR 1998, 357, 358; in diese Richtung auch BayVGH, Urt. v. 17.10.2006 – 1 B 05.1429, juris Rn. 24; BayVGH, BRS 71 Nr. 193 (S. 895); OVG Saarl., Beschl. v. 18.02.2002 – 2 V 1/02, juris Rn. 7; *Decker* in: Simon/Busse, BayBO, Art. 76 Rn. 119.

28 *Decker* in: Simon/Busse, BayBO, Art. 76, Rn. 117.

29 *Decker* in: Simon/Busse, BayBO Art. 76 Rn. 118; *Muckel/Ogorek*, Öffentliches Baurecht, § 9 Rn. 31; *Schoch*, Jura 2005, 178, 182; a.A. *Weidemann/Krappel*, NVwZ 2009, 1207, 1210 m.w.N.

30 *Schmaltz*, FS Götz, S. 455, 459 f.; *Lieder*, ThürVBl. 2004, 53, 57.

31 *Wehr*, Die Verwaltung 2005, 65, 80.

wenn sein Tun zu irgendeinem Zeitpunkt einmal der materiellen Rechtslage entsprochen hat[32]. Außerdem besteht in bestimmten Konstellationen die Gefahr, dass der „Schwarzbau" gegenüber Bauten bevorzugt wird, für die eine Genehmigung beantragt wird, nämlich dann, wenn während der Bearbeitung des Bauantrags eine Rechtsänderung eintritt, die eine Genehmigungsfähigkeit entfallen lässt[33]. Darüber hinaus könnte der Bauherr selbst die materielle Rechtmäßigkeit seines Vorhabens prüfen und auf die Einholung einer Baugenehmigung verzichten. Diese Folge kann aber vor dem Hintergrund der Einführung genehmigungsfreier Vorhaben nicht gewollt sein[34]. Der Bauherr, der sich eigenmächtig über die Genehmigungspflicht hinwegsetzt, handelt daher auf eigenes Risiko[35].

Die Annahme von Bestandsschutz bei lediglich materiell legaler Errichtung begegnet außerdem Bedenken in Bezug auf die gemeindliche Planungshoheit. Denn bei Errichtung des „Schwarzbaus" wird die Beteiligung der Gemeinde nach § 36 Abs. 1 BauGB nicht durchgeführt und ihr damit die Möglichkeit genommen, nach §§ 14, 15 BauGB auf die Zulässigkeit des Vorhabens Einfluss zu nehmen[36]. Dem kann auch nicht entgegengehalten werden, dass die Baugenehmigung als ordnungsrechtliches Instrument nur ein präventives Verbot aufhebt und es deshalb nur auf die materielle Legalität im Zeitpunkt der Errichtung ankomme. Das Baugenehmigungsverfahren begrenzt die Baufreiheit im Sinne einer Inhalts- und Schrankenbestimmung. Es dient nicht nur der Überprüfung des Bauvorhabens auf seine Übereinstimmung mit dem öffentlichen Recht, sondern auch der Sicherung der Planungshoheit der Gemeinde, die nicht durch einen Hinweis auf die materielle Legalität des Vorhabens übergangen werden darf[37].

Weiterhin sprechen die Normierungen der entscheidungserheblichen Zeitpunkte in den bauordnungsrechtlichen Ermächtigungsgrundlagen für die Anerkennung eines rein formellen Bestandsschutzes. Dem Landesgesetzgeber kommt die Befugnis zu, Inhalt und Schranken des Eigentums durch die Ermächtigungen zum Einschreiten gegen baurechtswidrige Zustände abschließend zu bestimmen. Davon wurde unterschiedlich Gebrauch gemacht. Während es in Niedersachsen nach § 79 Abs. 1 NBauO

32 *Decker* in: Simon/Busse, BayBO Art. 76 Rn. 118.

33 BVerwG, NVwZ-RR 1998, 357, 358; *Erbguth/Schubert*, Öffentliches Baurecht, § 13 Rn. 57; *Tettinger/Erbguth/Mann*, Besonderes Verwaltungsrecht, Rn. 1306; *Schmaltz*, FS Götz, S. 455, 457.

34 *Muckel/Ogorek*, Öffentliches Baurecht, § 9 Rn. 37.

35 Eine andere Beurteilung könnte sich allenfalls dann ergeben, wenn der Bauherr irrtümlich, aber vertretbar von der Genehmigungsfreiheit ausgeht oder wenn es die Behörde unterlässt, vor einer anstehenden Rechtsänderung den Bauherrn eines genehmigungsfähigen „Schwarzbaus" aufzufordern, ein Nachtragsbaugesuch zu stellen, vgl. *Aichele/Herr*, NVwZ 2003, 415, 418.

36 *Erbguth/Schubert*, Öffentliches Baurecht, § 13 Rn. 57; *Tettinger/Erbguth/Mann*, Besonderes Verwaltungsrecht, Rn. 1306; *Schmaltz*, FS Götz, S. 455, 458 f.; *Aichele/Herr*, NVwZ 2003, 415, 418.

37 *Schmaltz*, FS Götz, S. 455, 461 f.

darauf ankommt, dass bauliche Anlagen dem öffentlichen Baurecht widersprechen, stellen die übrigen Bauordnungen darauf ab, ob eine Anlage im Widerspruch zu öffentlichen Vorschriften errichtet worden ist, vgl. etwa § 61 Abs. 1 S. 1 BauO NRW, Art. 82 BayBO. Es wurden mithin unterschiedliche entscheidungserhebliche Zeitpunkte festgelegt. Der niedersächsische Landesgesetzgeber hat durch die Regelung in § 79 Abs. 1 NBauO zum Ausdruck gebracht, dass es nicht auf die materielle Legalität zum Zeitpunkt der Errichtung einer Anlage ankommt, sondern auf das materielle Recht im Zeitpunkt der Anordnung der bauaufsichtlichen Maßnahme[38]. Bestandsschutz kann nach dieser Regelung nur eine wirksame Baugenehmigung vermitteln.

In den Landesbauordnungen, die darauf abstellen, dass eine Anlage im Widerspruch zum öffentlichen Recht errichtet, genutzt, geändert oder abgebrochen wird, ist die Rechtslage differenzierter zu beurteilen. Zu betrachten ist die Konstellation, dass ein Vorhaben materiell legal, aber formell illegal errichtet wurde und zwischenzeitlich eine Rechtsänderung zum Nachteil des Bauherrn eingetreten ist, die das Vorhaben nunmehr materiell illegal macht. Es kommt nun maßgeblich darauf an, ob die lediglich materielle Legalität zum Zeitpunkt der Errichtung für einen Bestandsschutz ausreicht. Da aber eine bauliche Anlage auch dann im Widerspruch zu öffentlichrechtlichen Vorschriften errichtet wurde, wenn die erforderliche Baugenehmigung nicht eingeholt wurde und auch nachträglich wegen einer Rechtsänderung nicht mehr eingeholt werden kann, wird man keinen Bestandsschutz annehmen können[39].

c) Ergebnis

Unter Beachtung der neueren Eigentums- und Bestandsschutzdogmatik zeigt sich, dass die Baugenehmigung kein bloßer Selbstzweck ist, sondern eine zulässige Inhalts- und Schrankenbestimmung des Eigentums darstellt[40]. Fehlt eine Baugenehmigung und widerspricht die Anlage nach einer Rechtsänderung auch dem materiellen Recht, kann eine Baugenehmigung nicht mehr erteilt werden. Zur Herstellung rechtmäßiger Zustände bleibt nur die Beseitigung, es sei denn der Widerspruch zum öffentlichen Baurecht kann durch eine Befreiung ausgeräumt werden[41]. Damit kommt man nach der hier vertretenen Auffassung, dass nur im Fall des Vorliegens einer – rechtmäßigen oder rechtswidrigen – Baugenehmigung Bestandsschutz eintritt, zu dem Ergebnis, dass grundsätzlich kein Bedürfnis nach einer behördlichen Duldung besteht. Zur Feststellung des Bestandsschutzes bedarf

---

38 *Schmaltz*, FS Götz, S. 455, 462 f.

39 *Schmaltz*, FS Götz, S. 455, 463; *Aichele/Herr*, NVwZ 2003, 415, 417; a.A. *Brohm*, Öffentliches Baurecht, § 22 Rn. 11 m.w.N.; *Oldiges* in: Steiner, Besonderes Verwaltungsrecht, Kap. III Rn. 338c, der über eine verfassungskonforme Auslegung der Ermächtigungsnorm einen Abbruch erst dann als zulässig erachtet, wenn auch eine materielle Rechtswidrigkeit im Zeitpunkt der Errichtung vorliegt; *Lieder*, ThürVBl. 2004, 81, 83 unter Hinweis auf eine bloße Ordnungsfunktion des Baugenehmigungsverfahrens.

40 *Mann* in: Große-Suchsdorf, NBauO, § 79 Rn. 22.

41 *Mann* in: Große-Suchsdorf, NBauO, § 79 Rn. 22.

es daher keines eigenständigen Duldungsverwaltungsakts, da sich der Bestandsschutz der Anlage unmittelbar aus der Baugenehmigung ergibt[42].

2. *Kein Anspruch auf einen Duldungsverwaltungsakt bei materiellem Bestandsschutz*

Aber selbst wenn man es für den Bestandsschutz als ausreichend erachtet, dass ein Bauwerk über einen gewissen Zeitraum nur dem materiellen Baurecht entsprochen hat, lässt sich daraus kein Anspruch auf einen Duldungsverwaltungsakt folgern. Wenn auch grundsätzlich das Institut eines feststellenden Verwaltungsakts anerkannt ist, kann jedoch ein Verwaltungsakt, der den Bestandsschutz feststellt, mangels einer hierfür erforderlichen Rechtsgrundlage[43] nicht existieren. Der Bayerische VGH hat diesbezüglich zutreffend ausgeführt, ein Verwaltungsakt, der bestätigt, dass ein ohne die erforderliche Genehmigung errichtetes Vorhaben Bestandsschutz genieße, sei nicht von der Rechtsordnung vorgesehen. Darin liege eine Umgehung der Vorschriften über den Bauantrag und die Baugenehmigung sowie der allgemeinen Rechtsgrundsätze über die maßgebliche Sach- und Rechtslage bei der Beurteilung eines Bauantrags. Denn neben den bauaufsichtlichen Gestattungsformen der Baugenehmigung und des Vorbescheids sei für andere genehmigungsartige Gestaltungen kein Raum[44]. Damit kann der Bauherr im Rahmen einer Verpflichtungsklage keinen Anspruch auf Erlass eines solchen Verwaltungsakts geltend machen. Es bleibt ihm aber die Möglichkeit im Rahmen einer Feststellungsklage den Bestandsschutz feststellen lassen[45]. Die Möglichkeit im Fall des Bestandsschutzes eine Feststellungsklage zu erheben, sichert den effektiven Rechtsschutz des Bürgers ausreichend ab und trägt durch das Feststellungsurteil zur Rechtssicherheit bei. Damit besteht kein sachliches Bedürfnis für die Entwicklung eines eigenständigen Instituts in Form eines Duldungsverwaltungsakts[46].

3. *Duldung bei Bestandsschutz genehmigungsfreier Vorhaben*

Eine andere Beurteilung könnte sich bei Vorhaben ergeben, bei denen keine Baugenehmigung erteilt wird, also bei Vorhaben des Genehmigungsfreistellungsverfahrens[47] nach § 67 BauO NRW oder bei sonstigen genehmigungsfreien Vorhaben[48]

---

42 *Decker* in: Simon/Busse, BayBO, Art. 76 Rn. 228; *Ruske*, Die gleichheitsgemäße Ermessensausübung, S. 69 f.

43 *Kopp/Ramsauer*, VwVfG, § 35 Rn. 25.

44 HessVGH, BRS 55 Nr. 205 (S. 585); *Jäde*, Bauaufsichtliche Maßnahmen Rn. 119 (Fn. 201).

45 BayVGH, BayVBl. 2002, 737; *Jäde*, Bauaufsichtliche Maßnahmen, Rn. 119 (Fn. 201).

46 BayVGH, BayVBl. 2002, 737; *Jäde*, Bauaufsichtliche Maßnahmen, Rn. 119 (Fn. 201), der aber daneben einen die materielle Rechtmäßigkeit zu einem früheren Zeitpunkt feststellenden Verwaltungsakt statt eines Duldungsverwaltungsakts befürwortet.

47 In diesem Kontext sind auch das Anzeigeverfahren nach § 58 BbgBO und das Kenntnisgabeverfahren gemäß § 51 LBO BW zu nennen.

48 Bzw. „verfahrensfreien Vorhaben" z.B. nach § 50 LBO BW; Art. 57 BayBO.

nach §§ 65, 66 BauO NRW. Der einfachgesetzliche Bestandsschutz begegnet gerade Bedenken im Fall genehmigungsfreier Vorhaben, da diese ohne Baugenehmigung, im Unterschied zum „Schwarzbau“ aber materiell rechtmäßig, errichtet wurden und es damit an einem den Bestandsschutz vermittelnden Verwaltungsakt fehlt.

Weil bei diesen Vorhaben keine Baugenehmigung erteilt wird, hängt der Bestandsschutz allein davon ab, ob sie materiell legal errichtet wurden[49]. Teilweise wird dieser Befund nicht aus dem Bestandsschutz nach Art. 14 Abs. 1 GG hergeleitet, sondern aus Vertrauensschutzgesichtspunkten, die vor dem Hintergrund des Art. 14 Abs. 1 GG besonders zu gewichten seien[50]. Fraglich ist, ob diese Lücke durch einen Duldungsverwaltungsakt zu schließen ist. Zumindest besteht ein Bestandsschutz aufgrund der bauordnungsrechtlichen Eingriffsbefugnisse bei anfänglicher materieller Legalität, wenn die Bauordnungen der Länder in den Eingriffsbefugnissen die materielle Illegalität zum Zeitpunkt der Errichtung oder Änderung einer Anlage fordern[51]. Fehlt eine solche Regelung im Gesetzestext, wird vorgeschlagen, diese Lücke durch verfassungskonforme Auslegung zu schließen, sodass die materielle Illegalität zum Zeitpunkt der Errichtung als ungeschriebene Tatbestandsvoraussetzung maßgeblich sei[52] oder die bauaufsichtlichen Eingriffsbefugnisse nach Maßgabe des Eingriffsermessens oder unter dem Gesichtspunkt der Verhältnismäßigkeit zu beschränken seien[53].

a) Bestandsschutz bei genehmigungsfreien Vorhaben

Bei der Darstellung des Bestandsschutzes genehmigungsfreier Vorhaben ist zwischen den Vorhaben des Genehmigungsfreistellungsverfahrens und den sonstigen genehmigungsfreien Vorhaben zu differenzieren.

Da im Genehmigungsfreistellungsverfahren nach § 67 BauO NRW keine Baugenehmigung erteilt wird, entfällt für den Bauherrn der durch die Baugenehmigung vermittelte formelle Bestandsschutz. Für das Genehmigungsfreistellungsverfahren gibt es jedoch einige Sonderregelungen. So setzen sich z.B. Bauvorhaben aus dem Genehmigungsfreistellungsverfahren gemäß § 14 Abs. 2 S. 1 BauGB gegen eine später erlassene Veränderungssperre durch[54]. Außerdem gewährt § 67 Abs. 8 S. 2 BauO NRW Bestandsschutz für den Fall, dass der Bebauungsplan nichtig ist. Nach § 67 Abs. 1 S. 3 BauO NRW wird dem Bauherrn auch die Möglichkeit gegeben, anstelle des Genehmigungsfreistellungsverfahrens ein Genehmigungsverfahren

49 *Krebs* in: Schoch, Besonderes Verwaltungsrecht, 4. Kap. Rn. 228; *Lieder*, ThürVBl. 2004, 81, 84.

50 *Mann* in: Große-Suchsdorf, NBauO, § 79 Rn. 25.

51 Z.B. § 61 Abs. 1 BauO NRW; § 78 Abs. 1 BauO LSA.

52 *Brenner*, Öffentliches Baurecht, Rn. 659; *Brohm*, Öffentliches Baurecht, § 22 Rn. 11; *Oldiges* in: Steiner, Besonderes Verwaltungsrecht, Kap. III Rn. 338c.

53 *Aichele/Herr*, NVwZ 2003, 415, 419 f.

54 *Kaiser* in: Ehlers/Fehling/Pünder, Besonderes Verwaltungsrecht Bd. 2, § 41 Rn. 85.

durchzuführen, sodass er einen umfassenderen Bestandsschutz herbeiführen kann[55]. Aber selbst wenn der Bauherr ein materiell legales Vorhaben ohne die erforderliche Anzeige ausführt, kann ihm bei Vorhaben des Genehmigungsfreistellungsverfahrens Bestandsschutz zugutekommen. Denn der Verstoß gegen die Anzeige ist weniger gravierend als das Bauen ohne Baugenehmigung[56]. Weiterhin steht das Genehmigungsfreistellungsverfahren nach Sinn und Zweck der Verfahrensfreiheit näher als dem Genehmigungsverfahren[57]. Außerdem hatten die Landesgesetzgeber bei Erlass der Bauordnungen an diese Verfahrensarten noch nicht gedacht, sodass der Tatbestand der Beseitigungsverfügung im Wege einer teleologischen Reduktion auf rein materielle Rechtsverstöße einzuengen sein dürfte[58].

Aufgrund des geringen Investitionsrisikos des Bauherrn bei den sonstigen genehmigungsfreien Vorhaben i.S.d. §§ 65, 66 BauO NRW und des regelmäßig breiten Ermessensspielraums der Bauaufsichtsbehörde kann bei diesen Vorhaben auf die Legalisierungswirkung einer Baugenehmigung verzichtet werden[59]. Zu prüfen ist allein die materielle Rechtmäßigkeit des Vorhabens. War der Bau anfänglich materiell rechtmäßig, scheidet eine Abbruchverfügung aus, weil das Vorhaben nicht im Widerspruch zu öffentlich-rechtlichen Vorschriften errichtet wurde[60]. Außerdem besteht z.B. in Hamburg nach § 59 HBauO ein Wahlrecht, ein Genehmigungsverfahren durchzuführen, oder in Baden-Württemberg die Möglichkeit, nach § 50 Abs. 5 S. 2 LBO BW einen Bauvorbescheid zu beantragen, um auf diese Weise eine formell bestandsgeschützte Rechtsposition zu erhalten.

b) Kein Anspruch auf einen Duldungsverwaltungsakt bei genehmigungsfreien Vorhaben

Fraglich ist, welche Konsequenzen sich aus dem Bestandsschutz bei Vorhaben, bei denen keine Baugenehmigung erteilt wird, für die Duldung ergeben. Bei Vorhaben die keiner Baugenehmigung bedürfen, ist die ehemals materielle Legalität der Anlage maßgebliches Kriterium. Daher könnte nach der Rechtsprechung des Hessischen VGH ein Anspruch auf Erlass eines Duldungsverwaltungsakts bestehen, wenn eine bauliche Anlage oder Nutzung einmal materiell rechtmäßig gewesen ist[61]. Dafür könnte sprechen, dass die Unaufklärbarkeit des Bestandsschutzes als Gegenrecht zulasten dessen geht, der sich auf dieses Recht beruft. Die Beweislast liegt also bei dem von der Bauordnungsverfügung Betroffenen[62]. Gerade diese aus der Beweislast

55 *Kaiser* in: Ehlers/Fehling/Pünder, Besonderes Verwaltungsrecht Bd. 2, § 41 Rn. 85.
56 *Aichele/Herr*, NVwZ 2003, 415, 420.
57 *Aichele/Herr*, NVwZ 2003, 415, 420.
58 *Aichele/Herr*, NVwZ 2003, 415, 420.
59 *Brohm*, Öffentliches Baurecht, § 22 Rn. 13.
60 *Aichele/Herr*, NVwZ 2003, 415, 419.
61 HessVGH, BRS 55 Nr. 205 (S. 585).
62 BVerwG, NJW 1980, 252; *Decker* in: Simon/Busse, BayBO, Art. 76 Rn. 228; *Lieder*, ThürVBl. 2004, 81.

resultierende Unsicherheit für den Bürger könnte es erforderlich machen, den Bestandsschutz verbindlich festzustellen, um zu vermeiden, dass dieser immer wieder zur Disposition gestellt wird. Denn bei Vorhaben, die ohne Baugenehmigung errichtet werden können, existiert gerade keine Baugenehmigung nach altem Recht, die den Bestandsschutz belegen kann.

Ein solcher Verwaltungsakt wäre jedoch im Fall von Vorhaben, die keiner Baugenehmigung bedürfen, problematisch, da er dem Bürger eine Rechtsposition zugesteht, die bei diesen Vorhaben gerade nicht vorgesehen ist. Denn ein solcher Duldungsverwaltungsakt hätte baugenehmigungsähnliche Wirkung, die dem Bauherrn eine nicht zu unterschätzende Investitionssicherheit gibt. Diese Investitionssicherheit ist bei genehmigungsfreigestellten und sonstigen genehmigungsfreien Vorhaben aber gerade nicht gegeben[63]. Ein den Bestandsschutz feststellender Verwaltungsakt würde also gerade das Wesen der genehmigungsfreien Errichtung umgehen. Insofern sprechen die gleichen Gründe gegen den Erlass eines Duldungsverwaltungsakts wie bei den genehmigungsbedürftigen Vorhaben[64].

C. Kein Anspruch auf Zulassung von geduldeten Vorhaben im Außenbereich nach § 35 Abs. 4 BauGB

I. Kein Anspruch auf Erweiterung einer geduldeten Anlage

Ein Rückgriff auf die Rechtsfigur des passiven und aktiven Bestandsschutzes zeigt, dass dem Adressaten einer Duldung kein Anspruch auf Erweiterung bzw. Modifikation seiner geduldeten Anlage zustehen kann. Zieht man Parallelen zum Bestandsschutz, so gewährt auch dieser nicht das Recht, ein bestandsgesichertes Bauwerk zu erweitern (sog. aktiver Bestandsschutz). Denn nach der Rechtsprechung des Bundesverwaltungsgerichts dient Art. 14 Abs. 1 S. 1 GG nicht als Grundlage des Bestandsschutzes, weil die Inhaltsbestimmung des Eigentums gemäß Art. 14 Abs. 1 S. 2 GG der einfachrechtlichen Regelung bedarf. Nach Auffassung des Bundesverwaltungsgerichts gibt es demnach außerhalb der gesetzlichen Regelungen keinen Anspruch auf Zulassung eines Vorhabens aus eigentumsrechtlichem Bestandsschutz[65]. Das bedeutet, dass der Eigentümer einer bestandsgeschützten Anlage keinen Anspruch auf Zulassung von Baumaßnahmen zur Erweiterung seines Vorhabens geltend machen kann, wenn dies nicht einfachgesetzlich bestimmt ist. Ein solcher Anspruch kann sich nur aus § 35 Abs. 4 BauGB ergeben.

Wenn schon aus der eigentumsrechtlich geschützten Position des Bestandsschutzes kein Anspruch auf Erweiterung einer Anlage hergeleitet werden kann, muss dies erst recht für den Fall der Duldung gelten. Die Duldung bezieht sich nur auf den ursprünglich geduldeten Bestand, nicht aber auf Erweiterungsmaßnahmen.

63 *Boeddinghaus/Hahn/Schulte*, BauO NRW, § 75 Rn. 67.
64 Siehe oben 4. Teil. B.IV.2.
65 BVerwGE 106, 228, 234 f.

Erweiterungsmaßnahmen rechtfertigen vielmehr den Abriss des gesamten Gebäudes bzw. eine Rückbauverfügung für den Fall einer leicht rückgängig zu machenden Baumaßnahme[66]. Aus einer vorangegangenen Duldung kann der Bauherr also keine Rechtsposition ableiten, die es ihm erlaubt, die geduldete Anlage zu erweitern. Im Gegensatz zu bloßen Erhaltungsmaßnahmen sind auch Substanz- und Funktionsverbesserungen unzulässig[67].

II. Kein Anspruch aus § 35 Abs. 4 BauGB

Die Vorschrift des § 35 Abs. 4 BauGB gestattet in den dort geregelten Fällen eine Nutzungsänderung (§ 35 Abs. 4 S. 1 Nr. 1 und 4 BauGB), Neuerrichtung (§ 35 Abs. 4 S. 1 Nr. 2 und Nr. 3 BauGB) oder Erweiterung (§ 35 Abs. 4 S. 1 Nr. 5 und Nr. 6 BauGB) für Vorhaben im Außenbereich. Es handelt sich bei § 35 Abs. 4 BauGB um eine einfachgesetzliche Ausformung des baurechtlichen Bestandsschutzes[68]. Die unterschiedlichen Regelungen in § 35 Abs. 4 BauGB knüpfen teilweise an das Tatbestandsmerkmal an, ob ein Gebäude *„zulässigerweise errichtet"* wurde, vgl. § 35 Abs. 4 S. 1 Nr. 1 lit. d, Nr. 2 lit. a, Nr. 3, Nr. 5 lit. a und Nr. 6 BauGB. Daraus ergibt sich die Frage, ob ein Bauwerk auch dann zulässigerweise errichtet ist, wenn es lediglich geduldet ist.

Das OVG Mecklenburg-Vorpommern hat zumindest für den Fall, dass ein Bauwerk durch die Verjährungsregel des § 11 Abs. 3 der Verordnung über Bevölkerungsbauwerke nach dem Recht der ehemaligen DDR geschützt ist[69], entschieden, dass diese Bauten nicht i.S.v. § 35 Abs. 4 S. 1 Nr. 3 BauGB zulässigerweise errichtet wurden. Dies folge daraus, dass § 11 Abs. 3 der Verordnung über Bevölkerungsbauwerke weder eine formelle oder materielle Legalisierung rechtswidriger Zustände bewirke noch § 35 Abs. 4 S. 1 Nr. 3 BauGB an den formellen oder materiellen Bestandsschutz und damit entscheidend auf einen materiell rechtmäßigen Zustand abstelle[70].

Auch das OVG Nordrhein-Westfalen hat entschieden, ein im Außenbereich gelegener formell und materiell illegaler gewerblicher Betrieb sei selbst dann nicht „zulässigerweise errichtet" i.S.v. § 35 Abs. 4 S. 1 Nr. 6 BauGB, wenn er von der Bauaufsichtsbehörde seit Jahren geduldet wird[71]. Ein gewerblicher Betrieb sei nur dann „zulässigerweise errichtet", wenn er in Übereinstimmung mit dem materiellen Baurecht errichtet oder trotz materieller Illegalität eine Baugenehmigung erteilt worden ist. Die jahrelange Duldung des Betriebes durch die Bauaufsichtsbehörde ersetze eine Baugenehmigung schon deshalb nicht, weil eine Duldung gerade auf die (vorübergehende) Hinnahme einer jedenfalls formell illegalen baulichen Anlage

---

66 Siehe unten 6. Teil. F.II.

67 Siehe unten 5. Teil. B.VII.3. und 6. Teil. E.VI.1.

68 *Mitschang/Reidt* in: Battis/Krautzberger/Löhr, BauGB, § 35 Rn. 126.

69 Siehe unten 6. Teil. D.

70 OVG MV, Urt. v. 14.08.2013 – 3 L 4/08, juris Rn. 107.

71 OVG NRW, Beschl. v. 19.07.2007 – 7 A 134/07, juris Rn. 12; *Boeddinghaus/Hahn/Schulte*, BauO NRW, § 75 Rn. 22.

gerichtet sei. Daher sei ein geduldeter Betrieb auch nicht einem zulässigerweise errichteten Betrieb gleichzusetzen[72].

Diese Rechtsprechung verdient Zustimmung und lässt sich auf die anderen Tatbestände des § 35 Abs. 4 BauGB, in denen das Tatbestandsmerkmal „zulässigerweise errichtet" genannt ist, sinngemäß übertragen. Auch wenn das Urteil des OVG Mecklenburg-Vorpommern die Sonderkonstellation der Verjährungsregel des § 11 Abs. 3 der Verordnung über Bevölkerungsbauwerke aus der Zeit der ehemaligen DDR betrifft, ist die Argumentation im Fall sonstiger Duldungen gleichlaufend. Zulässigerweise errichtet bedeutet, dass das Bauwerk mit einer Baugenehmigung errichtet wurde und damit formellen Bestandsschutz genießt, zumindest aber, dass es zum Zeitpunkt der Errichtung mit den geltenden baurechtlichen Vorschriften übereinstimmte[73]. In der Situation der Duldung sind diese Kriterien gerade nicht erfüllt, weil die frühere materielle Legalität des geduldeten Bauwerks häufig nicht gegeben sein wird. Es liegt also i.d.R. ein Zustand formeller und materieller Illegalität vor. Die Duldung hat aber auch keine Legalisierungswirkung[74] und verleiht dem Bauwerk keine formelle und materielle Legalität. Damit sind im Ergebnis geduldete Bauwerke nicht als „zulässigerweise errichtet" i.S.d. § 35 Abs. 4 S. 1 Nr. 1 lit. d, 2 lit. a, 3, 5 lit. a und 6 BauGB anzusehen und folglich nicht nach diesen Vorschriften privilegiert.

D. Anpassung bestehender Anlagen an Rechtsvorschriften

Nach § 87 Abs. 1 BauO NRW kann verlangt werden, dass rechtmäßig bestehende bauliche Anlagen sowie andere Anlagen und Einrichtungen im Sinne von § 1 Abs. 1 S. 2 BauO NRW, die nicht den Vorschriften der Bauordnung oder Vorschriften aufgrund der Bauordnung entsprechen, diesen Vorschriften angepasst werden, wenn dies im Einzelfall wegen der Sicherheit für Leben oder Gesundheit erforderlich ist. Fraglich ist, ob auch eine nur geduldete bauliche Anlage eine „rechtmäßig bestehende bauliche Anlage" im Sinne des Gesetzes ist.

Sinn und Zweck der Vorschriften über die Anpassung vorhandener baulicher Anlagen an neue Vorschriften ist im Kontext des baurechtlichen Bestandsschutzes zu bestimmen. Die Ermächtigungsgrundlage ist erforderlich, um Anforderungen an solche Vorhaben zu stellen, die eigentlich bestandsgeschützt sind[75]. So kann durch das Anpassungsverlangen z.B. eine Anpassung an brandschutzrechtliche Bestimmungen verlangt werden. Wenn aber nach dem Wortlaut ein rechtmäßiger Bestand gefordert ist, können lediglich geduldete Bauvorhaben nicht vom Anwendungsbereich erfasst sein, weil rechtswidrige Bestände oder Nutzungen nicht durch

72 OVG NRW, Beschl. v. 19.07.2007 – 7 A 134/07, juris Rn. 10 ff.

73 *Bracher*, ZfBR 1987, 127, 130.

74 Siehe oben 3. Teil. C.III.

75 *Boeddinghaus/Hahn/Schulte*, BauO NRW, § 87 Rn. 1.

Art. 14 GG geschützt sind[76]. Im Fall formell und materiell illegaler Anlagen oder Nutzungen liegt gerade kein Bestandsschutz vor, sodass die Bauaufsichtsbehörde nicht unter den strengeren Anforderungen des § 87 BauO NRW, sondern nach den allgemeinen bauaufsichtlichen Ermächtigungsgrundlagen das für die Anpassung Erforderliche anordnen kann[77]. Die Anpassung eines geduldeten Bauvorhabens an verschärfte Rechtsvorschriften kann also allgemein nach § 61 Abs. 1 S. 2 BauO NRW verlangt werden. Dabei ist auch zu prüfen, ob die Duldung aufgrund der geänderten Rechtsvorschriften überhaupt noch aufrechterhalten werden kann oder ob eine Anpassung das mildere Mittel darstellt.

E. Verbleibender Anwendungsbereich der Duldung im Kontext des Bestandsschutzes

Es konnte gezeigt werden, dass im Fall bestandsgeschützter baulicher Anlagen oder Nutzungen kein Anspruch auf einen Duldungsverwaltungsakt besteht, weil Bestandsschutz allein durch eine wirksame Baugenehmigung vermittelt werden kann. Dennoch verbleibt auch in der Situation des materiellen Bestandsschutzes ein Anwendungsbereich für Duldungen.

I. Nicht auffindbare Baugenehmigung

Ist eine einmal erteilte Baugenehmigung, für deren Vorliegen der Betroffene beweispflichtig ist, nicht mehr auffindbar, kann grundsätzlich eine Duldung in Betracht kommen. Diese erfolgt dann aber nicht aufgrund des Vorliegens eines materiellen Bestandsschutzes, sondern aufgrund einer Ermessensentscheidung. Hierbei dürfte es sich häufig um ältere bauliche Anlagen handeln, z.B. aus der Zeit um den Zweiten Weltkrieg[78], die über einen längeren Zeitraum unbeanstandet existiert haben. In der Praxis werden die Fälle, in denen keine Baugenehmigung existiert, eine materielle Legalität aber über einen längeren Zeitraum bestand, gelegentlich durch sog. „Beordungs- und Vergleichsverträge" geregelt. Es ist dem Betroffenen also zu empfehlen, eine einvernehmliche Lösung durch solche Verträge mit der Bauaufsichtsbehörde anzustreben, in denen sich die Bauaufsichtsbehörde für eine Restlaufzeit verpflichtet, gegen die beanstandete Nutzung nicht einzuschreiten[79].

---

76 *Boeddinghaus/Hahn/Schulte*, BauO NRW, § 87 Rn. 2.

77 OVG NRW, Beschl. v. 01.07.2011 – 2 B 740/11, juris Rn. 13; OVG NRW, BauR 2002, 763, 769; *Boeddinghaus/Hahn/Schulte*, BauO NRW, § 87 Rn. 3.

78 Siehe zu Stichtagsregelungen bei nicht auffindbaren Baugenehmigungen für Bauwerke aus der Zeit um den Zweiten Weltkrieg OVG NRW, Urt. v. 24.02.2016 – 7 A 19/14, juris Rn. 31 ff.; OVG NRW, Urt. v. 20.04.2016 – 7 A 1367/14, juris Rn. 46; siehe oben 2. Teil. B.IV.1.d).

79 *Schröer*, NZBau 2009, 228, 229.

II. Vorhaben war für einen bestimmten Zeitraum materiell legal

Ein weiterer Anwendungsbereich der Duldung im Kontext des Bestandsschutzes ist dann gegeben, wenn ein Vorhaben, das nach derzeitigem Recht materiell illegal ist, über einen längeren Zeitraum von Anfang an oder zwischendurch einmal materiell legal gewesen ist, ohne das eine Baugenehmigung vorliegt[80]. Gerade in der Situation, dass ein Vorhaben nicht von Anfang an, sondern nur in einer begrenzten Zwischenzeit materiell legal war, sind nach dem Wortlaut der Ermächtigungsnormen, die auf den Zeitpunkt der Errichtung bzw. in Niedersachsen auf den Zeitpunkt der Anordnung abstellen, die Eingriffsvoraussetzungen erfüllt[81]. Da allerdings der Erlass einer Abbruchverfügung im Ermessen der Bauaufsichtsbehörde steht, kann es eine vorübergehende materielle Legalität zweckmäßig erscheinen lassen, das Vorhaben für einen Übergangszeitraum weiter zu dulden[82]. Der Betroffene kann sich in diesem Fall z.B. um eine Zusicherung bemühen, dass ihm gegenüber keine Abrissverfügung ergeht[83]. Durch eine solche Duldung wird aber nicht etwa Bestandsschutz[84] oder die frühere materielle Legalität festgestellt[85]. Vielmehr fungiert die ehemals materielle Legalität als Duldungsgrund, aufgrund dessen vorübergehend ein illegales Vorhaben bestehen bleiben kann. Hier bietet sich ebenfalls in der Praxis an, die Duldung durch sog. „Beordungs- und Vergleichsverträge" zu regeln, in denen sich die Bauaufsichtsbehörde für eine Restlaufzeit verpflichtet, gegen die beanstandete Nutzung nicht einzuschreiten[86].

Besonders und gerade in den Fällen, in denen genehmigungsfrei gebaut werden konnte, kann eine Duldung bei materieller Illegalität in Betracht kommen, weil hier der Bauaufsichtsbehörde ein breiter Ermessensspielraum zukommen wird[87]. Ist ein Vorhaben, das dem Genehmigungsfreistellungsverfahren unterfällt, zuerst materiell illegal errichtet worden, zwischendurch für einen gewissen Zeitraum materiell legal gewesen und dann nach erneuter Rechtsänderung wieder materiell illegal geworden, hat die Bauaufsichtsbehörde im Rahmen des Eingriffsermessens abzuwägen, welches Gewicht die vorübergehende Legalität angesichts anfänglicher und erneuter Illegalität haben soll[88]. Dabei ist zu beachten, dass gerade

80 Nach a.A. liegt hier bereits materieller Bestandsschutz vor, siehe oben 4. Teil. A.
81 *Lieder*, ThürVBl. 2004, 81, 83.
82 *Brohm*, Öffentliches Baurecht, § 22 Rn. 11; *Aichele/Herr*, NVwZ 2003, 415, 419.
83 *Schenke* in: Achterberg/Püttner/Würtenberger, Besonderes Verwaltungsrecht Bd. I, § 9 Rn. 248.
84 So aber HessVGH, BRS 55 Nr. 205 (S. 585).
85 So aber *Jäde*, Bauaufsichtliche Maßnahmen, Rn. 119 (Fn. 201).
86 *Schröer*, NZBau 2009, 228, 229.
87 *Brohm*, Öffentliches Baurecht, § 22 Rn. 13.
88 *Brohm*, Öffentliches Baurecht, § 22 Rn. 13; *Kaiser* in: Ehlers/Fehling/Pünder, Besonderes Verwaltungsrecht Bd. 2, § 41 Rn. 134; *Oldiges* in: Steiner, Besonderes Verwaltungsrecht, Kap. III Rn. 338e.

keine Verpflichtung zur Präventivkontrolle durch die Behörde besteht. Hat das Bauwerk über einen längeren Zeitraum materiell legal bestanden, ist insoweit an eine Duldung zu denken[89]. Auch den genehmigungsfreien Vorhaben liegt diese Wertung zu Grunde. Ist ein Vorhaben materiell illegal errichtet worden, zwischenzeitlich materiell legal geworden und dann nach erneuter Rechtsänderung wieder materiell illegal geworden, sollte zu Gunsten des Bauherrn beachtet werden, dass dieser gezwungen ist, auf eigenes Risiko zu bauen und der Vorwurf der ihm zu machen ist – sofern er nicht in Kenntnis der materiellen Illegalität gebaut hat – sich darin erschöpft, dass er vor Änderung der materiellen Rechtslage gebaut hat[90]. Insofern ist also auch in einem solchen Fall an eine Duldung des Bestandes zu denken. Im Rahmen der behördlichen Ermessensausübung kann das Verhältnis der vorübergehenden Legalität zu anfänglicher und erneuter Illegalität angemessen bewertet werden[91].

III. Duldung bei Wegfall des Bestandsschutzes wegen Erweiterungs- oder Umbaumaßnahmen

Bestandsschutz entfällt, wenn eine Nutzung aufgegeben wird oder wenn das geänderte Gebäude nach Erweiterungs- oder Umbaumaßnahmen (nicht aber durch Reparatur- und Instandsetzungsarbeiten) nicht mehr mit dem bestandsgeschützten Gebäude identisch ist[92]. Das folgt daraus, dass es außerhalb der einfachgesetzlichen Regelungen keinen Anspruch auf Zulassung eines Vorhabens aus eigentumsrechtlichem Bestandsschutz gibt[93]. Wird ein vorhandenes bestandsgeschütztes Vorhaben geändert, stellt sich also die Genehmigungsfrage neu, da Gegenstand der bauplanungsrechtlichen Prüfung das Gesamtvorhaben in seiner geänderten Gestalt ist[94]. Das hat zur Folge, dass grundsätzlich eine Beseitigungsanordnung für das gesamte Bauwerk in Betracht kommt.

Diese Rechtsfolge stellt eine erhebliche Belastung für den Bauherrn dar. Deshalb kann es im Einzelfall zweckmäßig sein, die vor dem Umbau bestehende ursprüngliche Bausubstanz und die darauf bezogene Nutzung weiter zu dulden. Das Vertrauen in den Fortbestand des Bestandsschutzes auch bezüglich der Änderungen ist dagegen nicht schutzwürdig, weil dem Bauherrn bei der Auslegung des Begriffs „Bestandsschutz" der Vorwurf der groben Fahrlässigkeit zu machen ist. Dagegen wird man eine grobe Fahrlässigkeit bezogen auf das Vertrauen in die ursprüngliche Bausubstanz nicht ohne weiteres annehmen können, weil sich aus dem Begriff des

89 Ähnlich *Aichele/Herr*, NVwZ 2003, 415, 420.
90 *Aichele/Herr*, NVwZ 2003, 415, 419.
91 *Brohm*, Öffentliches Baurecht, § 22 Rn. 13; *Kaiser* in: Ehlers/Fehling/Pünder, Besonderes Verwaltungsrecht Bd. 2, § 41 Rn. 134; *Oldiges* in: Steiner, Besonderes Verwaltungsrecht, Kap. III Rn. 338e.
92 BVerwG, NJW 1986, 2126.
93 BVerwGE 106, 228, 234 f.
94 BVerwG, NVwZ 2000, 1047 f.

„Bestandsschutzes“ nicht ergibt, dass durch die Änderungen auch der Bestandsschutz für die ursprüngliche Bausubstanz wegfallen soll[95].

Darüber hinaus kann eine Bauordnungsverfügung ermessensfehlerhaft sein, wenn der Wegfall des Bestandsschutzes darauf beruht, dass die Behörde zuvor ihr Einverständnis zu Instandsetzungsarbeiten erklärt hat und diese Arbeiten praktisch einer Neuerrichtung gleichkommen[96]. In diesem Fall ist das Vertrauen auf den vorübergehend weiteren Bestand des Vorhabens schutzwürdig, wenn das umgebaute Gebäude nicht zu einer zusätzlichen Beeinträchtigung öffentlicher Belange führt[97].

F. Fazit

Die Untersuchungen der Duldung im Kontext des formellen und materiellen Bestandsschutzes haben gezeigt, dass die Konturlosigkeit des Begriffs der Duldung auch gerade dadurch begünstig wird, dass der Begriff in unterschiedlichen Kontexten verwendet wird, die mit der eigentlichen Situation einer Duldung nicht übereinstimmen. Im Fall einer bestandsgeschützten Anlage hat der Betroffene keinen Anspruch auf einen feststellenden Duldungsverwaltungsakt. Denn bei genehmigungsbedürftigen Anlagen sichert die nach altem Recht erteilte Baugenehmigung den Bestand ab. Es bestünde mithin überhaupt nicht die Möglichkeit mit bauaufsichtlichen Mitteln einzuschreiten, sodass die Behörde gar nicht erst in die Situation kommt, aus Ermessensgründen von einem Einschreiten abzusehen. Auch bei genehmigungsfreien Vorhaben bedarf es keines Duldungsverwaltungsakts, weil es für ein Beseitigungsverlangen allein auf die materielle Legalität zum Zeitpunkt der Errichtung ankommt und ein mit einer Baugenehmigung vergleichbarer Verwaltungsakt bei genehmigungsfreien Vorhaben gerade nicht vorgesehen ist. Duldung und Bestandsschutz stehen mithin in einem Exklusivitätsverhältnis. Selbst wenn man einen materiellen Bestandsschutz anerkennt, besteht kein Bedürfnis nach einer förmlichen Duldung, weil es keinen den Bestandsschutz feststellenden Duldungsverwaltungsakt geben kann und das Rechtsschutzbedürfnis des Betroffenen durch Erhebung einer Feststellungsklage auf Feststellung materiellen Bestandsschutzes ausreichend abgesichert ist.

Darüber hinaus erlangt der Bauherr durch eine Duldung keine Rechtsposition, die es ihm erlaubt, den Bestand zu erweitern, auszubauen und zu modernisieren. Wie ein Blick auf die Rechtsfigur des aktiven Bestandsschutzes zeigt, kann sich ein solcher Anspruch nur aus einfachem Recht ergeben. Mit § 35 Abs. 4 BauGB hat der Gesetzgeber eine solche Regelung geschaffen. Diese ist aber nicht auf geduldete Vorhaben anwendbar, weil das in §§ 35 Abs. 4 S. 1 Nr. 1 lit. d, 2 lit. a, Nr. 3, Nr. 5 lit. a und Nr. 6 BauGB erwähnte Tatbestandsmerkmal „zulässigerweise errichtet“ nicht erfüllt ist. Dagegen kann die Behörde die Anpassung an bestehende Vorschriften

---

95 *Rothfuchs*, LKV 2006, 454, 455.

96 VGH BW, BRS 58 Nr. 212 (S. 544 f.).

97 VGH BW, BRS 58 Nr. 212 (S. 545).

nach Rechtsänderungen zwar nicht nach Maßgabe des Anpassungsverlangens (z.B. § 87 BauO NRW), aber nach den allgemeinen bauaufsichtlichen Vorschriften (z.B. § 61 Abs. 1 S. 2 BauO NRW) verlangen.

Der im Kontext des Bestandsschutzes verbleibende Anwendungsbereich der behördlichen Duldung beschränkt sich vor allem auf Fälle, in denen eine Baugenehmigung nicht mehr auffindbar ist oder ein Vorhaben über einen längeren Zeitraum einmal materiell legal war.

5. Teil. Handlungsformen der Duldung

A. Duldung als Akt *sui generis*?

Weil die Duldung in ihren Voraussetzungen schwer zu greifen ist, bleibt in gleicher Weise unklar, welche Rechtsform ihr im System der verwaltungsrechtlichen Handlungsformen zukommt. Die Duldung wurde geradezu als eigene Form flexiblen informellen Verwaltungshandelns postuliert[1]. Zwar ist die Duldung, wie bereits gezeigt, deutlich von einer Genehmigung zu unterscheiden[2]. Daraus lässt sich aber nicht folgern, dass es sich bei der Duldung um eine allgemeine verwaltungsrechtlich anerkannte Kategorie mit bestimmtem Inhalt handelt[3]. Durch die Duldung drückt die Behörde lediglich aus, gegen einen rechtswidrigen Zustand im Rahmen ihres Ermessens nicht einzuschreiten. In welcher Art und Weise sie dies tut, ist eine Frage der angewendeten verwaltungsrechtlichen Handlungsform.

Teilweise wird vertreten, bei der Duldung handele es sich ausschließlich um den Realakt des Nichteinschreitens gegen rechtswidrige Zustände[4]. Allerdings wird eine Beschränkung der Duldung auf den Bereich der Realakte der tatsächlichen Regelungskomplexität und den Erscheinungsformen der Duldung nicht gerecht. Das Unterlassen des weiteren Vollzugs einer Beseitigungsanordnung oder der schlichte Verzicht auf den Erlass einer Beseitigungsverfügung mag zwar als Realakt qualifiziert werden, beschreibt aber lediglich die tatsächlichen Auswirkungen und Folgen der Duldung, wie sie der Betroffene letztlich erfährt. Dieser wird durch die Duldung in die Lage versetzt eine bauliche Anlage behalten und weiter nutzen zu dürfen. Für die Praxis ist aber entscheidend, welche rechtlichen Wirkungen und Bindungen die Duldung unter den Beteiligten hat. Für die Behörde ist maßgeblich, wie sie sich von einer Duldung lösen kann, für den Bauherrn, ob er eine bauaufsichtliche Maßnahme erfolgreich abwehren oder einen Anspruch auf Duldung geltend machen kann und für den Nachbarn, wie er sich gegen eine Duldung zur Wehr setzen kann. Dafür ist aber nicht der Vorgang des tatsächlichen Nichteinschreitens als Folge der Duldung relevant, sondern die Handlungsform, welcher sich die Behörde bedient.

---

1 *Gentzcke*, Informales Verwaltungshandeln, S. 5; *Randelzhofer/Wilke*, Die Duldung als Form flexiblen Verwaltungshandelns, S. 1 ff.

2 Siehe oben 3. Teil. C.

3 *Randelzhofer/Wilke*, Die Duldung als Form flexiblen Verwaltungshandelns, S. 56; *Heider*, NuR 1995, 335, 336; a.A. *Hallwaß*, NuR 1987, 296, 297 f.; wohl auch *Rogall*, NJW 1995, 922, 923, der die Duldung von der Genehmigung, Zusicherung oder einem öffentlich-rechtlichen Vertrag unterscheidet; in diese Richtung auch *Gentzcke*, Informales Verwaltungshandeln, S. 68.

4 *Wolff/Bachoff/Stober/Kluth*, Verwaltungsrecht I, § 57 Rn. 24; *Papier*, NuR 1986, 1, 6; *ders.*, NVwZ 1986, 256, 259; *Robbers*, DÖV 1987, 272, 278.

Wenn es sich bei der Duldungsentscheidung um eine behördliche Ermessensentscheidung handelt, ist es folgerichtig, die Rechtsfolgen und Wirkungen an den Handlungsformen zu messen, die das VwVfG zur Verfügung stellt. Die Praxis zeigt, dass sich die Bauaufsichtsbehörden bei der qualifizierten Duldung des gesamten Spektrums öffentlich-rechtlicher Gestaltungsmöglichkeiten bedienen. So kann die Behörde die Duldung eines baurechtswidrigen Zustands in der Form der Zusicherung nach § 38 VwVfG oder in Gestalt eines Duldungsverwaltungsakts erklären, sie kann sich in einem öffentlich-rechtlichen Vertrag nach § 54 VwVfG oder einem gerichtlichen Vergleich nach § 106 VwGO verpflichten, ferner kann sie sich aber auch Handlungsformen bedienen, die die Ebene des informellen Verwaltungshandelns nicht verlassen[5]. Das schließt nicht aus, eine Duldung auch als Realakt qualifizieren zu können. Gerade bei einer faktischen Duldung, bei der ein bloßes Nichteinschreiten in Kenntnis des rechtswidrigen Zustands vorliegt, dürfte ein solcher Realakt anzunehmen sein[6].

B. Die Duldungszusicherung

Wenn die Bauaufsichtsbehörde ein rechtswidrig errichtetes Bauwerk oder eine rechtswidrige Nutzung duldet, kann dieses Handeln die Merkmale einer Zusicherung nach § 38 VwVfG mit ihren besonderen Voraussetzungen und Rechtsfolgen erfüllen. Weil die Zusicherung an enge Voraussetzungen geknüpft ist, wird teilweise vertreten, die Duldung als Zusicherung käme überhaupt nicht in Betracht, weil sie z.B. regelmäßig nicht schriftlich erfolge[7]. Diese Schlussfolgerung ist aber nicht zwingend. Gerade die Vielfältigkeit der Handlungsformen schließt nicht aus, dass gerade eine schriftlich erklärte Duldung auch die Voraussetzungen des § 38 VwVfG erfüllen kann. Richtig dürfte aber sein, dass in der behördlichen Praxis und in der Rechtsprechung die Duldung durch Zusicherung insgesamt betrachtet einen eher geringeren Anteil ausmacht, da überwiegend die schlichte Passivität der Behörde im Vorfeld einer Beseitigung oder Nutzungsuntersagung Anlass zu Rechtsstreitigkeiten gibt. Dennoch nimmt die Duldungszusicherung unter den Handlungsformen eine äußerst bedeutende Rolle ein, was im Folgenden begründet werden soll. Bei genauer

---

5 HessVGH, BRS 55 Nr. 205 (S. 584) unter Verweis auf *Hermes/Wieland*, Die staatliche Duldung, S. 23; *Mann* in: Große-Suchsdorf, NBauO, § 79 Rn. 65; *Battis*, Öffentliches Baurecht, Rn. 607; *Götz*, Allgemeines Polizei- und Ordnungsrecht, § 11 Rn. 8; *Fluck*, NuR 1990, 197, 199; *Heider*, NuR 1995, 335, 337; *Kothe*, Umweltauditrecht, Rn. 328; *Nisipeanu*, ZfW 1990, 365, 372; *Schoch*, Jura 2005, 178, 184.

6 So wohl *Randelzhofer/Wilke*, Die Duldung als Form flexiblen Verwaltungshandelns, S. 56; siehe unten 5. Teil. F.I.

7 *Gentzcke*, Informales Verwaltungshandeln, S. 69 ff.; *Malitz*, Behördliche Duldung, S. 39; ähnlich *Hermes/Wieland*, Die staatliche Duldung, S. 29, wonach eine Duldung durch Zusicherung aufgrund der strengen Voraussetzungen des § 38 VwVfG nur selten in Betracht komme; so auch *Ruske*, Die gleichheitsgemäße Ermessensausübung, S. 64 f.

Betrachtung ist die Zusicherung, ein künftiges behördliches Handeln – eben das Einschreiten gegen den rechtswidrigen Zustand – zu unterlassen, geradezu auf die Situation der Duldung zugeschnitten und in § 38 VwVfG abschließend geregelt[8]. Das Verhältnis der Duldungszusicherung zum sog. Duldungsverwaltungsakt wird weiter unten untersucht[9].

I. Beispiel aus der behördlichen Praxis

In der Praxis gewinnt die Duldung durch Zusicherung zunehmend an Bedeutung. Die oben genannten behördlichen Sanierungskonzepte[10] verdeutlichen, dass in der Duldungspraxis der Behörden die Zusicherung des Verzichts auf Vollstreckungsmaßnahmen eine bedeutende Rolle einnimmt. Auch in Rechtsprechung und Literatur wird die Duldung vermehrt als Zusicherung aufgefasst, gegen einen rechtswidrigen Zustand nicht einzuschreiten[11]. So wertete etwa das Thüringer OVG das Schreiben eines Oberbürgermeisters, in dem er das Festhalten an einer schon früher gegebenen Zusage erklärte, den Abriss eines Wochenendhauses zu verhindern, als Zusicherung i.S.d. § 38 VwVfG[12].

II. Grundlagen der Zusicherung

1. *Abgrenzung zu allgemeiner Zusage und behördlicher Auskunft*

Die Zusage ist das verbindliche Versprechen der zuständigen Behörde, eine bestimmte Verwaltungsmaßnahme vorzunehmen oder zu unterlassen[13]. Nach der Rechtsprechung des Bundesverwaltungsgerichts handelt es sich um eine hoheitliche Selbstverpflichtung mit Bindungswillen zu einem späteren Tun oder Unterlassen[14]. Die Zusicherung stellt sich als Unterfall der allgemeinen verwaltungsrechtlichen

---

8 *Hermes/Wieland*, Die staatliche Duldung, S. 24; *Peine*, Allgemeines Verwaltungsrecht, Rn. 349; *Schenke* in: Achterberg/Püttner/Würtenberger, Besonderes Verwaltungsrecht, § 9 Rn. 248; *Bracher*, ZfBR 1987, 127 ff.; *Niere* in: Alexejew, HBauO, § 58 Rn. 65; a.A. *U. Stelkens* in: Stelkens/Bonk/Sachs, VwVfG, § 38 Rn. 16, wonach die aktive Duldung von der Zusicherung des Unterlassens eines bestimmten Verwaltungsakts abgegrenzt werden müsse.

9 Siehe unten 5. Teil. D.

10 Siehe oben 1. Teil. F.II.

11 OVG NRW, Beschl. v. 01.07.2014 – 2 A 690/14, juris Rn. 10; OVG NRW, NWVBl. 1992, 205, 207; ThürOVG, BRS 71 Nr. 196; siehe auch *Decker* in: Simon/Busse, BayBO, Art. 76 Rn. 228; *Finkelnburg/Ortloff/Otto*, Öffentliches Baurecht Bd. II, S. 186; *Schenke* in: Achterberg/Püttner/Würtenberger, Besonderes Verwaltungsrecht, § 9 Rn. 248; *Stollmann*, Öffentliches Baurecht, § 19 Rn. 37; *Bracher*, ZfBR 1987, 127 ff.; vgl. auch *Czychowski/Reinhardt*, WHG, § 10 Rn. 10.

12 ThürOVG, BRS 71 Nr. 196; Anmerkung zur Entscheidung *Preschel*, NJ 2008, 185, 186.

13 *Maurer*, Allgemeines Verwaltungsrecht, § 9 Rn. 59.

14 BVerwGE 26, 31, 36.

Zusage dar. Die Zusicherung ist nach § 38 Abs. 1 VwVfG nämlich die Zusage, die sich auf den Erlass oder Nichterlass eines Verwaltungsakts bezieht.

Die Abgrenzung zwischen einer bloßen Auskunft und einer verbindlichen Zusage erfolgt anhand des behördlichen Bindungswillens. Im Gegensatz zur Zusage fehlt der Auskunft der behördliche Bindungswille. Sie stellt vielmehr eine bloße, rein informative Mitteilung über tatsächliche Umstände oder rechtliche Verhältnisse (z.B. über die Genehmigungsfähigkeit oder die Genehmigungsbedürftigkeit eines Vorhabens) und damit einen Realakt dar[15]. Dagegen betrifft eine Zusage ein künftiges behördliches Verhalten[16].

2. *Rechtsnatur der Zusicherung*

Die Zusicherung gemäß § 38 VwVfG ist selbst Verwaltungsakt[17]. Sie enthält die nach § 35 S. 1 VwVfG erforderliche Regelung, weil sie dem Zusicherungsempfänger einen Anspruch auf den Erlass oder Nichterlass eines Verwaltungsakts einräumen will und damit auf die Setzung einer Rechtsfolge gerichtet ist[18]. Auch wenn nach dem Wortlaut des § 38 Abs. 2 VwVfG die Regeln über den Verwaltungsakt nur „entsprechend" anwendbar sind, lässt sich aus dem Willen des Gesetzgebers, der sich nicht zur Rechtsnatur der Zusicherung äußern wollte, sowie aus der systematischen Stellung des § 38 VwVfG im Dritten Teil des VwVfG innerhalb der Vorschriften über das Zustandekommen des Verwaltungsakts schlussfolgern, dass es sich um einen Verwaltungsakt handeln muss[19].

III. Inhalt einer Duldungszusicherung

Die Zusicherung ist nach der Legaldefinition des § 38 Abs. 1 S. 1 VwVfG die Zusage der Behörde, einen bestimmten Verwaltungsakt später zu erlassen oder zu unterlassen. Die Duldung stellt sich demnach als Form der Unterlassung eines Verwaltungsakts dar. Ob ein behördliches Verhalten als Zusicherung gewertet werden kann, bedarf einer genauen Prüfung des Einzelfalls[20].

1. *Bindungswille*

Eine wirksame behördliche Zusicherung der Duldung liegt vor, wenn der Wille der Behörde, sich zum Unterlassen des Verwaltungsakts zu verpflichten, in ihrer

---

15 *Maurer*, Allgemeines Verwaltungsrecht, § 9 Rn. 62.

16 Zur Abgrenzung *Papier* in: MüKo-BGB, § 839 Rn. 219; *Wöstmann* in: Staudinger, BGB, § 839 Rn. 152.

17 Str.; zum Streitstand *U. Stelkens* in: Stelkens/Bonk/Sachs, VwVfG, § 38 Rn. 29 ff.

18 *Guckelberger* DÖV 2004, 357, 359; *Krebs*, VerwArch. 1978, 85, 89; a.A. *Maurer*, Allgemeines Verwaltungsrecht, § 9 Rn. 60, wonach die Zusage noch keine Regelung enthalte, sondern eine solche nur in Aussicht stelle.

19 *Guckelberger*, DÖV 2004, 357, 359.

20 *Hermes/Wieland*, Die staatliche Duldung, S. 26.

Erklärung unzweifelhaft zum Ausdruck kommt[21]. Ob ein solcher Bindungswille vorliegt oder die Behörde lediglich eine unverbindliche Erklärung etwa in Form einer Auskunft abgeben will, ist durch Auslegung in analoger Anwendung des § 133 BGB zu ermitteln. Gemäß § 133 BGB ist bei der Auslegung einer Willenserklärung der wirkliche Wille zu erforschen und nicht am buchstäblichen Sinn des Ausdrucks zu haften. Maßgeblich ist dabei nicht der innere, sondern der erklärte Wille wie ihn der Empfänger bei objektiver Würdigung verstehen konnte[22].

Im oben genannten Fallbeispiel erkannte das Thüringer OVG die schriftliche Erklärung des Oberbürgermeisters als Zusicherung der Duldung an. Dieser hatte erklärt: *„Sie können versichert sein, dass ich an meiner Zusage festhalte, einen Abriss Ihres Wochenendhauses zu verhindern, um damit einer Vermögensvernichtung zu begegnen. Eine Wohnsitzgenehmigung kann ich jedoch nicht erwirken"*[23].

Diese Erklärung macht zum einen deutlich, dass das Vorhaben zwar nicht genehmigt werden kann, aber geduldet werden soll, indem ein Abriss verhindert wird. Vor diesem Hintergrund können auch schriftliche Äußerungen im Rahmen eines Schriftwechsels, die zumindest die konkludente Absicht enthalten, nicht einschreiten zu wollen, als Zusicherung im Sinne des § 38 VwVfG gewertet werden. Hält die Bauaufsichtsbehörde z.B. eine Beseitigungsanordnung für unverhältnismäßig und verzichtet deshalb auf eine Beseitigungsanordnung, kann dies für einen Bindungswillen sprechen[24]. Allerdings ist im Hinblick auf Rechtsklarheit und Rechtssicherheit, die insbesondere durch das Schriftformerfordernis gemäß § 38 Abs. 1 S. 1 VwVfG gewährleistet werden sollen, ein strenger Maßstab für die konkludente Zusicherung anzulegen. Dieser Maßstab verlangt, dass die Kenntnis der Behörde von der Möglichkeit des Einschreitens zum Ausdruck kommt und die Äußerung nicht mit einem Vorbehalt weiterer Maßnahmen versehen ist, welcher eine nicht gewollte Bindung für die Zukunft zum Ausdruck bringt[25].

2. *Regelungsinhalte der Duldungszusicherung*

Um die Bestimmung des Regelungsinhalts einer solchen Zusicherung korrekt zu erfassen, ist es sinnvoll, sich an dem jeweiligen Stadium des Verwaltungsverfahrens zu orientieren[26]. Vor Erlass der Bauordnungsverfügung kann die Behörde die

21 BVerwGE 97, 323, 326; ThürOVG, BRS 71 Nr. 196 (S. 904); nicht ausreichend ist z.B. nur die unverbindliche Mitteilung einer Planungsabsicht, vgl. *Stuhlfauth* in: Obermayer/Funke-Kaiser, VwVfG, § 38 Rn. 19.

22 BVerwGE 74, 15, 17; *Kopp/Ramsauer*, VwVfG, § 38 Rn. 7.

23 ThürOVG, BRS 71 Nr. 196 (S. 903).

24 *Preschel*, NJ 2008, 185, 186.

25 *Hermes/Wieland*, Die staatliche Duldung, S. 25.

26 Siehe oben 1. Teil. C.

Duldung als Zusicherung des Inhalts abgeben, sie werde vom Erlass einer Bauordnungsverfügung absehen[27].

Nach Erlass einer Bauordnungsverfügung beinhaltet die Zusicherung, dass bei gleichbleibender Sach- und Rechtslage auf die Einleitung des Vollstreckungsverfahrens bzw. auf Vollstreckungsmaßnahmen verzichtet wird. Konkret bezieht sich dabei die Zusicherung auf den Nichterlass von Androhung und Festsetzung von Zwangsmitteln[28], die selbst als Verwaltungsakte zu qualifizieren sind[29]. Das OVG Nordrhein-Westfalen spricht insoweit davon, dass die Duldungszusicherung „erweiterten Vollstreckungsschutz" bietet[30].

Die Duldung in Form der Zusicherung verlangt aber nicht eine derart rechtlich detaillierte Regelung. Es ist vielmehr ausreichend, wenn die Zusicherung die Aussage enthält, dass auf die Einleitung des Vollstreckungsverfahrens oder die Vollstreckung vorübergehend verzichtet bzw. die Vollstreckung ausgesetzt wird. Die Duldung im Vollstreckungsverfahren hat dabei den Vorteil, dass eine Bauordnungsverfügung weiterhin existiert, dem Betroffenen also bewusst bleibt, dass sein Verhalten rechtswidrig ist und im Grundsatz ein Einschreiten erfordert. Bei Verstoß gegen die in der Zusicherung geregelten Bedingungen kann die Behörde mithin direkt aus der bestandskräftigen Grundverfügung vollstrecken. Damit besteht bei der Duldung im Rahmen des Vollstreckungsverfahrens in gewisser Weise ein zusätzliches Druckmittel, den Betroffenen anzuhalten, eine Intensivierung des rechtswidrigen Zustands, z.B. durch Investitionen in Bezug auf den geduldeten Zustand, zu unterlassen.

IV. Wirksamkeitsvoraussetzungen – Zuständigkeit und Schriftform

Die Zusicherung, eine den Adressaten belastende Bauordnungsverfügung nicht zu erlassen, ist gemäß § 38 Abs. 1 S. 1 VwVfG nicht nur rechtswidrig, sondern unwirksam, wenn sie nicht durch die zuständige Behörde erklärt wird[31]. Auf die behördeninterne Kompetenzverteilung kommt es hierbei jedoch nicht an[32]. Zuständig für den Erlass der Duldung ist die Bauaufsichtsbehörde, die allgemein für bauordnungsrechtliche Maßnahmen zuständig ist. Denn die Behörde, die für den

27 BayVGH, BayVBl. 1999, 590, 592; HessVGH, BRS 55 Nr. 205 (S. 584); OVG NRW, Beschl. v. 01.07.2014 – 2 A 690/14, juris Rn. 10 ff.; für das Wasserrecht VGH BW, NJW 1990, 3163, 3164; *Stuhlfauth* in: Obermayer/Funke-Kaiser, VwVfG, § 38 Rn. 19.

28 *Lemke*, SächsVBl. 1995, 121, 124.

29 *Troidl* in: Engelhard/App/Schlatmann, VwVG, § 13 Rn. 1 und § 14 Rn. 1 jeweils m.w.N.

30 OVG NRW, Beschl. v. 01.07.2014 – 2 A 690/14, juris Rn. 10.

31 NdsOVG, OVGE MüLü 43, 308, 309 ff.: Zusicherungen, eine bauliche Anlage zu dulden, bedurften auch schon vor Inkrafttreten des NdsVwVfG der Schriftform, weil sonst die Schriftform der Baugenehmigung unterlaufen würde; *Mann* in: Große-Suchsdorf, NBauO, § 79 Rn. 66.

32 ThürOVG, BRS 71 Nr. 196 (S. 908); *Preschel*, NJ 2008, 185, 186.

Erlass einer Bauordnungsverfügung und ihre Vollstreckung zuständig ist, muss im Umkehrschluss auch für die Duldung zuständig sein.

Eine wirksam erteilte Zusicherung bedarf weiterhin zwingend der Schriftform, vgl. § 38 Abs. 1 S. 1 VwVfG[33]. Unbeschadet des § 38 Abs. 1 S. 1 VwVfG finden nach § 38 Abs. 2 VwVfG die Nichtigkeitsgründe des § 44 VwVfG Anwendung, sodass die Zusicherung auch unwirksam sein kann, wenn sie an einem offensichtlich schwerwiegenden Mangel leidet.

V. Anhörung Beteiligter und Mitwirkung anderer Behörden

In verfahrensrechtlicher Hinsicht bestimmt § 38 Abs. 1 S. 2 VwVfG, dass vor Erlass des zusichernden Verwaltungsakts die Anhörung Beteiligter oder die Mitwirkung einer anderen Behörde oder eines Ausschusses durchzuführen ist, wenn dies aufgrund einer Rechtsvorschrift erforderlich ist. Aus dem Grundsatz der Gesetzmäßigkeit der Verwaltung gemäß Art. 20 Abs. 3 GG folgt, dass die Duldung den Anforderungen an ein rechtsstaatliches Verfahren genügen muss. Gerade bei einer nicht ausdrücklich im Gesetz geregelten Handlungsweise müssen wegen der Gefahr von Vollzugsdefiziten und „Klüngelei" in rechtlichen Grauzonen Grundanforderungen eingehalten werden, die das VwVfG aufstellt.

Zur Verhinderung von unzulässigen Absprachen sieht das VwVfG einen Mitwirkungsausschluss wegen Befangenheit vor. Die Behördenvertreter sind zu einer uneigennützigen und unparteiischen Amtsführung verpflichtet. Nach § 20 VwVfG ist eine Mitwirkung kraft Gesetzes ausgeschlossen, wenn der Amtswalter selbst Beteiligter des Verfahrens ist oder in einem Näheverhältnis zu einem Beteiligten steht. § 21 VwVfG betrifft Fälle, in denen der Amtswalter aufgrund behördlicher Anordnung nicht mitwirken darf. Diese allgemeinen verfahrensrechtlichen Grundsätze, die auch auf Verwaltungstätigkeiten entsprechend anzuwenden sind, die nicht Verwaltungsverfahren i.S.v. § 9 VwVfG sind[34], gelten selbstverständlich auch für die Duldung rechtswidriger Zustände[35]. Eine Duldung, in welcher Rechtsform auch immer, die unter Mitwirkung eines nicht mitwirkungsberechtigen Amtswalters zu Stande kommt, ist damit verfahrensfehlerhaft. Unter bestimmten Voraussetzungen kann der Fehler aber durch eine erneute Entscheidung eines unbefangenen Amtswalters korrigiert werden[36] oder nach § 46 VwVfG unbeachtlich sein, wenn sich der Fehler auf die Sachentscheidung nicht ausgewirkt hat[37].

---

33 BayVGH, BayVBl. 1999, 590, 592; BayVGH, BayVBl. 1996, 634 (Zusicherung von der Vollstreckung abzusehen); *Mann* in: Große-Suchsdorf, NBauO, § 79 Rn. 66.

34 *Pünder* in: Erichsen/Ehlers, Allgemeines Verwaltungsrecht, § 14 Rn. 4 m.w.N.

35 *Gentzcke*, Informales Verwaltungshandeln, S. 121; *Robbers*, DÖV 1987, 272, 279.

36 *Kopp/Ramsauer*, VwVfG, § 20 Rn. 67; *Schmitz* in: Stelkens/Bonk/Sachs, VwVfG, § 20 Rn. 69.

37 *Pünder* in: Erichsen/Ehlers, Allgemeines Verwaltungsrecht, § 14 Rn. 9.

1. *Zur Problematik der Umgehung des Baugenehmigungsverfahrens – Verstoß gegen den Vorrang des Gesetzes?*

Die Untersuchung des Verhältnisses zwischen Baugenehmigung und Duldung hat ergeben, dass eine unbeschränkte Duldung mit dem Grundsatz des Vorrangs des Gesetzes nach Art. 20 Abs. 3 GG nicht vereinbar ist[38]. Offen bleibt noch die Frage, ob der Vorrang des Gesetzes auch in Bezug auf die Umgehung des Baugenehmigungsverfahrens verletzt ist. Eines der Hauptargumente gegen die Zulässigkeit der Duldung ist der Vorwurf, dass die Bestimmungen des Genehmigungsverfahrens umgangen würden. Die Duldung sei deshalb mit dem Vorrang des Gesetzes nicht vereinbar[39]. Im öffentlichen Baurecht könnten in verfahrensrechtlicher Hinsicht vor allem die baurechtlichen Beteiligungsvorschriften für die Beteiligung der Nachbarn oder der Gemeinden sowie der höheren Verwaltungsstellen nach § 36 BauGB oder die Beteiligung von Fachbehörden im Baugenehmigungsverfahren umgangen werden. Allerdings ist hier aufgrund der unterschiedlichen baurechtlichen Verfahrensarten eine Differenzierung geboten. Deregulierung und Privatisierung haben dazu geführt, dass das klassische Baugenehmigungsverfahren immer weiter zurückgedrängt wird, sodass die Bedeutung der repressiven bauaufsichtlichen Befugnisse stark zugenommen hat und eine Verschiebung von der präventiven zur repressiven Kontrolle erkennbar wird[40]. Neben dem klassischen Baugenehmigungsverfahren und dem vereinfachten Genehmigungsverfahren kennen die Landesbauordnungen das Genehmigungsfreistellungsverfahren, das Anzeige- oder Kenntnisgabeverfahren und die sonstigen genehmigungsfreien Vorhaben[41], die gerade nicht mit einer Baugenehmigung abgeschlossen werden. Zumindest kann von einer Umgehung des Baugenehmigungsverfahrens also dann nicht gesprochen werden, wenn es sich um ein genehmigungsfreies bzw. genehmigungsfreigestelltes Vorhaben handelt, weil hier überhaupt kein Baugenehmigungsverfahren durchgeführt wird. Bei diesen Vorhaben gelten für die Duldung andere Grundsätze[42].

Unabhängig davon ist der Behauptung, die Duldung sei mit dem Grundsatz des Vorrangs des Gesetzes nicht vereinbar, weil sie gegen den Charakter der fachgesetzlichen Genehmigungsvorschriften verstoße[43], entschieden entgegenzutreten. Diese Auffassung differenziert nicht zwischen der Zulässigkeit der behördlichen Duldung einerseits und der Zulässigkeit einer Nutzung bzw. Errichtung eines

---

38 Siehe oben 3. Teil. C.III.5.

39 *Hallwaß*, Behördliche Duldung, S. 45 ff.; *ders.*, NuR 1987, 296, 298 f.

40 *Erbguth/Schubert*, Öffentliches Baurecht, § 13 Rn. 47; *Finkelnburg/Ortloff/Otto*, Öffentliches Baurecht Bd. II, S. 84; *Grotefels* in: Hoppe/Bönker/Grotefels, Öffentliches Baurecht, § 16 Rn. 16; *Tettinger/Erbguth/Mann*, Besonderes Verwaltungsrecht, Rn. 8; *Fischer*, NVwZ 2004, 1057, 1061; *Schoch*, Jura 2005, 178.

41 *Grotefels* in: Hoppe/Bönker/Grotefels, Öffentliches Baurecht, § 16 Rn. 25; siehe oben 3. Teil. B.

42 Siehe oben 4. Teil. B.IV.3.b).

43 *Hallwaß*, Behördliche Duldung, S. 45 ff.; *ders.*, NuR 1987, 296, 298 f.

Bauwerks. Eine Gefahr der Aushöhlung der Baugenehmigung und der Umgehung des Genehmigungsverfahrens bestünde nur dann, wenn der Duldung die gleiche Wirkung wie einer Baugenehmigung beizumessen wäre[44]. Das ist aber wie bereits gezeigt mangels Legalisierungswirkung der Duldung nicht der Fall[45]. Vielmehr ist zu untersuchen, welche verfahrensrechtlichen Anforderungen bei Erteilung der Duldung beachtet werden müssen. Denn rein faktisch gesehen bewirkt die Duldung, dass ein rechtswidriger Zustand aufrechterhalten bleibt[46]. Damit besteht auch die Gefahr, andere Interessen zu gefährden. Folglich ist insbesondere die Beteiligung möglicherweise betroffener Nachbarn, die Beteiligung der Gemeinde in Bezug auf das gemeindliche Einvernehmen sowie die Beteiligung von höheren Bauaufsichtsbehörden oder anderer Fachbehörden zu betrachten.

2. *Nachbarbeteiligung*

Da das öffentliche Baurecht in höchstem Maße situationsgebunden und von der Lage der Grundstücke in einem bestimmten Gebiet abhängig ist, sind in den häufigsten Fällen neben dem Verhältnis zwischen Bauherrn und Behörde auch Interessen Dritter zu berücksichtigen, die durch ein Vorhaben berührt werden können. Im öffentlichen Baurecht kommt daher der Beteiligung der Nachbarn im Baugenehmigungsverfahren erhebliche Bedeutung zu. Die frühzeitige Nachbarbeteiligung dient nämlich sowohl der Wahrung der Nachbarrechte als auch der Investitionssicherheit des Bauherrn[47].

Problematisch ist, ob die Duldungszusicherung Beteiligungserfordernisse des Baugenehmigungsverfahrens umgeht. Gemäß § 38 Abs. 1 S. 2 VwVfG darf eine Zusicherung erst nach der Anhörung von Beteiligten gegeben werden, wenn vor dem Erlass des zugesicherten Verwaltungsakts die Anhörung auf Grund einer Rechtsvorschrift erforderlich ist. Es handelt sich bei § 38 Abs. 1 S. 2 VwVfG um eine Rechtmäßigkeitsanforderung. Dies folgt aus § 38 Abs. 2 VwVfG, wonach sich die Unwirksamkeit unbeschadet des § 38 Abs. 1 S. 1 VwVfG aus § 44 VwVfG ergibt und auf die Heilungsvorschriften des § 45 Abs. 1 Nr. 3 und 4 VwVfG verwiesen wird[48]. Eine solche Anhörung könnte nach den Landesbauordnungen oder nach dem allgemeinen Beteiligungsgrundsatz des § 13 VwVfG erforderlich sein. Trotz des Wortlauts des § 13 VwVfG, der auf den Erlass des zugesicherten Verwaltungsakts und nicht auf die Zusicherung selbst abstellt, ist die Vorschrift vor dem Hintergrund der Funktion der Nachbarbeteiligung im Verwaltungsverfahren auch bereits vor Erlass der Zusicherung anzuwenden, soweit die Beteiligung erforderlich ist[49].

---

44 *Heider*, Behördliche Duldung, S. 42 f.; *ders.*, NuR 1995, 335, 336 f.
45 Siehe oben 3. Teil. C.III.
46 *Sellmann*, FS Gelzer, S. 249, 256; *Rabe*, BauR 1978, 166, 174.
47 *Boeddinghaus/Hahn/Schulte*, BauO NRW, § 74 Rn. 12.
48 *Guckelberger*, DÖV 2004, 357, 360.
49 *Hermes/Wieland*, Die staatliche Duldung, S. 27.

a) *Keine Anwendbarkeit der Verfahrensbeteiligung nach den Landesbauordnungen (am Beispiel des § 74 BauO NRW)*

§ 74 BauO NRW sieht eine Verfahrensbeteiligung der Angrenzer vor, wenn Abweichung zugelassen werden sollen, bei denen eine Beeinträchtigung nachbarlicher Belange zu befürchten ist. Im persönlichen Anwendungsbereich ist die Regelung auf „Angrenzer" begrenzt und legt damit einen „formellen Nachbarbegriff" zugrunde[50]. Für die Beteiligung des Nachbarn bei Erteilung einer Duldung lässt sich § 74 BauO NRW zwar nicht unmittelbar heranziehen, weil die systematische Stellung der Normen über die Verfahrensbeteiligung im Normzusammenhang des Baugenehmigungsverfahrens dafür spricht, dass es sich um eine rein verfahrensrechtliche Bestimmung im Rahmen des Baugenehmigungsverfahrens handelt[51]. Allerdings legt die Wertung des § 74 BauO NRW eine Beteiligung des Nachbarn schon vor Erteilung der Duldung nahe, weil ähnlich wie bei der Zulassung von Abweichungen die Gefahr der Beeinträchtigung nachbarlicher Belange zu befürchten ist. Die Verfahrensbeteiligung der Nachbarn richtet sich dann aber nach § 13 Abs. 2 VwVfG als allgemeine Vorschrift der Verwaltungsverfahrensgesetze[52]. Gerade wegen der Geltung des allgemeinen Beteiligungsgrundsatzes nach § 13 Abs. 2 VwVfG kann deshalb auch nicht davon gesprochen werden, dass die Beteiligungsvorschriften der Landesbauordnungen umgangen würden.

b) *Allgemeine Beteiligungsgrundsätze nach § 13 VwVfG*

Die allgemeine verfahrensrechtliche Beteiligung regelt § 13 VwVfG. Sinn und Zweck der Hinzuziehung nach § 13 Abs. 2 VwVfG ist es, weitere Personen am Verfahren zu beteiligen, um ihnen die Möglichkeit zu geben, ihre Rechte und rechtlichen Interessen in Bezug auf den Verfahrensgegenstand schon frühzeitig präventiv zu wahren, eine Erstreckung der Bindungswirkung der Entscheidung zu erreichen und dem Interesse der Behörde an der Aufklärung des Sachverhalts und größtmöglicher Akzeptanz und Transparenz der Entscheidung zu dienen[53]. Außerdem trägt die Beteiligung zur Rechtssicherheit bei, da die Gefahr eines nachträglichen gerichtlichen Vorgehens gegen die Verwaltungsentscheidung minimiert wird.

Fraglich ist, inwieweit eine Hinzuziehung von Nachbarn erforderlich ist, deren rechtliche Interessen durch eine Duldung betroffen sein können. Bei der „einfachen Hinzuziehung" nach § 13 Abs. 2 S. 1 VwVfG kann die Behörde nach ihrem Ermessen auf Antrag oder von Amts wegen denjenigen als Beteiligten hinzuziehen, dessen

---

50 *Finkelnburg/Ortloff/Otto*, Öffentliches Baurecht, Bd. II, S. 227; der „materielle Nachbarbegriff" kommt dagegen zum Tragen, wenn durch die Auslegung nachbarschützender Normen des materiellen Rechts nach der Schutznormtheorie bestimmt wird, wer als Nachbar geschützt ist, siehe unten 7. Teil. A.

51 *Boeddinghaus/Hahn/Schulte*, BauO NRW, § 74 Rn. 1.

52 *Boeddinghaus/Hahn/Schulte*, BauO NRW, § 74 Rn. 10.

53 *Kopp/Ramsauer*, VwVfG, § 13 Rn. 27; *Schmitz* in: Stelkens/Bonk/Sachs, VwVfG § 13 Rn. 27.

rechtliche Interessen durch den Ausgang des Verfahrens berührt werden. Bei einer Baugenehmigung wäre dies etwa bei Ausnahmen und Befreiungen von nicht nachbarschützenden Normen der Fall[54]. Dagegen liegt eine „notwendige Beteiligung" i.S.v. § 13 Abs. 2 S. 2 VwVfG vor, wenn der Ausgang des Verfahrens rechtsgestaltende Wirkung für einen Dritten hat, was z.B. bei Ausnahmen und Befreiungen von nachbarschützenden Normen auftreten kann[55]. Der Dritte ist dann auf Antrag als Beteiligter hinzuzuziehen.

Diese Grundsätze, die für die Baugenehmigung gelten, lassen sich auf das Szenario einer Duldung durch eine Zusicherung übertragen. Wird der Bauherr einer rechtswidrigen Anlage durch eine Duldung begünstigt, so wäre der Nachbar bei Verletzung nachbarschützender Normen notwendig nach § 13 Abs. 2 S. 2 VwVfG zu beteiligen. Dabei ist allerdings zweifelhaft, ob bei einer Verletzung nachbarschützender Normen eine Duldung überhaupt ermessensfehlerfrei ergehen kann. Andernfalls kann eine einfache Beteiligung durchgeführt werden, wenn die Duldung in nicht nachbarschützende Normen eingreift.

Von Bedeutung sind auch die Rechtsfolgen einer unterbliebenen Beteiligung des Nachbarn bei einer Duldung. Weil die fakultative Beteiligung nach § 13 Abs. 2 S. 1 VwVfG allein dem öffentlichen Interesse an einer optimalen Verfahrensgestaltung durch umfassende Information der Behörde dient, kommt ihr keine nachbarschützende Funktion zu[56]. Es liegt also kein Verfahrensfehler vor, allerdings wirkt der Verwaltungsakt nicht gegenüber dem Dritten[57]. Die obligatorische Beteiligung nach § 13 Abs. 2 S. 2 VwVfG hat dagegen nachbarschützenden Charakter, weil sie den verfahrensrechtlichen Schutz desjenigen bezweckt, dessen materielle Rechte durch den Ausgang des Verfahrens gestaltet werden[58]. Das Unterlassen einer notwendigen Beteiligung führt zwar zu formeller Rechtswidrigkeit der Duldung, dieser Mangel kann aber nach nordrhein-westfälischem Landesrecht gemäß § 45 Abs. 2 VwVfG NRW bis zum Abschluss der ersten Instanz eines verwaltungsgerichtlichen Verfahrens geheilt werden.

Letztlich stellt es einen Idealzustand dar, wenn betroffene Nachbarn bei einer qualifizierten Duldung rechtzeitig in Kenntnis gesetzt und in den Entscheidungsprozess eingebunden werden. Die dadurch gewonnene Rechtssicherheit durch präventive Berücksichtigung von Drittrechten kommt sowohl den Nachbarn als auch Behörde und Bauherrn zugute. Allerdings sollte die Nachbarbeteiligung im Verfahren nicht überbewertet werden, weil die Gewährung präventiven Rechtsschutzes

---

54 *Grotefels* in: Hoppe/Bönker/Grotefels, Öffentliches Baurecht, § 16 Rn. 46.

55 OVG M-V, Beschl. v. 14.07.2005 – 3 M 69/05, juris Rn. 30 f. (Erteilung einer Baugenehmigung unter Abweichung von Abstandsflächen); *Grotefels* in: Hoppe/Bönker/Grotefels, Öffentliches Baurecht, § 16 Rn. 46; *Schmitz* in Stelkens/Bonk/Sachs, VwVfG, § 13 Rn. 42.

56 *Finkelnburg/Ortloff/Otto*, Öffentliches Baurecht Bd. II, S. 256.

57 *Kopp/Ramsauer*, VwVfG, § 13 Rn. 51.

58 *Finkelnburg/Ortloff/Otto*, Öffentliches Baurecht Bd. II, S. 256; Gleiches gilt für die entsprechenden Regelungen der Bauordnungen.

stark eingeschränkt ist. Unterbliebene Hinzuziehungen können i.d.R. erst mit der Anfechtung der Entscheidung in der Sache selbst geltend gemacht werden, sodass das Problem frühzeitiger Beteiligung oftmals in das gerichtliche Verfahren verlagert wird[59].

3. *Gemeindliches Einvernehmen*

Eine Baugenehmigung kann in einigen Fällen nur erteilt werden, wenn andere Stellen durch ihre Mitwirkung wirksam beteiligt werden. § 36 Abs. 1 S. 1 BauGB sichert die Mitwirkung der Gemeinden durch das Erfordernis des gemeindlichen Einvernehmens bei der Entscheidung über die Zulässigkeit von Vorhaben im bauaufsichtlichen Verfahren. Im Verwaltungsverfahrensgesetz existieren mit § 38 Abs. 1 S. 2 VwVfG für die Zusicherung und mit § 58 VwVfG für den öffentlich-rechtlichen Vertrag ausdrückliche Regelungen, die eine Mitwirkung anderer Behörden vorsehen. Daraus resultiert die Frage, inwieweit die Anforderungen des § 36 BauGB bei Erteilung einer Duldung eingehalten werden müssen bzw. ob im Umkehrschluss die Erteilung einer Duldung gegen § 36 BauGB verstoßen kann.

a) *Mitwirkung nach § 36 BauGB*

Zur Einholung des gemeindlichen Einvernehmens nach § 36 Abs. 1 S. 1 BauGB hört die Bauaufsichtsbehörde zum Bauantrag die Gemeinde und diejenigen Stellen an, deren Beteiligung oder Anhörung für die Entscheidung über den Bauantrag durch Rechtsvorschrift vorgeschrieben ist oder ohne deren Stellungnahme die Genehmigungsfähigkeit nicht beurteilt werden kann. Beim gemeindlichen Einvernehmen handelt es sich um eine verwaltungsinterne Mitwirkung im bauaufsichtlichen Verfahren[60]. Die Erforderlichkeit der Beteiligung der Gemeinde resultiert aus der in Art. 28 Abs. 2 GG verankerten Planungshoheit der Gemeinden[61]. Die Planungshoheit ist etwa berührt, wenn eine Abweichung von einem bereits festgesetzten Bebauungsplan zugelassen wird (§ 31 BauGB) oder ein Vorhaben im Hinblick auf einen aufzustellenden Plan (§ 33 BauGB) oder im Innen- oder Außenbereich (§§ 34 und 35 BauGB) genehmigt werden soll[62]. Nach § 36 Abs. 2 S. 2 BauGB wird das Einvernehmen fingiert, wenn die Gemeinde nicht binnen zwei Monaten ihr Schweigen bricht[63]. Folge einer Verweigerung des Einvernehmens ist, dass die Genehmigungsbehörde an der Erteilung der Baugenehmigung gehindert ist und diese versagen

---

59 *Schmitz* in Stelkens/Bonk/Sachs, VwVfG, § 13 Rn. 28.

60 *Reidt* in: Battis/Krautzberger/Löhr, BauGB, § 36 Rn. 5; *Finkelnburg/Ortloff/Otto*, Öffentliches Baurecht Bd. II, S. 115.

61 BVerwGE 22, 342, 346; *Schoch*, NVwZ 2012, 777 ff.

62 *Reidt* in: Battis/Krautzberger/Löhr, BauGB, § 36 Rn. 1.

63 Diese Regelung gilt nicht, wenn die Gemeinde mit der Bauaufsichtsbehörde identisch ist und somit das Einvernehmenserfordernis nicht besteht, vgl. BayVGH, BayVBl. 2003, 210 ff.

muss[64]. Eine Ausnahme vom Erfordernis des gemeindlichen Einvernehmens besteht aber dann, wenn die Gemeinde zugleich Genehmigungsbehörde ist[65].

Nach dem Wortlaut des § 36 Abs. 1 S. 1 BauGB gilt das Einvernehmenserfordernis für „bauaufsichtliche Verfahren". Dazu zählen die nach Landesrecht vorgesehenen Verfahren der Baugenehmigung, Zustimmung und Anzeige[66]. Fraglich ist, ob das Einvernehmen auch für die Erteilung einer Duldung eingeholt werden muss. Will man der Duldung baugenehmigungsähnliche Wirkung beimessen, so könnte daraus gefolgert werden, dass das Einvernehmenserfordernis auch für die Duldung gelten muss. Eine solche Auffassung wird aber den unterschiedlichen Wirkungen von Baugenehmigung und Duldung nicht gerecht. Wie erörtert handelt es sich bei der Duldung nicht um eine Form der Genehmigung, sondern um eine Opportunitätsentscheidung, durch die von einem bauaufsichtlichen Einschreiten abgesehen wird. Die Duldung trifft anders als die Baugenehmigung keine Feststellung darüber, dass das Vorhaben öffentlichen-rechtlichen Vorschriften entspricht und verleiht dem Vorhaben keine materielle Legalität[67]. Außerdem lässt sich § 36 Abs. 1 S. 1 BauGB entnehmen, dass das Einvernehmen der Gemeinden nur bei der „Entscheidung über die Zulässigkeit eines Vorhabens" erforderlich ist. Bei der Duldungsentscheidung handelt es sich aber um eine Entscheidung, die das Unterlassen des Einschreitens zum Inhalt hat. Die Unzulässigkeit des Vorhabens steht vielmehr schon fest. Darüber hinaus ist das Einvernehmen nach allgemeiner Ansicht nicht erforderlich, wenn durch die Baugenehmigungsbehörde eine Beseitigungsanordnung erlassen wird[68]. Daraus könnte im Umkehrschluss gefolgert werden, dass auch bei der Entscheidung, nicht einzuschreiten und zu dulden, als negative Entscheidung im Rahmen des Eingriffsermessens[69] kein gemeindliches Einvernehmen erforderlich ist.

Dagegen ist aber einzuwenden, dass anders als bei eine Beseitigungsanordnung die gemeindliche Planungshoheit auch in Frage stehen kann, wenn ein rechtswidriger Zustand aufrechterhalten wird. Bei verfassungskonformer Auslegung des § 36 Abs. 1 BauGB ist gerade der verfassungsrechtlich gewährleisteten Planungshoheit der Gemeinden Rechnung zu tragen[70]. Das Bundesverwaltungsgericht hat entschieden, dass die Baugenehmigungsbehörden ausnahmsweise verpflichtet sein können, bei ihrer Ermessensentscheidung über die Anordnung der Beseitigung eines Vorhabens die Beeinträchtigung der gemeindlichen Planungshoheit zu berücksichtigen. Die Gemeinde habe dementsprechend einen Anspruch auf ermessensfehlerfreie Entscheidung gegen die Bauaufsichtsbehörde[71]. In dem der Entscheidung zugrunde

64 BVerwG, NVwZ 1986, 556 f.
65 BVerwG, NVwZ 2005, 83, 84.
66 *Söfker* in: Ernst/Zinkahn/Bielenberg/Krautzberger, BauGB, § 36 Rn. 13.
67 HessVGH, BRS 55 Nr. 205 (S. 585); OVG NRW, BRS 30 Nr. 169.
68 VGH BW, UPR 1993, 72; *Söfker* in: Ernst/Zinkahn/Bielenberg/Krautzberger, BauGB, § 36 Rn. 14.
69 *Sellmann*, FS Gelzer, S. 249, 251 f.
70 BVerwGE 22, 342, 346.
71 BVerwG, NVwZ 1992, 878 f.

liegenden Sachverhalt ging es um ein Vorhaben, das ohne Genehmigung und ohne Einvernehmen nach § 36 BauGB errichtet wurde, weil die Baugenehmigungsbehörde die Genehmigungsfreiheit des Vorhabens rechtsirrig angenommen hatte. Das spricht dafür, dem gemeindlichen Einvernehmen auch bei der Erteilung der Duldung Geltung zu verschaffen. Da es nicht ausgeschlossen ist, dass die Erteilung einer Duldung zu längerfristigen Bindungen führen kann, ist auch eine Beeinträchtigung der gemeindlichen Planungshoheit zumindest nicht ausgeschlossen, etwa wenn die Gemeinde aufgrund einer Duldung über Jahrzehnte eine rechtswidrige Anlage an einem Ort hinzunehmen hätte, an dem eine solche nach dem städtebaulichen Konzept gerade nicht erwünscht ist[72]. Des Weiteren ist das gemeindliche Einvernehmen auch bei der Erteilung einer Befreiung nach § 31 BauGB erforderlich, die ähnlich wie die Duldung eine Abweichung von den gesetzlichen Vorschriften ermöglicht. § 36 Abs. 1 S. 1 BauGB ist also verfassungskonform so auszulegen, dass auch bei der Duldungsentscheidung das gemeindliche Einvernehmen erforderlich ist.

Problematisch ist dann aber, ob nicht eine zeitliche Grenze für das Erfordernis der gemeindlichen Beteiligung wegen Beeinträchtigung der Planungshoheit zu ziehen ist, da die Duldung ja nicht zwangsläufig längerfristige Bindungen nach sich ziehen muss, sondern auch für einen relativ kurzen Zeitraum erklärt werden kann. *Bracher* hat vorgeschlagen, eine Beeinträchtigung der Planungshoheit dann zu verneinen, wenn eine Duldungszusage mit dem befristeten Aufschub des Vollzugs einer Beseitigungsanordnung verbunden sei und die gewählte Frist über die voraussichtliche Dauer eines gerichtlichen Verfahrens gegen eine Bauordnungsverfügung nicht wesentlich hinausgehe. Die Gemeinde müsse mit Rücksicht auf die aufschiebende Wirkung der Rechtsbehelfe des Bauherrn eine rechtswidrige Anlage bis zum Abschluss des gerichtlichen Verfahrens ohnehin hinnehmen[73]. Eine derartige zeitliche Abgrenzung erscheint plausibel. Aus Gründen der Verfahrensklarheit und Rechtssicherheit erscheint es aber auch sinnvoll, die Gemeinde auch schon bei kürzeren Zeiträumen rechtzeitig zu beteiligen, um mit Rücksicht auf die gemeindliche Planungshoheit eine größtmögliche Akzeptanz der Entscheidung durch Abstimmung der Verwaltungsstellen zu erreichen.

Kommt eine längerfristige Duldung also ohne das erforderliche gemeindliche Einvernehmen zu Stande, liegt darin ein Verstoß gegen die Wertung des § 36 Abs. 1 S. 1 BauGB. Die einzelnen Rechtsfolgen dieses Verstoßes richten sich dann nach den jeweiligen Handlungsformen, insbesondere nach § 38 Abs. 1 S. 2 VwVfG für die Zusicherung und nach § 58 VwVfG für den öffentlich-rechtlichen Vertrag[74]. Rechtsfolge einer unterbliebenen Mitwirkung der Gemeinde im Rahmen der Duldungszusicherung ist nicht die Nichtigkeit der Zusicherung, vgl. § 44 Abs. 3 Nr. 4 VwVfG. Vielmehr kann der Mitwirkungsakt nach § 45 Abs. 1 Nr. 5 VwVfG noch nachgeholt werden.

---

72 *Bracher*, ZfBR 1987, 127, 131.
73 *Bracher*, ZfBR 1987, 127, 131.
74 Siehe unten 5. Teil. E.I.4.c).

b) *Anspruch der Gemeinde auf Einschreiten der Bauaufsichtsbehörde*

Der Gemeinde stehen zur Sicherung ihrer Planungshoheit Rechtsschutzmöglichkeiten zu. Hat die Gemeinde im Baugenehmigungsverfahren ein subjektives Recht auf Beteiligung aus § 36 BauGB zur Sicherung ihrer Planungshoheit und kann sie mit einer Anfechtungsklage gegen die ohne ihr Einvernehmen erteilte Genehmigung vorgehen[75], dann muss ihr auch gegen eine rechtswidrige Duldungszusicherung eine Anfechtungsmöglichkeit zustehen. Die Gemeinde kann darüber hinaus gegen die Bauaufsichtsbehörde einen Anspruch auf ermessensfehlerfreie Entscheidung zur Sicherung ihrer Planungshoheit geltend machen, wenn sie ein Einschreiten gegen den rechtswidrigen Zustand begehrt[76].

4. *Zustimmung der höheren Bauaufsichtsbehörden*

§ 36 Abs. 1 S. 4 BauGB enthält eine Verordnungsermächtigung an die Landesregierungen, das Erfordernis einer Zustimmung der höheren Verwaltungsbehörde allgemein oder für bestimmte Fälle des § 35 Abs. 2 und Abs. 4 BauGB festzulegen. Die Regelung betrifft also die Zustimmung für sonstige Vorhaben im Außenbereich, die im Einzelfall zugelassen werden können. Die Beteiligung der höheren Bauaufsichtsbehörden weist allerdings wenig Praxisrelevanz auf, da derzeit in keinem Bundesland eine Rechtsverordnung nach § 36 Abs. 1 S. 4 BauGB wirksam ist[77].

Geht man allerdings hypothetisch davon aus, dass eine derartige Rechtsverordnung in Kraft tritt, so könnte eine Duldung ohne Zustimmung der höheren Verwaltungsbehörde unwirksam sein. Nach einer Entscheidung des OVG Nordrhein-Westfalen dürfe im Fall einer faktisch unbegrenzten Dauer einer Duldung die Bauaufsichtsbehörde nicht ohne Zustimmung der höheren Verwaltungsbehörde entscheiden[78]. Der Entscheidung lag noch die Regelung des § 36 Abs. 1 S. 2 BauGB a.F. zugrunde, wonach für bestimmte Vorhaben im Außenbereich die Zustimmung der höheren Verwaltungsbehörde erforderlich war.

Allerdings wird man die Erforderlichkeit der Zustimmung der höheren Verwaltungsbehörde bei der Duldung nicht ohne weiteres begründen können, weil anders als beim gemeindlichen Einvernehmen keine Beeinträchtigung der verfassungsrechtlich gewährleisteten Planungshoheit zu befürchten ist. Vielmehr ist Sinn und Zweck der Regelung des § 36 Abs. 1 S. 4 BauGB die möglichst frühzeitige Kontrolle von Recht- und Zweckmäßigkeit einer bauaufsichtlichen Entscheidung[79]. Wie bereits dargelegt, lässt sich § 36 BauGB nicht unmittelbar auf die Duldung anwenden und bekommt eben nur durch die Beeinträchtigung der gemeindlichen

---

75 BVerwG, NVwZ 1992, 878 f.; *Grotefels* in: Hoppe/Bönker/Grotefels, Öffentliches Baurecht, § 16 Rn. 40.
76 Zum Zustimmungserfordernis bei einem öffentlich-rechtlichen Duldungsvertrag BayVGH, BauR 2005, 81, 83; siehe unten 5. Teil. E.I.4.c).
77 *Söfker* in: Ernst/Zinkahn/Bielenberg/Krautzberger, BauGB, § 36 Rn. 54.
78 OVG NRW, BRS 30 Nr. 169.
79 *Finkelnburg/Ortloff/Otto*, Öffentliches Baurecht Bd. II, S. 117.

Planungshoheit bei der Duldung zur Anwendung. Gleichwohl kann auch die Duldung über längere Zeiträume Bestand haben, sodass es im Interesse der höheren Bauaufsichtsbehörde liegen kann, ihren Einfluss auf eine Duldungsentscheidung auszuüben. Dazu bedarf es allerdings keiner analogen Anwendung des § 36 Abs. 1 S. 4 BauGB auf die Duldung. Die höhere Bauaufsichtsbehörde kann sich vielmehr auch durch eine generelle Weisung die Mitwirkung vorbehalten[80]. Im Übrigen wird die Duldung, besonders bei großflächigen Ansammlungen von „Schwarzbauten", häufig von höherer Stelle vorgegeben wie das Beispiel der „Pirmasenser Amnestie" zeigt[81], sodass der Zustimmung der höheren Verwaltungsbehörde im Rahmen der Duldung kaum Bedeutung zukommt.

5. Beteiligung von Fachbehörden

Nach den Landesbauordnungen bezieht sich die bauordnungsbehördliche Aufgabe der Überwachung auf die Einhaltung „öffentlich-rechtlicher Vorschriften", vgl. etwa § 61 Abs. 1 S. 1 BauO NRW. Zu diesen Vorschriften gehören aber nicht nur die bauordnungsrechtlichen Vorschriften der Landesbauordnungen und der auf diese gestützten Rechtsverordnungen und untergesetzlichen Normen, sondern alle Vorschriften des öffentlichen Baurechts, soweit sie den Gegenstand der Überwachung betreffen, also auf bauliche Anlage einwirken[82]. Die Bauaufsichtsbehörden haben vor allem Vorschriften des Bauplanungsrechts, aber auch Vorschriften in Fachgesetzen zu prüfen, soweit keine spezialgesetzliche Zuständigkeit der Fachbehörde besteht. So bleiben etwa nach § 61 Abs. 3 BauO NRW die gesetzlich geregelten Zuständigkeiten und Befugnisse anderer Behörden unberührt. Zu diesen spezialgesetzlichen Regelungen lassen sich u.a. Vorschriften des Landschaftsrechts, Wasserrechts, Abfallrechts, Immissionsschutzrechts, Naturschutzrechts, Atomrechts, Straßenrechts, Denkmalrechts, Brandschutzrechts, Gewerberechts und Gaststättenrechts zählen. Die jeweiligen Fachgesetze sind dann danach auszulegen, ob sie abschließend sind oder der Bauaufsichtsbehörde noch Raum für ein Einschreiten lassen[83]. Wird das Einschreiten gegen einen

80 *Bracher*, ZfBR 1987, 127, 130.

81 Siehe oben 1. Teil. F.I.1.

82 *Boeddinghaus/Hahn/Schulte*, BauO NRW, § 61 Rn. 7 f.; *Wenzel* in: Gädtke/Czepuck/Johlen/Plietz/Wenzel, BauO NRW, § 61 Rn. 12; *Köhler-Rött* in: Reichel/Schulte, Handbuch Bauordnungsrecht, Kap. 15 Rn. 6 ff.

83 Aufzählung einzelner Kompetenzkonflikte bei *Boeddinghaus/Hahn/Schulte*, BauO NRW, § 61 Rn. 201; vgl. auch das Bsp. bei *Köhler-Rött* in: Reichel/Schulte, Handbuch Bauordnungsrecht, Kap. 15 Rn. 8: Die Beseitigung von Abbruchmaterial stellt zwar auch Abfall dar, sodass grundsätzlich auch abfallrechtliche Vorschriften maßgebend sein können. Anknüpfungspunkt für ein Einschreiten der Behörde ist hier jedoch nicht der abfallrechtswidrige Zustand, sondern die Beseitigung des baurechtswidrigen Zustands, sodass die Bauaufsichtsbehörde die Beseitigung des Bauschutts verfügen kann.

rechtswidrigen Zustand abschließend fachgesetzlich geregelt, fehlt der Bauaufsichtsbehörde die Sachkompetenz für die Duldung. Das bedeutet auch, dass eine Duldung der Bauaufsichtsbehörde, die auf der Prüfung baurechtlicher Vorschriften beruht, einem behördlichen Einschreiten nach anderen Fachgesetzen mit Spezialzuständigkeit nicht entgegengehalten werden kann. Außerdem darf durch die Duldung nicht die Gefahr der Umgehung fachgesetzlicher Genehmigungsverfahren entstehen.

Die Duldung nach öffentlichem Baurecht hat letztlich keine Konzentrationswirkung. Das lässt sich daraus folgern, dass auch der Baugenehmigung mit Ausnahme einzelner gesetzlicher Regelungen[84] keine Konzentrationswirkung[85] zukommt. Die Landesgesetzgeber haben vielmehr zum Teil ihre Vorschriften an das sog. „Separationsmodell" angepasst, indem sie den Prüfungsumfang bei der Entscheidung über die Erteilung einer Baugenehmigung auf die Einhaltung baurechtlicher Vorschriften beschränken (vgl. u.a. Art. 68 Abs. 1 BayBO, § 58 Abs. 1 LBO BW, § 64 HBO) und die Baugenehmigung ohne Rücksicht auf das Vorliegen anderer fachrechtlicher Genehmigungen erteilt werden kann[86]. Für Genehmigungen, die andere Fachbehörden in eigenständigen fachbehördlichen Verfahren erteilen, fehlt der Bauaufsichtsbehörde dagegen die Sachkompetenz[87].

Soweit aber keine spezialgesetzliche Zuständigkeit der Fachbehörde besteht, ist es erforderlich, dass die jeweilige Fachbehörde die Bauaufsichtsbehörde mit ihrem Fachwissen unterstützt[88]. So ist etwa in den Verwaltungsvorschriften zur BauO NRW in Nr. 61.1 VV BauO NRW geregelt, dass sich die Bauaufsichtsbehörden mit

---

84 Z.B. Art. 6 Abs. 3 BayDSchG (denkmalschutzrechtliche Genehmigung), § 17 BNatSchG oder §§ 9 Abs. 2 und 5 FStrG.

85 Konzentrationswirkung entfalten im Übrigen auch Planfeststellungsverfahren gemäß § 75 Abs. 1 S. 2 VwVfG. In diesen Fällen erübrigen sich auch andere behördliche Entscheidungen (Bsp.: für Planfeststellungsverfahren: §§ 18 AEG, §§ 17 ff. FStrG, §§ 1 ff. MBPlG, §§ 14 ff. WaStrG, §§ 8 ff. LuftVG mit Einschränkung nach §§ 9 Abs. 1 S. 3 LuftVG, §§ 28 ff. PBefG, § 41 FlurbG, §§ 35 ff. KrWG, §§ 68 ff. WHG, § 9b AtG, § 43 EnWG).

86 *Muckel/Ogorek*, Öffentliches Baurecht, § 9 Rn. 66; zur insoweit unklaren Rechtslage in NRW zur Geltung der sog. Schlusspunkttheorie bzw. des Koordinationsmodells OVG NRW, DÖV 2004, 302, 303 f.; *Muckel/Ogorek*, Öffentliches Baurecht, § 9 Rn. 68; *Mampel*, BauR 2002, 719, 721 f.

87 *Grotefels* in: Hoppe/Bönker/Grotefels, Öffentliches Baurecht, § 16 Rn. 43; z.B. § 13 BImSchG (immissionsschutzrechtliche Genehmigung für genehmigungsbedürftige Anlagen nach § 4 BImSchG), § 13 BBodSchG und § 16 Abs. 2 BBodSchG (Altlastensanierung), § 17 Abs. 1 S. 2 SprengG (Genehmigung für Lager für explosionsgefährliche Stoffe), § 6 AtG (Aufbewahrungsgenehmigung nach § 6 AtG), § 30 GewO (Betreiben einer Privatkrankenanstalt), § 27 WaffG (Betreiben einer Schießstätte), § 33i GewO (Betreiben einer Spielhalle), §§ 2 ff. GastG NRW (gaststättenrechtliche Erlaubnis), § 144 BauGB (sanierungsrechtliche Genehmigung), §§ 2, 3, 7, 8 WHG (wasserrechtliche Erlaubnis und Bewilligung bei Gewässerbenutzung).

88 *Wenzel* in: Gädtke/Czepuck/Johlen/Plietz/Wenzel, BauO NRW, § 61 Rn. 12.

anderen Behörden abstimmen sollen, wenn zur Durchsetzung einzelner öffentlich-rechtlicher Anforderungen neben den Bauaufsichtsbehörden auch andere Behörden in Betracht kommen können[89]. Wenn dies für das Einschreiten gegen einen rechtswidrigen Zustand gilt, dann gleichfalls auch für das Nichteinschreiten, weil die Fachbehörde die Gefahren die von einem Nichteinschreiten ausgehen können, besser einschätzen kann. In ähnlicher Weise gibt es auch gesetzliche Vorschriften wie z.B. § 9 Abs. 2 FStrG oder § 12 Abs. 2 und §§ 14, 15, 17 LuftVG, die bei Erteilung einer Baugenehmigung eine behördeninterne Mitwirkung von Fachbehörden verlangen, bei der die Fachbehörde die Zulässigkeit aus ihrem Blickwinkel beurteilt[90]. Erteilt etwa im Fall des § 9 Abs. 2 FStrG die oberste Landesstraßenbaubehörde ihre Zustimmung nicht, darf die Genehmigung nicht erteilt werden. Die Baugenehmigungsbehörde ist an die Versagung einer Zustimmung gebunden. Wird die Baugenehmigung ohne die Zustimmung erteilt, ist sie rechtswidrig, aber wirksam[91].

VI. Materielle Rechtmäßigkeitsanforderungen

1. Bestimmtheit

Sofern man davon ausgeht, dass es sich bei der Zusicherung nach § 38 VwVfG um einen Verwaltungsakt handelt, ist § 37 VwVfG zu beachten. Nach § 37 Abs. 1 VwVfG muss ein Verwaltungsakt inhaltlich hinreichend bestimmt sein. Dass der Bescheid die Überschrift „Duldung" enthält, ist aber für die Bestimmtheit nicht von Belang. Es handelt sich bei der Duldung nicht um eine besondere Form des Verwaltungsakts. Es kann sich auch um eine Form des konkludenten oder stillschweigenden Verwaltungsakts handeln[92]. Zur Bestimmung des Inhalts des Verwaltungsakts kommt es grundsätzlich auf den Empfängerhorizont an, d.h. darauf, wie der Adressat des Verwaltungsakts den Verwaltungsakt nach Treu und Glauben unter Beteiligung aller den Beteiligten bekannten Umstände verstehen musste[93]. In der Regel dürften die Formulierungen „Duldungsentscheidung" oder „Verschaffen einer gefestigten Rechtsposition" für eine Duldung sprechen[94]. Dagegen lässt sich die Aufhebung einer zuvor ergangenen Beseitigungsanordnung nicht als Duldungsentscheidung auslegen[95].

Zum Teil wird vorgebracht, die Duldung verstoße gegen den Bestimmtheitsgrundsatz, weil die Behörde es unterlasse, eine eindeutige Regelung zu treffen[96].

---

89 *Boeddinghaus/Hahn/Schulte*, BauO NRW, § 61 Rn. 7 f.

90 *Grotefels* in: Hoppe/Bönker/Grotefels, Öffentliches Baurecht, § 16 Rn. 42.

91 *Bender* in: Müller/Schulz, FStrG, § 9 Rn. 156.

92 *Randelzhofer/Wilke*, Die Duldung als Form flexiblen Verwaltungshandelns, S. 33 ff. und S. 56.

93 BVerwGE 60, 223, 229; 67, 222, 234; *Kopp/Ramsauer*, VwVfG, § 37 Rn. 7.

94 OVG Rh.-Pf., DVBl. 2012, 1185, 1186.

95 NdsOVG, BRS 64 Nr. 198 (S. 770 f.), siehe unten 6. Teil. E.III.4.n).

96 *Hallwaß*, NuR 1987, 296, 297; *ders.* Behördliche Duldung, S. 12.

Durch diese Unbestimmtheit und Unklarheit fehle es dem duldenden Verhalten an Rechtssicherheit, sodass das Rechtsstaatsprinzip beeinträchtigt sei[97]. Gegen diese Ansicht lassen sich aber mehrere Argumente anführen. Das Bestimmtheitsgebot des § 37 Abs. 1 VwVfG bedeutet, dass der Inhalt der getroffenen Regelung für die Beteiligten, insbesondere für den Adressaten des Verwaltungsakts klar und unzweideutig erkennbar sein muss, sodass sie ihr Verhalten danach ausrichten können[98]. Regelt nun ein Verwaltungsakt, dass für einen bestimmten Zeitraum vom Erlass einer Beseitigungsverfügung oder Nutzungsuntersagung oder von der Vollstreckung abgesehen wird, lassen sich für den Adressaten der Verfügung unzweifelhaft die Folgen dieser Regelung erkennen. In Abgrenzung zur Erteilung einer Baugenehmigung ist für die Bestimmtheit erforderlich, dass sich erkennen lässt, dass die Duldungsregelung gerade nicht eine unbeschränkte Rechtsposition vermittelt. Dies lässt sich insbesondere durch den Erlass von Nebenbestimmungen erreichen[99]. Außerdem basiert die andere Ansicht auf der Annahme, dass die Duldung ausschließlich eine Form informellen Verwaltungshandelns sei, was nach dem hier zugrunde liegenden Verständnis nicht der Fall ist. Die Behörde sollte also in jedem Fall darauf bedacht sein, den Regelungsgehalt ihrer Entscheidung deutlich kundzutun, um Missverständnissen vorzubeugen[100].

2. *Zweckorientierte Ermessensausübung*

Voraussetzung für die Rechtmäßigkeit der Duldungszusicherung ist, dass die Behörde beim Erlass der Duldungszusicherung ihr Ermessen fehlerfrei ausgeübt hat. Weil es sich bei der Entscheidung über die Zusicherung der Duldung um eine Ermessensentscheidung handelt, sind die einschlägige Ermächtigungsnorm der Landesbauordnung, § 40 VwVfG und die allgemeinen Grenzen der Ermessensausübung für die Rechtmäßigkeit der Entscheidung heranzuziehen[101]. Die Duldung darf also nicht auf unsachgerechten und zweckfremden Erwägungen wie z.B. politischem Druck oder parteipolitischer Erwägungen und persönlicher Interessen beruhen oder unter Gewährung wirtschaftlicher Vorteile erfolgen[102]. Nachbarliche Interessen, die durch die Duldung betroffen sein können, sind angemessen zu würdigen. Die Zusicherung des Nichteinschreitens ist rechtswidrig, wenn durch den baurechtswidrigen Zustand Nachbarrechte verletzt werden und der Nachbar einen Anspruch auf Einschreiten gegen die Bauaufsichtsbehörde hat[103]. Die Bauaufsichtsbehörde hat deshalb deutlich

---

97 *Hallwaß*, NuR, 296, 299; *Millgramm*, NuR 1999, 608, 613.
98 *Kopp/Ramsauer*, VwVfG, § 37 Rn. 5 m.w.N.
99 Siehe unten 5. Teil. B.VI.3.
100 *Martens*, Praxis des Verwaltungsverfahrens, § 8 Rn. 236.
101 *Hermes/Wieland*, Die staatliche Duldung, S. 27; zu den sachgerechten Ermessenserwägungen siehe oben 2. Teil. B.IV.
102 *Sellmann*, FS Gelzer, S. 249, 254.
103 Zur Duldung im Nachbarrechtsverhältnis siehe unten 7. Teil.

zu machen, aus welchen Gründen private Interessen des Duldungsempfängers andere öffentliche oder private Interessen überwiegen[104].

3. *Ermessensüberschreitung bei unbeschränkter Duldungszusicherung*

Problematisch ist, ob die Zusicherung nur befristet, bedingt oder unter Widerrufsvorbehalt erteilt werden darf[105]. Auch die Zusicherung kann nach allgemeiner Ansicht mit Nebenbestimmungen i.S.d. § 36 VwVfG versehen werden[106]. Dies wird von der herrschenden Ansicht im Hinblick auf den Vorrang des Gesetzes nach Art. 20 Abs. 3 GG wegen Umgehung der Baugenehmigung befürwortet[107]. Dagegen könnte sprechen, dass die Zusicherung bereits nach § 38 Abs. 3 VwVfG unter dem Vorbehalt der Änderung der Sach- und Rechtslage steht und damit per se schon eingeschränkte Bindungswirkung hat[108]. Dieser Umstand wirkt sich jedoch besonders im Hinblick auf die Erforderlichkeit eines Widerrufsvorbehalts aus. Für die Rechtswidrigkeit einer unbefristeten bzw. unbedingten Duldungszusicherung lässt sich aber ins Feld führen, dass von einer Zusicherung nach § 38 VwVfG grundsätzlich eine vergleichbare Bindung ausgeht, die auch von dem zugesicherten Verwaltungsakt ausginge[109]. Dies gilt bei der Duldung umso mehr, weil der Nichterlass eines Verwaltungsakts zugesichert wird und damit kein weiterer Rechtsakt mehr zu erwarten ist.

a) Notwendigkeit der Befristung

Am meisten Bedeutung kommt im Rahmen der Duldung der Befristung auf einen bestimmten Zeitraum zu. Die Befristung i.S.d. § 36 Abs. 2 Nr. 1 VwVfG legt Beginn und Ende der Wirksamkeit des Verwaltungsakts auf einen bestimmten Termin fest[110]. Ausreichend ist auch, wenn die Frist von einem konkret bezeichneten Ereignis abhängig ist, dessen Eintreten gewiss ist, auch wenn der Zeitpunkt des Eintretens noch ungewiss ist[111]. Grundsätzlich steht die Möglichkeit, von einer

---

104 OVG NRW, Beschl. v. 01.07.2014 – 2 A 690/14, juris Rn. 20.

105 Siehe auch oben 3. Teil. C.III.5.

106 *Guckelberger*, DÖV 2004, 357, 361; *U. Stelkens* in: Stelkens/Bonk/Sachs, VwVfG, § 38 Rn. 26.

107 *Hornmann*, HBO, § 72 Rn. 129a; *Erbguth/Schubert*, Öffentliches Baurecht, § 13 Rn. 61; *Finkelnburg/Ortloff/Otto*, Öffentliches Baurecht Bd. II, S. 186; *Hahn/Schulte*, Baunachbarrecht, Rn. 494; *Koppitz*, Öffentliches Baurecht, Rn. 674; *Stollmann*, Öffentliches Baurecht, § 19 Rn. 37.

108 So etwa *Ruske*, Die gleichheitsgemäße Ermessensausübung, S. 68, für den Fall des Duldungsverwaltungsakts, wonach eine zeitlich unbegrenzte Duldung möglich sei, allerdings wegen § 38 Abs. 3 VwVfG wenigstens eines Widerrufsvorbehalts bedürfe.

109 *Weyreuther*, Bauen im Außenbereich, S. 521.

110 *Kopp/Ramsauer*, VwVfG, § 36 Rn. 15; *U. Stelkens* in: Stelkens/Bonk/Sachs, VwVfG, § 36 Rn. 70; *Maurer*, Allgemeines Verwaltungsrecht, § 12 Rn. 6.

111 Dagegen liegt eine Bedingung vor, wenn der Eintritt des Ereignisses ungewiss ist, vgl. *Kopp/Ramsauer*, VwVfG, § 36 Rn. 15.

Befristung Gebrauch zu machen, im Ermessen der Behörde. Dieses Ermessen ist allerdings im Fall der Duldung reduziert, weil ansonsten die Gefahr der Umgehung der Vorschriften über die Erteilung der Baugenehmigung besteht. Auch in der behördlichen Praxis im Umgang mit Duldungszusicherungen lässt sich die Tendenz erkennen, Zusicherungen nur befristet zu erteilen wie die Beispiele der oben vorgestellten Sanierungs- und Außenbereichskonzepte zeigen. So werden unter bestimmten Voraussetzungen Zusicherungen mit dem Inhalt, eine bestandskräftige Bauordnungsverfügung nicht zu vollstrecken, für einen Zeitraum von 5 Jahren mit der Aussicht auf Verlängerung nach erneuter Prüfung erteilt[112].

aa) Bestimmung des Zeitraums

Die Dauer einer Befristung lässt sich nicht pauschal bestimmen, sondern ist an den Umständen des Einzelfalls zu orientieren. Es dürfte dabei nicht darauf ankommen, dass die Duldung nur für einen kalendarisch bestimmbaren Zeitraum erteilt wird oder auf eine bestimmte Zeitspanne befristet wird. Vielmehr hat sich die Dauer der Befristung am Zweck und den näheren Erwägungen der Duldung zu orientieren[113]. Dafür spricht auch ein Vergleich mit der Ermessensduldung im Ausländerrecht gemäß § 60a Abs. 2 S. 3 AufenthG, wonach sich die zulässige Dauer einer Duldung nicht nach einem von vornherein zeitlich bestimmbaren Zeitraum bestimmt, sondern danach, dass der geduldete Aufenthalt aufgrund seines Zwecks beschränkt ist[114]. Vor allem Art und Schwere des Verstoßes gegen öffentlich-rechtliche Vorschriften sind in die Erwägungen einzubeziehen. Ein nur geringfügiger Rechtsverstoß dürfte i.d.R. längere Befristungen rechtfertigen als ein intensiverer Verstoß gegen öffentliche Belange. Aber auch eine nur kurzfristige Duldung für einen Zeitraum von einem Jahr kann von der Behörde abgelehnt werden, wenn sie der Ordnungsfunktion der Genehmigungspflicht den Vorrang einräumt[115].

Ein Anhaltspunkt für eine sachgerechte Befristung kann die voraussichtliche Dauer eines gerichtlichen Verfahrens sein, wenn der Adressat der Duldung im Gegenzug auf Rechtsmittel verzichtet oder seine Klage zurücknimmt[116]. Dadurch können langwierige und kostenintensive Rechtsstreite vermieden werden, während der Betroffene sein rechtswidriges Bauwerk weiter in einem vergleichbaren

---

112 Siehe oben 1. Teil. F.II.

113 Z.B. Zusicherung des Nichteinschreitens gegen einen Schuppen für Baumaterial bis zur Fertigstellung einer baulichen Anlage, vgl. VGH BW, VBlBW 2003, 72.

114 *Bruns* in: Hofmann/Hoffmann, Ausländerrecht, AufenthG, § 60a Rn. 26; Bsp.: Ausbildung, Krankenhausaufenthalt, Gerichtsverfahren etc.

115 OVG NRW, Beschl. v. 01.07.2014 – 2 A 690/14, juris Rn. 20.

116 So auch die „Niederschrift über die Dienstbesprechung des Ministeriums für Bauen, Wohnen, Stadtentwicklung und Verkehr mit den Bauaufsichtsbehörden im November 2015“, S. 13, abrufbar im Internet unter http://www.aknw.de/fileadmin/user_upload/Arbeitshilfen/niederschrift_dienstbesprechung_bauaufsichtsbehoerden_2015.pdf (abgerufen am 28.02.2016).

Zeitraum nutzen kann. Ebenso ist es möglich, eine Duldung auf Lebenszeit bis zum Tod des Duldungsempfängers auszusprechen, wenn der Betroffene sich in einem fortgeschrittenen Alter befindet[117]. Hier bedarf es aber einer genauen Prüfung, weil durch die unter Umständen längeren Zeiträume die Gefahr der Verfestigung rechtswidriger Zustände z.B. durch die Entstehung einer Splittersiedlung bei großflächigen „Schwarzbauten" besteht.

bb) Praktische Vorteile der Befristung

Die Befristung ist besonders geeignet, die Duldung eines illegalen Bauwerks oder einer illegalen Nutzung nur für einen bestimmten Zeitraum bzw. Übergangszeitraum zu gewähren. Sie ermöglicht der Behörde einerseits eine periodische Überprüfung der gegebenen Umstände[118]. Die Bauaufsichtsbehörde wird in regelmäßigen Abständen mit dem Vorgang beschäftigt und in die Lage versetzt, die Sach- und Rechtslage erneut zu prüfen und etwaige Änderungen zu berücksichtigen. Wenn die Voraussetzungen einer weiteren Duldung vorliegen, kann die Befristung ohne weiteres verlängert werden. Dadurch kann auch einer Verwaltungspraxis entgegengewirkt werden, bei der stillschweigende Duldungen aufgrund von Bequemlichkeit wegen komplexer Sachverhalte erfolgen.

Andererseits signalisiert eine rechtssichere und rechtsklare Bestimmung dem Betroffenen eindeutig, dass die Aufrechterhaltung des illegalen Zustands nicht zu einer dauerhaften Selbstbindung der Verwaltung führen kann. Dem Bürger wird genau vor Augen geführt, dass das Gebrauchmachen von seiner Rechtsposition durch Vermögensdispositionen risikobeladen ist[119]. Der Betroffene kann erkennen, dass ihm der geduldete Zustand keine auf Dauer geschützte Rechtsposition wie eine Baugenehmigung vermittelt und wird sein zukünftiges Handeln danach ausrichten. Gleichzeitig verstärkt sie aber zunächst den Vertrauensschutz, weil der Bürger damit rechnen darf, dass bis zum Ablauf der Befristung die Duldung bestehen bleibt[120].

Letztlich ist die Befristung ein adäquates Mittel und wird deshalb auch in der Praxis der Behörden angewandt[121]. Sie ermöglicht einen angemessenen Interessenausgleich zwischen dem öffentlichen Interesse an der Wiederherstellung rechtmäßiger Zustände und dem privaten Interesse des Betroffenen an der Aufrechterhaltung

---

117 VGH BW, NJW 1984, 319, 320; *Finkelnburg/Ortloff/Otto*, Öffentliches Baurecht Bd. II, S. 186; *Stollmann*, Öffentliches Baurecht, § 19 Rn. 38; a.A. OVG NRW, Beschl. v. 01.07.2014 – 2 A 690/14, juris Rn. 20, wonach auch eine auf Lebenszeit erteilten Duldung genehmigungsgleiche Wirkung entfalte, selbst wenn der Kläger zum Zeitpunkt der Entscheidung bereits 77 Jahre alt war.

118 *Maurer* in: Isensee/Kirchhof, Handbuch des Staatsrechts Bd. IV, § 79 Rn. 108; *U. Stelkens* in: Stelkens/Bonk/Sachs, VwVfG, § 36 Rn. 74.

119 *Kisker*, VVDStRL Heft 32 (1974), 149, 175.

120 *Maurer* in: Isensee/Kirchhof, Handbuch des Staatsrechts Bd. IV, § 79 Rn. 110.

121 Zu Außenbereichs- und Sanierungskonzepte siehe oben 1. Teil. F.II.

des rechtswidrigen Zustands. Das gilt vor allem auch dann, wenn sich nach Ablauf der Befristung die Vollstreckung der Grundverfügung anschließt.

cc) Problematik des Kettenverwaltungsakts

Problematisch ist allerdings, dass im Fall periodischer Überprüfungen und mehrfacher Verlängerungen eines Verwaltungsakts ein sog. *„Kettenverwaltungsakt"* vorliegt, der die Verwaltung unter bestimmten Voraussetzungen zunehmend aus Vertrauensschutzgesichtspunkten stärker binden kann[122]. Die Problematik der Entstehung des Kettenverwaltungsakts tritt zum einen auf, wenn Beseitigungsfristen immer wieder verlängert werden oder wenn eine Befristung i.S.d. § 36 Abs. 2 Nr. 1 VwVfG immer wieder erneuert wird. Nach Ansicht des OVG Berlin könne die routinemäßige Verlängerung von Beseitigungsfristen über ein Vierteljahrhundert im Sinne eines „Duldungsverwaltungsakts" eine endgültige Selbstbindung der Bauaufsichtsbehörde herbeiführen[123]. Gleiches müsste demnach gelten, wenn die Duldung befristet erteilt wird und vor Ablauf der Frist immer wieder verlängert wird.

Gegen die Ansicht des OVG Berlin spricht aber, dass die Befristung gerade dazu dient, ein über die Befristung hinausgehendes Vertrauen zu zerstören[124]. Befristungen werden gerade deshalb genutzt, um einschneidende Folgen eines Verwaltungsakts zu mildern und Ausnahmebewilligungen zu begrenzen[125]. Gerade bei der Duldung rechtswidriger Zustände ist eine solche Bindung nicht gewollt. Die Befristung ist für die Duldung vielmehr das typische und adäquate Mittel, um eine weitergehende Bindung zu vermeiden und Ermessenserwägungen zu überprüfen. Ein Vertrauensschutz durch wiederholte Befristungen kann erst dann eintreten, wenn der Verwaltungsakt routinemäßig über einen längeren Zeitraum wiederholt befristet wurde, obwohl das Gesetz grundsätzlich eine unbefristete Erlaubnis gestattet[126]. Diese Voraussetzungen sind bei der Duldung aber gerade nicht erfüllt, weil diese nicht unbeschränkt erteilt werden darf. Im Ergebnis kann damit aus wiederholten Befristungen bei einer Duldung kein Verlängerungsanspruch auf weitere Duldung geltend gemacht werden. Allerdings wird bei den Ermessenserwägungen eines bauaufsichtlichen Einschreitens der Vertrauensschutz eines bisher Begünstigten durch Übergangsregelungen zu berücksichtigen sein[127].

---

122 *Maurer* in: Isensee/Kirchhof, Handbuch des Staatsrechts Bd. IV, § 79 Rn. 108; *U. Stelkens* in: Stelkens/Bonk/Sachs, VwVfG, § 36 Rn. 74 m.w.N.

123 OVG Berlin, NJW 1983, 777 f. = BRS 39 Nr. 207 (S. 415).

124 BVerfG, NVwZ 1985, 259; BVerwGE 78, 192, 206 f.; BVerwG, NVwZ 1985, 269 f.; OVG NRW, DVBl. 2009, 51, 56; *Lange*, WiVerw 1979, 15, 28 (kein Anspruch auf Gewährung rechtswidriger Begünstigungen).

125 *Hennecke* in: Knack/Hennecke, VwVfG, § 36 Rn. 54; vgl. auch BGH, NVwZ 1991, 403 f.

126 BVerwGE 59, 284, 292 f.; *U. Stelkens* in: Stelkens/Bonk/Sachs, VwVfG, § 36 Rn. 74.

127 *Lange*, WiVerw 1979, 15, 28.

b) Bedingungen

aa) Auflösende Bedingungen

Neben der Befristung ist die Bedingung ein wichtiges Element, um ein Mindestmaß an Kompatibilität mit den Gesamtumständen herzustellen. Die Bedingung gemäß § 36 Abs. 2 Nr. 2 VwVfG macht den Beginn oder das Ende der Wirksamkeit eines Verwaltungsakts von einem bestimmten Ereignis abhängig, dessen Eintritt noch ungewiss ist[128]. Statt einer Befristung kann die Duldung auch mit einer auflösenden Bedingung versehen werden, deren Eintritt unmittelbar den Wegfall der inneren Wirksamkeit des Verwaltungsakts auslöst[129]. Denkbar ist eine auflösende Bedingung, nach der die Duldung mit Aufgabe einer illegalen Nutzung entfällt. Wächst z.B. ein kleiner, nicht störender Gewerbebetrieb weiter an und stört durch zunehmenden Liefer- und Kundenverkehr die Nachbarn, kann eine Duldung für den Fall auflösend bedingt ausgesprochen, dass ein neuer Standort für den Betrieb gefunden ist. Darüber hinaus kann die Duldung auch mit der Verpflichtung verknüpft werden, den baulichen Zustand nicht zu erweitern oder zu verändern, sondern allenfalls eine Anpassung an brandschutz- und sicherheitstechnische Anforderungen vorzunehmen.

Das OVG Nordrhein-Westfalen hatte einen Fall zu entscheiden, in dem eine Duldung unter der Bedingung ausgesprochen wurde, dass das betroffene Bauwerk in Eigentum und Besitz der betroffenen Familie verbleibt[130]. Mit anderen Worten wird durch diese Bedingung die Rechtsnachfolge der Duldung durch Verkauf des Grundstücks ausgeschlossen, weil durch die Übertragung des Eigentums die auflösende Bedingung eintritt. Diese Bedingung allein dürfte allerdings im Hinblick auf die Umgehung der Baugenehmigung nicht ausreichend sein. Denn unter dieser Bedingung könnte das Bauwerk im Prinzip über mehrere Generationen bestehen bleiben und damit praktisch wie eine Baugenehmigung wirken. Das OVG Nordrhein-Westfalen hat in diesem Fall die Rechtswidrigkeit der Duldung lediglich wegen mangelnder Beteiligung der Gemeinde nach § 36 BauGB angenommen, grundsätzlich aber eine derart unbeschränkte Duldung unzulässiger Weise als rechtmäßig angesehen.

bb) Aufschiebende Bedingungen

Eine Duldungszusicherung kann auch mit aufschiebenden Bedingungen verknüpft werden, bei denen die innere Wirksamkeit des Verwaltungsakts erst eintritt, wenn die Bedingung eingetreten ist. So sollte ein vorübergehendes Absehen von einem Einschreiten in geeigneten Fällen unter der Bedingung erfolgen, dass Mindestanforderungen des Brandschutzes sowie der Standsicherheit einer baulichen Anlage

---

128 *Kopp/Ramsauer*, VwVfG, § 36 Rn. 19; *Maurer*, Allgemeines Verwaltungsrecht, § 12 Rn. 6.

129 *Kopp/Ramsauer*, VwVfG, § 36 Rn. 19; *U. Stelkens* in: Stelkens/Bonk/Sachs, VwVfG, § 36 Rn. 75.

130 OVG NRW, BRS 30 Nr. 169 S (S. 312).

erfüllt werden, ein Anschluss an eine einwandfreie Wasserversorgung oder an die Kanalisation gewährleistet wird oder im Einzelfall eine bestimmte Nutzung, z.B. ein Aufenthalt von Menschen, unterbleibt[131]. Vor allem bei illegalen Wohnnutzungen im Außenbereich ist die Ver- und Entsorgung des Grundstücks sicherzustellen. Inwieweit diese einzelnen Anforderungen zu erfüllen sind, bedarf einer Prüfung im Einzelfall.

Die Bauaufsichtsbehörde kann eine Duldungszusicherung auch unter der Bedingung erteilen, dass der Betroffene auf Widerspruch oder Anfechtungsklage verzichtet oder diese zurücknimmt, wenn die Bauaufsichtsbehörde im Gegenzug zusichert, vorübergehend nicht aus der Grundverfügung zu vollstrecken[132]. Mit anderen Worten treten die Wirkungen der Duldung erst dann in Kraft, wenn eine bereits erlassene Bauordnungsverfügung bestandskräftig geworden ist. Kostenmäßig kann sich die Bauaufsichtsbehörde für eine sich an die Duldung anschließende Beseitigung etwa dadurch absichern, dass sie von dem Betroffenen die Hinterlegung einer Bürgschaft für den Fall verlangt, dass ein Rückbau nicht erfolgt. In Betracht kommt auch die Erteilung der Duldung von der Eintragung einer Baulast abhängig zu machen, durch die der Betroffene zum Rückbau verpflichtet wird.

Weiterhin kann die Duldung einer rechtswidrigen Wohnnutzung in Gewerbegebieten davon abhängig gemacht werden, dass keine strengeren Lärmschutzanforderungen geltend gemacht werden, als das für eine Betriebswohnung in einem Gewerbegebiet beansprucht werden kann[133]. Dadurch wird gewährleistet, dass die in dem Gewerbegebiet ansässigen Gewerbe nicht in ihrer Gewerbeausübung gestört werden. Eine Änderung des Bebauungsplans von einem Gewerbegebiet in ein Mischgebiet würde in diesem Fall nicht zum gewünschten Ziel führen, weil durch die Ausweisung eines Mischgebietes die ansässigen Betriebe wiederum in der Ausübung ihres Gewerbes beeinträchtigt würden.

c) Auflagen

Die Bauaufsichtsbehörde kann die Duldungszusicherung mit Auflagen verbinden. Die Auflage nach § 36 Abs. 2 Nr. 4 VwVfG verpflichtet den Betroffenen zu einem Tun, Dulden oder Unterlassen. Diese Verpflichtung aus der Auflage steht neben der durch den Hauptverwaltungsakt ausgesprochenen Regelung[134]. Die Nichtbefolgung der Auflage berechtigt die Behörde zum Widerruf der Entscheidung nach § 49 Abs. 2 Nr. 2 VwVfG[135]. Beispielsweise kann eine Duldung unter der Auflage ausgesprochen werden, dass der Bauherr sein Grundstück durch Bepflanzungen an die

---

131 *Decker* in: Simon/Busse, BayBO, Art. 76 Rn. 228.

132 Zur Vertragsgestaltung beim öffentlich-rechtlichen Duldungsvertrag siehe unten 5. Teil. E.I.6.

133 OVG Rh.-Pf., DVBl. 2012, 1185, 1187.

134 *U. Stelkens* in: Stelkens/Bonk/Sachs, VwVfG, § 36 Rn. 83.

135 *Sachs* in: Stelkens/Bonk/Sachs, VwVfG, § 49 Rn. 46 ff.; *U. Stelkens* in: Stelkens/Bonk/Sachs, VwVfG, § 36 Rn. 84.

landschaftliche Umgebung anpasst[136]. Möglich ist auch die Duldung eines Bauwerks mit der Auflage, dass eine bestimmte Nutzung zu unterbleiben hat. Soll nach Ablauf der Befristung keine Verlängerung mehr erfolgen, kann die Auflage beigefügt werden, dass nach Ablauf der Frist die ausgeübte illegale Nutzung beendet wird und ein Rückbau rechtswidriger baulicher Anlagen erfolgt. In Betracht käme auch die Auflage eines regelmäßigen Nachweises einer gesicherten Ver- und Entsorgung bei Wohnnutzungen im Außenbereich und die Pflicht zur Versickerung von Regenwasser auf dem eigenen Grundstück[137].

d) Widerrufsvorbehalt

Das Hinzufügen eines Widerrufsvorbehalts dürfte bei der Duldungszusicherung nicht zwingend erforderlich sein, weil die Bindung an die Zusicherung schon nach § 38 Abs. 3 VwVfG von Gesetzes wegen entfällt[138]. Ein Widerrufsvorbehalt kann aber deklaratorisch zur Klarstellung beigefügt werden[139]. Gleichwohl kann es sinnvoll sein, einen Widerrufsvorbehalt für den Fall beizufügen, dass der Widerruf auf anderen Gründen basiert, die nicht auf einer geänderten Sach- und Rechtslage beruhen. Die Zusicherung bietet dem Betroffenen nämlich Schutz gegen eine geänderte Politik der Verwaltung, eine Änderung der Verwaltungspraxis oder geänderte Rechtsauffassungen. Gerade in diesen Fällen begibt sich die Behörde des Spielraums, in Zukunft härter durchzugreifen[140]. Weil durch einen Widerrufsvorbehalt die Entstehung schutzwürdigen Vertrauens von vornherein verhindert wird, kann es zweckmäßig und sinnvoll für die Behörde sein, die Duldungsentscheidung neben einer Befristung und eventuellen Bedingungen mit einem Widerrufsvorbehalt zu kombinieren[141]. Nicht zuletzt wirkt sich der Widerrufsvorbehalt auch in zweierlei Hinsicht positiv aus: Zum einen wird dem Bürger klar, dass seine Rechtsposition nicht auf Dauer bestehen bleiben kann und er das Risiko von nutzlosen Vermögensdispositionen selbst trägt. Zum anderen wird der Anpassungsspielraum der Verwaltung erweitert, ohne das Vertrauen des Bürgers zu enttäuschen[142]. Dabei müssen die Voraussetzungen eines Widerrufs nicht notwendig näher präzisiert

---

136 *Arnold*, VerwArch. 1989, 125, 132 f.

137 OVG NRW, Urt. v. 24.02.2016 – 7 A 1623/14, juris Rn. 7 f..

138 Zum Streit über die Notwendigkeit des Widerrufsvorbehalts beim Duldungsverwaltungsakt siehe unten 5. Teil. D.III.2.

139 Z.B. Duldung eines Bordells nur unter dem Vorbehalt, den Betrieb doch zu schließen, wenn polizeiliche Gründe ein Einschreiten als geboten erscheinen lassen, vgl. OVG NRW, DÖV 1971, 208 f.

140 *Hermes/Wieland*, Die staatliche Duldung, S. 28; *Guckelberger*, DÖV 2004, 357, 362.

141 *Mann* in: Große-Suchsdorf, NBauO, § 79 Rn. 68; eine solche Verbindung des Widerrufsvorbehalts mit Befristungen und Bedingungen ist zulässig, vgl. *Kopp/Ramsauer*, VwVfG, § 36 Rn. 28.

142 *Kisker*, VVDStRL Heft 32 (1974), 149, 175.

werden[143]. Beispielsweise kann sich die Behörde ganz allgemein die Möglichkeit des Einschreitens in der Zukunft ausdrücklich vorbehalten[144].

e) Ergebnis

In Fortführung der Feststellung, dass eine unbeschränkte Duldung gegen das Prinzip der Gesetzmäßigkeit der Verwaltung verstößt, ist eine unbeschränkte Duldungszusicherung rechtswidrig, nicht aber unwirksam. Diese kann damit die Behörde bis zu ihrer Aufhebung an einem bauaufsichtlichen Einschreiten hindern[145]. Deshalb ist die Duldungszusicherung nur befristet bzw. unter einer auflösenden Bedingung zu erteilen. Denn auch die unbeschränkte Zusicherung erweckt den Eindruck, der Betroffene sei auf Dauer von einem Einschreiten gegen den baurechtswidrigen Zustand verschont.

VII. Änderung der Sach- und Rechtslage nach § 38 Abs. 3 VwVfG

Nach den allgemeinen für Verwaltungsakte geltenden Regeln besitzt auch die rechtswidrige Zusicherung bis zu ihrer Rücknahme nach § 48 VwVfG oder bis zu ihrer gerichtlichen Aufhebung aufgrund der Tatbestandswirkung von Verwaltungsakten volle Bindungswirkung, vgl. § 43 Abs. 2 VwVfG. Dadurch verschafft die Zusicherung dem Betroffenen eine besonders geschützte Vertrauensposition, die ihm wirksamen Schutz vor bauaufsichtlichem Einschreiten vermitteln kann[146]. Allerdings ist die Bindungswirkung bei der Duldungszusicherung eingeschränkt. Nach § 38 Abs. 3 VwVfG ist die Behörde nicht mehr an die Zusicherung gebunden, wenn eine Änderung der Sach- und Rechtslage eintritt und die Behörde bei Kenntnis der nachträglich eingetretenen Änderung die Zusicherung nicht gegeben hätte oder aus rechtlichen Gründen nicht hätte geben dürfen. Zugunsten der Flexibilität behördlichen Handelns hat der Gesetzgeber § 38 VwVfG mit verringerter Vertrauensschutzwirkung ausgestaltet[147]. Somit unterscheidet sich die Duldungszusage schon durch die eingeschränkte Bindungswirkung gemäß § 38 Abs. 3 VwVfG von der Erteilung einer Baugenehmigung[148].

---

143 BVerwGE 25, 91, 92 f.; 32, 12, 14; *Kopp/Ramsauer*, VwVfG, § 36 Rn. 28; *Hennecke* in: Knack/Hennecke, VwVfG, § 36 Rn. 59; *U. Stelkens* in: Stelkens/Bonk/Sachs, VwVfG, § 36 Rn. 79.

144 OVG Rh.-Pf., DVBl. 2012, 1185, 1187.

145 *Brohm*, Öffentliches Baurecht, § 29 Rn. 14; *Tettinger/Erbguth/Mann*, Besonderes Verwaltungsrecht, Rn. 1301.

146 OVG NRW, NWVBl. 1995, 294, 297; ThürOVG, BRS 71 Nr. 196 (S. 908 f.); *Hermes/Wieland*, Die staatliche Duldung, S. 28; *Erbguth/Schubert*, Öffentliches Baurecht, § 13 Rn. 51.

147 *Lange*, WiVerw 1979, 15, 30; *Jäde*, Bauaufsichtliche Maßnahmen, Rn. 123.

148 *Bracher*, ZfBR 1987, 127; a.A. wohl *Wasmuth/Koch*, NJW 1990, 2434, 2437, wonach der Zusicherungsempfänger eine Rechtsposition erhalte, die einer Genehmigung praktisch gleichkomme.

Entscheidet sich also die Behörde, die Duldung durch eine Zusicherung auszusprechen, wird der Unterschied zur Baugenehmigung besonders deutlich. Daher erscheint es aus Sicht der Bauaufsichtsbehörde sachgerecht, den Unterschied zu einer rechtswidrigen Baugenehmigung durch den Vorbehalt einer Änderung der Sach- und Rechtslage von vornherein kenntlich zu machen[149].

Ob die Behörde die Zusicherung bei Kenntnis der späteren Änderungen tatsächlich erteilt hätte, ist auf der Basis einer objektiven Betrachtung der früheren Ermessensentscheidung der Behörde zu beurteilen[150]. Da es sich bei der Duldung um eine Ermessensentscheidung handelt, die unter Heranziehung aller relevanten Umstände getroffen wird, ändert sich durch das Auftreten neuer Umstände regelmäßig die Geschäftsgrundlage, sodass die Behörde zu einer erneuten Prüfung verpflichtet ist[151].

1. Geschäftsgrundlage

Geschäftsgrundlage einer Duldungszusicherung, also Bezugspunkt einer Änderung der Sach- und Rechtsgrundlage, ist regelmäßig der Bestand des Bauwerks bzw. die konkrete Nutzung in dem Umfang, der zum Zeitpunkt der Duldungsentscheidung besteht. Dabei sind alle relevanten Gesichtspunkte, die in die Entscheidung eingeflossen sind, d.h. wirtschaftliche, persönliche und soziale Aspekte des Betroffenen, mit einzubeziehen und ferner das konkrete Bauwerk und seine Nutzung in der maßgeblichen Umgebung in die Betrachtung mit aufzunehmen.

2. Rechtliche Gründe

Die Bindungswirkung kann entfallen, wenn die Behörde die Zusicherung nach Änderung der Sach- oder Rechtslage aus rechtlichen Gründen nicht hätte geben dürfen. Das dürfte bei einer Duldungszusicherung seltener der Fall sein, weil der Erlass einer Bauordnungsverfügung im Ermessen der Behörde steht[152].

3. Tatsächliche Gründe

Häufiger wird dagegen die Änderung der Sach- oder Rechtslage den Wegfall der Bindungswirkung gemäß § 38 Abs. 3 VwVfG hervorrufen, wenn die Behörde bei Kenntnis der nachträglich eingetretenen Änderung die Zusicherung nicht abgegeben hätte. Das kann in Bezug auf die Änderung der Rechtslage der Fall sein, wenn durch die Aufstellung eines Bebauungs- oder Flächennutzungsplans oder durch die Verwirklichung eines Planfeststellungsbeschlusses neue Gründe für die Beseitigung

---

149 *Boeddinghaus/Hahn/Schulte*, BauO NRW, § 75 Rn. 25; *Mann* in: Große-Suchsdorf, NBauO, § 79 Rn. 64.

150 BVerwGE 97, 323, 330; *Kopp/Ramsauer*, VwVfG, § 38 Rn. 39; *Hermes/Wieland*, Die staatliche Duldung, S. 28 f.

151 *Hermes/Wieland*, Die staatliche Duldung, S. 28.

152 *Bracher*, ZfBR 1987, 127, 128.

einer rechtswidrigen Anlage geschaffen werden, die bei früherer Kenntnis der Zusicherung entgegengestanden hätten[153]. Wenn durch die Rechtsänderungen das Vorhaben nicht genehmigungsfähig geworden ist, bleibt es rechtswidrig. Allerdings kann die materielle Rechtswidrigkeit durch die Rechtsänderungen noch vertieft werden, sodass die Duldung keinen Bestand mehr haben kann. Dabei ist aber zu beachten, dass insbesondere bauplanungsrechtliche Veränderungen häufig langfristig abzusehen sind und daher genau zu prüfen ist, ob die Behörde die Zusicherung in Kenntnis der künftigen Veränderungen gegeben hat[154]. Auch in der Einleitung eines Enteignungsverfahrens kann eine Änderung i.S.d. § 38 Abs. 3 VwVfG liegen[155].

Die Bindung kann auch entfallen, wenn etwa eine zulässige Wohnbebauung an eine geduldete Sportanlage oder einen Gewerbebetrieb heranwächst, die zuvor wegen zumutbarer Störungen hingenommen wurde[156]. Denkbar ist auch die zulässige Änderung einer Nutzung auf einem Grundstück, sodass nunmehr die geduldete Nutzung nachbarliche Interessen beeinträchtigt. Auf der anderen Seite ist aber auch zu prüfen, ob dem Adressaten der Duldungszusicherung seinerseits nachbarliche Abwehransprüche gegen ein ihn störendes nachbarliches Vorhaben zustehen[157]. Weiterhin entfällt die Bindungswirkung, wenn ein formell und materiell rechtswidriger Betrieb wegen fehlender Verlagerungsmöglichkeiten zunächst geduldet wird, dann aber nachträglich durch Ausweisung eines neuen Gewerbegebiets eine zumutbare Verlagerungsmöglichkeit geschaffen wird[158].

Neben der Änderung bauordnungs- und bauplanungsrechtlicher Beurteilungen können Änderungen der Sachlage auch auftreten, wenn sich wirtschaftliche und persönliche Aspekte, die in die Zusicherung eingeflossen sind, derart ändern, dass sie eine abweichende Ermessensentscheidung rechtfertigen[159]. Eine relevante Änderung tritt auch ein, wenn die Duldung wegen Unaufklärbarkeit der formellen Rechtswidrigkeit erklärt wurde, die Akten später aber aufgefunden werden und sich daraus ergibt, dass keine Genehmigung erteilt wurde.

Darüber hinaus kann sich eine Änderung der Sachlage auch aus dem Verhalten des Betroffenen ergeben. Die Bauaufsichtsbehörde ist etwa an eine früher gegebene Zusicherung, sie werde bis zur Fertigstellung eines bestimmten Bauvorhabens die Beseitigung eines von dem Bauherrn zur Lagerung von Baumaterialien und Werkzeugen genutzten, rechtswidrig errichteten Schuppens nicht verfügen, dann nicht mehr gebunden, wenn die Dauer der Arbeiten an dem Vorhaben jedes vernünftige

153 Bsp.: Änderung eines Flächennutzungsplans von einem Gewerbegebiet zu einer landwirtschaftlichen Nutzfläche; Ausweisung eines Wohngebiets durch Bebauungsplan in der Nähe eines geduldeten Gewerbebetriebs.

154 *Bracher*, ZfBR 1987, 127, 128.

155 Siehe unten 8. Teil. D.I.4.a).

156 Bsp. bei *Bracher*, ZfBR 1987, 127, 128: Heranrücken einer rechtmäßigen Wohnbebauung an eine geduldete Tennisanlage.

157 *Bracher*, ZfBR 1987, 127, 130; ausführlich dazu siehe unten 7. Teil. B.

158 Bsp. bei *Bracher*, ZfBR 1987, 127, 128.

159 *Bracher*, ZfBR 1987, 127, 128.

Maß überschreitet[160]. In diesem Kontext sind auch Nutzungsänderungen sowie Umbau- und Erweiterungsmaßnahmen des Duldungsadressaten an dem geduldeten Bauwerk zu nennen. Die Behörde ist nämlich nicht mehr an eine Duldung gebunden, wenn die bauliche Anlage dergestalt verändert wird, dass sie eine neue und andersartige Identität erhält, sodass der auf den Altbestand bezogene Vertrauenstatbestand untergeht[161]. Etwas anderes kann sich nach der Rechtsprechung des Bundesverfassungsgerichts aus Gründen der Verhältnismäßigkeit lediglich dann ergeben, wenn die Umbaumaßnahmen leicht rückgängig zu machen sind[162]. Eine Änderung der Sachlage kann auch vorliegen, wenn der Duldungsadressat seine Nutzung, etwa eine illegale Wohnnutzung im Außenbereich, dauerhaft aufgibt und in der Folge auch der Abriss des gesamten Wohngebäudes nicht mehr gehindert ist, weil die Duldung des Wohnhauses mit der Nutzung zu Wohnzwecken verknüpft ist. Ebenso ist eine Änderung der Sachlage gegeben, wenn der Duldungsadressat sein Grundstück veräußert, die das Grundstück betreffende Duldung aber aus personenbezogenen Gründen erteilt wurde. Die Duldungsentscheidung geht dann nicht auf den Rechtsnachfolger über[163].

Problematisch ist, ob sich die Sachlage auch dann ändert, wenn die Duldungsentscheidung wegen fehlerhafter Ermessenserwägungen durch die obere Bauaufsichtsbehörde beanstandet wird. Das Niedersächsische OVG wertete die Prüfung und Beanstandung der Duldungsentscheidung durch die obere Bauaufsichtsbehörde als Änderung der Sach- und Rechtslage, sodass die Bindung an die Zusicherung nach § 38 Abs. 3 VwVfG entfalle[164]. Dem ist zuzustimmen, weil die Bauaufsichtsbehörde die Zusicherung nicht abgegeben hätte, wenn ihr bewusst gewesen wäre, dass die höhere Bauaufsichtsbehörde die Entscheidung für ermessensfehlerhaft hält.

VIII. Aufhebung der Zusicherung

Weil die wirksame Zusicherung i.S.d § 38 VwVfG einem Einschreiten entgegensteht, muss diese zunächst aufgrund der Tatbestandswirkung von Verwaltungsakten i.S.d. § 43 Abs. 2 VwVfG aufgehoben werden[165]. Soweit die Bindung nicht schon nach § 38 Abs. 3 VwVfG entfällt, muss die Zusicherung im Fall der Rechtswidrigkeit zunächst nach § 48 VwVfG zurückgenommen oder bei Rechtmäßigkeit der Zusicherung nach § 49 VwVfG widerrufen werden. Die Aufhebungsentscheidung

---

160 VGH BW, VBlBW 2003, 72.

161 OVG NRW, BauR 2006, 90, 93; *Boeddinghaus/Hahn/Schulte*, BauO NRW, § 75 Rn. 25.

162 Siehe unten 6. Teil. F.II.2.

163 Zur Rechtsnachfolge in eine Duldung siehe oben 3. Teil. E.

164 NdsOVG, BRS 55 Nr. 206 (S. 591); a.A. *Mann* in: Große-Suchsdorf, NBauO, § 79 Rn. 66.

165 OVG NRW, NWVBl. 1995, 294, 297; ThürOVG, BRS 71 Nr. 196; Anmerkung zur Entscheidung *Preschel*, NJ 2008, 185, 186; *Erbguth/Schubert*, Öffentliches Baurecht, § 13 Rn. 51; *Gentzcke*, Informales Verwaltungshandeln, S. 122; *Hermes/Wieland*, Die staatliche Duldung, S. 28; *Winkelbauer*, DÖV 1988, 723, 728.

stellt zwar im Verhältnis zur Entscheidung über das bauaufsichtliche Einschreiten eine eigenständige Ermessensentscheidung dar, kann aber gemeinsam mit der Beseitigungsanordnung ergehen[166]. Bei der Rücknahmeentscheidung ist das Vertrauensschutzprinzip von maßgeblicher Bedeutung. Vertrauensschutz ist zum einen beim Rücknahmeermessen angemessen zu würdigen[167] und zum anderen bei der Prüfung, ob ein Ausgleich von Vermögensnachteilen nach § 48 Abs. 3 VwVfG in Betracht kommt[168].

C. Allgemeine behördliche Zusagen

Die qualifizierte Duldung in Form der allgemeinen verwaltungsrechtlichen Zusage kommt in Betracht, wenn sich die Duldung nicht auf das Unterlassen eines Verwaltungsakts, sondern auf das Unterlassen sonstiger Maßnahmen bezieht[169]. Da sich die allgemeine Zusage auf Realhandeln bezieht, kann eine Duldung nur den Inhalt haben, dass im gestreckten Verfahren nach Festsetzung eines Zwangsmittels auf dessen Anwendung verzichtet wird. Hier wird die Duldung durch den vorübergehenden Verzicht auf die Anwendung von Zwangsmitteln im Vollstreckungsverfahren, insbesondere auf die Anwendung von Zwangsgeld und Ersatzvornahme relevant[170], sofern man diese als Realakte qualifiziert[171].

Im Einzelnen ist streitig, ob für die allgemeine Zusage die Grundsätze des allgemeinen Verwaltungsrechts gelten oder die Vorschriften des VwVfG analog anzuwenden sind. Auch eine rechtswidrige Zusage kann jedenfalls bindend sein, wenn der Empfänger auf sie vertraut hat[172]. Für die Duldung durch Zusage müssen aber zumindest ähnliche Anforderungen erfüllt sein wie bei der Zusicherung nach § 38 VwVfG. Es muss eindeutig erkennbar sein, dass die Behörde Kenntnis von der Möglichkeit des Einschreitens hatte und eine bewusste Entscheidung über den Nichtgebrauch dieser Möglichkeit getroffen hat[173]. Dies kann grundsätzlich auch mündlich geschehen, denn mündliche Zusagen, die nicht auf den Erlass bzw. Nichterlass eines Verwaltungsakts gerichtet sind, können nicht ohne weiteres dem Schriftformerfordernis des § 38 Abs. 1 S. 1 VwVfG unterworfen werden. Sofern die mündliche Zusage mit dem erforderlichen Rechtsbindungswillen abgegeben wurde, kann diese Erklärung nicht folgenlos bleiben, wenn sich ein Vertrauen des Betroffenen rechtfertigen lässt. Wie weit ein solches Vertrauen gerechtfertigt ist,

---

166 *Sellmann*, FS Gelzer, S. 249, 255.
167 Siehe unten 6. Teil. E.II.2.
168 Siehe unten 8. Teil. A.I.
169 *U. Stelkens* in: Stelkens/Bonk/Sachs, VwVfG, § 38 Rn. 16; *Stuhlfauth* in: Obermayer/Funke-Kaiser, VwVfG, § 38 Rn. 19.
170 BayVGH, BayVBl. 1996, 634; *Palauro*, Haftungsrelevante Probleme der allgemeinen verwaltungsrechtlichen Zusage, S. 48 f.
171 Übersicht zum Streitstand: *Maurer*, Allgemeines Verwaltungsrecht, § 20 Rn. 26.
172 BVerwG, DVBl. 1966, 857, 859; BVerwGE 49, 359, 362 f.
173 *Hermes/Wieland*, Die staatliche Duldung, S. 29.

dürfte von den Umständen des Einzelfalls und dem Inhalt der Zusage abhängen, sodass im Einzelfall das allgemeine Vertrauensschutzprinzip konkretisiert werden muss[174]. Aufgrund der offensichtlichen Beweisschwierigkeiten mündlicher Zusagen[175] ist für das Vorliegen einer Duldungszusage mindestens zu verlangen, dass ein schriftlicher Nachweis etwa in Form eines Aktenvermerks vorliegt, aus dem der konkrete Bindungswille der Behörde hervorgeht[176]. Im Rahmen des Vertrauensschutzes ist folglich zu untersuchen, ob mangels Schriftlichkeit die Schutzwürdigkeit des Vertrauens eingeschränkt ist[177].

D. Der Duldungsverwaltungsakt

In Rechtsprechung[178] und Literatur[179] ist neben der Duldungszusicherung die Konstruktion eines sog. Duldungsverwaltungsakts anerkannt. Dazu müsste die qualifizierte Duldung durch einen Verwaltungsakt erklärt werden, der die Anforderungen an eine Zusicherung nach § 38 VwVfG nicht erfüllt. Duldungsverwaltungsakt und Zusicherung der Duldung sollen sich vor allem in ihrem rechtsdogmatischen Regelungsgehalt unterscheiden. So wird geltend gemacht, die Zusicherung, eine Bauordnungsverfügung nicht zu erlassen, stelle noch nicht die eigentliche negative Entscheidung über das Nichteinschreiten wie im Fall des Duldungsverwaltungsakts dar. Die Duldung werde also nur indirekt über die Zusicherung des Unterlassens von Verwaltungsmaßnahmen ausgedrückt. Deshalb verschaffe nur der Duldungsverwaltungsakt dem Betroffenen unmittelbar eine Rechtsposition, die bauliche Anlage trotz ihrer Baurechtswidrigkeit weiter behalten und nutzen zu dürfen, während bei der Zusicherung der weitere Bestand nur mittelbare Folge der Zusicherung sei, keine bauordnungsrechtliche Anordnung zu treffen[180].

Berechtigterweise wird aber problematisiert, was überhaupt der eigenständige Regelungsgehalt eines Duldungsverwaltungsakts neben einer Zusicherung nach § 38 VwVfG sein könnte. Denn grundsätzlich hat sich gezeigt, dass die Zusicherung geradezu auf die Konstellation einer Duldung zugeschnitten ist. Fraglich ist deshalb, ob daneben überhaupt noch Spielraum für die Anerkennung eines

---

174 *U. Stelkens* in: Stelkens/Bonk/Sachs, VwVfG, § 38 Rn. 6c.

175 *Maurer*, Allgemeines Verwaltungsrecht, § 9 Rn. 61.

176 *Gentzcke*, Informales Verwaltungshandeln, S. 78; *Dolde*, NJW 1988, 2329, 2333; *Fröhlich*, DÖV 1989, 1029, 1036; *Winkelbauer*, DÖV 1988, 723, 728.

177 Siehe unten 6. Teil. E.III.3.c).

178 OVG Berlin, NJW 1983, 777 ff. = BRS 39 Nr. 207; HessVGH, BRS 55 Nr. 205; OVG NRW, BRS 76 Nr. 211.

179 *Hermes/Wieland*, Die staatliche Duldung, S. 27; *Sellmann*, FS Gelzer, S. 249 ff.; dagegen setzt *Hornmann* die Begriffe gleich und sieht in einem Duldungsverwaltungsakt eine Zusicherung i.S.d. § 38 VwVfG, vgl. *Hornmann*, HBO, § 72 Rn. 129a.

180 *Sellmann*, FS Gelzer, S. 249, 252; so auch NdsOVG, OVGE MüLü 43, 308, 309 ff.

Duldungsverwaltungsakts verbleibt[181]. Vereinzelt wird schon in Zweifel gezogen, ob eine Duldung überhaupt die Merkmale eines Verwaltungsakts erfüllen kann.

I. Merkmale eines Verwaltungsakts

Um eine Duldungserklärung als Verwaltungsakt qualifizieren zu können, müssen die Voraussetzungen des § 35 S. 1 VwVfG erfüllt sein. Es muss sich also um eine Verfügung, Entscheidung oder andere hoheitliche Maßnahme handeln, die eine Behörde zur Regelung eines Einzelfalls auf dem Gebiet des öffentlichen Rechts trifft und auf unmittelbare Wirkung nach außen gerichtet ist. Unproblematisch handelt es sich bei der Duldungsentscheidung um eine hoheitliche Maßnahme einer Behörde auf dem Gebiet des öffentlichen Rechts, die als Einzelfallentscheidung ergeht. Umstritten ist dagegen, ob diese auch Außenwirkung und Regelungscharakter hat.

1. Außenwirkung

Zum Teil wird vertreten, der behördlichen Duldung komme keine Außenwirkung zu, weil sich die Behörde im Verhältnis zum Betroffenen nicht binden wolle[182]. Dieser Auffassung ist jedoch nicht zu folgen. Außenwirkung ist immer dann gegeben, wenn über den verwaltungsinternen Bereich hinaus Pflichten und Rechte des Bürgers begründet werden sollen. Der Verwaltungsakt muss dabei auf Außenwirkung „gerichtet" sein, § 35 S. 1 VwVfG. Bei der Beantwortung der Frage, ob der Duldung Außenwirkung zukommt, ist danach zu differenzieren, ob es sich um eine faktische oder qualifizierte Duldung handelt. Hat die Duldungsentscheidung den verwaltungsinternen Bereich nicht verlassen, handelt es sich lediglich um eine faktische Duldung, die die Anforderungen eines Verwaltungsakts mangels Außenwirkung nicht erfüllt. Sobald die Behörde aber die Entscheidung nach außen gegenüber dem Betroffenen kundtut, lässt sich die Außenwirkung bejahen. Dieses Handeln ist dann auch gezielt auf Außenwirkung gerichtet, weil die Behörde durch die Duldung einen unklaren Rechtszustand für einen bestimmten Zeitraum einer rechtlichen Regelung zuführt.

2. Regelungscharakter der Duldungsentscheidung

a) Grundsätzliche Anerkennung des regelnden Charakters

Umstritten ist darüber hinaus, ob der Duldung auch Regelungscharakter beizumessen ist. Eine Regelung ist eine rechtsverbindliche Anordnung bzw. Willenserklärung, die auf die Setzung einer Rechtsfolge gerichtet ist. Die Rechtsfolge besteht in der

181 So *Peine*, Allgemeines Verwaltungsrecht, Rn. 348 f.; ähnlich *Decker* in: Simon/Busse, BayBO, Art. 76 Rn. 228; *Finkelnburg/Ortloff/Otto*, Öffentliches Baurecht Bd. II, S. 186; *Schenke* in: Achterberg/Püttner/Würtenberger, Besonderes Verwaltungsrecht, § 9 Rn. 248; *Stollmann*, Öffentliches Baurecht, § 19 Rn. 37; *Bracher* ZfBR 1987, 127 ff.

182 *Malitz*, Behördliche Duldung, S. 37.

Begründung, Änderung, Aufhebung oder Feststellung von Rechten und Pflichten[183]. Teilweise wird vertreten, der Duldung komme als Form informellen Verwaltungshandelns keine Regelungswirkung zu, da die Behörde bei objektiver Würdigung der Erklärung gerade noch keine verbindliche Entscheidung treffen wolle[184].

Legt man die oben genannte Definition zugrunde, ergibt sich der Regelungscharakter der Duldung aber in zweierlei Hinsicht: Zum einen wird der Bauherr der illegalen Anlage unmittelbar in die Lage versetzt, sein illegales Bauwerk zu behalten bzw. eine Nutzung aufrecht zu erhalten[185]. Dadurch kann z.B. ein Sachverhalt vorübergehend geregelt werden, um bestehende Rechtsunsicherheiten zu beseitigen. Zum anderen schafft die Duldung einen Vertrauenstatbestand und damit eine geschützte Rechtsposition zugunsten des Adressaten, sodass sich ein bauaufsichtliches Einschreiten gegen das rechtswidrige Vorhaben bei gleichbleibenden Verhältnissen als ermessensfehlerhaft erweisen kann[186]. Die Ansicht, die den Regelungscharakter der Duldung verneint, verkennt, dass sich die Duldung nicht in ihrer Existenz als informelle Handlungsform erschöpft. Letztlich handelt es sich bei Duldungsverwaltungsakten i.d.R. also um rechtsgestaltende Verwaltungsakte. Anschaulich lässt sich der Regelungsgehalt der Duldung auch erfassen, wenn man die Ermessensentscheidung gegen einen rechtswidrigen Zustand einzuschreiten, in eine positive Entscheidung (Einschreiten) und eine negative Entscheidung (Nichteinschreiten) aufspaltet. Bei der positiven Entscheidung ergeht ein den Betroffenen belastender Verwaltungsakt, die Duldung als negative Entscheidung stellt dagegen einen begünstigenden Verwaltungsakt dar[187].

b) *Fristverlängerungen*

Die Duldung eines rechtswidrigen Zustands kann sich durch die Bestimmung langer Beseitigungsfristen oder Fristverlängerungen ausdrücken[188]. Das OVG Berlin wertete die Verlängerung von Beseitigungsfristen für ein ungenehmigtes Wohngebäude in einer Kleingartensiedlung über einen Zeitraum eines Vierteljahrhunderts als Duldungsverwaltungsakt, weil die Behörde zu erkennen gegeben habe, auf die Vollstreckung der Abrissverfügung ausdrücklich zu verzichten[189]. Ebenso lässt sich z.B. dem Protokoll der Dienstbesprechung des Ministeriums für Bauen,

183 *Maurer*, Allgemeines Verwaltungsrecht, § 9 Rn. 6.

184 *Malitz*, Behördliche Duldung, S. 37; *U. Stelkens* in: Stelkens/Bonk/Sachs, VwVfG, § 35 Rn. 92.

185 Z.B. die Erklärung, eine Nutzungsänderung von Gebäuden eines landwirtschaftlichen Betriebs in Gewerbeflächen zu dulden, vgl. OVG NRW, BRS 76 Nr. 211; *Sellmann*, FS Gelzer, S. 249, 250.

186 HessVGH, BRS 55 Nr. 205 (S. 584); OVG NRW, BRS 76 Nr. 211 (S. 1018).

187 *Sellmann*, FS Gelzer, S. 249, 252; ähnlich *Hermes/Wieland*, Die staatliche Duldung, S. 27.

188 OVG Berlin, NJW 1983, 777 f. = BRS 39 Nr. 207 (S. 415); *Bickel*, ZfW 1979, 139, 145; *Rabe*, BauR 1978, 166, 178; *Rengier*, ZStW 101 (1989), 874, 905.

189 OVG Berlin, NJW 1983, 777, 778 = BRS 39 Nr. 207 (S. 415).

Wohnen, Stadtentwicklung und Verkehr des Landes Nordrhein-Westfalens mit den Bauaufsichtsbehörden vom Juni und Juli 2013[190] entnehmen, dass die Frist zur Vollziehung einer Ordnungsverfügung in begrenztem Umfang verlängert werden könne, wenn im Gegenzug der Betroffene auf Rechtsbehelfe gegen die Ordnungsverfügung verzichte. Eine solche befristete Duldung solle die durchschnittliche Dauer eines verwaltungsgerichtlichen Verfahrens (ca. 2 bis 3 Jahre) grundsätzlich nicht überschreiten. Eine längere Duldung komme nur in Fällen besonderen Vertrauensschutzes oder unverhältnismäßiger Härte in Betracht und soll eine Dauer von 5 Jahren in der Regel nicht überschreiten.

Bei einer Verlängerung von Fristen, die in einer Beseitigungsverfügung oder Androhung gesetzt werden, handelt es sich im Verhältnis zum vorausgegangenen Verwaltungsakt um einen Änderungsverwaltungsakt, der die ursprünglich gesetzte Frist modifiziert[191]. Eine solche Fristverlängerung hat zudem Auswirkungen auf Dritte, deren Interessen durch die Verlängerung beeinträchtigt sein können. Bei wiederholten Fristverlängerungen, die einer periodischen Überprüfung dienen, entsteht ein sog. Kettenverwaltungsakt[192], dessen Bindungswirkungen für den Erlass einer weiteren Fristverlängerung umstritten sind[193].

c) *Vollstreckungsrechtlicher Regelungsgehalt*

Daneben kann ein Duldungsverwaltungsakt im Rahmen des Vollstreckungsverfahrens die Regelung beinhalten, vorübergehend auf die Einleitung des Vollstreckungsverfahrens zu verzichten[194] oder die Vollstreckung bzw. Vollziehung der Grundverfügung auszusetzen, wenn die Rechtsbehelfsfristen bereits abgelaufen sind[195]. Ein Vergleich zur Duldung im Ausländerrecht bestätigt den Befund als Handeln im Vollstreckungsverfahren. Denn die Duldung nach § 60a AufenthG ist als ein in der Verwaltungsvollstreckung ergehender begünstigender Verwaltungsakt zu qualifizieren, durch den die Aussetzung der Vollziehung einer Abschiebungsanordnung erklärt wird[196]. Die Duldung im Ausländerrecht knüpft an die vollziehbare

---

190 Abrufbar im Internet unter http://www.aknw.de/fileadmin/user_upload/Arbeitshilfen/niederschrift_dienstbesprechung_bauaufsichtsbehoerden_2013.pdf (abgerufen am 28.02.2016).

191 *Kopp/Ramsauer*, VwVfG, § 36 Rn. 18; a.A. *Maurer*, Allgemeines Verwaltungsrecht, § 9 Rn. 10, wonach die Setzung einer Frist keine eigenständige Regelung darstelle, sondern zum Verwaltungsakt gehöre.

192 *Kopp/Ramsauer*, VwVfG, § 36 Rn. 18.

193 Siehe zur Problematik des Kettenverwaltungsakts oben 5. Teil. B.VI.3.a)cc).

194 OVG Berlin-Bbg., Beschl. v. 27.12.2013 – OVG 10 S 26.13, juris Rn. 13: Abschluss öffentlich-rechtlicher Verträge mit dem Inhalt, dass eine Nutzungsuntersagung nicht vollstreckt wird; *Sadler*, VwVG, § 6 Rn. 224; *Nisipeanu*, ZfW 1990, 365, 373.

195 *Finkelnburg/Dombert/Külpmann*, Vorläufiger Rechtsschutz, § 41 Rn. 819.

196 *Bauer* in: Renner/Bergmann/Dienelt, Ausländerrecht, AufenthG, § 60a Rn. 15; *Wüterich*, UPR 1988, 248, 249: „Die Duldung ist zwischen dem materiellen Ausländerrecht und dem Vollstreckungsrecht zu verorten".

Ausreisepflicht nach § 50 AufenthG an[197]. Die Ausreisepflicht eines Ausländers, dessen Abschiebung ausgesetzt ist, bleibt dabei nach § 60a Abs. 3 AufenthG unberührt. Ebenso verhält es sich im Baurecht. Die Beseitigungspflicht bleibt unberührt, es wird lediglich die Vollziehung der Grundverfügung, die nicht mehr mit Rechtsmitteln angreifbar ist, ausgesetzt. Nicht zu verwechseln ist eine solche Aussetzung der Vollstreckung mit der Aussetzung der Vollziehung nach § 80 Abs. 4 VwGO. Hierbei handelt es sich nicht um einen Verwaltungsakt, sondern wie bei der Anordnung der sofortigen Vollziehung um einen unselbständigen Annex[198].

Betrachtet man den vollstreckungsrechtlichen Regelungsgehalt, so werden die Übereinstimmungen mit der Duldungszusicherung deutlich. Im Zweifel sollte aber bei der Duldung, die sich auf die Vollstreckung einer Bauordnungsverfügung bezieht, von einer Zusicherung i.S.d. § 38 VwVfG ausgegangen werden. Dagegen spricht auch nicht, dass die Duldung im Ausländerrecht, als ein in der Vollstreckung ergehender begünstigender „Duldungsverwaltungsakt" angesehen wird. Der Unterschied zum Ausländerrecht liegt darin, dass es sich dort bei der Duldung um eine gesetzlich ausgeformte Regelung im Rahmen der gebundenen Verwaltung handelt, die zu befristen und dann zu widerrufen ist, wenn die die Duldung tragenden Gründe entfallen. Die bauordnungsrechtlichen Eingriffsermächtigungen sind dagegen Ermessensvorschriften. Dieses Ermessen ermöglicht gerade flexible Entscheidungsmöglichkeiten, sodass im Zweifel von einer Zusicherung nach § 38 Abs. 3 VwVfG auszugehen sein dürfte, bei der die Bindung kraft Gesetzes bei Änderung der Sach- oder Rechtslage entfällt.

d) Kein feststellender Duldungsverwaltungsakt

Der Duldungsverwaltungsakt wird zum Teil auch der Rechtsfigur des feststellenden Verwaltungsaktes zugeordnet[199]. Nach Ansicht des Hessischen VGH kann eine Duldung als feststellender Verwaltungsakt mit der Feststellung ergehen, dass die ausgeübte Nutzung über einen nicht unerheblichen Zeitraum in der Vergangenheit materiell rechtmäßig ausgeübt wurde[200]. Der Ausspruch einer unbefristeten Duldung ermögliche es, die wegen einer fehlenden Baugenehmigung bestehenden Ungewissheiten hinsichtlich der Legalität der Nutzung im Interesse

---

197 *Bauer* in: Renner/Bergmann/Dienelt, Ausländerrecht, AufenthG, § 60a Rn. 16 f.; *Masuch* in: Huber, AufenthG, § 60a Rn. 12.

198 *W.-R. Schenke* in: Kopp/Schenke, VwGO, § 80 Rn. 107.

199 *Köhler-Rott* in: Reichel/Schulte, Handbuch Bauordnungsrecht, Kap. 15 Rn. 357; *Ruske*, Die gleichheitsgemäße Ermessensausübung, S. 66.

200 HessVGH, NVwZ-RR 2004, 390; HessVGH, BauR 1995, 679, 681; *Jeromin* in: Jeromin, LBauO Rh.-Pf., § 70 Rn. 30; *Wenzel* in: Gädtke/Czepuck/Johlen/Plietz/Wenzel, BauO NRW, § 61 Rn. 41; *Battis*, Öffentliches Baurecht, Rn. 605; *Brenner*, Öffentliches Baurecht, Rn. 653.

der Rechtssicherheit zu beseitigen[201]. Darüber hinaus bestehe auch ein Anspruch des Bürgers auf Erlass eines solchen feststellenden Duldungsverwaltungsakts[202]. Ein solcher Duldungsverwaltungsakt, der einen materiellen Bestandsschutz bei fehlender Baugenehmigung feststellen soll, ist jedoch, wie bereits gezeigt, aufgrund der neueren Eigentumsdogmatik zum Bestandsschutz von der Rechtsordnung nicht vorgesehen und damit abzulehnen[203].

II. Schriftform beim Duldungsverwaltungsakt

Das Schriftformerfordernis ist bei der Duldung in Form der Zusicherung für die Wirksamkeit nach § 38 Abs. 1 S. 1 VwVfG zwingende Voraussetzung. Für den Duldungsverwaltungsakt treffen die Landesbauordnungen dagegen keine Schriftformregelung, da die Duldung gesetzlich nicht geregelt ist. Folglich ist nach allgemeinen Grundsätzen zu bestimmen, ob ein Schriftformerfordernis besteht. Zu untersuchen ist vor allem, ob der Duldungsverwaltungsakt anders als die Zusicherung auch mündlich ergehen kann und welche Rechtsfolgen sich aus dem Fehlen der Schriftform ergeben, falls eine solche erforderlich ist.

1. *Schriftformerfordernis*

Für den Erlass eines Verwaltungsakts gilt der Grundsatz der Formfreiheit nach § 37 Abs. 2 VwVfG, sofern nicht in einem Fachgesetz die Schriftform festgelegt ist[204]. Danach kann der Verwaltungsakt schriftlich, elektronisch, mündlich oder in sonstiger Weise erlassen werden.

Eine eindeutige gesetzliche Anordnung der Schriftform existiert nicht. Schriftform ist aber aus Gründen der Bestimmtheit auch dann zu wahren, wenn ein Verwaltungsakt eine höhere Regelungskomplexität aufweist. Das dürfte auf die Duldung in der Regel zutreffen, vor allem wenn unklare Rechtslagen bestehen oder Dritte betroffen sind. Außerdem begründet der Duldungsverwaltungsakt formal betrachtet einen über die Zusicherung hinausgehenden Rechtsstatus, sodass es naheliegt, auch für den Duldungsverwaltungsakt die Schriftform zu fordern[205]. Des Weiteren spricht das Schriftformerfordernis bei der Baugenehmigung gemäß § 75 Abs. 1 S. 2 BauO NRW dafür, dass auch die Duldung als Regelung, die es dem Betroffenen gestattet, eine bestimmte Nutzung auszuüben oder ein bestimmtes Bauwerk nicht beseitigen zu müssen, schriftlich zu erteilen ist[206].

---

201 HessVGH, BauR 1995, 679, 682, unter Verweis auf HessVGH, BRS 55 Nr. 205 (S. 585), wonach außer in den Bestandsschutzfällen nur eine eingeschränkte Duldung zulässig sei.

202 HessVGH, BauR 1995, 679, 682; *Lieder*, ThürVBl. 2004, 81.

203 Siehe oben 4. Teil. B.IV.

204 Z.B. bedarf die Baugenehmigung nach § 75 Abs. 1 S. 2 BauO NRW der Schriftform.

205 NdsOVG, OVGE MüLü 43, 308, 309 ff.

206 Ähnlich NdsOVG, Beschl. v. 12.06.2014 – 1 LA 219/13, juris Rn. 24.

Auch aus Gründen der Rechtsklarheit ist die Schriftform erforderlich. Der schriftliche Verwaltungsakt ist die klassische Form der Verwaltungsäußerung und für die Aktenführung zweckmäßig[207]. Eine ordnungsgemäße Aktenführung mit schriftlichen Dokumenten erleichtert die Klärung streitiger Fragen und stärkt durch die eintretende Beweiserleichterung die Rechtsposition des Bürgers[208]. Die schriftliche Erteilung oder zumindest die schriftliche Bestätigung einer Aussage oder Absprache in einem Aktenvermerk haben also insofern eine wichtige Ordnungs- und Beweisfunktion, als dadurch die Beweisbarkeit des behördlichen Verhaltens für den Bürger vereinfacht wird, der für das Vorliegen einer Duldung beweisbelastet ist[209]. Im Übrigen kann der Betroffene auch eine schriftliche Bestätigung eines mündlich ergangenen Verwaltungsakts nach § 37 Abs. 2 S. 2 VwVfG verlangen.

Nicht zuletzt spricht für ein Schriftformerfordernis des Duldungsverwaltungsakts auch die Regelung des § 20 Abs. 1 S. 1 OBG NRW, wonach der Erlass einer Bauordnungsverfügung als Ordnungsverfügung die Schriftform voraussetzt. Danach werden Anordnungen der Ordnungsbehörde, durch die von bestimmten Personen oder einem bestimmten Personenkreis ein Handeln, Dulden oder Unterlassen verlangt oder die Versagung, Einschränkung oder Zurücknahme einer rechtlich vorgesehenen ordnungsbehördlichen Erlaubnis oder Bescheinigung ausgesprochen wird, durch schriftliche Ordnungsverfügungen erlassen. Sofern die Schriftform im jeweiligen Landesrecht nicht ausdrücklich angeordnet ist, ergibt sich diese aus Zweckmäßigkeitserwägungen[210]. Zwar gilt die Schriftform bei § 20 Abs. 1 S. 1 OBG NRW nur für belastende Verwaltungsakte, bei der Duldung liegt hingegen eine den Betroffenen begünstigende Maßnahme vor. Auf der anderen Seite handelt es sich bei der einer Duldung zugrunde liegende Ermessensentscheidung um das negative Gegenstück zum Erlass der Bauordnungsverfügung[211], die ebenfalls mit Pflichten des Betroffenen verbunden sein kann.

2. *Rechtsfolgen fehlender Schriftform*

Konnte in einem ersten Schritt dargestellt werden, dass der Duldungsverwaltungsakt dem Schriftformerfordernis unterliegt, ist in einem zweiten Schritt zu untersuchen, welche konkreten Rechtsfolgen sich ergeben, wenn die Duldung nicht schriftlich, sondern nur mündlich erteilt wird. Die fehlende Schriftform hat bei der Duldungszusicherung kraft gesetzlicher Anordnung in § 38 Abs. 1 S. 1 VwVfG die Unwirksamkeit der Zusicherung zur Folge. Die Unwirksamkeit eines Duldungsverwaltungsakts, der mündlich ergeht, lässt sich aber nicht ohne weiteres begründen. Ob ein Verwaltungsakt, der dem Schriftformerfordernis unterliegt, formell rechtswidrig, aber

207 *U. Stelkens* in: Stelkens/Bonk/Sachs, VwVfG, § 37 Rn. 49.
208 *Sellmann*, FS Gelzer, S. 249, 253 f.
209 OVG NRW, BRS 74 Nr. 203 (S. 926 f.).
210 Für die Beseitigungsanordnung im bayrischen Landesrecht *Decker* in: Simon/Busse, BayBO, Art. 76 Rn. 67 ff.
211 *Sellmann*, FS Gelzer, S. 249, 251 f.

wirksam ist oder nichtig und damit unwirksam, wird unterschiedlich beurteilt. Nach einer Ansicht folgt aus dem Umkehrschluss von § 44 Abs. 2 Nr. 2 VwVfG, dass die Verletzung der gesetzlichen Schriftform nicht zur Nichtigkeit des Verwaltungsakts führe[212]. Auch die Baugenehmigung, die nicht schriftlich ergeht, wird teilweise als nur rechtswidrig angesehen[213]. Das bedeutet für den Duldungsverwaltungsakt, dass dieser ohne Einhaltung der Schriftform nur formell rechtswidrig, aber wirksam ist. Dies dürfte auch deshalb überzeugen, weil nicht einmal eine ausdrücklich gesetzlich angeordnete Schriftform existiert. Nach anderer Ansicht führt die Verletzung des Schriftformerfordernisses in der Regel zur Nichtigkeit des Verwaltungsakts, es sei denn die Schriftform dient ausnahmsweise lediglich Ordnungs- und Beweiszwecken[214]. Auch nach dieser Ansicht wird man bei fehlender Schriftform des Duldungsverwaltungsakts lediglich eine formelle Rechtswidrigkeit des Verwaltungsakts annehmen können, da, wie bereits gezeigt, die Schriftform vor allem auch der Rechtsklarheit und Beweisbarkeit der Duldung dient.

Daraus ergibt sich, dass die fehlende Schriftform beim Duldungsverwaltungsakt anders als bei der Duldungszusicherung nicht die Unwirksamkeit des Verwaltungsakts, sondern lediglich seine formelle Rechtswidrigkeit zur Folge hat. Der formell rechtswidrige Duldungsverwaltungsakt bleibt aber aufgrund seiner Tatbestandswirkung wirksam. Allerdings ist zu beachten, dass die Rechtsposition des Duldungsadressaten bei fehlender Schriftform erheblich geschwächt ist, wenn er sich gegen ein bauaufsichtliches Einschreiten zur Wehr setzen will. Auch in der Rechtsprechung wird daher für die rechtliche Beachtlichkeit einer qualifizierten Duldung gefordert, dass diese schriftlich zu erteilen sei, um wirksamen Schutz gegen ein bauaufsichtliches Einschreiten zu gewährleisten[215].

Im Ergebnis zeigt sich in Bezug auf die Schriftform ein erheblicher Unterschied zur Duldungszusicherung, sodass sich insgesamt ein eigenständiger Bedeutungsgehalt des Duldungsverwaltungsakts neben der Zusicherung ergibt.

III. Vorrang der Duldungszusicherung vor dem Duldungsverwaltungsakt

Die wesentlichen Unterschiede zwischen Duldungsverwaltungsakt und Duldungszusicherung werden zusammenfassend am unterschiedlichen Regelungsgehalt, im Hinblick auf die Sonderregel des § 38 Abs. 3 VwVfG bei der Zusicherung und an der Schriftform, die bei der Zusicherung als Wirksamkeitsvoraussetzung ausgestaltet ist, festgemacht[216]. Im Hinblick auf verfahrens- und materiell-rechtliche Anforderungen ergeben sich ansonsten keine wesentlichen Unterschiede zwischen

---

212 *Sachs* in: Stelkens/Bonk/Sachs, VwVfG, § 44 Rn. 135.
213 *Boeddinghaus/Hahn/Schulte*, BauO NRW, § 75 Rn. 221.
214 *Kopp/Ramsauer*, VwVfG, § 44 Rn. 25.
215 Vgl. etwa OVG NRW, NVwZ-RR 2009, 364, 366; OVG NRW, BauR 2006, 90, 94; siehe auch unten 6. Teil. E.III.3.c).
216 *Sellmann*, FS Gelzer, S. 249, 252.

Duldungsverwaltungsakt und Duldungszusicherung, sodass auf die dortigen Ausführungen verwiesen werden kann[217]. Im Folgenden soll aber gezeigt werden, dass die genannten Unterschiede bei genauer Betrachtung, mit Ausnahme der Rechtsfolgen des Schriftformerfordernisses, nur eingeschränkt bestehen und eine schriftliche Duldung im Zweifel als Zusicherung nach § 38 VwVfG auszulegen sein dürfte.

1. *Rechtsdogmatischer Regelungsgehalt*

Ob nur der Duldungsverwaltungsakt dem Betroffenen unmittelbar eine Rechtsposition verschafft, die bauliche Anlage trotz ihrer Baurechtswidrigkeit weiter behalten und nutzen zu dürfen, während bei der Zusicherung der weitere Bestand nur mittelbare Folge der Zusicherung ist, keine bauordnungsrechtliche Anordnung zu treffen[218], ist zu bezweifeln. Tatsächlich wirkt sich dieser allenfalls dogmatische Unterschied in der Rechtswirklichkeit nicht aus. Denn anders als bei einer Zusicherung, die auf den Erlass eines Verwaltungsakts gerichtet ist, bei der also infolge der Zusicherung noch ein Verwaltungsakt nachfolgt, ist die Duldungszusicherung auf den Nichterlass eines Verwaltungsakts gerichtet. Es folgt also nach der Duldungsentscheidung kein weiterer angreifbarer Rechtsakt mehr. Somit ist ein Unterschied zwischen Zusicherung und endgültiger Entscheidung des Duldungsverwaltungsakts kaum erkennbar[219]. Auch die unmittelbare Duldung durch Duldungsverwaltungsakt bedeutet nichts anderes, als dass von der Befugnis zum Einschreiten kein Gebrauch gemacht wird. Folglich macht sich der dogmatische Unterschied in der tatsächlichen Praxis kaum bemerkbar.

2. *Das Verhältnis zwischen der Erforderlichkeit eines Widerrufsvorbehalts beim Duldungsverwaltungsakt und § 38 Abs. 3 VwVfG*

Um eine Abgrenzung zwischen Duldungsverwaltungsakt und Zusicherung zu finden, käme nur eine Regelung in Betracht, nach der die Behörde unabhängig von einer zukünftigen Änderung der Sach- und Rechtslage i.S.d. § 38 Abs. 3 VwVfG auf ihre Möglichkeit zum Einschreiten verzichtet[220]. Während bei der Zusicherung die Bindungswirkung mit der Änderung der Sach- und Rechtslage entfällt, ist beim Duldungsverwaltungsakt ausschließlich auf die §§ 48 ff. VwVfG abzustellen. Anders als die Zusicherung, die nach § 38 Abs. 3 VwVfG ohne weiteres ihre Verbindlichkeit verliert, bedarf der Duldungsverwaltungsakt des Widerrufs unter einer eventuellen Entschädigung für das investierte Vertrauen nach § 49 Abs. 6 VwVfG[221], sofern nicht von der Möglichkeit eines Widerrufsvorbehalts Gebrauch gemacht wird.

---

217 Siehe oben 5. Teil. B.V. und 5. Teil. B.VI.
218 *Sellmann*, FS Gelzer, S. 249, 252.
219 *Weyreuther*, Bauen im Außenbereich, S. 521.
220 *Hermes/Wieland*, Die staatliche Duldung, S. 30; *Sellmann*, FS Gelzer, S. 249, 251.
221 *Sellmann*, FS Gelzer, S. 249, 253.

Umstritten ist aber, ob ein Duldungsverwaltungsakt, der ohne Widerrufsvorbehalt ergeht, generell rechtswidrig ist. Teilweise wird vertreten, ein Duldungsverwaltungsakt müsse zwingend mit einem Widerrufsvorbehalt ergehen für den Fall, dass die dem Einschreiten entgegenstehenden Gründe entfallen[222]. Unterlasse es die Behörde, einen derartigen Widerrufsvorbehalt beizufügen, handele sie rechtswidrig, weil sich die Behörde über die Regelung des § 38 Abs. 3 VwVfG hinaus binde und dadurch die Wertungen des § 38 Abs. 3 VwVfG umgangen würden[223].

Gegen diese Ansicht ließe sich einwenden, dass die Behörde bei geänderter Sach- und Rechtslage den ergangenen Duldungsverwaltungsakt auch nach § 49 Abs. 2 S. 1 Nr. 3 und 4 VwVfG widerrufen kann, sodass ein Widerrufsvorbehalt nicht zwingend erforderlich erscheint[224]. Nach dieser Gegenmeinung sei es unschädlich, dass ein Widerruf nach § 49 Abs. 3 S. 1 Nr. 4 VwVfG nur zulässig ist, wenn der Betroffene von der durch den Verwaltungsakt vermittelten Vergünstigung noch keinen Gebrauch gemacht hat. Das ist zumindest bei einer Baugenehmigung regelmäßig der Fall, wenn der Bauherr im Vertrauen auf die Genehmigung mit der Bauausführung bereits begonnen und Vermögensdispositionen getroffen hat. Bei einer Duldung dürfte eine derart schutzwürdige Position aber nicht gegeben sein, weil die Vertrauensbetätigung – also das Gebrauchmachen von der begünstigenden Regelung des Duldungsverwaltungsakts – vor Erlass des Duldungsverwaltungsakts liegt[225]. Außerdem liege die wesentliche Bedeutung des Widerrufsvorbehalts nicht darin, der Behörde ein Einschreiten in Zukunft zu ermöglichen, sondern die Entstehung eines Vertrauenstatbestandes zu verhindern und die Entschädigungsregel des § 49 Abs. 6 VwVfG ins Leere laufen zu lassen[226]. Der gegenüber dem Adressaten erklärte Widerrufsvorbehalt ermöglicht der Behörde nämlich den Widerruf eines rechtmäßigen Verwaltungsakts nach § 49 Abs. 2 Nr. 1 VwVfG, ohne dass sie nach § 49 Abs. 6 VwVfG zum Ersatz des Vertrauensschadens verpflichtet wäre[227], weil im Fall eines Widerrufsvorbehalts der Bürger mit dem Widerruf rechnen musste[228].

Auf der einen Seite spricht für die zweitgenannte Ansicht, dass die Entscheidung über einen Widerrufsvorbehalt im Ermessen der Behörde steht. Die Behörde hat daher zu prüfen, ob ein Widerrufsvorbehalt unter Berücksichtigung des Gesetzeszwecks[229] und den konkreten Einzelumständen der Duldung erforderlich

---

222 Auch im Ausländerrecht ist die Duldung nach § 60a AufenthG zu widerrufen, wenn die der Abschiebung entgegenstehenden Gründe entfallen, vgl. § 60a Abs. 5 S. 2 AufenthG.

223 *Hermes/Wieland*, Die staatliche Duldung, S. 32; *Ruske*, Die gleichheitsgemäße Ermessensausübung, S. 66 f.

224 *Sellmann*, FS Gelzer, S. 249, 253.

225 *Sellmann*, FS Gelzer, S. 249, 253.

226 *Sellmann*, FS Gelzer, S. 249, 253.

227 *Hermes/Wieland*, Die staatliche Duldung, S. 32.

228 *Sachs* in: Stelkens/Bonk/Sachs, VwVfG, § 49 Rn. 35.

229 OVG Berlin, LKV 2002, 183 f.; *Sachs* in: Stelkens/Bonk/Sachs, VwVfG, § 49 Rn. 42; *Kisker*, VVDStRL Heft 32 (1974), 149, 176.

ist[230]. Bei einem Duldungsverwaltungsakt ließe sich die Erforderlichkeit eines Widerrufsvorbehalts aus den Wertungen der bauordnungsrechtlichen Aufgabenzuweisungen und Eingriffsbefugnisse folgern, die der Bauaufsichtsbehörde im Interesse des Schutzes der Allgemeinheit und betroffener Dritter übertragen wurden[231]. Die Behörde soll sich nicht durch eigene Beschränkung des Ermessens ein Einschreiten in Zukunft erschweren. Ein Widerrufsvorbehalt ist letztlich immer dann erforderlich, wenn die Duldung einen längeren Zeitraum betrifft, in dem zukünftige Entwicklungen nicht ohne weiteres absehbar sind und Art und Schwere des Verstoßes gegen öffentlich-rechtliche Vorschriften eine derartige Regelung erfordern[232].

Der Streit um die Notwendigkeit eines Widerrufsvorbehalts beim Duldungsverwaltungsakt zeigt, dass dessen Anwendbarkeit neben der Zusicherung erheblichen Zweifeln begegnet. Dies tritt vor allem dann ins Bewusstsein, wenn man mit *Hermes/Wieland* annimmt, dass der Duldungsverwaltungsakt einen Widerrufsvorbehalt enthalten müsse, weil sich die Behörde ansonsten über die Regelung des § 38 Abs. 3 VwVfG binden und somit die Wertungen des § 38 Abs. 3 VwVfG umgehen würde[233]. Außerdem ist zu beachten, dass sich der Charakter der Duldung gerade durch ihre Flexibilität bestimmt, die durch § 38 Abs. 3 VwVfG gewährleistet ist. In Bezug auf die praktischen Bedürfnisse nimmt die Konstruktion eines Duldungsverwaltungsakts der Duldung gerade diese Flexibilität, wenn eine Änderung der Verwaltungspraxis über § 38 Abs. 3 VwVfG hinaus an die Voraussetzungen der §§ 48, 49 VwVfG geknüpft wird[234].

IV. Ergebnis

Der Duldungsverwaltungsakt besteht als eigenständige Konstruktion neben der Duldungszusicherung. Duldungen können die Merkmale eines eigenständigen Duldungsverwaltungsakts also grundsätzlich erfüllen. Allerding enthält § 38 VwVfG eine gesetzliche Regelung, die gerade solche Fälle erfasst, in denen der Nichterlass eines Verwaltungsakts zugesagt werden soll. Für die Praxis besteht mit der Regelung des § 38 VwVfG und der daraus folgenden Duldungszusicherung somit eine rechtssichere und insgesamt vorzugswürdige Alternative. Auch unterscheiden sich Duldungszusicherung und Duldungsverwaltungsakt in ihren Regelungsgehalten kaum. Ob es sich beim Duldungsverwaltungsakt um die endgültige Duldungsentscheidung und bei der Zusicherung der Duldung nur um eine indirekte Duldungsentscheidung handelt, wirkt sich tatsächlich nicht aus, weil in beiden Fällen aufgrund des Unterlassens des Einschreitens der rechtswidrige Zustand aufrechterhalten wird. Der entscheidende Unterschied liegt in den Rechtsfolgen der fehlenden Schriftform, die

230 *Sellmann*, FS Gelzer, S. 249, 253.
231 *Hermes/Wieland*, Die staatliche Duldung, S. 30 ff.
232 *Sellmann*, FS Gelzer, S. 249, 253.
233 *Hermes/Wieland*, Die staatliche Duldung, S. 32.
234 *Jäde* in: Jäde/Dirnberger/Böhme, SächsBO, § 80 Rn. 56.

bei der Duldungszusicherung zur Unwirksamkeit, beim Duldungsverwaltungsakt aber lediglich zur formellen Rechtswidrigkeit führt. Im Zweifel dürfte die schriftlich erteilte Duldung als Zusicherung i.S.d. § 38 VwVfG aufzufassen sein. Der in § 38 Abs. 3 VwVfG geregelte Wegfall der Bindungswirkung entspricht dem Bedürfnis der Duldungsentscheidung nach Flexibilität, sodass die Bedeutung des Duldungsverwaltungsakts als gering einzustufen ist[235]. Dagegen spricht auch nicht, dass die Duldung nach dem AufenthG keine Zusicherung i.S.d. § 38 VwVfG darstellt, weil es sich hier um eine spezialgesetzliche Ausformung der Duldung handelt. Ist wie im öffentlichen Baurecht aber die Duldung Ausdruck des bauaufsichtlichen Ermessens, besteht mit dem in § 38 VwVfG bereits ein vorrangig anzuwendendes Instrument.

E. Vertragliche Duldungen

I. Duldung durch öffentlich-rechtlichen Vertrag

Statt die Duldung durch Verwaltungsakt einseitig zu regeln, kann die Bauaufsichtsbehörde auch von der Option des öffentlich-rechtlichen Vertrages als zweiseitige Regelung Gebrauch machen, dessen rechtliche Anforderungen im Folgenden analysiert werden sollen.

1. *Beispiel aus der behördlichen Praxis*

Ein anschauliches Beispiel für Duldungen durch öffentlich-rechtliche Verträge in der behördlichen Praxis ist das Vorgehen des Landes Baden-Württemberg, als zwischen 1978 und 1986 ca. 1200 Kleinbauten durch öffentlich-rechtliche Verträge geduldet wurden. Nachdem im Raum Stuttgart in einer großangelegten Offensive gegen illegale Außenbereichsbauten etwa 50.000 illegal errichtete Gartenhäuser und sonstige Kleinbauten ermittelt wurden, sollten durch den sogenannten „Kleinbautenerlass“ und den „Kleinbautenverfahrenserlass“ des Landes Baden-Württemberg[236] wieder rechtmäßige Zustände hergestellt werden. Rund 12.000 Bauten wurden nachträglich genehmigt und für über 5000 Kleinbauten der Abriss angeordnet. Daneben wurden ca. 1200 öffentlich-rechtliche Verträge über die vorübergehende Duldung und den anschließenden Abbruch der Bauten mit Unterwerfung unter die sofortige Zwangsvollstreckung abgeschlossen[237]. Im Rahmen dieser Vorgehensweise gab es zwei Arten von Verträgen zu beobachten. Zum einen wurden öffentlich-rechtliche Verträge geschlossen, in denen sich die Vertragspartner verpflichteten, ohne Genehmigung errichtete Gartenhäuser bis zu einem bestimmten Zeitpunkt vollständig zu beseitigen. Zum anderen wurden Verträge mit dem Inhalt ausgehandelt, bestehende Gärten samt Gebäude durch Entfernen von Teilen der Baulichkeit (z.B. Verkleinerung des Gartenhauses, Beseitigung von

235 *Peine*, Allgemeines Verwaltungsrecht, Rn. 349.
236 GABl. 1978, S. 1207 ff.
237 *Arnold* VerwArch. 1989, 125, 132; *Bulling*, DÖV 1989, 277, 282.

Zäunen) und Anpassung an die umgebende Landschaft durch Veränderung der Bepflanzung so umzugestalten, dass die verbleibende Anlage belassen werden konnte. Dabei hatten sich die Bauherren regelmäßig der sofortigen Vollstreckung aus diesem Vertrag unterworfen[238].

2. *Kein Vertragsformverbot*

Zunächst ist problematisch, ob der Duldung durch öffentlich-rechtlichen Vertrag ein Vertragsformverbot entgegensteht. Die Handlungsform des öffentlich-rechtlichen Vertrages eröffnet den Behörden in der Ermessensverwaltung weitere Spielräume, findet ihre Grenze aber im Grundsatz der Gesetzmäßigkeit der Verwaltung, um eine „Flucht ins Vertragsrecht" zu vermeiden[239]. § 54 Abs. 1 VwVfG lässt die Vertragsform nur zur Begründung, Änderung oder Aufhebung eines Rechtsverhältnisses zu, soweit Rechtsvorschriften nicht entgegenstehen. Unter einem Rechtsverhältnis sind alle Rechte und Pflichten zu verstehen, die sich aus einem konkreten Sachverhalt aufgrund einer Rechtsnorm des öffentlichen Rechts ergeben und sich auf einen konkreten Einzelfall beziehen[240]. Bei der Duldung ergibt sich das konkrete Rechtsverhältnis aus dem Umstand, dass die Behörde aufgrund des ihr eingeräumten Ermessen vorübergehend von einem Einschreiten absieht. Daraus resultieren sowohl Rechte als auch Pflichten für den Betroffenen. Zum einen erhält dieser die Möglichkeit sein illegales Bauwerk zunächst zu behalten bzw. die illegale Nutzung weiter aufrecht zu erhalten. Zum anderen ergeben sich konkrete Verpflichtungen aus dem Vertragsinhalt, z.B. bestimmte Anpassungsmaßnahmen vorzunehmen und schließlich die Verpflichtung nach Ende der Vertragslaufzeit den illegalen Zustand zu beseitigen.

Nach herrschender Meinung bezieht sich der Verbotsvorbehalt nur auf solche Rechtsnormen, die die Handlungsform des Vertrages ausschließen[241]. Eine solche Regelung ist für die Duldung aber nicht ersichtlich. Vielmehr sprechen für die Duldung durch öffentlich-rechtlichen Vertrag mehrere Gründe. Zum einen kann gemäß § 54 S. 2 VwVfG ein öffentlich-rechtlicher Vertrag anstelle eines Verwaltungsakts geschlossen werden (sog. subordinationsrechtlicher Vertrag). Es ist z.B. auch nicht ausgeschlossen, dass auch eine Baugenehmigung unter bestimmten Voraussetzungen als öffentlich-rechtlicher Vertrag ausgestaltet sein kann[242]. Außerdem spricht

238 Vgl. *Arnold*, VerwArch. 1989, 125, 132 f.
239 *Bonk/Neumann* in: Stelkens/Bonk/Sachs, VwVfG, § 54 Rn. 11; *Sander*, NuR 2007, 527, 528.
240 *Bonk/Neumann* in: Stelkens/Bonk/Sachs, VwVfG, § 54 Rn. 84 m.w.N.; *Sander*, NuR 2007, 527, 528.
241 *Bonk/Neumann* in: Stelkens/Bonk/Sachs, VwVfG, § 54 Rn. 104.
242 *Maurer*, Allgemeines Verwaltungsrecht, § 14 Rn. 27; *Scherzberg*, JuS 1992, 205, 208 f.

gerade das den Bauaufsichtsbehörden eingeräumte Ermessen auch für ein Ermessen hinsichtlich der Handlungsform[243].

3. *Regelungsinhalt*

a) Zusicherung in Vertragsform

Die Duldung eines baurechtswidrigen Zustands durch öffentlich-rechtlichen Vertrag kann grundsätzlich die gleichen Regelungsinhalte wie eine Duldungszusicherung haben. Nach § 54 S. 2 VwVfG kann die Verwaltung nämlich anstatt eines Verwaltungsakts auch einen subordinationsrechtlichen öffentlich-rechtlichen Vertrag abschließen, sodass Bestandteil eines öffentlich-rechtlichen Vertrages auch eine Zusicherung sein kann[244]. Denkbar ist z.B. die Regelung, Nutzungsuntersagungen nicht zu vollstrecken, wenn bestimmte Kriterien, wie Hauptwohnsitz, Alter und Stichtagsregelung erfüllt sind[245]. Weiterhin kann mit dem Betroffenen auch ein öffentlich-rechtlicher Vertrag mit dem Inhalt geschlossen werden, dass eine Verfügung nicht vollstreckt wird oder die Vollstreckung in Härtefällen ausgesetzt wird[246]. Daraus folgt, dass Inhalt des öffentlich-rechtlichen Duldungsvertrages auch eine Zusicherung i.S.d. § 38 VwVfG sein kann, wenn sich die Duldung auf das Unterlassen eines belastenden Verwaltungsakts bezieht, was nach dem oben gefundenen Ergebnis der Regelfall sein dürfte[247].

Umstritten ist dabei, ob neben den Voraussetzungen der §§ 54 ff. VwVfG dann auch die Voraussetzungen des § 38 VwVfG zu beachten sind. Während teilweise ausschließlich die §§ 54 ff. VwVfG für maßgeblich gehalten werden[248], soll nach anderer Ansicht § 38 VwVfG entsprechend neben den Vertragsvorschriften anwendbar sein[249]. Folgt man der zweitgenannten Ansicht, muss den Anhörungs- und Mitwirkungspflichten des § 38 Abs. 1 S. 2 VwVfG, die über die des § 58 VwVfG hinausgehen, aufgrund des Zwecks von § 38 Abs. 1 S. 2 VwVfG, Verfahrensrechte von am Verwaltungsverfahren zu beteiligenden Personen zu sichern, auch bei einer Abgabe einer Zusicherung im öffentlich-rechtlichen Vertrag Rechnung getragen werden. Da Verstöße gegen § 38 Abs. 1 S. 2 VwVfG aber nur zur Rechtswidrigkeit der Zusicherung führen und durch Nachholung geheilt werden oder sogar unbeachtlich sein können, wird die Wirksamkeit des Vertrages nicht durch eine Verletzung dieser Vorschrift berührt[250].

---

243 *Gurlit* in: Erichsen/Ehlers, Allgemeines Verwaltungsrecht, § 32 Rn. 4; *Schliesky* in: Knack/Henneke, VwVfG, § 54 Rn. 7; *Kunig*, DVBl. 1992, 1193, 1197.
244 BVerwG, NJW 1988, 662, 663; OVG M-V, NJW 2003, 3146, 3147 f.
245 OVG Berlin-Bbg., Beschl. v. 27.12.2013 – OVG 10 S 26.13, juris Rn. 13.
246 OVG Berlin-Bbg., Beschl. v. 27.12.2013 – OVG 10 S 26.13, juris Rn. 13 f.
247 Siehe oben 5. Teil. B.III.2.
248 *U. Stelkens* in: Stelkens/Bonk/Sachs, VwVfG, § 38 Rn. 52 f.
249 OVG M-V, NJW 2003, 3146, 3148; *Guckelberger*, DÖV 2004, 357, 363 f.
250 *Guckelberger* DÖV 2004, 357, 364.

Fraglich ist außerdem, ob im Fall einer Zusicherung durch öffentlich-rechtlichen Vertrag auch § 38 Abs. 3 VwVfG zur Anwendung kommt, mit der Folge, dass die Bindung an den Vertrag bei Änderung der Sach- und Rechtslage entfiele. Das OVG Mecklenburg-Vorpommern sieht etwa § 38 Abs. 3 VwVfG als *lex specialis* gegenüber § 60 VwVfG, sodass bei einer Änderung der Sach- und Rechtslage die Vertragsbindung entfiele[251]. Diese Ansicht erscheint vor dem Hintergrund fragwürdig, dass das Vertragsrecht in § 60 VwVfG ein Anpassungs- und Kündigungsrecht für wesentliche Änderungen von Verhältnissen, die Vertragsinhalt geworden sind, vorsieht. Über § 60 VwVfG ist ebenfalls gewährleistet, dass die Verwaltung bei einer wesentlichen Änderung der Sach- oder Rechtslage den zugesicherten Verwaltungsakt nicht mehr erlassen muss[252] bzw. im Fall der Duldung den Erlass des belastenden Verwaltungsakts nicht mehr unterlassen muss.

b) Verpflichtungs- oder Verfügungsvertrag

Ein Verpflichtungsvertrag liegt vor, wenn sich ein oder beide Vertragspartner zu bestimmten Leistungen verpflichten und dementsprechend der andere Vertragspartner einen Anspruch auf Erfüllung der übernommenen Leistungspflicht hat[253]. Wenn der Duldungsvertrag die Zusicherung enthält, eine Bauordnungsverfügung nicht zu erlassen oder nicht aus dieser zu vollstrecken, dürften die Voraussetzungen eines Verpflichtungsvertrages also erfüllt sein. Auch das OVG Nordrhein-Westfalen ist der Ansicht, dass einem Duldungsvertrag, nach dem der Erlass eines weiteren Verwaltungsakts nicht mehr vorgesehen und ein solcher Bescheid auch nicht in ihm enthalten ist, der verfügende Teil fehlt[254].

c) Vergleichsvertrag und Prozessvergleich

In vielen Fällen dürfte die Duldung durch öffentlich-rechtlichen Vertrag die Merkmale eines Vergleichsvertrages gemäß § 55 VwVfG erfüllen. Dabei handelt es sich um einen Vertrag, durch den eine bei verständiger Würdigung des Sachverhalts oder der Rechtslage bestehende Ungewissheit durch gegenseitiges Nachgeben beseitigt wird, vgl. § 55 VwVfG. Bei der Duldung eines rechtswidrigen Zustands ist dies dann der Fall, wenn der Abschluss des Duldungsvertrages unter der Bedingung erfolgt, dass der betroffene Bürger im Gegenzug seinen Widerspruch oder seine Klage gegen eine Bauordnungsverfügung zurücknimmt oder von vornherein darauf verzichtet. Ein Vergleich kann auch im Rahmen eines gerichtlichen Prozesses in Form des Prozessvergleichs nach § 106 VwGO geschlossen werden[255].

---

251 OVG M-V, NJW 2003, 3146, 3148.

252 *Guckelberger*, DÖV 2004, 357, 363 f. unter Verweis auf BVerwG, NVwZ-RR 1993, 643, 644.

253 *Maurer*, Allgemeines Verwaltungsrecht, § 14 Rn. 14.

254 OVG NRW, NVwZ 1988, 370, 371.

255 Siehe unten 5. Teil. E.II.

4. Formelle Wirksamkeitsvoraussetzungen

Bei einem öffentlich-rechtlichen Vertrag handelt es sich gemäß § 54 S. 1 VwVfG um ein Rechtsverhältnis auf dem Gebiet des öffentlichen Rechts, dass durch Vertrag begründet, geändert oder aufgehoben wird, soweit Rechtsvorschriften nicht entgegenstehen. Für eine rechtswirksame Duldung durch öffentlich-rechtlichen Vertrag müssen zunächst die allgemeinen Anforderungen der §§ 54 ff. VwVfG erfüllt sein.

a) Schriftformerfordernis

Für seine Wirksamkeit bedarf der Vertrag gemäß § 57 VwVfG zunächst der Schriftform. Ein Vertrag der den Erfordernissen der Schriftform nicht genügt, ist nach § 59 Abs. 1 VwVfG i.V.m. § 125 BGB nichtig und entfaltet damit keine Rechtswirkungen[256].

b) Zustimmung Dritter gemäß § 58 Abs. 1 VwVfG

Von besonderer Bedeutung sind die Mitwirkungsrechte für betroffene Dritte und zu beteiligende Behörden gemäß § 58 VwVfG. Die Regelungen sind Ausdruck des Grundsatzes, dass keine Verträge zu Lasten Dritter geschlossen werden können[257]. Nach § 58 Abs. 1 VwVfG wird ein öffentlich-rechtlicher Vertrag, der in Rechte Dritter eingreift, erst wirksam, wenn der Dritte schriftlich zustimmt. Ähnlich wie das Erfordernis der notwendigen Beteiligung gemäß § 13 Abs. 2 VwVfG in Verfahren, die den Erlass eines Verwaltungsakts mit vergleichbarem Inhalt zum Ziel haben, dient die Vorschrift dem Rechtsschutz des betroffenen Dritten[258]. Hat sich die Bauaufsichtsbehörde durch öffentlich-rechtlichen Vertrag oder Prozessvergleich zur Duldung verpflichtet und verletzt der geduldete Zustand Rechte des Nachbarn, bedarf der Vertrag zu seiner Wirksamkeit gemäß § 58 Abs. 1 VwVfG der Zustimmung des Nachbarn[259]. Es handelt sich dann um einen subordinationsrechtlichen Vertrag, weil die Duldung auch durch Verwaltungsakt erfolgen könnte. Da dieser Verwaltungsakt im Fall des Eingriffs in nachbarschützende Vorschriften auch einen Verwaltungsakt mit Drittwirkung darstellt, ist das Zustimmungserfordernis des § 58 Abs. 1 VwVfG ausgelöst.

Problematisch ist dann aber, dass es sich bei Duldungsverträgen in aller Regel um Verpflichtungsverträge handelt, die Anwendung des Zustimmungserfordernisses nach § 58 VwVfG auf Verpflichtungsverträge aber umstritten ist[260]. Das OVG Nordrhein-Westfalen löst die Problematik nachvollziehbar, indem es auf die besondere Situation hinweist, dass bei einem Duldungsvertrag regelmäßig kein angreifbarer

256 *Kopp/Ramsauer*, VwVfG, § 57 Rn. 14.
257 *Bonk/Neumann* in: Stelkens/Bonk/Sachs, VwVfG, § 58 Rn. 8.
258 *Kopp/Ramsauer*, VwVfG, § 58 Rn. 4.
259 OVG NRW, NVwZ 1988, 370, 371; *Mann* in: Große-Suchsdorf, NBauO, § 79 Rn. 69.
260 *Bonk/Neumann* in: Stelkens/Bonk/Sachs, VwVfG, § 58 Rn. 15 f.; *Kopp/Ramsauer*, VwVfG, § 58 Rn. 7 jeweils m.w.N.

Verwaltungsakt mehr zu erwarten sein dürfte. Jedenfalls dann, wenn ein schlichtes Unterlassen Gegenstand der Verpflichtung der Behörde ist, also ein angreifbarer Verwaltungsakt nicht zu erwarten ist und die Duldungsverpflichtung praktisch eine im Vertrag nicht enthaltene Duldungsentscheidung ersetzt, ist auch das Zustimmungserfordernis nach § 58 Abs. 1 VwVfG ausgelöst[261].

Auf der Rechtsfolgenseite ist ein ohne die Mitwirkung eines betroffenen Nachbarn abgeschlossener Duldungsvertrag, der in Nachbarrechte eingreift, schwebend unwirksam[262]. Der Dritte kann den Vertrag nachträglich mit Wirkung ex tunc genehmigen. Verweigert er die Genehmigung, wird der Vertrag endgültig unwirksam. Das Gesetz zieht damit die Konsequenz aus dem Umstand, dass ein öffentlich-rechtlicher Vertrag von einem betroffenen Dritten nicht angefochten werden kann und dieser nicht vor vollendete Tatsachen gestellt werden soll[263].

c) Zustimmung von Behörden gemäß § 58 Abs. 2 VwVfG

Nach § 58 Abs. 2 VwVfG wird ein Vertrag, bei dessen Erlass nach einer Rechtsvorschrift die Genehmigung, die Zustimmung oder das Einvernehmen einer anderen Behörde erforderlich ist, erst wirksam, wenn die andere Behörde in der vorgeschriebenen Form mitgewirkt hat. Die Vorschrift stellt die Wahrung der Kompetenzordnung sicher und soll verhindern, dass durch einen öffentlich-rechtlichen Vertrag in den Aufgabenbereich einer am Vertrag nicht beteiligten anderen Behörde eingegriffen wird[264]. Nach den Ausführungen zur Rechtmäßigkeit von Duldungen im Hinblick auf die Beteiligung mitwirkungsberechtigter Behörden ergibt sich, dass die Zustimmung der Gemeinde erforderlich ist, wenn die Duldung einen nicht unerheblichen Zeitraum überschreitet, da ansonsten die Mitwirkungsrechte aus § 36 Abs. 1 BauGB umgangen würden und ein Verstoß gegen die gemeindliche Planungshoheit gegeben ist[265].

Wenn die Bauaufsichtsbehörde rechtsirrig die Baugenehmigungsfreiheit eines Vorhabens annimmt, deshalb kein Baugenehmigungsverfahren einleitet und anschließend das rechtswidrige Vorhaben duldet, hat die Gemeinde zur Sicherung ihrer Planungshoheit einen Anspruch auf Einschreiten gegen die Bauaufsichtsbehörde. Der Bayerische VGH hat die Beweggründe für diese Ansicht wie folgt zusammengefasst: Aus Sicht der Gemeinde stellt es keinen Unterschied dar, ob die Baugenehmigungsbehörde sich rechtswidrig über ein ausdrücklich versagtes Einvernehmen hinwegsetzt und trotzdem eine Baugenehmigung erteilt oder ob sie rechtsirrig die Baugenehmigungsfreiheit eines Vorhabens annimmt und deswegen die Beteiligung der Gemeinde unterlässt. In beiden Fällen ist nämlich die gemeindliche Planungshoheit betroffen. Gleiches muss dann auch bei einer Duldung

---

261 OVG NRW, NVwZ 1988, 370, 371.
262 *Kopp/Ramsauer*, VwVfG, § 58 Rn. 19 ff.
263 *Kopp/Ramsauer*, VwVfG, § 58 Rn. 1.
264 *Bonk/Neumann* in: Stelkens/Bonk/Sachs, VwVfG, § 58 Rn. 24 f.
265 Siehe oben 5. Teil. B.V.3.

eines Außenbereichsvorhabens gelten, denn im Ergebnis kommt ein unbeschränkter öffentlich-rechtlicher Vertrag, der ohne Beteiligung der Gemeinde zustande kommt, einer förmlichen Genehmigung sehr nahe[266]. Die Gemeinde kann verlangen, dass der Zustand wiederhergestellt wird, der bestanden hätte, wäre das Recht beachtet worden. In diesem Fall muss der Vertrauensschutz des Bürgers hinter die Sicherung der Planungshoheit zurücktreten. Ein Vertrauen auf einen solchen Duldungsvertrag kann nicht dazu führen, dass eine Verletzung der Mitwirkungsrechte der Gemeinde nur deshalb sanktionslos bleibt, weil Dritte auf die Rechtmäßigkeit des Handelns der Bauaufsichtsbehörde vertraut haben[267]. Allerdings kann der Betroffene Kompensation durch den Ausgleich finanzieller Schäden erlangen, sofern sein Vertrauen schutzwürdig war[268].

5. Materielle Wirksamkeitsvoraussetzungen – Unwirksamkeit unbeschränkter Duldungsverträge

Ein öffentliche-rechtlicher Vertrag über die Duldung eines rechtswidrigen Zustands schafft eine besonders schutzwürdige Vertrauensgrundlage, da beide Seiten an der Entstehung beteiligt sind. Wegen des Grundsatzes „pacta sunt servanda" ist der Vertrag aus sich heraus verbindlich. Auch rechtswidrige Verträge sind gemäß § 59 VwVfG rechtswirksam und verbindlich, sofern kein Nichtigkeitsgrund vorliegt[269]. Verpflichtet sich die Bauaufsichtsbehörde zu einer Duldung durch öffentlich-rechtlichen Vertrag, wird i.d.R. nur eine befristete Duldung[270] oder eine Duldung unter Widerrufsvorbehalt in Betracht kommen, weil anders als bei der Zusicherung die vertragliche Bindung nicht bei einer Änderung der Sach- und Rechtslage entfällt[271] und darüber hinaus ein rechtswidriger Vertrag nicht nach den §§ 48 und 49 VwVfG zurückgenommen werden kann.

Aufgrund der starken Bindungen durch öffentlich-rechtliche Verträge, ist fraglich, wie sich das Fehlen einer Befristung, Bedingung oder eines Widerrufsvorbehalts bei einem unbeschränkten Duldungsvertrag auf die Wirksamkeit des Vertrages auswirkt. Wie bereits festgestellt, ist eine unbeschränkt erteilte Duldungszusicherung bzw. ein unbeschränkter Duldungsverwaltungsakt wegen einer Ermessensüberschreitung rechtswidrig und kann nach § 48 VwVfG zurückgenommen werden. Wäre die Rechtswidrigkeit auch die Rechtsfolge bei einer Duldung durch öffentlich-rechtlichen Vertrag, könnte die Behörde nur bei tiefgreifenden Veränderungen

266 BayVGH, BauR 2005, 81, 82.
267 BayVGH, BauR 2005, 81, 84.
268 BayVGH, BauR 2005, 81, 84.
269 *Erbguth*, Allgemeines Verwaltungsrecht, § 24 Rn. 22.
270 Siehe oben 3. Teil. C.III.5.; zur Befristung bei der Duldungszusicherung siehe oben 5. Teil. B.VI.3.a); z.T. wird aber die unbefristete Duldung auf Grund eines öffentlich-rechtlichen Vergleichsvertrages als zulässig angesehen, vgl. OVG NRW, NVwZ 1988, 370; *Erbguth*, Öffentliches Baurecht, § 13 Rn. 61.
271 *Mann* in: Große-Suchsdorf, NBauO, § 79 Rn. 67.

der Verhältnisse nach § 60 VwVfG eine Anpassung des Vertrages verlangen oder – falls dies nicht zumutbar ist – den Vertrag kündigen[272]. Das kann z.B. der Fall sein, wenn legale Wohnbebauung an einen geduldeten illegalen Betrieb heranwächst, die durch den Betrieb beeinträchtigt wird. Es ist somit zu prüfen, ob ein unbeschränkter Duldungsvertrag nach § 59 VwVfG NRW nichtig sein kann.

a) Verstoß gegen § 59 Abs. 2 Nr. 2 VwVfG

Gemäß § 59 Abs. 2 Nr. 2 VwVfG ist ein subordinationsrechtlicher Vertrag nichtig, wenn ein Verwaltungsakt mit entsprechendem Inhalt nicht nur wegen eines Verfahrens- oder Formfehlers im Sinne des § 46 VwVfG rechtswidrig wäre und dies den Vertragschließenden bekannt war. Erforderlich ist also, dass die Vertragspartner in positiver Kenntnis einen rechtswidrigen Erfolg angestrebt haben, ohne dass jedoch eine „Unrechtsvereinbarung“ erforderlich wäre[273]. Für die Kenntnis ist *dolus eventualis* und eine Parallelwertung in der Laiensphäre ausreichend[274]. Die Vorschrift räumt dem Grundsatz der Gesetzmäßigkeit der Verwaltung Vorrang vor dem Vertrauensschutz ein und verhindert, dass die Vertragsschließenden in positiver Kenntnis einen rechtswidrigen Erfolg herbeiführen, der in Form des öffentlich-rechtlichen Vertrages Bestandsschutz genießen würde und nicht wie eine Verwaltungsakt anfechtbar wäre[275].

Voraussetzung ist, dass ein Verwaltungsakt mit entsprechendem Inhalt rechtswidrig wäre. Das ist wie bereits gezeigt bei einer unbeschränkt erteilten Duldung durch Verwaltungsakt der Fall, weil ein Verstoß gegen die Gesetzmäßigkeit der Verwaltung gemäß Art. 20 Abs. 3 GG vorliegt und die unbeschränkte Duldung wegen einer Ermessensüberschreitung rechtswidrig ist[276]. Ob auch positive Kenntnis der Vertragspartner in Bezug auf den rechtswidrigen Erfolg angenommen werden kann, wird man zumindest im Fall eines ausdrücklichen Duldungsvertrages bejahen können. Denn wurde die formelle und materielle Rechtslage durch die Behörde geprüft und ist sie zu dem Entschluss gekommen, dass keine Genehmigung erteilt werden kann, dann haben sowohl die Behörde als auch der Betroffene vor Abschluss des Duldungsvertrages positive Kenntnis davon, dass das geduldete Vorhaben gegen öffentlich-rechtliche Vorschriften verstößt und nicht genehmigungsfähig ist. Außerdem wird man demjenigen, der ohne die erforderliche Baugenehmigung baut, zumindest grob fahrlässige Unkenntnis des Verstoßes gegen öffentlich-rechtliche Vorschriften unterstellen können, weil er sich nicht über Genehmigungspflicht und Genehmigungsfähigkeit seines Vorhabens im Vorfeld erkundigt hat. Im Ergebnis

---

272 *Mann* in: Große-Suchsdorf, NBauO, § 79 Rn. 67.

273 *Ziekow/Siegel*, VerwArch. 2004, 281, 286.

274 *Bonk/Neumann* in: Stelkens/Bonk/Sachs, VwVfG, § 59 Rn. 31; *Kopp/Ramsauer*, VwVfG, § 59 Rn. 23 ff.; *Peine*, Allgemeines Verwaltungsrecht, Rn. 846.

275 *Bonk/Neumann* in: Stelkens/Bonk/Sachs, VwVfG, § 59 Rn. 30; *Schliesky* in: Knack/Hennecke, VwVfG, § 59 Rn. 25.

276 Siehe oben 3. Teil. C.III.5. und 5. Teil. B.VI.3.

dürfte sich daher eine Nichtigkeit eines unbeschränkten Duldungsvertrages aus § 59 Abs. 2 Nr. 2 VwVfG ergeben, sodass ein solcher Vertrag unwirksam ist und einem Einschreiten nicht entgegensteht. Zu prüfen sind dann aber mögliche Schadensersatzansprüche des Betroffenen wegen einer Amtspflichtverletzung[277] oder aus *culpa in contrahendo*[278].

b) Verstoß gegen § 59 Abs. 2 Nr. 3 VwVfG

Wird ein Vergleichsvertrag i.S.d. § 55 VwVfG geschlossen, ist der besondere Nichtigkeitsgrund des § 59 Abs. 2 Nr. 3 VwVfG zu prüfen. Voraussetzung der Nichtigkeit ist, dass die Behörde den ihr in § 55 VwVfG eingeräumten Beurteilungs- und Ermessensspielraum beim Abschluss des Vergleichs überschritten hat[279]. Gemäß § 59 Abs. 2 Nr. 3 VwVfG ist ein Verwaltungsakt nichtig, wenn die Voraussetzungen zum Abschluss eines Vergleichsvertrages nicht vorlagen und ein Verwaltungsakt mit entsprechendem Inhalt nicht nur wegen eines Verfahrens- oder Formfehlers im Sinne des § 46 VwVfG rechtswidrig wäre. Die Regelung dient dazu, dass ein Vergleichsvertrag nicht dazu missbraucht wird, einen an sich rechtlich missbilligten Erfolg herbeizuführen[280]. Denn gerade beim Vergleichsvertrag muss eine Ungewissheit über die Sach- oder Rechtslage bestehen, sodass die Beteiligten durch gegenseitiges Nachgeben und Zugeständnisse eine Regelung treffen, die unter Umständen von der tatsächlichen Rechtslage abweicht[281]. Die Zulässigkeit des Abschlusses von Vergleichsverträgen stellt streng genommen eine Ausnahme von der strikten Rechtsbindung der Verwaltung nach Art. 20 Abs. 3 GG dar. Diese Unempfindlichkeit gegenüber Gesetzesverletzungen wird hingenommen, da sich eine vollständige Aufklärung der Sach- und Rechtslage nicht oder nur mit unverhältnismäßig großem Aufwand durchführen lässt und daher eine Beilegung der Meinungsverschiedenheiten durch gegenseitiges Nachgeben eine rechtlich adäquate Lösung darstellt[282].

Die Ungewissheit über die Sach- und Rechtslage kann bei Duldungssachverhalten besonders auftreten, wenn bei langjährigem oder sogar jahrzehntelangem Nichteinschreiten die Genehmigungslage mangels nicht auffindbarer Baugenehmigung unklar ist oder weil aufgrund der langjährigen Untätigkeit Unklarheit über die Eingriffsmöglichkeiten unter dem Gesichtspunkt des Vertrauensschutzes bestehen. Diese Ungewissheit muss durch gegenseitiges Nachgeben beseitigt werden, wobei es ausreicht, dass der ungewisse Zustand einvernehmlich im Wege des Kompromisses

---

277 Siehe unten 8. Teil. B.

278 Siehe unten 8. Teil. G.

279 *Kopp/Ramsauer*, VwVfG, § 59 Rn. 26; *Schliesky* in: Knack/Hennecke, VwVfG, § 59 Rn. 20.

280 *Kopp/Ramsauer*, VwVfG, § 59 Rn. 26; *Ziekow/Siegel*, VerwArch. 2004, 281, 286 f.

281 *Bonk/Neumann* in: Stelkens/Bonk/Sachs, VwVfG, § 59 Rn. 35 f.; *Schliesky* in: Knack/Hennecke, VwVfG, § 59 Rn. 17.

282 BVerwG, NJW 1976, 86; *Bonk/Neumann*, in: Stelkens/Bonk/Sachs, VwVfG, § 55 Rn. 6 m.w.N.

als beigelegt betrachtet wird[283]. Auch ein rein verfahrensrechtliches Nachgeben wird allgemein als „Nachgeben" i.S.d. § 55 VwVfG angesehen[284]. So kann der Vergleichsvertrag z.B. die Regelung beinhalten, dass der Bürger auf die Möglichkeit von Widerspruch und Klage gegen eine Beseitigungsanordnung oder eine Nutzungsuntersagung verzichtet oder im Rahmen eines Prozessvergleichs eine Klage zurücknimmt und ihm im Gegenzug die Duldung des rechtswidrigen Zustands durch den Verzicht auf Vollstreckungsmaßnahmen für einen bestimmten Zeitraum zugesichert wird.

Gegenseitiges Nachgeben heißt aber auch, dass beide Parteien sich in ihren Positionen entgegenkommen. Teilweise wird die unbefristete Duldung auf Grund eines öffentlich-rechtlichen Vergleichsvertrages als zulässig erachtet[285]. Dagegen spricht aber, dass bei einer unbeschränkten Duldung, die zu einem dauerhaften Nichteinschreiten gegen einen rechtswidrigen Zustand führt, ein gegenseitigen Nachgeben gerade nicht angenommen werden kann, weil die Behörde ihren Standpunkt der Beseitigung eines rechtswidrigen Zustands völlig aufgibt, während der Bürger praktisch im Sinne einer rechtswidrigen Baugenehmigung den illegalen Zustand dauerhaft aufrecht erhalten kann. Wird also ein Vertrag über eine unbeschränkte Duldung geschlossen, liegt mangels eines gegenseitigen Nachgebens schon kein wirksamer Vergleichsvertrag i.S.d. § 55 VwVfG vor.

Zusätzlich verlangt eine Nichtigkeit nach dieser Vorschrift eine Prüfung, ob ein Verwaltungsakt mit entsprechendem Inhalt nicht nur wegen eines Verfahrens- oder Formfehlers rechtswidrig wäre. Im Gegensatz zu § 59 Abs. 2 Nr. 2 VwVfG kommt es aber nicht darauf an, ob die Beteiligten positive Kenntnis des rechtswidrigen Inhalts hatten[286]. Zwar wird teilweise vertreten, dass zumindest die unbefristete Duldung auf Grund eines öffentlich-rechtlichen Vergleichsvertrages zulässig sei[287], dieser Ansicht ist aber entgegenzuhalten, dass eine unbeschränkte Duldung wegen einer Ermessensüberschreitung durch Umgehung der Baugenehmigung rechtswidrig ist. Dementsprechend ist ein unbefristeter öffentlich-rechtlicher Vergleichsvertrag, der die Duldung eines rechtswidrigen Zustands beinhaltet, nichtig.

c) Verstoß gegen § 59 Abs. 2 Nr. 4 VwVfG

Das Kopplungsverbot des § 56 Abs. 1 S. 2 VwVfG i.V.m. § 59 Abs. 2 Nr. 4 VwVfG verbietet es der Behörde, sich für die Duldung eine Gegenleistung versprechen zu lassen, die unangemessen ist und nicht in sachlichem Zusammenhang mit der vertraglichen Leistung steht. Damit besteht eine Regelung, um Korruption beim Nichteinschreiten gegen rechtswidrige Zustände zu begegnen.

283 *Bonk/Neumann*, in: Stelkens/Bonk/Sachs, VwVfG, § 55 Rn. 45.
284 *Bonk/Neumann*, in: Stelkens/Bonk/Sachs, VwVfG, § 55 Rn. 43.
285 OVG NRW, NVwZ 1988, 370; *Erbguth*, Öffentliches Baurecht, § 13 Rn. 61.
286 *Bonk/Neumann* in: Stelkens/Bonk/Sachs, VwVfG, § 59 Rn. 37.
287 OVG NRW, NVwZ 1988, 370; *Erbguth*, Öffentliches Baurecht, § 13 Rn. 61.

d) *Verstoß gegen § 59 Abs. 1 VwVfG i.V.m. § 134 BGB*

Fraglich ist, ob ein unbeschränkter Duldungsvertrag nach § 59 Abs. 1 VwVfG i.V.m. § 134 BGB wegen Verstoßes gegen ein gesetzliches Verbot nichtig sein kann. Unerheblich ist, ob sich das gesetzliche Verbot ausdrücklich aus einer Rechtsnorm oder nur aus Zweck und Zusammenhang der Regelung ergibt[288]. Nicht ausreichend soll allerdings nur ein Verstoß gegen formelle oder materielle Rechtsvorschriften bzw. gegen den allgemeinen Grundsatz der Gesetzmäßigkeit der Verwaltung sein[289]. Zwar kommt der Verwaltung anders als im bürgerlichen Recht keine Vertragsfreiheit zu, weil sie der Gesetzesbindung unterliegt[290], der Grundsatz der Gesetzmäßigkeit der Verwaltung verbietet es der Behörde aber, rechtswidrige Verträge abzuschließen. Daraus kann aber noch nicht gefolgert werden, dass ein solcher Vertrag zwingend die Nichtigkeit zur Folge hat. Ansonsten wären die speziellen Nichtigkeitsgründe des § 59 Abs. 2 VwVfG überflüssig[291].

Erforderlich ist nach der Rechtsprechung des Bundesverwaltungsgerichts vielmehr eine qualifizierte Rechtswidrigkeit[292]. Diese liegt vor, wenn und soweit der Sinn und Zweck einer Vorschrift die Nichtigkeit auch einer abweichenden vertraglichen Regelung erfordert[293]. Insbesondere liegt ein gesetzliches Verbot vor, wenn gerade der Inhalt der vertraglichen Regelung, also insbesondere der vertraglich bezweckte Erfolg[294] und das zur Herbeiführung des Erfolgs erforderliche Verhalten[295] schlechthin verboten ist. Dabei kommt es auf die Intensität der Rechtsverletzung und die berührten öffentlichen Interessen, ihr Gewicht und ihre Schutzwürdigkeit an[296]. Bei der Prüfung des § 59 Abs. 1 i.V.m. § 134 BGB treten daher auch Elemente des Vertrauensschutzes in Erscheinung, wenn zu überprüfen ist, ob ein „qualifizierter Rechtsverstoß“ vorliegt. Das schutzwürdige Vertrauen des Bürgers in den Bestand des Verwaltungsvertrages ist hier in die Abwägung einzustellen, sodass bis zu einem gewissen Grad die Vertrauensschutzgrundsätze bei der Rücknahme von Verwaltungsakten herangezogen werden können[297].

---

288 *Kopp/Ramsauer*, VwVfG, § 59 Rn. 9 m.w.N.

289 OVG NRW, NVwZ 1984, 522, 524; *Bonk/Neumann* in: Stelkens/Bonk/Sachs, VwVfG, § 59 Rn. 50; *Schliesky* in: Knack/Hennecke, VwVfG, § 59 Rn. 43.

290 *Ziekow/Siegel*, VerwArch. 2004, 281, 284.

291 BVerwGE 98, 58, 63 f.; 89, 7, 10; *Erbguth*, Allgemeines Verwaltungsrecht, § 24 Rn. 26.

292 BVerwGE 98, 58, 63; 89, 7, 10.

293 BVerwGE 98, 58, 63; 89, 7, 10; siehe auch OVG NRW, NVwZ 1992, 988, 989; *Maurer*, Allgemeines Verwaltungsrecht, § 14 Rn. 41 ff.; *Scherzberg*, JuS 1992, 205, 212 f.

294 OVG NRW, NVwZ 1984, 522, 524; *Bonk/Neumann*, in: Stelkens/Bonk/Sachs, VwVfG, § 59 Rn. 54.

295 *Kopp/Ramsauer*, VwVfG, § 59 Rn. 11; *Schliesky* in: Knack/Hennecke, VwVfG, § 59 Rn. 44.

296 *Bonk/Neumann* in: Stelkens/Bonk/Sachs, VwVfG, § 59 Rn. 54.

297 *Maurer* in: Isensee/Kirchhof, Handbuch des Staatsrechts Bd. IV, § 79 Rn. 121.

Zu klären ist, ob bei einem unbeschränkten Duldungsvertrag ein Verstoß gegen ein Verbotsgesetz vorliegt. Ergibt sich die materielle Illegalität eines Vorhabens etwa aus dem Bauplanungsrecht, könnten die §§ 29 ff. BauGB als Verbotsgesetze aufgefasst werden, die ein Bauen außerhalb dieser Regelungen verbieten. Allerdings schließt beispielsweise § 35 BauGB das Bauen im Außenbereich nicht grundsätzlich aus, sondern macht eine Baugenehmigung nur rechtswidrig und unter Berücksichtigung schutzwürdigen Vertrauens des Bauherrn nach § 48 Abs. 3 VwVfG rücknehmbar. Gleiches würde auch für eine Zusicherung auf Erlass einer gegen § 35 BauGB verstoßenden Baugenehmigung gelten. Damit dürfte § 35 BauGB das Bauen im Außenbereich nicht schlechthin und unter allen Umständen ausschließen. Folglich kann eine Nichtigkeit nach § 59 Abs. 1 VwVfG i.V.m. § 134 BGB mit guten Gründen verneint werden, wenn sich die Behörde in einem Vertrag nur dazu verpflichtet, eine dem Vertrag nachfolgende unbeschränkte Duldungszusicherung auszusprechen.

Etwas anderes dürfte aber gelten, wenn die Duldung ohne weiteren Verwaltungsakt oder sonstige Maßnahmen sich direkt aus den Vertragsregelungen ergibt, weil dann nicht mehr die Möglichkeit der Rücknahme nach § 48 VwVfG besteht, wenn kein weiterer angreifbarer Verwaltungsakt zu erwarten ist. In diesem Fall lässt sich die Nichtigkeit nach § 59 Abs. 1 VwVfG i.V.m. § 134 BGB zusätzlich aus der rechtswidrigen Beschränkung des Eingriffsermessens herleiten. Zumindest die vertragliche Beschränkung eines gesetzgeberischen Ermessens wurde in der Rechtsprechung als Verstoß gegen ein gesetzliches Verbot angesehen[298]. Dabei ist es sogar ausreichend, dass sich das Verbotsgesetz nur an einen Vertragspartner, in diesem Fall also die Behörde, richtet, wenn es sich um Beschränkungen von im öffentlichen Interesse liegenden Hoheitsbefugnissen handelt[299]. Für das Straßen- und Wegerecht hat der Bayerische VGH die pauschale Einräumung einer Sondernutzungserlaubnis für die Aufstellung von Werbeträgern im Straßenraum, obwohl das Straßen- und Wegerecht hierfür zwingend eine Würdigung der konkreten Umstände des Einzelfalls verlangt, als nichtig angesehen[300]. Schränkt die Behörde in einem öffentlich-rechtlichen Duldungsvertrag also ihr Eingriffsermessen dauerhaft ein, lässt sich mit guten Gründen der Verstoß gegen ein Verbotsgesetz gemäß § 59 Abs. 1 VwVfG i.V.m. § 134 BGB und damit die Nichtigkeit des Vertrages begründen.

6. Möglichkeiten der Vertragsgestaltung

Wie auch die Praxis zeigt wird es sich in den meisten Fällen bei der Duldung in Form eines öffentlich-rechtlichen Vertrages um einen Vergleichsvertrag handeln, bei

298 OVG LSA, NVwZ 2010, 396 f.

299 BVerwG, DVBl. 1978, 178 f. (Nichtigkeit eines Vertrages, durch den sich die Gemeinde zum Erlass oder zur Änderung eines Bebauungsplans verpflichtet, weil das gesetzliche Verfahren umgangen wird); BVerwG, DVBl. 1976, 217, 218 (Unwirksamkeit eines Vertrages, der den Erlass einer rechtswidrigen Baugenehmigung zusichert); *Ziekow/Siegel*, VerwArch. 2004, 281, 284.

300 BayVGH, BayVBl. 2009, 661, 664 (Rn. 58 ff.).

dem die Behörde für einen bestimmten Zeitraum den illegalen Zustand duldet, der Bürger im Gegenzug auf rechtliche Mittel gegen ein Einschreiten verzichtet und eine bereits erlassene Bauordnungsverfügung bestandskräftig wird. Ziel eines öffentlich-rechtlichen Duldungsvertrages sollte deshalb die Vermeidung einer gerichtlichen Auseinandersetzung unter der Prämisse sein, dass nach Ablauf des Vertrages in absehbarer Zeit wieder zu einem rechtmäßigen Zustand zurückgekehrt wird.

Wie bereits gezeigt, darf wegen des Grundsatzes der Gesetzmäßigkeit der Verwaltung die Duldung im Vertrag nur beschränkt erteilt werden, da ansonsten die Bestimmungen der Baugenehmigung umgangen würden[301]. Für die Beschränkung kommen vor allem Befristungen und Bedingungen in Betracht. Für die Einzelheiten kann auf die Ausführungen zu Befristung und Bedingung bei der Duldungszusicherung verwiesen werden[302]. Als wichtigste Beschränkung stellt sich die Befristung dar. Im Vertrag sollte daher eine Klausel aufgenommen werden, dass das Ende des Duldungsvertrages mit Fristablauf oder vorher bei fortgeschrittenem Lebensalter des Betroffenen mit dessen Tod eintritt. Um der Bindung der Duldung an die konkrete Nutzung Rechnung zu tragen, kann bestimmt werden, dass die Duldung bei Aufgabe einer illegalen (Wohn-)Nutzung erlischt. Der Bauaufsichtsbehörde kann aber auch ein Kündigungsrecht oder ein Widerrufsvorbehalt eingeräumt werden, wenn die Verpflichtungen aus dem Vertrag nicht eingehalten werden. Möglich ist auch, jede Veränderung an den Baulichkeiten (Anbauten, Umbauten und Ausbauten) im Vertrag auszuschließen, bei Zuwiderhandlung eine Vertragsstrafe festzulegen und den Abriss durch Ersatzvornahme zu realisieren. Nach Ablauf der Befristung sollte der Eigentümer bei Unterwerfung unter die sofortige Vollstreckung verpflichtet werden, die rechtswidrige Nutzung einzustellen und illegale bauliche Anlagen zu beseitigen. In den Vertrag kann auch eine Klausel aufgenommen werden, dass bei Nichteinhalten der Verpflichtung die Behörde zur Ersatzvornahme berechtigt ist und der Betroffene auf die Einlegung von Rechtmitteln verzichtet. Der Duldungsvertrag kann auch weitere Bedingungen enthalten, um Mindestanforderungen an die Kompatibilität mit dem öffentlichen Baurecht herzustellen. So sollte bei Wohnnutzungen im Außenbereich sichergestellt sein, dass die Ver- und Entsorgung sowie Grundanforderungen an Brandschutz und Standsicherheit eingehalten werden.

Die Parteien sollten nach § 61 VwVfG eine Unterwerfung unter die sofortige Zwangsvollstreckung vereinbaren. Denn der öffentlich-rechtliche Vertrag für sich allein ist noch kein Vollstreckungstitel, sondern muss im Wege der Leistungsklage durchgesetzt werden. Eine Vollstreckung direkt aus dem Vertrag ist aber möglich, wenn sich eine Vertragspartei der sofortigen Zwangsvollstreckung unterworfen hat[303]. Eine Vollstreckung aus dem Vertrag kommt besonders dann in Frage, wenn der geltend gemachte Anspruch ausschließlich durch den Vertrag begründet ist[304].

---

301 Siehe oben 3. Teil. C.III.5.

302 Siehe oben 5. Teil. B.VI.3.

303 *Bonk/Neumann* in: Stelkens/Bonk/Sachs, VwVfG, § 61 Rn. 3 und Rn. 9.

304 *Bonk/Neumann* in: Stelkens/Bonk/Sachs, VwVfG, § 61 Rn. 10.

Vorteil ist, dass die Behörde bei einem Duldungsvertrag die Pflichten des Vertragspartners ohne ein langwieriges gerichtliches Verfahren direkt aus dem Vertrag vollstrecken kann.

Der Vertrag kann auch eine Rechtsnachfolgeklausel enthalten. Entweder kann die Rechtsnachfolge ausgeschlossen werden (z.B. durch die Formulierung „Die Duldung ist nicht übertragbar und verlängerbar“), sodass die Duldung mit Übertragung des Eigentums auf eine andere Person erlischt. Der Vertrag kann auch die Eintragung einer Baulast für die Beschränkung der Wohnnutzung, der Nutzungsuntersagung und der Rückbauverfügung beinhalten, um Ansprüche von möglichen Rechtsnachfolgern zu vermeiden. Denkbar ist auch, den Eigentümer zu verpflichten, die Verpflichtungen aus dem Duldungsvertrag auf den Rechtsnachfolger zu übertragen.

7. Vorteile der vertraglichen Duldung

Insgesamt weist die Duldung durch öffentlich-rechtlichen Vertrag als einvernehmliche Lösung einige Vorteile gegenüber einseitigem behördlichem Handeln auf. Inhaltlich wird dem Bürger seine rechtswidrig errichtete Anlage oder rechtswidrige Nutzung für eine Restlaufzeit belassen, indem sich die Bauaufsichtsbehörde verpflichtet, gegen das Bauwerk oder die Nutzung für eine vereinbarte Restdauer (z.B. auf Lebenszeit) nicht behördlich einzuschreiten[305]. Damit der Vertrag allerdings seinen Zweck erfüllt und überhaupt als Handlungsoption in Betracht kommt, muss die Bauaufsichtsbehörde ein entschlossenes Handeln durch Beseitigungsverfügung oder Nutzungsuntersagung als Druckmittel demonstrieren[306]. Die gegenüber Verwaltungsakten bestehende Möglichkeit, jeden Sachverhalt individuell am konkreten Einzelfall zu regeln und dabei auch auf persönliche Verhältnisse des Betroffenen Rücksicht zu nehmen, ist ein wesentlicher Vorteil und fördert in besonderer Weise die Akzeptanz behördlicher Handlungen gegenüber einer Vielzahl von Betroffenen[307].

Das Beispiel des baden-württembergischen Kleinbautenerlasses zeigt zudem, dass es auch im Rahmen von „Verwaltungs-Massengeschäften“ möglich ist, eine Vielzahl von Sachverhalten durch individuell gestaltete Verträge zu regeln[308]. Die Duldung durch vertragliche Vereinbarung kann zudem zu einer schnellen und auch kosteneffizienten Beilegung eines sich abzeichnenden langwierigen Rechtsstreits führen und dient damit auch der Herbeiführung von Rechtssicherheit unter den Beteiligten[309]. Es macht ohnehin keinen Unterschied, ob eine illegale Anlage oder Nutzung für einen gewissen Zeitraum weiter geduldet wird oder hierüber ein langjähriger Rechtsstreit geführt wird[310]. In einer Duldung durch öffentlich-rechtlichen

305 *Arnold*, VerwArch. 1989, 125, 133; *Schröer*, NZBau 2009, 228, 229.
306 *Arnold*, VerwArch. 1989, 125, 133.
307 *Arnold*, VerwArch. 1989, 125, 134; *Bulling*, DÖV 1989, 277, 282.
308 *Bulling*, DÖV 1989, 277, 282.
309 *Arnold*, VerwArch. 1989, 125, 134; *Schröer*, NZBau 2009, 228, 229.
310 *Arnold*, VerwArch. 1989, 125, 134.

Vertrag kann die Behörde dem Bürger auch entgegenkommen, indem sie auf eine Festsetzung von Verwaltungskosten für die sich an den Duldungszeitraum anschließende Beseitigung verzichtet[311].

8. Ergebnis

Im Ergebnis besteht neben der Zusicherung vor allem die Möglichkeit, die Duldung durch öffentlich-rechtlichen Vertrag zu regeln. Es besteht kein Vertragsformverbot, allerdings ist die Zustimmung Dritter und anderer mitwirkungsberechtigter Behörden nach § 58 VwVfG erforderlich. Bei tiefgreifenden Veränderungen der Sach- oder Rechtslage besteht für die Behörde die Möglichkeit, den Vertrag gemäß § 60 VwVfG zu kündigen. Ein unbeschränkter Vertrag, der wie eine rechtswidrige Baugenehmigung wirken würde, kann gemäß § 59 Abs. 2 Nr. 2 VwVfG im Fall eines Vergleichsvertrages nach § 59 Abs. 2 Nr. 3 VwVfG und unter Umständen nach § 59 Abs. 1 VwVfG i.V.m. § 134 BGB nichtig sein. Deshalb ist es erforderlich, dass der Vertrag durch Befristungen, Bedingungen oder Widerrufsvorbehalte beschränkt wird. Der Vorteil einer vertraglichen Regelung liegt vor allem in der größeren Akzeptanz der Entscheidung, weil es sich um eine zweiseitige Regelung handelt.

II. Duldung durch Prozessvergleich

1. Regelungsinhalte von Vergleichen

Strebt der Bürger mit einer verwaltungsgerichtlichen Klage die nachträgliche Legalisierung eines ungenehmigten Vorhabens an, wird ihm unter Umständen von der Bauaufsichtsbehörde die Erteilung einer auf mehrere Jahre befristeten oder sogar unbefristeten Duldungszusage angeboten, wenn er im Gegenzug die Klage zurücknimmt[312]. Auch ein außergerichtlicher Vergleich nach Maßgabe der §§ 54 ff. VwVfG ist möglich, wobei eine prozessbeendende Erklärung an das Gericht erforderlich ist[313]. Die behördliche Zusicherung beinhaltet in diesen Fällen die Verpflichtung, aus der angefochtenen Bauordnungsverfügung nicht zu vollstrecken, sofern keine Veränderungen an der baulichen Anlage vorgenommen werden[314]. In einem Fall vor dem OVG Nordrhein-Westfalen hatte sich die beklagte Behörde mit dem Kläger, der eine Abbruchverfügung angefochten und auf Verpflichtung zur Erteilung einer Baugenehmigung geklagt hatte, während eines erstinstanzlichen verwaltungsgerichtlichen Verfahrens auf einen gerichtlichen Vergleich geeinigt. Im Rahmen des Vergleichs verpflichtete sich die Behörde zur Duldung eines illegal im Außenbereich

311 VG Gießen, NVwZ-RR 2003, 211.
312 *Bracher*, ZfBR 1987, 127.
313 *Dolderer* in: Sodan/Ziekow, VwGO, § 106 Rn. 75 ff.; *W.-R. Schenke* in: Kopp/Schenke, VwGO , § 106 Rn. 20 ff.
314 OVG NRW, NVwZ 1988, 370.

errichteten Wochenendhauses in seinem derzeitigen Bestand, solange es sich im Eigentum und Besitz der Kläger befindet[315].

Häufig werden Duldungen bei einer gütlichen Streitbeilegung in gerichtlichen Vergleichen auch mit Befristungen versehen[316]. In einem Verfahren vor dem Hessischen VGH hatte die Bauaufsichtsbehörde eine ungenehmigte Nutzungsänderung einer Abstellhalle für Landwirtschaftsmaschinen als Montagehalle mit Büroräumen im Rahmen eines gerichtlichen Vergleichs für einen Zeitraum von 4 Jahren geduldet[317]. In einem anderen Fall hatten die Kläger mit der Bauaufsichtsbehörde einen personenbezogenen gerichtlichen Vergleich geschlossen, der auf die Lebenszeit der Kläger beschränkt war[318]. Wie die Ausführungen zum öffentlich-rechtlichen Vertrag gezeigt haben, ist eine Befristung aber nicht bloß eine Option für die Bauaufsichtsbehörde. Denn ein unbeschränkt abgeschlossener öffentlich-rechtlicher Vertrag ohne Befristung oder ohne Widerrufsvorbehalt kann nach § 59 VwVfG nichtig und damit unwirksam sein[319]. Daher ist auch die angesprochene Vergleichsregelung, wonach die Duldung eines illegalen Wochenendhauses im Außenbereich geduldet wird, solange es im Eigentum und Besitz der Kläger verbleibt[320], als unwirksam anzusehen. Diese Regelung verhindert nur eine Übertragung auf einen Grundstückserwerber im Wege des Verkaufs, nicht aber einen Übergang der Duldung auf die Erben. Eine solche Regelung, die Generationen überdauert, stellt damit eine Umgehung der Baugenehmigung dar.

2. Voraussetzungen einer Duldung durch Prozessvergleich

Nach der Rechtsprechung des Bundesverwaltungsgerichts ist davon auszugehen, dass der Prozessvergleich eine Doppelnatur hat[321]. Zum einen handelt es sich um eine Prozesshandlung nach § 106 VwGO, zum anderen um einen öffentlich-rechtlichen Vertrag nach den §§ 54 ff. VwVfG. Gemäß § 106 VwGO können die Beteiligten zur Niederschrift des Gerichts oder des beauftragten oder ersuchten Richters einen Vergleich schließen, soweit sie über den Gegenstand des Vergleichs verfügen können. Die Behörde kann also mit dem Kläger nur im Rahmen der gesetzlich eingeräumten Ermessensfreiheit einen rechtsverbindlichen ordnungsrechtlichen Vertrag abschließen.

Aus der Doppelnatur des Prozessvergleichs ergeben sich zugleich die rechtlichen Anforderungen an eine Duldung durch gerichtlichen Vergleich: Der Vergleich muss

---

315 OVG NRW, BRS 30 Nr. 169 (S. 312).
316 *Götz*, Allgemeines Polizei- und Ordnungsrecht, § 11 Rn. 8.
317 HessVGH, BauR 1994, 229, 230 = BRS 55 Nr. 205, in der hier zitierten Entscheidung war jedoch die Rechtswidrigkeit eines sich dem gerichtlichen Vergleich anschließenden Duldungsverwaltungsakts Gegenstand des Verfahrens.
318 OVG NRW, Urt. v. 20.04.2016 – 7 A 1367/14, juris Rn. 38.
319 Siehe oben 5. Teil. E.I.5.
320 OVG NRW, BRS 30 Nr. 169 (S. 312).
321 BVerwG, NJW 1994, 2306 ff.; *W.-R. Schenke* in: Kopp/Schenke, VwVfG, § 106 Rn. 5.

sowohl den Anforderungen des § 106 VwGO als auch denen der §§ 54 ff. VwVfG genügen[322].

a) Voraussetzungen des § 106 VwGO

Nach § 106 S. 1 Hs. 2 VwGO kann der Vergleich nur geschlossen werden, wenn die Beteiligten über den Gegenstand des Verfahrens verfügen können. Die Verfügungsbefugnis ist nach den allgemeinen Grundsätzen für den Abschluss öffentlich-rechtlicher Verträge nach §§ 54 ff. VwVfG, insbesondere nach § 55 VwVfG, nur dann gegeben, wenn dem Vergleich nicht zwingende gesetzliche Regelungen oder allgemeine Grundsätze des öffentlichen Rechts entgegenstehen[323]. Da die Entscheidung über das Nichteinschreiten gegen rechtswidrige Zustände sich aus dem behördlichen Ermessen ergibt, ist damit grundsätzlich eine Verfügungsbefugnis der Bauaufsichtsbehörde zur Duldung im Prozessvergleich gegeben. Es ist aber offensichtlich, dass zur Verfügungsbefugnis auch gehört, dass ein Verwaltungsakt, zu dessen Erlass bzw. Unterlassen sich die Behörde in einem Vergleich verpflichtet, nach geltendem Recht nach Art und Inhalt zulässig sein muss. Entsprechendes gilt für einen sonst nach § 59 VwVfG unzulässigen Inhalt[324]. Insbesondere dürfen gesetzeswidrige Leistungen niemals versprochen werden[325]. Nach diesen Grundsätzen und unter Berücksichtigung der Regelung des § 59 VwVfG ist daher festzuhalten, dass der Bauaufsichtsbehörde keine Verfügungsbefugnis für eine unbeschränkte Duldung baurechtswidriger Zustände zusteht, sondern unter Beachtung des Zwecks der Eingriffsermächtigung und der Wertungen der Vorschriften zur Erteilung der Baugenehmigung eine Duldung durch Prozessvergleich nur widerruflich, bedingt oder befristet erteilt werden darf. Da die Duldung durch Prozessvergleich eine Wahrnehmung des Eingriffsermessens in Richtung eines Nichteinschreitens darstellt, ist es sinnvoll, diese Ermessenserwägungen in den Vergleich aufzunehmen, damit nicht der Eindruck entsteht, das Gericht unterstütze rechtswidrige Umgehungstaktiken[326].

b) Voraussetzungen der §§ 54 ff. VwVfG

Die Wirksamkeit des Prozessvergleichs beurteilt sich nach den §§ 54 ff. VwVfG, sodass im Wesentlichen auf die Ausführungen zum öffentlich-rechtlichen Vertrag verwiesen werden kann[327]. Insbesondere müssen die Voraussetzungen des § 55 VwVfG erfüllt sein. Ein Vergleich ist nach der Legaldefinition des § 55 VwVfG ein

---

322 *W.-R. Schenke* in: Kopp/Schenke, VwGO, § 106 Rn. 10; zu den Grenzen eines Prozessvergleichs *Sander*, NuR 2007, 527, 528 ff.

323 *Dolderer* in: Sodan/Ziekow, VwGO, § 106 Rn. 41; *W.-R. Schenke* in: Kopp/Schenke, VwGO, § 106 Rn. 12.

324 *W.-R. Schenke* in: Kopp/Schenke, VwGO, § 106 Rn. 13.

325 *Dolderer* in: Sodan/Ziekow, VwGO, § 106 Rn. 43.

326 *Millgramm*, NuR 1999, 608, 615.

327 Siehe oben 5. Teil. E.I.4. und 5. Teil. E.I.5.

öffentlich-rechtlicher Vertrag i.S.d. § 54 S. 2 VwVfG, durch den bei verständiger Würdigung des Sachverhalts oder der Rechtslage bestehende Ungewissheiten durch gegenseitiges Nachgeben beseitigt werden. Dieser kann geschlossen werden, wenn die Behörde den Abschluss des Vergleichs zur Beseitigung der Ungewissheit nach pflichtgemäßem Ermessen für zweckmäßig hält. Von besonderer Bedeutung ist wiederum die Mitwirkungsvorschrift des § 58 VwVfG. Ein gerichtlicher Vergleich, der ohne Zustimmung eines in seinen Nachbarrechten betroffenen Nachbarn[328] und ohne die Zustimmung der an einer entsprechenden Baugenehmigung zu beteiligenden Behörde[329] zustande kommt, ist schwebend unwirksam, solange die Zustimmung nicht nachträglich eingeholt wird. Wird die Zustimmung verweigert, ist der Prozessvergleich endgültig unwirksam. Der Prozessvergleich ist auch unwirksam, wenn dieser nichtig i.S.d. § 59 VwVfG ist, wobei vor allem § 59 Abs. 2 Nr. 3 VwVfG von Bedeutung ist.

c) Haushaltsrechtliche Anforderungen

Die verwaltungsprozess- und verwaltungsverfahrensrechtlichen Vorschriften werden durch das Haushaltsrecht ergänzt. Nach § 58 Abs. S. 1 Nr. 2 der Landeshaushaltsordnungen darf ein Vergleich nur geschlossen werden, wenn dies für das Land zweckmäßig und wirtschaftlich ist[330].

3. Rechtsfolgen der Duldung durch Prozessvergleich

Der rechtswirksame Prozessvergleich führt unmittelbar zur Beendigung des Verfahrens[331]. Für die Bauaufsichtsbehörde besteht durch den Vertrag ein Vollstreckungshindernis. Entsteht nach Abschluss des gerichtlichen Vergleichs zwischen den Beteiligten Streit über dessen Wirksamkeit, muss das Gericht das alte Verfahren zunächst unter Beschränkung auf die Klärung dieser Frage fortsetzen[332] und durch Urteil über diesen Streit entscheiden[333]. Ergibt sich, dass der Prozessvergleich unwirksam ist, ist das Verfahren durch Entscheidung zur Sache abzuschließen. Ist der Vergleich dagegen wirksam, so stellt das Gericht durch Urteil die Beendigung des Verfahrens fest[334].

---

328 OVG NRW, NVwZ 1988, 370, 371; *W.-R. Schenke* in: Kopp/Schenke, VwGO, § 106 Rn. 10; siehe oben 5. Teil. E.I.4.b).

329 OVG NRW, BRS 30 Nr. 169; siehe oben 5. Teil. E.I.4.c).

330 Zur Wirtschaftlichkeit des Vergleichs im Verwaltungsprozess: *Koehn*, SächsVBl. 1997, 253 ff.

331 *Dolderer* in: Sodan/Ziekow, VwGO, § 106 Rn. 55.

332 BVerwG, NJW 1994, 2306, 2307.

333 BVerwGE 57, 311, 318 f.

334 BVerwGE 57, 311, 318 f.

Ist das materiell-rechtliche Rechtsgeschäft i.S.d. § 54 ff. BGB unwirksam, erfasst die Unwirksamkeit auch seinen prozessualen Teil, sodass das Verfahren noch nicht durch den Vergleich beendet und auf Antrag fortzuführen ist[335].

4. Ergebnis

Die in einem Prozessvergleich ausgesprochene Duldung hat den Vorteil, dass ein Rechtsstreit über eine ungewisse Sach- und Rechtslage einvernehmlich durch einen Kompromiss beendet wird. In diesem Fall wird beiden Seiten angemessen Rechnung getragen. Der Rechtsstreit wird beendet, der Bürger kann das illegale Bauwerk für einen gewissen Zeitraum noch weiter behalten und nutzen, ist anschließend eventuell aber zur Beseitigung verpflichtet. Die Behörde kann dagegen das öffentliche Interesse an der Beseitigung des rechtswidrigen Zustands, wenn auch verspätet, durchsetzen.

F. Duldung durch schlichtes Verwaltungshandeln

I. Duldung als Realakt

Die Duldung eines baurechtswidrigen Zustandes kann neben den rechtlichen Instrumenten des VwVfG auch durch schlichtes Verwaltungshandeln in Form von Realakten erfolgen. Realakte sind als Tathandlungen alle Verwaltungsmaßnahmen, die nicht auf einen Rechtserfolg, sondern auf einen tatsächlichen Erfolg gerichtet sind[336] und daher mangels Regelungscharakters strikt von den typischen Rechtsakten der Verwaltung zu unterscheiden. Als Realakt ist die Duldung vor allem denkbar als schlichte Auskunft, dass gegen einen rechtswidrigen Zustand momentan nicht vorgegangen wird, als schlichtes Unterlassen des Einschreitens oder in der Form informellen Verwaltungshandelns.

1. Behördliche Auskünfte

Fehlerhafte Auskünfte von Behördenvertretern dienen häufig als Argumentationsbasis betroffener Bürger, die Behörde dulde ein rechtswidriges Vorhaben. Bei Auskünften ist zunächst zu differenzieren zwischen Auskünften über die Genehmigungsbedürftigkeit und Genehmigungsfähigkeit eines Vorhabens und Auskünften darüber, dass eine Duldung geprüft und in Aussicht gestellt wird.

a) Auskunft über die Genehmigungsbedürftigkeit und Genehmigungsfähigkeit

Bevor der Bauherr ein Bauvorhaben ausführt, werden häufig Anfragen bei der Baugenehmigungsbehörde über die Genehmigungsbedürftigkeit bzw. über die

335 OVG NRW, NVwZ 1988, 370, 371.
336 *Maurer*, Allgemeines Verwaltungsrecht, § 15 Rn. 1; *Remmert* in: Erichsen/Ehlers, Allgemeines Verwaltungsrecht, § 36 Rn. 1; *König*, VR 1990, 401, 404.

Genehmigungsfähigkeit des Vorhabens gestellt, die per telefonischer oder schriftlicher Auskunft beantwortet werden. Sind diese rechtsfehlerhaft und führt der Betroffene aufgrund dessen sein illegales Vorhaben aus, verteidigt er sich gegen eine Bauordnungsverfügung oftmals mit dem Argument, durch die Auskunft habe die Bauaufsichtsbehörde an dem rechtswidrigen Zustand mitgewirkt und sei daher an einem Einschreiten gehindert. Bei einer fehlerhaften Auskunft über die Genehmigungsbedürftigkeit oder Genehmigungsfähigkeit von einer Duldung zu sprechen, ist jedoch kaum vertretbar. Denn hier wird es aufgrund des Rechtsirrtums bereits an der positiven Kenntnis der Behörde des rechtswidrigen Zustands fehlen. Außerdem fehlt es auch an einem Duldungswillen. So werden Erklärungen wie „Die Anlage ist nicht zu beanstanden" i.d.R. nur als Auskunft ohne Bindungswillen anzusehen sein[337].

b) Auskunft über Duldungsmöglichkeit

Das Niedersächsische OVG hat die Aussage eines Behördenvertreters, zunächst nicht gegen ein illegales Bauwerk oder eine illegale Nutzung einzuschreiten, als bloße Auskunft gewertet[338]. Diese Aussage könnte allerdings auch als verbindliche Zusage des Nichteinschreitens gewertet werden, weil sich diese auf ein zukünftiges behördliches Verhalten bezieht. Die Qualifizierung dieser Aussage als verbindliche Zusage scheitert allerdings daran, dass sich nicht der behördliche Wille erkennen lässt, sich für einen bestimmten Zeitraum selbst binden zu wollen. Die Aussage lässt sich nämlich so deuten, dass die Behörde aktuell nicht gegen den illegalen Zustand einschreiten will, sich dies aber für die Zukunft offenhalten will. Die Auskunft stellt sich somit als reine Wissenserklärungen dar und enthält daher noch keine verbindliche Regelung[339]. Gerade weil es sich nur um eine Auskunft und noch nicht um die endgültige Entscheidung über die Duldung handelt, fehlt es an einem Rechtsbindungswillen und damit letztlich auch an einem Duldungswillen.

c) Ergebnis

Weil der Auskunft im Gegensatz zur Zusage der behördliche Bindungswille fehlt, kann nur im Rahmen von Vertrauensschutzgesichtspunkten untersucht werden, ob das Verhalten der Behörde geeignet ist, ein berechtigtes Vertrauen des Bürgers auf ein Nichteinschreiten zu erzeugen[340]. Das erscheint zumindest bei mündlichen

---

337 *U. Stelkens* in: Stelkens/Bonk/Sachs, VwVfG, § 38 Rn. 16; a.A. VGH BW, NJW 1990, 3163 ff.

338 So etwa im Fall der Duldung eines Tennisplatzes: Der Stadtdirektor hatte in Gesprächen mit dem Antragsteller erklärt, von einer Beseitigungsanordnung abzusehen, wenn dieser im Gegenzug eine ortsübliche Bepflanzung vornehme, vgl. NdsOVG, BRS 55 Nr. 206 (S. 588).

339 *Maurer*, Allgemeines Verwaltungsrecht, § 9 Rn. 62; *Guckelberger*, DÖV 2004, 357 f.; *Robbers*, DÖV 1987, 272, 276.

340 Siehe unten 6. Teil. E.III.4.e).

Auskünften im Hinblick auf die mangelnde Schriftform bedenklich. Die bedeutendere Rolle spielt die Erteilung von fehlerhaften Auskünften aber vor allem im Bereich des Amtshaftungsrechts[341].

2. *Schlichtes Unterlassen*

Die Duldung kann sich auch in einem schlichten Unterlassen einer Bauordnungsverfügung oder von Vollstreckungsmaßnahmen ausdrücken. Das kann sich etwa darin äußern, dass die Behörde die Vollziehung eines sofort vollziehbaren Verwaltungsakts schlicht unterlässt, bis dessen Rechtmäßigkeit im Widerspruchs- oder Klageverfahren geklärt ist, um das Risiko von Schadensersatzansprüchen zu vermeiden[342]. Dann stellt sich die Duldung als regelungsvermeidende Handlung dar[343], dies natürlich immer unter der Voraussetzung, dass der Behörde die Möglichkeit des Einschreitens bekannt war und sie sich bewusst gegen ein Einschreiten entschieden hat. Im Fall der Duldung durch schlichtes Unterlassen liegt folglich ein Fall der rein faktischen Duldung vor[344].

II. Duldung durch informelles Verwaltungshandeln

1. *Definition informellen Verwaltungshandelns*

Als weitere Form schlichten Verwaltungshandelns ist das sog. informelle oder auch informale Verwaltungshandeln anerkannt. Informelles Verwaltungshandeln ist zwar grundsätzlich den Realakten zuzuordnen, da es nicht auf die Bewirkung von Rechtsfolgen gerichtet, sondern tatsächlicher Natur ist[345]. Von den sonstigen Realakten grenzt sich das informelle Verwaltungshandeln aber durch die Kriterien des Tausch- und Alternativverhältnisses ab[346]. Kennzeichnend für informelles Verwaltungshandeln sind wechselseitige Kontaktaufnahmen, Verständigungen, Absprachen,

---

341 Siehe unten 8. Teil. B.I.1. und 8. Teil. B.II.1.

342 *Finkelnburg/Dombert/Külpmann*, Vorläufiger Rechtsschutz, § 41 Rn. 819.

343 So *Robbers*, DÖV 1987, 272, 277 ff.

344 *Kopp/Ramsauer*, VwVfG, § 35 Rn. 91; zur faktischen Duldung siehe oben 1. Teil. D.II.; zu den Rechtswirkungen der faktischen Duldung siehe unten 6. Teil. E.III.2.

345 *Brohm*, DVBl. 1994, 133, 134; *Oster*, NuR 2008, 845, 846.

346 *Bohne*, VerwArch. 1984, 343, 344; *Oster*, NuR 2008, 845, 846; z.T. wird dem informellen Verwaltungshandeln auch einseitiges Handeln zugeordnet, etwa in Form von staatlichen Warnungen bzw. Empfehlungen oder Auskünften, so *Gentzcke*, Informales Verwaltungshandeln, S. 2; *Malitz*, Behördliche Duldung, S. 17; *Brohm*, DVBl. 1994, 133, 134. Hier soll aber unter dem Stichpunkt des informellen Verwaltungshandelns nur das konsensuale bzw. kooperative Verwaltungshandeln behandelt werden, das einseitige Handeln dagegen unter dem Stichwort der Realakte, vgl. auch die Einteilung bei *Maurer*, Allgemeines Verwaltungsrecht, § 15 Rn. 1 ff.

Abstimmungen, Vorabklärungen und andere Arten der Kooperation[347] wie Vorverhandlungen über Inhalt und Umfang des Handlungs- und Entscheidungsbedarfs[348], Arrangements[349] und Agreements[350]. Nach *Bohne* erfasst der Begriff „informal" oder „informell" alle rechtlich nicht geregelten Tathandlungen, die der Staat anstelle von rechtlich geregelten Verfahrenshandlungen oder Rechtsfolgeentscheidungen wählt, die jedoch zur Herbeiführung des beabsichtigten Erfolgs auch in den von der Rechtsordnung bereitgestellten öffentlich-rechtlichen oder privatrechtlichen Handlungsformen hätten erfolgen können. Das informelle Handeln drückt sich in einer rechtlichen Unverbindlichkeit und einem rechtlichen Alternativverhältnis zu rechtlichen Handlungsformen aus und ist häufig durch das Tauschprinzip geprägt[351].

2. *Duldung als rechtsaktersetzende Absprache*

Das informelle Verwaltungshandeln kann entweder vor Beginn eines Verwaltungsverfahrens das Ziel verfolgen, ein späteres Verfahren zu steuern oder anstelle eines Verwaltungsverfahrens stattfinden, um ein vergleichbares Ergebnis in der Sache zu erreichen, ohne sich den gesetzlichen Verfahrensregeln und Handlungsformen zu unterwerfen[352]. Die Duldung wird daher seit jeher mit informellem Verwaltungshandeln in Verbindung gebracht. Richtigerweise ist die Duldung nicht ausschließlich als Form informellen Verwaltungshandelns zu bewerten[353], sondern kann – neben den formellen Handlungsformen – auch durch informelles Verwaltungshandeln zum Ausdruck kommen. Schon die Definition informellen Verwaltungshandelns zeigt, dass das Ausweichen auf informelle Handlungsweisen gerade auch als Alternative zum Handeln durch Verwaltungsakt oder öffentlich-rechtlichen Vertrag zu sehen ist und die Duldung deshalb auch durch diese förmlichen Handlungsformen erteilt werden kann. Auch wenn das informelle Verwaltungshandeln vielfach unter dem Gesichtspunkt des Vollzugsdefizits bzw. des normausweichenden Verhaltens

347 *Gentzcke*, Informales Verwaltungshandeln, S. 1; *Malitz*, Behördliche Duldung, S. 16; *Bauer*, VerwArch. 1987, 241.

348 *Bulling*, DÖV 1989, 277, 279.

349 *Arrangements* sind mündliche Absprachen zwischen Behörde und Betroffenem, die verbindlich gemeint sind, aber im Fall der Nichteinhaltung ohne festgelegte Sanktionen versehen sind, vgl. *Bulling*, DÖV 1989, 277, 280.

350 Als *Agreements* werden Arrangements in schriftlicher Form bezeichnet, die eine Absprache über Verfahrensschritte, Teilregelungen oder Gesamtregelungen schriftlich dokumentieren, ohne dabei rechtlich verbindlich zu sein, vgl. *Bulling*, DÖV 1989, 277, 280 f.

351 *Bohne*, VerwArch. 1984, 343, 344; kritisch: *Bulling*, DÖV 1989, 277, 278 und 288, der das Begriffspaar informal/formal bzw. informell/formell durch die Begriffe kooperativ/einseitig austauschen möchte.

352 *Schmitz* in: Stelkens/Bonk/Sachs, VwVfG, § 9 Rn. 172 ff.

353 So aber *Gentzcke*, Informales Verwaltungshandeln, S. 5 m.w.N.; *Malitz*, Behördliche Duldung, S. 22; *Hill*, NJW 1986, 2602, 2610.

besprochen wird[354], handelt es sich um eine durchaus häufiger anzutreffende Handlungsweise, deren Vorteile in der rechtlichen Unverbindlichkeit[355] und Flexibilität liegen[356].

Die rechtswissenschaftliche Untersuchung informellen Verwaltungshandelns hat ihren Ursprung in der Analyse von Vollzugsdefiziten im Bereich des Umweltschutzes. Insbesondere im Immissionsschutzrecht, im Wasserrecht und im Bereich der Altlastensanierung, also Gebieten des wirtschaftsnahen Umweltrechts, ist informelles Verwaltungshandeln von besonderer Bedeutung[357]. Auch wenn bei informellen Handlungsweisen der Vorwurf der Korruption naheliegt, ist das informelle Verwaltungshandeln von seiner Zielrichtung auf Vereinfachung, Effektivität und Effizienz, nicht aber wie die Korruption auf Regelverletzung angelegt[358]. Allerdings dürfte im öffentlichen Baurecht die Duldung als informelles Verwaltungshandeln weitaus geringere Bedeutung haben als im wirtschaftsnahen Umweltrecht, da im Umweltrecht Absprachen zwischen Unternehmen und Behörden weitaus häufiger auftreten.

Im Allgemeinen wird informelles Verwaltungshandeln in normvertretende Absprachen, die zur Vermeidung von Rechtsetzungsakten getroffen werden, und normvollziehende Absprachen, die im Normvollzug rechtlich geregelte Verfahren und Rechtsfolgeentscheidungen ersetzen, eingeteilt[359]. Das normvollziehende informelle Verwaltungshandeln lässt sich wiederum in rechtsaktvorbereitendes und rechtsaktersetzendes bzw. rechtsaktvermeidendes[360] Verwaltungshandeln unterteilen[361]. Für die Duldung relevant ist das rechtsaktersetzende informelle Verwaltungshandeln. Hierbei verzichtet die Behörde ganz oder teilweise auf den möglichen Erlass eines belastenden Verwaltungsakts gegen bestimmte Zusagen des Adressaten[362]. Als Beispiel wird meist die Sanierungsabsprache im Immissionsschutzrecht genannt. Bei der Sanierungsabsprache verzichtet die Behörde auf eine nachträgliche Anordnung gemäß § 17 Abs. 1 BImSchG, um im Gegenzug den Anlagenbetreiber zur Sanierung von Anlagen zu bewegen, die nicht mehr dem Stand

354 *Malitz*, Behördliche Duldung, S. 21; *Becker*, DÖV 1985, 1003; *Millgramm*, NuR 1999, 608, 613.

355 *Maurer*, Allgemeines Verwaltungsrecht, § 15 Rn. 14; *Becker*, DÖV 1985, 1003, 1010; *Bohne*, VerwArch. 1984, 343, 344; *Brohm*, DVBl. 1994, 133, 134; differenzierend: *Gentzcke*, Informales Verwaltungshandeln, S. 3 f.

356 *Oster*, NuR 2008, 845, 846.

357 *Gentzcke*, Informales Verwaltungshandeln, S. 2; *Malitz*, Behördliche Duldung, S. 15; *Oster*, NuR 2008, 845.

358 *Zepf*, DÖD 2004, 5, 7; zum Effizienzgedanken: *Bauer*, VerwArch. 1987, 241, 250 ff.

359 *Malitz*, Behördliche Duldung, S. 16 f; *Becker*, DÖV 1985, 1003, 1007; *Bohne*, VerwArch. 1984, 343, 345; *Brohm*, DVBl. 1994, 133 f.; *Oster*, NuR 2008, 845, 846 f.

360 Z.T. wird sogar von „normausweichendem Verhalten" gesprochen, vgl. *Millgramm*, NuR 1999, 608, 613.

361 *Oster*, NuR 2008, 845, 847.

362 *Hüting*, Behördliche Duldung, S. 25 ff.; *Oster*, NuR 2008, 845, 847.

der Umwelttechnik entsprechen[363]. Im öffentlichen Baurecht kann die Duldung Gegenstand einer Absprache zwischen Bauherr und Behörde sein, durch die die Behörde auf die Vollstreckung einer Bauordnungsverfügung vorübergehend verzichtet[364]. Denkbar ist auch eine Absprache zwischen Behörde und Bürger, dass eine ungenehmigte, aber genehmigungsfähige Nutzung für die Dauer eines Genehmigungsverfahrens geduldet wird.

3. Zulässigkeit informellen Verwaltungshandelns

Gegen die Zulässigkeit der Duldung wird zum Teil argumentiert, sie verstoße gegen Verfahrensregelungen des Verwaltungsverfahrensrechts, insbesondere gegen §§ 9 und 22 S. 2 Nr. 1, 69 Abs. 2 VwVfG, da sie als informelle Maßnahme keinem Verfahren entspreche[365]. Vereinzelt wird zudem vorgebracht, die Duldung durch informelles Handeln verstoße gegen den Bestimmtheitsgrundsatz i.S.d. § 37 Abs. 1 VwVfG, weil die Behörde es unterlasse, eine eindeutige Regelung zu treffen[366]. Durch diese Unbestimmtheit und Unklarheit fehle es dem duldenden Verhalten an Rechtssicherheit, sodass das Rechtsstaatsprinzip beeinträchtigt sei[367].

a) Verhältnis zu formellem Verwaltungshandeln

Unrichtig ist zunächst die Annahme, die behördliche Duldung sei ausschließlich als eine Maßnahme informellen Verwaltungshandelns zu behandeln[368]. Selbst wenn man sich nur auf den Teilbereich des informellen Verwaltungshandelns beschränkt, ergibt sich daraus kein Verfahrensverstoß i.S.d. VwVfG. Informelles Verwaltungshandeln ist durch das Verwaltungsverfahrensgesetz nicht ausgeschlossen, sondern findet seine normativen Grundlagen in den §§ 10, 22 und 40 VwVfG[369]. Während § 22 VwVfG der Behörde ein Verfahrensermessen einräumt, ob und wann sie ein Verwaltungsverfahren durchführt, enthält auch § 10 VwVfG einen Ermessensspielraum bezüglich der Form des Verwaltungshandelns. Die Duldung ist gerade Ausdruck des Opportunitätsprinzips und damit auch in § 40 VwVfG angelegt, um der Behörde ein flexibles Vorgehen zu ermöglichen. Selbst dem speziellen Einwand, dass im Fall ausdrücklich gestellter Anträge eine Duldung durch informelle Handlungsformen gegen die Pflicht zur Antragsbescheidung verstoße, lässt sich begegnen, dass diese

---

363 *Hüting*, Behördliche Duldung, S. 23 f.; *Beyerlin*, NJW 1987, 2713 f.; *König*, VR 1990, 401, 405; *Oster*, NuR 2008, 845; *Zepf*, DÖD 2004, 5.

364 *Brohm*, DVBl. 1994, 133, 139.

365 *Hallwaß*, Behördliche Duldung, S. 47 f.; *ders.*, NuR 1987, 296, 299; *Bohne*, VerwArch. 1984, 343, 357.

366 *Hallwaß*, Behördliche Duldung, S. 12; *ders.*, NuR 1987, 296, 297.

367 *Hallwaß*, NuR, 296, 299; *Millgramm*, NuR 1999, 608, 613.

368 *Heider*, Behördliche Duldung, S. 43.

369 *Gentzcke*, Informales Verwaltungshandeln, S. 93; *Heider*, Behördliche Duldung, S. 43 f.

Pflicht nur dem Antragsteller gegenüber besteht und dieser regelmäßig in die Nichtbescheidung einwilligen wird[370].

Mittlerweile dürfte daher geklärt sein, dass informelles Verwaltungshandeln nicht an sich unzulässig ist. Da es keinen *numerus clausus* verwaltungsrechtlicher Handlungsformen gibt[371] und ein Verbot informeller Verhaltensweisen der Rechtsordnung nicht entnommen werden kann[372], ist davon auszugehen, dass der Behörde der informelle Weg nicht versperrt ist. Mangels rechtlicher Wirkungen durch die rechtliche Unverbindlichkeit informellen Verwaltungshandelns, gibt es zwar grundsätzlich keine Rechtmäßigkeitsanforderungen wie etwa für Verwaltungsakte und öffentlich-rechtliche Verträge, allerdings dürfen informelle Handlungsformen auch nicht dazu verwendet werden, förmliche Verfahren zu umgehen. Deshalb ist unter Berücksichtigung des Grundsatzes der Gesetzmäßigkeit der Verwaltung für die Wirksamkeit ein Mindeststandard zu fordern, der sich an den Vorschriften des VwVfG orientiert[373]. Im Hinblick auf die Risiken informellen Verwaltungshandelns werden vor allem Bedenken gegen die Zulässigkeit dieser Handlungsform bezüglich des Gleichbehandlungsgrundsatzes geäußert. Auch aufgrund von Informationsdefiziten im Vergleich zu formellen Verfahren wird Dritten (Nachbarn oder Konkurrenten) die Inanspruchnahme von Rechtschutzmöglichkeiten (ex post) und die Beteiligung an der Entscheidung (ex ante) erschwert[374]. Um diese Bedenken auszuräumen, müssen bestimmte Grundanforderungen erfüllt werden.

b) Formell-rechtliche Anforderungen

Aus verfahrensrechtlicher Sicht muss eine informelle Duldung allgemeinen Verfahrensgrundsätzen entsprechen. Damit die staatliche Kompetenzordnung nicht unterlaufen wird, ist diejenige Behörde für die informelle Duldungsabsprache zuständig, die auch im Fall förmlichen Handelns zuständig wäre[375].

Das VwVfG enthält Vorschriften zur Drittbeteiligung insbesondere in § 13 VwVfG und zu Mitwirkungsrechten nach § 38 Abs. 1 S. 2 VwVfG und § 58 VwVfG. Fraglich ist, ob durch die informelle Duldung die Gefahr besteht, dass diese Vorschriften unterlaufen werden. Einige Stimmen in der Literatur sind der Auffassung, dass die informelle Duldung unzulässig sei, weil durch sie eine Verfahrensbeteiligung Dritter umgangen werde, deren Interessen möglicherweise betroffen sind. Die Duldung verstoße im Fall informellen Verwaltungshandelns gegen das Demokratieprinzip, weil sie eine gerechte Teilhabe anderer Bürger am Verfahren sowie

---

370 *Gentzcke*, Informales Verwaltungshandeln, S. 93 f.; *Heider*, Behördliche Duldung, S. 44; *Robbers*, DÖV 1987, 272, 279 bei Fn. 69.

371 *Maurer*, Allgemeines Verwaltungsrecht, § 15 Rn. 19.

372 *Bauer*, VerwArch. 1987, 241, 260.

373 *Remmert* in: Erichsen/Ehlers, Allgemeines Verwaltungsrecht, § 36 Rn. 4 f.

374 *Beyerlin*, NJW 1987, 2713; *Brohm*, DVBl. 1994, 133, 138 f; *Millgramm*, NuR 1999, 608, 613 f.

375 *Oster*, NuR 2008, 845, 848 f.

Kontrollmöglichkeiten und die Transparenz des Verfahrens verhindere[376]. Die Nichteinhaltung der Verfahrensvorschriften gefährde die Interessen und Rechte Dritter[377].

Dagegen ist einzuwenden, dass allein die Durchführung eines Verwaltungsverfahrens noch nicht sichert, dass Interessen Dritter in ausreichendem Maße berücksichtigt werden[378]. Die strikte Einhaltung verfahrensrechtlicher Vorschriften im informellen Bereich ist also nicht von ausschlaggebender Bedeutung. Zwar hat das Bundesverfassungsgericht für den Bereich des Umweltrechts im „Mülheim-Kärlich-Beschluss" vom 20.12.1979 entschieden, dass der Staat in Erfüllung seiner objektivrechtlichen Schutzpflicht aus Art. 2 Abs. 2 GG geeignete Verwaltungsverfahren zur Verfügung stellen muss, um drittbetroffenen Bürgern eine wirksame Verfahrensbeteiligung zu ermöglichen[379]. Das bedeutet, dass der durch die Gestaltung von Verfahren bewirkte Grundrechtsschutz nicht durch informelle Verhaltensweisen verkürzt werden darf. Im öffentlichen Baurecht existieren solche Vorschriften zur Nachbarbeteiligung in Bezug auf die Angrenzerbeteiligung nach den Landesbauordnungen (z.B. § 74 BauO NRW) und allgemein nach § 13 VwVfG. Allerdings darf die Bedeutung des Grundrechtsschutzes durch Verfahren, wie er im Mülheim-Kärlich-Beschluss postuliert wurde, für das Baurecht nicht überbewertet werden, weil sich für das in dieser Entscheidung maßgebliche Atomrecht ein ungleich höheres Gefahrenpotential als im öffentlichen Baurecht ergibt[380].

Trotzdem besteht bei der Duldung durch informelles Handeln die Gefahr der Verkürzung von Rechten möglicher Betroffener, die im Antragsverfahren Rechte geltend machen könnten. Es kommt aber nicht zwingend auf den Schutz der Verfahrensrechte an, sondern darauf, dass Dritte durch Vorverhandlungen nicht in einem späteren Verwaltungsverfahren vor vollendete Tatsachen gestellt werden. Stellt sich die Duldung als unverbindliche Absprache im Vorfeld eines förmlichen Verfahrens dar (z.B. Duldung einer formell illegalen Nutzung bis ein Bauantrag eingereicht wird), können die Betroffenen noch in einem sich eventuell anschließenden Verwaltungsverfahren, z.B. wenn die Duldung der Überbrückung eines Zeitraums bis zur Erteilung einer Genehmigung dient, ihre Rechte geltend machen[381]. Entscheidend ist deshalb, dass Rechte und Interessen Dritter bei der zu treffenden Entscheidung tatsächlich berücksichtigt werden[382]. Diese Rechte sind daher in analoger Anwendung des § 40 VwVfG im Rahmen des Opportunitätsprinzips angemessen zu

---

376 *Hallwaß*, Behördliche Duldung, S. 46 f.; *ders.*, NuR 1987, 296, 299.

377 *Gentzcke*, Informales Verwaltungshandeln, S. 97; *Hallwaß*, Behördliche Duldung, S. 46 f.; *Robbers*, DÖV 1987, 272, 279.

378 *Gentzcke*, Informales Verwaltungshandeln, S. 92 und 97.

379 BVerfGE 53, 30, 57 f., 65 f.

380 So auch *Gentzcke*, Informales Verwaltungshandeln, S. 94 f. für den Bereich des Wasserrechts.

381 *Gentzcke*, Informales Verwaltungshandeln, S. 98; *Heider*, Behördliche Duldung, S. 44 f.

382 *Gentzcke*, Informales Verwaltungshandeln, S. 120.

berücksichtigen und stellen damit eine Grenze behördlichen Handelns dar[383]. Sind Nachbarn unmittelbar in ihren Rechten betroffen, verdienen diese bei Vorverhandlungen stärkeren Schutz als Dritte, deren Interessen durch das Vorhaben lediglich berührt werden können[384].

c) Materiell-rechtliche Anforderungen

In materieller Hinsicht darf die Duldungsabsprache keine Mängel aufweisen, die bei einem entsprechenden Verwaltungsakt oder öffentlich-rechtlichen Vertrag gemäß § 44 Abs. 1, Abs. 2 Nr. 4–6, § 59 Abs. 1 und Abs. 2 VwVfG zur Nichtigkeit führen würde[385]. Grundvoraussetzung einer Duldung durch eine informelle Absprache ist außerdem, dass diese im Einklang mit dem Zweck und den Grenzen der gesetzlichen Eingriffsermächtigung und mit allgemeinen Rechtsgrundsätzen stehen muss[386].

4. Bindungswirkung

Im Gegensatz zu formalen Verfahrenshandlungen, die als Rechtshandlungen auf die Bewirkung von Rechtsfolgen gerichtet sind, liegt der besondere Vorteil informellen Verwaltungshandelns gerade in der rechtlichen Unverbindlichkeit[387]. Trifft die Behörde eine informelle Absprache über die Duldung eines illegalen Bauwerks, lassen sich daraus anders als bei Verwaltungsakten oder öffentlich-rechtlichen Verträgen keine Rechtsfolgen ableiten. Die Handlung ist vielmehr auf einen tatsächlichen Erfolg gerichtet. Daraus folgt aber nicht ohne weiteres, dass trotz der rechtlichen Unverbindlichkeit die Bauaufsichtsbehörde nicht an einem Einschreiten in Zukunft gehindert sein kann. Das Ausmaß der Selbstbindung bei einer Duldung durch informelles Verwaltungshandeln ist mangels rechtlicher Verbindlichkeit abhängig vom Umfang des beim Bauherrn veranlassten Vertrauens[388]. Es ist in diesem Fall zu untersuchen, ob ein eventuell schutzwürdiges Vertrauen des Bürgers entstanden ist, das einem Einschreiten nach Abwägung mit dem öffentlichen Interesse an der Beseitigung entgegensteht[389].

---

383 *Gentzcke*, Informales Verwaltungshandeln, S. 97; *Robbers*, DÖV 1987, 272, 278 f.

384 *Beyerlin*, NJW 1987, 2713, 2719.

385 *Bohne*, VerwArch. 1984, 343, 358; *Oster*, NuR 2008, 845, 850.

386 *Bohne*, VerwArch. 1984, 343, 355 und 358; *Brohm*, DVBl. 1994, 133, 139; *Oster*, NuR 2008, 845, 850.

387 *Bohne*, VerwArch. 1984, 343, 344; *U. Stelkens* in: Stelkens/Bonk/Sachs, VwVfG, § 38 Rn. 11.

388 *U. Stelkens* in: Stelkens/Bonk/Sachs, VwVfG, § 38 Rn. 11; *Bohne*, VerwArch. 1984, 343, 360; *Heider*, NuR 1995, 335, 337.

389 Siehe unten 6. Teil. E.III.4.f).

G. Fazit

Die Duldung ist weder eine Handlungsform eigener Art noch grundsätzlich als Realakt anzusehen. Das Nichteinschreiten gegen den rechtswidrigen Zustand kann vielmehr in der Gestalt aller denkbaren verwaltungsrechtlichen Handlungsformen auftreten.

Die schriftlich durch die zuständige Behörde erklärte Duldung eines rechtswidrigen Zustands ist als Zusicherung des Nichteinschreitens i.S.d. § 38 VwVfG aufzufassen. Die Regelungen sind auf die Konstellation in Form des Nichterlasses eines belastenden Verwaltungsakts geradezu zugeschnitten. Dabei ist aufgrund der durch die Zusicherung berührten Planungshoheit eine Beteiligung der Gemeinden durchzuführen und auch die Beteiligung betroffener Dritter zu beachten. Aus § 38 Abs. 3 VwVfG folgt die eingeschränkte Bindungswirkung der Zusicherung. Darüber hinaus verlangt eine rechtmäßige Zusicherung eine zeitliche Beschränkung durch Befristungen oder Bedingungen sowie in geeigneten Fällen inhaltliche Bedingungen und Auflagen, die eine größtmögliche Anpassung des rechtswidrigen an den rechtmäßigen Zustand ermöglichen. Unter den Voraussetzungen der §§ 48, 49 VwVfG können Duldungszusicherungen aufgehoben werden. Als weitere eigenständige Handlungsform neben der Duldungszusicherung besteht die Konstruktion eines Duldungsverwaltungsakts. Im Zweifel dürfte eine schriftliche Duldung aber als Zusicherung i.S.d. § 38 VwVfG aufzufassen sein.

Die Duldung durch öffentlich-rechtlichen Vertrag ist das vertragliche Pendant zur Duldungszusicherung. Dieser hat besondere Bedeutung im Bereich des Vergleichsvertrages und des Prozessvergleichs, weil so durch gegenseitiges Nachgeben eine Anpassung an rechtmäßige Zustände gewährleistet wird. Die Wirksamkeit des Duldungsvertrages hängt wesentlich auch von der Zustimmung der Gemeinde und betroffener Dritter nach § 58 VwVfG ab. Unbeschränkte Duldungen können nach § 59 VwVfG nichtig sein, sodass vor allem die zeitliche Ausgestaltung der Duldung beachtet werden muss.

Neben den förmlichen Handlungsformen kann sich die Duldung auch als schlichtes Verwaltungshandeln darstellen. Gerade bei schlichtem Unterlassen liegt der Paradefall der faktischen Duldung vor. Fehlerhaften Auskünften über die Genehmigungsfähigkeit oder Genehmigungsbedürftigkeit fehlt i.d.R. der Duldungswille bzw. die Kenntnis des rechtswidrigen Zustands. Mangels rechtlicher Verbindlichkeit ergeben sich die rechtlichen Bindungswirkungen einer Duldung durch schlichtes Verwaltungshandeln vor allem aus dem Vertrauensschutzprinzip. Denkbar ist die Duldung auch in der Form informellen Verwaltungshandelns. Informelles Verwaltungshandeln ist zwar grundsätzlich zulässig, bei der Duldung im öffentlichen Baurecht im Gegensatz zum Umweltrecht aber von geringerer Bedeutung. Inwieweit die Behörde sich hier an ihrem Verhalten festhalten lassen muss, ist eine Frage der Bindungswirkung aufgrund des Vertrauensschutzes.

6. Teil. Die Auswirkungen der Duldung auf das bauaufsichtliche Einschreiten

Schreitet die Behörde gegen ein rechtswidriges Bauwerk oder eine rechtswidrige Nutzung ein, wird der Betroffene in der Regel Anfechtungsklage gegen die Verfügung erheben oder einen Antrag nach § 80 Abs. 5 VwGO stellen, wenn die Behörde die sofortige Vollziehung angeordnet hat. Ist die Behörde zuvor aber über einen längeren Zeitraum nicht gegen den rechtswidrigen Zustand eingeschritten, stellt sich die Frage, ob der betroffene Bürger mit der Argumentation durchdringen kann, die Bauaufsichtsbehörde sei aufgrund des langjährigen Nichteinschreitens bzw. aufgrund einer Duldung an einem Einschreiten für die Zukunft gehindert. Während sich die Bindungswirkungen bei den förmlichen Handlungsformen, also bei der Duldung durch Zusicherung, Verwaltungsakt und öffentlich-rechtlichen Vertrag, vor allem nach dem Verwaltungsverfahrensgesetz und den dort angeordneten Rechtsfolgen richten, ist die Frage nach den Rechtswirkungen von sonstigen qualifizierten und faktischen Duldungen nicht gesetzlich geregelt. In diesem Bereich ist zu untersuchen, ob das langjährige Nichteinschreiten als Verwirkung des Eingriffsrechts, als Verzicht oder Verjährung einzuordnen ist oder ob es zu einer Selbstbindung der Verwaltung aufgrund des Vertrauensschutzprinzips, des Verhältnismäßigkeitsgrundsatzes oder des Gleichbehandlungsgrundsatzes kommen kann.

A. Verzicht auf bauaufsichtliches Einschreiten

Zu untersuchen ist zunächst, ob jahrelanges Nichteinschreiten oder auch die ausdrückliche Erklärung, von einem Einschreiten abzusehen, einen ausdrücklichen oder stillschweigenden Verzicht auf die Ausübung von Hoheitsrechten darstellen kann, mit der Folge, dass das Eingriffsrecht für die Zukunft erlischt. Stellt sich die Verzichtserklärung als einseitige empfangsbedürftige Willenserklärung dar[1], die erst durch Zugang wirksam wird, sind schon die Fälle der faktischen Duldung durch schlichtes Untätigbleiben vom Verzicht ausgenommen. Entscheidend ist daher nur, ob in Fällen der qualifizierten Duldung ein wirksamer Verzicht vorliegen kann.

Hauptsächlich findet die Rechtsfigur des Verzichts Anwendung, wenn der Bürger unter bestimmten Voraussetzungen staatlichen Eingriffen zustimmt oder Rechtspositionen aufgibt[2]. Zu unterscheiden ist dabei zwischen dem Verzicht auf Verfahrensrechte und dem Verzicht auf materielle Rechte[3]. Es ist z.B. allgemein anerkannt, dass subjektiv-öffentliche Rechte des Nachbarn in Bezug auf bauliche Anlagen auf

---

1 *Kopp/Ramsauer*, VwVfG, § 53 Rn. 50; *Sachs* in: Stelkens/Bonk/Sachs, VwVfG, § 53 Rn. 33.

2 *Maurer*, Allgemeines Verwaltungsrecht, § 14 Rn. 34.

3 *Kopp/Ramsauer*, VwVfG, § 53 Rn. 50.

dem Grundstück des Bauherrn verzichtbar sind und die Klagemöglichkeit des Nachbarn ausschließen[4].

Sehr umstritten ist dagegen, ob die Rechtsfigur des Verzichts auch auf bauordnungsrechtliches Einschreiten angewendet werden kann. Das ist zumindest der Fall, wenn eine gesetzliche Regelung existiert, die den behördlichen Verzicht auf eine belastende Maßnahme ermöglicht. So kann etwa nach § 135 Abs. 5 BauGB von der Erhebung des Erschließungsbeitrags, den die Gemeinden zur Deckung ihres anderweitig nicht gedeckten Aufwands für Erschließungsanlagen erheben, ganz oder teilweise abgesehen werden, wenn dies im öffentlichen Interesse oder zur Vermeidung unbilliger Härten geboten ist. Für die Duldung existiert eine solche Regelung selbstverständlich nicht.

Nach Auffassung *Ossenbühls* ist die Möglichkeit eines Verzichts auf bauordnungsrechtliches Einschreiten zu bejahen, wobei zwischen der behördlichen Eingriffsbefugnis und der „materiellen Polizeipflicht"[5] zu differenzieren sei. Ein Verzicht sei im Ordnungsrecht grundsätzlich unbedenklich, denn er bedeute lediglich, dass eine Person in Zukunft nicht mehr als Störer behandelt werde. Der Verzicht bringe die materielle Polizeipflicht des Betroffenen zum Erlöschen, nicht aber die Eingriffsbefugnis der Behörde. Möglich sei dann nur noch eine Inanspruchnahme als Nichtstörer im polizeilichen Notstand, sodass weiterhin eine effektive Gefahrenabwehr gewährleistet sei. Der rechtssystematische Ort für die Prüfung eines Verzichts sei im Bereich der Ermessensausübung als Selbstbeschränkung anzusiedeln[6].

Die Unterscheidung zwischen Eingriffsbefugnis und materieller Polizeipflicht zur Begründung eines Verzichts auf Hoheitsrechte wirkt jedoch sehr konstruiert. Von Bedeutung muss vielmehr sein, ob das in Rede stehende Recht überhaupt verzichtbar ist. Ein Verzicht kann sich immer nur auf die Ausübung von Rechten, in diesem Fall auf die Ausübung von Hoheitsrechten bzw. Befugnissen beziehen. Der Verzicht auf die Ausübung der Befugnis hat sich am Prinzip der Gesetzmäßigkeit der Verwaltung zu orientieren. Mit der überwiegenden Ansicht muss deshalb Grundvoraussetzung für einen wirksamen Verzicht auf hoheitliche Befugnisse sein, dass die Behörde überhaupt über diese Befugnisse disponieren kann[7]. Zwar steht der Erlass einer Bauordnungsverfügung im pflichtgemäßen Ermessen der Behörden, dennoch bestehen schon erhebliche Zweifel an der dauerhaften Verzichtbarkeit dieser Eingriffsbefugnisse. Denn bei der Befugnis der Bauaufsichtsbehörden, die

---

4 *Kopp/Ramsauer*, VwVfG, § 53 Rn. 55.

5 Unter „materieller Polizeipflicht" versteht man eine allgemeine Nichtstörungspflicht, die den Bürger dazu verpflichtet, das eigene Verhalten und den Zustand der eigenen Sachen so einzurichten, dass daraus keine Gefahren entstehen, vgl. *Schenke*, Polizei- und Ordnungsrecht, Rn. 228 m.w.N.; *Schoch* in: Schoch, Besonderes Verwaltungsrecht, 2. Kap. Rn. 171; a.A. *Pieroth/Schlink/Kniesel*, Polizei- und Ordnungsrecht, § 9 Rn. 4.

6 *Ossenbühl*, NVwZ 1995, 547 f.; *Kothe*, VerwArch. 1997, 456, 485 f.

7 *Sachs* in: Stelkens/Bonk/Sachs, VwVfG, § 53 Rn. 40; *Wolff/Bachof/Stober/Kluth*, Verwaltungsrecht I, § 37 Rn. 18 und § 43 Rn. 81; *Gentzcke*, Informales Verwaltungshandeln, S. 66; *Ossenbühl*, Rücknahme fehlerhafter begünstigender Verwaltungsakte, S. 70.

Beseitigung rechtswidriger baulicher Anlagen anzuordnen, handelt es sich nicht um ein subjektives verzichtbares Recht, sondern um einen gesetzlichen Auftrag bzw. um eine im öffentlichen Interesse bestehende hoheitliche Befugnis[8]. Alleiniger Anknüpfungspunkt der hoheitlichen Befugnisse im Bereich der Gefahrenabwehr ist das Vorhandensein einer Störung der öffentlichen Sicherheit und Ordnung bzw. das Vorliegen einer Gefahr[9]. Es handelt sich also um eine gefahrenabwehrrechtliche Pflicht der Bauaufsichtsbehörde, für rechtmäßige Zustände zu sorgen, der in der Rechtsordnung besonderes Gewicht zukommt[10]. Diesen gesetzlichen Auftrag kann die Behörde nicht durch einen Verzicht aufgeben, da ihr die Befugnisse nicht im eigenen, sondern im öffentlichen Interesse verliehen worden sind[11]. Daran ändert sich auch nichts, wenn man bedenkt, dass bauaufsichtliches Einschreiten im pflichtgemäßen Ermessen der Behörde steht, die Behörde also von einem Einschreiten in den Grenzen ihres Ermessens vorübergehend absehen kann. Darin ist aber nicht ein Verzicht auf Hoheitsrechte im Rechtssinne zu verstehen. Im Ergebnis kann die Bauaufsichtsbehörde damit nicht einseitig ihren Verzicht auf ihre Eingriffsbefugnisse erklären.

B. Verwirkung der Eingriffsbefugnis

Ob die Bauaufsichtsbehörde nach einem längeren Zeitraum des Nichteinschreitens an einem Vorgehen gegen ein rechtswidriges Bauwerk oder gegen eine rechtswidrige Nutzung gehindert ist, wird auch unter dem Stichwort der Verwirkung von Hoheitsrechten diskutiert.

I. Begriff der Verwirkung

Die Verwirkung wird als „illoyal verspätete Geltendmachung" eines Rechts beschrieben[12]. Als Hauptanwendungsfall des *venire contra factum proprium* (Verbot widersprüchlichen Verhaltens)[13] wird die Verwirkung aus dem Vertrauensschutzprinzip[14],

---

8 H.M. BayVGH, BRS 22 Nr. 210 (S. 293); OVG Berlin, LKV 1997, 368; NdsOVG, BRS 64 Nr. 198 (S. 771); OVG Rh.-Pf., BRS 36 Nr. 216 (S. 424); *Mann* in: Große-Suchsdorf, NBauO, § 79 Rn. 62; *Finkelnburg/Ortloff/Otto*, Öffentliches Baurecht Bd. II, S. 187; *Schröer*, NZBau 2009, 228, 229; a.A. wohl *Schenke* in: Achterberg/Püttner/Würtenberger, Besonderes Verwaltungsrecht II, Bauordnungsrecht, Rn. 247.

9 VGH BW, ZUR 2013, 298, 302; VGH BW, BauR 2009, 485, 488; VGH BW, NVwZ-RR 2008, 696, 699.

10 VGH BW, BauR 2009, 485, 488; VGH BW, NVwZ-RR 2008, 696, 699; OVG NRW, NVwZ-RR 2009, 364, 366; *Kopp/Ramsauer*, VwVfG, § 53 Rn. 44; *Wolff/Bachoff/Stober/Kluth*, Verwaltungsrecht I. § 37 Rn. 18; *Malitz*, Behördliche Duldung, S. 49.

11 *Wolff/Bachof/Stober/Kluth*, Verwaltungsrecht I, § 41 Rn. 10.

12 *Ossenbühl*, Rücknahme fehlerhafter begünstigender Verwaltungsakte, S. 94.

13 *Ossenbühl*, Rücknahme fehlerhafter begünstigender Verwaltungsakte, S. 94 m.w.N.; *ders.*, NVwZ 1995, 547, 549.

14 *Fluck*, NuR 1990, 197, 201.

dem Grundsatz von Treu und Glauben[15], aus dem Rechtsstaatsprinzip[16] oder aus einer analogen Anwendung von § 242 BGB[17] abgeleitet. Von den Fällen der „gesetzlichen Verwirkung", etwa dem Erlöschen der Baugenehmigung nach 3 Jahren gemäß § 77 Abs. 1 BauO NRW, lässt sich die materiell-rechtliche Verwirkung unterscheiden[18]. Nach der Rechtsprechung des Bundesverwaltungsgerichts bedeutet Verwirkung, dass ein Recht nicht mehr ausgeübt werden darf, wenn seit der Möglichkeit der Geltendmachung längere Zeit verstrichen ist und besondere Umstände hinzutreten, die die verspätete Geltendmachung als Verstoß gegen Treu und Glauben erscheinen lassen. Das ist insbesondere der Fall, wenn der Verpflichtete infolge eines bestimmten Verhaltens des Berechtigten darauf vertrauen durfte, dass dieser das Recht nach so langer Zeit nicht mehr geltend machen würde (Vertrauensgrundlage), der Verpflichtete ferner tatsächlich darauf vertraut hat, dass das Recht nicht mehr ausgeübt würde (Vertrauenstatbestand) und sich infolgedessen in seinen Vorkehrungen und Maßnahmen so eingerichtet hat, dass ihm durch die verspätete Durchsetzung des Rechts ein unzumutbarer Nachteil entstehen würde[19]. Das bedeutet nicht den Untergang des Rechts, sondern eine Beschränkung dahingehend, dass das Recht nicht mehr geltend gemacht werden kann[20].

Der Tatbestand der Verwirkung unterscheidet sich von der Verjährung also darin, dass zu dem bloßen Zeitablauf (Zeitmoment) besondere Umstände hinzutreten müssen (Umstandsmoment)[21]. Anders als die Verjährung stellt die Verwirkung auch keine vom Betroffenen zu erhebende Einrede, sondern eine von Amts wegen zu berücksichtigende Einwendung dar[22]. Der Unterschied zu den Grundlagen des Vertrauensschutzes ergibt sich daraus, dass zur Entstehung eines Vertrauenstatbestandes die treuwidrige verspätete Geltendmachung eines Rechts hinzutritt[23].

II. Verwirkung bauaufsichtlicher Befugnisse

Hauptanwendungsfall der Verwirkung ist die Verwirkung von Rechten des Bürgers. So muss etwa der Nachbar im Baunachbarrecht mindestens innerhalb eines Jahres nach Beginn der Bauarbeiten Widerspruch gegen die Baugenehmigung erheben,

---

15 BVerwGE 44, 294, 298 ff.; VGH BW, BRS 32 Nr. 186 (S. 345); OVG Rh.-Pf., BRS 36 Nr. 216 (S. 424); *Sachs* in: Stelkens/Bonk/Sachs, VwVfG, § 53 Rn. 22; *Hermes/Wieland*, Die staatliche Duldung, S. 37 f.; *de Wall*, Anwendbarkeit privatrechlicher Vorschriften im öffentlichen Recht, S. 247; *Lieder*, ThürVBl. 2004, 173, 176.

16 *Stern*, Staatsrecht Bd. I, S. 804.

17 *Brohm*, Öffentliches Baurecht, § 29 Rn. 14.

18 *Wolff/Bachof/Stober/Kluth*, Verwaltungsrecht I, § 37 Rn. 15 ff.

19 BVerwGE 44, 339, 343; 52, 16, 25.

20 *Ossenbühl*, Rücknahme fehlerhafter begünstigender Verwaltungsakte, S. 101.

21 *Kopp/Ramsauer*, VwVfG, § 53 Rn. 41; *Lieder*, ThürVBl. 2004, 173, 177; *Ossenbühl*, NVwZ 1995, 547, 549.

22 *de Wall*, Anwendbarkeit privatrechlicher Vorschriften im öffentlichen Recht, S. 251.

23 *de Wall*, Anwendbarkeit privatrechlicher Vorschriften im öffentlichen Recht, S. 249.

wenn er seine Widerspruchsrechte nicht der Verwirkung aussetzen möchte[24]. Umstritten ist dagegen, ob auch die Behörden als Hoheitsträger ihre Eingriffsrechte verwirken können. Im Fall der bauaufsichtlichen Duldung über einen längeren Zeitraum könnte die Verwirkung die Rechtsfolge beinhalten, dass die Bauaufsichtsbehörde gehindert ist, eine Bauordnungsverfügung zu erlassen oder – sollte diese bereits erlassen sein – diese Verfügung mit vollstreckungsrechtlichen Mitteln durchzusetzen, wenn sie längere Zeit nicht gegen einen rechtswidrigen Zustand eingeschritten ist.

1. *Verwirkung befürwortende Ansichten*

Teilweise wird in der Rechtsprechung einiger Oberverwaltungsgerichte und auch in der Literatur die Möglichkeit der Verwirkung von Hoheitsrechten im Grundsatz anerkannt[25]. Auch das OVG Nordrhein-Westfalen nennt in einer jüngeren Entscheidung die Verwirkung ausdrücklich als Rechtsfolge der qualifizierten Duldung[26].

Aus der Literatur hat sich insbesondere *Ossenbühl* für die Anerkennung der Verwirkung von Hoheitsrechten ausgesprochen. Die Verwirkung von Hoheitsrechten sei möglich, weil es nicht auf die Verzichtbarkeit polizeilicher Befugnisse ankomme, sondern allein auf Gesichtspunkte des Vertrauensschutzes und der Rechtssicherheit. Entscheidend für die Anerkennung der Verwirkung von Hoheitsrechten sei die Tatsache, dass der Bürger darauf vertraue, dass die Behörde ihr Recht nicht mehr ausübt, unabhängig davon, ob es sich um ein verzichtbares Recht oder eine unverzichtbare Eingriffsbefugnis handelt. Trotzdem sei eine effektive Gefahrenabwehr weiterhin gewährleistet, da der Betroffene auch mit der Folge als Nichtstörer in Anspruch genommen werden könne, dass er auf der Sekundärebene dann nicht die Kosten der Maßnahme zu tragen habe[27].

Auch nach Auffassung *Jädes* ist die Argumentation, dass eine Verwirkung ausscheide, weil es sich nicht um verzichtbare subjektive Rechte handele, nicht gänzlich überzeugend. Dies ergebe sich aus einer Parallelbetrachtung zum Zivilrecht, dem der Gedanke der Verwirkung entstammt. Gegenüber dem Betroffenen stelle sich die

---

24 BVerwGE 44, 294, 298 ff.

25 VGH BW, NVwZ-RR 1996, 387, 389; VGH BW, BRS 40 Nr. 228 (S. 492); VGH BW, BRS 32 Nr. 186 (S. 345); BayVGH, BayVBl. 1998, 660, 662; OVG NRW, Beschl. v. 13.02.2014 – 2 A 983/13, juris Rn. 28; OVG Rh.-Pf., BRS 36 Nr. 216 (S. 424); ThürOVG, BRS 65 Nr. 206 (S. 895); VG Freiburg, VBlBW 1998, 152; auch *Sachs* in: Stelkens/Bonk/Sachs, VwVfG, § 53 Rn. 27 f.; *Schenke* in: Achterberg/Püttner/Würtenberger, Besonderes Verwaltungsrecht, Bauordnungsrecht, Rn. 247; *Büchner/Schlotterbeck*, Baurecht Bd. 2, Rn. 266.

26 OVG NRW, Beschl. v. 13.02.2014 – 2 A 983/13, juris Rn. 28.

27 *Ossenbühl*, NVwZ 1995, 547, 549 f.; zustimmend: *de Wall*, Anwendbarkeit privatrechlicher Vorschriften im öffentlichen Recht, S. 255; so auch *Kothe*, VerwArch. 1997, 456, 487 f.

Ausübung der Befugnis nicht als Pflicht, sondern als Berechtigung zum Einschreiten dar. Auch im Zivilrecht sei aber eine Verwirkung einer Berechtigung nicht ausgeschlossen, wenn sich die Ausübung des Rechts gleichzeitig als Erfüllung einer Pflicht gegenüber Dritten darstelle[28].

Nach Ansicht von *de Wall* muss zwischen einem generellen und einem konkreten Verzicht auf Eingriffsbefugnisse unterschieden werden, sofern ein Einschreiten im Ermessen der Behörde steht. Ein genereller Verzicht auf die Eingriffsbefugnisse sei danach zwar nicht möglich, wohl aber ein Verzicht auf Eingriffsbefugnisse im Einzelfall. Dem öffentlichen Interesse an der Beseitigung eines rechtswidrigen Zustands könne nicht per se Vorrang gegenüber dem Vertrauensschutz eingeräumt werden, das öffentliche Interesse könne aber bei der Abwägung zur Bestimmung des Umstandsmoments berücksichtigt werden[29].

2. Herrschende Ansicht: keine Verwirkung möglich

Die Mehrzahl der Oberverwaltungsgerichte spricht sich allerdings dagegen aus, eine Verwirkung von Hoheitsrechten anzuerkennen[30]. Auch in der Literatur wird die Verwirkung hoheitlicher Befugnisse mehrheitlich abgelehnt[31]. Diese Ansicht stellt im Wesentlichen darauf ab, dass es sich bei den behördlichen Eingriffsbefugnissen nicht um subjektive verzichtbare Rechte handele, sondern um die Erfüllung eines gesetzlichen Auftrags. Das OVG Rheinland-Pfalz vertritt einschränkend die Ansicht, dass die bauaufsichtlichen Befugnisse zwar keine subjektiven verzichtbaren Rechte darstellen, trotzdem aber der Verwirkung unterliegen[32].

---

28 *Jäde*, Bauaufsichtliche Maßnahmen, Rn. 118.

29 *de Wall*, Anwendbarkeit privatrechlicher Vorschriften im öffentlichen Recht, S. 255.

30 VGH BW, ZUR 2013, 298, 302; VGH BW, BauR 2009, 485, 488; VGH BW, NVwZ-RR 2008, 696, 699; BayVGH, BayVBl. 1999, 590, 592; BayVGH, BayVBl. 1996, 634; BayVGH, BRS 22 Nr. 210 (S. 293); OVG Berlin, LKV 1997, 368; OVG Berlin, BRS 28 Nr. 169 (S. 344); OVG Berlin, BRS 22 Nr. 209 (S. 292); HessVGH, NuR 1993, 36, 37; HessVGH, BRS 44 Nr. 146 (S. 350); HessVGH, NVwZ 1983, 687; NdsOVG, BRS 64 Nr. 198 (S. 771); OVG NRW, NVwZ-RR 2009, 364, 366; VG Frankfurt a.M., NVwZ-RR 2011, 5, 7.

31 H.M. *Kopp/Ramsauer*, VwVfG, § 53 Rn. 44; *Wenzel* in: Gädtke/Czepuck/Johlen/Plietz/Wenzel, BauO NRW, § 61 Rn. 75 und 41, der jedoch in einer vorbehaltlosen schriftlichen Zusicherung einen Fall der Verwirkung sieht; *Brenner*, Öffentliches Baurecht, Rn. 772; *Hellermann* in: Dietlein/Burgi/Hellermann, Öffentliches Recht in NRW, § 4 Rn. 298; *Finkelnburg/Ortloff/Otto*, Öffentliches Baurecht Bd. II, S. 187 f.; *Oldiges* in: Steiner, Besonderes Verwaltungsrecht, Kap. III Rn. 332; *Hermes/Wieland*, Die staatliche Duldung, S. 37 f.; *Malitz*, Behördliche Duldung, S. 49; *Rabe*, BauR 1978, 166, 171 f.; *Schoch*, Jura 2005, 178, 184; *Schröer*, NZBau 2009, 228, 229.

32 OVG Rh.-Pf., BRS 36 Nr. 216 (S. 424).

3. *Stellungnahme*

Ossenbühl will den Vorwurf, bei einer Verwirkung von Hoheitsrechten könnte die effektive Gefahrenabwehr beeinträchtigt sein, durch die Inanspruchnahme als Nichtstörer lösen. Allerdings liegt genau darin ein Widerspruch, denn die Inanspruchnahme als Nichtstörer ist an enge Voraussetzung gebunden. So müssen etwa nach § 19 Abs. 1 OBG NRW die dort genannten Voraussetzungen kumulativ erfüllt sein. Das bedeutet aber im Vergleich zur Inanspruchnahme als Verantwortlicher eine erhebliche Verschärfung der Eingriffsvoraussetzung und damit zumindest eine Abschwächung der effektiven Gefahrenabwehr[33]. Außerdem führt eine Privilegierung des Verantwortlichen durch die Entlastung auf der sekundären Kostenebene zu einer Bevorzugung des „Schwarzbauenden", der die Ursache für den rechtwidrigen Zustand gesetzt hat, weil er sich nicht an das gesetzlich vorgeschriebene Genehmigungsverfahren gehalten hat.

Es kann auch nicht darüber hinweggesehen werden, dass die Rechtsfigur der Verwirkung im Bereich der Verwirkung von Rechten des Bürgers entwickelt wurde und diese erhebliche Unterschiede zu Hoheitsbefugnissen aufweisen. Wie oben schon im Rahmen des Verzichts auf Hoheitsrechte dargestellt, handelt es sich bei den Eingriffsbefugnissen der Bauaufsichtsbehörde um eine im öffentlichen Interesse bestehende hoheitliche Befugnis und nicht um ein subjektives Recht[34]. Es handelt sich also um gefahrenabwehrrechtliche Pflichten der Bauaufsichtsbehörde, für rechtmäßige Zustände zu sorgen, deren Bestand oder Ausübung anders als Rechte nicht der Verwirkung unterliegen[35]. *De Wall* versucht das Argument der Unverzichtbarkeit von im öffentlichen Interesse bestehenden Befugnissen mit dem Hinweis zu entkräften, dass das öffentliche Interesse auch im Rahmen des Umstandsmoments berücksichtigt werden könne und es daher nicht auf die Verzichtbarkeit ankomme. Gleichzeitig wird aber die Bedeutung der Verwirkung im Bereich der Ermessensverwaltung relativiert. Denn stehe der Behörde ein Eingriffsermessen zu, bedürfe es nicht des Instituts der Verwirkung, da vergleichbare Erwägungen ohnehin in das Ermessen einzustellen seien[36]. Ähnlich stellt auch *Jäde* trotz seiner Kritik an dem Argument der Unverzichtbarkeit hoheitlicher Befugnisse klar, dass es nicht entscheidend darauf ankomme, ob man die Rechtsfigur der Verwirkung hoheitlicher Befugnisse anerkennt. Denn es sei anerkannt, dass die Bauaufsichtsbehörde durch

---

33 *Martensen*, NVwZ 1997, 442, 444.

34 OVG Berlin, LKV 1997, 368; NdsOVG, BRS 64 Nr. 198 (S. 771); *Brohm*, Öffentliches Baurecht, § 29 Rn. 14; *Finkelnburg/Ortloff/Otto*, Öffentliches Baurecht Bd. II, S. 187; *Stollmann*, Öffentliches Baurecht, § 19 Rn. 39; *Schröer*, NZBau 2009, 228, 229.

35 VGH BW, BauR 2009, 485, 488; VGH BW, NVwZ-RR 2008, 696, 699; OVG NRW, NVwZ-RR 2009, 364, 366; *Kopp/Ramsauer*, VwVfG, § 53 Rn. 44; *Hellermann* in: Dietlein/Burgi/Hellermann, Öffentliches Recht in NRW, § 4 Rn. 298; *Wolff/Bachoff/Stober/Kluth*, Verwaltungsrecht I, § 37 Rn. 18; *Malitz*, Behördliche Duldung, S. 49; auch BVerwGE 76, 176, 177 (Disziplinarrecht).

36 *de Wall*, Anwendbarkeit privatrechlicher Vorschriften im öffentlichen Recht, S. 256.

früheres Verhalten am ermessensfehlerfreien Erlass einer Verfügung gehindert sein kann, sodass das frühere Verhalten der Behörde auch unter dem Aspekt des Vertrauensschutzes behandelt werden könne[37]. Selbst wenn man die Verwirkung von Hoheitsrechten anerkennen wollte, käme dieser in der Praxis also kaum Bedeutung zu, weil die Rechtsfolgen der Verwirkung auch durch das allgemeine Vertrauensschutzprinzip bei der Prüfung der Ermessensgrenzen berücksichtigt werden können.

Eine Verwirkung von Rechten der Behörde mag denkbar sein, wenn diese Rechte ausschließlich im Verhältnis zwischen Staat und dem betroffenen Bürger bestehen wie es bei Rechten aus einem öffentlich-rechtlichen Vertrag der Fall sein kann[38]. Die Behörde verwaltet aber die ihr im Rahmen anvertrauten Rechtsgüter im Interesse der Allgemeinheit, um die Funktionsfähigkeit staatlicher Aufgabenerfüllung zu gewährleisten, und kann deshalb auch nicht stellvertretend für die Allgemeinheit die hoheitlichen Befugnisse verwirken[39]. Zudem handelt es sich bei den bauaufsichtlichen Maßnahmen um Ermessensentscheidungen, die die Behörde verpflichten über das „Ob“ und das „Wie“ des Vorgehens nach pflichtgemäßem Ermessen zu entscheiden. Es kann also keine Rede davon sein, dass der Bauaufsichtsbehörde ein „Recht“ gegenüber dem rechtswidrig bauenden Bürger eingeräumt wurde[40].

Selbst wenn man die Auffassung vertritt, dass die Verzichtbarkeit des Rechts keine Voraussetzung der Verwirkung darstellt, spricht gegen die Verwirkung der bauaufsichtsrechtlichen Befugnisse vor allem, dass die Verwirkung in ihren Wirkungen einer zeitlich unbeschränkten Duldung gleichkäme. Es kann aber nicht zulässig sein, durch bloßen Zeitablauf eine Rechtsposition zu erlangen, die sonst nur durch ein förmliches Baugenehmigungsverfahren erlangt werden kann[41]. Darin läge ein klarer Verstoß gegen die Vorschriften über das rechtmäßige Bauen. Außerdem ist die Verwirkung des Eingriffsrechts gegenüber dem gesetzestreuen Bürger, der sich nach Ablehnung eines Bauantrags mit der Situation abfindet, als klare Benachteiligung zu werten[42].

Schließlich muss auch anerkannt werden, dass es aufgrund nicht ausreichenden Überwachungspersonals häufig nicht möglich sein wird, „Schwarzbauten“ zeitnah zu entdecken. Das kann aber nicht dazu führen, dass die Behörde ihr Eingriffsrecht verwirkt[43]. Letztendlich lässt sich gegen die Verwirkung bauaufsichtsrechtlicher Befugnisse auch anführen, dass diese gerade im Ermessen der Behörde stehen.

---

37 *Jäde*, Bauaufsichtliche Maßnahmen, Rn. 118; auch OVG Rh.-Pf., BRS 36 Nr. 216 (S. 424).

38 *Hermes/Wieland*, Die staatliche Duldung, S. 37.

39 *Gentzcke*, Informales Verwaltungshandeln, S. 65 f.; *Hermes/Wieland*, Die staatliche Duldung, S. 38; *Malitz*, Behördliche Duldung, S. 48; *Wolff/Bachof/Stober/Kluth*, Verwaltungsrecht I, § 37 Rn. 18.

40 So ausdrückliche BayVGH, BRS 22 Nr. 210 (S. 293).

41 *Finkelnburg/Ortloff/Otto*, Öffentliches Baurecht Bd. II, S. 187; *Rabe*, BauR 1978, 166, 172.

42 *Rabe*, BauR 1978, 166, 172.

43 *Rabe*, BauR 1978, 166, 172.

Ermessen bedeutet in diesem Fall aber auch gerade Flexibilität in zeitlicher Hinsicht, sodass es möglich sein muss auch noch nach einem gewissen Zeitablauf die Eingriffsbefugnisse ausüben zu können[44].

III. Ergebnis

Bauaufsichtlichen Befugnisse, die im öffentlichen Interesse bestehen, können nicht verwirkt werden. Außerdem besteht auch kein Bedürfnis, das Rechtsinstitut der Verwirkung auf Hoheitsrechte anzuwenden, denn letztlich läuft auch die Verwirkung auf die Zuerkennung von Vertrauensschutz hinaus[45]. Ob die Behörde aufgrund eines schutzwürdigen Vertrauens des Betroffenen an einem Einschreiten gehindert ist, lässt sich auf Ermessensebene unter dem Gesichtspunkt der Selbstbindung der Verwaltung angemessen lösen. Langjähriges Dulden ist also im Rahmen einer umfassenden Ermessensentscheidung im konkreten Einzelfall zu würdigen[46]. Folglich kann der Betroffene gegen eine Beseitigungsverfügung oder Nutzungsuntersagung nicht einwenden, die Behörde habe ihr Eingriffsrecht verwirkt.

C. Wirkungen der Duldung auf die Störerauswahl

Beim Einschreiten gegen einen rechtswidrigen Zustand muss sich die Bauaufsichtsbehörde vor Erlass einer Bauordnungsverfügung über die Person des Störers oder des bauordnungsrechtlichen Verantwortlichen Klarheit verschaffen. Dazu hat sie zum einen zu prüfen, ob der Betroffene überhaupt als Störer zu behandeln ist, zum anderen hat sie im Fall mehrerer Störer ihr Auswahlermessen richtig zu betätigen.

I. Keine Beseitigung der materiellen Polizeipflicht

Fraglich ist, ob derjenige, dessen illegales Bauwerk oder Nutzung geduldet wird, nicht mehr als bauordnungsrechtlich Verantwortlicher zu behandeln ist. Dies hätte zur Folge, dass ein Einschreiten nur noch unter den Voraussetzungen des polizeilichen Notstands möglich wäre. Zu dieser Annahme könnte man gelangen, wenn man der schon oben dargestellten Ansicht *Ossenbühls*[47] folgt, wonach durch behördliche Untätigkeit unter dem Stichwort von Verzicht, Verwirkung und Verjährung die materielle Polizeipflicht des Bürgers entfallen können soll. Mit anderen Worten: Nach dieser Ansicht will die Behörde den Bürger nicht mehr als Störer behandeln und bringt damit die materielle Polizeipflicht des Bürgers zum Erlöschen[48].

---

44 OVG Berlin, BRS 28 Nr. 169 (S. 345); *Hermes/Wieland*, Die staatliche Duldung, S. 37; *Stollmann*, Öffentliches Baurecht, § 19 Rn. 38.

45 OVG Rh.-Pf., BRS 36 Nr. 216 (S. 424); *Jäde*, Bauaufsichtliche Maßnahmen, Rn. 118; *de Wall*, Anwendbarkeit privatrechtlicher Vorschriften im öffentlichen Recht, S. 256.

46 *Lieder*, ThürVBl. 2004, 173, 176.

47 Siehe oben 6. Teil. B.II.1.

48 *Ossenbühl*, NVwZ 1995, 547, 548.

Parallel zu der bereits unter dem Stichpunkt der Verwirkung geführten Diskussion ist eine solche Beseitigung der bauordnungsrechtlichen Verantwortlichkeit insbesondere wegen des Grundsatzes der Effektivität der Gefahrenabwehr abzulehnen. Die Befugnis der Ordnungsbehörden, gegen den Verhaltens- oder Zustandsstörer vorzugehen, stellt einen Teilausschnitt ihrer Eingriffskompetenz dar. Ist es der Behörde versagt, eine bestimmte Person als Störer in Anspruch zu nehmen, kommt dies zumindest der teilweisen Beseitigung der gesamten Eingriffskompetenz gleich. Zudem ist die mögliche Inanspruchnahme als Nichtstörer im polizeilichen Notstand nur unter erschwerten Voraussetzungen möglich[49] und stellt durch die Erhöhung der Eingriffsschwelle eine Beschränkung der Effektivität der Gefahrenabwehr dar[50]. Im Ergebnis beseitigt damit die Duldung nicht die bauordnungsrechtliche Verantwortlichkeit des Störers.

II. Keine Festlegung der bauordnungsrechtlichen Verantwortlichkeit bei mehreren Störern

Das OVG Mecklenburg-Vorpommern hat in einem Beschluss vom 25.01.2010 die Frage aufgeworfen, ob eine behördliche Duldung bei mehreren Störern die bauordnungsrechtliche Verantwortlichkeit festschreibe[51]. In dem zu entscheidenden Sachverhalt verlangte die Bauaufsichtsbehörde nach § 26 VwVfG die Auskunft des Eigentümers eines illegalen Wohnwagenstellplatzes, seine Pächter zu benennen. Der Eigentümer vertrat dabei den Standpunkt, dass durch die vorangegangene Duldung des gesamten Bestandes des Wochenendplatzes die gesamte baurechtliche Verantwortlichkeit ausschließlich bei ihm liege. Nur er könne als Eigentümer anhand des Duldungssachverhaltes feststellen, ob ein rechtswidriger Zustand bestehe. Ein bauaufsichtliches Verfahren sei ausschließlich ihm gegenüber in Betracht zu ziehen, sodass die Anordnung, seine Pächter zu benennen, rechtswidrig sei[52].

Das OVG Mecklenburg-Vorpommern hat diese Argumentation im Ergebnis überzeugend zurückgewiesen. Erklärt sich eine Bauaufsichtsbehörde bereit, einen rechtswidrigen Zustand als Ganzes (hier: den Wohnwagenstellplatz in seiner Gesamtheit) zu dulden, lässt sich dem nicht der Erklärungswert entnehmen, dass sie gegen einzelne Störer (hier: die Pächter) nicht in einem bauaufsichtlichen Verfahren vorgehen will und diese nicht mehr als bauordnungsrechtlich Verantwortliche ansieht[53]. Dafür sprechen schon die allgemeinen Grundsätze der Störerauswahl. Die behördliche Störerauswahl ist eine Ermessensentscheidung, die sich am Grundsatz der Effektivität der Gefahrenabwehr zu orientieren hat, was insbesondere beim

---

49 Vgl. § 19 Abs. 1 OBG NRW.

50 *Martensen*, NVwZ 1997, 442, 444.

51 OVG M-V, BRS 76 Nr. 210 (S. 1016).

52 OVG M-V, BRS 76 Nr. 210 (S. 1013).

53 OVG M-V, BRS 76 Nr. 210 (S. 1016).

Zusammentreffen von Zustands- und Handlungsstörern relevant wird[54]. So kann etwa die Inanspruchnahme eines Zustandsstörers vor dem Handlungsstörer rechtmäßig sein, wenn der Handlungsstörer nicht greifbar ist oder aus rechtlichen, faktischen oder finanziellen Gründen eine wirksame Gefahrenbeseitigung durch ihn nicht gewährleistet ist[55]. Demgemäß kann die Heranziehung des Eigentümers eines Campingplatzes in seiner Gesamtheit als Zustandsstörer vor den einzelnen Pächtern als Handlungsstörer rechtmäßig sein, wenn nur so eine effektive Nutzungsuntersagung für den gesamten Stellplatz erreicht werden kann, vor allem dann, wenn nicht alle Pächter bekannt sind[56]. Das entbindet den Eigentümer aber nicht von der Pflicht, seine Pächter als Handlungsstörer im Einzelnen zu benennen. Denn gerade der Grundsatz der Effektivität der Gefahrenabwehr hindert den Einwand eines potentiellen Störers, nur er könne in Anspruch genommen werden[57]. Darüber hinaus legt das OVG Mecklenburg-Vorpommern nachvollziehbar dar, dass auch die sonstigen Rechtswirkungen der Duldung gegen die Festlegung auf einen Verantwortlichen sprechen. Wenn die Duldung nämlich schon keinen Bestandsschutz im baurechtlichen Sinne gewährt und auch sonst keinerlei Legalisierungswirkung besitzt, kann nicht darauf geschlossen werden, dass sich die Behörde nur auf einen Störer festlegen will[58].

D. Verjährung von Hoheitsrechten

Eine faktische Duldung könnte nur dann Rechtswirkungen hervorbringen, wenn die Bauaufsichtsbehörde auch unabhängig von ihrem Verhalten an einem Einschreiten gegen einen rechtswidrigen Zustand gehindert ist. Schreitet die Behörde über einen längeren Zeitraum nicht gegen ein illegales Bauwerk oder eine illegale Nutzung ein, ist umstritten, ob sich der Betroffene mit dem Argument verteidigen kann, die Eingriffsbefugnisse seien auf Grund des langen Zeitraums der Untätigkeit verjährt. Unter dem Stichpunkt der Verjährung ist folglich zu untersuchen, ob die Behörde auch ohne das Vorliegen eines qualifizierten Verhaltens oder einer bestimmten behördlichen Handlung allein durch Zeitablauf an einem Einschreiten gehindert sein kann.

---

54 *Erbguth/Schubert*, Öffentliches Baurecht, § 13 Rn. 64; *Finkelnburg/Ortloff/Otto*, Öffentliches Baurecht Bd. II, S. 188; *Tettinger/Erbguth/Mann*, Besonderes Verwaltungsrecht, Rn. 1313.

55 HessVGH, DÖV 1987, 260, 261.

56 OVG M-V, Urt. v. 04.09.2013 – 3 L 108/11, juris Rn. 66.

57 OVG M-V, BRS 76 Nr. 210 (S. 1015).

58 OVG M-V, BRS 76 Nr. 210 (S. 1016).

I. Verjährung bauordnungsrechtlicher Befugnisse

1. Ansichten in der Rechtsprechung

Verjährung bedeutet allgemein, dass der Verpflichtete nach Ablauf der Verjährungsfrist berechtigt ist, die Leistung zu verweigern[59]. Grundsätzlich ist aber anerkannt, dass behördliche Eingriffsbefugnisse nicht durch Zeitablauf verjähren können[60]. Dafür sprechen die elementare Bedeutung der polizeilichen Aufgabe der Gefahrenabwehr und das Schutzinteresse der Allgemeinheit sowie konkret betroffener Dritter[61]. Die Diskussion über die Verjährung von Hoheitsrechten entfacht sich besonders an der umweltrechtlichen Altlastenproblematik. Viel beachtet ist in diesem Zusammenhang ein Beschluss des VGH Baden-Württemberg vom 04.03.1996[62]. In dem zugrunde liegenden Sachverhalt hatte das zuständige Landratsamt dem Antragsteller aufgegeben, die Ausdehnung einer Schadstoffaltlast im Boden zu erkunden, wobei seit Verursachung der Altlast schon über 60 Jahre vergangen waren. Der VGH Baden-Württemberg stellte entscheidend darauf ab, dass es sich bei der behördlichen Eingriffsbefugnis nicht um einen vermögensrechtlichen Anspruch handele, der allein der Verjährung unterliege. Außerdem existiere keine ausdrückliche Verjährungsregel, welche eine Frist bestimmt, in der von einer ordnungsbehördlichen Ermächtigung Gebrauch zu machen ist[63]. Dabei stützte sich der VGH Baden-Württemberg auf die Rechtsprechung des Bundesverwaltungsgerichts, wonach grundsätzlich keine Bedenken gegen die Anwendbarkeit des Rechtsgrundsatzes der Verjährung auch im öffentlichen Recht bestehen, sofern es sich um vermögensrechtliche Ansprüche handelt. Hierfür biete sich die entsprechende Anwendung der Regeln des Bürgerlichen Gesetzbuches an, die allerdings für jeden Fallbereich und für jede Einzelvorschrift von einer besonderen Prüfung abhängig zu machen sei[64].

2. Ansicht von Ossenbühl

Dagegen versucht *Ossenbühl,* die Verjährung von Befugnissen wiederum über eine Aufspaltung von materieller Polizeipflicht und Gefahrenbeseitigungsanspruch der

---

59 *Kopp/Ramsauer,* VwVfG, § 53 Rn. 2 und 4 ff.; abweichend davon führt im Abgabenrecht mit seinen detaillierten Verjährungsregeln die Verjährung bereits zum Erlöschen des Anspruchs, vgl. *Sachs* in: Stelkens/Bonk/Sachs, VwVfG, § 53 Rn. 3.

60 H.M. VGH BW, ZUR 2013, 298, 302; VGH BW, NVwZ-RR 2008, 696, 699; VGH BW, NVwZ-RR 1996, 387, 390; HessVGH, BRS 44 Nr. 198 (S. 458); HessVGH, UPR 1988, 74; VG Frankfurt, NVwZ-RR 2011, 5, 7; *Kopp/Ramsauer,* VwVfG, § 53 Rn. 15; *Sachs* in: Stelkens/Bonk/Sachs, VwVfG, § 53 Rn. 12; *Wenzel* in: Gädtke/Czepuck/Johlen/Plietz/Wenzel, BauO NRW, § 61 Rn. 40.

61 *Martensen,* NVwZ 1997, 442, 443.

62 VGH BW, NVwZ-RR 1996, 387 ff.

63 VGH BW, NVwZ-RR 1996, 387, 390; auch VGH BW, NVwZ-RR 2008, 696, 699; VGH BW, ZUR 2013, 298, 302; VG Freiburg, BauR 2009, 485, 488.

64 BVerwGE 28, 336, 338.

Behörde zu begründen. Zwar unterliege die materielle Polizeipflicht nicht der Verjährung, sie korrespondiere aber mit einem Gefahrenbeseitigungsanspruch der Behörde. Der „spezielle Gefahrenbeseitigungsanspruch" gegenüber einer bestimmten Person könne nach der regelmäßigen Verjährungsfrist von 30 Jahren nach § 195 BGB analog verjähren und führe zu einem Leistungsverweigerungsrecht des Verhaltensstörers[65], nicht aber allgemein zur Verjährung des Rechts der Ordnungsbehörden, im Rahmen der Gefahrenabwehr in Rechte einzugreifen. Ist demnach der Anspruch gegen den Störer verjährt, könne dieser nur noch als Dritter im polizeilichen Notstand in Anspruch genommen werden. *Ossenbühl* begründet das Bedürfnis der Verjährung mit den grundlegenden Prinzipien des Rechtsfriedens und der Rechtssicherheit[66]. Gegen die Ansicht, eine Verjährung komme nur bei vermögensrechtlichen Ansprüchen in Betracht, wendet *Ossenbühl* ein, dass auf der Sekundärebene – besonders in Altlastenfällen – die Finanzierung der Gefahrenabwehr im Vordergrund stehe und dieser Kostenersatzanspruch unzweifelhaft als vermögensrechtlicher Anspruch zu qualifizieren sei[67].

3. Stellungnahme: Keine Verjährung möglich

Die Überlegungen des VGH Baden-Württemberg und des Bundesverwaltungsgerichts lassen sich sinngemäß auf das öffentliche Baurecht als Gefahrenabwehrrecht anwenden, sodass mit der überwiegenden Ansicht die Verjährung von gefahrenabwehrrechtlichen Befugnissen zu verneinen ist. Gegen die Ansicht *Ossenbühls* lässt sich parallel zur Argumentation gegen die Verwirkungsmöglichkeit anführen, dass die Befugnis der Ordnungsbehörden gegen den Verhaltens- oder Zustandsstörer vorzugehen, immerhin einen Teilausschnitt ihrer Eingriffskompetenz darstellt. Ist es der Behörde versagt, eine bestimmte Person als Störer in Anspruch zu nehmen, kommt dies zumindest der teilweisen Verjährung der gesamten Eingriffskompetenz gleich. Die mögliche Inanspruchnahme als Nichtstörer im polizeilichen Notstand nach Ablauf der Verjährungsfrist ist dann nur unter erschwerten Voraussetzungen möglich[68] und stellt durch die Erhöhung der Eingriffsschwelle eine Beschränkung der Effektivität der Gefahrenabwehr dar[69]. Die Erfüllung öffentlicher Aufgaben muss aber stets möglich bleiben, weil ansonsten ein rechtswidriger Zustand allein durch bloße Untätigkeit zumindest faktisch legalisiert werden könnte[70].

Das Argument, eine Verjährung sei auch deswegen möglich, weil es in Altlastenfällen häufig auch um die Frage der Kostentragungspflicht gehe, lässt sich auf das Problem der Duldung im Baurecht nicht ohne weiteres übertragen. Denn bei der

---

65 Zur Qualifikation als Leistungsverweigerungsrecht *Kopp/Ramsauer*, VwVfG, § 53 Rn. 4 f.
66 *Ossenbühl*, NVwZ 1995, 547, 548 f.; *Kothe*, VerwArch. 1997, 456, 486 f.
67 *Ossenbühl*, NVwZ 1995, 547, 549; *Kothe*, VerwArch. 1997, 456, 486 f.
68 Vgl. § 19 Abs. 1 OBG NRW.
69 *Martensen*, NVwZ 1997, 442, 444.
70 *Gentzcke*, Informales Verwaltungshandeln, S. 66.

Duldung im öffentlichen Baurecht steht kaum die Frage der Kostentragung für eine Beseitigung, sondern vielmehr die Tatsache im Vordergrund, dass der Betroffene seine illegale Anlage behalten und weiter nutzen möchte. Unabhängig von der Problematik, ob nur vermögensrechtliche Ansprüche öffentlich-rechtlicher Natur der Verjährung unterliegen, ist letztlich auch zu beachten, dass eine Verjährung nur bei „Ansprüchen" möglich ist – so auch der Wortlaut der §§ 195 ff. BGB – die öffentlich-rechtlichen Befugnisse der Behörden aber keine Ansprüche darstellen[71]. Im Ergebnis kann der Betroffene also nach langjähriger Untätigkeit der Behörden nicht einwenden, dass ihre bauaufsichtlichen Befugnisse verjährt sind.

II. Sonderfall: Verjährung der Eingriffsbefugnis bei DDR-Altbauten

Ein Sonderfall der Verjährung bauaufsichtlicher Eingriffsbefugnisse ergibt sich im Zusammenhang mit ungenehmigten Altbauten in der ehemaligen DDR. Diesbezüglich hat ein ungenehmigtes Wohnhaus in der Nähe von Gotha die Thüringer Verwaltungsgerichtsbarkeit mehrere Jahre beschäftigt. Dem lag folgender Sachverhalt zugrunde[72]:

Der Eigentümer und Kläger im Hauptsacheverfahren errichtete im Jahr 1978 abweichend von einer ihm erteilten Baugenehmigung für eine Gartenlaube ein vollunterkellertes Gebäude, das er zu Wohnzwecken nutzte. In den Jahren 1983 und 1984 nahm er weitere Anbauten ohne Baugenehmigung vor. Mit Bescheid vom 15.02.1999 wurde ein nachträglich eingereichter Bauantrag abgelehnt und zugleich die Nutzung der Gartenlaube zu Wohnzwecken untersagt. Hiergegen setzte sich der Kläger in einem Eil- und Hauptsacheverfahren zur Wehr.

Im Mittelpunkt der rechtlichen Bewertung des Falls steht die Regelung des § 11 Abs. 3 der Verordnung über die Verantwortung der Räte der Gemeinden, Stadtbezirke und Städte bei der Errichtung und Veränderung von Bauwerken durch die Bevölkerung (Verordnung über Bevölkerungsbauwerke) vom 8.11.1984[73]. Nach § 11 Abs. 1 Nr. 3 der Verordnung über Bevölkerungsbauwerke war der Vorsitzende des Rates berechtigt, innerhalb einer angemessenen Frist auf Kosten des Bürgers ein Bauwerk zu beseitigen und den ursprünglichen Zustand wiederherzustellen, wenn das gesellschaftliche Interesse dies erforderte. Gemäß § 11 Abs. 3 der Verordnung über Bevölkerungsbauwerke durfte eine „Auflage", sprich eine Beseitigungsanordnung, aber dann nicht mehr erteilt werden, wenn seit Fertigstellung des Bauwerks bereits fünf Jahre verstrichen waren.

Die dazu ergangenen Beschlüsse und Urteile beschäftigen sich mit der Frage, ob § 11 Abs. 3 der Verordnung über Bevölkerungsbauwerke eine Verjährungsregel

71 *Sachs* in: Stelkens/Bonk/Sachs, VwVfG, § 53 Rn. 12 m.w.N.

72 VG Weimar, ThürVBl. 1999, 265; verkürzte Darstellung des Sachverhalts bei *Lieder*, ThürVBl. 2004, 173.

73 GBl. DDR I (1984), Nr. 36, S. 433 ff.

für die bauaufsichtlichen Eingriffsbefugnisse darstellt und ob und mit welchen Rechtswirkungen diese auch nach der Wiedervereinigung in der Bundesrepublik Deutschland fort gilt[74].

1. *Rechtsnatur der Vorschrift*

Zuerst stellt sich die Frage, welche Rechtsnatur der Regelung des § 11 Abs. 3 der Verordnung über Bevölkerungsbauwerke zugeordnet werden kann. Das VG Weimar stellte mit Beschluss vom 15.7.1999 zunächst fest, dass sich aus § 11 Abs. 3 der Verordnung über Bevölkerungsbauwerke nach Ablauf der 5-Jahres-Frist kein Anspruch auf Erteilung einer Genehmigung herleiten lasse[75]. Das VG Weimar lehnte aber eine Verjährungswirkung zunächst noch vollends ab und vertrat die Ansicht, dass allenfalls ein „gewisser Vertrauensschutz" nach § 11 Abs. 3 der Verordnung über Bevölkerungsbauwerke im Rahmen der Ermessenserwägungen zu berücksichtigen sei[76].

Diese Auslegung wird aber der bezweckten Schutzwirkung des § 11 Abs. 3 der Verordnung über Bevölkerungsbauwerke nicht gerecht. Das Thüringer OVG ordnete daher mit Beschluss vom 24.10.2000 die Regelung als „verfahrensrechtliche Rechtsposition" ein, die den Betroffenen „wohl im Sinne einer Verjährungsbestimmung" vor einem Einschreiten gegen die bis 1984 abgeschlossenen rechtswidrigen Baumaßnahmen bewahre, ohne das Gebäude zu legalisieren[77]. Im Anschluss stufte auch das VG Weimar die 5-Jahres-Frist als Verjährungsfrist ein, ohne dem Betroffenen dadurch aber eine berücksichtigungsfähige, besonders schutzwürdige Rechtsposition zuzuerkennen[78]. Schließlich urteilte das Thüringer OVG am 18.12.2002, dass die Vorschrift eine Verjährungsregel darstelle, die den Betroffenen vor dem Erlass einer Beseitigungsanordnung bewahre. Mit Eintritt der Verjährung erlange der Bauherr eine schutzwürdige verfahrensrechtliche Rechtsposition, die mit einer Position des materiellen Rechts vergleichbar sei, sodass er nicht mehr mit einer Beseitigungsanordnung rechnen müsse[79]. Die Vorschrift hindere als Verjährungsregel am Erlass einer Beseitigungsverfügung im Sinne eines Gegenrechts, vergleichbar mit dem auf Art. 14 GG zurückgehenden Bestandsschutz[80]. Der Betroffene könne die Verjährung als Leistungsverweigerungsrecht behördlichen Maßnahmen im Sinne

74 Zusammenfassung auch bei *Brenner*, Öffentliches Baurecht, Rn. 656 f.
75 VG Weimar, ThürVBl. 1999, 265, 266.
76 VG Weimar, ThürVBl. 1999, 265, 267; ähnlich VG Potsdam, Urt. v. 19.7.2001 – 5 K 5909/97, juris Rn. 37; offen gelassen von OVG Berlin-Bbg., Beschl. v. 26.10.2005 – 10 S 15.05, juris Rn. 14.
77 ThürOVG, DVBl. 2001, 404; *Finkelnburg/Ortloff/Otto*, Öffentliches Baurecht Bd. II, S. 179.
78 VG Weimar, ThürVBl. 2001, 190, 191.
79 ThürOVG, BRS 65 Nr. 206 (S. 892); zustimmend: *Finkelnburg/Ortloff/Otto*, Öffentliches Baurecht Bd. II, S. 179.
80 ThürOVG, BRS 65 Nr. 206 (S. 894).

einer Einwendung entgegenhalten. Dabei gehe aber die Unaufklärbarkeit des Verjährungseintritts zu Lasten des Bauherrn[81]. In Anlehnung an die strafrechtliche Verjährung trage die Vorschrift dem Umstand Rechnung, dass die Gesellschaft sich im Laufe der Zeit mit der Existenz widerrechtlich errichteter oder veränderter Bauwerke abfinde[82]. Darüber hinaus gilt die Verjährungsregel des § 11 Abs. 3 der Verordnung über Bevölkerungsbauwerke auch für Nutzungsuntersagungen, auch wenn dem Recht der ehemaligen DDR das Institut der Nutzungsuntersagung fremd war. Dafür dürfte sprechen, dass Zweck der Regelung des § 11 Abs. 3 der Verordnung über Bevölkerungsbauwerke nicht der abstrakte Schutz der Bausubstanz, sondern gerade die Erhaltung der Wohnnutzung gewesen ist[83].

Dieses Ergebnis wirft die Frage auf, ob nicht ein Widerspruch zu der Erkenntnis der herrschenden Meinung besteht, dass ordnungsbehördliche Eingriffsbefugnisse nicht der Verjährung unterliegen. Dem lässt sich aber entgegnen, dass es sich bei § 11 Abs. 3 der Verordnung über Bevölkerungsbauwerke um eine Entscheidung des Gesetzgebers der ehemaligen DDR handelt. Dieser hat durch die Verjährungsregel gerade beabsichtigt, rechtswidrige Zustände im sozialpolitischen Interesse zu erhalten und der Rechtssicherheit des Eigentümers einer illegalen Anlage dem öffentlichen Interesse an der Herstellung baurechtmäßiger Zustände Vorrang eingeräumt[84].

2. Fortgeltung in der Bundesrepublik Deutschland

Von Bedeutung für die heutige Praxis ist, ob die Verjährungsregelung auch noch nach der Wiedervereinigung fort gilt. Denn nur weil eine Verjährung der Eingriffsbefugnis nach altem DDR-Recht möglich war, muss dies nicht gleichermaßen nach dem neuen Bundesrecht gelten. Mit dem am 1.8.1990 in Kraft getretenen Gesetz zur Einführung des Gesetzes über die Bauordnung vom 20. Juli 1990[85] wurde das Bauordnungsrecht der ehemaligen DDR umgestaltet. Nach § 11 Abs. 3 Nr. 6 dieses Einführungsgesetzes trat die Verordnung über Bevölkerungsbauwerke außer Kraft, ohne dass zugleich eine § 11 Abs. 3 der Verordnung über Bevölkerungsbauwerke entsprechende Verjährungsregel eingeführt wurde. Für die Fortgeltung der Verjährung sprechen aber mehrere Gesichtspunkte. Zunächst lässt sich aus der Tatsache, dass das Einführungsgesetz über die Verjährungsregel schweigt, nicht schlussfolgern, dass eine eingetretene Verjährung nach dem gesetzgeberischen Willen unbeachtlich werden soll. Das Außerkrafttreten der Verordnung über Bevölkerungsbauwerke

81 ThürOVG, BRS 65 Nr. 206 (S. 894).

82 ThürOVG, BRS 65 Nr. 206 (S. 889 f.).

83 OVG Berlin-Bbg., Beschl. v. 26.10.2005 – 10 S 15.05, juris Rn. 14; ThürOVG, DVBl. 2001, 404; ThürOVG, BRS 65 Nr. 206 (S. 895 f.).

84 *Lieder*, ThürVBl. 2004, 173, 178.

85 GBl. DDR I (1990), Nr. 50, S. 950.

kann vielmehr auch dahin gedeutet werden, dass eine Anpassung an das Recht der Bundesrepublik Deutschland nur mit Wirkung für die Zukunft erfolgen sollte[86].

Nach Auffassung des VG Weimar stellt die Verjährungsfrist keine nach heutigem Recht berücksichtigungsfähige, schutzwürdige Rechtsposition dar, weil Gebäude, die nach Inkrafttreten der Verordnung über Bevölkerungsbauwerke illegal errichtet und genutzt wurden, nicht im Vertrauen auf eine Rechtslage, sondern allenfalls in der Hoffnung errichtet wurden, dass innerhalb der 5-Jahres-Frist keine Auflage ergehe. Außerdem könne es ein Vertrauen in das Fortbestehen einer Rechtslage grundsätzlich nicht geben, sodass die zu DDR-Zeiten illegal errichteten Bauwerke am geltenden Recht zu messen seien, welches eine Verjährung gerade nicht vorsehe[87].

Mit der überwiegenden Ansicht ist aber die Verjährungsregelung auch nach heutigem Recht noch zugunsten des Bauherrn zu beachten. Zur Begründung wird entweder auf das Rechtstaatsprinzip oder auf die Eigentumsgarantie des Art. 14 Abs. 1 S. 1 GG abgestellt. Das Thüringer OVG stellt zur Bestimmung der Rechtsposition auf das Rechtsstaatsprinzips ab[88]. Unter Beachtung der Grundsätze der Rechtssicherheit und des Vertrauensschutzes stelle der Eingriff in eine bereits abgeschlossene Verjährung eine Rückwirkung dar. Nach der Rechtsprechung des Bundesverfassungsgerichts ist ein nachträglicher Eingriff in eine bereits abgelaufene Verjährung aber als rechtsstaatswidrig zu bewerten[89]. Zwar handele es sich bei der Verjährungsregel um eine verfahrensrechtliche Bestimmung, welche unter Berücksichtigung des Rechtsstaatsprinzips weniger schutzwürdig sei als das Vertrauen in eine materiell-rechtliche Rechtsposition, allerdings könne eine verfahrensrechtliche Position im Einzelfall in gleichem Maße schutzwürdig sein. Das sei im Fall der Verjährungsregel nach § 11 Abs. 3 der Verordnung über Bevölkerungsbauwerke der Fall, weil der Bauherr nach Ablauf der Frist nicht mehr mit einer Abrissverfügung rechnen musste und damit eine besonders schutzwürdige Rechtsposition erlangt habe[90]. Dagegen lasse sich auch nicht einwenden, dass sich die ehemalige DDR zum Zeitpunkt des Erlasses der Verordnung über Bevölkerungsbauwerke noch nicht dem Rechtsstaatsprinzip verpflichtet hatte, da es allein darauf ankomme, dass dem Bauherrn heute eine nach rechtsstaatlichen Grundsätzen beachtliche Rechtsposition zusteht[91].

Auf der anderen Seite wird zur Begründung der Rechtswirkungen des § 11 Abs. 3 der Verordnung über Bevölkerungsbauwerke im heutigen Rechtssystem der

86 ThürOVG, BRS 65 Nr. 206 (S. 890 f.).

87 VG Weimar, ThürVBl. 2001, 190, 191 f.

88 Die DDR hatte sich bereits vor Inkrafttreten des Einführungsgesetzes über die Bauordnung durch Staatsvertrag vom 18.5.1990 (GBl. DDR I (1990), Nr. 34, S. 331) sowie durch das Gesetz zur Änderung und Ergänzung der Verfassung vom 17.6.1990 (GBl. DDR I (1990), Nr. 33, S. 299) dem Rechtsstaatsprinzip verpflichtet.

89 Zur strafrechtlichen Verjährung BVerfGE, 63, 343, 359; 25, 269, 291.

90 ThürOVG, BRS 65 Nr. 206 (S. 892); *Finkelnburg/Ortloff/Otto*, Öffentliches Baurecht Bd. II, S. 179.

91 ThürOVG, BRS 65 Nr. 206 (S. 892).

Bundesrepublik Deutschland auch an die Eigentumsgarantie des Art. 14 Abs. 1 S. 1 GG angeknüpft. So wird teilweise die Auffassung vertreten, dass nicht auf das Institut des verfassungsunmittelbaren Bestandsschutzes abgestellt werden könne, weil im Rechtssystem der DDR kein subjektiv-öffentliches Recht auf Eigentum existierte, das Art. 14 Abs. 1 GG gleichwertig gewesen wäre[92]. Denn Art. 14 GG trat erst zum 3.10.1990 im Gebiet der ehemaligen DDR in Kraft und gilt nicht rückwirkend[93]. Richtigerweise wird man mit der neueren Rechtsprechung des Bundesverwaltungsgerichts einen verfassungsunmittelbaren Bestandsschutz ohnehin ablehnen müssen, weil sich nach Art. 14 Abs. 1 S. 2 GG Inhalt und Schranken des Eigentums aus den einfachen Gesetzen ergeben[94]. *Lieder* sieht aber in der Regelung des § 11 Abs. 3 der Verordnung über Bevölkerungsbauwerke eine solche Inhalts- und Schrankenbestimmung, sodass eine eigentumsrechtlich geschützte Position vorliege. Denn mit Inkrafttreten des Verfassungsgrundsätzegesetzes am 17.6.1990[95] war die öffentliche Gewalt an die Gewährleistungen des Privateigentums und vor allem an die Maßstäbe des „Nassauskiesungsbeschlusses" des Bundesverfassungsgerichts gebunden, wonach sich der Inhalt des Eigentums nicht unmittelbar aus Art. 14 Abs. 1 S. 1 GG, sondern aus der Gesamtheit der die Eigentümerstellung regelnden gesetzlichen Bestimmungen ergibt[96]. Die Verjährungsregel stelle sich demnach als Ausgestaltung des Eigentumsgrundrechts dar und sei als Eigentum nach Art. 14 Abs. 1 GG verfassungsrechtlich geschützt[97].

Ob sich die Fortgeltung der Verjährungsregel nach heutigem Recht nun unter das Rechtsstaatsprinzip oder die Eigentumsgarantie subsumieren lässt, ist letztlich eine dogmatische Frage, die hier keiner Entscheidung bedarf. Jedenfalls wird deutlich, dass der Bauherr, der unter Geltung der Verordnung über Bevölkerungsbauwerke in der ehemaligen DDR ein illegales Bauwerk errichtet hat, nach Ablauf der 5-Jahres-Frist eine Rechtsposition erlangt hat, die er auch einem bauaufsichtlichen Einschreiten nach heutigem Recht entgegenhalten kann.

3. Einschränkungen der Verjährungsregel

Die Verjährung der bauaufsichtlichen Eingriffsrechte führt jedoch nicht dazu, dass die Bauaufsichtsbehörden an jeglichem Einschreiten gehindert sind. Bei Gefahren für Leib und Leben kann die Behörde nach wie vor nach den heutigen baurechtlichen Vorschriften einschreiten. Das sah auch schon die Rechtslage in der ehemaligen DDR vor. Die Staatliche Bauaufsicht war gemäß § 12 Abs. 2 der Verordnung

---

92 VG Weimar, ThürVBl. 2001, 190, 191; VG Weimar, ThürVBl. 1999, 265, 267; *Finkelnburg/Ortloff/Otto*, Öffentliches Baurecht Bd. II, S. 179; *Battis*, Öffentliches Baurecht Rn. 604.

93 BVerwG, UPR 1997, 72, 73.

94 BVerwGE 106, 228, 234.

95 GBl. DDR I (1990), Nr. 33, S. 299 (300).

96 BVerfGE 58, 300, 335 ff.; *Lieder*, ThürVBl. 2004, 173, 178.

97 *Lieder*, ThürVBl. 2004, 173, 178; *Battis*, Öffentliches Baurecht, Rn. 604.

über die Staatliche Bauaufsicht vom 30.7.1981[98] bzw. gemäß § 7 Abs. 1 der Verordnung über die Staatliche Bauaufsicht vom 1.10.1987[99] verpflichtet, unabhängig von der Eingriffsbefugnis des Vorsitzenden des Rates nach § 11 Abs. 1 der Verordnung über Bevölkerungsbauwerke, in Fällen, in denen die Bausicherheit nicht gewährleistet war und eine Gefahr für das Leben oder die Gesundheit von Menschen bestand, Auflagen zur Einstellung der Bauarbeiten und/oder zum Beseitigen der Gefahren zu erteilen bzw. die volle oder teilweise Nutzung des Bauwerks zu verbieten[100].

Weiterhin ist die Wirkung der Verjährungsregel auch dadurch begrenzt, dass Fälle, in denen der Zeitraum von 5 Jahren vor Außerkrafttreten der Verordnung nicht erfüllt war, nicht von der Verjährung erfasst werden. Ihr Schutz gilt also nur dann, wenn die 5-Jahres-Frist noch unter der Geltung der Verordnung über Bevölkerungsbauwerke abgelaufen war[101]. Außerdem gilt der § 11 Abs. 3 der Verordnung über Bevölkerungsbauwerke nicht für rechtswidrige Erweiterungsmaßnahmen, die erst nach Ablauf der Frist durchgeführt wurden[102].

III. Keine analoge Anwendung der Ersitzung nach § 900 BGB

In einem Beschluss vom 21.03.2001 hat das Bundesverwaltungsgericht die Frage aufgeworfen, ob sich ein rechtswidriger Bau in Analogie zu den zivilrechtlichen Vorschriften über die Ersitzung gemäß § 900 BGB nach 30 Jahren gegenüber einer Beseitigungsanordnung durchsetzen könne, die Beantwortung der Frage aber offengelassen[103]. Die analoge Anwendung zivilrechtlicher Vorschriften im öffentlichen Recht ist zumindest keine Seltenheit, wie etwa die analoge Anwendung der Verjährungsvorschriften der §§ 195 ff. BGB auf öffentlich-rechtliche Vermögensansprüche zeigt[104].

Die Ersitzung von Grundstücken ist in § 900 BGB geregelt. Die sog. „Buchersitzung" bedeutet, dass derjenige, der als Eigentümer eines Grundstücks in das Grundbuch eingetragen ist, ohne dass er das Eigentum erlangt hat, das Eigentum erwirbt, wenn die Eintragung 30 Jahre bestanden hat und er während dieser Zeit das Grundstück im Eigenbesitz gehabt hat. Diese Vorschrift lässt sich aber nicht ohne weiteres auf die Duldung baurechtswidriger Zustände im öffentlichen Baurecht übertragen. Denn sie knüpft entscheidend an die gesetzliche Vermutung der Richtigkeit des Grundbuchs nach § 891 BGB und den öffentlichen Glauben des Grundbuchs gemäß

98 GBl. DDR I (1981), Nr. 26, S. 313.
99 GBl. DDR I (1987), Nr. 26, S. 249.
100 ThürOVG, BRS 65 Nr. 206 (S. 894).
101 OVG Berlin-Bbg., Beschl. v. 26.10.2005 – 10 S 15.05, juris Rn. 14; *Battis*, Öffentliches Baurecht, Rn. 604.
102 ThürOVG, BRS 65 Nr. 206 (S. 895); zu einzelnen Fallkonstellationen ausführlich *Lieder*, ThürVBl. 2004, 173, 179 f.
103 BVerwG, NVwZ 2002, 92; dagegen OVG Saarl., Beschl. v. 06.01.2012 – 2 B 398/11 und 2 B 400/11, juris Rn. 12.
104 Dazu allg. *Sachs* in: Stelkens/Bonk/Sachs, VwVfG, § 53 Rn. 10.

§ 892 BGB an. Die Ersitzung von Grundstücken basiert auf dem spezifisch bürgerlich-rechtlichen System von Eigentum, Besitz und Gutglaubensvorschriften. Bei der Duldung fehlt es aber gerade an einem dem Grundbuch vergleichbaren Dokument mit ähnlicher Beweis- und Aussagekraft. Eine analoge Anwendung der Vorschriften über die Ersitzung nach § 900 BGB ist folglich mangels einer vergleichbaren Interessenlage abzulehnen.

Auch eine planwidrige Regelungslücke lässt sich nicht erkennen. Die bauordnungsrechtlichen Eingriffsbefugnisse stehen nach dem Willen der Landesgesetzgeber im pflichtgemäßen Ermessen der Behörde, um die Flexibilität behördlichen Handelns zu gewährleisten und Umstände des Einzelfalls berücksichtigen zu können. Eine starre „Ersitzungsfrist" von 30 Jahren innerhalb derer die Behörde untätig bleibt, wird dem nicht gerecht. Außerdem kann nicht über eine analoge Anwendung bürgerlich-rechtlicher Vorschriften das Baugenehmigungsverfahren und die Wirkungen einer Baugenehmigung umgangen werden. Diesbezüglich sind die Vorschriften des Bauordnungs- und Bauplanungsrechts als abschließende Inhalts- und Schrankenbestimmungen anzusehen, die einen Rückgriff auf § 900 BGB ausschließen. Darüber hinaus dürfte die Ersitzung als Fall einer rechtsbegründenden Frist im Verwaltungsrecht schon deshalb keine Rolle spielen, weil der bloße Zeitablauf für sich genommen noch nicht ein Recht begründen kann, das einer Bauordnungsverfügung entgegensteht[105]. Wenn die Möglichkeit einer Verjährung von Hoheitsrechten abzulehnen ist[106], kann man nicht über den Umweg des bürgerlichen Rechts zu einem Ausschluss bauordnungsrechtlicher Befugnisse gelangen. Im Ergebnis scheidet daher die analoge Anwendung der Ersitzung nach § 900 BGB auf die bauaufsichtlichen Eingriffsbefugnisse aus.

IV. Zeitablauf als Duldungsgrund

Im Kontext der Verjährung kommt die Duldung baurechtswidriger Zustände aber auf andere Weise zum Tragen. War z.B. die Verjährungsfrist des § 11 Abs. 3 der Verordnung über Bevölkerungsbauwerke noch nicht abgelaufen, bevor die Regelung außer Kraft trat, kommt eine Duldung in Betracht[107]. Außerdem kann ein langer Zeitablauf ein Indiz dafür sein, dass das öffentliche Interesse an einer Beseitigung nicht allzu hoch einzuschätzen ist. Damit kann ein Grund vorliegen, einen illegalen Zustand weiter für einen gewissen Zeitraum zu dulden.

V. Ergebnis

Als Ergebnis lässt sich festhalten, dass die Grundsätze der Verjährung nicht auf die bauaufsichtlichen Eingriffsbefugnisse anwendbar sind. Nur vermögensrechtliche Ansprüche, nicht aber gefahrenabwehrrechtliche hoheitliche Rechte und Befugnisse

---

105 *Wolff/Bachof/Stober/Kluth*, Verwaltungsrecht I, § 37 Rn. 12.
106 Siehe oben 6. Teil. D.I.3.
107 *Battis*, Öffentliches Baurecht, Rn. 604.

sind der Verjährung zugänglich. Ein bloßer Zeitablauf ohne Hinzutreten weiterer Umstände reicht also nicht aus, um ein Einschreiten der Bauaufsichtsbehörde auf Dauer abzuwehren. Dieses Ergebnis verdeutlicht, dass eine faktische Duldung, bei der die Behörde ein Einschreiten schlicht unterlässt, keine verjährungsrechtlichen Wirkungen hervorbringt. Eine Verjährung wäre allenfalls denkbar, wenn eine gesetzliche Anordnung existiert, was aber im heutigen Bauordnungsrecht der Länder nicht der Fall ist. Einzig die Regelung des § 11 Abs. 3 der Verordnung über Bevölkerungsbauwerke in der ehemaligen DDR zeigt, dass eine Verjährung von Eingriffsbefugnissen möglich ist, wenn der Gesetzgeber durch eine gesetzliche Regelung der Rechtssicherheit einer Position des Bauherrn dem öffentlichen Interesse an der Herstellung rechtmäßiger Zustände den Vorrang einräumt. DDR-Altbauten, bei denen die Verjährungsfrist noch unter der Geltung der Verordnung über Bevölkerungsbauwerke abgelaufen ist, haben also eine schutzwürdige Rechtsposition erlangt, die einem Beseitigungsverlangen entgegengehalten werden kann. Eine analoge Anwendung der Ersitzung nach § 900 BGB auf bauaufsichtliche Eingriffsbefugnisse, wie sie das Bundesverwaltungsgericht zumindest vorsichtig angedacht hat, ist dagegen abzulehnen.

E. Vertrauensschutz als zentraler Anknüpfungspunkt der Duldung

Über Verzicht, Verwirkung und Verjährung von Eingriffsbefugnissen lässt sich ein dauerhaftes Eingriffshindernis für die Bauaufsichtsbehörden nicht begründen. Fraglich ist, ob dieses Ergebnis über das Vertrauensschutzprinzip erreicht werden kann. Das Vertrauensschutzprinzip nimmt bei der Bestimmung der Rechtsfolgen einer Duldung eine zentrale Rolle ein, weil es je nach angewendeter Rechtsform, Bindungswirkungen und Funktionen der unterschiedlichen Verwaltungsmaßnahmen eine spezifische Bedeutung erlangt[108]. Der Anwendungsbereich des Vertrauensschutzprinzips ist zum einen bei der Ausübung des Rücknahmeermessens eröffnet, wenn die Behörde eine durch Verwaltungsakt erklärte Duldung, also eine Duldungszusicherung oder einen Duldungsverwaltungsakt, nach § 48 VwVfG zurücknimmt. Zum anderen kommt der Vertrauensschutz bei der Prüfung von Entschädigungstatbeständen in § 48 Abs. 3 VwVfG und § 49 Abs. 6 VwVfG zum Tragen. Vor allem aber ist der Vertrauensschutz im Rahmen des Eingriffsermessens bei bauaufsichtlichen Maßnahmen wie Nutzungsuntersagung und Beseitigungsverfügung von Bedeutung, wenn die Behörde ein Verhalten gezeigt hat, aufgrund dessen der Betroffene auf eine weitere Duldung vertraut hat.

Im Folgenden soll die Untersuchung der einzelnen Vertrauensschutzkriterien für das Rücknahmeermessen bei der Rücknahme von Duldungen durch Verwaltungsakt und für das Eingriffsermessen beim bauaufsichtlichen Einschreiten gegen einen rechtswidrigen Zustand verbunden werden. Die Voraussetzungen des

---

108 *Maurer* in: Isensee/Kirchhof, Handbuch des Staatsrechts Bd. IV, § 79 Rn. 86.

Vertrauensschutzes sind identisch, weil die förmliche Duldung das Gegenstück zum Einschreiten darstellt und folglich ihre Aufhebung auf den gleichen Ermessenserwägungen beruht, die für ein bauaufsichtliches Einschreiten anzustellen sind. Auch wenn die Aufhebungsentscheidung im Verhältnis zur Entscheidung über das bauaufsichtliche Einschreiten eine eigenständige Ermessensentscheidung darstellt, kann diese gemeinsam mit der Beseitigungsanordnung ergehen[109].

I. Grundlagen des Vertrauensschutzes

Das Vertrauensschutzprinzip wird aus unterschiedlichen Rechtsgrundlagen hergeleitet, so etwa aus Grundrechten (Art. 2 Abs. 1 oder Art. 14 GG), aus dem Grundsatz von Treu und Glauben, aus dem Sozialstaatsprinzip und aus dem Rechtsstaatsprinzip als Element der Rechtssicherheit[110]. Unmittelbar aus Art. 14 Abs. 1 S. 1 GG dürfte der Vertrauensschutz jedoch nicht herzuleiten sein, da die Eigentumsgarantie nur im Rahmen der Gesetze schützt und es einen Vertrauenstatbestand begründendes Gesetz nicht gibt[111]. Für die Ermittlung, ob ein Betroffener Vertrauensschutz gegen eine staatliche Maßnahme geltend machen kann, werden im Allgemeinen folgende Kriterien herangezogen[112]:

Zunächst bedarf es einer schutzwürdigen *Vertrauensgrundlage* durch behördliches Verhalten. Auf dieses Verhalten muss der Bürger tatsächlich vertraut haben (*tatsächliches Vertrauen*). Das Vertrauen ist schutzwürdig, wenn es durch Vermögensdispositionen betätigt wird (*Vertrauensbetätigung*). Zuletzt steht das so entstandene Vertrauen in die Rechtsposition unter einem Abwägungsvorbehalt, d.h. das Vertrauen des Bürgers kann auch nach Abwägung mit dem öffentlichen Interesse weniger schutzwürdig und hinter das öffentliche Interesse zurückzustellen sein (*Interessenabwägung*). Uneinheitlich wird der Begriff des Vertrauenstatbestands verwendet. Teilweise wird der Begriff des Vertrauenstatbestands synonym mit dem Begriff der Vertrauensgrundlage gebraucht[113]. Vielfach wird mit dem Begriff des Vertrauenstatbestands auch das tatsächliche Vertrauen des Bürgers auf die Vertrauensgrundlage

---

109 *Sellmann*, FS Gelzer, S. 249, 255.

110 Überblick bei *Hallwaß*, Behördliche Duldung, S. 25 f.; zu den Herleitungen: *Kisker*, VVDStRL Heft 32 (1974), 149, 161 f.; *Maurer* in: Isensee/Kirchhof, Handbuch des Staatsrechts Bd. IV, § 79 Rn. 97; *Muckel*, Kriterien des verfassungsrechtlichen Vertrauensschutzes, S. 29 ff.; kritisch zur Herleitung aus dem Rechtsstaatsprinzip, da dieses gerade auch als Argument für die Rücknehmbarkeit von Verwaltungsakten ins Feld geführt werde: *de Wall*, Anwendbarkeit privatrechtlicher Vorschriften im öffentlichen Recht, S. 243 f. m.w.N. und *Püttner*, VVDStRL Heft 32 (1974), 200, 201 ff., der den Vertrauensschutz als eigenständigen Rechtsgedanken sieht.

111 *Hornmann*, HBO, § 72 Rn. 126.

112 *Hermes/Wieland*, Die staatliche Duldung, S. 41; *Weber-Dürler*, Vertrauensschutz, S. 79 ff.; *Fluck*, NuR 1990, 197, 201.

113 *Weber-Dürler*, Vertrauensschutz, S. 79.

bezeichnet[114]. Vorzugswürdig erscheint es, die Voraussetzungen des schutzwürdigen Vertrauens unter die Oberbegriffe Vertrauenstatbestand und Interessenabwägung zu fassen[115]. Die Tatbestandsmerkmale des Vertrauenstatbestands sind das Vorliegen einer Vertrauensgrundlage, tatsächliches Vertrauen des Betroffenen und eine Vertrauensbetätigung. Im Rahmen der Interessenabwägung findet eine Abwägung widerstreitender privater und öffentlicher Interessen statt.

Auf der Basis dieser Prüfungsvoraussetzungen sollen die Maßstäbe für das Vertrauen in eine Duldung durch die Bauaufsichtsbehörden unter Berücksichtigung der verschiedenen Verhaltensweisen und Handlungsformen der Verwaltung untersucht werden.

II. Bedeutung des Vertrauensschutzes für die Duldung

1. Vertrauensschutz beim Eingriffsermessen

Die Bauaufsichtsbehörde wird in der Regel ihre Behördenpraxis beim Vorgehen gegen rechtswidrige Zustände ändern, wenn sich die Umstände, die für eine Duldung gesprochen haben, geändert oder sich neue behördliche Erkenntnisse ergeben haben[116]. Gegen eine Bauordnungsverfügung wird sich der Betroffene dann mit dem Argument wehren, dass er auf die weitere Duldung vertraut habe und die Behörde deshalb an einem Einschreiten gehindert sei.

Im Gegensatz zu ausdrücklichen Duldungen sind gerade die Fälle problematisch, in denen eine ausdrückliche Erklärung nicht nachweisbar ist, sondern die Bauaufsichtsbehörde nur ein Verhalten zeigt, das beim Bürger die Vorstellung auslöst, er könne sich auf ein Nichteinschreiten einstellen[117]. Während sich die Bindungswirkungen von Duldungen durch Zusicherung oder öffentlich-rechtlichen Vertrag nach den Vorschriften des VwVfG richten, muss die Bindung bei anderweitigen Verhaltensweisen wie etwa informellen Absprachen oder jahrelangen bloßen Nichteinschreitens anhand des allgemeinen Vertrauensschutzes des Betroffenen bestimmt werden[118]. Das rechtsstaatliche Vertrauensschutzprinzip ist neben dem Gleichheitssatz gemäß Art. 3 GG normative Grundlage der Selbstbindung der Verwaltung[119] und daher als Abwägungskriterium im Rahmen der Ermessensentscheidung zu berücksichtigen[120].

---

114 BVerwGE 44, 339, 34; *Hermes/Wieland*, Die staatliche Duldung, S. 41; *Fluck*, NuR 1990, 197, 201.

115 *Muckel*, Kriterien des verfassungsrechtlichen Vertrauensschutzes, S. 79 f.

116 *Heider*, NuR 1995, 335, 337.

117 *Kisker*, VVDStRL Heft 32 (1974), 149, 164 f.

118 *Mann* in: Große-Suchsdorf, NBauO, § 79 Rn. 65; *Heider*, Behördliche Duldung, S. 64; *ders.*, NuR 1995, 335, 337; *Wasmuth/Koch*, NJW 1990, 2434, 2438 f.

119 BVerwGE 104, 203, 223; *Sachs* in: Stelkens/Bonk/Sachs, VwVfG, § 40 Rn. 104.

120 OVG NRW, BauR 1991, 448 f.; *Malitz*, Behördliche Duldung, S. 50.

2. *Rücknahme rechtswidriger Duldungszusicherungen und Duldungsverwaltungsakte*

a) *Berücksichtigung des Vertrauensschutzes beim Rücknahmeermessen*

Duldungszusicherung und Duldungsverwaltungsakt stellen für den Adressaten begünstigende Verwaltungsakte dar, die gemäß § 48 Abs. 1 S. 2 VwVfG nur unter den Voraussetzungen des § 48 Abs. 3 VwVfG zurückgenommen werden können. Danach hat die Behörde dem Betroffenen auf Antrag des Betroffenen den Vermögensnachteil auszugleichen, den dieser dadurch erleidet, dass er auf den Bestand des Verwaltungsakts vertraut hat, soweit sein Vertrauen unter Abwägung mit dem öffentlichen Interesse schutzwürdig ist. Umstritten ist, ob Vertrauensschutzgesichtspunkte auch schon beim Rücknahmeermessen eine Rolle spielen dürfen oder ob sich die Beachtung auf die Regelung des § 48 Abs. 3 VwVfG und damit auf den Ausgleich von Vermögensvorteilen beschränkt[121]. Im Gegensatz zu § 48 Abs. 2 VwVfG, der die Rücknahme eines rechtswidrigen Verwaltungsakts regelt, der eine einmalige oder laufende Geldleistung oder teilbare Sachleistung gewährt, beruht § 48 Abs. 3 VwVfG auf dem Gedanken, dass bei allen nicht unter § 48 Abs. 2 VwVfG fallenden begünstigenden Verwaltungsakten das Vorliegen eines schutzwürdigen Vertrauens auf den Bestand des Verwaltungsakts grundsätzlich nicht die Rücknahme eines Verwaltungsakts hindern soll, sondern in der Regel nur ein Anspruch auf Ausgleich der durch die Rücknahme entstandenen Vermögensnachteile zur Folge hat[122]. Es handelt sich mithin um eine Form des Vertrauensschutzes durch Vermögensschutz und nicht durch Schutz des Bestandes. Dies hätte bei Duldungen in Form eines Verwaltungsakts zur Folge, dass von vornherein keine auf Dauer schutzwürdige Position bestehen würde.

Aufgrund der überragenden Bedeutung des Vertrauensschutzprinzips im Rechtsstaat ist jedoch mit der überwiegenden Ansicht in Rechtsprechung und Literatur davon auszugehen, dass die Rücknehmbarkeit nicht die Regel darstellen soll. Vielmehr ist im Wege verfassungskonformer Auslegung auch bei begünstigenden Verwaltungsakten, die keine Geldleistung gewähren, schon beim Rücknahmeermessen eine Abwägung zwischen öffentlichem Interesse und Vertrauensschutzinteresse des Betroffenen vorzunehmen[123]. Die Behörde muss auch schon vorher prüfen können, ob sie sich den Folgen des § 48 Abs. 3 VwVfG aussetzen will[124]. Fehlt es an ausgleichsfähigen Vermögensnachteilen, bleibt nur noch die Berücksichtigung des

121 Dazu *Kopp/Ramsauer*, VwVfG, § 48 Rn. 137 m.w.N.

122 *Sachs* in: Stelkens/Bonk/Sachs, VwVfG, § 48 Rn. 178.

123 BVerwGE 83, 195, 197; BVerwG, NVwZ-RR 2001, 198, 199; OVG NRW, BauR 2005, 696, 699 f.; *Kopp/Ramsauer*, VwVfG, § 48 Rn. 137; *Sachs* in: Stelkens/Bonk/Sachs, VwVfG, § 48 Rn. 177; speziell im Zusammenhang mit Duldungsverwaltungsakten: HessVGH, BRS 55 Nr. 205 (S. 586); *Lange*, WiVerw 1979, 15, 18; *Rothfuchs*, LKV 2006, 454, 456.

124 BVerwG, NVwZ-RR 2001, 198, 199.

Vertrauensschutzes bei der Ermessensentscheidung nach § 48 Abs. 1 S. 1 VwVfG[125]. Die Möglichkeit des Ausgleichs von Vermögensnachteilen auf Antrag nach § 48 Abs. 3 VwVfG stellt dann nur einen zusätzlichen Gesichtspunkt dar, der bei Abwägung der für und gegen die Rücknahme sprechenden Gründe in Rechnung zu stellen ist[126]. Anders als bei § 48 Abs. 2 S. 1 VwVfG wird das Ermessen aber nicht von vornherein eingeschränkt[127]. Folglich ist auch bei der Rücknahme einer Duldungsentscheidung der Vertrauensschutz zu prüfen.

b) Voraussetzungen des Vertrauensschutzes nach § 48 Abs. 2 VwVfG

Die Voraussetzungen, die für das Vorliegen von Vertrauensschutz zu ermitteln sind, unterscheiden sich bei der Prüfung des § 48 VwVfG nicht von den allgemeinen Voraussetzungen des Vertrauensschutzes. Die Duldung in Form eines Verwaltungsakts bildet eine besonders starke Vertrauensgrundlage. Auf diese Vertrauensgrundlage muss der Bürger tatsächlich vertraut haben und sein Vertrauen betätigt haben. Die Schutzwürdigkeit des Vertrauens entfällt, wenn ein Ausschlussgrund gemäß § 48 Abs. 2 VwVfG vorliegt[128]. Die Voraussetzungen des § 48 Abs. 2 VwVfG sind auch zu prüfen, wenn es um den Ausgleich von Vermögensnachteilen nach § 48 Abs. 3 geht[129]. Liegt ein schutzwürdiges Vertrauen vor, ist zwischen dem Vertrauensinteresse des Bürgers und dem öffentlichen Rücknahmeinteresse abzuwägen.

Darüber hinaus ist auch die Regelung des § 50 VwVfG zu beachten, wenn eine Duldungszusicherung oder ein Duldungsverwaltungsakt aufgrund des Widerspruchs oder der Anfechtung eines betroffenen Dritten im Rechtsbehelfsverfahren aufgehoben wird. Zwar wird dann der Vertrauensschutz des Duldungsempfängers nicht vollends ausgeschlossen, allerdings wird i.d.R. eine Ermessensreduzierung auf Null in Bezug auf ein Einschreiten eintreten[130].

3. Widerruf rechtmäßiger Duldungszusicherungen und Duldungsverwaltungsakte

Anders als bei der Einzelfallabwägung im Rahmen der Rücknahme nach § 48 VwVfG, hat der Gesetzgeber beim Widerruf rechtmäßiger Verwaltungsakte die Abwägung selbst nach abstrakten Merkmalen vorgenommen, indem er den Vertrauensschutz bereits in die Widerrufsregelungen des § 49 Abs. 2 S. 1 Nr. 3–5 VwVfG i.V.m. den Entschädigungsregelungen des § 49 Abs. 6 VwVfG eingearbeitet hat[131]. Das führt

---

125 *Sachs* in: Stelkens/Bonk/Sachs, VwVfG, § 48 Rn. 183.
126 *Rothfuchs*, LKV 2006, 454, 456.
127 *Sachs* in: Stelkens/Bonk/Sachs, VwVfG, § 48 Rn. 177.
128 Siehe unten 6. Teil. E.IV.2.
129 *Kopp/Ramsauer*, VwVfG, § 48 Rn. 136 m.w.N. und Rn. 141; *Sachs* in: Stelkens/Bonk/Sachs, VwVfG, § 48 Rn. 193.
130 *Kopp/Ramsauer*, VwVfG, § 50 Rn. 8.
131 *Sachs* in: Stelkens/Bonk/Sachs, VwVfG, § 49 Rn. 33.

dazu, dass ein Widerruf im konkreten Fall auch dann erfolgt, wenn ein schutzwürdiges Vertrauen besteht, wobei nach § 49 Abs. 6 VwVfG eine Entschädigung zu leisten ist[132].

Durch die ausdrückliche Normierung des Entschädigungsanspruchs wird der Verwaltung ein größerer Spielraum bei ihrer Entscheidung über den Widerruf eröffnet, um nicht immer zwischen vollständiger Aufhebung oder Belassung entscheiden zu müssen[133]. Nur ausnahmsweise sind Vertrauensschutzgesichtspunkte zugunsten des Betroffenen schon beim Widerrufsermessen des § 49 VwVfG zu berücksichtigen, soweit der ihm ohnehin kraft Gesetzes zustehende Vertrauensschutz aus besonderen Gründen nicht ausreichend erscheint[134]. Sofern man die qualifizierte Duldung durch Verwaltungsakt aber als Zusicherung i.S.d. § 38 VwVfG auffasst, dürfte ein Ausgleich von Vermögensnachteilen nach § 49 Abs. 6 VwVfG kaum von Bedeutung sein, weil die Bindungswirkung gemäß § 38 Abs. 3 VwVfG bei Änderung der Sach- oder Rechtslage schon kraft Gesetzes ohne Entschädigung entfällt.

III. Kriterien einer vertrauensschutzbegründenden Duldung

Ein durch die Duldung hervorgerufener wirksamer Vertrauensschutz setzt nach den allgemeinen Regeln voraus, dass sich durch ein bestimmtes Verhalten der Bauaufsichtsbehörde eine Vertrauensgrundlage gebildet hat. Diese Vertrauensgrundlage wird definiert als Verhalten eines staatlichen Organs, das bestimmte Erwartungen des Bürgers auslöst, die sich gerade auf dieses Verhalten beziehen. Die Vertrauensgrundlage fungiert somit als Anknüpfungspunkt bzw. Bezugsobjekt des Vertrauens[135]. Jegliche Verhaltensweisen der Verwaltung wie Verwaltungsakte, öffentlich-rechtliche Verträge, Auskünfte, Zusagen u.a. können grundsätzlich eine Vertrauensgrundlage bilden[136]. Die Verwaltung kann die Entstehung von Vertrauen aber auch von vornherein verhindern, indem sie ihre Maßnahme unter den Vorbehalt eines Widerrufs oder etwa den Vorbehalt künftiger Rechtsänderungen stellt[137].

Das Vertrauen des Bürgers in seine Rechtsposition wird meist enttäuscht, weil sich gerade die Vertrauensgrundlage als fehlerhaft erweist. Diese Fehler können formeller Natur sein wie z.B. Zuständigkeits-, Verfahrens- oder Formmängel. Die Fehlerhaftigkeit kann sich aber auch aus materiellen Fehlern ergeben, etwa wenn die Behörde von ihrem Ermessen in einer Art und Weise Gebrauch gemacht hat, von der

---

132 *Maurer,* Allgemeines Verwaltungsrecht, § 11 Rn. 40; zur Rechtsnatur dieses Entschädigungsanspruchs: *Kopp/Ramsauer,* VwVfG, § 49 Rn. 78 m.w.N.

133 *Kopp/Ramsauer,* VwVfG, § 49 Rn. 79.

134 BVerwG, NVwZ 1992, 565, 566.

135 *Muckel,* Kriterien des verfassungsrechtlichen Vertrauensschutzes, S. 80 f.; *Ossenbühl,* Rücknahme fehlerhafter begünstigender Verwaltungsakte, S. 80 f.; *Weber-Dürler,* Vertrauensschutz, S. 79.

136 *Weber-Dürler,* Vertrauensschutz, S. 79.

137 *Weber-Dürler,* Vertrauensschutz, S. 81 f.

sie nachträglich wieder abrücken möchte[138]. Das kann bei Duldungen der Fall sein, wenn Rechtspositionen des Nachbarn nicht angemessen gewürdigt wurden oder die Behörde ihr Ermessen bei Erteilung einer unbeschränkten Duldung überschreitet.

1. Kenntnis des rechtswidrigen Zustands

Wie bereits bei den Voraussetzungen der Duldung erörtert, kann eine vertrauensschutzbegründende Duldung nur dann vorliegen, wenn die Bauaufsichtsbehörde auch Kenntnis des rechtswidrigen Zustands hat[139]. Die Behörde benötigt die Kenntnis aller für die Entscheidung zum Einschreiten relevanten Umstände. Zugunsten eines Bürgers, der heimlich ein illegales Bauwerk errichtet und dabei hofft, nicht entdeckt zu werden, kann kein Vertrauenstatbestand entstehen[140]. In diesem Fall wird die Schutzwürdigkeit des Vertrauens außerdem an der Bösgläubigkeit des Bürgers scheitern.

2. Faktische Duldungen

a) Keine Vertrauensgrundlage

Die faktische Duldung durch schlichtes Nichteinschreiten der Bauaufsichtsbehörde bei Kenntnis des Sachverhalts ist nach herrschender Ansicht nicht geeignet, beim Betroffenen einen Vertrauenstatbestand auszulösen[141]. Dieser Ansicht verdient Zustimmung, weil es bei der faktischen Duldung schon an einem behördlichen Verhalten als Anknüpfungspunkt für eine Vertrauensgrundlage fehlt. Die schlichte Hinnahme eines rechtswidrigen Zustands für eine längere Zeit hindert die Bauaufsichtsbehörde also nicht, ihre bisherige Praxis zu beenden und auf die Herstellung baurechtmäßiger Zustände hinzuwirken[142]. Es fehlt mithin an einem Bezugspunkt

---

138 *Weber-Dürler*, Vertrauensschutz, S. 87 f.

139 Siehe oben 1. Teil. A.IV.1.

140 *Mann* in: Große-Suchsdorf, NBauO, § 79 Rn. 60; *Drews/Wacke/Vogel/Martens*, Gefahrenabwehr, S. 387; *Hermes/Wieland*, Die staatliche Duldung, S. 41; *Weber-Dürler*, Vertrauensschutz, S. 231.

141 BayVGH, BayVBl. 1999, 590, 592; OVG NRW, NVwZ-RR 2007, 661, 662; OVG NRW, BRS 71 Nr. 187 (S. 873); *Boeddinghaus/Hahn/Schulte*, BauO NRW, § 75 Rn. 22; *U.Stelkens* in: Stelkens/Bonk/Sachs, VwVfG, § 35 Rn. 92; *Drews/Wacke/Vogel/Martens*, Gefahrenabwehr, S. 387; *Jäde*, Bauaufsichtliche Maßnahmen, Rn. 119; *Kaiser* in: Ehlers/Fehling/Pünder, Besonderes Verwaltungsrecht Bd. 2, § 41 Rn. 141; *Heider*, Behördliche Duldung, S. 63 f.; *Kuschnerus/Schöler/Stehr*, NWVBl. 2004, 297, 303; *Pietzcker*, JZ 1985, 209, 215; *Schoch*, Jura 2005, 178, 183; unklar und ohne weitere Begründung NdsOVG, Beschl. v. 09.03.2012 – 1 LA 254/09, juris Rn. 84, wonach auch die faktische Duldung unter besonderen Umständen Vertrauenstatbestände schaffen könne, die bei einem Einschreiten zu berücksichtigen seien.

142 OVG NRW, Urt. v. 20.04.2016 – 7 A 1367/14, juris Rn. 35; OVG NRW, Urt. v. 24.02.2016 – 7 A 1623/14, juris Rn. 50; OVG NRW, Beschl. v. 26.02.2015 – 10 A 1432/12, juris Rn. 47.

für schutzwürdiges Vertrauen. In der Konsequenz wird es dann auch an der Kenntnis des Betroffenen von der Vertrauensgrundlage[143] sowie an einer kausalen Vertrauensbetätigung[144] fehlen. Zudem wird es in vielen Fällen an einer schriftlichen Fixierung[145] der Duldung mangeln.

Etwas anderes wäre nur dann anzunehmen, wenn man der bloßen Untätigkeit einen bestimmten Erklärungswert zukommen lassen und damit das bloße Unterlassen der Behörde als Vertrauensgrundlage anerkennen wollte. Dagegen spricht aber, dass einfaches Schweigen im Verwaltungsrecht keine Willenserklärung darstellt, es sei denn das Gesetz knüpft an das Schweigen bestimmte Rechtsfolgen[146]. Wenn das Schweigen aber keine Rechtsfolgen hat, kann der Bauaufsichtsbehörde nicht die Pflicht auferlegt werden, den Betroffenen darüber zu informieren, dass sie sich ein späteres Einschreiten offenhält[147]. Zudem ist bei genehmigungspflichtigen Vorhaben zu beachten, dass gerade die Genehmigungspflicht das Entstehen schutzwürdigen Vertrauens bei der faktischen Duldung verhindert[148].

Problematisch ist, ob dies nicht zu einem Widerspruch führt, weil sich die Bauaufsichtsbehörde aufgefordert fühlen könnte, bei Kenntnisnahme eines rechtswidrigen Zustands schlicht untätig zu bleiben, um damit die Entstehung eines Vertrauenstatbestands von vornherein zu verhindern. Wenn die Bauaufsichtsbehörde aber sachliche Gründe für ihr Nichteinschreiten hat, ist dieses Vorgehen für den Bauherrn hinnehmbar, weil ihn das Risiko des Fehlens einer Baugenehmigung und der mangelnden Genehmigungsfähigkeit trifft[149]. Außerdem hat er die Möglichkeit, bei der Bauaufsichtsbehörde Anträge zu stelle, um auf eine qualifizierte Duldung in Form der Zusicherung für einen bestimmten Zeitraum hinzuwirken und somit Planungssicherheit zu erhalten[150]. Auch wenn keine Baugenehmigung für ein Vorhaben erforderlich ist, ergibt sich nichts anderes, weil die Behörde im Genehmigungsfreistellungs-, Anzeige- und Kenntnisgabeverfahren keine Prüfungspflicht trifft. Deshalb kann sie in diesen Verfahrensarten nicht für ihre Untätigkeit verantwortlich gemacht werden, sodass das Risiko der Rechtmäßigkeit dem Bauherrn voll aufgebürdet ist[151].

---

143 Siehe unten 6. Teil. E.IV.1.

144 Siehe unten 6. Teil. E.V.

145 Zur Schriftform bei der qualifizierten Duldung siehe unten 6. Teil. E.III.3.c).

146 BayVGH, BayVBl. 1999, 590, 592; *Wasmuth/Koch*, NJW 1990, 2434, 2439; so z.B. bei der Genehmigungsfiktion nach § 42a VwVfG, vgl. *U. Stelkens* in: Stelkens/Bonk/Sachs, VwVfG, § 35 Rn. 81.

147 *Roeckl*, Die Bindung der Baubehörden an eigene Akte, S. 71.

148 *U. Stelkens* in: Stelkens/Bonk/Sachs, VwVfG, § 35 Rn. 92.

149 BVerwG, NVwZ-RR 1997, 273, 274 f.; NdsOVG, Urt. v. 09.03.2012 – 1 LA 352/07; OVG NRW, BRS 47 Nr. 193 (S. 482); *Finkelnburg/Ortloff/Otto*, Öffentliches Baurecht Bd. II, S. 168 f.

150 *Schenke* in: Achterberg/Püttner/Württenberger, Besonderes Verwaltungsrecht Bd. I, § 9 Rn. 248.

151 *Brohm*, Öffentliches Baurecht, § 22 Rn. 13.

Darüber hinaus kann selbst für den Fall, dass eine faktische Duldung als Vertrauensgrundlage anerkannt würde, diese im Rahmen der Interessenabwägung nicht als schutzwürdig angesehen werden. Der Ermessensspielraum der Verwaltung kann im Fall des Nichteinschreitens durch den Vertrauensschutz nicht stärker eingeschränkt werden, als das mit Zusage, Zusicherung und in den Regelungen über Rücknahme und Widerruf eines Verwaltungsakts vorgesehen ist. Ansonsten würde man die Behörde mittelbar zwingen, überall dort zu handeln, wo ihr das Gesetz die Entscheidung zwischen Einschreiten und Nichteinschreiten freistellt[152].

b) Wirkungen der faktischen Duldung

Das Vorliegen einer faktischen Duldung führt aber keinesfalls dazu, dass diese gänzlich unbeachtlich wäre. Auch wenn durch eine langjährige Untätigkeit der Behörde kein Vertrauenstatbestand zugunsten des Betroffenen entsteht, so setzt sich die Behörde dennoch in Widerspruch zu ihrem vorherigen Verhalten, wenn sie nunmehr gegen den rechtswidrigen Zustand einschreitet. Deshalb ist die Behörde aus Gründen der Verhältnismäßigkeit gehalten, ihr vorheriges Verhalten im Rahmen ihrer Ermessensentscheidung zu berücksichtigen und gegebenenfalls die Modalitäten des Einschreitens daran anzupassen[153].

Die Duldung erfordert also gesteigerte Anforderungen an die Ermessensbetätigung der Behörde als Folge der Hinnahme des rechtswidrigen Zustands[154]. Dies beinhaltet die Verpflichtung der Behörde, die Gründe darzulegen, die eine Änderung ihres Verhaltens rechtfertigen[155]. Auch wenn aus den Gesichtspunkten des Vertrauensschutzes oder der Verwirkung keine Rechte hergeleitet werden können, ist der Zeitfaktor bei einer faktischen Duldung in die Ermessenserwägungen einzustellen und angemessen zu berücksichtigen[156]. Zum Teil wird aus dem Zeitablauf sogar eine widerlegliche Vermutung gefolgert, dass das Gewicht der Störung durch das rechtswidrige Bauwerk nicht allzu hoch bewertet werden könne, wenn eine rechtswidrige Anlage über einen langen Zeitraum hinweg bestanden habe, ohne dass die Bauaufsicht eingeschritten sei[157]. Allerdings bewirkt die langjährige Duldung bzw. ein

---

152 *Hermes/Wieland*, Die staatliche Duldung, S. 43.

153 OVG Saarl., BRS 44 Nr. 194 (S. 452); das OVG Schleswig-Holstein sieht darin einen Verstoß gegen die Begründungspflicht gemäß § 39 Abs. 1 S. 2 VwVfG, vgl. OVG SH, BRS 54 Nr. 207 (S. 554); *Kothe*, Umweltauditrecht, Rn. 329.

154 BayVGH, BayVBl. 1999, 590, 592; OVG Berlin, BRS 28 Nr. 169 (S. 345); OVG Rh.-Pf., DVBl. 2012, 250, 252; OVG Saarl., BRS 44 Nr. 194 (S. 452); für die Bezeichnung als „erweiterte passive Duldung" vgl. *Ruske*, Die gleichheitsgemäße Ermessensausübung, S. 59.

155 OVG NRW, BauR 1999, 383, 386 f.; *Brenner*, Öffentliches Baurecht, Rn. 772; *Wenzel* in: Gädtke/Czepuck/Johlen/Plietz/Wenzel, BauO NRW, § 61 Rn. 40.

156 OVG Berlin, BRS 28 Nr. 169 (S. 345) zur faktischen Duldung einer illegalen Wohnnutzung über 50 Jahre; *Wolff/Bachoff/Stober/Kluth*, Verwaltungsrecht I, § 51 Rn. 69.

157 *Jäde*, Bauaufsichtliche Maßnahmen, Rn. 120; *Ossenbühl*, Rücknahme fehlerhafter begünstigender Verwaltungsakte, S. 92.

langjähriges Bestehen noch keine Beweislastumkehr zugunsten des Bauherrn bei einer fehlenden Baugenehmigung[158]. Mit dem Zeitablauf steigt vielmehr die Bedeutung behördlicher Verhaltensweisen, die sich noch nicht als qualifizierte Duldung des rechtswidrigen Zustands darstellen (z.B. Ortsbesichtigungen, Mietereinweisungen etc.), sodass gehobene Anforderungen an die Begründung der Ermessensausübung zu stellen sind[159]. Darüber hinaus können bei behördlichem Verhalten, das bei der Entstehung des rechtswidrigen Zustands mitwirkt, auch Amtshaftungsansprüche in Betracht kommen[160].

Abzulehnen ist jedoch die Ansicht, dass eine solche „erweiterte passive Duldung“ wiederum ein aktives bzw. qualifiziertes Dulden darstelle und allein deshalb erheblich sei[161]. Denn in diesen Fällen fehlt es gerade an dem qualifizierten Verhalten der Behörde gegenüber dem Bürger. Ihr vorangegangenes Untätigbleiben ist im Rahmen der Ermessensentscheidung vielmehr deshalb zu berücksichtigen, weil die Behörde sich in Widerspruch zu ihrem bisherigen Verhalten begibt und deshalb wenigstens eine Auseinandersetzung mit den Gründen für ein Einschreiten erforderlich wird.

3 *Qualifizierte Duldungen*

In der Rechtsprechung der Oberverwaltungsgerichte dürfte allgemein anerkannt sein, dass nur bei Vorliegen einer qualifizierten Duldung eine Vertrauensgrundlage entstehen kann. Eine solche qualifizierte Duldung verlange, dass die zuständige Bauaufsichtsbehörde in Kenntnis der formellen und gegebenenfalls materiellen Illegalität eines Vorhabens zu erkennen gibt, dass sie sich auf Dauer mit dessen Existenz abzufinden gedenkt[162]. Das OVG Nordrhein-Westfalen hat in einer regelmäßig verwendeten „Formel“ die Voraussetzungen der Entstehung eines Vertrauenstatbestands festgehalten[163]:

> *„Ein aktives Dulden setzt eine unmissverständliche Erklärung der zuständigen Behörde voraus, ob, in welchem Umfang und gegebenenfalls über welchen Zeitraum die Duldung eines illegalen Zustandes erfolgen soll.“*

Die konkret aufgestellten Anforderungen sind durchaus als streng zu bewerten, diese enge Auslegung ist aber aufgrund des Ausnahmecharakters und der Folgen

---

158 HessVGH, BRS 44 Nr. 146 (S. 350); a.A. OVG NRW, Urt. v. 24.02.2016 – 7 A 19/14, juris Rn. 33 ff.; siehe oben 2. Teil. B.IV.1.d).

159 OVG Saarl., BRS 54 Nr. 207 (S. 552 f.); *Jäde*, Bauaufsichtliche Maßnahmen, Rn. 121; siehe auch unten 6. Teil. F.I.

160 Siehe unten 8. Teil. B.

161 *Ruske*, Die gleichheitsgemäße Ermessensausübung, S. 59 f.

162 OVG NRW, Beschl. v. 29.11.2013 – 7 A 1879/12, juris Rn. 5; OVG NRW, NVwZ-RR 2009, 364, 366; OVG NRW, Beschl. v. 24.01.2006 – 10 B 2160/05, juris Rn. 12 f. m.w.N.; OVG NRW, BRS 71 Nr. 187 (S. 873).

163 OVG NRW, NVwZ-RR 2009, 364, 366; OVG NRW, NVwZ-RR 2007, 661, 662; OVG NRW, BauR 2006, 90, 93.

der Duldung gerechtfertigt[164]. Denn die Duldung stellt gerade eine Ausnahme des in Richtung auf ein Einschreiten intendierten Ermessens dar. Eine qualifizierte Duldung liegt also erst vor, wenn die Behörde über eine schlichte Passivität hinaus auch durch positives Tun beim Bauherrn die Vorstellung hervorgerufen hat, eine Beseitigungsverfügung werde nicht ergehen. Der Bauherr muss auch tatsächlich darauf vertraut haben, im Vertrauen auf das behördliche Verhalten nicht unerhebliche und nur schwer rückgängig zu machende Vermögensdispositionen getroffen haben und durch die Beseitigung einen unzumutbaren Nachteil erleiden[165]. In der Folge kann das Entschließungsermessen derart reduziert sein, dass nur die Entscheidung des Nichteinschreitens ermessensfehlerfrei ist[166].

Andererseits bleiben die Ausführungen in Bezug auf die „unmissverständliche Erklärung“ vage. Gerade dieses Merkmal wird von den Gerichten in aller Regel verneint und bedarf deshalb als wichtiger Voraussetzung der Konkretisierung. Was genau unter einer unmissverständlichen Erklärung zu verstehen ist, kann selbstverständlich nur anhand des Einzelfalls durch Auslegung bestimmt werden. Deshalb sollen die einzelnen Anforderungen an die qualifizierte Duldung konkretisiert und im Anschluss einzelne Konstellationen dargestellt werden, bei denen das Vorliegen einer unmissverständlichen Erklärung streitig ist[167].

a) Zuständigkeit

Nach der dargestellten Formel des OVG Nordrhein-Westfalen soll Voraussetzung für die Entstehung von Vertrauensschutz sein, dass die Duldung durch die zuständige Behörde erklärt wird. Das Erfordernis der Erklärung der Duldung durch die zuständige Behörde erscheint aber im ersten Moment nicht unbedingt zwingend. Denn ob die Erklärung durch eine zuständige oder unzuständige Behörde erklärt wurde, ist aus Sicht des Adressaten nicht immer ohne weiteres erkennbar. Gegen das Kriterium der Zuständigkeit wird deshalb eingewendet, ein wirksamer Vertrauensschutz werde zu stark eingeengt[168]. Weil dem Bürger das Risiko der Unzuständigkeit aufgebürdet werde, sei es denkbar, den Vertrauensschutz nur dann auszuschließen, wenn der Bürger die fehlende Zuständigkeit kannte oder kennen musste[169].

---

164 OVG NRW, Beschl. v. 29.11.2013 – 7 A 1879/12, juris Rn. 5.

165 BayVGH, BayVBl. 1999, 590, 592; BayVGH, BayVBl. 1996, 634; OVG NRW, Beschl. v. 13.02.2014 – 2 A 983/13, juris Rn. 30; OVG NRW. Beschl. v. 05.08.2011 – 2 A 2137/10, juris Rn. 27; OVG NRW, NVwZ-RR 2009, 364, 366; OVG Rh.-Pf., DVBl. 2012, 1185, 1187; OVG Saarl., BRS 44 Nr. 194 (S. 452); *Decker* in: Simon/Busse, BayBO, Art. 76 Rn. 227; *Hellermann* in: Dietlein/Burgi/Hellermann, Öffentliches Recht in NRW, § 4 Rn. 298; *Jäde*, Bauaufsichtliche Maßnahmen, Rn. 122; *Rabe*, BauR 1978, 166, 173; *Rogall*, NJW 1995, 922, 923.

166 OVG NRW, BauR 1991, 448; *Maurer* in: Isensee/Kirchhof, Handbuch des Staatsrechts Bd. IV, § 79 Rn. 132.

167 Zu Einzelfällen siehe unten 6. Teil. E.III.4.

168 *Weber-Dürler*, Vertrauensschutz, S. 107.

169 *Weber-Dürler*, Vertrauensschutz, S. 109 ff.

Auf der anderen Seite darf die Schutzwürdigkeit des auf ein illegales Bauwerk vertrauenden Bürgers nicht zu hoch eingestuft werden. Denn in der Regel obliegt es dem Bürger, sich im Vorfeld darüber zu informieren, ob eine Baugenehmigung einzuholen ist bzw. ob sein Vorhaben den Vorschriften entspricht[170]. Errichtet er ohne die erforderliche Genehmigung oder entgegen materiell-rechtlicher Vorschriften ein illegales Bauwerk, kann es ihm nicht noch zugutekommen, wenn eine unzuständige Behörde die Duldung erklärt. Darüber hinaus zeigt auch die Wertung des § 38 Abs. 1 S. 1 VwVfG, dass der Gesetzgeber die Bindungswirkung der Zusicherung streng an die Zuständigkeit der handelnden Behörde knüpft[171]. Des Weiteren muss man sich vor Augen führen, dass selbst die Genehmigung durch eine Behörde nicht die konkludente Zusicherung beinhaltet, dass wegen fehlender anderer Genehmigungen nicht eingeschritten wird[172]. Das ergibt sich zum einen daraus, dass die eine Genehmigung erteilende Behörde für andere Fachbereiche unzuständig ist, zum anderen bestehen in diesem Fall schon erhebliche Zweifel an der behördlichen Kenntnis des rechtswidrigen Zustands[173]. Folglich kann ein schutzwürdiges Vertrauen darauf, dass die zuständige Bauaufsichtsbehörde künftig nicht gegen einen rechtswidrigen Zustand einschreiten wird, nicht durch das Verhalten einer für diese Entscheidung unzuständigen Behörde begründet werden[174].

Von diesem Ergebnis ausgehend lassen sich einige praktische Beispiele darstellen. Ein Einschreiten ist z.B. dann nicht ermessensfehlerhaft, wenn der Betroffene über mehrere Jahre Grundsteuer für seinen illegalen Gewerbebetrieb bezahlt hat, da hier das Verhalten einer anderen als der zuständigen Bauaufsichtsbehörde gegeben ist[175]. Gleiches gilt auch für die Aufforderung des zuständigen Meldeamtes zur Anmeldung mit dem Hauptwohnsitz. Hierbei handelt es sich lediglich um eine melderechtliche Verpflichtung, nicht aber um eine bewusste Duldung des rechtswidrigen Zustands[176]. Aber auch aus anderen späteren bau-, gewerbe- oder gaststättenrechtlichen Überprüfungen kann eine Duldung nicht hergeleitet werden[177]. Wenn etwa die Gewerbeaufsicht eine Anordnung gegenüber einer illegalen Nutzung

---

170 OVG NRW, Beschl. v. 13.01.2014 – 10 B 1415/13, juris Rn. 15; OVG Rh.-Pf., ZfBR 2010, 807, 808.

171 *Hermes/Wieland*, Die staatliche Duldung, S. 41.

172 OVG NRW, Beschl. v. 20.01.2015 – 2 B 1447/14, juris Rn. 14, für den Fall einer Spielhallenerlaubnis nach § 33i GewO; *Hermes/Wieland*, Die staatliche Duldung, S. 26.

173 VG Gelsenkirchen, Urt. v. 11.09.2014 – 5 K 873/13, juris Rn. 77 f.

174 HambOVG, BauR 1982, 259, 264; OVG NRW, BRS 71 Nr. 187 (S. 873), wonach die Kenntnis der Ausübung eines Partybetriebs aufgrund einer Gewerbeanmeldung und Duldung durch das Gewerbeamt einer Nutzungsuntersagung durch die Bauaufsichtsbehörde nicht entgegenstehe.

175 OVG NRW, Beschl. v. 24.01.2006 – 10 B 2159/05, juris Rn. 12; OVG NRW, Beschl. v. 24.01.2006 – 10 B 2160/05, juris Rn. 12.

176 OVG Berlin-Bbg., Beschl. v. 27.12.2013 – OVG 10 S 26.13, juris Rn. 5.

177 OVG NRW, NVwZ-RR 2009, 364, 366; VGH BW, BRS 40 Nr. 228 (S. 492).

erlässt und Feststellungen über die Zuverlässigkeit des Bauherrn und die Störungsintensität eines Betriebs trifft, lässt sich daraus keine baurechtliche Duldung ableiten, weil die Gewerbeaufsicht nicht die Sachkompetenz besitzt, Aussagen über die Baurechtskonformität zu treffen[178]. In diesem Zusammenhang lassen sich auch das Anschließen an die Wasserversorgung bzw. ein Kanalanschlussbeitragsbescheid[179], die Zuteilung einer Hausnummer, die Heranziehung zur Grundsteuer für Baugrundstücke, der Anschluss an das Strom- und Gasnetz oder die Installation eines Telefonanschlusses[180] nennen. Gleichfalls führen die an die Gemeinde abgeführte Kurtaxe oder Fremdenverkehrsabgaben sowie die Vermietung einer Ferienwohnung über die Internetseite der Stadtverwaltung bei bauplanungsrechtlich nicht zulässigen Ferienwohnungen nicht zu einer schutzwürdigen Vertrauensgrundlage[181]. Auch amtliche Viehzählungen erfolgen auf Grundlage des Gesetzes über Agrarstatistiken (AgrStatG) und dienen der Erfassung der Viehbestände für die Agrarstatistik und nicht der bauaufsichtlichen Kontrolle. Eine solche Viehzählung wird vom Veterinäramt durchgeführt und nicht von der Bauaufsichtsbehörde. Dementsprechend kann nicht davon ausgegangen werden, die für bauaufsichtliche Maßnahmen zuständige Bauaufsichtsbehörde habe eine Nutztierhaltung geduldet[182]. Ebenso kann einer bauaufsichtlichen Nutzungsuntersagung für eine genehmigungspflichtige Pflegeeinrichtung in einem Wohngebiet kein schutzwürdiges Vertrauen entgegengehalten werden, wenn die Heimaufsicht die Einrichtung unter heimaufsichtsrechtlichen Gesichtspunkten akzeptiert[183].

b) Zeitraum der Duldung

Welcher Zeitraum für das Vorliegen einer vertrauensschutzbegründenden qualifizierten Duldung erforderlich ist, wird in der Rechtsprechung großenteils offen gelassen. Das OVG Nordrhein-Westfalen führt aus, dass eine Duldungserklärung nur „gegebenenfalls“ den Zeitraum der Duldung umfassen soll[184]. Zumindest soll sich die Duldung über einen „gewissen Zeitraum“ erstrecken[185]. Diese Formulierung

---

178 VG Karlsruhe, Urt. v. 23.07.2014 – 6 K 3323/13, juris Rn. 35 (bordellartiger Betrieb in einem allgemeinen Wohngebiet).

179 OVG NRW, Urt. v. 20.04.2016 – 7 A 1367/14, juris Rn. 50.

180 OVG NRW, Beschl. v. 28.08.2014 – 7 B 940/14, juris Rn. 8; *Jäde*, Bauaufsichtliche Maßnahmen, Rn. 126.

181 Vgl. „Handlungsleitfaden zur bauplanungs- und bauordnungsrechtlichen Zulässigkeit von Ferienwohnungen“ des Ministeriums für Wirtschaft, Bau und Tourismus Mecklenburg-Vorpommern vom 10.07.2014, S. 14 und 17, abrufbar im Internet unter: http://www.regierung-mv.de/serviceassistent/download?id=125838 (abgerufen am 28.02.2016).

182 BayVGH, Beschl. v. 03.04.2014 – 15 ZB 12.2736, juris Rn. 18.

183 VG Gelsenkirchen, Urt. v. 11.09.2014 – 5 K 873/13, juris Rn. 77 f.

184 OVG NRW, BauR 2006, 90, 93.

185 HessVGH, NuR 1993, 36; OVG NRW, BauR 1991, 448, 449; *Hermes/Wieland*, Die staatliche Duldung, S. 42 f.; ähnlich *Platz*, BayVBl. 1983, 622, 624.

trägt dem Umstand Rechnung, dass es sich bei der Duldung, vor allem auch im Hinblick auf den zeitlichen Umfang, um eine Einzelfallentscheidung handelt. Es lässt sich gerade kein fester Zeitraum bestimmen, möglich ist vielmehr eine Duldung über wenige Wochen, Jahre oder sogar bis zum Tod des Betroffenen[186]. Über welchen Zeitraum die Duldung gelten soll bzw. ob eine unbeschränkte Duldung im Bereich des Möglichen liegt, ist vielmehr eine Frage der Rechtmäßigkeit der Duldung[187] und nicht eine Voraussetzung für die Entstehung schutzwürdigen Vertrauens. Zumindest ist festzuhalten, dass die Anforderungen an die Ermessensbetätigung steigen, wenn ein illegaler Zustand über längere Zeit bestanden hat[188].

c) Schriftform

Für die Duldungszusicherung und die Duldung durch öffentlich-rechtlichen Vertrag bildet die Schriftform eine Wirksamkeitsvoraussetzung. Problematisch ist aber, ob auch andere Verhaltensweisen der Verwaltung eine schriftliche Fixierung erfordern, um die Anforderungen einer qualifizierten Duldung zu erfüllen[189]. In der Rechtsprechung des OVG Nordrhein-Westfalen findet sich die Formulierung, dass *„viel dafür spreche, dass die Duldung, soll sie Vertrauensschutz vermitteln, schriftlich erfolgen muss"*[190]. Dies zeigt, dass die Gerichte die schriftliche Erteilung wohl nicht als zwingende Voraussetzung einer wirksamen Vertrauensgrundlage ansehen. Auch die Untersuchung des Duldungsverwaltungsakts hat ergeben, dass die fehlende Schriftform lediglich zur formellen Rechtswidrigkeit, nicht aber zur Unwirksamkeit des Verwaltungsakts führt[191]. Das Beispiel mündlicher Zusagen, die nicht auf den Nichterlass eines Verwaltungsakts, sondern auf das bloße Nichteinschreiten gerichtet sind, zeigt, dass diesen Zusagen nicht von vornherein das Schriftformerfordernis des § 38 VwVfG auferlegt werden kann. Denn auch mündliche Duldungszusagen können von einem Rechtsbindungswillen getragen sein und deshalb dem Grunde nach verbindlich sein. Deshalb ist im Einzelfall das allgemeine Vertrauensschutzprinzip zu konkretisieren und zu untersuchen, ob auch mündliche Zusagen ein berechtigtes Vertrauen des Bürgers auslösen können[192].

Auch wenn mündliche Erklärungen grundsätzlich als Vertrauensgrundlage geeignet sein können, ist zu beachten, dass z.B. fernmündliche Erklärungen aus

---

186 A.A. OVG NRW, Beschl. v. 01.07.2014 – 2 A 690/14, juris Rn. 20 mit der Begründung einer genehmigungsgleichen Wirkung (Duldung eines Taubenschlags).

187 Siehe oben 3. Teil. C.III.5.

188 OVG Berlin, BRS 28 Nr. 169 (S. 345); *Jäde*, Bauaufsichtliche Maßnahmen, Rn. 120; *Ossenbühl*, Rücknahme fehlerhafter begünstigender Verwaltungsakte, S. 92; *Wolff/Bachoff/Stober/Kluth*, Verwaltungsrecht I, § 51 Rn. 69.

189 Zum Schriftformerfordernis beim Duldungsverwaltungsakt siehe oben 5. Teil. D.II.

190 OVG NRW, Beschl. v. 26.02.2015 – 10 A 1432/12, juris Rn. 49; OVG NRW, NVwZ-RR 2009, 364, 366; OVG NRW, BauR 2006, 90, 93.

191 Siehe oben 5. Teil. D.II.2.

192 *U. Stelkens* in: Stelkens/Bonk/Sachs, VwVfG, § 38 Rn. 6c; *Maurer*, Allgemeines Verwaltungsrecht, § 9 Rn. 61.

dem jeweiligen Moment heraus formuliert werden und die Schutzwürdigkeit daher erheblich eingeschränkt ist[193]. Die schriftliche Erteilung oder zumindest die schriftliche Fixierung einer Aussage oder Absprache in einem Aktenvermerk ist auch für die Beweisbarkeit des behördlichen Verhaltens von Bedeutung. Wenn der Bürger nämlich schon für das Vorliegen einer Baugenehmigung[194] und das Vorliegen von Bestandsschutz[195] darlegungs- und beweispflichtig ist, spricht alles dafür, diesem auch die Beweislast für das Vorliegen einer Duldung aufzuerlegen[196]. Auch im Rahmen eines Verwaltungs- bzw. Gerichtsverfahrens wird der Betroffene den Vertrauensschutz nämlich im Sinne eines „Gegenrechts" geltend machen, um so die Ermessenserwägungen der Behörde als fehlerhaft darzustellen. Es sind auch keine Gründe ersichtlich, aus einer langjährigen Duldung eine Beweislastumkehr zu Gunsten des Bürgers herzuleiten[197].

Die mangelnde Schriftform lässt sich darüber hinaus unter dem Gesichtspunkt erörtern, ob der Bürger tatsächlich auf die Vertrauensgrundlage vertraut hat oder ob er analog § 48 Abs. 2 S. 3 Nr. 3 VwVfG den Mangel der Schriftlichkeit kannte oder hätte kennen müssen[198]. Nicht zuletzt führen auch die Wertungen des allgemeinen Verwaltungsrechts, das in § 38 Abs. 1 S. 1 VwVfG für die Zusicherung und in § 57 VwVfG für den öffentlich-rechtlichen Vertrag die Schriftform vorschreibt sowie die Wertungen des formstrengen öffentlichen Baurechts, wonach die Baugenehmigung gemäß § 75 Abs. 1 S. 2 BauO NRW und die Bauordnungsverfügung gemäß § 20 OBG NRW die Schriftform erfordern, dazu, dass mündlichen Zusagen einer Duldung in aller Regel keine rechtliche Relevanz zukommen dürfte[199]. Im Ergebnis ist das Vertrauen auf eine bloß mündliche Erklärung oder Absprache nicht schutzwürdig und stellt damit keine wirksame Vertrauensgrundlage für den Betroffenen dar.

d) Unmissverständliche Erklärung

Nach der Rechtsprechung des OVG Nordrhein-Westfalen setzt eine qualifizierte Duldung eine „unmissverständliche Erklärung" der Behörde voraus[200]. Dagegen wird eingewandt, bei einer Duldung liege schon keine Vertrauensgrundlage vor, weil sie nicht die Erklärung beinhalte, dass die Behörde ein rechtswidriges Verhalten für

---

193 HambOVG, BauR 1982, 259, 264.

194 OVG NRW, BRS 74 Nr. 203 (S. 926).

195 BVerwG, Beschl. v. 19.2.1988 – 4 B 33.88; BVerwG, Urt. v. 23.2.1979 – 4 C 86.79, juris Rn. 14; BVerwG, NJW 1980, 252; HessVGH, BRS 44 Nr. 146 (S. 349); OVG NRW, Beschl. v. 30.03.2011 – 7 A 848/10, juris Rn. 17; OVG NRW, Beschl. v. 05.08.2008 – 7 A 2828/07, juris Rn. 5.

196 OVG NRW, BRS 74 Nr. 203 (S. 926 f.).

197 HessVGH, BRS 44 Nr. 146 (S. 350).

198 *Ossenbühl*, Rücknahme fehlerhafter begünstigender Verwaltungsakte, S. 85.

199 NdsOVG, Beschl. v. 12.06.2014 – 1 LA 219/13, juris Rn. 24; OVG NRW, BauR 2006, 90, 94.

200 OVG NRW, NVwZ-RR 2009, 364, 366; OVG NRW, NVwZ-RR 2007, 661, 662; OVG NRW, BauR 2006, 90, 93.

rechtmäßig erachte[201]. Darüber hinausgehend wird zum Teil sogar vertreten, dass aufgrund der Tatsache, dass das behördliche Einschreiten im Ermessen der Behörde stehe, schon keine Vertrauensgrundlage entstehen könne[202].

Zuzugeben ist, dass die Behörde durch die Duldung nicht zum Ausdruck bringt, den rechtswidrigen Zustand nunmehr als rechtmäßig anzusehen, weil der Duldung anders als der Baugenehmigung keinerlei Legalisierungswirkung zukommt[203]. Darauf kommt es bei der Entstehung eines Vertrauenstatbestands bei der Duldung aber nicht an. Denn rein tatsächlich muss der Bürger die Duldung so verstehen, dass er sein illegales Bauwerk behalten bzw. seine Nutzung fortführen darf, ohne dass es darauf ankommt, ob die Behörde dieses Verhalten nun als rechtswidrig oder rechtmäßig einstuft. Gerade im Fall der Rechtmäßigkeit würde die Behörde eine Genehmigung erteilen. Das schutzwürdige Vertrauen knüpft also an das Verhalten an, durch welches die Duldung zum Ausdruck gebracht wird, nicht aber an den rechtswidrigen Zustand. Das spiegelt sich auch in § 48 Abs. 2 S. 3 Nr. 3 VwVfG wider, der die Schutzwürdigkeit des Vertrauens an der Kenntnis bzw. grob fahrlässigen Unkenntnis der Rechtswidrigkeit des Verwaltungsakts als behördliche Handlung festmacht.

Unklar und wenig präzise bleibt aber, welches behördliche Verhalten die Anforderungen an eine unmissverständliche Erklärung erfüllt. Damit sind vor allem Fragen der Bestimmtheit behördlicher Aussagen bzw. behördlichen Verhaltens angesprochen. Im Hinblick auf die Nachvollziehbarkeit behördlicher Handlungen im Kontext von Rechtsklarheit und Bestimmtheit kommt der ausdrücklichen und eindeutigen Erklärung einer Behörde herausragende Bedeutung zu. Gerade die Probleme mit der Auslegung von duldenden Verhaltensweisen verdeutlichen, dass nur eine unmissverständliche Erklärung geeignet sein kann, die Rechtswirkungen einer Duldung hervorzurufen. Die Entstehung eines Vertrauenstatbestands setzt also eine Willenserklärung der Behörde voraus, die in einer Erklärung oder in einer anderen Verhaltensweise zum Ausdruck bringt, den rechtswidrigen Zustand dulden zu wollen[204]. Der Ansicht, dass auch ein Unterlassen als Vertrauensgrundlage in Betracht komme, wenn die Behörde deutlich erkennen lasse, eine bestimmte Linie zu verfolgen[205], ist dagegen nicht zu folgen. Erforderlich ist vielmehr ein positives Tun der Bauaufsichtsbehörde[206].

---

201 *Alleweldt*, NuR 1992, 312, 317.
202 *Pietzcker*, JZ 1985, 209, 215.
203 Siehe oben 3. Teil. C.III.
204 OVG NRW NVwZ-RR 2009, 364, 366; *Wasmuth/Koch*, NJW 1990, 2434, 2439.
205 *Maurer* in: Isensee/Kirchhof, Handbuch des Staatsrechts Bd. IV, § 79 Rn. 131.
206 BayVGH, BayVBl. 1999, 590, 592; BayVGH, BayVBl. 1996, 634; OVG NRW, Beschl. v. 13.02.2014 – 2 A 983/13, juris Rn. 30; OVG NRW. Beschl. v. 05.08.2011 – 2 A 2137/10, juris Rn. 27; OVG NRW, NVwZ-RR 2009, 364, 366; OVG Rh.-Pf., DVBl. 2012, 1185, 1187; OVG Saarl., BRS 44 Nr. 194 (S. 452); *Decker* in: Simon/Busse, BayBO, Art. 76 Rn. 227; *Hellermann* in: Dietlein/Burgi/Hellermann, Öffentliches

Nicht erforderlich für eine wirksame Vertrauensgrundlage dürfte dagegen sein, dass die Behörde den Begriff der Duldung verwendet[207]. Entscheidend ist vielmehr, wie der Empfänger die Erklärung verstehen musste[208]. Zu einer unmissverständlichen Erklärung gehört vor allem auch, dass der Umfang des Nichteinschreitens deutlich gemacht wird. Die Duldungserklärung muss sich auf ein hinreichend konkretisiertes Vorhaben beziehen. Die allgemeine Aussage, ein Vorhaben sei zulässig, ist nicht ausreichend, da unterschiedliche Ausführungen des Vorhabens in Art und Größe denkbar sind[209].

4. *Einzelfälle behördlichen Verhaltens*

Im Folgenden sollen unterschiedliche Verhaltensweisen der Behörden auf ihre Tauglichkeit als unmissverständliche Duldungserklärung untersucht werden.

a) Förmliche Handlungsformen des VwVfG

Eine eindeutige vertrauensbildende Duldung liegt in allen Fällen vor, in denen die Bauaufsichtsbehörde mit den Mitteln des förmlichen Verwaltungshandelns die Duldung ausdrücklich erklärt. Zu diesen positiven Vertrauensgrundlagen gehören der Erlass einer Duldungszusicherung[210], der Duldungsverwaltungsakt[211] sowie der Abschluss eines öffentlich-rechtlichen Vertrages. Verwaltungsakte sind schon deshalb eine taugliche Vertrauensgrundlage, weil aufgrund der Tatbestandswirkung auch rechtswidrige Verwaltungsakte wirksam und verbindlich sind. Der Bürger kann sich grundsätzlich auf den Bestand eines begünstigenden Verwaltungsakts verlassen und entsprechend disponieren. Auch rechtswidrige öffentlich-rechtliche Verträge sind bindend, sofern kein Nichtigkeitsgrund nach § 59 VwVfG vorliegt.

b) Genehmigung von Folgemaßnahmen

Die Fallgruppe der Genehmigung von Folgemaßnahmen meint Fälle, in denen die Bauaufsichtsbehörde in Kenntnis eines rechtswidrigen Zustands weitere Baumaßnahmen genehmigt, die den rechtswidrigen Zustand noch mehr verfestigen[212]. Das wirft die Frage auf, ob durch die Genehmigung von Folgemaßnahmen ein

---

Recht in NRW, § 4 Rn. 298; *Jäde*, Bauaufsichtliche Maßnahmen, Rn. 122; *Rabe*, BauR 1978, 166, 173; *Rogall*, NJW 1995, 922, 923.

207 Siehe oben 5. Teil. B.VI.1.

208 *Hermes/Wieland*, Die staatliche Duldung, S. 41.

209 NdsOVG, Beschl. v. 12.06.2014 – 1 LA 219/13, juris Rn. 25 (Holzkonstruktion als Vorbau eines Wohnwagens).

210 *Wenzel* in: Gädtke/Czepuck/Johlen/Plietz/Wenzel, BauO NRW, § 61 Rn. 41; siehe oben 5. Teil. B.

211 Siehe oben 5. Teil. D.

212 *Mann* in: Große-Suchsdorf, NBauO, § 79 Rn. 63.

schutzwürdiges Vertrauen in die weitere Duldung des illegalen Baus oder der illegalen Nutzung entstehen kann.

Nicht ausreichend ist zumindest allein die mündliche Zustimmung für Umbaumaßnahmen, weil die mündliche Erklärung keine Baugenehmigung ersetzt und folglich weniger schutzwürdig ist. Sofern man einen materiellen Bestandsschutz ohne Vorliegen einer Baugenehmigung anerkennt, kann die Bauaufsichtsbehörde dann aber nicht mehr ermessensfehlerfrei eine Bauordnungsverfügung mit der Begründung erlassen, durch die von ihr gestatteten Bauarbeiten habe die Anlage ihren Bestandsschutz verloren[213]. Auch die fehlerhafte Annahme der Bauaufsichtsbehörde, bestimmte Maßnahmen seien nicht genehmigungspflichtig, ist für die Annahme von schutzwürdigem Vertrauen nicht ausreichend. Die mündliche Erklärung ist allerdings im Rahmen der Ermessenserwägungen angemessen zu gewichten[214].

aa) Erteilung weiterer Genehmigungen

Anders stellt sich die Sachlage dar, wenn die Bauaufsichtsbehörde z.B. im Außenbereich einen Anbau an ein ungenehmigtes Gebäude genehmigt, ohne dabei die Legalisierbarkeit des gesamten Bestandes zu prüfen und die Auslegung der Baugenehmigung nicht ergibt, dass auch der Altbestand durch diese legalisiert wird[215]. In diesem Fall muss der Betroffene damit rechnen, dass die Bauaufsichtsbehörde gegen den rechtswidrigen Altbestand nicht einschreiten will. Eine wirksame Vertrauensgrundlage ist auch gegeben, wenn die Bauaufsichtsbehörde eine Baugenehmigung zur Errichtung einer Eingangsüberdachung mit Terrasse und Balkon bei einer rechtswidrigen Wohnnutzung in einem Gewerbegebiet erteilt[216]. Eine Vertrauensgrundlage dürfte hier anzunehmen sein, weil zwischen rechtswidriger Wohnnutzung und den Folgegenehmigungen für Balkon und Überdachung eine logische und unzertrennbare Verbindung besteht. Ohne die Ausführung der Wohnnutzung wäre die Erteilung der Genehmigungen sinnlos, sodass der Betroffene davon ausgehen musste, dass die Behörde sich mit seiner rechtswidrigen Wohnnutzung abgefunden hat.

Die gleiche Argumentation lässt sich anführen, wenn die Bauaufsichtsbehörde eine Nutzungsuntersagung für eine ungenehmigte Wohnnutzung eines als Werkstatt und Lagerraum genehmigten Gebäudes verfügt, vorher in Bezug auf diese ungenehmigte Wohnnutzung aber eine Baugenehmigung für eine Klärgrube erteilt und den Einbau einer Ölfeuerungsanlage genehmigt hat. Dann steht der Nutzungsuntersagung das schutzwürdige Vertrauen des Betroffenen entgegen. Denn durch die Genehmigung von Klärgrube und Ölfeuerungsanlage hat die Behörde eindeutig

213 VGH BW, NVwZ-RR 1997, 464, 465.
214 VGH BW, BRS 58 Nr. 212.
215 BayVGH, BayVBl. 1998, 440.
216 OVG Rh.-Pf., DVBl. 2012, 1185, 1187.

zum Ausdruck gebracht, dass sie sich mit der ungenehmigten Wohnnutzung abfindet[217].

Auch bei der Erteilung von Sanierungsgenehmigungen im Außenbereich nach § 34 Abs. 4 S. 1 Nr. 2 BauGB ist aus behördlicher Sicht eine äußerst gewissenhafte Prüfung geboten, da diese schnell in einen Ersatzbau umschlagen können, der den gesetzlichen Anforderungen nicht entspricht[218].

bb) Teilungsgenehmigung

Ein weiterer Unterfall der „Genehmigung von Folgemaßnahmen“ ist die Erteilung einer Teilungsgenehmigung. Früher war die Teilungsgenehmigung bundesgesetzlich in § 19 BauGB a.F. geregelt. Das Bundesverwaltungsgericht hat in Bezug auf die Duldung entschieden, dass die Genehmigung für die erbrechtliche Teilung auf einem Grundstück mit vier ungenehmigten, aber geduldeten Wohnbauten nicht mit einer geordneten städtebaulichen Entwicklung vereinbar ist, weil die Beeinträchtigung öffentlicher Belange nach § 35 BauGB zu befürchten sei[219]. Denn nach § 21 Abs. 1 BauGB a.F. trat eine Bindungswirkung ein, wenn innerhalb von drei Jahren nach der Teilungsgenehmigung ein Bauantrag in Bezug auf die vorhandenen Gebäude gestellt wurde. Dann konnte dieser Bauantrag nicht aus den in § 20 Abs. 1 BauGB a.F. genannten Gründen abgelehnt werden, sodass die Gebäude, ungeachtet des § 35 BauGB, als zulässig zu behandeln waren.

Zwar ist die Teilungsgenehmigung nach dem BauGB nach heutiger Rechtslage nicht mehr existent, dafür finden sich aber in den Landesbauordnungen Bestimmungen zur Teilung von Grundstücken. Während in Bayern überhaupt keine Teilungsgenehmigung mehr erforderlich ist, bedarf in Nordrhein-Westfalen nach § 8 Abs. 1 BauO NRW die Teilung eines Grundstücks zu ihrer Wirksamkeit weiterhin der Genehmigung der Bauaufsichtsbehörde. Nach § 8 Abs. 2 S. 1 BauO NRW dürfen durch die Teilung keine Verhältnisse geschaffen werden, die den Vorschriften der BauO NRW widersprechen. § 8 Abs. 2 S. 4 BauO NRW statuiert eine Genehmigungsfiktion, wenn nicht innerhalb einer bestimmten Frist über die Teilung entschieden wird. Gemäß § 8 Abs. 3 BauO NRW erfolgt eine Eintragung ins Liegenschaftskataster oder eine Ausstellung eines Zeugnisses, wenn es der Genehmigung nicht bedarf oder die Teilung als genehmigt gilt. Andere Bundesländer verfolgen einen Mittelweg. Im Landesrecht von Niedersachsen ist zwar auch keine Teilungsgenehmigung mehr erforderlich, nach § 8 Abs. 1 NBauO dürfen aber durch die Teilung eines Grundstücks, das bebaut ist oder dessen Bebauung genehmigt ist, keine Verhältnisse geschaffen werden, die den Vorschriften der NBauO oder aufgrund dieser erlassenen Vorschriften zuwiderlaufen. Soll bei einer Teilung eines Grundstücks von Vorschriften abgewichen werden, wird auf die Abweichungsvorschrift des § 66 NBauO verwiesen. In

217 NdsOVG, BRS 38 Nr. 205 (S. 441).
218 *Jäde*, Bauaufsichtliche Maßnahmen, Rn. 127.
219 BVerwG, DÖV 1988, 382.

Thüringen ist nach § 7 Abs. 3 ThürBO auf Antrag ein Zeugnis auszustellen, dass die Teilung den Anforderungen der Landesbauordnung entspricht.

Die unterschiedlichen Regelungen in den Landesbauordnungen verlangen eine differenzierte Betrachtung. Ist wie etwa in Bayern keine Teilungsgenehmigung mehr erforderlich, wird die Verantwortung für die Rechtmäßigkeit der Teilung auf den Bauherrn übertragen, der selbst für die Einhaltung baurechtlicher Vorschriften zu sorgen hat. Ist aber nach Landesrecht wie in Nordrhein-Westfalen eine Teilungsgenehmigung erforderlich und wird diese rechtswidrig erteilt bzw. tritt die Genehmigungsfiktion ein, lässt sich eine Vertrauensgrundlage zugunsten des Bauherrn nicht ohne weiteres von der Hand weisen. Denn im Rahmen der Teilungsgenehmigung wird auch überprüft, ob die Teilung gegen Vorschriften der Landesbauordnungen verstößt. Gleiches gilt, wenn nach Landesrecht auf Antrag ein Zeugnis über die Übereinstimmung mit den Vorschriften erteilt werden muss, die dem Betroffenen ebenfalls eine schutzwürdige Vertrauensgrundlage vermittelt.

Allerdings ist zu beachten, dass eine bauordnungsrechtliche Teilungsgenehmigung nach § 8 Abs. 2 BauO NRW nur versagt werden kann, wenn die Teilung zu einem Verstoß gegen bauordnungsrechtliche Vorschriften führen würde[220]. Die Behörde prüft folglich die bauplanungsrechtliche Zulässigkeit nicht. Ergibt sich der rechtswidrige Zustand aber gerade aus dem Verstoß gegen Vorschriften des Bauplanungsrechts, kann nicht von einer Duldung des rechtswidrigen Zustands ausgegangen werden. Darüber hinaus ist bei der Teilungsgenehmigung folgendes zu beachten: Bestehen bauordnungswidrige Zustände auf dem zur Teilung anstehenden Grundstück schon vor der Teilung, hat die Bauaufsichtsbehörde lediglich zu prüfen, ob der bauordnungswidrige Zustand durch die Teilung verfestigt würde. Ist dies nicht der Fall, so ist die Teilung zu genehmigen. Wird der bauordnungswidrige Zustand durch die Teilungsgenehmigung in gar keiner Weise berührt, kann auch nicht von einer Verschlechterung im Sinne einer Verfestigung des bauordnungswidrigen Zustands durch die Grundstücksteilung gesprochen werden[221]. Damit dürfte im Ergebnis eine bauordnungsrechtliche Teilungsgenehmigung auch nicht als Duldungserklärung aufzufassen sein.

c) Die sog. „Bürgermeistergenehmigung“

Eine sog. „Bürgermeistergenehmigung“ liegt vor, wenn der Bürgermeister eine bauliche Anlage für zulässig erklärt, obwohl er für die Erteilung einer Baugenehmigung nicht zuständig ist[222]. Wie bereits erläutert, kann aber kein schutzwürdiges Vertrauen entstehen, wenn eine unzuständige Behörde die Duldung ausspricht[223].

---

220 *Boeddinghaus/Hahn/Schulte*, BauO NRW, § 8 Rn. 11.

221 *Boeddinghaus/Hahn/Schulte*, BauO NRW, § 8 Rn. 18 f.

222 *Hornmann*, HBO, § 72 Rn. 128; zur Vorgeschichte der „Pirmasenser Amnestie“ siehe oben 1. Teil. F.I.1.

223 Siehe oben 6. Teil. E.III.3.a).

Etwas anderes könnte sich möglicherweise aus der Kombination von „Bürgermeistergenehmigung“ und dem bewussten Nichteinschreiten der zuständigen Bauaufsichtsbehörde (z.B. des Landratsamts) ergeben[224]. Gegen diese Sichtweise lässt sich aber überzeugend einwenden, dass es entscheidend auf das Verhalten oder die Erklärungen der zuständigen Bauaufsichtsbehörde ankommt. Ein schutzwürdiges Vertrauen entsteht folglich also nicht. Allerdings müssen die Verhaltensweisen der Behörden zumindest in die Ermessenserwägungen bei der Bauordnungsverfügung einfließen. Die Behörde muss die Gründe darlegen, die eine Änderung ihres Verhaltens rechtfertigen[225].

d) Duldungspraxis aufgrund von Verwaltungsvorschriften

Verwaltungsvorschriften nehmen bei der Untersuchung der Duldung in der Behördenpraxis eine bedeutende Rolle ein[226]. Fraglich ist, ob eine durch Verwaltungsvorschriften begründete Verwaltungspraxis auch eine Vertrauensgrundlage zugunsten des Bauherrn begründen kann. Das wäre der Fall, wenn man Verwaltungsvorschriften eine Außenwirkung über den Grundsatz des Vertrauensschutzes zuerkennen würde. Allerdings bietet das Vertrauensschutzprinzip bei Verwaltungsvorschriften grundsätzlich keine tragfähige Grundlage für eine Außenwirkung. Mangels einer Erklärung gegenüber dem Bürger fehlt es bereits an einer Vertrauensgrundlage, weil sich Verwaltungsvorschriften als solche nur an die Behörde richten. Das gleiche gilt auch, wenn die Verwaltungsvorschriften öffentlich bekanntgegeben wurden, sofern deutlich ist, dass sich diese an die Behörde und nicht an den Bürger richten[227].

Eine vertrauensschutzbegründende Wirkung von Verwaltungsvorschriften wird aber ausnahmsweise dann angenommen, wenn eine Verwaltungsvorschrift in Anbetracht der konkreten Umstände als eine Art Zusicherung an bestimmte Personen gewertet werden kann[228]. Eine solche Ausnahme hat das OVG Rheinland-Pfalz im Fall der „Pirmasenser Amnestie“ angenommen[229]. Die Verwaltungspraxis in Landkreis Pirmasens orientierte sich bei ihrer Ermessensausübung an der Verfügung der Bezirksregierung, wonach die stillschweigende Duldung bestehender Wochenendhäuser aus Gründen des allgemeinen Wohls nicht beanstandet werde, sofern die darauf bezogenen Abrissverfügungen rechtskräftig geworden sind oder noch

---

224 BayVGH, BayVBl. 1985, 751.

225 OVG NRW, BauR 1999, 383, 386 f.; *Brenner*, Öffentliches Baurecht, Rn. 772; *Wenzel* in: Gädtke/Czepuck/Johlen/Plietz/Wenzel, BauO NRW, § 61 Rn. 40.

226 Siehe oben 1. Teil. F.

227 *Maurer*, Allgemeines Verwaltungsrecht, § 24 Rn. 24; a.A. *Sachs* in: Stelkens/Bonk/Sachs, VwVfG, § 40 Rn. 113.

228 *Sachs* in: Stelkens/Bonk/Sachs, VwVfG, § 40 Rn. 113; *Maurer*, Allgemeines Verwaltungsrecht, § 24 Rn. 24.

229 Zur „Pirmasenser Amnestie“ siehe oben 1. Teil. F.I.1.

werden. Von der Rechtsprechung wurde zunächst eine auf dem Gleichbehandlungsgrundsatz beruhende Ermessensbindung angenommen[230].

Das OVG Rheinland-Pfalz sieht in dieser Form der Ermessensbindung aber keine abschließende Wirkung der Amnestie. Eine vertragliche Bindung zwischen dem Land und der Interessengemeinschaft, die sich für den Bestand der illegalen Wochenendhäuser einsetzte, hat das OVG Rheinland-Pfalz abgelehnt, weil es sich im Grundsatz bei der Verfügung der Bezirksregierung um eine innerbehördliche Maßnahme handelt. Allerdings lässt sich eine wirksame Vertrauensgrundlage in dieser Sonderkonstellation aus weiteren Umständen herleiten. Zum einen ist der Vertreter der Interessengemeinschaft von weit über 100 Wochenendhausbesitzern von der Verfügung fernmündlich unterrichtet worden. Zum anderen hat die Behörde gegenüber den betroffenen Widerspruchsführern im Januar des Jahres 1968 schriftlich mitgeteilt:

> *„Eine nochmalige generelle Überprüfung hat ergeben, dass zu ihren Vorhaben zwar keine bauaufsichtliche Genehmigung erteilt, wohl aber dessen Bestand im derzeitigen Zustand und Umfang geduldet werden könnte. Sie würden deshalb um Mitteilung gebeten, ob Sie Ihren Widerspruch unter diesen Umständen zurückziehen wollen".*

Wegen der Vielzahl der Widerspruchsführer, dem Zusammenschluss in einer Interessengemeinschaft sowie den sich aus den Akten ergebenden allgemeinen Interesse der Bürger und der Presse an der Behandlung der ungenehmigten Wochenendhäuser geht das OVG Rheinland-Pfalz davon aus, dass der Inhalt des Schreibens allgemein bekannt wurde und daher darauf vertraut werde durfte, dass die Behörde danach verfährt und den Bestand im derzeitigen Zustand und Umfang duldet[231].

Ob in der Mitteilung vom Januar 1968 eine Zusicherung i.S.d. § 38 VwVfG zu sehen ist, hat das OVG Rheinland-Pfalz in der Entscheidung offen gelassen, weil die Kläger in diesem Verfahren nicht den Erhalt eines solchen Schreibens geltend gemacht hatten. Zumindest nach seinem Regelungsgehalt dürfte die Mitteilung die Kriterien einer Zusicherung erfüllen, weil sie das Unterlassen der Vollstreckung bestandskräftiger Beseitigungsverfügungen beinhaltet und schriftlich durch die zuständige Behörde erklärt wurde. Folglich ließe sich im Fall der „Pirmasenser Amnestie" eine Ermessensbindung auch aus § 38 VwVfG herleiten.

Im Ergebnis kann auch eine behördeninterne Verwaltungsvorschrift, die das Ermessen der Behörde in Bezug auf eine Duldung lenkt, unter besonderen Umständen als Vertrauensgrundlage zugunsten des Bürgers herangezogen werden, wenn die Duldung diesem gegenüber schriftlich verkündet wird und er deshalb auf den weiteren Bestand vertrauen durfte.

---

230 OVG Rh.-Pf., Urt. v. 08.09.1989 – 8 A 93/88, S. 6 (n.V.).

231 OVG Rh.-Pf., Urt. v. 08.09.1989 – 8 A 93/88, S. 7 (n.V.); zu den „amnestieschädlichen Maßnahmen" siehe unten 6. Teil. E.VI.2.

e) *Behördliche Auskünfte*

Wie schon oben festgestellt[232], wird man bei fehlerhaften Auskünften von Behördenvertretern nicht von einer qualifizierten Duldung sprechen können, weil es an der positiven Kenntnis des rechtswidrigen Zustands, zumindest aber an einer bewussten Duldungsentscheidung und damit an einem Duldungswillen fehlen wird. Dennoch nehmen fehlerhafte behördliche Auskünfte im Rahmen der Untersuchung der Duldung eine wichtige Rolle ein, da sie häufig fehlerhaft als Duldung interpretiert werden.

Bei behördlichen Auskünften ist zu differenzieren zwischen solchen, die die Behörde im Vorfeld eines Vorhabens in Bezug auf die Genehmigungsbedürftigkeit und Genehmigungsfähigkeit trifft, und solchen, die die Behörde im Vorfeld einer Duldung trifft, wenn sie dem Betroffenen eine Duldung in Aussicht stellt.

Im zweiten Fall ist für den Betroffenen erkennbar, dass es sich um eine vorläufige Aussage handelt, bei der noch kein Rechtsbindungswille bezüglich der tatsächlichen Duldung vorhanden ist. Die Bauaufsichtsbehörde setzt den Betroffenen lediglich in Kenntnis, dass die Möglichkeit einer Duldung im Raum steht und geprüft werden kann. Das gilt auch für weniger deutliche Aussagen, die aber erkennbar nur vorläufigen Charakter haben. Wenn die Bauaufsichtsbehörde z.B. von einer rechtswidrigen Nutzung Kenntnis hat und erklärt, dass zunächst brandschutzrechtliche Maßnahmen zu klären und umzusetzen seien, lässt dies nicht auf eine qualifizierte Duldung dieser Nutzung schließen[233]. Setzt die Behörde den Betroffenen nur von planerischen Absichten in Kenntnis, dass etwa ein Bauwerk erst dann abgerissen werden soll, sobald ein anderes Vorhaben realisiert ist, können diese Absichten aufgrund ihres vorläufigen Charakters nicht dahingehend verstanden werden, dass an dieser Planung für die Zukunft unter allen Umständen festgehalten werde[234].

Problematischer sind aber solche Auskünfte, durch die die Behörde an der Entstehung des rechtswidrigen Zustands mitwirkt. Häufig wenden sich Bauherrn an die zuständige Bauaufsichtsbehörde, um sich über Genehmigungsbedürftigkeit bzw. Genehmigungsfähigkeit einer baulichen Anlage vorab zu informieren. Das wirft die Frage auf, ob rechtsirrige Auskünfte von Behördenvertretern eine schutzwürdige Vertrauensgrundlage darstellen. Hat die Bauaufsichtsbehörde längere Zeit nichts unternommen, könnte es ermessensfehlerhaft sein, wenn sie nachträglich die Beseitigung von Bauten verlangt, die durch ihr Verhalten mitveranlasst wurden[235]. In dieser Fallgruppe spielt also eine entscheidende Rolle, dass die Bauaufsichtsbehörde durch ihr fehlerhaftes Verhalten an der Herstellung des rechtswidrigen Zustands mitgewirkt hat. Die Lösung dieses Problems wird unterschiedlich beurteilt.

---

232 Siehe oben 5. Teil. F.I.1.

233 VG Karlsruhe, Urt. v. 23.07.2014 – 6 K 3323/13, juris Rn. 35 (bordellartiger Betrieb in einem allgemeinen Wohngebiet).

234 HambOVG, BauR 1982, 259, 263 f.

235 So *Drews/Wacke/Vogel/Martens*, Gefahrenabwehr, S. 387.

aa) Lösung über den Vertrauensschutz

In Bezug auf die Nutzungsuntersagung eines Schrottplatzes auf einem ehemaligen Bahngelände hat das OVG Nordrhein-Westfalen entschieden, eine über Jahrzehnte unbeanstandet ausgeübte Nutzung und die zusätzliche Tatsache, dass Bundesbahn und Bauaufsicht die Ansicht vertraten, dass es einer Baugenehmigung nicht bedürfe, begründeten ein schutzwürdiges Vertrauen. Der Betroffene durfte auf die weitere Nutzung des Schrottplatzes vertrauen, weil die Bauaufsichtsbehörde als Fachbehörde nicht gegen die von der Bahn selbst zugelassene bahnfremde Nutzung auf dem Bahngelände eingeschritten sei und dies ständiger Praxis entsprach[236]. Das OVG Nordrhein-Westfalen ließ es in dieser Entscheidung für die Entstehung schutzwürdigen Vertrauens ausreichen, dass Bauaufsichtsbehörde und Bahn zusätzlich zu einem langjährigen Nichteinschreiten von der Genehmigungsfreiheit des Schrottplatzes ausgingen. Gleiches gilt nach Ansicht des OVG Nordrhein-Westfalen für die unrichtige mündliche Auskunft eines Beamten der Bauaufsichtsbehörde, dass ein Gebäude nur anzeigepflichtig sei[237]. Auch diese Auskunft wurde als qualifiziertes Verhalten gedeutet, das eine Vertrauensgrundlage darstelle.

Nach Ansicht des VGH Baden-Württemberg entsteht ein schutzwürdiges Vertrauen, wenn die zuständige Bauaufsichtsbehörde irrtümlich davon ausgeht, ein Gebäude sei vom Bürgermeisteramt genehmigt worden, obwohl sie bei näheren Nachforschungen, die sich aufgrund der Größe des streitgegenständlichen Wochenendhauses aufdrängten, hätte feststellen können, dass das Gebäude nur teilweise genehmigt war[238]. Ein besonderes vertrauensbegründendes Verhalten sei darin zu sehen, dass die Bauaufsichtsbehörde mehrere Ortsbesichtigungen auf dem Grundstück des Klägers durchgeführt habe und ein etwa gleich großes Haus des Nachbarn genehmigt habe. Die Entscheidung zeigt, dass für den VGH Baden-Württemberg die Auskunft allein nicht ausreicht, sondern weitere Umstände wie z.B. eine Ortsbesichtigung[239] hinzutreten sollen, um einen Vertrauenstatbestand zu begründen.

Auch das Niedersächsische OVG hat die mündliche Auskunft, dass gegen eine formell und materiell illegale Tennisanlage im Außenbereich nicht eingeschritten werde, grundsätzlich als vertrauensschutzbegründend gewertet. Einschränkend sei das Vertrauen auf den Bestand aber nicht als auf Dauer schutzwürdig zu betrachten, weil selbst die Bindung an eine rechtsverbindliche schriftliche Zusicherung nach § 38 Abs. 3 VwVfG entfallen könne[240].

---

236 OVG NRW, BauR 1999, 383, 386.

237 OVG NRW, BauR 1991, 448 f. (im vorliegenden Fall ein Hundezwinger).

238 VGH BW, BRS 32 Nr. 186 (S. 345 f.).

239 Entgegen der Ansicht des VGH Baden-Württemberg ist allerdings eine bloße Ortsbesichtigung nicht als qualifizierte Duldung aufzufassen, siehe unten 6. Teil. E.III.4.r).

240 NdsOVG, BRS 55 Nr. 206 (S. 591).

bb) Lösung über gesteigerte Ermessensanforderungen und Schadensersatz

Der zweite Ansatz der rechtlichen Behandlung fehlerhafter behördlicher Auskünfte ist der Lösungsweg über gesteigerte Ermessensanforderungen und Amtshaftungsansprüche. Dieser wohl herrschende Lösungsansatz ist gegenüber der Lösung über den Vertrauensschutz vorzugswürdig. Anders als bei einer verbindlichen Zusage handelt es sich bei Auskünften nämlich nicht um ein in die Zukunft gerichtetes rechtsverbindliches Versprechen. Gegen eine dauerhafte Bindung der Bauaufsichtsbehörde aufgrund fehlerhafter Auskünfte spricht außerdem die Wertung von § 38 Abs. 3 VwVfG. Denn wenn schon die Bindungswirkung einer Zusicherung i.S.d. § 38 VwVfG bei Änderung von Sach- oder Rechtslage entfällt, ist nicht einsehbar, warum sich eine Behörde durch eine (mündlich) erteilte Auskunft dauerhaft ihrer Eingriffsbefugnisse berauben können soll[241]. Außerdem kann eine mündlich erteilte Auskunft nicht zu einer stärkeren Bindung führen als eine rechtswidrig erteilte Baugenehmigung, die nach Maßgabe des § 48 VwVfG zurückgenommen werden kann[242].

Rechtsirrige Äußerungen von Behördenvertretern, ein Gebäude sei rechtmäßig, können daher kein schutzwürdiges Vertrauen auf den Fortbestand eines unrechtmäßig errichteten Gebäudes begründen[243]. Auch die mündliche Zustimmung für Umbaumaßnahmen unter der fehlerhaften Annahme der Bauaufsichtsbehörde, diese Maßnahmen seien nicht genehmigungspflichtig, ist für die Annahme von schutzwürdigem Vertrauen nicht ausreichend. Das bedeutet aber nicht, dass dieses Verhalten gänzlich unbeachtlich wäre. Vielmehr muss das bisherige Verhalten der Behörde zum Gegenstand der Ermessenserwägungen bei Erlass einer Bauordnungsverfügung gemacht und dort angemessen gewichtet werden[244]. Auch die vertrauensschutzbegründende Wirkung einer telefonischen Auskunft eines Behördenmitarbeiters hinsichtlich eines anzunehmenden, aber tatsächlich nicht gegebenen Bestandsschutzes reicht nicht für eine qualifizierte Duldung, weil es an einer ausdrücklichen Erklärung mangelt[245]. Ohnehin wird man mündlichen bzw. telefonischen Auskünften von vornherein eine geringere Schutzwürdigkeit zuerkennen müssen. Ebenfalls begründet ein Schreiben, dass die eingereichten Unterlagen wegen der Genehmigungsfreiheit des Vorhabens ungeprüft zurückgesendet werden, keinen Anspruch auf Duldung[246]. Zwar trifft die Bauaufsichtsbehörde bei genehmigungsfreien Vorhaben eine Beratungspflicht, ein Beratungsfehler hindert die Behörde aber nicht an einem nachträglichen Einschreiten, sondern löst allenfalls Schadensersatzansprüche des Betroffenen aus[247]. Dieses Ergebnis folgt schon daraus, dass

241 NdsOVG, BRS 55 Nr. 206 (S. 591).
242 *Schoch*, Jura 2005, 178, 184.
243 OVG NRW, NVwZ-RR 2009, 364, 366.
244 VGH BW, BRS 58 Nr. 212.
245 OVG NRW, Beschl. v. 11.11.2013 – 7 E 1036/13, juris Rn 8 ff; OVG NRW, Beschl. v. 11.11.2013 – 7 E 1037/13, juris Rn. 9 ff.
246 OVG LSA, ZfBR 2009, 594 f.
247 OVG LSA, ZfBR 2009, 594 f.

selbst Fehlverhalten von Amtsträgern, die ein illegales Verhalten „sehenden Auges" in Kauf genommen oder sogar unterstützt haben, die Bauaufsichtsbehörde nicht daran hindert, dieses Fehlverhalten für die Zukunft zu korrigieren und rechtmäßige Zustände zu bewirken[248]. Außerdem enthält diese Aussage nur die rechtswidrige Auskunft, dass gegen das Gebäude zu diesem Zeitpunkt keine öffentlich-rechtlichen Bedenken bestehen, nicht aber, dass die Bauaufsichtsbehörde beabsichtigt in Zukunft von einem Einschreiten abzusehen. Das Fehlverhalten des Behördenvertreters ist somit sachgerecht im Rahmen des Schadensersatzes wegen Amtspflichtverletzungen zu würdigen[249].

Es lässt sich festhalten, dass die Behörde nicht über den Vertrauensgrundsatz an fehlerhafte Auskünfte gebunden werden kann, weil keine schutzwürdige Vertrauensgrundlage vorliegt. Allerdings sind für ein Einschreiten gesteigerte Ermessenserwägungen anzuführen, die das frühere Verhalten der Behörde berücksichtigen. Das Problem verlagert sich außerdem von der Ebene des Vertrauensschutzes im Rahmen des Eingriffsermessens auf die Ebene des Amtshaftungsrechts. Diese Ansprüche können darauf gestützt werden, dass die Behörde eine unzutreffende, unvollständige oder irreführende Auskunft erteilt hat[250].

f) Informelles Verwaltungshandeln

Gegen eine vertrauensschutzbegründende Wirkung informellen Verwaltungshandelns wird zum Teil eingewandt, der behördlichen Duldung fehle bei informellen Handlungen die Außenwirkung. Außerdem sei das informelle Verwaltungshandeln gerade durch Unverbindlichkeit geprägt. Eine geschützte Rechtsposition könne der Betroffene nur erlangen, wenn sich die Behörde des formellen Handlungsinstrumentariums bediene[251].

Eine solche Argumentation verkennt aber, dass auch informelles Verwaltungshandeln Außenwirkung haben kann. Wenn die Behörde mit dem Betroffenen in Kontakt tritt, handelt sie schon nicht mehr rein behördenintern, sondern bereits nach außen gerichtet. Folglich kann auch informelles Verwaltungshandeln eine Vertrauensgrundlage darstellen. Allerdings kann die informelle Duldung selbst dann, wenn das betätigte Vertrauen schwerer wiegen sollte als das öffentliche Interesse an der Beseitigung rechtswidriger Zustände, keine auf Dauer unangreifbare Position vermitteln, sondern führt nur zu einer zeitlichen Beschränkung der Eingriffsmöglichkeiten[252]. Das lässt sich an folgendem Beispiel verdeutlichen: Trifft die

---

248 OVG NRW, BRS 47 Nr. 193 (S. 481).

249 Siehe unten 8. Teil. B.

250 *Maurer* in: Isensee/Kirchhof, Handbuch des Staatsrechts Bd. IV, § 79 Rn. 117.

251 *Malitz*, Behördliche Duldung, S. 51; *Millgramm*, NuR 1999, 608, 613, der Duldungen grundsätzlich als Form informellen Handelns als rechtswidrig ansieht und daraus folgert, dass ein Vertrauenstatbestand nicht entstehen könne.

252 *Hermes/Wieland*, Die staatliche Duldung, S. 40 ff.; *Fluck*, NuR 1990, 197, 201; *Heider*, NuR 1995, 335, 337.

Bauaufsichtsbehörde mit dem Betroffenen eine Absprache, dass eine rechtswidrige Nutzung weiter geduldet wird, bis ein Genehmigungsantrag gestellt wird und das Genehmigungsverfahren abgeschlossen ist, wird deutlich, dass sich die in der Absprache enthaltene Duldung nur auf diesen Zeitraum bezieht und keine darüber hinausgehende Wirkung entfaltet.

g) Fachgenehmigungen und Handlungen anderer Behörden

Problematisch ist, ob die Erteilung einer Genehmigung durch eine von der Bauaufsichtsbehörde zu unterscheidenden Fachbehörde wie etwa einer wasserrechtlichen oder immissionsschutzrechtlichen Genehmigung geeignet ist, beim Betroffenen ein schutzwürdiges Vertrauen zu begründen. Dabei ist zunächst zu beachten, dass durch das Verhalten einer unzuständigen Behörde kein Vertrauen zugunsten des Betroffenen entstehen kann[253]. Außerdem ist zu bedenken, dass die Behörde, die für die Erteilung der Fachgenehmigung zuständig ist, eventuell keine Kenntnis von anderweitigen Genehmigungserfordernissen hat und deshalb schon mangels Kenntnis des rechtswidrigen Zustands nicht von einer bewussten Duldung die Rede sein kann[254]. Dementsprechend enthält ein Entwässerungsbescheid für einen illegalen Abstell- und Waschplatz für Lastkraftwagen in einem allgemeinen Wohngebiet lediglich die Erklärung, dass das Vorhaben entwässerungsrechtlich unbedenklich ist. Eine Vertrauensgrundlage, die sich gegen eine bauordnungsrechtliche Nutzungsuntersagung durchsetzt, lässt sich hieraus aber nicht herleiten[255]. Auch den gewerberechtlichen Erlaubnissen wie z.B. § 33i GewO kommt keine baurechtlich legalisierende Wirkung zu, sodass sich daraus keine qualifizierte Duldung eines baurechtswidrigen Zustands ableiten lässt[256].

Eine andere Situation könnte sich ergeben, wenn die Bauaufsichtsbehörde Kenntnis von der Fachgenehmigung erhalten hat und trotzdem nicht gegen das illegale Bauwerk vorgeht. Der BGH hat angenommen, die Wiederherstellung eines Wohngebäudes zur Wohnnutzung, könne dafür sprechen, dass die Bauaufsichtsbehörde die Errichtung „sehenden Auges“ gebilligt habe. Der Umstand, dass der Bauaufsichtsbehörde dabei eine wasserrechtliche Erlaubnis zur Kenntnis gegeben wurde, trotzdem aber nicht gegen die bauliche Maßnahme eingeschritten sei, ließe einen schutzwürdigen Vertrauenstatbestand zugunsten des Klägers entstehen[257].

Die Entscheidung des BGH erscheint zumindest in der Hinsicht fragwürdig, dass allein die Kenntnis der Bauaufsichtsbehörde von der Fachgenehmigung noch nicht für eine Vertrauensgrundlage ausreichen kann. Jedoch ist denkbar, dass das Vorliegen einer Fachgenehmigung in Zusammenhang mit weiteren Maßnahmen oder

---

253 Siehe oben 6. Teil. E.III.3.a).

254 So auch *Hermes/Wieland*, Die staatliche Duldung, S. 26, in Bezug auf die Zusicherung, nicht gegen einen rechtswidrigen Zustand vorzugehen.

255 VGH BW, BRS 39 Nr. 61 (S. 135).

256 OVG NRW, Beschl. v. 20.01.2015 – 2 B 1447/14, juris Rn. 14.

257 BGH, NVwZ 2003, 1546, 1548.

Verhaltensweisen der Bauaufsichtsbehörde den Eindruck verstärkt, dass gegen das Gebäude nicht eingeschritten werden solle. Einen derart gelagerten Sachverhalt hatte auch das Niedersächsische OVG zu entscheiden. In diesem Fall wurde dem Bürger zwar eine luftverkehrsrechtliche Erlaubnis für einen Modellflugplatz erteilt, eine baurechtliche Genehmigung existierte aber nicht. Trotz Kenntnis der luftverkehrsrechtlichen Genehmigung war die Bauaufsichtsbehörde über 25 Jahre nicht eingeschritten. Das Niedersächsische OVG hat argumentiert, dass ein anwaltlich nicht vertretener Bürger meist nicht wissen könne, dass für ein und dieselbe Sache zwei unterschiedliche Genehmigungen von verschiedenen Behörden erforderlich sind und das Ministerium für Luftfahrt ihn auf die Erforderlichkeit einer baurechtlichen Genehmigung hätte hinweisen müssen. Allerdings heißt es in dieser Entscheidung auch, dass die 25 Jahre andauernde Untätigkeit der Bauaufsichtsbehörde nicht zu einem Vertrauensschutz zugunsten des Betroffenen, sondern lediglich zu gesteigerten Ermessensanforderungen führe, sodass im Rahmen von Verhältnismäßigkeitserwägungen großzügige Übergangsfristen für die Aufgabe der Nutzung zu gewähren seien[258].

Die Auffassung des Niedersächsischen OVG kann teilweise überzeugen. Grundsätzlich liegt es aber im Verantwortungsbereich des Bürgers und ist es eine ihm zumutbare Aufgabe, sich über die erforderlichen Genehmigungen für die Aufnahme einer Nutzung z.B. im Rahmen einer Bauvoranfrage zu erkundigen[259]. Auf der anderen Seite haben die Behörden aber auch gemäß § 25 VwVfG eine Beratungspflicht, auf die Stellung von Anträgen hinzuwirken. Zu Gunsten des Bürgers wird jedenfalls in Rechnung zu stellen sein, dass er sich zumindest um die Fachgenehmigung bemüht hat und daher im Verhältnis zu einem gewöhnlichen „Schwarzbauenden“ schutzwürdiger erscheint[260]. Diese Tatsache muss aus Gründen der Verhältnismäßigkeit bei der Untersagung der Nutzung Berücksichtigung finden.

h) Bewusstes Fehlverhalten eines Behördenvertreters

Handelt ein Behördenvertreter bewusst pflichtwidrig und sieht von bauaufsichtlichen Maßnahmen ab, obwohl die Voraussetzungen für eine Duldung nicht vorliegen, kann dieses Verhalten unter keinen Umständen geeignet sein, eine Vertrauensgrundlage zu begründen. Wird der rechtswidrige Zustand nämlich „sehenden Auges“ in Kauf genommen oder sogar aktiv unterstützt, liegt schon keine Duldung vor, weil es in diesem Fall schon am voluntativen Element, also an einer bewussten Entscheidung zum Nichteinschreiten fehlt und überhaupt keine abwägende Ermessensentscheidung getroffen wurde. Das Fehlverhalten von Amtsträgern hindert die Bauaufsichtsbehörde folglich nicht, unter ihr Verhalten einen

---

258 NdsOVG, NVwZ-RR 1995, 7, 8.

259 OVG NRW, Beschl v. 13.01.2014 – 10 B 1415/13, juris Rn. 15; OVG Rh.-Pf., ZfBR 2010, 807, 808 f.

260 So auch NdsOVG, NVwZ-RR 1995, 7, 8.

„Schlussstrich zu ziehen“ und wieder baurechtmäßige Zustände herzustellen[261]. Davon zu trennen ist die Frage, ob dem Betroffenen aufgrund des Fehlverhaltens des Amtsträgers Schadensersatzansprüche oder Entschädigungsleistungen zustehen, sofern das Fehlverhalten für die Investitionen ursächlich war[262].

i) Abwarten eines Genehmigungsverfahrens

Die Untätigkeit der Behörden kann in keiner Weise gegen die Rechtmäßigkeit einer Beseitigungsverfügung ins Feld geführt werden, wenn sachgerechte Gründe bestanden haben wie z.B. das Abwarten eines noch anhängigen Baugenehmigungsverfahrens[263]. Wird dann mit Abschluss des Baugenehmigungsverfahrens eine Genehmigung versagt, kann der Betroffene kein schutzwürdiges Vertrauen in die Fortführung seiner illegalen Nutzung geltend machen. Das folgt schon daraus, dass Sinn und Zweck der Untätigkeit gerade darin bestanden, den Ausgang des Genehmigungsverfahrens abzuwarten.

Ebenso verhält es sich, wenn mit Aufnahme einer Nutzung ein Bauantrag gestellt wird, der unter gleichzeitiger Duldung der Nutzung jahrelang unbeschieden bleibt. Auch hier mangelt es an einer ausdrücklichen Erklärung der Duldung. Hat die Behörde den Bauantrag nicht beschieden, kann der Bürger daraus auch nicht ableiten, dass der illegale Zustand geduldet werden soll. Dies führt also nicht zu einem schutzwürdigen Vertrauen, aber dennoch zu gesteigerten Ermessensanforderungen, sodass die Behörde die Gründe für ihre Untätigkeit darlegen muss[264]. Gleichermaßen entsteht auch kein schutzwürdiges Vertrauen, wenn der Betroffene zur Stellung eines Bauantrags aufgefordert wird und dieser über einen langen Zeitraum unbearbeitet bleibt[265].

j) Nichteinschreiten nach Ablauf einer befristeten Baugenehmigung

Problematisch ist, ob sich eine Vertrauensgrundlage ableiten lässt, wenn eine Baugenehmigung befristet erteilt wurde, die Befristung abgelaufen ist und die Bauaufsichtsbehörde daraufhin über einen langen Zeitraum untätig geblieben ist. Der Umstand der befristeten Genehmigung könnte einem Einschreiten entgegenstehen, weil die betroffene Anlage behördlicherseits einmal als zulässig angesehen wurde.

Dagegen spricht aber, dass die Baugenehmigung durch Fristablauf bereits erloschen ist. Es liegt im Verantwortungsbereich des Bürgers, sich um die Verlängerung der Baugenehmigung oder eine endgültige Erteilung zu bemühen[266]. Vor allem kann

---

261 BayVGH, Urt. v. 28.6.2012 – 9 B 10.2532, juris Rn. 23; OVG NRW, NVwZ-RR 2009, 364, 366; OVG NRW, BRS 47 Nr. 193 (S. 481); OVG SH, NordÖR 1999, 262.

262 Siehe zu Schadensersatzansprüchen unten 8. Teil. B.

263 BayVGH, BayVBl. 1970, 70; *Jäde*, Bauaufsichtliche Maßnahmen, Rn. 119; *Wenzel* in: Gädtke, Czepuck/Johlen/Plietz/Wenzel, BauO NRW, § 61 Rn. 40.

264 *Jäde*, Bauaufsichtliche Maßnahmen, Rn. 272.

265 HessVGH, BRS 28 Nr. 163 (S. 335).

266 BGH, NVwZ 1991, 403 f.

der Betroffene keinen Vertrauensschutz in Bezug auf eine Duldung daraus herleiten, dass über mehrere Jahre nicht eingeschritten wurde, wenn z.B. die Befristung der Baugenehmigung in Vergessenheit geraten ist[267]. Die befristete Baugenehmigung soll in einem solchen Fall gerade eine Vertrauensgrundlage verhindern[268]. Außerdem wird die auf Vertrauensschutz basierende Bindungswirkung eines sog. Kettenverwaltungsakts in besonderen Fällen nur bei routinemäßiger Verlängerung von Befristungen diskutiert[269]. Der umgekehrte Fall, dass eine befristete Genehmigung nicht verlängert wird, kann auch in Verbindung mit einem Nichteinschreiten nicht vertrauensschutzbegründend sein.

k) „Rechtsschein" einer durch Fristablauf erloschenen Genehmigung

Das OVG des Saarlandes hatte einen Fall zu entscheiden, in welchem dem Kläger trotz Verstoßes gegen § 34 BauGB eine (rechtswidrige) Baugenehmigung für eine Autoreparaturwerkstatt erteilt wurde[270]. Der Kläger machte jedoch von der Baugenehmigung bis zum Ablauf der Frist für die Bauausführung keinen Gebrauch. Nachdem die Behörde ihn auf den Fristablauf hingewiesen hatte, beantragte der Kläger die Verlängerung der ursprünglichen Baugenehmigung. In der Zwischenzeit hatte er den Rohbau errichtet. Die beklagte Bauaufsichtsbehörde stellte nach Fertigstellung fest, dass die Halle entgegen der ursprünglichen Genehmigung um 4 Meter vorgezogen wurde. Daraufhin lehnte sie den Verlängerungsantrag ab und ordnete die Beseitigung an. Das OVG des Saarlandes entschied, dass die Bauaufsichtsbehörde zwar nicht aufgrund einer Ermessensbindung in ihrem Eingriffsermessen beschränkt sei, ihr positives Tun aber im Rahmen gesteigerter Ermessensanforderungen angemessen zu gewichten und darzulegen habe, warum eine weitere Duldung des Bauwerks nicht in Betracht komme. Dies ergebe sich daraus, dass sich durch die geringe Abweichung um 4 Meter keine andere boden- und bauordnungsrechtliche Bewertung des geänderten Vorhabens ergebe und davon auszugehen sei, dass die Baugenehmigungsbehörde das Gebäude an diesem Standort auch zum Zeitpunkt der ursprünglichen Genehmigung gestattet hätte. Durch die ursprüngliche Genehmigungserteilung habe die Behörde den „Rechtsschein" gesetzt, dass Gebäude sei zulässig und den Kläger damit zu erheblichen Dispositionen veranlasst[271].

Im Ergebnis erscheint es überzeugend, in dieser Konstellation gesteigerte Ermessensanforderungen für eine Beseitigungsverfügung anzunehmen. Allerdings ist die Ansicht des OVG des Saarlandes zweifelhaft, ob die ursprünglich erteilte Baugenehmigung einen „Rechtsschein" zugunsten des Klägers geschaffen hat. Denn das Risiko der Beseitigung geht zulasten des Bauherrn, der dafür zu sorgen hat, dass das Vorhaben der konkreten Baugenehmigung entsprechend ausgeführt wird.

---

267 BGH, NVwZ 1991, 403 f.
268 BGH, NVwZ 1991, 403 f.
269 Siehe oben 5. Teil. B.VI.3.a)cc).
270 OVG Saarl., BRS 44 Nr. 194 (S. 450 ff.).
271 OVG Saarl., BRS 44 Nr. 194 (S. 451 ff.).

Außerdem ist im vorliegenden Fall zu berücksichtigen, dass die Baugenehmigung vor der Bauausführung durch Fristablauf bereits erloschen war, sodass es wenig überzeugend erscheint, der durch Fristablauf erloschenen und zudem noch rechtswidrigen Baugenehmigung einen „Rechtsschein" zuzuerkennen. Andererseits kann aber nicht ignoriert werden, dass die Bauaufsichtsbehörde durch ihr eigenes positives Verhalten die Entstehung des rechtswidrigen Zustands mitbeeinflusst hat, sodass es folgerichtig erscheint, ihr gesteigerter Ermessensanforderungen bei der Beseitigungsverfügung aufzuerlegen. Gegebenenfalls sind auch Amtshaftungsansprüche zu prüfen.

l) Rücknahme einer rechtswidrigen Baugenehmigung unter Verzicht auf den Erlass einer Beseitigungsanordnung

Fraglich ist, wie die Situation zu bewerten ist, dass die Bauaufsichtsbehörde eine rechtswidrige Baugenehmigung zurücknimmt, dann aber nicht mittels Bauordnungsverfügung gegen den rechtswidrigen Zustand vorgeht. Hier ist festzuhalten, dass die schlichte Untätigkeit im Sinne einer faktischen Duldung keine Vertrauensgrundlage bildet. Zusätzlich spricht gegen die Annahme schutzwürdigen Vertrauens, dass die Behörde durch die Rücknahme der Baugenehmigung ausdrücklich erklärt, dem rechtswidrigen Zustand die formelle Legalität zu entziehen.

m) Großzügiges Gewähren von Beseitigungsfristen

Hat die Bauaufsichtsbehörde bereits eine Beseitigungsverfügung unter Setzung einer Frist zur Beseitigung erlassen, so kann sie diese Frist von sich aus oder auf Wunsch des Betroffenen verlängern. Dieses Vorgehen kann etwa sinnvoll sein, wenn wirtschaftliche Gründe ein Aufschieben der Beseitigung erfordern. Allerdings lässt die großzügige Gewährung von Beseitigungsfristen nicht den Schluss zu, die Behörde sehe von der Durchsetzung der Verfügung ab[272]. Im Gegenteil zeigt selbst die mehrmalige Verlängerung der Beseitigungsfrist, dass im Grundsatz der rechtswidrige Zustand zu beseitigen ist, aber vorübergehend innerhalb eines bestimmten Zeitraums, der durch die Frist vorgegeben wird, noch bestehen bleiben kann. Die „Befristungskette" lässt sich nicht so verstehen, dass die Behörde dauerhaft von einem Einschreiten absehen will[273].

n) (Teil-) Aufhebung einer Beseitigungsanordnung

Hebt die Bauaufsichtsbehörde eine bereits ergangene Beseitigungsverfügung oder Nutzungsuntersagung nach §§ 48, 49 VwVfG wieder auf, kann nicht schon aus dieser Tatsache auf eine rechtsbeachtliche Duldung geschlossen werden. Durch die Aufhebung einer Beseitigungsanordnung drückt die Bauaufsichtsbehörde nämlich nicht aus, dass sie in Zukunft für einen gewissen Zeitraum nicht gegen das illegale

272 BayVGH, BayVBl. 1996, 634.
273 Siehe oben 5. Teil. B.VI.3.a)cc).

Bauwerk vorgehen möchte. Der Aufhebung kommt allein der Erklärungswert zu, dass die Behörde im Fall des § 48 VwVfG der Ansicht ist, die Beseitigungsanordnung sei in diesem Moment rechtswidrig, nicht aber, dass die Bauaufsichtsbehörde auch für die Zukunft diese Ansicht vertritt. Ebenso verhält es sich, wenn die Bauaufsichtsbehörde durch ein Schreiben die Einstellung eines Widerspruchsverfahrens bezüglich einer versagten Baugenehmigung oder einer Beseitigungsverfügung erklärt[274].

Widerruft die Behörde die Beseitigungsanordnung nach § 49 VwVfG, erscheint ein duldendes Verhalten nicht gänzlich ausgeschlossen. Der Widerruf impliziert nämlich, dass die Behörde die Beseitigungsanordnung eigentlich für rechtmäßig hält. Dennoch lässt sich auch diesem Verhalten nicht die eindeutige Erklärung entnehmen, dass die Bauaufsichtsbehörde in Zukunft von einem Einschreiten vorübergehend oder dauerhaft keinen Gebrauch machen will. Die Bauaufsichtsbehörde bleibt weiterhin aufgrund ihres gesetzlichen Auftrags verpflichtet, gegen rechtswidrige Zustände vorzugehen. Die Aufhebung einer zuvor erteilten Beseitigungsanordnung ist also nicht geeignet, einen Vertrauenstatbestand zu schaffen, dass in Zukunft überhaupt nicht mehr eingeschritten werden darf[275].

o) Keine Duldung eines rechtswidrigen Teilbaus durch eine Teilrückbauverfügung

Hat der Betroffene ein illegales, aber geduldetes Wochenendhaus durch illegale Maßnahmen erweitert und ordnet die Behörde daraufhin den Rückbau auf den vorherigen Bestand an, ist zu prüfen, ob darin eine qualifizierte Duldung des nach dem Rückbau verbleibenden Teilbaus zu sehen ist[276]. Dagegen lässt sich argumentieren, dass der Anordnung der Teilbeseitigung nicht der Aussagegehalt entnommen werden kann, auch der verbleibende Rechtsverstoß solle durch das Restbauwerk in Zukunft hingenommen werden[277]. Hieraus lässt sich also keine Vertrauensgrundlage des Betroffenen konstruieren. Im Übrigen wäre eine solche Anordnung ohnehin ermessensfehlerhaft, weil der Teilrückbau in der Regel ungeeignet ist, rechtmäßige Zustände wiederherzustellen[278].

p) Auswirkung einer Nutzungsuntersagung auf eine Beseitigungsanordnung

Eine zunächst erlassene Nutzungsuntersagung gegen eine illegale Nutzung begründet kein schutzwürdiges Vertrauen darauf, dass die Bauaufsichtsbehörde auch künftig von einem Einschreiten gegen das illegale Bauwerk mittels einer Abbruchverfügung absehen wird[279]. Es handelt sich um zwei unterschiedliche baurechtliche

---

274 OVG Rh.-Pf., BRS 36 Nr. 216 (S. 424).

275 NdsOVG, BRS 64 Nr. 198 (S. 770); OVG NRW. Beschl. v. 30.3.2011 – 7 A 848/10, juris Rn. 9 ff.

276 OVG NRW, BRS 47 Nr. 193 (S. 481).

277 OVG NRW, BauR 2006, 90, 93.

278 OVG NRW, BauR 2006, 90, 92 f.

279 *Jäde*, Bauaufsichtliche Maßnahmen, Rn. 124.

Maßnahmen, die einander nicht bedingen und auch sonst keine Konnexität aufweisen, die zu einer solchen Annahmen führen könnten.

q) Schweigen der Behörde auf eine Selbstanzeige des Bauherrn

Die Selbstanzeige des rechtswidrigen Baus bei der Bauaufsichtsbehörde durch den Betroffenen und das anschließende Schweigen der Behörde führt nicht zu einer Vertrauensgrundlage zugunsten des Betroffenen[280]. In diesem Fall liegt wegen des Schweigens der Behörde eine faktische Duldung vor. Es fehlt an einer behördlichen Handlung, die beim Betroffenen schutzwürdiges Vertrauen auslöst. Zwar ist dem Betroffenen zugute zu halten, dass er selbst seinen illegalen Bau angezeigt hat, allerdings kann er nur aufgrund des Schweigens der Bauaufsichtsbehörde nicht hoffen, dass ihm dieser auch belassen wird.

r) Ortsbesichtigungen durch Behördenvertreter

Um sich ein umfassendes Bild von der baulichen Umgebung zu verschaffen, führen Behördenvertreter Ortsbesichtigungen durch. Umstritten ist, ob durch eine Ortsbesichtigung und das anschließende Nichteinschreiten gegen den baurechtswidrigen Zustand auf eine qualifizierte Duldung geschlossen werden kann.

Es sind drei Fallkonstellationen zu unterscheiden: Ist Schwerpunkt der Ortsbesichtigung nicht das fragliche Bauwerk, so kann aus der Besichtigung anderer Bauvorhaben durch Behördenvertreter in einem bestimmten Gebiet nicht auf eine bewusste Duldung geschlossen werden[281]. Hat der Ortstermin zwar das betroffene Vorhaben zum Gegenstand, wird aber kein rechtswidriger Zustand wie z.B. eine illegale Nutzung festgestellt, ergibt sich daraus ebenfalls kein Vertrauenstatbestand[282]. In beiden genannten Fällen fehlt es zum einen an der Kenntnis des rechtswidrigen Zustands und zum anderen an einer ausdrücklichen Duldungserklärung, auf deren Basis der Betroffene auf den Bestand vertrauen kann.

Problematisch ist aber, wie es sich auswirkt, wenn die Bauaufsichtsbehörde bei einem Ortstermin auf dem Grundstück des betroffenen Bauherrn einen illegalen Zustand feststellt. Der VGH Baden-Württemberg hat hierzu entschieden, dass ein besonderes Verhalten für die Entstehung eines Vertrauenstatbestands schon dann gegeben sei, wenn die Bauaufsichtsbehörde mehrere Ortsbesichtigungen auch auf dem Grundstück des Klägers durchführe und zusätzlich ein etwa gleich großes Haus des Nachbarn genehmige[283]. Gegen diese Ansicht spricht aber entscheidend, dass

---

280 BayVGH, BayVBl. 1999, 590, 592.

281 *Kuschnerus/Schöler/Stehr*, NWVBl. 2004, 297, 303.

282 OVG NRW, Beschl. v. 9.5.2014 – 2 A 2819/13, juris Rn. 38; VG München, Beschl. v. 25.2.2014 – M 8 S 14.667, juris Rn. 51.

283 VGH BW, BRS 32 Nr. 186 (S. 345 f.): Zuvor war die zuständige Bauaufsichtsbehörde bereits irrtümlich davon ausgegangen, dass das Gebäude vom Bürgermeisteramt genehmigt sei. Nach Ansicht des VGH Baden-Württemberg sei der Behörde dieses Verhalten subjektiv zurechenbar, da sie bei näheren Nachforschungen, die sich

es gerade an einer vertrauensbegründenden Handlung fehlt. Die Ortsbesichtigung bringt lediglich zum Ausdruck, dass die Behörde einen rechtswidrigen Zustand zur Kenntnis genommen hat. Schreitet sie danach nicht ein, bleibt sie lediglich untätig, sodass es an einer ausdrücklich erklärten Duldung gerade fehlt. Es handelt sich mithin um einen Fall der faktischen Duldung bzw. der schlichten Untätigkeit. Diesem Verhalten lässt sich aus Sicht des Betroffenen nicht der Erklärungswert einer vertrauensschutzbegründenden Duldung auch für die Zukunft entnehmen. Auch der Umstand, dass ein etwa gleich großes Haus des Nachbarn genehmigt wurde, führt nicht zu einem Vertrauensschutz, weil sich die Genehmigung gerade an den Nachbarn richtet. Hiergegen kann sich der Betroffene allenfalls unter Gleichbehandlungsgesichtspunkten nach Art. 3 Abs. 1 GG gegen eine Bauordnungsverfügung zur Wehr setzen. Im Ergebnis lassen sich Ortsbesichtigungen von Behördenvertretern damit nicht als vertrauensschutzbegründende Handlungen interpretieren.

s) *Erteilung eines Schlussabnahmescheins bzw. einer Bescheinigung über die Bauzustandsbesichtigung*

Fraglich ist, ob aus einer beanstandungsfreien Schlussabnahme mit Erteilung eines Schlussabnahmescheins bzw. durch eine Bescheinigung über eine Bauzustandsbesichtigung nach neuerem Recht auf eine qualifizierte Duldung geschlossen werden kann. Nach dem älteren Modell der Bauabnahmen durfte nach der obligatorischen Erteilung eines Schlussabnahmescheins die bauliche Anlage genutzt werden. Nach dem neueren Modell der Bauzustandsbesichtigung muss der Bauherr die Fertigstellung des Rohbaus und die abschließende Fertigstellung jeweils der Behörde anzeigen[284], vgl. § 82 Abs. 2 S. 1 BauO NRW. Nach § 82 Abs. 1 BauO NRW kann die Bauaufsichtsbehörde zur Fertigstellung des Rohbaus und zur abschließenden Fertigstellung baulicher Anlagen eine Bauzustandsbesichtigung durchführen. Auf Verlangen des Bauherrn hat die Behörde dann nach § 82 Abs. 5 S. 2 BauO NRW eine Bescheinigung über die Bauzustandsbesichtigung zu erteilen.

Hat der Bauherr entgegen der Baugenehmigung oder über die Baugenehmigung hinaus ein formell und materiell rechtswidriges Bauwerk errichtet, erfolgt aber keine Beanstandung bei der Schlussabnahme, so könnte dies die Entstehung eines Vertrauenstatbestands rechtfertigen. Gegen die Annahme von Vertrauensschutz sprechen aber eindeutig Sinn und Zweck sowie Wirkung der Schlussabnahme bzw. der Bauzustandsbesichtigung. Die Bescheinigung enthält nämlich lediglich die Erklärung, dass eine Bauzustandsbesichtigung durchgeführt wurde und dass dabei entweder keine oder die in der Bescheinigung aufgeführten Mängel festgestellt worden sind. Sie erklärt aber nicht, dass das Gebäude zur Zeit der Besichtigung keine

---

aufgrund der Größe des streitgegenständlichen Wochenendhauses aufdrängten, hätte feststellen können, dass das Gebäude nur teilweise genehmigt war.

284 *Finkelnburg/Ortloff/Otto*, Öffentliches Baurecht Bd. II, S. 68 f.

oder nur die angegebenen Mängel aufgewiesen hat[285]. Unabhängig von der Frage, ob die Bescheinigung ein Verwaltungsakt ist[286], erfolgt durch die Bescheinigung keine verbindliche Feststellung der Rechtmäßigkeit eines Bauwerks. Die Bescheinigung verfolgt damit nicht den Zweck der Genehmigung rechtswidriger oder bisher ungenehmigter Zustände[287]. Im Gegenteil können auch nach einer Besichtigung weiterhin Maßnahmen gefordert werden, um übersehene oder aus sonstigen Gründen nicht beanstandete Verstöße gegen das materielle Baurecht zu beseitigen[288].

Mithin lässt sich weder dem Schlussabnahmeschein noch der Bescheinigung über eine Bauzustandsbesichtigung die unmissverständliche und ausdrückliche Erklärung entnehmen, dass der illegale Zustand hingenommen werden soll[289]. Stellt die Bauaufsichtsbehörde z.B. eine Bescheinigung über die Bauzustandsbesichtigung für die Umnutzung einer genehmigten Ausstellungsfläche zu einem Verkaufsraum aus, enthält die Bescheinigung lediglich die Erklärung, dass die Nutzung als Verkaufsraum zur Kenntnis genommen wurde, nicht aber, dass dieser Zustand geduldet wird[290]. Gleiches gilt für alle anderen speziellen Bauüberwachungsmaßnahmen, zu denen die Bauaufsichtsbehörden im Rahmen ihrer Überwachungsbefugnisse berufen sind, z.B. das Betreten der Baustelle oder die Einsichtnahme in Unterlagen.

t) Abgeschlossenheitsbescheinigung nach dem WEG

Nach Ansicht des Niedersächsischen OVG steht durch die Erteilung einer Abgeschlossenheitsbescheinigung nach dem WEG öffentlich-rechtlich fest, dass abgetrennte Räume nicht mehr zur Wohnung gehören. Diese Räume sind dann von der für die Wohnnutzung erteilten Baugenehmigung aufgrund einer Nutzungsänderung der abgetrennten Räume nicht mehr erfasst[291]. Im der Entscheidung zugrunde liegenden Sachverhalt hatte der Kläger die Erlaubnis begehrt, Dachbodenräume in einem Ferienhauskomplex, die als Abstellräume genehmigt waren, zu Wohnzwecken nutzen zu dürfen. Die Bauaufsichtsbehörde hatte zuvor durch die Erteilung einer Abgeschlossenheitsbescheinigung nach dem WEG die Voraussetzung für eine Abtrennung der Abstellräume von den anderen Eigentumswohnungen geschaffen. Allerdings hätte ohne die Abstellräume im Dachgeschoss die Genehmigung für das

---

285 OVG Rh.-Pf., BRS 23 Nr. 147 (S. 228); *Finkelnburg/Ortloff/Otto*, Öffentliches Baurecht Bd. II, S. 68.

286 Dafür *Finkelnburg/Ortloff/Otto*, Öffentliches Baurecht Bd. II, S. 68; a.A. *Hornmann*, HBO, § 74 Rn. 46.

287 VGH BW, BRS 40 Nr. 228 (S. 492); *Müller*, NVwZ 1990, 1028, 1030.

288 OVG NRW, NVwZ-RR 1993, 531.

289 VGH BW, BRS 40 Nr. 228 (S. 492); BayVGH, Urt. V. 28.06.2012 – 9 B 10.2532, juris Rn. 23; OVG NRW, NVwZ-RR 2009, 364, 366; OVG NRW, Beschl. v. 16.03.2007 – 7 B 134/07, juris Rn. 28 ff.; VG Gelsenkirchen, Beschl. v. 15.10.2014 – 9 L 1395//14, juris Rn. 31.; *Büchner/Schlotterbeck*, Baurecht Bd. 2, Rn. 266; *Müller*, NVwZ 1990, 1028, 1030.

290 OVG NRW, Beschl. v. 16.03.2007 – 7 B 134/07, juris Rn. 28 ff.

291 NdsOVG, NJW-RR 1986, 815 f.

gesamte Haus nicht erteilt werden dürfen, weil ansonsten ein Verstoß gegen § 44 Abs. 4 NBauO vorgelegen hätte. Das Niedersächsische OVG stützt seine Erwägungen hauptsächlich darauf, dass die Abgeschlossenheitsbescheinigung auch eine öffentlich-rechtliche Funktion habe, weil auch im öffentlichen Baurecht der Begriff der Abgeschlossenheit von Bedeutung sei (vgl. z.B. § 44 Abs. 1 NBauO, § 49 Abs. 1 BauO NRW, Art. 46 BayBO). Die Ausstellung der Abgeschlossenheitsbescheinigung sei gerade der Bauaufsichtsbehörde übertragen worden, weil diese über besonderen Sachverstand in bauordnungsrechtlichen Fragen verfüge, sodass ihr auch ein Prüfungsrecht im Hinblick auf die bauordnungsrechtlichen Vorschriften obliege[292]. Dies könnte dafür sprechen, die Erteilung einer Abgeschlossenheitsbescheinigung nach dem WEG als ein derart qualifiziertes Verhalten der Bauaufsichtsbehörde anzusehen, dass auf die Duldung des illegalen Zustands geschlossen werden kann.

Gegen diese Ansicht sprechen aber Zweck und Regelungsgehalt der Abgeschlossenheitsbescheinigung. Die Abgeschlossenheitsbescheinigung ist ein urkundlicher Nachweis gegenüber dem Grundbuchamt darüber, dass eine Wohnung oder sonstige Räume hinreichend abgeschlossen sind und damit die Einräumung von Sondereigentum möglich ist, vgl. § 3 Abs. 2 S. 1 i.V.m. § 7 Abs. 4 Nr. 2 WEG. Abgeschlossen sind Wohnungen, wenn sie baulich von fremden Wohnungen oder Räumen abgeschlossen sind und einen eigenen abschließbaren Zugang unmittelbar vom Freien, von einem Treppenhaus oder einem Vorraum haben[293]. Die Abgeschlossenheitsbescheinigung nach § 7 Abs. 4 Nr. 2 WEG stellt dabei die verfahrensrechtliche Umsetzung von § 3 Abs. 2 WEG dar und darf nur ausgestellt werden, wenn die Voraussetzungen des § 3 Abs. 2 WEG vorliegen[294]. Auch wenn die Bauaufsichtsbehörde für die Erteilung zuständig ist, lässt sich jedoch keine Duldung konstruieren, da es sich um ein völlig anderes Prüfprogramm handelt. Denn bei der Erteilung einer Abgeschlossenheitsbescheinigung hat die Bauaufsichtsbehörde die bebauungsrechtliche Zulässigkeit der errichteten Räume und ihrer Nutzung nicht zu prüfen. Vielmehr können öffentlich-rechtliche Regelungen, die einer Nutzung entgegenstehen, eine Versagung der Abgeschlossenheitsbescheinigung durch die Bauaufsichtsbehörde gerade nicht rechtfertigen, da diese Gesichtspunkte bei der Abgeschlossenheitsprüfung außer Betracht zu bleiben haben[295]. Eine Abgeschlossenheitsbescheinigung ist selbst dann zu erteilen, wenn der Baubestand bzw. die Nutzung der fraglichen Räume nicht (mehr) genehmigt ist. Folglich kann aus der Abgeschlossenheitsbescheinigung kein positiv duldendes Verhalten konstruiert werden.

---

292 NdsOVG, NJW-RR 1986, 815, 816; *Mann* in: Große-Suchsdorf, NBauO, § 79 Rn. 63.

293 *Armbrüster* in: Bärmann, WEG, § 3 Rn. 59; *Bärmann/Pick*, WEG, § 3 Rn. 18.

294 *Armbrüster* in: Bärmann, WEG, § 7 Rn. 102.

295 GmS-OGB, NJW 1992, 3290, 3291 ff.; BVerwG, NJW-RR 1988, 649, 650; BayVGH, NJW-RR 1986, 816 m.w.N.; *Armbrüster* in: Bärmann, WEG, § 7 Rn. 110; *Große-Suchsdorf* in: Große-Suchsdorf, NBauO, § 44 Rn. 7; *Nolte* in: Simon/Busse, BayBO, Art. 46 Rn. 43.

u) *Darstellung einer rechtswidrigen baulichen Anlage in einem Flächennutzungs- oder Bebauungsplan*

Ob die Darstellung eines rechtswidrig errichteten Gebäudes in einem Flächennutzungsplan, Bebauungsplan oder anderen Verzeichnissen wie dem Liegenschaftskataster oder im Bestandsverzeichnis des Grundbuchs als Vertrauensgrundlage ausreichend ist, erscheint fragwürdig. Zwar muss davon ausgegangen werden, dass bei einer Darstellung in Flächennutzungsplan oder Bebauungsplan das illegale Gebäude den Behörden bekannt gewesen sein muss. Gegen die Annahme einer Vertrauensgrundlage spricht aber, dass es sich bei der Abbildung in einem Flächennutzungs- oder Bebauungsplan lediglich um die Darstellung des tatsächlichen Bestands handelt. Dem lässt sich noch nicht entnehmen, dass die Bauaufsichtsbehörde das illegale Bauwerk in irgendeiner Form mit rechtsbegründender Wirkung duldet[296].

v) *Erschließungsmaßnahmen*

In einem Verfahren vor dem OVG Nordrhein-Westfalen hat sich der Kläger darauf berufen, er habe auf den Bestand seines rechtswidrig im Außenbereich errichteten Wochenendhauses vertraut, weil zuvor bei der Umgebungsbebauung eine wege- und kanalmäßige Erschließung durchgeführt worden sei. Das OVG Nordrhein-Westfalen hat aber zu Recht entschieden, dass es hier an einem Vertrauensschutz bildenden Verhalten fehlt, weil durch die Durchführung von Erschließungsmaßnahmen nicht auf eine hinreichende Erklärung der Duldung gegenüber dem Betroffenen geschlossen werden kann[297]. Gleiches gilt für die Erhebung von Erschließungsbeiträgen[298] oder einen Kanalanschlussbeitragsbescheid[299]. Auch Maßnahmen im Bereich der Infrastruktur wie z.B. Müllentsorgung, Winterdienst und Schulbusverkehr sprechen nicht für eine qualifizierte Duldung[300]. Durch die Erschließungsmaßnahmen werden erst die Voraussetzungen geschaffen, dass ein Grundstück überhaupt baulich genutzt werden darf. Werden diese durchgeführt, bedeutet dies jedoch nicht, dass die Behörde davon ausgeht, die Bebauung sei ansonsten bauplanungsrechtlich zulässig oder könne zumindest geduldet werden.

w) *Einbeziehung von Räumen im Rahmen der Wohnraumbewirtschaftung*

Unter Geltung des Wohnraumbewirtschaftungsgesetzes wurde nach dem Zweiten Weltkrieg wegen der Wohnungsknappheit auch Wohnraum zugeteilt, der bauaufsichtlich nicht genehmigt oder genehmigungsfähig war. Gemäß § 2 Abs. 1 des WBewG unterlag der Wohnraumbewirtschaftung Raum, der zu Wohnzwecken

---

296 HessVGH, NuR 1993, 36, 37.
297 OVG NRW, Beschl. v. 05.08.2011 – 2 A 2137/10, juris Rn. 30 ff.
298 *Jäde*, Bauaufsichtliche Maßnahmen, Rn. 126.
299 OVG NRW, Urt. v. 20.04.2016 – 7 A 1367/14, juris Rn. 50.
300 OVG NRW, DVBl. 2015, 849, 852.

geeignet und bestimmt war (Wohnungen und Wohnräume). Daraus lässt sich folgern, dass dem Bescheid der Wohnungsbehörden nicht der Erklärungsinhalt einer Genehmigung zu entnehmen ist, da sich der Wortlaut des Gesetzes nur auf Wohnräume bezieht, die schon vorher zu Wohnungszwecken geeignet oder bestimmt waren[301]. Bezieht sich die Zuteilung von Wohnraum also auf Bauwerke, in denen eine Wohnnutzung nicht genehmigungsfähig ist, kann mit der Zuteilung nur eine konkludent erklärte bauaufsichtliche Duldung der Wohnnutzung verbunden sein[302]. Entscheidend ist dabei, dass es sich bei Wohnungsknappheit um ein vorübergehendes Phänomen handelt, sodass die konkludent erklärte Duldung der Wohnnutzung nur so verstanden werden kann, dass sie eine zeitlich begrenzte Maßnahme zur Bekämpfung der Wohnungsnot darstellt[303]. Gerade dieser Umstand verhindert aber die Entstehung einer schutzwürdigen Vertrauensgrundlage zugunsten des Betroffenen, die Wohnnutzung auch in Zukunft aufrechterhalten zu dürfen. Sind die Räume über Jahrzehnte unbeanstandet zu Wohnzwecken genutzt worden, obwohl keine Wohnungsnot mehr herrscht, kann der ursprünglichen Einweisung eines Mieters durch das Wohnungsamt nicht die Entscheidung über die dauerhafte Duldung der Wohnnutzung entnommen werden. Dennoch müssen die Umstände der Einweisung und der langjährigen Untätigkeit in der Ermessensausübung berücksichtigt werden[304].

5. *Ergebnis*

Eine wirksame Vertrauensgrundlage kann nur bei einer qualifizierten Duldung angenommen werden. Diese liegt vor, wenn die zuständige Behörde in Kenntnis des rechtswidrigen Zustands die Duldung schriftlich ausdrücklich erklärt oder durch förmliches Handeln mit konkretem Bezug zu dem rechtswidrigen Zustand erkennen lässt, den Zustand zu erhalten oder sogar zu verfestigen. An eine wirksame Vertrauensgrundlage gegen behördliches Einschreiten sind bei der Duldung hohe Anforderungen zu stellen. In Betracht kommt nur ein qualifiziertes positives Verhalten, welches vor allem bei den förmlichen Handlungsformen wie Duldungszusicherung oder öffentlich-rechtlichem Vertrag gegeben ist. Daneben kommen förmliche Genehmigungen von Folgemaßnahmen, die im Zusammenhang mit dem illegalen Bestand erteilt werden, als Vertrauensgrundlage in Betracht. Aus Verwaltungsvorschriften lässt sich zwar grundsätzlich kein Vertrauensschutz ableiten. Dies gilt allerdings nicht, wenn die Behörde zusätzlich nach außen dem Betroffenen verbindlich mitteilt, dass sie gegen den rechtswidrigen Zustand nicht vorgehen werde. Im Ergebnis kann eine unmissverständliche Duldungserklärung der Bauaufsichtsbehörde erst angenommen werden, wenn die Bauaufsichtsbehörde die Duldung schriftlich gegenüber dem Betroffenen erklärt oder förmliche Genehmigungen für

---

301 OVG NRW, BRS 27 Nr. 204 (S. 346 f.).
302 Offengelassen von OVG NRW, BRS 27 Nr. 204 (S. 347).
303 OVG NRW, BRS 27 Nr. 204 (S. 348).
304 OVG Berlin, BRS 28 Nr. 169 (S. 345).

weitere Maßnahmen erteilt, die in unmittelbarem Bezug zu dem baurechtswidrigen Zustand und in Kenntnis desselben stehen.

Die faktische Duldung hat im Gegensatz zur qualifizierten Duldung keine vertrauensschutzbegründende Wirkung, weil es schon an einer wirksamen Vertrauensgrundlage fehlt. Die Auswertung der unterschiedlichen Fallgruppen hat gezeigt, dass in den meisten Fällen mangels Duldungswillens oder Kenntnis des rechtswidrigen Zustands entweder die Voraussetzungen einer Duldung schon nicht erfüllt sind oder nur eine faktische Duldung vorliegt, wenn es an der für eine qualifizierte Duldung erforderlichen ausdrücklichen Regelung fehlt. Die Bauaufsichtsbehörde ist aber verpflichtet, ihr vorausgegangenes Handeln bzw. Nichthandeln im Rahmen ihrer Ermessensentscheidung zu berücksichtigen. Bei faktischen Duldungen, die bei der Entstehung des rechtswidrigen Zustands mitwirken, können auch Amtshaftungsansprüche in Betracht kommen.

IV. Tatsächliches Vertrauen des Bürgers auf die Duldung

1. Kenntnis der Vertrauensgrundlage

Auf der Basis der Vertrauensgrundlage muss sich bei dem Betroffenen tatsächlich auch ein Vertrauen gebildet haben[305]. Das setzt zunächst voraus, dass der Betroffene Kenntnis der Vertrauensgrundlage hat. Das wird in der Regel der Fall sein, wenn es sich um eine konkret-individuell an eine bestimmte Person gerichtete Vertrauensgrundlage handelt[306]. Eine solche Situation ist z.B. unproblematisch bei der Duldungszusicherung gegeben. Auch in Bezug auf die Kenntnis der Vertrauensgrundlage zeigt sich, dass eine faktische Duldung kein schutzwürdiges Vertrauen des Bürgers erzeugen kann. Denn bei der schlichten Untätigkeit fehlt es an einem Verhalten bzw. einer ausdrücklichen Erklärung der Behörde gegenüber dem Bürger, auf das er auch tatsächlich vertrauen darf.

2. Ausschlusstatbestände

a) Kenntnis oder grob fahrlässige Unkenntnis der Rechtswidrigkeit der Duldung

Der Gesetzgeber hat für den Ausschluss schutzwürdigen Vertrauens bei der Rücknahme von Verwaltungsakten die Vorschrift des § 48 Abs. 2 S. 3 VwVfG geschaffen. Die den Vertrauensschutz ausschließenden Tatbestandsmerkmale des § 48 Abs. 2 S. 3 VwVfG sind sowohl bei der Rücknahme einer Duldungsentscheidung[307] als auch entsprechend beim Eingriffsermessen bei Erlass einer Bauordnungsverfügung

305 BVerwGE 68, 159, 164; *Ossenbühl*, Rücknahme fehlerhafter begünstigender Verwaltungsakte, S. 81; *Weber-Dürler*, Vertrauensschutz, S. 90 ff.

306 *Muckel*, Kriterien des verfassungsrechtlichen Vertrauensschutzes, S. 90; *Weber/Dürler*, Vertrauensschutz, S 90.

307 HessVGH, BRS 55 Nr. 205 (S. 586); *Rothfuchs*, LKV 2006, 454, 456.

anzuwenden[308]. Danach kann auf Seiten des Betroffenen kein Vertrauen entstehen, wenn dieser die Duldung durch arglistige Täuschung, Drohung, Bestechung oder unrichtige bzw. unvollständige Angaben erwirkt hat, vgl. § 48 Abs. 2 S. 3 Nr. 1 und 2 VwVfG. Beteiligt sich der Betroffene z.B. im Zusammenwirken mit Behördenvertretern an der Herstellung und Verfestigung baurechtswidriger Zustände, kann er keinen Vertrauensschutz beanspruchen. Wenn der Bauherr etwa eine Baugenehmigung für die Erweiterung eines Gerätehauses beantragt, obwohl er das Haus als Wochenendhaus benutzt und auch die Erweiterung diesem Zweck dienen soll, wirkt der Betroffene durch bewusst falsches Deklarieren des Nutzungszwecks an der Unrechtmäßigkeit des behördlichen Handelns mit[309].

Ein Vertrauen kann sich nach *Hermes/Wieland* auch da nicht bilden, wo dem Betroffenen die Illegalität seines Verhaltens positiv bekannt ist[310]. Gegen diese Schlussfolgerung spricht allerdings die gesetzliche Wertung des § 48 Abs. 2 S. 3 Nr. 3 VwVfG. Danach ist Bezugspunkt des Vertrauens die Kenntnis oder fahrlässige Unkenntnis der Rechtswidrigkeit des Verwaltungsakts[311]. Bezogen auf die Duldung ist also nicht entscheidend, ob der Betroffene das Fehlen einer Genehmigung oder die materielle Rechtswidrigkeit kennt, sondern ob er Kenntnis oder grob fahrlässige Unkenntnis der Rechtswidrigkeit der behördlichen Duldung als Vertrauensgrundlage hat[312]. Grobe Fahrlässigkeit liegt vor, wenn die gebotene Sorgfalt, die vom Betroffenen erwartet werden kann und muss, in besonders schwerer Weise oder in besonders schwerem Maße verletzt worden ist und insbesondere einfachste ganz naheliegende Überlegungen nicht angestellt worden sind[313]. So darf der „Schwarzbauende" nicht auf die unbeschränkte Duldung eines von ihm geschaffenen rechtswidrigen Zustands vertrauen[314], denn eine unbeschränkte Duldung ist wegen der Aushöhlung des Instituts der Baugenehmigung rechtswidrig. Zumindest wird der „Schwarzbauende" dann nicht davon ausgehen können, dass sein Bauwerk oder seine Nutzung für unbeschränkte Dauer bestehen bleiben können, wenn er bereits

---

308 *Hermes/Wieland*, Die staatliche Duldung, S. 42; *Weber-Dürler*, Vertrauensschutz, S. 231.

309 OVG SH, NordÖR 1999, 262.

310 *Hermes/Wieland*, Die staatliche Duldung, S. 42.

311 BVerwGE 70, 356; *Kopp/Ramsauer*, VwVfG, § 48 Rn. 122.

312 *Fluck*, NuR 1990, 197, 201; OVG SH, NordÖR 1999, 262; *U. Stelkens* in: Stelkens/Bonk/Sachs, VwVfG, § 35 Rn. 92; allg.: *Weber-Dürler*, Vertrauensschutz, S. 90 ff.; *Ossenbühl*, Rücknahme fehlerhafter begünstigender Verwaltungsakte, S. 81.

313 *Kopp/Ramsauer*, VwVfG, § 48 Rn. 124 m.w.N.

314 VGH BW, NJW 1990, 3163, 3164; NdsOVG, BRS 55 Nr. 206 (S. 591); OVG Rh.-Pf., DVBl. 2012, 1185, 1187 = NVwZ-RR 2012, 749, 751; *Finkelnburg/Ortloff/Otto*, Öffentliches Baurecht Bd. II, S. 188; *Hermes/Wieland*, Die staatliche Duldung, S. 43; *Stollmann*, Öffentliches Baurecht, § 19 Rn. 39; *Randelzhofer/Wilke*, Die Duldung als Form flexiblen Verwaltungshandelns, S. 93; *Fluck*, NuR 1990, 197, 201; *Heider*, NuR 1995, 335, 337; *Rabe*, BauR 1978, 166, 174 f.

vorher mit der Behörde Kontakt aufgenommen hat oder aus einem vorangegangenen Verwaltungsverfahren weiß, dass sein Vorhaben nicht genehmigungsfähig ist[315].

Selbst wenn man an den Bürger nicht allzu hohe Anforderungen in Bezug auf seine Rechtskenntnisse stellen kann, ist spätestens bei der Abwägung der privaten Interessen des Bürgers mit dem öffentlichen Interesse an einer Beseitigung des illegalen Zustands zu berücksichtigen, dass der Bürger in vielen Fällen selbst die Ursache für den rechtswidrigen Zustand gesetzt hat und seinem Vertrauen auf eine weitere Duldung im Verhältnis zum öffentlichen Interesse daher weniger Gewicht zukommen muss.

b) Vorhersehbarkeit des Eingriffs

Für die Bestimmung schutzwürdigen Vertrauens kann auch die „Vertrauensdichte" ein wichtiger Faktor sein, weil das Vertrauen des Einzelnen unterschiedlich stark ausfallen und sich damit auch unterschiedlich auf die Betätigung dieses Vertrauens auswirken kann. Nach dem Kriterium der Vorhersehbarkeit eines staatlichen Eingriffs ist danach zu fragen, inwieweit der Betroffene vorhersehen konnte, ob die Behörde noch gegen den rechtswidrigen Zustand vorgehen wird[316]. Im Fall einer rein faktischen Duldung lässt sich die Vorhersehbarkeit des staatlichen Eingriffs noch am ehesten bejahen, weil es an einem Bezugspunkt für ein schutzwürdiges Vertrauen gerade fehlt. Auch wenn die Untätigkeit auf dem Versäumnis der Bauaufsichtsbehörden beruht, entbindet dies den Bürger nicht von der Pflicht, sich über das weitere Vorgehen zu informieren. Ebenso lässt sich die Vorhersehbarkeit bejahen, wenn die Behörde die Duldung mit einer Befristung oder mit einem Widerrufsvorbehalt versieht, deren Funktion gerade darin liegt, die Entstehung schutzwürdigen Vertrauens auszuschließen.

Der Grad der Vorhersehbarkeit behördlichen Einschreitens sinkt aber, wenn die Bauaufsichtsbehörde eindeutig erkennen lässt, sich mit einem Zustand abfinden zu wollen. Besonders schutzwürdig ist die Position des Bürgers, wenn die Duldung befristet oder mit einer auflösenden Bedingung erteilt wurde. Für den Zeitraum der Befristung bzw. vor Eintritt der auflösenden Bedingung ist die Position des Bürgers unter Einschränkung durch die gesetzliche Wertung des § 38 Abs. 3 VwVfG[317] besonders schutzwürdig.

---

315 HessVGH, BRS 55 Nr. 205 (S. 586), hier bezogen auf eine nicht genehmigungsfähige Nutzungsänderung.

316 *Muckel*, Kriterien des verfassungsrechtlichen Vertrauensschutzes, S. 93.

317 Zu § 38 Abs. 3 VwVfG siehe oben 5. Teil. B.VII.; zu vertrauensschädlichen Maßnahmen siehe unten 6. Teil. E.VI.

V. Vertrauensbetätigung

1. Dispositionsschutz

Wirksamer Vertrauensschutz setzt nach herrschender Ansicht voraus, dass der Betroffene im Vertrauen auf die weitere Duldung Vermögensdispositionen oder andere Maßnahmen getroffen hat. Die Betätigung des entstandenen Vertrauens ist Indikator für die Schutzwürdigkeit des Vertrauens. Der Dispositionsschutz wird teilweise gerade zum Zweck des Vertrauensschutzes schlechthin erhoben, sodass Vertrauensschutz nur dann in Betracht komme, wenn der Bürger entsprechend disponiert bzw. das Vertrauen „ins Werk gesetzt" oder Investitionen getätigt habe[318]. Das nur einfache, aber nicht betätigte Vertrauen auf weitere Duldung sei grundsätzlich nicht schutzwürdig[319]. Dies hat sich auch in den gesetzlichen Regelbeispielen des § 48 Abs. 2 S. 2 VwVfG niedergeschlagen, wonach ein Vertrauen in der Regel schutzwürdig ist, wenn der Begünstigte gewährte Leistungen verbraucht oder eine Vermögensdisposition getroffen hat, die er nicht mehr oder nur unter unzumutbaren Nachteilen rückgängig machen kann.

Die Beschränkung auf den Dispositionsschutz lässt aber der Betätigung des Vertrauens einen zu großen Stellenwert zukommen. Auch § 48 Abs. 2 S. 2 VwVfG lässt sich die Wertung entnehmen, dass ein schutzwürdiges Vertrauen auch ohne eine Vertrauensbetätigung bestehen kann[320]. Vorrangig bezeichnet das Vertrauen nämlich die innere Einstellung des Betroffenen. Das durch Investitionen oder andere Maßnahmen betätigte Vertrauen bietet daher lediglich einen nach außen erkennbaren Anknüpfungspunkt[321]. Eine Vertrauensbetätigung lässt sich deshalb angemessen auch bei der Interessenabwägung zwischen den privaten und öffentlichen Interessen berücksichtigen. Das tatsächlich durch Dispositionen vermögensrechtlicher oder sonstiger Art betätigte Vertrauen dürfte dabei stärker zu gewichten sein als das schlichte Vertrauen auf eine Rechtsposition ohne Vertrauensbetätigung. Vielmehr wird sogar das bloße Vertrauen an sich im Allgemeinen nicht genügend schwer wiegen, um eine Gesetzesdurchbrechung zu rechtfertigen[322].

---

318 *Kisker*, VVdStRL Heft 32 (1974), 149, 161 ff.; Zusammenfassung der h.M. bei *Drews/Wacke/Vogel/Martens*, Gefahrenabwehr, S. 387; *Muckel*, Kriterien des verfassungsrechtlichen Vertrauensschutzes, S. 97 m.w.N.; *Ossenbühl*, Rücknahme fehlerhafter begünstigender Verwaltungsakte, S. 87; *Weber-Dürler*, Vertrauensschutz, S. 96 m.w.N.

319 *Hermes/Wieland*, Die staatliche Duldung, S. 42.

320 *Sachs* in: Stelkens/Bonk/Sachs, VwVfG, § 48 Rn. 145.

321 BVerwGE 13, 28, 33; 48, 87, 93; *Muckel*, Kriterien des verfassungsrechtlichen Vertrauensschutzes, S. 98; *Weber-Dürler*, Vertrauensschutz, S. 97 ff.

322 *Muckel*, Kriterien des verfassungsrechtlichen Vertrauensschutzes, S. 98 f.; *Weber-Dürler*, Vertrauensschutz, S. 98.

2. *Kausalität*

Die Vertrauensbetätigung verlangt einen Kausalzusammenhang zwischen Vertrauen und Disposition[323]. Grundsätzlich kommen neben Vermögensdispositionen alle rechtlich relevanten Vorkehrungen in Betracht[324]. Als geradezu typischer Fall ist das Ausnutzen einer Baugenehmigung zu nennen. Bei der Duldung können die Grundsätze über das Ausnutzen einer Baugenehmigung aber nur eingeschränkt herangezogen werden. Denn bei der Duldung eines rechtswidrigen Zustands besteht der durch Maßnahmen und Investitionen hervorgerufene rechtswidrige Zustand notwendigerweise schon vor Erteilung der Duldung. Im Übrigen kann sich auch derjenige, der ein Vorhaben ohne Baugenehmigung verwirklicht und erst nachträglich eine Baugenehmigung erwirkt, gegen die Rücknahme nicht auf Vertrauensschutz berufen. Gleiches muss für die Duldung gelten. Alle Investitionen und Maßnahmen sind also außer Acht zu lassen, die den rechtswidrigen Zustand erst herbeigeführt haben. Demgemäß ist die Erwartung, ein illegales Wochenendhaus auch künftig nutzen zu dürfen, nicht als Vertrauensbetätigung anzusehen, wenn das Wochenendhaus schon vor der Duldung in den rechtswidrigen Zustand versetzt wurde[325]. Zu diesem Zeitpunkt bestand noch kein Vertrauen auf das Nichteinschreiten, sodass es an einem Anknüpfungspunkt für die Vertrauensbetätigung fehlt.

Ein Kausalzusammenhang ist folglich nur bei solchen Maßnahmen anzunehmen, die erst nach der behördlichen Duldung und durch sie hervorgerufen eingetreten sind[326]. Dies können z.B. Baumaßnahmen wie nicht unerhebliche Aufwendungen für die Montage eines Schornsteins und Kachelofens[327] oder Maßnahmen des Innenausbaus eines Bauvorhabens sein, sofern diese nicht als Umbau- oder Erweiterungsmaßnahmen zum nachträglichen Wegfall des Vertrauensschutzes führen[328]. Der typische Fall von Vertrauensbetätigungen sind Reparatur- und Instandhaltungsmaßnahmen an geduldeten Bauwerken. Als Vertrauensbetätigung kann auch das Ausnutzen von Folgegenehmigungen angesehen werden, so etwa die nicht unerhebliche Investition in die genehmigte Errichtung einer Terrasse und eines Balkons im Vertrauen auf die Fortführung einer illegalen Wohnnutzung[329] oder die Errichtung einer Klärgrube und einer Ölfeuerungsanlage aufgrund entsprechender

---

323 *Muckel*, Kriterien des verfassungsrechtlichen Vertrauensschutzes, S. 100; *Weber-Dürler*, Vertrauensschutz, S. 102 f.

324 *Ossenbühl*, Rücknahme rechtswidriger Verwaltungsakte, S. 87 ff.; *Weber-Dürler*, Vertrauensschutz, S. 100.

325 HessVGH, BRS 28 Nr. 164 (S. 337).

326 VGH BW, BRS 44 Nr. 228 (S. 492 f.); OVG Rh.-Pf., BRS 36 Nr. 216 (S. 424); *Gentzcke*, Informales Verwaltungshandeln, S. 116; *Hermes/Wieland*, Die staatliche Duldung, S. 42; *Weber-Dürler*, Vertrauensschutz, S. 103 und S. 232.

327 VGH BW, BRS 32 Nr. 186 (S. 345 f.).

328 Siehe unten 6. Teil. E.VI.

329 OVG Rh.-Pf., DVBl. 2012, 1185, 1187.

Genehmigungen[330]. Auch das Eingehen längerfristiger Mietverträge im Vertrauen auf den Bestand eines Bauwerks stellt sich als kausale Vertrauensbetätigung dar[331]. Darüber hinaus kann eine Vertrauensbetätigung auch darin zu sehen sein, dass der Betroffene in Erfüllung von Auflagen und Bedingungen für eine Duldung nicht unerhebliche Investitionen tätigt.

VI. Untergang des Vertrauenstatbestands durch vertrauensschädliche Maßnahmen

Unter bestimmten Voraussetzungen kann ein Vertrauenstatbestand durch das Handeln des betroffenen Bürgers wieder zerstört werden. Zu diesen *„vertrauensschädlichen Maßnahmen“* gehören vor allem Umbau- und Erweiterungsmaßnahmen am geduldeten Bestand sowie Nutzungsänderungen einer geduldeten Nutzung. In diesem Rahmen ist auch die Rechtsprechung des Bundesverfassungsgerichts zur „Pirmasenser Amnestie“ bezüglich sog. *„amnestieschädlicher Maßnahmen“* zu beachten.

1. Umbau- und Erweiterungsmaßnahmen

Nimmt der Bauherr an einem formell und materiell rechtswidrigen, aber geduldeten Bauwerk Umbau- und Erweiterungsmaßnahmen vor, stellt sich die Frage, ob das umgebaute Gebäude immer noch von der Duldung gedeckt ist. Zur Klärung dieser Frage bietet sich eine Parallelbetrachtung der Baugenehmigung an. Wenn nämlich der Bauherr Umbau- und Erweiterungsmaßnahmen an einem formell und materiell legalen Bauwerk durchführt, die nicht mehr von der Baugenehmigung gedeckt sind und er daher zum Rückbau verpflichtet ist, so kann der durch eine Duldung eines formell und materiell illegalen Bauwerks vermittelte Vertrauensschutz nicht weiter reichen[332]. Außerdem ergibt sich schon aus dem Begriff „Duldung“, dass nur der Ist-Zustand im Zeitpunkt der Duldungserklärung konserviert werden soll. Darüber hinaus ist in paralleler Argumentation zur Rechtsfigur des unzulässigen aktiven Bestandsschutzes davon auszugehen, dass die Behörde an eine Duldung nicht mehr gebunden ist, wenn die bauliche Anlage dergestalt verändert wird, dass sie eine neue, andersartige Identität erhält. Folglich geht ein auf den Altbestand und dessen Nutzung bezogener Vertrauenstatbestand unter[333]. Auch umfangreiche Ausbaumaßnahmen können eine vorherige qualifizierte Duldung obsolet machen. Im Rahmen der Verhältnismäßigkeitsprüfung ist allerdings dann zu prüfen, ob eine vollständige Beseitigung oder nur eine Rückbauverfügung das richtige Mittel ist[334]. Der Wegfall des Vertrauensschutzes folgt auch aus der gesetzlichen Wertung des

330 NdsOVG, BRS 38 Nr. 205 (S. 441).
331 HessVGH, BRS 55 Nr. 205 (S. 586).
332 *Millgramm*, NuR 1999, 608, 612.
333 *Boeddinghaus/Hahn/Schulte*, BauO NRW, § 75 Rn. 25.
334 Dazu OVG NRW, BauR 2006, 90 ff.; siehe unten 6. Teil. F.II.

§ 38 Abs. 3 VwVfG. Wenn schon eine Zusicherung wegen Änderung der Sach- oder Rechtslage die Bauaufsichtsbehörde nicht auf Dauer binden kann, dann ist auch das Vertrauen in Bezug auf den rechtwidrigen Zustand nicht mehr schutzwürdig, weil die Sachlage nunmehr zu Lasten des Betroffenen anders zu beurteilen ist[335].

2. *„Amnestieschädliche Maßnahmen" bei der „Pirmasenser Amnestie"*

Im Kontext der „Pirmasenser Amnestie" werden Umbau- und Erweiterungsmaßnahmen als sog. „amnestieschädliche Maßnahmen" bezeichnet[336]. Darunter werden nach der Rechtsprechung des OVG Rheinland-Pfalz Änderungen gefasst, die über die bloße Substanzerhaltung hinaus die amnestierten Bauten erweitern oder sonst in ihrem Äußeren oder in ihrem Bauzustand verändern, verbessern oder die Funktionsfähigkeit erhöhen[337]. Das ergibt sich daraus, dass die „Pirmasenser Amnestie" für „Schwarzbauten", die vor dem 01. Juli 1967 im Außenbereich errichtet worden waren, nur solange Vertrauensschutz gewährt, als an diesen lediglich Arbeiten zur Erhaltung des im Januar 1968, also zum Zeitpunkt der Verkündung der Amnestie durch die Behörde gegenüber den betroffenen Bürgern vorhandenen Zustandes, durchgeführt werden. Alle darüber hinausgehenden Arbeiten, die den amnestiefähigen Baubestand erweitern oder sonst in ihrem Äußeren gegenüber dem im Januar 1968 vorhandenen verändern oder verbessern oder die Funktionsfähigkeit erhöhen, lassen den Schutz des Vertrauens auf die weitere Duldung der illegalen Bauten entfallen[338]. Nimmt man eine Zusicherung des Nichteinschreitens an, ergibt sich diese Rechtsfolge unmittelbar aus § 38 Abs. 3 VwVfG. Zu den „amnestieschädlichen Maßnahmen" zählen z.B. Vergrößerungen des Bauwerks, der Einbau sanitärer Anlagen, die Errichtung einer zusätzlichen Außen- oder Innenwand bei einer nur einschaligen Ausführung, die Ersetzung eines Holzhauses durch ein massives Bauwerk oder der Austausch kleiner Fenster durch große Thermopanefenster[339]. Das OVG Rheinland-Pfalz bewertet auch dann den Austausch der ursprünglichen Bausubstanz durch neue Materialien als vertrauensschutzbeseitigende Substanzverbesserungen, wenn die alten Baumaterialien im Handel nicht mehr verfügbar sind[340]. Ob schon die Tatsache, dass ein anderes Material verwendet wird, weil das alte nicht mehr erhältlich ist, die Annahme einer vertrauensschädlichen Maßnahme nahelegt, erscheint fragwürdig. Es dürfte vielmehr darauf ankommen, ob das neue Material gegenüber dem alten eine wesentliche Substanzverbesserung darstellt.

Jedenfalls wird deutlich, dass die „Pirmasenser Amnestie" keine „ewige Bestandsgarantie" gewährt, sondern nur schützt, soweit und solange der illegale Zustand im

335 *Hermes/Wieland*, Die staatliche Duldung, S. 39.
336 Zur „Pirmasenser Amnestie" siehe oben 1. Teil. F.I.1.
337 OVG Rh.-Pf., DVBl. 2012, 250, 252.
338 OVG Rh.-Pf., Beschl.v. 22.08.2002 – 8 A 11014/02, juris Rn. 14.
339 OVG Rh.-Pf., Urt. v. 08.09.1989 – 8 A 93/88, S. 10 (n.V.).
340 OVG Rh.-Pf., DVBl. 2012, 250, 252.

amnestierten Zustand konserviert werden kann[341]. Praktisch bewirken amnestieschädliche Maßnahmen an der baulichen Anlage, dass die erhöhten Anforderungen an die Ermessensbetätigung, die ein Vertrauensschutz mit sich bringt, nicht mehr erforderlich sind.

3. Nutzungsänderungen

Was für das nachträgliche Entfallen des Vertrauensschutzes bei einem geduldeten Bauwerk gilt, muss selbstverständlich auch für Nutzungsänderungen geduldeter Nutzungen gelten. Für das Entfallen des materiellen Bestandsschutzes bei Nutzungsänderung hat sich eine gefestigte Rechtsprechung gebildet. Danach endet der Bestandsschutz für eine Nutzung, wenn sich der Bestandsschutz durch eine Nutzungsänderung erledigt hat[342] oder die Nutzung endgültig aufgegeben wurde[343]. Für die Dauer der Unterbrechung hat das Bundesverwaltungsgericht ein „Zeitmodell" entwickelt[344]: Im ersten Jahr nach Aufgabe der Nutzung rechnet die Verkehrsauffassung stets mit deren Wiederaufnahme. Im zweiten Jahr spricht eine Vermutung dafür, dass die Verkehrsauffassung die Wiederaufnahme erwartet, wobei diese im Einzelfall aber entkräftet werden kann. Nach Ablauf der zwei Jahre kehrt sich diese Vermutung um und der Bauherr muss besondere Gründe darlegen, dass die Nutzungsaufgabe noch nicht endgültig ist. Diese Grundsätze lassen sich sinngemäß auf die Duldung übertragen. Folglich ist das Vertrauen in die Duldung einer baurechtswidrigen Nutzung nicht mehr schutzwürdig, wenn diese endgültig aufgegeben oder eine andere Nutzung aufgenommen wurde[345].

4. Ergebnis

Das einmal entstandene Vertrauen des Bürgers kann durch vertrauensschädliche Maßnahmen wieder zerstört werden. Die Duldung bezieht sich auf den Bestand des Bauwerks oder die konkrete Nutzungsart zum Zeitpunkt der Duldungsentscheidung. Nach der gesetzlichen Wertung des § 38 Abs. 3 VwVfG sind alle darüber hinaus gehenden Maßnahmen und Nutzungen nicht mehr von der Duldung erfasst und können dementsprechend den Vertrauenstatbestand zu Fall bringen[346]. Vertrauensschutz kann nur vergangenes Unrecht decken, schützt aber nicht eine Verfestigung des rechtswidrigen Zustands[347].

---

341 OVG Rh.-Pf., DVBl. 2012, 250, 252.
342 BVerwGE 47, 185, 188 f.; NdsOVG, BRS 64 Nr. 198 (S. 769 f.).
343 BVerwG, NVwZ 2001, 557, 558.
344 BVerwG, NVwZ 1996, 379 ff.; *Decker* in: Simon/Busse, BayBO, Art. 76 Rn. 123.
345 Z.B. Aufgabe einer jahrelang geduldeten Schafhaltung durch einen Nichtlandwirt, vgl. NdsOVG, BRS 64 Nr. 198.
346 OVG Rh.-Pf., DVBl. 2012, 250, 252.
347 *Maurer* in: Isensee/Kirchhof, Handbuch des Staatsrechts Bd. IV, § 79 Rn. 115.

VII. Interessenabwägung

Sind die Voraussetzungen des Vertrauenstatbestandes erfüllt, ist anschließend eine Interessenabwägung vorzunehmen, um festzustellen, ob der Schutz des betätigten Vertrauens das öffentliche Interesse an der Wiederherstellung rechtmäßiger Zustände überwiegt[348]. Die Interessenabwägung bildet also eine Schranke des Vertrauensschutzes[349]. Die im Widerstreit stehenden rechtsstaatlichen Gesichtspunkte „Gesetzmäßigkeit" und „Rechtssicherheit" sind auf der Basis des Verhältnismäßigkeitsgrundsatzes zum Ausgleich zu bringen[350]. Konkret stehen sich bei illegal errichteten Bauten auf der einen Seite das öffentliche Interesse an der Einhaltung der gesetzlichen Vorschriften und andererseits das Einzelinteresse des Bauherrn an der Erhaltung des Bauwerks gegenüber[351]. Geht die Interessenabwägung zu Lasten des Bürgers, ist sein Vertrauen in seine Rechtsposition nicht schutzwürdig.

1. Private und öffentliche Interessen

Die rechtmäßige Duldung bringt zum Ausdruck, dass zum Zeitpunkt der behördlichen Entscheidung das private Interesse das öffentliche Interesse an einem bauaufsichtlichen Einschreiten überwiegt. Vor allem Verwaltungsvorschriften und ministerielle Erlasse, die einen Duldungssachverhalt regeln, beinhalten die Wertung, dass kein überwiegendes öffentliches Interesse an einer sofortigen Beseitigung besteht. Wenn die Behörde in einer größeren Zahl gleich gelagerter Fälle planmäßig duldet, kann die Schutzwürdigkeit des Einzelnen steigen[352]. Das öffentliche Interesse an einem Einschreiten tritt z.B. auch in Zeiten der Wohnungsknappheit hinter das Interesse des Einzelnen, überhaupt ein „Dach über dem Kopf zu haben", zurück[353]. Darüber hinaus steigt die Schutzwürdigkeit privater Interessen, je länger der geduldete Zustand andauert. Die Position eines Bürgers, der über Jahrzehnte eine geduldete Nutzung ausübt, ist sicher als stärker zu bewerten als die eines Betroffenen, der nur für einen verhältnismäßig kurzen Zeitraum diese Nutzung ausübt. Allerdings ist eine genaue zeitliche Bestimmung für die Annahme schutzwürdigen Vertrauens kaum möglich, sondern hat sich nach den Umständen des Einzelfalls zu orientieren[354].

---

348 Vgl. auch § 48 Abs. 2 S. 1 VwVfG.
349 *Weber-Dürler*, Vertrauensschutz, S. 112.
350 HessVGH, BRS 28 Nr. 164 (S. 336).
351 *Rapp*, BauR 1983, 126, 129.
352 *Drews/Wacke/Vogel/Martens*, Gefahrenabwehr, S. 387.
353 OVG NRW, BRS 27 Nr. 204 (S. 347).
354 *Hermes/Wieland*, Die staatliche Duldung, S. 42; das Bundesverwaltungsgericht hat etwa die Duldung in Bezug auf das Anbieten von Waren an einem Wochenmarkt über einen Zeitraum von 10 Jahren als vertrauensschutzbegründend angesehen, vgl. BVerwG, DVBl. 1965, 525, 526 f.

Auf der anderen Seite hat das öffentliche Interesse an einem Einschreiten gegen baurechtswidrige Zustände im öffentlichen Baurecht eine besondere Relevanz. Das Bundesverfassungsgericht hat früh betont, dass *„der unvermehrbare und unentbehrliche Boden nicht dem Spiel der freien Kräfte und dem Belieben des Einzelnen überlassen bleiben dürfe".* Die Interessen der Allgemeinheit seien in weit stärkerem Maße zur Geltung zu bringen, als bei anderen Vermögensgütern[355]. Das öffentliche Interesse an einer geordneten städtebaulichen Entwicklung drückt sich gerade in der Ordnungsfunktion des öffentlichen Baurechts aus. Diese Ordnungsfunktion ist unerlässlich, um kollidierende Interessenlagen in einen angemessenen Ausgleich zu bringen und topographische Besonderheiten zu berücksichtigen. Folglich liegt bei den baurechtlichen Eingriffsbefugnissen schon von vornherein eine deutliche Gewichtung der Interessen zu Gunsten des öffentlichen Interesses vor. In jedem Fall aber muss sich das öffentliche Interesse an der Beseitigung des rechtswidrigen Zustands durchsetzen, wenn eine Duldung zu einer Gefahr für Leib, Leben oder Gesundheit führen kann, z.B. weil die Bausubstanz eine Einsturzgefahr birgt[356].

Nicht schutzwürdig ist das Vertrauen des betroffenen Bürgers in den dauerhaften Bestand des rechtswidrigen Zustands. Sofern man bei einer unbeschränkten Duldung den Vertrauensschutz nicht schon wegen Kenntnis oder grob fahrlässiger Unkenntnis der Rechtswidrigkeit der Duldung ausschließt, so muss spätestens im Rahmen der Interessenabwägung zu Lasten des Betroffenen berücksichtigt werden, dass die grundsätzlichen Wertungen des öffentlichen Baurechts sein Vertrauen auf den Bestand einer rechtswidrigen Duldung kaum schutzwürdig erscheinen lassen[357]. Der Bürger darf nicht auf eine unbeschränkte Duldung vertrauen, ein dennoch entstandenes Vertrauen ist gegenüber dem behördlichen Einschreiten zur Wahrung der Rechtsordnung nicht schutzwürdig[358]. Auch eine Duldungspraxis kann keinesfalls dazu führen, dass der betroffene Bürger eine auf Dauer unangreifbare Position erlangt[359].

Konsequenterweise wird deshalb die Abwägung zu Lasten des Bürgers bezüglich eines dauerhaften Erhalts seiner Rechtsposition ausfallen. Davon unberührt bleiben

355 BVerfGE 21, 73, 82 f.; auch BVerfGE 87, 114, 146.

356 BVerwG, DVBl. 1969, 586; *Weber-Dürler*, Vertrauensschutz, S. 122; *Wilke*, FS Scupin, S. 831, 838 f.

357 *Hermes/Wieland*, Die staatliche Duldung, S. 31.

358 BVerwG, DVBl. 1973, 694; VGH BW, NJW 1990, 3163, 3164; NdsOVG, BRS 55 Nr. 206 (S. 591); OVG Rh.-Pf., DVBl. 2012, 1185, 1187 = NVwZ-RR 2012, 749, 751; *FinkelnburgOrtloff/Otto*, Öffentliches Baurecht Bd. II, S. 188; *Hermes/Wieland*, Die staatliche Duldung, S. 43; *Stollmann*, Öffentliches Baurecht, § 19 Rn. 39; *Randelzhofer/Wilke*, Die Duldung als Form flexiblen Verwaltungshandelns, S. 93; *Fluck*, NuR 1990, 197, 201; *Heider*, NuR 1995, 335, 337; *Rabe*, BauR 1978, 166, 174 f.

359 *Hermes/Wieland*, Die staatliche Duldung, S. 43.

aber andere Rechtsfolgen des Vertrauensschutzes im Sinne von Übergangs- oder Entschädigungslösungen[360].

2. *Abgeschwächte Schutzwürdigkeit im Verhältnis zur rechtswidrigen Baugenehmigung*

Teilweise wird vertreten, dass die durch Verwaltungsakt erklärte Duldung im Hinblick auf den Vertrauensschutz einer fiktiven rechtswidrigen Baugenehmigung gleichwertig sei[361]. Unter Berücksichtigung der bisherigen Ergebnisse kann aber bei der Duldung nicht von einer derart schutzwürdigen Rechtsposition ausgegangen werden. Die Baugenehmigung verschafft, auch wenn sie rechtswidrig ist, dem Einzelnen eine ungleich stärkere Rechtsposition, weil sie dem Vorhaben formelle Legalität verleiht. Erteilt am Ende des Genehmigungsverfahrens die Behörde eine rechtswidrige Baugenehmigung, so stammt der Fehler in der Regel aus der Sphäre der Behörde. Der Bürger geht in diesem Fall davon aus, dass sein Vorhaben formell und materiell rechtmäßig ist, während er bei der Duldung von formeller und materieller Rechtswidrigkeit Kenntnis hat.

Bei der Duldung liegt aber eine nicht vergleichbare Situation vor. Die zu einer Duldung führenden Umstände stammen nämlich, sofern die Behörde nicht ihrerseits an der Entstehung des rechtswidrigen Zustands mitgewirkt hat, aus der Sphäre des Bauherrn, der rechtswidrig gebaut hat und sich nicht um eine Baugenehmigung bzw. die Einhaltung öffentlich-rechtlicher Vorschriften bemüht hat. In den überwiegenden Fällen der Duldung ist der Betroffene selbst für den rechtswidrigen Zustand verantwortlich, während bei der Rücknahme einer rechtswidrigen Baugenehmigung die Behörde ihren eigenen Fehler korrigiert und ein Vertrauen des Betroffenen schutzwürdiger erscheint[362]. Die fehlende Baugenehmigung geht aber grundsätzlich zu Lasten des Bauherrn, dem zuzumuten ist, zu wissen, dass ein Vorhaben einen schriftlichen Bauantrag erfordert[363]. Es obliegt dem Bauherrn im Rahmen einer Bauvoranfrage, vor der Aufnahme einer Nutzung zu klären, ob diese genehmigungspflichtig ist und ob eine Baugenehmigung zu beantragen ist[364]. Auch wer ein Grundstück kauft, ohne zu überprüfen, ob die erforderlichen Genehmigungen vorliegen, kann sich nicht auf schutzwürdiges Vertrauen gegenüber der Bauaufsichtsbehörde berufen. Dagegen spricht auch nicht, dass bei der Erteilung einer rechtwidrigen Duldungszusicherung auch die Behörde eine Mitverantwortlichkeit an der Rechtswidrigkeit der Zusicherung trifft. Denn in der Situation, in der die Behörde sich für eine Duldung entscheidet, wird der Bauherr wissen, dass er weder eine Baugenehmigung hat noch eine solche erhalten wird. Er hat also

360 Siehe unten 6. Teil. E.VIII.2. und 6. Teil. E.VIII.3.

361 *Rothfuchs*, LKV 2006, 454, 455.

362 *Roeckl*, Die Bindung der Baubehörden an eigene Akte, S. 71.

363 OVG NRW, BauR 1991, 448 f.

364 OVG NRW, Beschl. v. 13.01.2014 – 10 B 1415/13, juris Rn. 15; OVG Rh.-Pf., ZfBR 2010, 807, 808.

Kenntnis davon, dass seine bauliche Anlage bzw. ihre Nutzung den öffentlich-rechtlichen Bauvorschriften widerspricht und nicht zu legalisieren ist. Der durch die Duldung vermittelte Vertrauensschutz ist also im Vergleich zu einer fiktiven rechtswidrigen Baugenehmigung erheblich eingeschränkt.

3. Vertrauensbetätigung als Abwägungsfaktor

Die Vertrauensbetätigung ist ein gewichtiger Abwägungsfaktor, der die Interessenabwägung zugunsten des betroffenen Bürgers entscheiden kann. Bei der Gewichtung der privaten Interessen des Betroffenen kommt nämlich dem nicht betätigten Vertrauen verhältnismäßig wenig Gewicht zu[365]. Darüber hinaus ist zu berücksichtigen, in welchem Umfang der Betroffene sein Vertrauen durch Vermögensdispositionen, Maßnahmen und sonstige Aufwendungen ins Werk gesetzt hat. Fallen diese Dispositionen eher gering aus, sinkt auch das Maß eines schutzwürdigen Vertrauens[366].

Da die Herbeiführung des rechtswidrigen Zustands regelmäßig der behördlichen Duldung und damit auch der Vertrauensbetätigung vorangeht, kommt dem Vertrauen des Betroffenen in der Abwägung weniger Gewicht zu. Bei der Gewichtung muss auch auf die Situation eingegangen werden, in der die Vertrauensgrundlage zustande kommt. Besonders schutzwürdig erscheint das private Interesse, wenn es auch auf öffentlichen Interessen basiert und nicht ausschließlich der Verwirklichung egoistischer Interessen dient[367]. Die Duldung erfolgt aber hauptsächlich im Eigeninteresse des Bürgers am Erhalt seines Bauvorhabens bzw. seiner Nutzung und trägt damit vor allem egoistischen Motiven des Betroffenen Rechnung. Es zeigt sich einmal mehr, dass die Fälle schutzwürdigen Vertrauens erheblich eingeschränkt sind.

4. Gesetzliches Dispositionsrisiko

In der Interessenabwägung ist weiterhin zu berücksichtigen, wem das Gesetz das Dispositionsrisiko aufbürdet. Gerade die Ausgestaltung der bauaufsichtlichen Befugnisse als Ermessensvorschriften spricht dafür, das Dispositionsrisiko dem Betroffenen aufzuerlegen. Sein Vertrauen auf weitere Duldung ist damit grundsätzlich wenig schutzwürdig. Es ist ihm vielmehr zuzumuten, sich Klarheit über die Absichten der Behörde zu verschaffen, bevor er im Vertrauen auf weiteres

---

365 *Weber-Dürler*, Vertrauensschutz, S. 120; zur Vertrauensbetätigung siehe oben 6. Teil. E.V.

366 *Weber-Dürler*, Vertrauensschutz, S. 132; vgl. auch § 48 Abs. 2 S. 2 VwVfG, wonach das Vertrauen „in der Regel" schutzwürdig ist, wenn der Begünstigte gewährte Leistungen verbraucht oder eine Vermögensdisposition getroffen hat, die nicht mehr oder nur mit unzumutbaren Nachteilen rückgängig gemacht werden kann.

367 *Weber-Dürler*, Vertrauensschutz, S. 120, mit dem Bsp., dass die Zusicherung einer baulichen Nutzung einer besseren Einordnung eines Bauvorhabens in ein geplantes Siedlungskonzept dient.

Nichteinschreiten Vermögensdispositionen vornimmt[368]. Ähnlich wie auch eine Baugenehmigung, die der Investitionssicherung dient, handelt der Betroffene ohne ausdrückliche Duldungserklärung auf eigenes Risiko. Handelt es sich um ein Vorhaben des Genehmigungsfreistellungsverfahrens, entfällt diese Investitionssicherung von vornherein[369].

VIII. Rechtsfolgen des Vertrauensschutzes

Hat sich zugunsten des Bürgers ein schutzwürdiges Vertrauen gebildet, liegen also die Voraussetzungen des Vertrauenstatbestands vor und fällt auch die Interessenabwägung zugunsten des Bürgers aus, stellt sich die Frage nach den konkreten Rechtsfolgen dieses Vertrauensschutzes. Im Allgemeinen werden drei Rechtsfolgen unterschieden: die Bindung der Behörde an die Vertrauensgrundlage, mit der Folge des Ausschlusses behördlichen Einschreitens („Bestandsschutz"), Übergangslösungen durch angemessene Übergangsfristen und Entschädigungsansprüche des Bürgers gegen den Staat wegen Verletzung seiner Vertrauensposition[370].

1. *Kein dauerhafter Ausschluss der Eingriffsbefugnisse*

Zunächst ist zu problematisieren, ob das schutzwürdige Vertrauen die Behörde dauerhaft an einem Einschreiten hindern kann. Diese Rechtsfolge dürfte am ehesten den Interessen des Betroffenen entsprechen, weil er seine rechtswidrig errichtete Anlage behalten bzw. seine rechtswidrige Nutzung dauerhaft aufrechterhalten will. Außerdem ist z.B. bei der Duldung einer rechtswidrigen Wohnnutzung das Interesse des Bürgers auf die konkrete Ausübung dieser Nutzung gerichtet, die schwer in Geldwerten ausgedrückt werden kann. Unabhängig davon dürfte die qualifizierte Duldung einer Anordnung zur Einreichung von Bauvorlagen nicht entgegenstehen, weil die Duldung den Bauherrn in erster Linie gegen den späteren Erlass einer Abbruchverfügung schützen soll[371].

In der Rechtsprechung wird zum Teil vertreten, das schützenswerte Vertrauen des Eigentümers in den Bestand seines illegalen Bauwerks könne das öffentliche Interesse an einer Beseitigung derart überwiegen, dass eine Beseitigungs- oder Nutzungsuntersagungsverfügung auf Dauer ausgeschlossen und der Bau endgültig in seiner Substanz gesichert sei[372]. Auch das OVG Nordrhein-Westfalen hat angenommen, dass die qualifizierte Duldung die Behörde auf Dauer an der

---

368 NdsOVG, Beschl. v. 09.03.2012 – 1 LA 254/09, juris Rn. 70; NdsOVG, Urt. v. 08.09.2010 – 1 KN 129/07, juris Rn. 309; *Hermes/Wieland*, Die staatliche Duldung, S. 43.

369 *Tettinger/Erbguth/Mann*, Besonderes Verwaltungsrecht, Rn. 1305; *Mann*, FS Götz, 2005, S. 465, 480.

370 *Weber-Dürler*, Vertrauensschutz, S. 128 ff.

371 VG Berlin, Beschl. v. 30.08.2012 – 19 L 158.12, juris Rn. 19.

372 BGH, NVwZ 2003, 1546, 1549; OVG Rh.-Pf., BRS 36 Nr. 216 (S. 424).

Beseitigung rechtswidriger Zustände hindere[373]. Diese Ansicht ist aber aus den folgenden Gründen abzulehnen.

a) Aushöhlung der Baugenehmigung

Zunächst ist klarzustellen, dass eine nur vorübergehende Duldung (z.B. durch Befristungen oder unter auflösender Bedingung) nicht zu einer dauerhaften Ermessenseinschränkung führen kann. Es stellt sich vielmehr gerade als Ermessensbetätigung dar, wenn die Bauaufsichtsbehörde nicht sofort einschreitet[374]. Ansonsten wäre die Behörde zum Handeln verpflichtet, um eine spätere Bindung zu verhindern, obwohl das Gesetz den Bauaufsichtsbehörden das Einschreiten nach pflichtgemäßem Ermessen ermöglicht[375].

Das private Interesse am weiteren Bestand eines rechtswidrigen Zustands kann bei der Abwägung der widerstreitenden Interessen nicht dazu führen, dass der betroffene Bürger eine auf Dauer unangreifbare Position erlangt[376]. Die Duldung kann niemals eine auf Dauer unangreifbare Rechtsposition vermitteln, sondern führt lediglich zu einer zeitlichen Beschränkung der Eingriffsmöglichkeiten[377]. Das Ergebnis einer auf Dauer geschützten Position widerspricht den Grundsätzen der Baugenehmigung und des Baugenehmigungsverfahrens. Es ist mit dem Grundsatz der Gesetzmäßigkeit der Verwaltung nicht vereinbar, wenn durch Duldung eine stärkere Bindung eintritt, als bei einer rechtswidrigen Baugenehmigung. Denn durch einen dauerhaften Ausschluss des Eingreifens würden tatsächlich genehmigungsähnliche Wirkungen entstehen[378]. Selbst wer von einer Erlaubnis Gebrauch macht, kann in der Regel nicht behaupten, der Bestand der Erlaubnis sei ihm zugesagt worden[379]. Folglich kann der von einer Duldung Begünstigte nicht geltend machen, seine Rechtsposition sei ihm endgültig und unbeschränkt zugesichert worden. Darüber hinaus kann der Ermessensspielraum der Verwaltung durch den Vertrauensschutz nicht stärker eingeschränkt werden, als dies mit den gesetzlichen Mitteln von Zusage, Zusicherung und Verwaltungsakt möglich ist[380]. Schließlich besteht bei

---

373 OVG NRW, NVwZ 2009, 364, 366; OVG NRW, BauR 2006, 90, 93.

374 *Grotefels* in: Hoppe/Bönker/Grotefels, Öffentliches Baurecht, § 16 Rn. 99.

375 *Hermes/Wieland*, Die staatliche Duldung, S. 43.

376 BVerwG, DVBl. 1973, 694; *Hermes/Wieland*, Die staatliche Duldung, S. 43.

377 *Fluck*, NuR 1990, 197, 201; *Heider*, NuR 1995, 335, 337.

378 HessVGH, BRS 55 Nr. 205 (S. 585); HessVGH, BauR 1995, 680, 682; OVG NRW, Beschl. v. 01.07.2014 – 2 A 690/14, juris Rn. 20; OVG NRW, NWVBl. 1992, 205, 207; OVG NRW, NVwZ 1988, 370, 371; OVG Rh.-Pf., DVBl. 2012, 1185, 1187 = NVwZ-RR 2012, 749, 751; *Boeddinghaus/Hahn/Schulte*, BauO NRW, § 75 Rn. 21; *Wenzel* in: Gädtke/Czepuck/Johlen/Plietz/Wenzel, BauO NRW, § 61 Rn. 76; *Hornmann*, HBO, § 72 Rn. 129a; *Finkelnburg/Ortloff/Otto*, Öffentliches Baurecht Bd. II, S. 186; *Stollmann*, Öffentliches Baurecht, § 19 Rn. 37; *Rabe*, BauR 1978, 166, 174 f.

379 *Kisker*, VVDStRL Heft 32 (1974), 149, 166.

380 NdsOVG, BRS 55 Nr. 206 (S. 591); *Hermes/Wieland*, Die staatliche Duldung, S. 43; *Heider*, Behördliche Duldung, S. 65.

einem dauerhaften Vertrauensschutz die Gefahr eines „Vertrauensschutzes zu Lasten Dritter“, wenn der Vertrauensschutz gleichzeitig Rechte Dritter beeinträchtigt[381], die bei der Interessenabwägung als begrenzender Faktor zu berücksichtigen sind[382].

b) Entwertung bauaufsichtlicher Eingriffsbefugnisse

Wenn der Betroffene Vertrauensschutz durch dauerhaften Bestandsschutz begehrt, verlangt er eine Bindung an die Vertrauensgrundlage für die Zukunft. Ein derartiger in die Zukunft wirkender Bestandsschutz dürfte aber kaum jemals in Betracht kommen, weil die Behörde das Vertrauen für die Zukunft zerstören und einer künftigen Vertrauensbetätigung die Grundlage durch erneute Ermessensbetätigung entziehen kann. Zwar können auch bereits schutzwürdig getätigte Dispositionen in die Zukunft wirken, werden aber selten eine unbeschränkte Bindung der Behörde rechtfertigen[383].

Hätte die Duldung nun zur Folge, dass die Behörde auf Dauer an einem Einschreiten gehindert ist, käme es praktisch zu einer vollständigen Entwertung bauaufsichtlicher Eingriffsbefugnisse. Bei Anerkennung einer dauerhaften Bindungswirkung besteht die Gefahr der Versteinerung illegaler Zustände[384] sowie eine Nachahmungsgefahr, z.B. wenn in einer rechtswidrigen Ferienhaussiedlung eine Vielzahl von Personen Vertrauensschutz beanspruchen. Dies widerspricht aber dem gesetzlichen Auftrag sowie Sinn und Zweck bauaufsichtlicher Eingriffsbefugnisse[385]. Darüber hinaus ist es widersprüchlich, die Möglichkeit der Verwirkung von Eingriffsbefugnissen mit dem Argument abzulehnen, gesetzliche Eingriffsbefugnisse seien nicht disponibel, wenn andererseits über den Umweg von Duldung und Vertrauensschutz das gleiche Ergebnis eines dauerhaften Ausschlusses eines Beseitigungsverlangens erzielt wird[386]. Nicht zuletzt spricht auch die gesetzliche Wertung von § 38 Abs. 3 VwVfG dafür, das Vertrauen des Bürgers nur in Bezug auf eine gleichbleibende Sach- und Rechtslage als schutzwürdig zu betrachten[387].

c) Begünstigung des „Schwarzbauenden“

Ein auf Dauer in seinem Bestand geschützter rechtswidriger Zustand würde schließlich den Betroffenen zu stark begünstigen, weil er mehr erlangt, als ihm aus der

381 *Weber-Dürler*, Vertrauensschutz, S. 146 ff.
382 *Weber-Dürler*, Vertrauensschutz, S. 148 m.w.N.
383 *Weber-Dürler*, Vertrauensschutz, S. 132 f.
384 *Weber-Dürler*, Vertrauensschutz, S. 133.
385 HessVGH, BRS 28 Nr. 163 (S. 335).
386 *Kaiser* in: Ehlers/Fehling/Pünder, Besonderes Verwaltungsrecht Bd. 2, § 41 Rn. 141.
387 OVG NRW, Urt. v. 07.08.1998 – 10 B 1093/98, juris Rn. 8; *Boeddinghaus/Hahn/Schulte*, BauO NRW, § 75 Rn. 25; *Hermes/Wieland*, Die staatliche Duldung, S. 39; *Kothe*, Umweltauditrecht, Rn. 329; zur Änderung der Sach- und Rechtslage gemäß § 38 Abs. 3 VwVfG siehe oben 5. Teil. B.VII. und zu den vertrauensschädlichen Maßnahmen siehe oben 6. Teil. E.VI.

Enttäuschung seines schutzwürdigen Vertrauens zusteht. Um Vertrauensenttäuschung und Wiederherstellung rechtmäßiger Zustände in angemessenen Ausgleich zu bringen, muss nur die Vertrauensbetätigung ausgeglichen werden. Damit ist zugleich auch die Möglichkeit einer Entschädigungslösung angesprochen. Da in der Situation der Duldung nur solche Investitionen als kausale Vertrauensbetätigung anzusehen sind, die nach der Duldungserklärung und im Vertrauen auf diese getätigt wurden, bleibt nach deren Ausgleich nur das reine Vertrauensinteresse in den weiteren Bestand zurück. Dieses Vertrauensinteresse hat aber hinter das öffentliche Interesse zurückzutreten. Damit befindet sich der von Nachteilen verschonte Bürger in einer ähnlichen Situation wie derjenige, der überhaupt nicht disponiert hat. Beide haben die Enttäuschung hinzunehmen, sobald der Staat sein Verhalten aufgrund vernünftiger Gründe des allgemeinen Interesses rechtfertigt[388]. Schließlich ist der Betroffene auch nicht vollkommen rechtlos gestellt, weil er auch über das Amtshaftungsrecht bei Vorliegen der Voraussetzungen Kompensation verlangen kann[389].

Darüber hinaus kann nicht davon ausgegangen werden, dass der Bauherr auf den weiteren Bestand seines illegalen Bauwerks vertraut, wenn er selbst Zweifel an der Zulässigkeit seines Vorhabens hat. Ein Indiz für diese Zweifel ist z.B. das Absehen des Bauherrn von einem förmlichen Bauantrag unter der Bitte um „Erlaubnis" für die Bauausführung[390]. Wenn der Betroffene an der Rechtmäßigkeit einer behördlichen Entscheidung selbst zweifelt, muss er auch damit rechnen, dass diese korrigiert werden kann.

2. *Übergangslösung*

Gute Argumente streiten für die Anerkennung der „Übergangslösung" durch die Gewährung angemessener Fristen zur Wiederherstellung rechtmäßiger Zustände[391]. Auch in der Gesetzgebung sind Übergangsfristen das typische Mittel, um den bisherigen Rechtszustand nicht vollständig zu entwerten[392].

Die Duldung stellt ein staatliches Mittel mit Dauerwirkung dar, welches sich über längere Zeiträume erstrecken kann. Durch die Verwendung von Übergangsfristen lässt sich ein adäquater Kompromiss erzielen, weil es zu einem angemessenen Interessenausgleich kommt. Dem betroffenen Bürger wird sein Bauvorhaben für eine Restlaufzeit belassen. Gleichzeitig wird ihm die Möglichkeit gegeben, sich auf die neue Situation einzustellen. Folglich muss das öffentliche Interesse an der Wiederherstellung baurechtmäßiger Zustände nicht auf Dauer zurücktreten. Unter bestimmten Umständen, etwa bei fortgeschrittenem Lebensalter oder Krankheit des Betroffenen, kann die Restlaufzeit auch die Lebenszeit des Betroffenen umfassen[393].

---

388 *Weber-Dürler*, Vertrauensschutz, S. 136.

389 Siehe unten 8. Teil. B.

390 VG Würzburg, Urt. v. 26.05.2008 – W 5 K 07.1551, juris Rn. 18.

391 *Decker* in: Simon/Busse, BayBO, Art. 76 Rn. 230.

392 *Weber-Dürler*, Vertrauensschutz, S. 138 f.

393 Siehe oben 2. Teil. B.IV.2.d).

Weil die Übergangslösung der „Wiederherstellung des richtigen Rechts“[394] dient, ist diese auch mit dem Zweck der Eingriffsermächtigung, die Übereinstimmung mit dem geltenden Recht wieder herzustellen, kompatibel.

Auch der Grundsatz der Verhältnismäßigkeit kann eine weiche Überleitung vom rechtwidrigen in den rechtmäßigen Zustand durch die Setzung angemessener Fristen erfordern, damit der Bürger, der auf die Duldung vertraut hat, Gelegenheit hat, sich auf die neue Situation einzustellen[395]. Die Bemessung der Frist kann sich im Einzelfall daran orientieren, wie lange der rechtswidrige Zustand vorher geduldet wurde[396] und wie intensiv sich die Rechtsverletzung darstellt. Davon unberührt bleibt aber die Befugnis der Behörde, bei Gefahren für die öffentliche Sicherheit, z.B. die Verkehrssicherheit, Brandsicherheit, Gewässer- und Gesundheitsschutz, sofort einzuschreiten[397].

3. *Entschädigungslösung bei Aufhebung einer Duldungszusicherung oder eines Duldungsverwaltungsakts*

Bei Rücknahme oder Widerruf einer Duldungszusicherung oder eines Duldungsverwaltungsakts besteht die Besonderheit, dass nach §§ 48 Abs. 3, 49 Abs. 6 VwVfG der Vertrauensschutz in erster Linie durch Entschädigungen gewährleistet wird. Bei der Aufhebung einer Duldungsentscheidung liegt ähnlich wie bei der Rücknahme einer rechtswidrigen Baugenehmigung eine „Alles oder Nichts“-Situation vor, bei der das öffentliche Interesse häufig in den Vordergrund tritt und eine Entschädigungslösung Abhilfe schaffen kann[398]. § 48 Abs. 3 VwVfG ist die grundsätzliche gesetzgeberische Wertung zu entnehmen, dass bei der Rücknahme eines Verwaltungsakts bei schutzwürdigem Vertrauen eine Entschädigung zu leisten ist. Auch die Widerrufsvorschriften des § 49 Abs. 2 S. 1 Nr. 3–5 VwVfG zeigen, dass dem öffentlichen Interesse an der Anpassung an veränderte Umstände durchaus Vorrang gewährt wird, wobei in diesem Fall der Ersatz des Vertrauensschadens nach § 49 Abs. 6 VwVfG vorgesehen ist[399]. Den gesetzlichen Wertungen lässt sich also ein grundsätzlicher Vorrang der Entschädigungslösung vor dem Bestand einer Rechtsposition entnehmen.

Daraus folgt, dass der Vertrauensschutz auch bei der durch Verwaltungsakt erklärten Duldung nicht zu einem dauerhaften Ausschluss der Aufhebung führen kann. Vor allem wenn im Vertrauen auf eine Duldungszusicherung Investitionen

---

394 *Kisker*, VVDStRL Heft 32 (1974), 149, 183 ff.

395 *Gentzcke*, Informales Verwaltungshandeln, S. 116; *Heider*, Behördliche Duldung, S. 66; *Hermes/Wieland*, Die staatliche Duldung, S. 44; *Kothe*, Umweltauditrecht, Rn. 329; *Malitz*, Behördliche Duldung, S. 48; *Fluck*, NuR 1990, 201; *Weber-Dürler*, Vertrauensschutz, S. 232.

396 *Hermes/Wieland*, Die staatliche Duldung, S. 44.

397 *Decker* in: Simon/Busse, BayBO, Art. 76 Rn. 228.

398 Zur rechtswidrigen Baugenehmigung *Maurer* in: Isensee/Kirchhof, Handbuch des Staatsrechts Bd. IV, § 79 Rn. 96.

399 *Maurer* in: Isensee/Kirchhof, Handbuch des Staatsrechts Bd. IV, § 79 Rn. 103.

getätigt wurden, ist das Vertrauensinteresse durch den Schutz des Vermögens abgedeckt[400]. Entschädigungen erweisen sich in Übereinstimmung mit dem Rechtsstaatsprinzip[401] als effektiver und vorteilhafter Weg, um rechtswidrige Zustände zu beseitigen und dabei den Vertrauensschutz des Betroffenen angemessen zu berücksichtigen. Diese Lösung versagt aber, wenn dem Bürger nicht in Geld messbare Nachteile erwachsen[402]. In diesem Fall ist die Lösung über die Gewährung von angemessenen Übergangsfristen vorrangig. Die Behörde wird sich danach leiten lassen müssen, welche Rechtsfolge das öffentliche Interesse am wenigsten vernachlässigt[403].

IX. Ergebnis

Der Grundsatz des Vertrauensschutzes nimmt für die Begründung der Rechtswirkungen der Duldung eine zentrale Rolle ein. Das Vertrauensschutzprinzip wird sowohl bei der Rücknahme einer Duldungszusicherung oder eines Duldungsverwaltungsakts als auch im Rahmen des Eingriffsermessens bei bauordnungsrechtlichen Verfügungen relevant.

Aus den Voraussetzungen, die für das Vorliegen schutzwürdigen Vertrauens erfüllt sein müssen, lässt sich schlussfolgern, dass die faktische Duldung für sich genommen keine vertrauensschutzbegründende Wirkung hat. Es fehlt bereits an einer Vertrauensgrundlage in Form eines vertrauensbegründenden behördlichen Verhaltens, an das ein schutzwürdiges Vertrauen des Betroffenen anknüpfen könnte. Folglich kann sich der Betroffene in Fällen der faktischen Duldung nicht auf Vertrauensschutz berufen. Das zwingt aber nicht zu der Annahme, dass faktische Duldungen gänzlich unbeachtlich wären. Wenn die Bauaufsichtsbehörde in Kenntnis eines rechtswidrigen Zustands schlicht untätig bleibt, hat sie sich mit ihrem Verhalten zumindest im Rahmen der Ermessenserwägungen eines bauaufsichtlichen Einschreitens auseinanderzusetzen. Tut sie dies nicht, sind die Ermessenserwägungen unvollständig und die Bauordnungsverfügung rechtswidrig. Weiterhin kann die Gewährung angemessener Beseitigungsfristen aus Gründen der Verhältnismäßigkeit geboten sein, wenn die Bauaufsichtsbehörde über einen längeren Zeitraum nicht eingeschritten ist. Darüber hinaus ist zu prüfen, ob das Verhalten der Bauaufsichtsbehörde Schadensersatzansprüche oder Entschädigungsansprüche auslösen kann.

Zu Recht wird deshalb nur der qualifizierten Duldung vertrauensschutzbegründende Wirkung beigemessen. An deren Vorliegen sind strenge Voraussetzungen wie die Zuständigkeit der Behörde, die Schriftform und eine unmissverständliche Duldungserklärung zu stellen. Eindeutige und die zugleich bindungsstärksten

---

400 *Maurer* in: Isensee/Kirchhof, Handbuch des Staatsrechts Bd. IV, § 79 Rn. 99.

401 *Püttner*, VVDStRL Heft 32 (1974), 200, 217 f. und 222 ff.

402 *Weber-Dürler*, Vertrauensschutz, S. 142; *Kisker*, VVDStRL Heft 32 (1974), 149, 181 f., 187; *Püttner*, VVDStRL Heft 32 (1974), 200, 218.

403 *Weber-Dürler*, Vertrauensschutz, S. 144.

Vertrauensgrundlagen stellen die förmlichen Handlungsformen des VwVfG dar. So schränkt die Tatbestandswirkung einer Duldungszusicherung als Verwaltungsakt die Ermessensfreiheit der Behörde ein. Der Vertrauensschutz wird daher vor allem bei der Aufhebung einer derartigen Regelung relevant. Ebenso ist die Duldung durch einen öffentlich-rechtlichen Vertrag bzw. einen außergerichtlichen Vergleich oder Prozessvergleich aus sich heraus verbindlich. Darüber hinaus lassen sich wirksame Vertrauensgrundlagen nur in wenigen Fällen anerkennen. Eine qualifizierte Duldung kann z.B. angenommen werden, wenn die Bauaufsichtsbehörde Folgemaßnahmen genehmigt, die in unmittelbarem Zusammenhang mit den Umständen stehen, welche die Rechtswidrigkeit begründen. Auch eine behördliche Duldungspraxis aufgrund von Verwaltungsvorschriften kann Vertrauensschutz hervorrufen, sofern die Verwaltungsvorschriften ausnahmsweise unmittelbare Außenwirkung haben. Zusammenfassend lässt sich festhalten, dass eine qualifizierte Duldung dann vorliegt, wenn die Behörde in Kenntnis des rechtswidrigen Zustands durch förmliches Handeln im Zusammenhang mit dem rechtswidrigen Zustand schriftlich zu verstehen gibt, nicht einschreiten zu wollen. Allerdings kann der Vertrauenstatbestand durch vertrauensschädliche Maßnahmen wie z.B. Umbau- oder Erweiterungsmaßnahmen auch wieder untergehen, weil die Duldung den bestehenden rechtswidrigen Zustand nur konservieren, nicht aber intensivieren soll.

Im Rahmen der Abwägung privater und öffentlicher Interessen hat das durch Investitionen betätigte Vertrauen ein besonderes Gewicht. Diese Investitionen sind aber nur schutzwürdig, wenn zwischen Vertrauensgrundlage und Vertrauensbetätigung ein kausaler Zusammenhang besteht. Das ist nur der Fall, wenn die Vertrauensbetätigung durch Investitionen nach der Duldungserklärung stattfindet. Alle Maßnahmen, die vorher durchgeführt werden, vor allem solche, die den rechtswidrigen Zustand erst hervorgerufen haben, sind nicht mehr vom schutzwürdigen Vertrauen umfasst. Dieser Kausalzusammenhang dürfte einer der häufigsten Gründe für den Ausschluss des Vertrauensschutzes sein und ein Indiz dafür, dass eine dauerhafte Bindung der Behörde an die Duldung nicht dem schutzwürdigen Vertrauen entspricht.

Rechtsfolge schutzwürdigen Vertrauens ist aber nicht, dass die Bauaufsichtsbehörde auf Dauer an einem Einschreiten gehindert ist. Schutzwürdiges Vertrauen kann nur zeitweise das Ermessen der Bauaufsichtsbehörde binden und führt allenfalls zu Übergangslösungen durch angemessene Fristen zur Wiederherstellung des rechtmäßigen Zustands und soweit möglich und messbar zu einer Entschädigung des Vertrauensinteresses, bei Vorliegen einer Duldungszusicherung etwa gemäß § 48 Abs. 3 VwVfG.

F. Einflüsse des Verhältnismäßigkeitsgrundsatzes

Die Bauaufsichtsbehörde hat bei der Ermessensentscheidung bezüglich eines Einschreitens gegen rechtswidrige Zustände vor allem den Grundsatz der Verhältnismäßigkeit zu beachten. Die Maßnahme muss einen legitimen Zweck verfolgen, geeignet, erforderlich und angemessen (verhältnismäßig i.e.S.) sein. Das bedeutet aber nicht, dass der Grundsatz der Verhältnismäßigkeit einem Einschreiten entgegensteht, wenn die Beseitigung oder Nutzungsuntersagung für den Betroffenen mit wirtschaftlichen Nachteilen verbunden ist. Denn das wirtschaftliche Risiko, mit dem „Schwarzbauten" typischerweise behaftet sind, trägt der Betroffene[404].

Das Verhältnismäßigkeitsprinzip gebietet aber, dass die Bauaufsichtsbehörde atypischen Sonderfällen Rechnung trägt[405]. Im Zusammenhang mit der Duldung spielt der Grundsatz der Verhältnismäßigkeit besonders bei der Frage eine Rolle, ob anstatt der vollständigen Beseitigung nur ein Rückbau verfügt werden kann. Bei Nutzungsuntersagungen ist problematisch, ob diese noch unter Anordnung der sofortigen Vollziehung ergehen dürfen, wenn der Untersagungsverfügung eine Duldung vorausging.

I. Gewährung von Übergangsfristen nach langjähriger Passivität

Die Untersuchung der faktischen Duldung hat gezeigt, dass der Betroffene sich zwar nicht auf Vertrauensschutz berufen kann, das behördliche Verhalten bei der Ermessensausübung aber nicht gänzlich unbeachtlich bleiben darf. Bei langjähriger Untätigkeit hat die Bauaufsichtsbehörde ihr Verhalten und den Zeitraum des Nichteinschreitens in ihren Ermessenserwägungen bei der Beseitigungsanordnung oder Nutzungsuntersagung zu berücksichtigen[406]. Der Grundsatz der Verhältnismäßigkeit kann es dann erforderlich machen, für die Beseitigung bzw. Nutzungsaufgabe angemessene Fristen zu gewähren.

II. Rückbau statt vollständiger Beseitigung

1. Grundsatz

Beim Vorgehen gegen ein rechtswidrig errichtetes Bauwerk wird die Bauaufsichtsbehörde in der Regel bei Vorliegen der Voraussetzungen eine vollständige Beseitigung anordnen. Unter dem „Deckmantel" des Verhältnismäßigkeitsgrundsatzes kann es aber vorkommen, dass statt der vollständigen Beseitigung nur ein Teilrückbau verfügt wird. Eine Rückbauverfügung anstelle einer vollständigen Beseitigung ist aber im Grundsatz als rechtswidrig zu bewerten. Aus der Möglichkeit, von einem Einschreiten gegen rechtswidrige Zustände abzusehen, kann nämlich nicht geschlussfolgert werden, dass anstelle einer vollständigen Beseitigung eine weniger

---

404 OVG Berlin, NVwZ 1990, 176, 178; NdsOVG, Urt. v. 08.09.2010 – 1 KN 129/07, juris Rn. 309; NdsOVG, Beschl v. 09.03.2012 – 1 LA 254/09, juris Rn. 70; *Finkelnburg/Ortloff/Otto*, Öffentliches Baurecht Bd. II, S. 168 f.

405 Z.B. durch Härtefallklauseln bei Sanierungskonzepten, vgl. das „Sanierungskonzept Notzingermoos" siehe oben 1. Teil. F.II.1. und das „Sanierungskonzept Moosinning" siehe oben 1. Teil. F.II.3.

406 Siehe oben 6. Teil. E.III.2.b).

scharfe, den Rechtsverstoß nur abmildernde Maßnahme ergriffen werden kann[407]. Vielmehr handelt die Behörde sogar rechtswidrig, wenn sie nach Feststellung umfangreicher formell und materiell illegaler Um- und Erweiterungsbaumaßnahmen an einem zum Wohnen genutzten „Schwarzbau" im Außenbereich nur den Teilrückbau anstatt der vollständigen Beseitigung anordnet[408].

Bezogen auf den Verhältnismäßigkeitsgrundsatz wird deutlich, dass die Anordnung einer Rückbauverfügung keine geeignete Maßnahme darstellt, da bereits der Zweck der Beseitigungsanordnung, rechtmäßige Zustände herzustellen, nicht erreicht wird. Im Übrigen ist der Rückbau auch kein milderes Mittel, da er zur Herstellung rechtmäßiger Zustände nicht in gleicher Weise geeignet ist[409].

2. Rechtsprechung des Bundesverfassungsgerichts zur „Pirmasenser Amnestie"

Das Bundesverfassungsgericht hat mit Beschluss vom 02.09.2004 zur sog. „Pirmasenser Amnestie" entschieden, eine Beseitigungsverfügung für das gesamte Bauwerk sei unverhältnismäßig, wenn es sich bei Erweiterung oder Umbau eines geduldeten Bauwerks um geringfügige und leicht rückgängig zu machende Verstöße handelt[410]. Im zugrunde liegenden Sachverhalt befand sich das formell und materiell rechtswidrige Wochenendhaus der Beschwerdeführer im räumlichen Geltungsbereich der „Pirmasenser Amnestie" und wurde geduldet, weil die Beseitigung aus Gründen des allgemeinen Wohls nicht für erforderlich gehalten wurde. Das Haus verfügte über eine überdachte Terrasse mit drei das Terrassendach tragenden Holzstützen. Die Beschwerdeführer versahen die Holzstützen mit einer Vorrichtung, die es erlaubte, zwischen die Holzpfosten mobile Kunststofffenster einzuhängen. Daraufhin wurde den Beschwerdeführern durch eine Beseitigungsverfügung aufgegeben, das gesamte Wochenendhaus abzureißen. Die Bauaufsichtsbehörde stützte ihre Argumentation maßgeblich darauf, dass durch amnestieschädliche Maßnahmen ein etwaiger Vertrauensschutz entfallen sei.

Dieser Auffassung hat sich das OVG Rheinland-Pfalz im Verfahren gegen die Beseitigungsanordnung angeschlossen und die Beseitigungsanordnung für das gesamte Wochenendhaus als ermessensfehlerfrei bewertet[411]. Diese Bewertung lag auch auf der Linie der ständigen Rechtsprechung des OVG Rheinland-Pfalz zur „Pirmasenser Amnestie"[412]. Das OVG Rheinland-Pfalz hatte diesbezüglich bereits mit Urteil vom 08.09.1989 entschieden, dass sich aus der ›Pirmasenser Amnestie"

407 *Dürr/Middecke/Schulte Beerbühl*, Baurecht NRW, Rn. 353; *Koppitz*, Öffentliches Baurecht in der Praxis, Rn. 674.
408 OVG NRW, BauR 2006, 90, 92 f.
409 OVG NRW, BauR 2006, 90, 92 f.
410 BVerfG, NVwZ 2005, 203, 204; zur „Pirmasenser Amnestie" siehe oben 1. Teil. F.I.1.; zur Rechtsprechung des BVerfG siehe auch oben 3. Teil. C.IV.2.
411 OVG Rh.-Pf., Beschl. v. 22.08.2002 – 8 A 11014/02, juris Rn. 14 ff.
412 Siehe oben 6. Teil. E.VI.2.

ein Vertrauensschutz darauf ergebe, dass der Amnestie unterfallende Bauwerke auch nach Durchführung bestandserhaltender Maßnahmen geduldet würden[413]. Die Duldung beziehe sich allerdings nicht auf darüber hinaus gehende Arbeiten, die die Bauten erweitern oder sonst in ihrem Äußeren oder ihrem Bauzustand verändern, verbessern oder in ihrer Funktionsfähigkeit erhöhen[414].

Das Bundesverfassungsgericht hat den Beschluss des OVG Rheinland-Pfalz vom 22.08.2002 letztlich aufgehoben und entschieden, dass durch die Beseitigungsanordnung der Schutzbereich des Art. 14 Abs. 1 S. 1 GG berührt sei. Die Beseitigungsanordnung sei nicht mehr angemessen, weil durch die „Pirmasenser Amnestie" zum Ausdruck gebracht werde, dass in diesem Gebiet in der Regel kein die Eigentümerposition überwiegendes öffentliches Interesse an der Beseitigung eines unter die Amnestie fallenden Gebäudes bestehe. Zwar könne ein öffentliches Interesse daran bestehen, eine weitere Intensivierung des baurechtswidrigen Zustands zu verhindern und eine Funktionsverbesserung der nur geduldeten Wochenendhäuser zu unterbinden, aber *„jedenfalls dann, wenn die Funktionsverbesserung auf einer geringfügigen baulichen Veränderung beruhe, die sich leicht rückgängig machen lasse, könne dieses Interesse nur die Beseitigung der nachträglich vorgenommenen Veränderung tragen, nicht aber den Abbruch des gesamten Hauses"*[415].

3. Reaktionen des OVG Rheinland-Pfalz

Im Anschluss an den Beschluss des Bundesverfassungsgerichts ist die Frage der Verhältnismäßigkeit einer Beseitigungsverfügung für das gesamte Bauwerk bei amnestieschädlichen Maßnahmen in der Rechtsprechung des OVG Rheinland-Pfalz zur „Pirmasenser Amnestie" intensiv thematisiert worden. Mit Urteil vom 20.04.2006[416] hat das OVG Rheinland-Pfalz die vollständige Beseitigung eines Freisitzes nach Umbauarbeiten als verhältnismäßig angesehen. Die Eigentümer eines ungenehmigten Wochenendhauses hatten im Geltungsbereich der „Pirmasenser Amnestie" einen Freisitz erweitert, der ursprünglich mit Plexiglas überdacht und von einem Metallgerüst mit Holzbrüstung umgeben war. Die Kläger hatten den Freisitz unter Erhaltung des Metallgerüsts und der Holzbrüstung mit Spanplatten und Dachpappe neu eingedeckt und den Freisitz durch bodentiefe Glas-und Kunststoffelemente mit einer verglasten Eingangstür geschlossen. Die beklagte Bauaufsichtsbehörde

---

413 In der Verwaltungspraxis wurde bis zu diesem Zeitpunkt gegen der Amnestie unterfallende Bauwerke vorgegangen, wenn an ihnen nach Beginn der Amnestie am 01.07.1967 Bauarbeiten durchgeführt wurden, unabhängig davon, ob es sich um qualitative oder quantitative Veränderungen oder um bloße Unterhaltungs- oder Reparaturarbeiten handelte.

414 OVG Rh.-Pf., Urt. v. 08.09.1989 – 8 A 93/88 (n.V.).

415 BVerfG, NVwZ 2005, 203, 204; siehe zur Rechtsprechung des BVerfG auch oben 3. Teil. C.IV.2.

416 OVG Rh.-Pf., Urt. v. 20.04.2006 – 8 A 10119/06, juris; nachgehend bestätigt durch BVerwG, BauR 2006, 1881.

verfügte zunächst die Beseitigung des gesamten Wochenendhauses einschließlich des Freisitzes, hob allerdings im Anschluss die Beseitigungsverfügung für das Wochenendhaus auf. Unter Berücksichtigung des Beschlusses des Bundesverfassungsgerichts hat das OVG Rheinland-Pfalz entschieden, dass die Beseitigungsverfügung für den gesamten Freisitz ermessensfehlerfrei erfolgt sei[417].

Dieses Urteil des OVG Rheinland-Pfalz widerspricht im konkreten Fall nicht der Rechtsprechung des Bundesverfassungsgerichts. Durch den Umbau des Freisitzes werden nämlich sowohl Erscheinungsbild als auch Funktion der geduldeten Bausubstanz erheblich verändert, weil der Umbau einen „Eingriff mit nachhaltigen Auswirkungen auf die optische und funktionale Identität" bewirkt[418]. Im Ergebnis entsteht damit ein neuer „Schwarzbau", der nicht mehr von der Duldung getragen wird. Es kann hier auch nicht wie im Beschluss des Bundesverfassungsgerichts von einer leicht rückgängig zu machenden Änderung gesprochen werden, weil in diesem Fall mobile Kunststofffenster durch einfaches Aushängen wieder entfernt werden konnten[419]. Folglich ist die Beseitigungsverfügung in dieser Fallkonstellation als verhältnismäßig anzusehen. Darüber hinaus ist es nicht als ermessensfehlerhaft zu beurteilen, dass sich die Beseitigungsverfügung auf den Freisitz beschränkte und nicht auch noch das qualifiziert geduldete Wohnhaus umfasste. Denn in Bezug auf das Wochenendhaus lag ein eigenständig zu beurteilendes Vorhaben vor[420].

Auch der nachträgliche Einbau von Kunststoffisolierfenstern sowie der Ausbau und die Umnutzung eines Kellergeschosses zu Wohnzwecken stellen eine deutliche Substanz bzw. Funktionsverbesserung dar. Gemessen an den vom Bundesverfassungsgericht aufgestellten Kriterien sind diese amnestieschädlichen Maßnahmen nicht leicht rückgängig zu machen, sodass in diesem Fall auch eine Beseitigungsverfügung für das gesamte Wochenendhaus gerechtfertigt ist[421].

4. *Bewertung der Rechtsprechung*

Der Beschluss des Bundesverfassungsgerichts bringt in unmissverständlicher Art und Weise zum Ausdruck, dass bei der Anordnung einer Beseitigungsverfügung nach Umbau- und Erweiterungsmaßnahmen an geduldeten Bauwerken dem Grundsatz der Verhältnismäßigkeit angemessen Rechnung zu tragen ist. Allerdings sollte die Bedeutung des Verhältnismäßigkeitsgrundsatzes auch nicht überstrapaziert werden. Nach dem Beschluss des Bundesverfassungsgerichts bringt nämlich die Duldung im Bereich der „Pirmasenser Amnestie" nur zum Ausdruck, dass „in der Regel" kein die Eigentümerposition überwiegendes öffentliches Interesse an der Beseitigung besteht[422]. Das bedeutet aber auch, dass unter bestimmten Umständen Ausnahmen

---

417 OVG Rh.-Pf., Urt. v. 20.04.2006 – 8 A 10119/06, juris Rn. 20 ff.
418 OVG Rh.-Pf., Urt. v. 20.04.2006 – 8 A 10119/06, juris Rn. 23.
419 OVG Rh.-Pf., Urt. v. 20.04.2006 – 8 A 10119/06, juris Rn. 24.
420 OVG Rh.-Pf., Urt. v. 20.04.2006 – 8 A 10119/06, juris Rn. 25.
421 OVG Rh.-Pf., Urt. v. 22.11.2011 – 8 A 11101/11, juris Rn. 38.
422 BVerfG, NVwZ 2005, 203, 204.

bestehen können. Eine Ausnahme bilden Umbau- und Erweiterungsmaßnahmen, die den geduldeten Bestand verändern. Die Formulierung, dass „jedenfalls" dann das öffentliche Interesse nur auf die Beseitigung der nachträglich vorgenommenen Veränderungen bezogen sein kann, wenn die Funktionsverbesserung auf einer geringfügigen baulichen Veränderung beruht, die sich leicht rückgängig machen lässt[423], lässt sich außerdem so deuten, dass der Grundsatz der Verhältnismäßigkeit nur unter diesen strengen Anforderungen ausnahmsweise einem Einschreiten entgegensteht. Die Verhältnismäßigkeit einer Beseitigungsanordnung dürfte in der vorliegenden Konstellation daher weiterhin den Regelfall darstellen. Die Anforderungen an die Verhältnismäßigkeit werden aber insoweit eingeschränkt, als nur geringfügige, leicht rückgängig zu machende bauliche Veränderungen den Abbruch des gesamten Bauwerks unverhältnismäßig machen. Das Kriterium des „leichten Rückgängigmachens" trägt der Angemessenheit einer Verfügung dadurch Rechnung, dass auf der einen Seite das öffentlichen Interesse an der Verhinderung einer Intensivierung rechtswidriger Zustände und auf der anderen Seite die Eigentümerinteressen berücksichtigt werden. Das Maß der leichten Rückgängigmachung war in den vom OVG Rheinland-Pfalz entschiedenen Fällen nach der Entscheidung des Bundesverfassungsgerichts vom 02.09.2004 bereits überschritten, da hier schon eine feste Verbindung mit dem ursprünglichen, geduldeten Bauwerk stattgefunden hatte. Insofern sind die angesprochenen Entscheidungen als zutreffend zu werten.

Das Ausmaß von Substanzverbesserung und Funktionsverbesserung sind die maßgeblichen Kriterien, nach denen die Bauaufsichtsbehörde zu bestimmen hat, ob nur eine geringfügige bauliche Veränderung vorliegt. Eine nicht nur geringfügige Substanzverbesserung liegt dann vor, wenn die Umbau- oder Erweiterungsmaßnahme eine feste Verbindung mit der Grundsubstanz aufweist. Außerdem ist festzustellen, ob das Gebäude durch den Umbau einen neuen Charakter bzw. eine andere Identität erhält. Duldung bedeutet gerade Konservierung eines Zustandes, nicht aber dessen Intensivierung und Veränderung.

Dagegen ließe sich einwenden, dass auch bei Umbaumaßnahmen, die eine feste Verbindung mit der Grundsubstanz aufweisen, die aber trotzdem – wenn auch mit mehr Aufwand – rückgängig gemacht werden können, eine Beseitigungsverfügung für das gesamte Bauwerk unverhältnismäßig sein könnte. Dabei würde aber verkannt, dass der Rückbau im Grundsatz kein milderes Mittel zur Herstellung rechtmäßiger Zustände ist[424]. Auch wenn das Bauwerk geduldet wird, steht nach Umbaumaßnahmen die Duldung nicht mehr einer Beseitigung der gesamten baulichen Anlage entgegen, weil der Vertrauensschutz in die Erhaltung des Bauwerks untergeht. Dafür spricht auch die Wertung des § 38 Abs. 3 VwVfG[425]. Werden allerding nur so geringfügige Arbeiten wie etwa das Einhängen von Plexiglasfenstern durchgeführt, kann noch nicht von einer Substanzverbesserung gesprochen werden,

423 BVerfG, NVwZ 2005, 203, 204.
424 OVG NRW, BauR 2006, 90, 92.
425 *Hermes/Wieland*, Die staatliche Duldung, S. 39.

die einen Vertrauensschutz untergehen lässt. Darüber hinaus erfahren geduldete bauliche Anlagen im Unterschied zum Bestandsschutz durch die Baugenehmigung nur einen eingeschränkten Schutz, nämlich soweit und solange sie im geduldeten Zustand erhalten werden können. Maßnahmen der Substanzverbesserung können sich deshalb im Grundsatz als schädlich erweisen, auch wenn sie bei bestandsgeschützten Bauten zulässige Unterhaltungsmaßnahmen darstellen[426].

Schließlich sollte mit einer Verallgemeinerung der Rechtsprechung des Bundesverfassungsgerichts zurückhaltend umgegangen werden, weil es sich gerade bei der „Pirmasenser Amnestie“ um einen Sonderfall handelt. Der Entscheidung lässt sich aber entnehmen, dass bei der Beseitigung geduldeter Bausubstanz dem Grundsatz der Verhältnismäßigkeit angemessen Rechnung getragen werden muss. In der Angemessenheitsprüfung der Eingriffsmaßnahmen ist zu berücksichtigen, inwieweit eine Abwägung der Interessen schon durch die Verwaltungspraxis vorweggenommen ist.

III. Besonderheiten bei Nutzungsuntersagungen

1. *Formelle Illegalität nicht mehr ausreichend*

Regelmäßig rechtfertig schon die formelle Illegalität einer baulichen Anlage ein Nutzungsverbot. In aller Regel erfolgt dabei auch die Anordnung der sofortigen Vollziehung[427]. Anderenfalls würde nämlich der Vorteil, nicht zugelassene Nutzungen bis zum Eintritt der Bestandskraft der Nutzungsuntersagung wegen der aufschiebenden Wirkung von Widerspruch oder Klage aufnehmen und fortführen zu können, einen erheblichen Anreiz bieten, dies auch tatsächlich zu tun. Auf diese Weise würde nicht nur die Ordnungsfunktion des Bauaufsichtsrechts entwertet, sondern auch der gesetzestreue Bürger, der zunächst ein Baugenehmigungsverfahren abwartet, gegenüber dem – bewusst oder unbewusst – rechtswidrig Handelnden erheblich benachteiligt[428]. Die jahrelange Duldung einer rechtswidrigen Nutzung bzw. die fehlerhafte Einschätzung der Behörde, eine Nutzung sei legal, kann jedoch dazu führen, dass allein die formelle Rechtswidrigkeit für eine Nutzungsuntersagung nicht mehr ausreicht[429]. Dieser Fall einer illegalen Nutzung unterscheidet sich nämlich dadurch von der typischen „Schwarznutzung“, dass sie über einen längeren Zeitraum unbeanstandet ausgeübt wurde[430]. Erweist sich nach Prüfung die Nutzung als materiell legal, rechtfertigt dies nicht die Nutzungsuntersagung. Bis zur Erteilung der Genehmigung ist die Nutzung vielmehr weiter zu dulden.

---

426 OVG Rh.-Pf., Urt. v. 22.11.2011 – 8 A 11101/11, juris Rn. 41.
427 *Boeddinghaus/Hahn/Schulte*, BauO NRW, § 61 Rn. 177 f.
428 OVG NRW, BRS 71 Nr. 187 (S. 873).
429 *Jäde*, Bauaufsichtliche Maßnahmen, Rn. 272.
430 OVG NRW, BauR 1999, 383, 386 f.

2. *Fehlendes öffentliches Interesse an der Anordnung der sofortigen Vollziehung*

Bei formell und materiell illegalen, aber geduldeten Nutzungen kann der Grundsatz der Verhältnismäßigkeit einer sofortigen Vollziehung entgegenstehen. In diesem Fall dürfte der Betroffene mit einem Antrag nach § 80 Abs. 5 VwGO auf Wiederherstellung der aufschiebenden Wirkung seines Rechtsbehelfs Erfolg haben. Nach Auffassung des OVG Nordrhein-Westfalen ist hierfür eine qualifizierte Duldung erforderlich. Unter bestimmten Umständen könne das schutzwürdige Vertrauen des Betroffenen dem öffentlichen Interesse an der sofortigen Vollziehung der Nutzungsuntersagung entgegenstehen, wenn die illegale Nutzung schon über einen längeren Zeitraum geduldet wurde und der Betroffene darauf vertrauen durfte, dass die Bauaufsichtsbehörde ihr Verhalten nicht kurzfristig ändern werde[431].

Nach vorzugswürdiger Ansicht des Niedersächsischen OVG ist für ein mangelndes öffentliches Interesse an der sofortigen Vollziehung aber auch eine faktische Duldung durch langjährige Untätigkeit ausreichend. Hat der Betroffene z.B. nur die neben einer Baugenehmigung erforderliche Fachgenehmigung eingeholt und hat die Bauaufsichtsbehörde die Nutzung über einen längeren Zeitraum nicht beanstandet, so können diese Umstände die sofortige Vollziehung der Nutzungsuntersagung als unverhältnismäßig erscheinen lassen. Das Niedersächsische OVG argumentiert anders als das OVG Nordrhein-Westfalen nicht mit dem Grundsatz des Vertrauensschutzes, sondern mit Sinn und Zweck der sofortigen Vollziehung einer Nutzungsuntersagung. Denn in der Konstellation einer langjährigen Untätigkeit lässt sich die Argumentation, dass der illegal bauende und nutzende Bürger nicht besser gestellt werden dürfe als der gesetzestreue Bürger und die Gefahr der Nachahmung gegeben sei, nicht mehr aufrechterhalten[432]. Auch wenn ein Nutzungsuntersagungsverfahren eingeleitet wird, das über mehrere Jahre nicht zum Abschluss gebracht wird, ist eine besondere Dringlichkeit der Vollziehung nicht gegeben, solange sich nicht zwischenzeitlich eine wesentliche Änderung der Sachlage ergeben hat, die sofortige Maßnahmen notwendig erscheinen lässt[433]. In diesen Fällen ist es geboten, dem Betroffenen eine großzügige Übergangsfrist zu gewähren, etwa um ihm Gelegenheit einer Ersatzfläche bei gewerblicher Nutzung zu geben[434]. Eine sofort vollziehbare Nutzungsuntersagung ist in solchen Konstellationen nicht mehr erforderlich,

---

431 OVG NRW, BauR 2009, 1716, 1717 f.; OVG NRW, Beschl. v. 24.01.2006 – 10 B 2160/05, juris Rn. 12; OVG NRW, NVwZ-RR 2002, 11 f.; *Hahn/Schulte*, Baunachbarrecht, Rn. 494.

432 NdsOVG, BRS 48 Nr. 136 (S. 350); NdsOVG, NVwZ-RR 1995, 7, 8 (sofort vollziehbares Nutzungsverbot gegen einen Modellflugplatz im Außenbereich bei Vorliegen einer Genehmigung nach dem LuftVG und einer unbeanstandeten Nutzung über Jahrzehnte); VG Berlin, Beschl. v. 12.05.2014 – 19 L 35.14, juris Rn. 24.

433 VG Berlin, Beschl. v. 12.05.2014 – 19 L 35.14, juris Rn. 23.

434 OVG Berlin-Bbg., Beschl. v. 27.12.2013 – OVG 10 S 26.13, juris Rn. 10; NdsOVG, NVwZ-RR 1995, 7, 8; *Rabe*, BauR 1978, 166, 179.

besonders dann, wenn eine schleichende Veränderung des Gebietscharakters nicht zu befürchten ist[435]. Außerdem kann bei einer jahrelangen Duldung die Funktion der Nutzungsuntersagung, die Ordnungsfunktion des Bauaufsichtsrechts zu gewährleisten, ohnehin nicht mehr erfüllt werden, sodass eine Nutzungsuntersagung wohl auch nicht mehr ermessensfehlerfrei nur auf die formelle Illegalität gestützt werden kann[436]. Ansonsten muss das öffentliche Interesse an der sofortigen Vollziehung überwiegen.

G. Die Bedeutung des Gleichbehandlungsgrundsatzes

Häufig wehren sich Betroffene gegen eine Beseitigungsanordnung oder Nutzungsuntersagung mit dem Argument, die Bauaufsichtsbehörde schreite in vergleichbaren Fällen nicht ein und dulde den rechtswidrigen Zustand. Ein Einschreiten gegen das eigene Vorhaben sei deshalb wegen Verstoßes gegen den Gleichbehandlungsgrundsatz nach Art. 3 Abs. 1 GG ermessensfehlerhaft. Das wirft die Frage auf, wie eine solche Duldungspraxis entstehen kann, ob dem Betroffenen Ansprüche auf Gleichbehandlung und damit Ansprüche auf Duldung zustehen und schließlich, wie sich das Nichteinschreiten in anderen Fällen auf die Ermessensausübung der Bauaufsichtsbehörden beim Einschreiten gegen rechtswidrige Zustände auswirkt.

I. Entstehung einer Duldungspraxis

Grundsätzlich lässt sich gerade im öffentlichen Baurecht, wo den unterschiedlichen örtlichen Lagen und Bauweisen von Bauten Rechnung zu tragen ist, eine Verwaltungspraxis durch gleichmäßige Verwaltungsübung weniger häufig feststellen[437]. Anders kann es sich aber dann verhalten, wenn im selben Gebiet großflächig vergleichbare Vorhaben errichtet wurden, etwa in Wochenendhausgebieten, in denen illegale Wohnnutzungen ausgeübt werden oder bei der großflächigen Errichtung von illegalen Ferienhäusern im Außenbereich.

1. Duldungspraxis durch gleichmäßige Verwaltungsübung

Eine Duldungspraxis kann auf zwei unterschiedliche Arten entstehen[438]. Die Bauaufsichtsbehörde kann eine Ermessensbindung herbeiführen, wenn sie im selben Gebiet gegen vergleichbare Vorhaben über einen längeren Zeitraum nicht vorgegangen ist. Dabei lässt allein die Tatsache, dass in einem Gebiet viele vergleichbare illegale Bauten errichtet wurden, nicht ohne weiteres darauf schließen, dass die Behörde sich auch tatsächlich binden will. Der Bayerische VGH hat etwa entschieden, dass eine Verwaltungspraxis nicht angenommen werden kann, wenn in

---

435 OVG NRW, BauR 2009, 1716, 1718.
436 *Jäde*, Bauaufsichtliche Maßnahmen, Rn. 272.
437 *Drews/Wacke/Vogel/Martens*, Gefahrenabwehr, S. 385.
438 Vgl. auch *Ruske*, Die gleichheitsgemäße Ermessensausübung, S. 55 ff.

einem Stadtgebiet zwar viele unzulässige Carports im Vorgartenbereich anzutreffen sind, aber zahlreiche gerichtliche Verfahren wegen vergleichbarer Beseitigungsanordnungen geführt werden[439]. Eine Verwaltungspraxis kann dabei unabhängig davon entstehen, ob eine faktische oder qualifizierte Duldung vorliegt. Lediglich bei schlichter Untätigkeit, ohne dass eine Ermessensentscheidung bezüglich des Nichteinschreitens getroffen wurde, kann keine Ermessensbindung eintreten, weil es an einem rechtserheblichen Verhalten fehlt[440].

2. Verwaltungspraxis aufgrund von Verwaltungsvorschriften

Eine Selbstbindung der Verwaltung kann auch durch den Erlass von Verwaltungsvorschriften wie etwa durch Ministerialerlasse[441] oder Sanierungskonzepte[442] eintreten. Die rechtliche Grundlage für den Erlass solcher Verwaltungsvorschriften ergibt sich entweder aus dem Gesetz[443] oder kraft des hierarchisch begründeten Weisungsrechts[444]. Bei Verwaltungsvorschriften handelt es sich um generell-abstrakte verwaltungsinterne Regelungen, die von einer vorgesetzten Behörde gegenüber nachgeordneten Behörden ergehen und für diese verbindlich sind, aber keine unmittelbare Außenwirkung haben[445]. Sie dienen den Behördenangestellten als Leitfaden und Anleitung für den Gesetzesvollzug.

Es lassen sich verschiedene Arten von Verwaltungsvorschriften unterscheiden[446], wobei Ministerialerlasse und Sanierungskonzepte, die die Duldung eines rechtswidrigen Zustands betreffen, als ermessenslenkende Verwaltungsvorschriften zu qualifizieren sind. Ermessenslenkende Verwaltungsvorschriften sind solche, die der Verwaltung vorgeben, in welcher Weise sie von dem ihr durch das Gesetz eingeräumtem Ermessen Gebrauch zu machen hat[447]. Da die Ermächtigungsgrundlagen für den Erlass einer Bauordnungsverfügung in den Landesbauordnungen

---

439 BayVGH, BayVBl. 1999, 590, 592.

440 *Ruske*, Die gleichheitsgemäße Ermessensausübung, S. 58 ff. Insoweit stimmt die hier vertretene Auffassung mit der Ansicht *Ruskes* überein, der in der schlichten Untätigkeit ohne bewusste Entscheidung eine faktische Duldung sieht und in den Fällen schlichter Untätigkeit mit Ermessensentscheidung, die nach der hier vertretene Ansicht als faktische Duldung zu werten ist, bereits eine qualifizierte Duldung annimmt.

441 Siehe oben 1. Teil. F.I.

442 Siehe oben 1. Teil. F.II.

443 Die Bauordnungen der Länder enthalten wie z.B. in § 85 Abs. 9 BauO NRW gesetzliche Regelungen für den Erlass von Verwaltungsvorschriften durch das zuständige Ministerium.

444 *Decker* in: Simon/Busse, BayBO, Art. 80 Rn. 83.

445 *Boeddinghaus/Hahn/Schulte*, BauO NRW, § 85 Rn. 33; *Frye*, ThürVBl. 2012, 73.

446 Zu den unterschiedlichen Arten von Verwaltungsvorschriften: *Maurer*, Allgemeines Verwaltungsrecht, § 24 Rn. 8 ff.; *Frye*, ThürVBl. 2012, 73, 75 f.

447 *Maurer*, Allgemeines Verwaltungsrecht, § 24 Rn. 10; *Ehlers* in: Erichsen/Ehlers, Allgemeines Verwaltungsrecht, § 2 Rn. 65.

Ermessensvorschriften sind und die Konzepte und Erlasse bei Vorliegen bestimmter Voraussetzungen ein Nichteinschreiten durch Duldungen vorsehen, wird das Ermessen der Behörden in eine bestimmte Richtung gelenkt. Dabei werden sowohl Entschließungsermessen, also die Frage, ob überhaupt eingeschritten werden soll, als auch das Auswahlermessen bezüglich der Frage der Art und Weise des Nichteinschreitens vorgegeben. Bekanntestes Beispiel ist der Fall der „Pirmasenser Amnestie“[448].

Eine Selbstbindung aufgrund der Verwaltungsvorschriften tritt aber nur bei einer rechtmäßigen Verwaltungspraxis bzw. aufgrund rechtmäßiger Verwaltungsvorschriften ein[449]. So muss sich eine Verwaltungsvorschrift ihrerseits im Rahmen des Ermessens halten, das durch das Gesetz vorgegeben wird[450]. Im Fall der Duldung sind also neben den allgemeinen Ermessensgrenzen auch die spezifischen Ermessensanforderungen, die sich aus den Ermächtigungsgrundlagen für die Bauordnungsverfügungen ergeben, zu beachten[451].

II. Anspruch auf Gleichbehandlung

1. *Kein Anspruch auf Gleichbehandlung im Unrecht*

a) *Differenzierung zwischen rechtswidriger und rechtmäßiger Duldung*

Nach dem Grundsatz *„Keine Gleichbehandlung im Unrecht“* ist anerkannt, dass die Verwaltung an eine rechtswidrige Verwaltungspraxis oder rechtswidrige Verwaltungsrichtlinien nicht gebunden ist. Das hat zur Folge, dass der Bürger keinen Anspruch auf ein rechtswidriges Verwaltungshandeln hat[452]. So kann z.B. kein Anspruch auf Erteilung einer rechtswidrigen Baugenehmigung bestehen, wenn in vergleichbaren Fällen die Behörde zu Unrecht eine Genehmigung erteilt hat[453]. Ist die Duldung eines vergleichbaren illegalen Baus ermessensfehlerhaft und damit rechtswidrig, kann derjenige, der sich gegen eine Abbruchverfügung wehrt, ebenfalls keinen Anspruch auf Duldung geltend machen[454].

Einem Fehlschluss unterliegt aber, wer annimmt, der Betroffene mache im Fall einer rechtmäßigen Duldungspraxis einen Anspruch auf Gleichbehandlung im Unrecht geltend. Denn liegt eine rechtmäßige Duldung vor, ist der Grundsatz

---

448 Siehe oben 1. Teil. F.I.1.

449 HessVGH, UPR 1988, 75; *Sachs* in: Stelkens/Bonk/Sachs, VwVfG, § 40 Rn. 108; *Wolff/Bachoff/Stober/Kluth*, Verwaltungsrecht I, § 24 Rn. 26 f.; *Frye*, ThürVBl. 2012, 74, 77.

450 *Sachs* in: Stelkens/Bonk/Sachs, VwVfG, § 40 Rn. 108.

451 Zu den sachgerechten Duldungsgründen siehe oben 2. Teil. B.IV.; zur Ermessensüberschreitung bei unbeschränkten Duldungen siehe oben 3. Teil. C.III.5.

452 Dazu allg. *Starck* in: v. Mangoldt/Klein/Starck, GG Bd. 1, Art. 3 Rn. 274 ff; *Erbguth/Schubert*, Öffentliches Baurecht, § 13 Rn. 61; *Wegmann*, NVwZ 1984, 777 ff.

453 HessVGH, BRS 44 Nr. 198 (S. 460 f.).

454 BVerwG, BRS 57 Nr. 249 (S. 595); OVG Berlin NVwZ 1990, 176, 178; *Battis*, Öffentliches Baurecht, Rn. 606; *Wegmann*, NVwZ 1984, 777, 778.

„Keine Gleichbehandlung im Unrecht“ nicht einschlägig, weil nicht die Verwaltung, sondern der Bürger rechtswidrig gehandelt hat. Bezugspunkt des „Unrechts“ ist also nicht der baurechtswidrige Zustand, sondern die behördliche Handlung des Duldens. Wenn die im Rahmen des Ermessens getroffene Entscheidung zum Nichteinschreiten rechtmäßig ist, können sich andere Eigentümer vergleichbarer rechtswidriger baulicher Anlagen also auch auf Art. 3 Abs. 1 GG berufen[455]. Insofern kann auch von einem Anspruch auf „Gleichbehandlung im Rahmen des der Behörde eingeräumten Ermessenspielraums“ gesprochen werden[456].

b) *Kein Anspruch auf Fertigstellung illegaler Bauten*

Einen besonderen Fall des Grundsatzes „Keine Gleichbehandlung im Unrecht“ betrifft die Konstellation, dass der Bauherr unter Berufung auf Art. 3 Abs. 1 GG die Fertigstellung seines bereits begonnenen Bauwerks begehrt, weil im selben Gebiet bereits fertiggestellte vergleichbare geduldete Bauwerke existieren. In diesem Fall ist eine Duldung der Fertigstellung eines formell und materiell rechtswidrigen Baus rechtswidrig, auch wenn bereits fertiggestellte vergleichbare Bauten geduldet oder rechtswidrig genehmigt wurden. Da es um die Verhinderung rechtswidriger Zustände geht und nur die Entscheidung, die Fertigstellung zu verhindern, dem Zweck der Ermächtigungsgrundlage entspricht, liegt eine Ermessensreduzierung auf Null in Richtung auf ein Einschreiten vor[457]. In einem solchen Fall erweist sich eine behördliche Stilllegungsverfügung also nicht als rechtswidrig. Ebenso hat der Betroffene in diesem Fall keinen auf den Gleichheitssatz zu stützenden Anspruch auf Fertigstellung[458]. Bezüglich der Beseitigungsverfügung des stillgelegten „Schwarzbaus“ liegen ebenfalls keine vergleichbaren Sachverhalte vor. Denn zum Vergleich heranziehbar wären im Fall des Abbruchs eines stillgelegten „Schwarzbaus“ allenfalls solche Fälle, in denen die Behörde stillgelegte unfertige „Schwarzbauten“ als Bauruine duldet[459].

2. *Anspruch auf Duldung bei rechtmäßiger Verwaltungspraxis*

Ein Anspruch des Betroffenen auf Duldung kann sich ergeben, wenn eine rechtmäßige Verwaltungspraxis, z.B. durch Ermessensrichtlinien, zugrunde liegt[460]. Grundsätzlich kommt Verwaltungsvorschriften keine unmittelbare Außenwirkung zu,

---

455 *Ruske*, Die gleichheitsgemäße Ermessensausübung, S. 74 f.; *Stollmann*, Öffentliches Baurecht, § 19 Rn. 34 f.; *Fischer*, NVwZ 2004, 1057, 1060.

456 *Drews/Wacke/Vogel/Martens*, Gefahrenabwehr, S. 388.

457 OVG NRW, BRS 40 Nr. 239 (S. 516).

458 OVG NRW, BRS 40 Nr. 239 (S. 516); *Jäde*, Bauaufsichtliche Maßnahmen, Rn. 132.

459 OVG NRW, BRS 40 Nr. 239 (S. 516); ebenso *Wegmann*, NVwZ 1984, 777 f. für die Berufung des Adressaten einer Abrissverfügung auf Art. 3 Abs. 1 GG im Fall rechtmäßig geduldeter Schwarzbauten.

460 *Ruske*, Die gleichheitsgemäße Ermessensausübung, S. 75.

weil durch sie weder Rechte und Pflichten des Bürgers[461] noch eine wirksame Vertrauensgrundlage[462] begründet werden. Als Ermessensrichtlinien oder ermessensbindende Verwaltungsvorschriften können sie allerdings mittelbare Außenwirkung über den Gleichheitssatz nach Art. 3 Abs. 1 GG entfalten, weil die Ermessensausübung gegenüber dem Bürger unter Beachtung des Gleichheitssatzes erfolgen muss[463]. Weicht die Verwaltung ohne rechtfertigenden sachlichen Grund von ihrer ständigen, durch die Verwaltungsvorschriften veranlassten Verwaltungspraxis ab, verstößt sie daher gegen den Gleichheitssatz. Der Bürger, dem die Duldung seines rechtswidrigen Bauwerks versagt wird, kann in diesem Fall zwar nicht die Verletzung der Verwaltungsvorschrift, wohl aber einen Verstoß gegen Art. 3 Abs. 1 GG wegen Nichteinhaltung der Verwaltungsvorschriften geltend machen[464].

Das verlangt aber selbstverständlich, dass der Betroffene auch die Kriterien erfüllt, bei deren Vorliegen eine Duldung erteilt werden kann. Das OVG Nordrhein-Westfalen hatte bei einer illegalen dauerhaften Wohnnutzung in Wochenendhäusern einen Verstoß gegen den Gleichbehandlungsgrundsatz abgelehnt, obwohl die Bauaufsichtsbehörde in dem betroffenen Bereich in anderen Fällen personengebundene Duldungen unter dem Vorbehalt der Änderung der Sach- und Rechtslage ausgesprochen hatte. Bei dieser Duldungspraxis hatte die Bauaufsichtsbehörde sich von unterschiedlichen alternativen Kriterien leiten lassen. Der Betroffene musste entweder mindestens 60 Jahre alt oder seit mindestens 10 Jahren in diesem Gebiet wohnhaft sein, es musste eine Befreiung bereits früher befristet erteilt worden sein oder eine nachgewiesene Krankheit vorliegen. Die Kläger hatten keine dieser Kriterien erfüllt, sodass richtigerweise ihre Berufung auf den Gleichheitssatz abgelehnt wurde[465].

Der Grundsatz „Keine Gleichheit im Unrecht" steht also einer Berufung auf den Gleichbehandlungsgrundsatz nur dann entgegen, wenn die Duldungsentscheidung ermessensfehlerhaft und damit rechtswidrig ist[466]. Schließt die Bauaufsichtsbehörde beispielsweise Vergleichsverträge über die widerrufliche Duldung rechtswidriger Bauten ab, so handelt sie gleichheitswidrig, wenn sie in vergleichbaren Fällen mit bauaufsichtlichen Mitteln einschreitet. Anders ist die Situation auch dann nicht zu bewerten, wenn erst nach Erlass einer Bauordnungsverfügung in vergleichbaren

461 *Boeddinghaus/Hahn/Schulte*, BauO NRW, § 85 Rn. 33; *Decker* in: Simon/Busse, BayBO, Art. 80 Rn. 84; *Maurer*, Allgemeines Verwaltungsrecht, § 24 Rn. 20 ff.; *Frye*, ThürVBl. 2012, 74, 77.

462 *Maurer* in: Isensee/Kirchhof , Handbuch des Staatsrechts Bd. IV, § 79 Rn. 123.

463 *Boeddinghaus/Hahn/Schulte*, BauO NRW, § 85 Rn. 35; *Frye*, ThürVBl. 2012, 74, 77.

464 BVerwGE 61, 15, 18; 8, 4, 10; BVerwG, NJW 1980, 75; *Decker* in: Simon/Busse, BayBO, Art. 80 Rn. 85; *Maurer*, Allgemeines Verwaltungsrecht, § 24 Rn. 21; *Wolff/Bachoff/Stober/Kluth*, Verwaltungsrecht I, § 24 Rn. 26 f.; *Frye*, ThürVBl. 2012, 74, 77.

465 OVG NRW, Urt. v. 23.10.2006 – 7 A 4947/05, juris Rn. 93 f.

466 OVG Berlin-Bbg., Beschl. v. 27.12.2013 – OVG 10 S 26.13, juris Rn. 14; *Ruske*, Die gleichheitsgemäße Ermessensausübung, S. 74 f.; *Fischer*, NVwZ 2004, 1057, 1060.

Fällen Vergleichsverträge geschlossen werden. In diesem Fall liegt eine Änderung der Sachlage vor, die in den behördlichen Ermessenserwägungen zu berücksichtigen ist[467]. Auf der anderen Seite ist der Grundsatz „Keine Gleichheit im Unrecht" aber dann betroffen, wenn die in dem Vergleichsvertrag festgesetzten Voraussetzungen tatsächlich nicht mehr vorliegen[468].

Im Ergebnis kann der Betroffene bei einer rechtmäßigen Duldungspraxis einen Anspruch auf Gleichbehandlung aus Art. 3 Abs. 1 GG i.V.m. der Verwaltungsvorschrift haben. Von dieser Selbstbindung darf die Verwaltung nicht ohne sachlich gerechtfertigten Grund abweichen. Dieser Anspruch auf Gleichbehandlung reduziert das Ermessen zum einen dahingehend, dass ein Einschreiten gegen den rechtswidrigen Zustand unter den derzeitigen Voraussetzungen ermessensfehlerhaft ist. Zum anderen hat der Betroffene im Umkehrschluss einen Anspruch auf Duldung, da der Anspruch auf ermessensfehlerfreie Entscheidung auf Null reduziert ist.

III. Leitlinien für die Ermessensausübung

1. Berücksichtigung des Gleichbehandlungsgrundsatzes

Auch wenn der Grundsatz „Keine Gleichbehandlung im Unrecht" eine Berufung auf Art. 3 Abs. 1 GG dem Grunde nach ausschließt, bedeutet dies jedoch nicht, dass bei einer rechtswidrigen Duldungspraxis der Gleichbehandlungsgrundsatz überhaupt nicht zu beachten ist[469]. Das beruht auf dem strukturellen Unterschied zwischen Leistungs- und Eingriffsverwaltung. Im Bereich der Leistungsverwaltung scheidet eine Berufung auf den Gleichbehandlungsgrundsatz aus. Es besteht etwa kein Anspruch auf Erteilung einer Baugenehmigung, wenn die einfachgesetzlichen Voraussetzungen hierfür nicht vorliegen, auch wenn in vergleichbaren Fällen die Behörde zu Unrecht eine Genehmigung erteilt hat. Etwas anderes gilt aber im Bereich der Eingriffsverwaltung. Der Bürger kann unter Berufung auf Art. 3 Abs. 1 GG geltend machen, dass ein einseitiges Vorgehen willkürlich und damit rechtswidrig ist[470]. Hier steht Art. 3 Abs. 1 GG der einfachgesetzlich begründeten Verpflichtung der Behörde zum Tätigwerden nicht entgegen, fordert aber eine gleichmäßige Handhabung. Solange die Behörde nicht unter Beachtung des Gleichbehandlungsgrundsatzes einschreitet, ist jedes einseitige Vorgehen nach dem Gesetz diskriminierend und damit rechtswidrig[471].

---

467 VGH BW, VBlBW 1988, 254 f.

468 VGH BW, VBlBW 1988, 254 f.

469 A.A. *Wegmann*, NVwZ 1984, 777, 778, wonach sich der Adressat einer Abrissverfügung im Fall einer rechtswidrigen Duldungspraxis nicht auf den Gleichheitssatz berufen könne.

470 HessVGH, BRS 44 Nr. 198 (S. 460 f.); HessVGH, NJW 1984, 318, 319; *Kuschnerus/Schöler/Stehr*, NWVBl. 2004, 297, 303.

471 HessVGH, BRS 44 Nr. 198 (S. 460 f.).

Demnach kann der Betroffene zumindest erwarten, dass die Behörde Vergleichsfällen nachgeht und bei vergleichbarem Sachverhalt gleichartige Maßnahmen ergreift[472]. Dies gilt vor allem in der Ermessensverwaltung, wo sich der Betroffene nur mit dem Hinweis auf Vergleichsfälle verteidigen kann. Ein Einschreiten der Bauaufsichtsbehörde stellt sich demnach unter Berücksichtigung vergleichbarer illegaler Bauten als ermessensfehlerhaft dar, wenn es der Art des Einschreitens an jedem System fehlt, für diese Art des Vorgehens keine sachlichen Gründe sprechen und deshalb die Handhabung als willkürlich angesehen werden muss[473]. Als willkürlich und damit ermessensfehlerhaft ist z.B. eine Nutzungsuntersagung gegen einen illegalen Camping- und Wochenendplatz im Außenbereich beurteilt worden, weil in der betroffenen Ortslage zwei weitere illegale Campingplätze bzw. Winterabstellplätze für Wohnwagen ohne jedes bauaufsichtliche Tätigwerden hingenommen wurden[474]. Vergleichbare Sachverhalte liegen auch dann vor, wenn die Behörde einerseits rechtswidrige Vorhaben nicht nur duldet, sondern sogar genehmigt und andererseits in vergleichbaren Fällen gegen rechtswidrige Anlagen vorgeht[475]. Die Vergleichbarkeit von Sachverhalten ist aber dann nicht gegeben, wenn die vom Betroffenen angeführten Vergleichsfälle verhältnismäßig weit vom Grundstück entfernt und auch topographisch nicht vergleichbar sind[476].

2. Rechtfertigung der Ungleichbehandlung

Der im verfassungsrechtlichen Gleichheitssatz gemäß Art. 3 Abs. 1 GG wurzelnde Grundsatz der Gleichbehandlung fordert, dass gleich gelagerte Fälle nicht ohne sachliche Rechtfertigung unterschiedlich behandelt werden[477]. Hat sich eine Duldungspraxis über einen längeren Zeitraum entwickelt, darf die Bauaufsichtsbehörde ihr Entschließungsermessen in gleich gelagerten Fällen nicht grundlos abweichend betätigen. Ein Verstoß gegen den Gleichbehandlungsgrundsatz kann daher angenommen werden, wenn die Behörde in Vergleichsfällen nicht einschreitet, obwohl die rechtlichen Voraussetzungen dafür vorliegen oder wenn sie bestandskräftige Abbruchverfügungen nicht vollstreckt[478]. Die Ermessensausübung verlangt dabei in vergleichbaren Fällen, dass nicht ohne sachlichen Grund systemlos oder willkürlich vorgegangen wird[479].

---

472 OVG Berlin, NVwZ 1990, 176, 178.

473 BVerwG, DVBl. 1973, 636, 639.

474 OVG NRW, NVwZ-RR 1995, 635, 636.

475 OVG SH, BRS 54 Nr. 207 (S. 554).

476 VGH BW, NJW 1984, 319.

477 BVerwG, NVwZ-RR 1992, 360; *Boeddinghaus/Hahn/Schulte*, BauO NRW, § 61 Rn. 138 m.w.N.; *Drews/Wacke/Vogel/Martens*, Gefahrenabwehr, S. 386.

478 VGH BW, BauR 2016, 652, 653; HessVGH, NJW 1984, 318, 319; *Schoch*, Jura 2005, 178, 183.

479 BVerwG, BRS 60 Nr. 163 (S. 581); BVerwG, BRS 58 Nr. 209 (S. 540); BVerwG, BRS 57 Nr. 248 (S. 595); *Kuschnerus/Schöler/Stöhr*, NWVBl. 2004, 297, 303.

a) *Systemgerechtes Vorgehen*

Zwar ist die Rückkehr zum geltenden Recht der legitime Zweck schlechthin, um ein Einschreiten zu rechtfertigen, der Gleichbehandlungsgrundsatz verlangt aber, dass die neue Praxis auf gleichmäßige Gesetzesanwendung gerichtet ist. Dabei kann die Verwaltung Schwerpunkte setzen und Fallgruppen bilden, dass bestimmte Vorhaben zuerst aufgegriffen werden[480]. Es ist z.B. mit Art. 3 Abs. 1 GG vereinbar, wenn die Bauaufsichtsbehörde zunächst nur gegen solche Fälle vorgeht, in denen eine Verschlechterung des baulichen Zustandes droht[481]. Es können auch neuere „Schwarzbauten" vor älteren aufgegriffen[482] oder mangels Nachbarbeschwerden weniger störende illegale Nutzungen zunächst weiter geduldet werden[483]. Unbedenklich ist auch, die Duldung vom Eintritt des Rentenalters abhängig zu machen, da es nicht darauf ankommt, ob bei der Abgrenzung der Personenkreise tatsächlich die zweckmäßigste oder gerechteste Lösung gefunden wird[484]. Ein Duldungskonzept, dem solche Maßstäbe zugrunde liegen, verstößt damit nicht gegen Art. 3 Abs. 1 GG wegen Altersdiskriminierung[485]. Dem Gebot der Systemgerechtigkeit ist auch dann Genüge getan, wenn die Behörde ausschließlich gegen gänzlich ungenehmigte bauliche Anlagen vorgeht, welche an die Festsetzungen eines Bebauungsplans zur städtebaulichen Ordnung nicht angepasst werden konnten[486].

Ungeeignet ist ein Einschreiten aber dann, wenn es sich um einen wahllosen Zugriff im Einzelfall handelt, während bei der Mehrzahl der Fälle von einem Einschreiten abgesehen wird[487]. In den Fällen großflächiger rechtswidriger Zustände muss die Bauaufsichtsbehörde daher nach einem bestimmten Konzept vorgehen, das ein sachgerechtes System zur Schaffung ordnungsgemäßer Zustände erkennen lässt[488]. Grundlage eines Beseitigungskonzeptes ist die vollständige systematische

480 *Pauly*, JZ 1997, 647, 651.

481 BVerwG, NVwZ-RR 1992, 360.

482 OVG Berlin, NVwZ 1990, 176, 178 (Vorgehen gegen neuere ungenehmigte Bauten in einer Dauerkleingartenkolonie, für die noch kein Handlungskonzept erarbeitet wurde); OVG Rh.-Pf., ZfBR 2010, 807, 808 (Vorgehen gegen neuere Prostitutionsbetriebe vor Altbetrieben); zu Stichtagsregelungen siehe oben 2. Teil. B.IV.1.d).

483 VG Karlsruhe, Urt. v. 23.07.2014 – 6 K 3323/13, juris Rn. 35 (bordellartiger Betrieb in einem allgemeinen Wohngebiet).

484 BVerfG, Beschl. v. 18.12.2002 – 2 BvR 367/02, juris Rn. 6.

485 OVG Berlin-Bbg., Beschl. v. 27.12.2013 – OVG 10 S 26.13, juris Rn. 14; a.A. *Jäde*, Bauaufsichtliche Maßnahmen, Rn. 149, der das Aussprechen einer Duldung auf Lebenszeit als grundsätzlich gleichheitswidrig ansieht.

486 NdsOVG, Beschl. v. 09.03.2012 – 1 LA 254/09, juris Rn. 88.

487 *Pauly*, JZ 1997, 647, 651 f.

488 *Decker* in: Simon/Busse, BayBO, Art. 76 Rn. 236 mit vielen Beispielen, die als Differenzierungskriterien von der Rechtsprechung anerkannt wurden; *Mann* in: Große-Suchsdorf, NBauO, § 79 Rn. 60 m.w.N.; VG Karlsruhe, Urt. v. 23.07.2014 – 6 K 3323/13, juris Rn. 35 (Vorgehen nach einem „Vergnügungsstättenkonzept" gegen bordellartige Betriebe in einem allgemeinen Wohngebiet).

Erfassung des Sachverhalts durch Katalogisierung aller Vorhaben, die in das Konzept einzubeziehen sind[489]. Dazu kann die Behörde auch abschnittsweise in größeren Gebieten vorgehen[490]. Ein systemgerechtes Vorgehen kann es auch erforderlich machen, bei einer lange geübten Verwaltungspraxis verwaltungsintern einen Stichtag zu bestimmen, ab dem das Einschreiten gegen vormals geduldete Bauwerke oder Nutzungen erfolgen soll[491]. Eine Stichtagsregelung kommt nach der Rechtsprechung des OVG Nordrhein-Westfalen insbesondere in Betracht, wenn ein Schwarzbau bereits vor Ende des Zweiten Weltkriegs errichtet wurde, da diese Bauten bereits seit vielen Jahrzehnten existieren und Aktenbestände verloren gegangen sind[492].

Im Vollstreckungsverfahren hingegen sind die voranstehenden Anforderungen an ein systemgerechtes Einschreiten nicht mehr zu prüfen, da es in diesem Stadium nicht mehr auf die Rechtmäßigkeit des Grundverwaltungsakts ankommt. Die Ermessensentscheidung über die Einleitung des Vollstreckungsverfahrens ist aber daraufhin überprüfbar, ob bei mehreren vollstreckbaren Grundverfügungen hinreichend sachliche Gründe bestehen, dass allein eine dieser Verfügungen vollsteckt wird, während die Vollstreckung gegenüber anderen Adressaten unterbleibt[493].

b) Sachliche Gründe für eine Ungleichbehandlung

In Gebieten, in denen eine Vielzahl geduldeter rechtswidriger Bauten errichtet wurde, besteht anerkanntermaßen keine Pflicht flächendeckend vorzugehen. Die Behörde darf vielmehr auch anlassbezogen gegen einzelne Bauwerke einschreiten, sofern dafür sachliche Gründe bestehen[494]. Besonders bei großflächigen „Schwarzbauten", z.B. im Außenbereich, muss irgendwo ein Anfang gemacht werden[495]. Ein solcher sachlicher Grund kann etwa das Herausgreifen eines Musterfalls und das damit verbundene Abwarten eines Musterprozesses sein, um dann nach gerichtlicher Bestätigung der geänderten Praxis gegen andere Bauten vorzugehen[496]. Auch ein materieller Bestandsschutz bzw. die materiell legale Errichtung einer später rechtswidrig gewordenen baulichen Anlage kann als sachlicher Grund für die weitere Duldung dieser Anlage angeführt werden und ein Einschreiten gegen andere Anlagen

---

489 *Decker* in: Simon/Busse, BayBO, Art. 76 Rn. 233; *Schoch*, Jura 2005, 178, 183.

490 VGH BW, VBlBW 1982, 295, 297 f.

491 BVerwG, BauR 2014, 1923; OVG Rh.-Pf., ZfBR 2010, 807, 808; *Boeddinghaus/Hahn/Schulte*, BauO NRW, § 61 Rn. 138 m.w.N. aus der Rspr.; zu Stichtagsregelungen siehe oben 2. Teil. B.IV.1.d).

492 OVG NRW, Urt. v. 24.02.2016 – 7 A 19/14, juris Rn. 33; auch OVG NRW, Urt. v. 20.04.2016 – 7 A 1367/14, juris Rn. 46; siehe oben 2. Teil. B.IV.1.d).

493 VGH BW, BauR 2016, 652, 653.

494 BVerwG, NVwZ-RR 1992, 360; OVG NRW, NVwZ-RR 1995, 635, 636; *Decker* in: Simon/Busse, BayBO, Art. 76 Rn. 232 m.w.N.

495 *Drews/Wacke/Vogel/Martens*, Gefahrenabwehr, S. 387.

496 BVerwG, BRS 58 Nr. 209 (S. 540); NdsOVG, Beschl. v. 09.03.2012 – 1 LA 254/09, juris Rn. 71.

rechtfertigen, die diese Voraussetzungen nicht erfüllen[497]. In großen Gemeinden ist offensichtlich, dass die Verwaltung überfordert wäre, wenn sie gleichzeitig gegen alle baurechtswidrigen Zustände vorzugehen hätte[498]. Auch die Änderung einer Duldungspraxis für die Zukunft, um eine Intensivierung baurechtlicher Missstände zu verhindern, kann als sachlicher Grund ausreichen[499]. Vor allem wenn die Behörde neue ungenehmigte Bauten entdeckt, liegt der Entschluss nahe, einer weiteren Fehlentwicklung Einhalt zu gebieten.

Bezüglich der Angemessenheit des Einschreitens ist unter Beachtung des Gleichheitssatzes besonders darauf zu achten, dass sich eine Verwaltungspraxis oftmals über einen längeren Zeitraum erstrecken kann und damit Gesichtspunkte des Vertrauensschutzes wiederum relevant werden[500]. Bei einer jahrelangen oder jahrzehntelangen und sogar auf ministeriellen Verwaltungsvorschriften beruhenden Praxis ist daher ein weicher Übergang zur Legalität durch Übergangsfristen erforderlich.

3. Änderung der Verwaltungspraxis für die Zukunft

Auch eine rechtmäßige Verwaltungspraxis kann für die Zukunft geändert werden. Insbesondere Verwaltungsvorschriften verdrängen nicht das bestehende Gesetzesrecht, sodass die Behörden nicht von der Verpflichtung entbunden sind, gegebenenfalls auch abweichend von den Richtlinien zu entscheiden[501]. Weiterhin stehen ermessensbindende Verwaltungsvorschriften unter dem Vorbehalt ihrer Änderung und begründen deswegen grundsätzlich keinen Vertrauensschutz für die Zukunft[502].

Sowohl eine durch Verwaltungsvorschriften eingetretene Ermessensbindung als auch eine rein tatsächliche Verwaltungsübung können also aus sachgerechten Erwägungen für die Zukunft geändert werden, auch wenn die betroffenen Bürger gegenüber der bisherigen Praxis benachteiligt werden[503]. Hierbei darf besonders auch der historische Kontext nicht übersehen werden, in dem ermessensbindende Richtlinien unter Umständen entstehen. So kann sich eine Ermessensrichtlinie auf die Duldung rechtswidriger Bauten aus der Kriegs- und Nachkriegszeit wie Behelfsheime oder Klein- und Notwohnheime beschränken und daher in einem späteren Kontext nicht mehr bindend sein[504].

---

497 OVG Bremen, BRS 16 Nr. 125 (S. 208); *Battis*, Öffentliches Baurecht, Rn. 606; *Grotefels* in: Hoppe/Bönker/Grotefels, Öffentliches Baurecht, § 16 Rn. 97 m.w.N.; *Stollmann*, Öffentliches Baurecht, § 19 Rn. 34.

498 BVerwG, BauR 1999, 734.

499 OVG Berlin, NVwZ 1990, 176, 178.

500 *Pauly*, JZ 1997, 647, 653.

501 BVerwG, Beschl. v. 04.10.1988 – 1 A 93.88; BVerwG, Beschl. v. 24.04.1989 – 1 A 36.89.

502 BVerwG, Beschl. v. 23.10.1990 – 8 B 98/90, juris Rn. 2.

503 *Decker* in Simon/Busse, BayBO, Art. 80 Rn. 86 m.w.N.; *Rapp*, BauR 1983, 126, 128.

504 BayVGH, Urt. v. 28.6.2012 – 9 B 10.2532, juris Rn. 24.

IV. Dilatorischer Abwehranspruch

Verstößt behördliches Handeln gegen den Gleichheitssatz, kann dies nicht dazu führen, dass die Behörde, die bisher in anderen Fällen geduldet hat, auf diese Verwaltungspraxis festgelegt ist. Das folgt schon daraus, dass das Einschreiten gegen materiell illegale „Schwarzbauten" wegen ihrer Vorbildwirkung für Nachahmer im öffentlichen Interesse grundsätzlich geboten ist[505]. Außerdem ist die Entstehung baurechtsfreier Räume zu befürchten, wenn sich rechtswidrige Zustände verselbständigen und die Behörde nicht mehr von ihrer bisherigen Praxis abweichen könnte[506].

Folge eines Verstoßes gegen den Gleichbehandlungsgrundsatz ist also nicht, dass dies der Herbeiführung rechtmäßiger Zustände entgegensteht. Der Ermessensfehler führt vielmehr nur zu einer „dilatorische Sperrwirkung" bzw. zu einem „dilatorischen Abwehranspruch"[507]. Zwar führt eine gerichtliche Aufhebung einer wegen Verstoßes gegen Art. 3 GG rechtswidrigen Bauordnungsverfügung dazu, dass dann das einfache Gesetz in diesem Fall nicht vollzogen werden kann. Dieser Zustand ist aber verfassungsrechtlich hinnehmbar, weil er nur einen Einzelfall betrifft und eben nur vorläufiger Natur ist[508]. Ein Vorgehen gegen den Betroffenen ist also so lange rechtswidrig, wie keine umfassende Katalogisierung und Systematisierung vergleichbarer rechtswidriger Zustände im gleichen Gebiet stattgefunden hat. Auf diese Weise bewirkt der Gleichbehandlungsgrundsatz sogar einen gewissen Legalisierungsdruck auf die Verwaltung[509].

V. Ergebnis

Eine Duldungspraxis kann sowohl durch gleichmäßige Verwaltungsübung als auch durch ermessenslenkende Verwaltungsvorschriften, die bestimmte Kriterien für die Möglichkeit der Duldung vorschreiben, entstehen. Im Fall einer rechtmäßigen Duldungspraxis hat der Betroffene dann, sofern die Voraussetzungen erfüllt sind, einen Anspruch auf Duldung, weil das Ermessen der Behörde aufgrund der Selbstbindung entsprechend reduziert ist.

Aus dem Grundsatz „Keine Gleichheit im Unrecht" folgt aber, dass der Betroffene keinen Anspruch auf Duldung bei einer rechtswidrigen Duldungspraxis hat, bzw. wenn er sich darauf beruft, dass gegen andere vergleichbare rechtswidrige Bauten nicht vorgegangen werde. In diesem Fall verlangt der Gleichbehandlungsgrundsatz aber, dass nicht willkürlich, d.h. nicht ohne sachlichen Grund, vorgegangen wird. Insofern hat der Betroffen nur einen „dilatorischen Abwehranspruch" gegen

---

505 OVG Berlin, NVwZ 1990, 176, 179; *Wegmann*, NVwZ 1984, 777.
506 OVG Berlin, NVwZ 1990, 176, 179.
507 *Pauly*, JZ 1997, 647, 652.
508 HessVGH, BRS 44 Nr. 198 (S. 460 f.).
509 *Pauly*, JZ 1997, 647, 652.

systemloses Einschreiten. Die Behörde ist deshalb verpflichtet, vor allem in größeren „Schwarzbaugebieten“ ein systemgerechtes Vorgehen vorzubereiten.

H. Fazit

Für die Bestimmung der rechtlichen Wirkungen der Duldung auf das bauaufsichtliche Einschreiten werden unterschiedliche Rechtsinstitute angeführt. Die in diesem Zusammenhang durch den Betroffenen zu seiner Verteidigung häufig angeführten Rechtsinstitute des Verzichts, der Verwirkung und der Verjährung sind nicht geeignet, ein Eingriffshindernis der Behörde nach langjähriger faktischer Duldung zu begründen. Das ergibt sich vorrangig aus der Tatsache, dass es sich bei bauaufsichtlichen Befugnissen um nicht verzichtbare, im öffentlichen Interesse bestehende Befugnisse zur Wiederherstellung rechtmäßiger Zustände handelt. Daneben bringt die Duldung auch nicht die materielle Polizeipflicht und damit die bauordnungsrechtliche Verantwortlichkeit des „Schwarzbauenden“ zum Erlöschen.

Ob die Behörde aufgrund eines schutzwürdigen Vertrauens des Betroffenen an einem Einschreiten gehindert ist, lässt sich aber auf Ermessensebene unter dem Gesichtspunkt der Selbstbindung der Verwaltung angemessen lösen. Für die rechtlichen Wirkungen der Duldung sind daher vor allem der Grundsatz des Vertrauensschutzes, das Verhältnismäßigkeitsprinzip sowie der Gleichbehandlungsgrundsatz maßgeblich. Das Vertrauensschutzprinzip ist das zentrale Rechtsinstitut zur Begründung der Duldungswirkung und wird sowohl bei der Rücknahme einer Duldung durch Verwaltungsakt als auch im Rahmen des Eingriffsermessens bei bauordnungsrechtlichen Verfügungen relevant. Faktische Duldungen durch bloßes Nichteinschreiten stellen aber keine wirksame Vertrauensgrundlage dar und haben damit keine vertrauensschutzbegründende Wirkung. Trotzdem kann die faktische Duldung die Ermessensfehlerhaftigkeit einer Bauordnungsverfügung hervorrufen, wenn sich die Behörde nicht mit ihrem vorangegangenen Verhalten im Rahmen der Ermessenserwägungen des bauaufsichtlichen Einschreitens auseinandersetzt. Weitere rechtliche Wirkungen der langjährigen faktischen Duldung zeigen sich bei den Anforderungen an eine Nutzungsuntersagung. Die langjährige Duldung bewirkt, dass eine Nutzungsuntersagung aus Gründen der Verhältnismäßigkeit nicht mehr allein auf die formelle Illegalität der Nutzung gestützt werden kann. Daneben können auch die Gründe für die Anordnung der sofortigen Vollziehung entfallen, wenn ein rechtswidriger Zustand über einen längeren Zeitraum unbeanstandet geblieben ist.

Vertrauensschutzbegründende Wirkung kommt letztlich nur qualifizierten Duldungen zu. An diese sind strenge Anforderungen zu stellen. Neben Schriftform und Zuständigkeit der Behörde ist eine unmissverständliche und ausdrückliche Erklärung das entscheidende Kriterium. Die eindeutigsten und gleichzeitig bindungsstärksten Vertrauensgrundlagen liegen vor, wenn die Behörde sich des förmlichen Handlungsinstrumentariums des VwVfG bedient. So ist bei einer Duldungszusicherung, die einen Verwaltungsakt darstellt, die Ermessensfreiheit der Behörde bereits durch die Tatbestandswirkung eingeschränkt. Der Vertrauensschutz wird daher vor allem bei der Aufhebung der Zusicherung nach §§ 48, 49 VwVfG relevant. Neben der Duldung durch öffentlich-rechtliche Verträge oder Vergleiche lassen sich wirksame Vertrauensgrundlagen aber nur in wenigen Fällen anerkennen. Hervorzuheben sind zum einen Genehmigungen von Folgemaßnahmen im Zusammenhang mit dem geduldeten Bestand und zum anderen nach außen wirkenden Verwaltungsvorschriften. Zusammenfassend liegt eine qualifizierte Duldung vor, wenn die Behörde in Kenntnis des rechtswidrigen Zustands die Duldung ausdrücklich gegenüber dem Betroffenen schriftlich erklärt oder durch weiteres förmliches Handeln mit konkretem Bezug zu dem rechtswidrigen Zustand eindeutig erkennen lässt, den Zustand zu erhalten.

Die Schutzwürdigkeit des Vertrauens ist jedoch, vor allem im Hinblick auf eine kausale Vertrauensbetätigung durch Investitionen erheblich eingeschränkt. Außerdem verfolgt die Duldung den Zweck, einen bestehenden rechtswidrigen Zustand zu konservieren. Umbau- und Erweiterungsmaßnahmen sowie Nutzungsänderungen bringen daher als vertrauensschädliche Maßnahmen den Vertrauenstatbestand zu Fall, wenn die Maßnahmen nicht leicht rückgängig zu machen sind. Die Entstehung eines schutzwürdigen Vertrauenstatbestands lässt aber nicht den Schluss zu, die Behörde sei auf Dauer an einem Einschreiten gehindert. Schutzwürdiges Vertrauen kann nur zeitweise das Ermessen der Bauaufsichtsbehörde binden und führt allenfalls zu Übergangslösungen durch angemessene Fristen zur Wiederherstellung des rechtswidrigen Zustands und soweit möglich und messbar zu einer Entschädigung des Vertrauensinteresses (§ 48 Abs. 3, § 49 Abs. 6 VwVfG).

Der Gleichbehandlungsgrundsatz wird bei der Duldung in zweifacher Hinsicht relevant. Soweit eine rechtmäßige Duldungspraxis vorliegt, z.B. durch ermessenslenkende Verwaltungsvorschriften, hat der Betroffene einen Anspruch auf Duldung, sofern aufgrund vergleichbarer Sachverhalte die Voraussetzungen für eine Duldung erfüllt sind. In diesem Fall ist das Ermessen der Behörde aufgrund der Selbstbindung reduziert. Auf der anderen Seite folgt aus dem Grundsatz „Keine Gleichheit im Unrecht“, dass der Betroffene keinen Anspruch auf Duldung bei einer rechtswidrigen Duldungspraxis hat. Der Betroffene kann aber einen dilatorischen Abwehranspruch geltend machen, wenn er sich darauf beruft, dass gegen andere vergleichbare rechtswidrige Bauten nicht vorgegangen werde. Der Gleichbehandlungsgrundsatz zwingt die Bauaufsichtsbehörde nämlich, nicht willkürlich, also nicht ohne sachlichen Grund, vorzugehen. Das erfordert von der Behörde, vor allem bei der Bekämpfung von „Schwarzbauansammlungen“, ein Konzept, das ein systemgerechtes Einschreiten gewährleistet.

7. Teil. Nachbarrechtliche Dimensionen der Duldung

Die Verwirklichung von Bauvorhaben findet nicht isoliert von der Umwelt statt, sondern ist situationsgebunden. Folglich dürfen bei der baulichen und sonstigen Nutzung die Verhältnisse in der Umgebung nicht unberücksichtigt bleiben[1]. Das führt zwangsläufig zu Interessenskonflikten zwischen Bauherrn und Nachbarn, im Fall der Duldung umso mehr, als diese entgegen einer formellen und materiellen Illegalität ausgesprochen wird. Die Wirkungen der Duldung im Nachbarrechtsverhältnis sind dabei von zwei Seiten zu beleuchten. Zum einen ist zu untersuchen, ob dem Adressaten einer Duldung ein Abwehranspruch gegen störende Nachbarn zustehen kann, zum anderen, inwieweit sich Nachbarn gegen geduldete Bauwerke und Nutzungen wehren können.

A. Nachbarschutz im materiellen Baurecht im Überblick

Seit dem „Bandsäge-Urteil" des Bundesverwaltungsgerichts ist anerkannt, dass einem Bürger ein Anspruch auf ordnungsbehördliches Einschreiten gegen störende Dritte zustehen kann[2]. Nachbarliche Abwehransprüche lassen sich dabei aus den Rechtsnormen des einfachen Rechts herleiten. Ausgangspunkt ist die Prüfung, ob die Normen des einfachen Rechts nach der Schutznormtheorie drittschützend bzw. nachbarschützend sind und der Betroffene auch zu dem geschützten Personenkreis gehört[3]. Denn der Einzelne hat keinen Anspruch darauf, dass das objektive Recht eingehalten wird. Es gibt für ihn keinen allgemeinen Gesetzesvollziehungsanspruch[4]. Zu unterscheiden ist dabei zwischen dem generellen Nachbarschutz und dem partiellen Nachbarschutz aufgrund des Gebots der Rücksichtnahme.

I. Der Nachbarbegriff im öffentlichen Baurecht

Wer im öffentlichen Baurecht nach der Schutznormtheorie zum geschützten Personenkreis einer Rechtsnorm gehört, bestimmt sich nach dem Begriff des Nachbarn. Der Nachbarbegriff unterliegt keiner allgemeinen Definition, sondern ist anhand einer Einzelfallbetrachtung zu bestimmen. Dazu bedarf es einer räumlichen und einer normativen bzw. personellen Betrachtungsweise[5]. Räumlich gesehen gilt als

1 *Finkelnburg/Ortloff/Otto*, Öffentliches Baurecht Bd. II, S. 214.
2 BVerwGE 11, 95, 97.
3 *Bönker* in: Hoppe/Bönker/Grotefels, Öffentliches Baurecht, § 18 Rn. 38; *Finkelnburg/Ortloff/Otto*, Öffentliches Baurecht Bd. II, S. 222 ff.; *Muckel/Ogorek*, Öffentliches Baurecht, § 10 Rn. 3 ff.; *Schoch*, Jura 2004, 317 f.
4 *Muckel/Ogorek*, Öffentliches Baurecht, § 10 Rn. 1.
5 *Stollmann*, Öffentliches Baurecht, § 20 Rn. 18 ff.

Nachbar nicht nur der unmittelbare Angrenzer, sondern jeder, den das Bauvorhaben in einer Rechtsposition beeinträchtigt, die von der Rechtsnorm geschützt ist. Nachbar ist also, wer von dem Vorhaben betroffen ist und von dem Schutzzweck der Norm erfasst wird[6]. Aufgrund der Grundstücksbezogenheit des öffentlichen Baurechts ist aus personeller Sicht dem Grunde nach nur der am Nachbargrundstück dinglich Berechtigte als Nachbar anzusehen[7].

II. Verletzung generell nachbarschützender Normen

Ein nachbarlicher Abwehranspruch aufgrund der Verletzung generell nachbarschützender Normen besteht, wenn das Vorhaben gegen eine nachbarschützende Norm verstößt, ohne dass es auf eine tatsächliche Beeinträchtigung ankommt. Nachbarschützenden Charakter können die Normen des Bauordnungsrechts haben, sofern sie Individualinteressen wie Leben, Körper und Gesundheit schützen sollen. Als Beispiel ist die Abstandsflächenregelung (§ 6 BauO NRW) zu nennen, die u.a. dem Brandschutz dient[8]. Die Vorschriften des Bauplanungsrechts dienen im Wesentlichen einer geordneten städtebaulichen Entwicklung und sind deshalb in der Regel nicht generell nachbarschützend. Etwas anderes gilt, wenn ein Verstoß gegen Festsetzungen eines Bebauungsplanes bezüglich der Art der Nutzung vorliegt. Dann hat der Nachbar, dessen Grundstück im selben Baugebiet liegt, einen sog. Gebietsgewährleistungs- oder Gebietserhaltungsanspruch unabhängig davon, ob er von dem rechtswidrigen Vorhaben tatsächlich beeinträchtigt wird[9]. Gleiches gilt im Bereich eines faktischen Baugebiets nach § 34 Abs. 2 BauGB. Grund für die nachbarschützende Wirkung ist, dass durch die Festsetzung der Art der baulichen Nutzung die Betroffenen zu einer „rechtlichen Schicksalsgemeinschaft" verbunden werden und die Beschränkung der eigenen Nutzungsmöglichkeit dadurch ausgeglichen wird, dass auch die anderen Eigentümer diesen Beschränkungen unterworfen sind[10]. Darüber hinaus besteht ein nachbarliches Abwehrrecht, wenn eine Ausnahme oder Befreiung nach § 31 BauGB rechtswidrig von nachbarschützenden Festsetzungen eines Bebauungsplans abweicht[11].

---

6 *Bönker* in: Hoppe/Bönker/Grotefels, Öffentliches Baurecht, § 18 Rn. 37; *Reidt* in: Battis/Krautzberger/Löhr, BauGB, Vorb. §§ 29–38 Rn. 27; *Schoch*, Jura 2004, 317, 318.

7 Umstritten ist, ob auch obligatorisch Nutzungsberechtigte (z.B. Mieter oder Pächter) vom Nachbarbegriff erfasst werden, dazu *Muckel/Ogorek*, Öffentliches Baurecht, § 10 Rn. 7 ff.

8 *Johlen* in: Gädtke/Czepuck/Johlen/Plietz/Wenzel, BauO NRW, § 6 Rn. 18.

9 BVerwG, NVwZ 2008, 786, 787; BVerwG, NVwZ 2008, 427, 428; HambOVG, BRS 74 Nr. 205 (S. 933); *Reidt* in: Battis/Krautzberger/Löhr, BauGB, Vorb. §§ 29–38 Rn. 36.

10 BVerwG, NVwZ 2008, 427, 428.

11 *Reidt* in: Battis/Krautzberger/Löhr, BauGB, Vorb. §§ 29–38 Rn. 62 ff.; *Bönker* in: Hoppe/Bönker/Grotefels, Öffentliches Baurecht, § 18 Rn. 52 ff.; *Muckel/Ogorek*, Öffentliches Baurecht, § 10 Rn. 36.

III. Verletzung partiell nachbarschützender Normen

Sofern eine bauplanungsrechtliche Vorschrift keinen generell nachbarschützenden Charakter hat, ist aber ein Nachbarschutz aufgrund des Gebots der Rücksichtnahme denkbar. Es handelt sich dabei um ein objektiv-rechtliches Gebot, aus dem ein subjektives Abwehrrecht folgen kann. Einen Anspruch auf Rücksichtnahme hat nur derjenige, der von einem Bauvorhaben individualisiert und qualifiziert betroffen ist[12]. Das Gebot der Rücksichtnahme ist immer dann betroffen, wenn es in baurechtlichen Normen als geschriebenes oder ungeschriebenes Tatbestandsmerkmal verankert ist. Anders als bei den generell nachbarschützenden Normen muss allerdings bei Berührung des Rücksichtnahmegebots eine umfassende Interessenabwägung erfolgen. Aufgrund dieser Anknüpfung an einzelne Vorschriften des materiellen Rechts und der Einzelfallabwägung wird auch von partiell nachbarschützenden Normen gesprochen. Ausprägungen des Rücksichtnahmegebots zeigen sich z.B. in § 15 Abs. 1 BauNVO bezüglich der Art der baulichen Nutzung, in § 31 Abs. 2 BauGB („Würdigung nachbarlicher Interessen"), in § 34 Abs. 1 BauGB („Einfügen in die nähere Umgebung" im Innenbereich) oder in § 35 Abs. 3 BauGB („sonstiger öffentlicher Belang" bei der Zulässigkeit von Vorhaben im Außenbereich").

B. Nachbarschutz des Duldungsadressaten

Für den Bürger, dessen illegales Bauwerk qualifiziert geduldet wird, ist in der Praxis von besonderem Interesse, ob er aus dieser Rechtsposition auch nachbarrechtliche Abwehransprüche geltend machen kann, wenn er sich von Nachbarn gestört fühlt.

I. Ansichten in der Rechtsprechung

Das OVG Berlin hatte einen Fall zu entscheiden, in dem der Kläger als Eigentümer eines illegalen, aber geduldeten Wohnhauses in einer Kleingartenanlage gegen eine ihn störende Taubenhaltung des Nachbarn vorging. Das OVG Berlin stufte die mehrmalige Verlängerung von Beseitigungsfristen durch die Bauaufsichtsbehörde als Duldungsverwaltungsakt ein und bejahte einen Abwehranspruch des Duldungsempfängers mit der Begründung, der Duldungsverwaltungsakt habe dem Kläger eine geschützte baurechtliche Position verschafft, die auch bei Verletzung drittschützender Vorschriften verteidigt werden könne[13]. Demnach habe der Adressat einer Duldung bei Verletzung nachbarschützender Vorschriften einen Anspruch auf Einschreiten gegen die Bauaufsichtsbehörde. Das OVG Berlin stützt seine Ansicht darauf, dass die Duldung eine Rechtsposition verschaffe, die der Baugenehmigung angenähert sei und deswegen Schutz gegen nachbarliche Störungen vermittle.

---

12 BVerwGE 67, 334, 339; *Reidt* in: Battis/Krautzberger/Löhr, BauGB, Vorb. §§ 29–38 Rn. 49.

13 OVG Berlin, NJW 1983, 777, 778 = BRS 39 Nr. 207 (S. 415).

Dagegen stellte das OVG Nordrhein-Westfalen in einer nicht veröffentlichten Kostenentscheidung allein auf die formelle und materielle Rechtslage ab. Das eigene Vorhaben des Duldungsempfängers sei nicht schutzwürdig, wenn es formell und materiell illegal sei[14]. Der Kläger als Eigentümer eines geduldeten Tennisplatzes im Außenbereich am Rande eines Wohngebietes wendete sich hier gegen die Errichtung eines Mehrfamilienhauses im Außenbereich, dessen Errichtung 15 Jahre später genehmigt wurde, und machte die Verletzung des Rücksichtnahmegebots geltend. Das OVG verneinte einen Anspruch auf Aufhebung der Baugenehmigung, weil auch seine eigene Anlage illegal sei.

II. Ansichten in der Literatur

In der Literatur erfolgt die Bestimmung nachbarlicher Abwehransprüche des Duldungsadressaten maßgeblich danach, ob der nachbarliche Interessenkonflikt Folge der materiellen Rechtswidrigkeit des geduldeten Bauwerks ist, also ob ein unmittelbarer Zusammenhang zwischen materieller Rechtswidrigkeit und nachbarlicher Störung besteht. Teilweise wird dabei das Problem auf der Ebene der Verantwortlichkeit für den baurechtswidrigen Zustand verortet. Dabei wird auf die Rechtsfigur des sog. latenten Störers zurückgegriffen, weil durch eine materiell illegale Anlage ein Risiko geschaffen werde, das sich erst durch spätere Vorhaben verwirkliche und der Betroffene deshalb die für ihn negativen Folgen selbst zu tragen habe[15].

Nach anderer Ansicht sind die Interessen des Duldungsempfängers bei der Abwägung nachbarlicher Interessen im Rahmen des Rücksichtnahmegebots oder des Eingriffsermessens zu berücksichtigen. Ist der Adressat der Duldung Eigentümer des Grundstücks, rechtfertige dies die Annahme „schutzwürdiger Interessen", auf die i.S.d. Rücksichtnahmegebots in qualifizierter und individualisierter Weise Rücksicht zu nehmen sei[16].

III. Stellungnahme

1. Sinn und Zweck der geschützten Rechtsposition

Der vom OVG Nordrhein-Westfalen formulierte Gedanke, dass ein Bauherr einer geduldeten Anlage schon deshalb nicht schutzwürdig sei, weil sein Vorhaben eigentlich nach der geltenden Rechtslage an dieser Stelle wegen Verstoßes gegen formelles und materielles Baurecht überhaupt nicht bestehen dürfte[17], erscheint zwar vordergründig naheliegend, greift aber zu kurz. Denn auch wenn der Duldung

14 OVG NRW, Kostenentscheidung vom 19.12.1985 – 7 A 22/85 (n.V.), Sachverhalt bei *Bracher*, ZfBR 1987, 127, 129; *Mann* in: Große-Suchsdorf, NBauO, § 79 Rn. 66.

15 *Bracher*, ZfBR 1987, 127, 129.

16 *Sellmann*, FS Gelzer, S. 249, 256.

17 OVG NRW, Kostenentscheidung vom 19.12.1985 – 7 A 22/85 (n.V.), Sachverhalt bei *Bracher*, ZfBR 1987, 127, 129.

nicht die Wirkung einer Baugenehmigung zugesprochen werden kann, verleiht sie zumindest doch faktisch eine geschützte Position, weil das rechtswidrige Bauwerk zunächst bestehen bleiben und weiter genutzt werden kann. Allein diese faktische Wirkung verdeutlicht schon, dass schutzwürdige Interessen des Duldungsempfängers nicht gänzlich von der Hand zu weisen sind[18].

Entscheidend ist aber, ob aus diesen schutzwürdigen Interessen auch tatsächlich ein Abwehranspruch gegen nachbarliche Beeinträchtigungen hergeleitet werden kann. Ausgangspunkt für die Lösung dieser Problematik ist zunächst die Frage, ob die behördliche Duldung überhaupt eine Rechtsposition gewähren soll, die einen Schutz vor nachbarlichen Beeinträchtigungen bezweckt. Darauf aufbauend ist zu fragen, ob die Intensität des Verstoßes gegen das materielle Baurecht im Einzelfall eine schutzwürdige nachbarrechtliche Position zulässt[19]. Die Beachtung von Sinn und Zweck der Duldung ist deshalb ein wichtiges Kriterium, weil die Duldung eine Ermessensentscheidung der Behörde darstellt, sodass der behördlichen Intention maßgebliche Bedeutung zukommt. In erster Linie bezweckt die Duldung aber den Schutz vor hoheitlichen Eingriffen der Bauaufsichtsbehörden. Um derartige Eingriffe handelt es sich bei Störungen durch Einwirkungen nachbarlicher Anlagen gerade nicht[20]. Außerdem kann nicht ohne weiteres davon ausgegangen werden, dass die Bauaufsichtsbehörde Schutzpflichten für die geduldete Anlage übernehmen will und eine derart umfassende Sicherung der Nutzung einer rechtswidrigen Anlage verfolgt[21]. Auf der anderen Seite verleiht die tatsächliche Nutzungsmöglichkeit durch die förmliche Duldung eine Rechtsposition, die sich innerhalb der durch die Rechtsordnung gegebenen Grenzen bewegt, sodass die Schutzwürdigkeit des Bauherrn nicht ohne weiteres verneint werden kann[22].

Der Blick auf Sinn und Zweck der Rechtsposition, die durch die Duldung vermittelt wird, hilft also nicht entscheidend weiter. Weil die Abwägung nachbarlicher Interessen gerade im Verhältnis der Nachbarn untereinander zu erfolgen hat, sollte deshalb die Schutzwürdigkeit der Rechtsposition des Duldungsempfängers nicht auf Grundlage des behördlichen Willens, sondern im Verhältnis zu den Rechtspositionen des Nachbarn beurteilt werden.

2. Abwehranspruch bei fehlendem unmittelbarem Zusammenhang

Weil die Bestimmung von Sinn und Zweck der Rechtsposition durch die Duldung nicht zu einem sachgerechten Ergebnis führt, erscheint es überzeugend, die Interessen des Duldungsadressaten im Rahmen der Abwägung nachbarlicher Interessen beim Rücksichtnahmegebot oder beim Eingriffsermessen zu bewerten[23]. Die

18 *Bracher,* ZfBR 1987, 127, 129; *Sellmann,* FS Gelzer, S. 249, 256.
19 *Sellmann,* FS Gelzer, S. 249, 255 f.
20 *Bracher,* ZfBR 1987, 127, 129.
21 *Bracher,* ZfBR 1987, 127, 129.
22 *Bracher,* ZfBR 1987, 127, 129 bezeichnet das als „vermögenswertes Recht".
23 *Sellmann,* FS Gelzer, S. 249, 256.

umfassende Interessenabwägung gewährleistet, einzelne Positionen angemessen zu beurteilen. Dabei sind die Intensität der nachbarlichen Beeinträchtigung und die Dauer der Duldung zu berücksichtigen. Außerdem hat die Interessenabwägung den Vorteil, dass die im Rahmen des Rücksichtnahmegebots vorzunehmende Abwägung, d.h. die Gewichtung oder Bewertung der Belange des Bauherrn und des Nachbarn, zugleich auch die Grenzen dieses nachbarlichen Abwehranspruchs aufzeigt.

Dabei können sich die Rechtsposition des Duldungsempfängers und des Nachbarn aber nicht von vornherein gleichwertig gegenüberstehen, wenn man davon ausgeht, dass der Nachbar eine formell und materiell legale Nutzung ausübt. Ansonsten würde man der Duldung unterstellen, die gleichen Rechtswirkungen wie eine Baugenehmigung hervorzurufen. Zu fragen ist vielmehr im Vorfeld der Interessenabwägung, ob ein innerer Zusammenhang zwischen der materiellen Rechtswidrigkeit der Anlage und der von einem nachbarlichen Vorhaben ausgehenden Störungen besteht. Der Abwehranspruch besteht also immer dann, wenn die Störung zugleich auch zu einer Beeinträchtigung einer rechtmäßigen Nutzung des Grundstücks führen würde[24]. Beruht z.B. die Rechtswidrigkeit einer geduldeten baulichen Anlage des A darauf, dass die vorgeschriebene Abstandsfläche zum Grundstück des Nachbarn N1 nicht eingehalten wird· so berührt dies das Recht zur Abwehr einer rechtswidrigen Inanspruchnahme der Abstandsfläche durch den auf der anderen Grundstücksseite angrenzenden Nachbarn N2 nicht[25].

3. Differenzierungen bei unmittelbarem Zusammenhang

Schwieriger sind die Fälle zu bewerten, in denen der Konflikt gerade Folge der Verletzung öffentlich-rechtlicher Vorschriften durch die geduldete Anlage ist. Stehen die Beeinträchtigungen, die abgewehrt werden sollen, in einem unmittelbaren Zusammenhang mit den Umständen, die die materielle Rechtswidrigkeit der baulichen Anlage begründen, so ist ein Schutz der geduldeten Anlage gegen nachbarliche Beeinträchtigungen nicht indiziert[26]. Es ist nämlich nicht einzusehen, weshalb die Interessen eines „Schwarzbauenden" schutzwürdiger sein sollen, wenn sich die Ursache des Konflikts aus dem „Schwarzbau" selbst ergibt. Dies folgt auch aus einem Vergleich zum Nachbarschutz gegen eine rechtswidrige Baugenehmigung. In der obergerichtlichen Rechtsprechung ist nämlich anerkannt, dass sich ein Nachbar nach Treu und Glauben (§ 242 BGB) gegenüber einer Baugenehmigung in der Regel nicht mit Erfolg auf die Verletzung einer nachbarschützenden Vorschrift berufen kann, wenn auch die Bebauung auf seinem Grundstück den Anforderungen dieser Vorschrift nicht entspricht und wenn die beidseitigen Abweichungen

---

24 *Bracher,* ZfBR 1987, 127, 129.

25 Bsp. nach *Bracher,* ZfBR 1987, 127, 129.

26 *Sellmann,* FS Gelzer, S. 249, 256; *Bracher,* ZfBR 1987, 127, 129.

etwa gleichgewichtig sind und – gemessen am Schutzzweck der Vorschrift – nicht zu schlechthin untragbaren Verhältnissen führen[27].

Ist der nachbarliche Konflikt also gerade unmittelbare Folge des durch die geduldete Anlage begründeten rechtswidrigen Zustands, können dadurch hervorgerufene Störungen des nachbarlichen Verhältnisses nicht von der Rechtsordnung geschützt sein[28]. In diesem Fall rückt gewissermaßen die Rechtswidrigkeit der geduldeten Anlage in den Vordergrund und verdrängt die durch die Duldung vermittelte Rechtsposition. So kann etwa ein im Mischgebiet liegender, geduldeter Gewerbebetrieb nicht eine Wohnbebauung in seiner Nachbarschaft abwehren, wenn seine Immissionen das Wohnen stören. Die Belange des geduldeten Gewerbebetriebs müssen in der Abwägung gerade wegen der den Nutzungskonflikt auslösenden materiellen Rechtswidrigkeit zurücktreten[29]. Ebenso muss der Inhaber eines im unbeplanten Innenbereich mit Dorfgebietscharakter gelegenen geduldeten Gewerbetriebs den Wandel zum Wohngebiet durch die Aufgabe landwirtschaftliche Betriebe hinnehmen. Diesem steht kein Anspruch gegen die Nutzungsänderung ehemaliger landwirtschaftlicher Gebäude in der Nachbarschaft seines Betriebs zu[30].

Mittels dieser Interessenabwägung lassen sich auch Fälle lösen, in denen die Entstehung des Nachbarkonflikts sowohl dem Bauherrn der geduldeten Anlage als auch dem Nachbarn zuzurechnen ist. Hat Bauherr A im Außenbereich ohne Genehmigung ein Wohnhaus errichtet, das wegen Verletzung öffentlicher Belange des Landschaftsschutzes rechtswidrig ist, so hindert ihn dies nicht, die Verletzung des Rücksichtnahmegebots durch die Genehmigung eines störenden Gewerbebetriebs des Nachbarn N auf einem gleichfalls im Landschaftsschutzgebiet gelegenen Nachbargrundstücks geltend zu machen. Denn die Entstehung des Konflikts ist bei wertender Betrachtung nicht allein dem A, sondern in gleichem Maße auch dem N zuzurechnen[31].

IV. Rechtsschutz

Rechtsschutz kann der Duldungsadressat gegen den störenden Nachbarn nach den allgemeinen Grundsätzen des Rechtsschutzes im Nachbarrechtsstreit im Wege des

27 VGH BW, Urt. v. 29.9.2010 – 3 S 1752/10, juris Rn. 5 m.w.N.; BayVGH, Urt. v. 4.2.2011 – 1 BV 08.131, juris Rn. 36 ff.; NdsOVG, NVwZ-RR 1999, 716, 717; OVG NRW, Beschl. v. 12.02.2010 – 7 B 1840/09, juris Rn. 8 ff.; *Mann* in: Große-Suchsdorf, NBauO, § 68 Rn. 50.

28 I.E. auch *Bracher*, ZfBR 1987, 127, 129, der diese Erwägungen allerdings auf den Rechtsgedanken des latenten Störers stützt, da durch die Errichtung einer illegalen Anlage eine allgemeine Nichtstörungspflicht verletzt sei.

29 Bsp. nach *Sellmann*, FS Gelzer, S. 249, 256.

30 Bsp. nach *Bracher*, ZfBR 1987, 127, 129.

31 Bsp. nach *Bracher*, ZfBR 1987, 127, 130.

vorläufigen Rechtsschutzes oder des Rechtsschutzes in der Hauptsache erlangen[32]. So kann er mit einer Anfechtungsklage eine Baugenehmigung angreifen oder im einstweiligen Rechtsschutz ihre Vollziehung im Verfahren nach §§ 80, 80a VwGO aussetzen. Liegt keine Baugenehmigung vor, kann im einstweiligen Rechtsschutz mit einem Antrag nach § 123 VwGO ein Einschreiten der Bauaufsichtsbehörde erreicht werden. Im Hauptsacheverfahren kann der Duldungsadressat mit der Verpflichtungsklage ein Einschreiten der Bauaufsichtsbehörde gegen den Nachbarn erwirken.

V. Ergebnis

Maßgeblich kommt es auf den inneren Zusammenhang zwischen der Störung durch den Nachbarn und den Umständen, die die materielle Rechtswidrigkeit des geduldeten Vorhabens begründen, im Rahmen einer Interessenabwägung an. Wenn die Zusage der Duldung ein subjektiv-öffentliches Recht auf Erhaltung und weitere Nutzung einer Anlage gewährt, muss die Behörde auch verpflichtet sein, die notwendigen Maßnahmen zur Sicherung der Erhaltung und Nutzung zu treffen, sofern der Nachbarstreit nicht primär dem Eigentümer der geduldeten Anlage zuzurechnen ist[33].

Nach diesen Grundsätzen ist die oben genannte Entscheidung des OVG Nordrhein-Westfalen[34] im Ergebnis als richtig zu werten. Dem Eigentümer des Tennisplatzes kann kein Abwehrrecht gegen die Wohnbebauung zustehen, weil ein innerer Zusammenhang zwischen der Rechtswidrigkeit seiner Anlage und der Störung durch die Wohnbebauung besteht und dieser Konflikt dem Eigentümer des geduldeten Tennisplatzes nach einer Interessenabwägung zugerechnet werden muss. Das OVG Nordrhein-Westfalen hat bei dieser Entscheidung aber allein auf die materielle Rechtswidrigkeit abgestellt. Es ist jedoch nicht ausreichend, allein auf die formelle und materielle Rechtswidrigkeit eines geduldeten rechtswidrigen Zustands abzustellen, weil dann die durch die Duldung vermittelte Rechtsposition vollständig außer Betracht bliebe. Deswegen hätte das OVG Nordrhein-Westfalen die Duldung im Rahmen der Interessenabwägung berücksichtigen müssen[35].

Das OVG Berlin hätte in der oben genannten Entscheidung[36] nicht ohne weiteres von der behördlichen Duldung auf die Schutzwürdigkeit der Anlage im Nachbarstreit schließen dürfen. Das Gericht hätte vielmehr im Rahmen einer

---

32 Dazu *Bönker* in: Hoppe/Bönker/Grotefels, Öffentliches Baurecht, § 18 Rn. 4 ff.; *Finkelnburg/Ortloff/Otto*, Öffentliches Baurecht Bd. II, S. 280 ff.; *Muckel/Ogorek*, Öffentliches Baurecht, § 11 Rn. 2 ff.

33 *Bracher*, ZfBR 1987, 127, 130.

34 OVG NRW, Kostenentscheidung vom 19.12.1985 – 7 A 22/85 (n.V.), Sachverhalt bei *Bracher*, ZfBR 1987, 127, 129; *Mann* in: Große-Suchsdorf, NBauO, § 79 Rn. 66; siehe oben 7. Teil. B.I.

35 So auch *Bracher*, ZfBR 1987, 127, 130.

36 OVG Berlin, NJW 1983, 777, 778 = BRS 39 Nr. 207 (S. 415); siehe oben 7. Teil. B.I.

Interessenabwägung die Frage stellen müssen, ob nach dem Gebietscharakter eher das geduldete Wohnhaus oder die Taubenhaltung des Nachbarn Schutz verdient[37]. Das OVG Berlin hat damit im Ergebnis der Duldung zu pauschal eine schutzwürdige Position zuerkannt, diese in die Nähe der Rechtswirkungen einer Baugenehmigung gestellt und damit die schutzwürdigen privaten Belange des Nachbarn nicht ausreichend berücksichtigt.

C. Anspruch des Nachbarn auf Einschreiten gegen geduldete rechtswidrige Zustände

Neben den Ansprüchen, die der Duldungsempfänger im nachbarlichen Konflikt geltend machen kann, sind auch die Möglichkeiten des Nachbarn zu betrachten, der sich gegen eine geduldete bauliche Anlage oder Nutzung wehren möchte. Der Nachbarrechtsschutz gegen geduldete bauliche Anlagen folgt im Wesentlichen dem allgemeinen Nachbarrechtsschutz. Allerdings sind Besonderheiten zu beachten, die sich aus der durch die Duldung vermittelten Rechtsposition ergeben.

I. Abwehr einfachgesetzlicher Rechtsverletzungen

Zur Bestimmung des Anspruchs auf Einschreiten ist zu differenzieren, ob die Duldung ohne oder durch einen anfechtbaren Verwaltungsakt z.B. in Form der Zusicherung erteilt wurde.

1. Nachbarschutz bei Duldung ohne anfechtbaren Verwaltungsakt

Der durch einen geduldeten rechtswidrigen Zustand beeinträchtigte Nachbar kann sich gegen behördliche Untätigkeit im Allgemeinen und Duldungen im Speziellen, insbesondere faktische Duldungen, mit einem Anspruch auf Einschreiten gegenüber der Bauaufsichtsbehörde zur Wehr setzen[38]. Dieser Anspruch lässt sich aus den Ermächtigungsgrundlagen für den Erlass einer bauaufsichtlichen Verfügung[39] ableiten, wenn eine Verletzung nachbarschützender Normen vorliegt[40]. Da der Erlass einer bauaufsichtlichen Anordnung im Ermessen der Bauaufsichtsbehörden steht, hat der Nachbar in der Regel aber nur einen Anspruch auf ermessensfehlerfreie Entscheidung[41]. Dieser Anspruch könnte aber im Fall der Duldung auf Null reduziert sein.

37 *Bracher*, ZfBR 1987, 127, 130.

38 *Mann* in: Große-Suchsdorf, NBauO, § 79 Rn. 69.

39 Etwa § 61 Abs. 1 S. 2 BauO NRW.

40 *Muckel/Ogorek*, Öffentliches Baurecht, § 10 Rn. 61.

41 BVerwGE 11, 95, 96, 98 („Bandsäge-Urteil"); BayVGH, BRS 40 Nr. 237 (S. 515); OVG Rh.-Pf., DVBl. 2012, 1185, 1186 = NVwZ-RR 2012, 749, 750; *Wilke*, FS Scupin, S. 831, 836.

a) Grundsätze der Ermessensreduzierung im Nachbarstreit

Der Nachbar hat einen Anspruch auf Einschreiten, wenn eine Ermessensreduzierung auf Null bezüglich des „Ob“ und des „Wie“ des Einschreitens gegeben ist[42]. Das ist der Fall, wenn jede andere Entscheidung als die, zu seinen Gunsten einzuschreiten, ermessensfehlerhaft wäre[43]. Dabei ist umstritten, in welchen Fällen eine Ermessensreduzierung auf Null im Nachbarrechtsstreit anzunehmen ist. Zumindest in besonders schweren Gefahrenfällen kann die Ermessensfreiheit so stark eingeschränkt sein, dass die Behörde keine andere Wahl hat, als einzuschreiten und eine bestimmte Maßnahme zu wählen[44]. Das Bundesverwaltungsgericht geht davon aus, dass nur bei hoher Intensität der Störung oder Gefährdung das Ermessen so weit geschrumpft ist, dass nur ein Einschreiten ermessensfehlerfrei ist[45]. Das dürfte i.d.R. bei der Verletzung generell nachbarschützender Normen der Fall sein, weil aus der Verletzung generell nachbarschützender Normen immer zugleich auch eine tatsächliche unzumutbare Beeinträchtigung folgt[46]. Bei der Verletzung partiell nachbarschützender Normen wird eine Ermessensreduzierung von den Verwaltungsgerichten zum Teil dann angenommen, wenn und soweit eine unzumutbare tatsächliche Beeinträchtigung des Nachbarn vorliegt[47]. Mehrheitlich lassen es die Oberverwaltungsgerichte aber ausreichen, wenn ein Vorhaben gegen öffentlich-rechtliche nachbarschützende Vorschriften verstößt und hierdurch geschützte Belange des Nachbarn mehr als nur geringfügig berührt werden[48]. Weiterhin wird auch vertreten, bei der Verletzung nachbarschützender Normen sei in der Regel eine Ermessenreduzierung anzunehmen, sodass die Bauaufsichtsbehörde nur in Ausnahmefällen nicht einschreiten müsse[49].

Bei genehmigungsfreien Vorhaben nimmt die wohl herrschende Meinung eine Ermessensreduzierung auf Null an, wenn das Vorhaben gegen öffentlich-rechtliche nachbarschützende Vorschriften verstößt und dadurch die geschützten Belange des Nachbarn mehr als nur geringfügig beeinträchtigt werden[50]. Mangels präventiver Kontrolle kann bei genehmigungsfreien Vorhaben die Einhaltung der Rechtsordnung nur im repressiven Verfahren gewährleistet werden. Um eine Schlechterstellung des Nachbarn gegenüber den Fällen, in denen eine angreifbare Baugenehmigung erteilt worden ist, zu kompensieren, liege als „funktionales

---

42 *Finkelnburg/Ortloff/Otto*, Öffentliches Baurecht Bd. II, S. 260; *Muckel/Ogorek*, Öffentliches Baurecht, § 10 Rn. 61 ff.; *Schoch*, Jura 2005, 178, 184.

43 HambOVG, BRS 74 Nr. 205 (S. 932 f.).

44 BVerwG, DVBl. 1969, 586; *Wilke*, FS Scupin, S. 831, 838 f.

45 BVerwG, NVwZ-RR 1997, 271.

46 *Finkelnburg/Ortloff/Otto*, Öffentliches Baurecht Bd. II, S. 262 m.w.N.

47 BayVGH, BRS 40 Nr. 237.

48 VGH BW, NVwZ-RR 1995, 490, 491; BayVGH, NVwZ 1997, 923.

49 OVG NRW, NVwZ-RR 1995, 187, 188; *Schoch*, Jura 2005, 178, 184.

50 VGH BW, NVwZ-RR 1995, 490, 491; *Finkelnburg/Ortloff/Otto*, Öffentliches Baurecht Bd. II, S. 264; zum Meinungsstand in der Rechtsprechung vgl. *Mehde/Hansen*, NVwZ 2010, 14 ff.; *Otto*, ZfBR 2012, 15 ff.

Äquivalent“ beim Nachbarrechtsverstoß in der Regel eine Ermessensreduzierung zur behördlichen Eingriffsbefugnis vor[51]. Daneben wird aber auch diskutiert, die Ermessensreduzierung auf Null bei genehmigungsfreien Vorhaben an den herkömmlichen Grundsätzen über die Ermessensreduzierung zu orientieren und Rechtsschutzlücken durch die Zivilgerichte schließen zu lassen[52].

b) Ermessensreduzierung kraft ungerechtfertigter Passivität

Für das Einschreiten gegen geduldete bauliche Anlagen und Nutzungen wird die Rechtsfigur der „Ermessensreduzierung kraft ungerechtfertigter Passivität“ diskutiert. Nach *Wilke* liegt eine derartige Ermessensreduktion vor, wenn es kein ausreichendes Gegengewicht zur Pflicht zum Einschreiten gibt. Dies sei der Fall, wenn die Behörde nachbarliche Interessen überhaupt nicht gewürdigt habe oder die sachlichen Gründe für ein Einschreiten die Gründe für behördliche Passivität im Einzelfall überwiegen[53]. Praktische Folge sei, dass sich die Behörde, wenn ein Drittbetroffener von ihr ein Einschreiten verlangt, über Recht- und Zweckmäßigkeit ihres bisherigen Nichteinschreitens Gewissheit verschaffen müsse. Denn bei Verletzung generell nachbarschützender Normen sei eine Würdigung der gegenläufigen Interessen im Rahmen des Eingriffsermessens angezeigt. Bei Verletzung partiell nachbarschützender Normen könne die Berücksichtigung der Duldung bereits in der Interessenabwägung im Rahmen der Prüfung der Verletzung des Rücksichtnahmegebots erfolgen. Die Behörde müsse also mit einer Niederlage vor Gericht rechnen, wenn sie keine vernünftigen Ermessenserwägungen für ein Nichteinschreiten anführen kann, sodass gegenüber dem Anspruchsteller eine faktische Darlegungslast bestehe[54]. In ähnlicher Weise sieht es auch das OVG Berlin für eine Ermessensreduzierung als ausreichend an, wenn die Behörde keine sachlichen Gründe für ihre Untätigkeit hat[55].

Diese Auffassung erweist sich mit Blick auf die zur Ermessensreduzierung aufgestellten Grundsätze als problematisch. Denn sie dreht den Grundsatz um, wonach dem betroffenen Nachbarn ein Anspruch auf Einschreiten erst dann zusteht, wenn ein Verstoß gegen nachbarschützende Vorschriften zu einer unzumutbaren Beeinträchtigung oder zu einer Störung von gewisser Intensität führt. Stattdessen soll dem Nachbar ein Anspruch auf Einschreiten schon dann zustehen, solange nicht wenigstens ein hinreichender Gesichtspunkt zur Begründung der Untätigkeit

51 *Mehde/Hansen*, NVwZ 2010, 14, 15; *Schoch*, Jura 2005, 178, 184 m.w.N.; ähnlich *Mampel*, DVBl. 1999, 1403, 1406.
52 *Muckel/Ogorek*, Öffentliches Baurecht, § 10 Rn. 64 ff.
53 *Wilke*, FS Scupin, S. 831, 841; auch *Götz*, Allgemeines Polizei- und Ordnungsrecht, § 11 Rn. 5.
54 *Wilke*, FS Scupin, S. 831, 842.
55 OVG Berlin, LKV 2003, 276, 278; OVG Berlin, BRS 50 Nr. 206 (S. 516); siehe auch OVG Berlin, NJW 1983, 777 = BRS 39 Nr. 207; ähnlich VGH BW, VBlBW 2003, 470, 472.

erkennbar ist. Damit käme der Behörde aber eine materielle Beweislast zu[56]. Außerdem berücksichtigt diese Auffassung die Interessen des Duldungsempfängers nicht angemessen. Denn der Anspruch des Nachbarn gegen die Behörde auf Einschreiten besteht eben nicht nur in diesem Verhältnis, sondern hat vor allem Auswirkungen auf die Rechtsposition des Duldungsempfängers[57]. Im Ergebnis ist die Rechtsfigur der „Ermessensreduzierung kraft ungerechtfertigter Passivität" somit abzulehnen.

c) Ermessensreduzierung nach Interessenabwägung

Sachgerechte Ergebnisse lassen sich letztlich nach den allgemeinen Grundsätzen des Nachbarrechts zur Ermessensreduktion erzielen. Die durch die Duldung vermittelte Rechtsposition ist trotz der formellen und materiellen Illegalität nicht unbeachtlich, sondern in einer Interessenabwägung zu gewichten. Diese Interessenabwägung erfolgt entweder bei der Prüfung des Gebots der Rücksichtnahme oder bei generell nachbarschützenden Normen im Rahmen des Eingriffsermessens. In der Interessenabwägung können alle Umstände des Einzelfalls, vor allem die Intensität der nachbarlichen Beeinträchtigung, die Dauer der Duldung sowie ein etwaiger Vertrauensschutz in Rechnung gestellt werden. Ist über Jahrzehnte nicht gegen den rechtswidrigen Zustand eingeschritten worden, ist dieser Rechtsposition sicher eine vergleichsweise große Bedeutung beizumessen. Jedenfalls wenn ein erheblich ins Gewicht fallender Eingriff in Rechte eines Nachbarn vorliegt, tritt aber der Schutz des Duldungsadressaten zurück[58].

Die Abwägung der widerstreitenden Interessen des Duldungsadressaten und des betroffenen Nachbarn zeichnet sich auch in der Rechtsprechung der Oberverwaltungsgerichte deutlich ab. Der Bayerische VGH hat in einer Entscheidung, in der über eine Nutzungsuntersagung für die Haltung von Eseln, Schafen und Schweinen in einem allgemeinen Wohngebiet zu entscheiden war, dem betroffenen Nachbarn ein Abwehrrecht aus § 14 BauNVO in Gestalt des Gebietserhaltungsanspruchs zugesprochen. Unter Ermessensgesichtspunkten sei es nicht zu beanstanden, wenn die Bauaufsichtsbehörde trotz längerer faktischer Duldung gegen eine nicht genehmigte und nicht genehmigungsfähige Nutzung bauaufsichtlich einschreite[59]. In diesem Fall waren keine Gründe ersichtlich, warum sich das Interesse des Betroffenen gegen das nachbarliche Interesse an einem Einschreiten durchsetzen sollte, zumal ohnehin nur eine faktische Duldung vorlag, die aufgrund mangelnden Vertrauensschutzes in den Erhalt der rechtswidrigen Nutzung keine schutzwürdige Rechtsposition begründet.

Auch wenn der faktischen Duldung im Verhältnis zur qualifizierten Duldung unter dem Gesichtspunkt des Vertrauensschutzes keine Schutzwürdigkeit zukommt, bleibt die faktische Duldung im Nachbarstreit jedoch nicht unbeachtlich. Das OVG Nordrhein-Westfalen hat in einem Fall der faktischen Duldung das Interesse des

56 *Steinberg*, NJW 1984, 457, 463.
57 *Steinberg*, NJW 1984, 457, 463.
58 BayVGH, BRS 40 Nr. 237 (S. 515); OVG NRW, BauR 2009, 1717, 1718 f.
59 BayVGH, Beschl. v. 03.04.2014 – 15 ZB 12.2736, juris Rn. 18.

Nachbarn an einem Einschreiten zurücktreten lassen und sich dabei maßgeblich auf den Grundsatz der Verhältnismäßigkeit gestützt. Eine zeitlich begrenzte faktische Duldung einer illegalen Wohnnutzung in einem Gewerbegebiet könne sich gegen eine Verpflichtung zum Einschreiten wegen Verletzung des Gebietsgewährleistungsanspruchs durchsetzen. Die Duldung eines rechtswidrigen Zustands bildet demnach eine Ausnahme von dem Grundsatz, dass die Behörde auf Verlangen eines Nachbarn und zur Durchsetzung des Bauplanungsrechts zum Einschreiten verpflichtet ist. Im vorliegenden Fall war eine über lange Jahre betriebsbezogene Wohnnutzung wegen Insolvenz des Betriebes illegal geworden. Das OVG Nordrhein-Westfalen ist der Ansicht, dass der Auszug aus der Wohnung trotz Vorliegens eines Gebietsgewährleistungsanspruchs wegen des hohen Alters der Nutzerin nicht zumutbar sei, und die weitere Fortführung der Nutzung wegen mangelnder negativer Vorbildwirkung keine unmittelbar nachteiligen Auswirkungen habe, vor allem wenn sich eine gebietsgerechte Nachnutzung der Wohnung konkret abzeichnet. Denn dadurch werde der Gebietscharakter in absehbarer Zeit gewahrt[60].

Qualifizierten Duldungen kommt im Hinblick auf die Interessenabwägung ein noch größeres Gewicht zu. Eine derartige Konstellation lag einer Entscheidung des OVG Rheinland-Pfalz zugrunde, die eine qualifizierte Duldung durch die Genehmigung von Folgemaßnahmen zum Gegenstand hatte. Der Nachbar begehrte als Inhaber eines Gewerbebetriebs die Nutzungsuntersagung einer geduldeten Wohnnutzung in einem Gewerbegebiet aus einem Gebietsgewährleistungsanspruch, weil die Wohnnutzung gegen die Festsetzungen des Bebauungsplans verstieß. Das OVG Rheinland-Pfalz hat entschieden, dass der durch die Duldung bewirkte Vertrauensschutz die Durchsetzung des objektiven Rechts und damit zugleich der damit korrespondierenden subjektiven Nachbaransprüche zwangsläufig einschränke. Diese gegenläufigen rechtlich geschützten Interessen müssten im Rahmen der Ermessenserwägungen bei Erlass einer baurechtlichen Verfügung in angemessenen Ausgleich gebracht werden[61]. In der Entscheidung kam das OVG Rheinland-Pfalz zu dem Ergebnis, dass der Nachbar nach der Interessenabwägung keinen Anspruch auf Einschreiten habe, weil der durch die Duldung vermittelte Vertrauensschutz schutzwürdiger sei. Den Interessen der Kläger habe die Behörde dadurch Rechnung getragen, dass die Duldung der Wohnnutzung an die Bedingung geknüpft wurde, dass die Bewohner keine strengeren Lärmschutzanforderungen geltend machen werden, als dies für eine Betriebswohnung in einem Gewerbegebiet beansprucht werden kann[62].

Im Ergebnis ist in Übereinstimmung mit der obergerichtlichen Rechtsprechung trotz Vorliegens eines formell und materiell rechtswidrigen Zustands die durch eine Duldung begründete Rechtsposition im Rahmen einer Interessenabwägung mit nachbarlichen Interessen zu gewichten.

---

60 OVG NRW, BauR 2009, 1716, 1717 f.

61 OVG Rh.-Pf., DVBl. 2012, 1185, 1187 = NVwZ-RR 2012, 749, 751.

62 OVG Rh.-Pf., DVBl. 2012, 1185, 1187 = NVwZ-RR 2012, 749, 751.

d) Rechtsschutz

Begehrt der Nachbar gerichtlich ein Einschreiten der Bauaufsichtsbehörde gegen ein geduldetes Bauwerk oder eine geduldete Nutzung, kann er vorläufigen Rechtsschutz nach § 123 Abs. 1 VwGO verlangen, wenn er eine vorläufige Nutzungsuntersagung begehrt. In Bezug auf eine Beseitigungsverfügung dürfte ein Antrag nach § 123 Abs. 1 VwGO wegen der Vorwegnahme der Hauptsache ausscheiden[63].

In der Hauptsache wird der Nachbar, der ein Einschreiten der Bauaufsichtsbehörde durch Erlass einer Bauordnungsverfügung verlangt, Verpflichtungsklage zum Verwaltungsgericht erheben müssen. Ist bereits eine Bauordnungsverfügung ergangen, ist im Rahmen einer Verpflichtungsklage ein Antrag auf Erlass einer Androhung oder – falls eine solche bereits existiert – auf eine Festsetzung der konkreten Vollstreckungsmaßnahmen statthaft, da beide Maßnahmen als Verwaltungsakte in der Vollstreckung zu qualifizieren[64]. In der Regel wird es aber, mangels Rechtsanspruchs auf ein bestimmtes behördliches Handeln, nicht zu einem Vornahmeurteil, sondern gemäß § 113 Abs. 5 S. 2 VwGO nur zu einem Bescheidungsurteil kommen[65], es sei denn es liegt eine Ermessensreduktion auf Null vor. Das Verwaltungsgericht ist nach § 113 Abs. 5 S. 1 VwGO gehalten, trotz des Opportunitätsprinzips bei Verpflichtungsklagen die Spruchreife herbeizuführen. Wenn es aber eine Ermessenserwägung vorfindet, die rechtlich zulässig und nicht ohne Gewicht ist, wird es ein Bescheidungsurteil nach § 113 Abs. 5 S. 2 VwGO fällen und unter Beachtung der Rechtsauffassung des Gerichts die Behörde verpflichten, die Sache erneut zu bescheiden.

Ist gegen den Bauherrn bereits eine Beseitigungsanordnung oder Nutzungsuntersagung ergangen und beinhaltet die Duldung nach Festsetzung eines Zwangsmittels einen Verzicht auf Vollstreckungsmaßnahmen, ist eine allgemeine Leistungsklage mit dem Antrag auf Durchführung der Vollstreckungsmaßnahmen zu erheben.

2. Nachbarschutz bei qualifizierter Duldung durch Verwaltungsakt

a) Ermessensreduzierung nach Anfechtung der Duldung

Ist die Duldung durch Verwaltungsakt erfolgt, steht die Tatbestandswirkung des Verwaltungsakts einer Beseitigung oder Nutzungsuntersagung entgegen. Damit die Behörde zu einem Einschreiten verpflichtet werden kann, müssen diese Verfügungen, soweit sie dem Nachbarn bekanntgegeben wurden, erst durch Widerspruch und Anfechtung beseitigt werden[66]. Das Vorgehen des OVG Rheinland-Pfalz, das in einer Entscheidung trotz des Vorliegens eines „Duldungsverwaltungsakts" nur den Anspruch auf ermessensfehlerfreie Entscheidung in Bezug auf ein Einschreiten

---

63 *Finkelnburg/Ortloff/Otto*, Öffentliches Baurecht Bd. II, S. 292.

64 *Troidl* in: Engelhard/App/Schlatmann, VwVG, § 13 Rn. 1 und § 14 Rn. 1 jeweils m.w.N.

65 BVerwGE 11, 95, 98.

66 *Mann* in: Große-Suchsdorf, NBauO, § 79 Rn. 69; *Bracher*, ZfBR 1987, 127, 130.

der Bauaufsichtsbehörde prüft[67], ist dagegen zweifelhaft. Zwar hält das Gericht den „Duldungsverwaltungsakt“ mangels förmlicher Bekanntgabe an den Nachbarn noch für anfechtbar, lässt aber dessen Rechtswirkungen völlig außer Betracht und prüft die Entstehung eines Vertrauenstatbestands durch die rechtswidrige Genehmigung von Folgemaßnahmen. Richtigerweise steht aber schon der Duldungsverwaltungsakt einem Einschreiten entgegen, so lange dieser nicht aufgehoben oder angefochten wurde. Die rechtswidrige Genehmigung von Folgemaßnahmen ist dabei ein zusätzlicher Aspekt, der zugunsten des Bauherrn als vertrauensverstärkendes Verhalten zu berücksichtigen ist.

Problematisch ist, ob sich eine Ermessensreduzierung und damit ein Anspruch des Nachbarn auf Einschreiten gegen die Bauaufsichtsbehörde nach erfolgreicher Anfechtung einer Duldungszusicherung aus den gleichen Grundsätzen wie bei der Anfechtung einer rechtswidrigen Baugenehmigung ergeben können[68]. Die Kriterien einer Ermessensreduzierung für ein bauaufsichtliches Einschreiten nach Aufhebung einer nachbarrechtsverletzenden Baugenehmigung werden unterschiedlich beurteilt. Das materiell illegale Bauwerk ist zwar nach Aufhebung der Baugenehmigung auch formell illegal, es tritt jedoch keine automatische Ermessensreduzierung auf Null bei der Aufhebung einer nachbarrechtswidrigen Baugenehmigung ein, weil der Abwehranspruch nur im Verhältnis zwischen Nachbar und Bauaufsichtsbehörde besteht, aber gleichzeitig in Rechtspositionen des Bauherrn eingreift[69]. Nach einer Ansicht führt eine erfolgreiche Anfechtung einer rechtswidrigen Baugenehmigung durch den Nachbarn zu einem Folgenbeseitigungsanspruch gegen die Behörde, sodass das Ermessen der Behörde auf Null reduziert sei[70]. Eine andere Auffassung nimmt eine Ermessensreduzierung auf Null aufgrund einer sog. Folgenbeseitigungslast an, weil es der Behörde obliege, die Folgen ihres rechtswidrigen Handelns zu beseitigen[71]. Nach einer weiteren Auffassung tritt zwar keine automatische Ermessensreduzierung auf Null ein, die sog. Folgenbeseitigungslast sei aber zumindest als gewichtiger Faktor bei den Ermessenserwägungen zu beachten[72]. Teilweise wird die Ermessensbindung im Einzelfall auch je nach Ausmaß und Schwere der Beeinträchtigung bestimmt[73] und teilweise wird auch die Ansicht vertreten, dass es keinen

---

67 OVG Rh.-Pf., DVBl. 2012, 1185, 1187 = NVwZ-RR 2012, 749, 751.

68 So OVG NRW, BauR 2010, 1213 ff.; *Seidler*, NZBau 2010, 305, 306.

69 VGH BW, BRS 33 Nr. 159 (S. 316).

70 VGH BW, BRS 27 Nr. 199 (S. 336 f.); *Brohm*, Öffentliches Baurecht, § 29 Rn. 13; *W.-R. Schenke* in: Kopp/Schenke, VwGO, § 113 Rn. 83.

71 OVG NRW, BRS 25 Nr. 194 (S. 324).

72 VGH BW, BRS 33 Nr. 159 (S. 316); NdsOVG, Urt. v. 10.2.2003 – 1 LA 52/02, juris Rn. 9 ff.; NdsOVG, BauR 1982, 147, 148; *Wolff* in: Sodan/Ziekow, VwGO, § 113 Rn. 224; *Battis*, Öffentliches Baurecht, Rn. 608; *Oldiges* in: Steiner, Besonderes Verwaltungsrecht, Kap. III Rn. 333; *Tettinger/Erbguth/Mann*, Besonderes Verwaltungsrecht, Rn. 1312.

73 BayVGH, BRS 48 Nr. 175 (S. 429); BayVGH, BRS 48 Nr. 174 (S. 426); *Grotefels* in: Hoppe/Bönker/Grotefels, Öffentliches Baurecht, § 16 Rn. 98.

Unterschied mache, ob es sich um einen „Schwarzbau" oder um einen Bau handele, der aufgrund einer durch Rechtsmittel des Nachbarn später aufgehobenen Baugenehmigung errichtet wurde[74].

Bei der Duldung könnte dieser Streit für die Problematik relevant sein, ob bei Aufhebung oder erfolgreicher Anfechtung eines Duldungsverwaltungsakts bzw. einer Duldungszusicherung, die ja selbst Verwaltungsakt ist, nur ein Anspruch auf ermessensfehlerfreie Entscheidung in Bezug auf ein behördliches Einschreiten besteht oder ob die Beseitigung des Verwaltungsakts zu einer Ermessensreduktion führt. Für einen Anspruch auf ermessensfehlerfreie Entscheidung könnte sprechen, dass der zu beseitigende rechtswidrige Zustand nicht durch die förmliche Duldung, sondern hauptsächlich durch das Verhalten des Bauherrn hervorgerufen wurde. Die förmliche Duldung verleiht keine formelle Legalität und stellt nicht die Übereinstimmung mit dem materiellen Recht fest, sondern enthält nur eine Beschränkung des Eingriffsermessens. Deshalb könnten die Grundsätze gelten, die auch für die Ermessensreduzierung bei „Schwarzbauten", die ohne Baugenehmigung errichtet wurden, bzw. die Grundsätze für genehmigungsfreie Vorhaben Anwendung finden.

Bei genauer Betrachtung lässt sich aber gerade der Ermessensbeschränkung durch die förmliche Duldung entnehmen, dass auch bei Aufhebung der Duldung eine Ermessensreduzierung gegeben sein muss. Der Anspruch auf Einschreiten bei erfolgreicher Anfechtung einer förmlichen Duldung folgt daraus, dass sich Duldung und Anspruch auf Einschreiten diametral gegenüberstehen. Auf der einen Seite steht die Duldungsentscheidung mit der Regelung, dass nicht gegen den rechtswidrigen Zustand eingeschritten wird, auf der anderen Seite als Gegenstück die Aufhebungsentscheidung der Duldung, ausgelöst durch den Anspruch des Nachbarn auf Einschreiten. Bei erfolgreichem Angriff der Duldung, bestehen keine sachlichen Gründe mehr, von einem Einschreiten abzusehen, sodass von einer Ermessensreduzierung auf Null auszugehen ist[75]. Das hat auch zur Folge, dass der Nachbar ohne das Vorliegen einer angreifbaren Duldungszusicherung nicht schlechter dasteht als im Fall einer förmlichen Duldung. Für die Annahme einer Ermessenreduzierung spricht auch, dass die Bauaufsichtsbehörde nicht nur präventiv im Genehmigungsverfahren, sondern auch repressiv durch Eingriffsmaßnahmen die subjektiven Rechte des Nachbarn schützen muss[76]. Außerdem ist das behördliche Ermessen in Richtung auf ein Einschreiten gegen den rechtswidrigen Zustand intendiert. Dieses intendierte Ermessen muss auch dem Nachbarn zugutekommen, der wegen einer Nachbarrechtsverletzung ein behördliches Einschreiten verlangt, sodass das Absehen von einem Einschreiten nur in Ausnahmefällen ermessensfehlerfrei sein

---

74 OVG NRW, NJW 1984, 883; *Finkelnburg/Ortloff/Otto*, Öffentliches Baurecht Bd. II, S. 263.

75 Ähnlich *Bracher*, ZfBR 1987, 127, 130.

76 *Finkelnburg/Ortloff/Otto*, Öffentliches Baurecht Bd. II, S. 263.

kann[77]. Außerdem ist Endzweck des nachbarlichen Begehrens nicht die Aufhebung der förmlichen Duldung, sondern gerade die Beseitigung des die Nachbarrechte verletzenden Bauwerks bzw. seiner Nutzung.

b) *Vorläufiger Rechtsschutz*

Begehrt der Nachbar die Beseitigung eines rechtswidrigen Bauwerks, haben Widerspruch oder Anfechtungsklage gegen die Duldung, anders als die Anfechtung einer Baugenehmigung, bei der die aufschiebende Wirkung von Widerspruch und Anfechtungsklage nach § 80 Abs. 2 S. 1 Nr. 3 i.V.m. § 212a Abs. 1 BauGB entfällt, aufschiebende Wirkung. § 212a BauGB erfasst nach seinem Wortlaut nur die „bauaufsichtliche Zulassung" eines Vorhabens und zielt somit auf alle präventiven baurechtlichen Kontrollerlaubnisse wie Baugenehmigung, Teilbaugenehmigung, Nachtragsgenehmigung, Befreiungen und Abweichungen ab[78]. Die Duldung als Handlungsform der repressiven bauaufsichtlichen Tätigkeit ist daher nicht mehr von § 212a BauGB erfasst. Anderer Auffassung ist das VG Stuttgart mit der Begründung, dass aufgrund einer weiten Auslegung des Begriffs der „bauaufsichtlichen Zulassung" sowie nach Sinn und Zweck des § 212a BauGB auch die Duldung als eine solche Zulassung anzusehen sei[79]. Allerdings nimmt das VG Stuttgart keine Abgrenzung zwischen Duldung und Genehmigung vor, indem es ausführt, der rechtswidrige Zustand werde nicht nur geduldet, sondern es sei eine „Erlaubnis" zur Fertigstellung des Gebäudes und der Nutzung zu Wohnzwecken erteilt worden. Sofern man von der Erteilung eine Erlaubnis bzw. einer Genehmigung ausginge, wäre auch nach der hier vertretenen Ansicht § 212a BauGB anwendbar. Ohnehin ist aber die Frage, ob Widerspruch und Anfechtungsklage aufschiebende Wirkung haben, bei der Duldung einer rechtswidrigen baulichen Anlage kaum von Bedeutung, weil die aufschiebende Wirkung nicht zur Beseitigungspflicht führt[80]. Denn bei Duldungssachverhalten können durch einen Antrag nach § 80a VwGO keine Bauarbeiten verhindert werden, weil der rechtswidrige Zustand schon besteht.

Anders stellt sich die Situation jedoch dar, wenn der Nachbar von der Bauaufsichtsbehörde ein Einschreiten gegen eine illegale geduldete Nutzung oder Nutzungsänderung durch eine Nutzungsuntersagung begehrt. Dann ist festzuhalten, dass Widerspruch und Anfechtungsklage aufschiebende Wirkung gegen die Duldungszusicherung bzw. den Duldungsverwaltungsakt entfalten. Hat die Bauaufsichtsbehörde die sofortige Vollziehung der Duldung nach § 80 Abs. 2 S. 1 Nr. 4 VwGO angeordnet, kann der Nachbar durch einen Antrag nach § 80a Abs. 1 Nr. 2

---

77 VGH BW, VBlBW 2003, 470, 472; *Peine*, Öffentliches Baurecht, Rn. 1024; *Schoch*, Jura 2005, 178, 184.

78 *Battis* in: Battis/Krautzberger/Löhr, BauGB, § 212a Rn. 1 f.; *Kalb/Külpmann* in: Ernst/Zinkahn/Bielenberg/Krautzberger, BauGB, § 212a Rn. 22 ff.

79 VG Stuttgart, Beschl. v. 18.06.2012 – 2 K 1627/12, juris Rn. 11.

80 *Bracher*, ZfBR 1987, 127, 130.

i.V.m. Abs. 3 S. 1 VwGO die Vollziehung aussetzen lassen[81]. Hat die Bauaufsichtsbehörde bereits eine Nutzungsuntersagungsverfügung erlassen und duldet sie den rechtswidrigen Zustand durch den vorübergehenden Verzicht auf Vollstreckungsmaßnahmen, kann der Nachbar einen Antrag nach § 80a Abs. 1 Nr. 2 i.V.m. Abs. 3 VwGO auf Aussetzung der Vollziehung der Duldung stellen[82], soweit das Landesrecht – wie z.B. in § 80 Abs. 2 S. 1 Nr. 3 VwGO i.V.m. § 112 JustG NRW – bestimmt, dass Rechtsmittel gegen Maßnahmen in der Verwaltungsvollstreckung keine aufschiebende Wirkung haben.

c) Rechtsschutz im Hauptsacheverfahren

Liegt eine Duldung durch Verwaltungsakt vor, muss der Drittbetroffene diesen anfechten, weil der Verwaltungsakt einem Einschreiten entgegensteht. Weil es sich bei der förmlichen Duldung, die in geschützte Rechtspositionen des Nachbarn eingreift, um einen Verwaltungsakt mit belastender Drittwirkung handelt, empfiehlt es sich für den Nachbarn (u.U. nach erfolglosem Widerspruch) Anfechtungsklage zu erheben. Fraglich ist, ob dann der Anspruch auf Einschreiten gemäß § 113 Abs. 1 S. 2 VwGO als Folgenbeseitigungsanspruch geltend gemacht werden kann oder ob nach § 113 Abs. 4 VwGO die Anfechtungsklage mit einer Verpflichtungsklage auf Erlass einer Bauordnungsverfügung zu verbinden ist, wenn eine solche nicht bereits vor der Duldung ergangen ist.

Der betroffene Nachbar könnte gemäß § 113 Abs. 1 S. 2 VwGO einen Vollzugsfolgenbeseitigungsanspruch geltend machen, wenn er die Beseitigung von Folgen eines noch anfechtbaren Verwaltungsakts begehrt. Mit Anfechtung des Verwaltungsakts kann zugleich der unselbständige Annexantrag gestellt werden, den Beklagten zu verurteilen, auch die Folgen des Verwaltungsakts zu beseitigen[83]. Wird durch einen hoheitlichen Eingriff in ein subjektives Recht ein noch andauernder rechtswidriger Zustand geschaffen, so kann der Betroffene aufgrund des Folgenbeseitigungsanspruchs Wiederherstellung des Zustands verlangen, der zum Zeitpunkt des Eingriffs bestand[84]. Der Folgenbeseitigungsanspruch kann dabei auch auf Erlass eines Verwaltungsakts, also auch auf eine Bauordnungsverfügung gerichtet sein[85].

In Betracht käme aber auch die Anwendung des § 113 Abs. 4 VwGO. Bei § 113 Abs. 4 VwGO handelt es sich um eine verfahrensökonomische Regelung, weil durch

---

81 Nach a.A. kann der Nachbar nach §§ 80a Abs. 3 S. 2, 80 Abs. 5 S. 1 Alt. 2 VwGO die aufschiebende Wirkung seines Rechtsbehelfs wiederherstellen.

82 Nach a.A. kann der Nachbar nach §§ 80a Abs. 3 S. 2, 80 Abs. 5 S. 1 Alt. 2 VwGO die aufschiebende Wirkung seines Rechtsbehelfs wiederherstellen.

83 Es handelt sich um eine besondere Form der Stufenklage, vgl. *W.-R. Schenke* in: Kopp/Schenke, VwGO, § 113 Rn. 84; *Wolff* in: Sodan/Ziekow, VwGO, § 113 Rn. 187; *Detterbeck*, Allgemeines Verwaltungsrecht, § 24 Rn. 1227.

84 Allg.: *W.-R. Schenke* in: Kopp/Schenke, VwGO, § 113 Rn. 80 ff.; *Wolff* in: Sodan/Ziekow, VwGO, § 113 Rn. 210 ff.

85 *W.-R. Schenke* in: Kopp/Schenke, VwGO, § 113 Rn. 83 und 91.

die gleichzeitige Erhebung von Anfechtungs- und allgemeiner Leistungs- bzw. Verpflichtungsklage nicht erst die Rechtskraft des Aufhebungsurteils abgewartet werden muss[86]. § 113 Abs. 4 VwGO verlangt zwar auch, dass für die begehrte Leistung zunächst ein Verwaltungsakt aufgehoben wird, allerdings geht es hierbei nicht um die Beseitigung der Folgen des Vollzuges eines Verwaltungsakts[87].

Für die Anwendung des § 113 Abs. 4 VwGO könnte sprechen, dass der rechtswidrige Zustand maßgeblich auf dem Verhalten des rechtswidrig handelnden Bürgers beruht und dieser Zustand schon vor Erteilung der Duldung bestand, durch diesen also nur rechtlich abgesichert wird. Der rechtswidrige Zustand wäre demnach, anders als bei der Ausnutzung einer rechtswidrigen Baugenehmigung, nicht als Folge des Vollzugs des Verwaltungsakts aufzufassen. Für die Anwendung des § 113 Abs. 1 S. 2 VwGO spricht aber, dass der Begriff des Vollzugs eines Verwaltungsakts weit auszulegen ist. Es kommt entscheidend darauf an, ob die mit dem Verwaltungsakt intendierte Rechtsfolge bereits teilweise oder vollständig eingetreten ist, sodass dem Kläger ein unmittelbarer Nachteil entsteht[88]. Durch die Zusicherung des Nichteinschreitens schränkt die Bauaufsichtsbehörde ihr Ermessen selbst ein und bindet sich an die Regelungen des Verwaltungsakts. Das Nichteinschreiten gegen den nachbarrechtswidrigen Zustand ist also auch Folge des Regelungsinhalts des Verwaltungsakts. Anders als beim „Schwarzbau" ergibt sich die Verpflichtung der Bauaufsichtsbehörde zum Einschreiten als Konsequenz ihres rechtswidrigen Verhaltens durch die nachbarrechtswidrige Duldung. Die intendierte Rechtsfolge der Selbstbindung ist bereits eingetreten, sodass sich das Nichteinschreiten als Folge des Vollzugs der Zusicherung, nicht gegen den rechtswidrigen Zustand vorzugehen, auffassen lässt. Der betroffene Nachbar kann also bei Anfechtung einer Duldungszusicherung einen Annexantrag gemäß § 113 Abs. 1 S. 2 VwGO stellen.

d) Rechtsschutz gegen einen Duldungsvertrag

Hat sich die Bauaufsichtsbehörde in einem öffentlich-rechtlichen Vertrag zu einer nachbarrechtswidrigen Duldung verpflichtet, kann sich der in seinen Rechten verletzte Nachbar entweder mit dem Anspruch auf Einschreiten im Rahmen einer Verpflichtungsklage inzident auch gegen den ohne seine Zustimmung geschlossenen Vertrag oder Prozessvergleich wehren oder im Wege der Feststellungsklage die Unwirksamkeit des öffentlich-rechtlichen Duldungsvertrages geltend machen[89].

---

86 *W.-R. Schenke* in: Kopp/Schenke, VwGO, § 113 Rn. 172 f.; *Wolff* in: Sodan/Ziekow, VwGO, § 113 Rn. 390.

87 *Detterbeck*, Allgemeines Verwaltungsrecht, § 24 Rn. 1233; *W.-R. Schenke* in: Kopp/Schenke, VwGO, § 113 Rn. 172.

88 *Wolff* in: Sodan/Ziekow, VwGO, § 113 Rn. 196.

89 OVG NRW, NVwZ 1988, 370 ff.; *Mann* in: Große-Suchsdorf, NBauO, § 79 Rn. 69.

II. Kein unmittelbares Abwehrrecht aus Art. 14 GG

In einer Entscheidung vom 29.01.2010 hat das OVG Nordrhein-Westfalen die Ansicht vertreten, ein Nachbar, dessen Grundstück als Zufahrtsmöglichkeit im Sinne eines Notwegerechts nach § 917 Abs. 1 S. 1 BGB dient, habe gegen eine rechtswidrige behördliche Duldung der Nutzungsänderung von Gebäuden eines landwirtschaftlichen Betriebs in Gewerbeflächen einen Abwehranspruch unmittelbar aus Art. 14 Abs. 1 S. 1 GG[90]. Gegen den durch die Duldung bewirkten öffentlich-rechtlichen Angriff auf sein Eigentum müsse sich die Klägerin auch im Wege der verwaltungsgerichtlichen Klage zur Wehr setzen können. Die Duldung des Gewerbebetriebs verletze den Nachbarn wegen des betrieblichen Zu- und Abfahrtsverkehrs unmittelbar in Art. 14 Abs. 1 S. 1 GG, wenn der Nachbar mangels Vorliegens der Voraussetzungen eines Notwegerechts nicht verpflichtet sei, die Inanspruchnahme seines Grundstücks hinzunehmen[91]. Der Eingriff sei auch nicht unwesentlich, weil der Klägerin durch die Duldung erstmals die Verpflichtung auferlegt werde, die Benutzung ihres Grundstücks hinzunehmen, sodass die derzeit bestehende Verpflichtung in einem Umfang ausgedehnt würde, der zu einer wesentlichen Veränderung der Inanspruchnahme des Privatwegs führe. Deswegen sei für die Verletzung des Art. 14 Abs. 1 S. 1 GG relevant, ob die Beeinträchtigung des Eigentums schon im Vorfeld bestanden habe und nur fortwirke oder ob die Eigentumsbeeinträchtigung neu geschaffen bzw. eine bestehende Beeinträchtigung inhaltlich nicht nur unerheblich ausgeweitet wurde[92].

Ob dem betroffenen Nachbarn gegen die Inanspruchnahme seines Grundstücks aufgrund der geduldeten Nutzung des Nachbargrundstücks tatsächlich ein Abwehranspruch unmittelbar aus Art. 14 Abs. 1 S. 1 GG zusteht, ist zu bezweifeln. Ausnahmsweise soll nach der Rechtsprechung des Bundesverwaltungsgerichts Art. 14 Abs. 1 S. 1 GG Schutz vor unmittelbaren Eingriffen in das nachbarliche Grundeigentum gewähren, z.B. wenn durch ein Vorhaben ein Notwegerecht nach § 917 Abs. 1 S. 1 BGB oder ein Durchleitungsrecht für Ver- und Entsorgungsleistungen hinsichtlich des Nachbargrundstücks entsteht[93]. Auch wenn es an einer nachbarschützenden Vorschrift fehlt, könne dem Nachbarn ein öffentlich-rechtliches Abwehrrecht zustehen, wenn die rechtswidrige Entscheidung der Behörde oder die Ausnutzung dieser Entscheidung durch den Begünstigten den Nachbarn in seinem Eigentum verletzt[94]. Diese Rechtsprechung sei durchaus mit der Rechtsprechungsänderung des Bundesverwaltungsgerichts, wonach sich Inhalt und Schranken des Eigentums aus den einfachen Gesetzen ergeben, kompatibel und führe darüber hinaus zu einem Gleichlauf mit der zivilrechtlichen Regelung des § 917 BGB[95]. Ein Abwehrrecht unmittelbar aus Art. 14 Abs. 1 GG sei zudem mit der Rechtsprechung

90 OVG NRW, BauR 2010, 1213, 1214; *Seidler*, NZBau 2010, 305 f.
91 OVG NRW, BauR 2010, 1213, 1214.
92 *Seidler*, NZBau 2010, 305, 306.
93 BVerwGE 50, 282, 286 f.
94 BVerwGE 50, 282, 286 f.; BVerwG, NJW-RR 1999, 165 f.; VGH BW, BauR 2002, 931, 932.
95 BVerwG, NJW-RR 1999, 165 f.

des BGH vereinbar, nach der eine Grundstücksnutzung, die gegen öffentlich-rechtliche Vorschriften verstößt und nicht durch eine Baugenehmigung gedeckt ist, auch von der Privatrechtsordnung nicht als ordnungsmäßig im Sinne des § 917 Abs. 1 Satz 1 BGB anerkannt werden kann. Liege danach eine rechtswidrige Baugenehmigung vor, könne sich der Betroffene im Zivilprozess gegen die Inanspruchnahme seines Grundstücks nach § 917 Abs. 1 BGB nicht mehr zur Wehr setzen. Obwohl die Baugenehmigung unbeschadet privater Rechte Dritter ergehe, habe sie dennoch unmittelbare Auswirkungen auf die Entstehung eines Notwegerechts und aus Sicht des betroffenen Nachbarn insoweit Eingriffsqualität[96].

Diese Ansicht scheint nach der Rechtsprechung des Bundesverfassungsgerichts im „Nassauskiesungsbeschluss"[97] und der Rechtsprechungsänderung des Bundesverwaltungsgerichts, wonach sich Inhalt und Schranken des Eigentums ausschließlich aus dem einfachen Recht ergeben[98], bedenklich. Denn auch im Hinblick auf den Nachbarschutz ist das einfache Baurecht als Inhalts- und Schrankenbestimmung i.S.v. Art. 14 Abs. 1 S. 2 GG anzusehen. Das gilt auch, soweit Lücken im baurechtlichen Nachbarschutz auftreten, sodass für einen Rückgriff auf Art. 14 Abs. 1 GG kein Raum ist[99]. Außerdem ist der Nachbar in diesen Fällen nicht rechtlos gestellt. Denn einen unmittelbaren Eingriff in das Nachbargrundstück kann der Nachbar dadurch abwehren, dass er mit privatrechtlichen Mitteln die Inanspruchnahme seines Grundstücks verhindert, indem er einen Unterlassungsanspruch nach § 1004 Abs. 1 BGB geltend macht. Dann stellt sich die Frage, ob die Duldung anders als eine (auch rechtswidrige) Baugenehmigung als „ordnungsmäßige Nutzung" i.S.d. § 917 Abs. 1 BGB zu werten ist, was nach überwiegender und auch hier vertretener Ansicht nicht der Fall ist[100]. Der Verweis auf das Zivilrecht lässt sich daraus folgern, dass die Baugenehmigung „unbeschadet privater Rechte Dritter" ergeht und der Bauherr deswegen nicht zur Nutzung des Baugrundstücks oder eines Nachbargrundstücks unter Verstoß gegen zivilrechtliche Rechtspositionen Dritter berechtigt ist[101].

Darüber hinaus besteht auch die Möglichkeit, den Nachbarschutz im Fall eines Notwegerechts wegen einer rechtswidrigen Baugenehmigung einfachrechtlich zu begründen. Das OVG Mecklenburg-Vorpommern hat unter Hinweis auf § 917 Abs. 1 BGB den Nachbarschutz einfachrechtlich in § 4 Abs. 1 LBauO M-V angesiedelt[102]. Danach dürfen Gebäude nur errichtet oder geändert werden, wenn das Grundstück in angemessener Breite an einer befahrbaren öffentlichen Verkehrsfläche liegt oder wenn das Grundstück eine befahrbare, öffentlich-rechtlich gesicherte Zufahrt zu einer befahrbaren öffentlichen Verkehrsfläche hat[103]. Da § 4 Abs. 1 LBauO M-V

96 BVerwG, NJW-RR 1999, 165 f.
97 BVerfGE 58, 300 ff.
98 BVerwGE 101, 364, 373.
99 *Muckel/Ogorek*, Öffentliches Baurecht, § 10 Rn. 77 m.w.N.
100 Siehe unten 9. Teil. D.I.
101 *Finkelnburg/Ortloff/Otto*, Öffentliches Baurecht Bd. II, S. 248.
102 OVG M-V, NordÖR 2004, 443, 445.
103 Vgl. auch § 4 Abs. 1 Nr. 1 BauO NRW.

ausdrücklich eine öffentlich-rechtliche Sicherung verlange, reichten Grunddienstbarkeiten oder sonstige privatrechtliche Vereinbarungen bzw. Sicherungen nicht aus. Vielmehr bedürfe es der Eintragung einer Baulast. Liege eine solche nicht vor, sei ein Verstoß gegen § 4 Abs. 1 LBauO M-V anzunehmen, der auch von den Antragstellern geltend gemacht werden könne, weil zu befürchten sei, dass die fehlende Erschließung in Richtung auf die Duldung eines Notwegerechts nach § 917 Abs. 1 BGB eine unmittelbare Rechtsverschlechterung bewirke[104]. Für diese Ansicht spricht auch, dass Normen des einfachen öffentlichen Rechts im Lichte des Art. 14 Abs. 1 GG verfassungskonform und gegebenenfalls drittschützend auszulegen sind[105].

III. Verzicht und Verwirkung von Nachbarrechten

1. Verwirkung des Nachbarrechts auf Einschreiten gegen geduldete Vorhaben

In jedem Fall ist zu prüfen, ob der Nachbar, der gegen eine Duldung vorgeht, seine materiellen nachbarlichen Abwehrrechte durch Verwirkung verloren hat. Die Verwirkung des Nachbarrechts ist gegeben, wenn seit der ersten Möglichkeit zur Erhebung von Rechtsbehelfen eine längere Zeit verstrichen ist (Zeitmoment) und besondere Umstände hinzutreten, welche die verspätete Rechtsausübung als Verstoß gegen Treu und Glauben erscheinen lassen (Umstandsmoment)[106]. Eine Verwirkung des materiellen Nachbarrechts liegt z.B. immer dann vor, wenn der Nachbar in Kenntnis der Erteilung einer Baugenehmigung oder im Fall des Kennenmüssens ihrer Erteilung über längere Zeit untätig geblieben ist, dieses Verhalten des Nachbarn Grundlage für die Entstehung des Vertrauens des Bauherrn in das Ausbleiben von Nachbareinwendungen ist und der Bauherr aufgrund dieses Vertrauens von der Baugenehmigung Gebrauch gemacht hat, indem er vermögenswirksame Dispositionen getroffen hat, deren Rückgängigmachung oder Verlust ihm nicht mehr zuzumuten ist[107]. Neben der Möglichkeit der Verwirkung kann der Nachbar auch auf die Geltendmachung von Abwehransprüchen rechtswirksam verzichten[108].

Die Grundsätze von Verwirkung und Verzicht von nachbarlichen Abwehrrechten gelten nicht nur in Bezug auf eine Baugenehmigung, sondern lassen sich entsprechend auch auf die Duldung anwenden. Dabei ist zunächst festzuhalten, dass eine Duldungsentscheidung gegenüber dem Nachbarn nicht unanfechtbar wird, wenn keine förmliche Bekanntgabe gegenüber dem Nachbarn erfolgt[109]. Erlangt der Nachbar aber Kenntnis einer Duldung oder war ihm der Verstoß gegen

---

104 OVG M-V, NordÖR 2004, 443, 445.
105 BVerwG, NVwZ-RR 1997, 516.
106 Zur Verwirkung von Nachbarrechten *Troidl*, NVwZ 2004, 315 ff.
107 BVerwGE 78, 85, 89; 44, 294, 298 f.
108 *Bönker* in: Hoppe/Bönker/Grotefels, Öffentliches Baurecht, § 18 Rn. 111; *Finkelnburg/Ortloff/Otto*, Öffentliches Baurecht Bd. II, S. 277 f.
109 OVG Rh.-Pf., DVBl. 2012, 1185, 1186 = NVwZ-RR 2012, 749, 750.

nachbarschützende Normen schon längere Zeit bekannt, so kann er unter den Voraussetzungen von Zeit- und Umstandsmoment seine Nachbarrechte verwirken oder auch wirksam auf die Geltendmachung verzichten.

2. *Auswirkungen von Verzicht und Verwirkung auf die Eingriffsbefugnisse*

Probleme wirft weiterhin die Frage auf, wie sich Verwirkung und Verzicht auf die Eingriffsbefugnisse der Bauaufsichtsbehörden auswirken. Verzichten Grundstücksnachbarn z.B. auf die Einhaltung von Abstandsflächenbestimmungen, mag diese Vereinbarung zwischen den Nachbarn gültig sein. Im Verhältnis zur Bauaufsichtsbehörde kann dieser Verzicht aber nicht zur Einschränkung ihrer Eingriffsbefugnisse führen[110]. Bezugspunkt des Verzichts ist nicht die gesetzliche Regelung selbst, also z.B. die Abstandsflächenbestimmungen, sondern die Geltendmachung des sich daraus ergebenden nachbarlichen Abwehrrechts. Wenn die Behörde schon von sich aus auf ihre gesetzlichen Eingriffsrechte und Befugnisse nicht verzichten kann, dann kann erst recht nicht eine Vereinbarung Dritter diese Eingriffsrechte außer Kraft setzen[111]. Eine solche Vereinbarung verstößt gegen den allgemeinen Rechtsgedanken des Vertrages zu Lasten Dritter und kann deshalb die Bauaufsichtsbehörde nicht binden.

Gleichfalls behält die Bauaufsichtsbehörde die Befugnis zum Einschreiten, wenn der Nachbar seine nachbarlichen Abwehrrechte verwirkt hat[112]. Die Verwirkung bezieht sich allein auf die Geltendmachung des Abwehrrechts, nicht aber auf die Eingriffsbefugnis der Bauaufsichtsbehörden. Wenn die Bauaufsichtsbehörde ihrerseits ihre Eingriffsrechte nicht verwirken kann, so kann erst recht nicht die Verwirkung von Nachbarrechten dazu führen.

D. Fazit

Um die Duldung im Kontext nachbarrechtlicher Abwehransprüche einzuordnen, ist in einem ersten Schritt danach zu differenzieren, ob der Duldungsadressat selbst Ansprüche gegen Dritte wegen Störung seiner geduldeten Nutzung geltend machen kann oder ob sich ein drittbetroffener Nachbar auf die Verletzung nachbarschützender Normen durch die geduldete Nutzung beruft.

Macht der Duldungsadressat selbst Nachbarrechte geltend, so kommt es maßgeblich auf den inneren Zusammenhang zwischen der Störung durch den Nachbarn und den Umständen an, die die materielle Rechtswidrigkeit des geduldeten Vorhabens

110 HessVGH, NVwZ-RR 2006, 772; OVG NRW, Beschl. v. 13.02.2014 – 2 A 983/13, juris Rn. 21.

111 Vgl. auch *Becker* in: Becker/Brilla/Keller, BauO NRW, 2.3.3.3.1.3.3 unter Hinweis auf die fehlende Dispositionsbefugnis der Nachbarn.

112 OVG NRW, Beschl. v. 13.02.2014 – 2 A 983/13, juris Rn. 26.

begründen. In einer umfassenden Interessenabwägung sind die widerstreitenden Interessen zu würdigen. Besteht danach ein unmittelbarer Zusammenhang zwischen nachbarlicher Störung und materieller Rechtswidrigkeit des geduldeten Vorhabens, scheidet eine Berufung des Duldungsadressaten auf die Verletzung nachbarschützende Normen aus. Anderenfalls gelten die allgemein anerkannten Voraussetzungen für den Anspruch auf Einschreiten gegen die Bauaufsichtsbehörde.

Macht aber ein Dritter nachbarliche Abwehransprüche gegen die Bauaufsichtsbehörde auf ein Einschreiten gegen die geduldete Nutzung geltend, ist zunächst danach zu differenzieren, ob ein Fall der qualifizierten oder faktischen Duldung vorliegt. Liegt keine förmliche Duldung wie z.B. eine Duldungszusicherung vor, hat der Nachbar einen Anspruch auf ermessensfehlerfreie Entscheidung gegen die Bauaufsichtsbehörde. Die Behörde hat im Rahmen einer Interessenabwägung die Intensität der Störung und einen etwaigen Vertrauensschutz des Nachbarn angemessen zu würdigen. Liegt dagegen eine förmliche Duldung in Form eines Verwaltungsakts vor, so muss der Nachbar diesen zunächst anfechten. Nach erfolgreicher Anfechtung hat der betroffene Nachbar einen Anspruch auf Einschreiten gegen die Bauaufsichtsbehörde aufgrund einer Ermessensreduzierung, weil die Duldungsentscheidung das Gegenstück zum Anspruch auf Einschreiten darstellt und die Rechtswidrigkeit der Duldung gerade auf der Verletzung nachbarschützender Normen beruht.

8. Teil. Schadensersatz- und Entschädigungsfragen

Nach der bisherigen Untersuchung hat sich gezeigt, dass das Phänomen der Duldung neben der Problematik des weiteren Bestandes eines rechtswidrigen Zustands vor allem auf der Ebene des Schadensersatz- und Entschädigungsrechts für behördliches Handeln Fragen aufwirft. Der Schwerpunkt der Untersuchung liegt auf dem Schadensersatzanspruch wegen Amtspflichtverletzungen und der Frage, ob im Fall der Entziehung von Bausubstanz und Nutzungsmöglichkeit eine zu entschädigende Enteignung vorliegt.

A. Entschädigung bei Rücknahme und Widerruf von Duldungen in Form des Verwaltungsakts

I. Entschädigung nach § 48 Abs. 3 VwVfG

Ist eine durch Verwaltungsakt erklärte Duldung, also eine Duldungszusicherung oder ein Duldungsverwaltungsakt, rechtswidrig, besteht die Möglichkeit der Rücknahme nach § 48 VwVfG. Dann hat die Behörde nach § 48 Abs. 3 VwVfG dem Betroffenen auf Antrag den Vermögensnachteil auszugleichen, den dieser dadurch erleidet, dass er auf den Bestand des Verwaltungsakts vertraut hat, soweit sein Vertrauen unter Abwägung mit dem öffentlichen Interesse schutzwürdig ist. An dieser Stelle werden also die bereits behandelten Anforderungen des Vertrauensschutzes relevant[1]. In Bezug auf die Schutzwürdigkeit sind insbesondere die Ausschlusstatbestände des § 48 Abs. 2 S. 3 VwVfG zu prüfen[2].

Zu ersetzen ist das negative Interesse, also die Vermögensnachteile in Form von Geldersatz, die der Betroffene infolge seines Vertrauens auf den Bestand des durch die Rücknahme entfallenden Verwaltungsakts erleidet[3]. Das können bei der Duldung etwa Aufwendungen sein, die der Betroffene infolge der Duldung im Vertrauen auf den Bestand seiner Rechtspositionen gemacht hat, z.B. die Durchführung bestandserhaltender Maßnahmen an dem Bauwerk[4] oder Aufwendungen zur Erfüllung von Auflagen und Bedingungen zur Schaffung duldungsfähiger Zustände, nicht aber Dispositionen, die bereits vorher getätigt wurden. Denn diese Aufwendungen sind schon vor Erteilung der Duldung als vertrauensschutzbegründende Maßnahme

1 Siehe oben 6. Teil. E.IV. bis 6. Teil. E.VII.
2 Siehe oben 6. Teil. E.IV.2.
3 *Kopp/Ramsauer*, VwVfG, § 48 Rn. 143; *Sachs* in: Stelkens/Bonk/Sachs, VwVfG, § 48 Rn. 191.
4 *Sellmann*, FS Gelzer, S. 249, 255.

getätigt worden, sodass es an einer wirksamen Vertrauensbetätigung fehlt[5]. Außerdem ist der entgangene Gewinn nicht ersatzfähig[6], den ein Unternehmer im Fall einer geduldeten betrieblichen Nutzung hätte erzielen können.

II. Entschädigung nach § 49 Abs. 6 VwVfG

Der Widerruf einer rechtmäßigen Duldung durch Verwaltungsakt bleibt nur dann entschädigungslos, wenn der Widerruf nach § 49 Abs. 2 Nr. 1 VwVfG aufgrund eines Widerrufsvorbehalts erfolgt oder wenn der Betroffene nach § 49 Abs. 2 Nr. 2 VwVfG eine Auflage nicht erfüllt hat. Wird die Duldung aber in den Fällen des § 49 Abs. 2 Nr. 3 bis 5 VwVfG widerrufen, so hat die Behörde gemäß § 49 Abs. 6 VwVfG den Betroffenen auf Antrag für den Vermögensnachteil zu entschädigen, den dieser dadurch erleidet, dass er auf den Bestand des Verwaltungsakts vertraut hat, soweit sein Vertrauen schutzwürdig ist[7].

Bei der Duldungszusicherung gilt jedoch die Besonderheit, dass eine Bindung nach § 38 Abs. 3 VwVfG bei Änderung der Sach- oder Rechtslage von Gesetzes wegen entfällt und deshalb keine Entschädigung zu leisten ist. Im Wesentlichen gelten beim Widerruf die gleichen Grundsätze wie bei § 48 Abs. 3 VwVfG mit dem Unterschied, dass die Ausschlusstatbestände des § 48 Abs. 2 S. 3 VwVfG keine Anwendung finden. Allerdings werden die in § 48 Abs. 2 S. 3 VwVfG genannten Ausschlussgründe zumindest als Auslegungshilfe für die Schutzwürdigkeit investierten Vertrauens heranzuziehen sein, sodass der Vertrauensschutz bei § 49 Abs. 6 VwVfG und § 48 Abs. 3 VwVfG im Wesentlichen identisch sein dürfte[8].

B. Schadensersatz wegen Amtspflichtverletzung nach § 839 BGB i.V.m. Art. 34 GG

Gerade weil die Duldung die Behörde nicht auf Dauer an einem Einschreiten hindern kann und ein eventuell entstandenes schutzwürdiges Vertrauen nicht zu einem dauerhaften Schutz des Bestandes führt, spricht vieles dafür, einen Schadensersatzanspruch aus Amtspflichtverletzung genauer zu beleuchten, der auf den Ersatz der im Vertrauen auf eine vermeintliche Duldung des illegalen Bauwerks entstandenen Kosten gerichtet ist[9]. Gemäß § 839 BGB i.V.m. Art. 34 Abs. 1 GG kann ein Bürger

---

5 Zur Kausalität siehe oben 6. Teil. E.V.2.

6 *Kopp/Ramsauer*, VwVfG, § 48 Rn. 143.

7 *Kopp/Ramsauer*, VwVfG, § 49 Rn. 81 ff.; *Sachs* in: Stelkens/Bonk/Sachs, VwVfG, § 49 Rn. 122; zu ersetzen ist ebenfalls nur das negative Interesse, also die Aufwendungen, die der Betroffene im Vertrauen auf den Fortbestand des Verwaltungsakts hatte, vgl. *Kopp/Ramsauer*, VwVfG, § 49 Rn. 83 ff.; zu den Anforderungen des Vertrauensschutzes siehe oben 6. Teil. E.IV. bis 6. Teil. E.VII.

8 *Kopp/Ramsauer*, VwVfG, § 49 Rn. 81; *Sachs* in: Stelkens/Bonk/Sachs, VwVfG, § 49 Rn. 122.

9 VG Würzburg, Urt. v. 26.05.2008 – W 5 K 07.1551, juris Rn. 21.

Schadensersatz vom Staat verlangen, wenn ein Beamter vorsätzlich oder fahrlässig die ihm gegenüber einem Dritten obliegende Amtspflicht verletzt. Ansprüche aus Amtshaftung treten dabei zu speziellen Ausgleichsansprüchen (z.B. § 48 Abs. 3 VwVfG) in Konkurrenz[10].

Einschränkend ist der Betroffene nach § 839 Abs. 3 BGB dazu verpflichtet, den Schaden durch Einlegung eines Rechtsmittels abzuwenden, indem vorrangig Primärrechtsschutz in Anspruch genommen wird, um den Schaden möglichst gering zu halten[11]. Wer also ein rechtswidriges Einschreiten der Behörde trotz Duldung nicht abwehrt, kann keinen Schadensersatz wegen einer Amtspflichtverletzung verlangen. Relevant ist deshalb nur Verhalten des Behördenmitarbeiters, welches zur Entstehung oder Verfestigung des rechtwidrigen Zustands beigetragen hat.

I. Amtspflichtverletzungen im Kontext der Duldung

Aus dem Grundsatz der Gesetzmäßigkeit der Verwaltung gemäß Art. 20 Abs. 3 GG folgt die allgemeine Amtspflicht zu rechtmäßigem bzw. gesetzmäßigem Handeln[12], welches sich in einzelne Pflichten näher ausdifferenzieren lässt. Einige dieser in der Bauverwaltung relevanten Amtspflichten[13] sind im Kontext der Duldung von besonderer Bedeutung.

1. Behördliche Auskünfte

Aus der allgemeinen Amtspflicht zu rechtmäßigem Handeln lässt sich zunächst die Amtspflicht zur Erteilung richtiger Auskünfte extrahieren. Wie bereits festgestellt, kann eine fehlerhafte Auskunft einem bauaufsichtlichen Einschreiten nicht entgegengehalten werden, sondern allenfalls zu gesteigerten Ermessenserwägungen führen[14]. Allerdings ist die Erteilung fehlerhafter Auskünfte im Rahmen des Amtshaftungsrechts von enormer Bedeutung[15]. Insofern nimmt die fehlerhafte behördliche Auskunft im Kontext der Duldung eine Sonderstellung ein, weil die Behörde zwar keine Duldung erklärt hat, durch ihr rechtswidriges Verhalten aber maßgeblich zur Entstehung oder Verfestigung rechtswidriger Zustände beiträgt.

Auskünfte sind richtig, klar, unmissverständlich und vollständig zu erteilen, sodass der Erklärungsempfänger entsprechend disponieren kann[16]. Aus haftungsrechtlicher

---

10 *Papier* in: MüKo-BGB, § 839 Rn. 250.

11 *Sprau* in: Palandt, BGB, § 839 Rn. 68 ff.

12 Allg.: *Papier* in: MüKo-BGB, § 839 Rn. 193 ff.; *Sprau* in: Palandt, BGB, § 839 Rn. 32; *Wöstmann* in: Staudinger, BGB, § 839 Rn. 120 ff.; *Erbguth*, Allgemeines Verwaltungsrecht, § 37 Rn. 9; *Ossenbühl/Cornils*, Staatshaftungsrecht, S. 46 f.

13 Dazu im Überblick *Sprau* in: Palandt, BGB, § 839 Rn. 98 ff.

14 Siehe oben 6. Teil. E.III.4.e).

15 VG Würzburg, Urt. v. 26.05.2008 – W 5 K 07.1551, juris Rn. 21.

16 BGHZ 117, 83, 87 f.; *Papier* in: MüKo-BGB, § 839 Rn. 218; *Sprau* in: Palandt, BGB, § 839 Rn. 41; *Wöstmann* in: Staudinger, BGB, § 839 Rn. 149 ff. und Rn. 608 ff. mit

Sicht begründet die Auskunft gegenüber dem Adressaten einen Vertrauenstatbestand für Dispositionen, bildet aber nur insoweit eine schutzwürdige Grundlage, wie sie der Empfänger nach seinen subjektiven Erkenntnismöglichkeiten und der der Behörde bekannten Vorstellungen verstehen darf[17]. In diesem Zusammenhang ist auch zu beachten, ob der Empfänger die Möglichkeit und fachlichen Kenntnisse zur Überprüfung der Richtigkeit der Aussage hat[18].

Von besonderer praktischer Bedeutung sind Auskünfte über die Bebaubarkeit eines Grundstücks[19]. Die Erteilung falscher Auskünfte kann eine Amtspflichtverletzung darstellen, wenn der Betroffene infolge der Aussage auf den weiteren Bestand vertraut hat. Das ist z.B. der Fall, wenn die Behörde rechtsirrig die Genehmigungsfreiheit eines Vorhabens annimmt oder die Erteilung einer Duldung in Aussicht stellt. Insoweit wird man dem Bauherrn keinen Vorwurf machen können, wenn er auf die Auskunft vertraut, dass sein Vorhaben ohne Genehmigung verwirklicht werden kann, obwohl nach tatsächlicher Rechtslage eine solche erforderlich ist und mangels Genehmigungsfähigkeit nicht erteilt werden kann. Dies gilt aber nicht, wenn der Betroffene die Fehlerhaftigkeit der Auskunft kannte oder die Fehlerhaftigkeit infolge grober Fahrlässigkeit nicht kannte. Außerdem liegt eine Amtspflichtverletzung auch dann vor, wenn es die Behörde unterlässt, vor einer anstehenden Rechtsänderung den Bauherrn eines bis zu dieser Rechtsänderung genehmigungsfähigen Schwarzbaus aufzufordern, ein Nachtragsbaugesuch zu stellen[20].

2. *Zuständigkeits- und verfahrensgemäßes Handeln*

Behördenmitarbeiter haben die Pflicht zur Beachtung der Vorschriften über Zuständigkeit, Form und Verfahren. Fehler können zu einem Schadensersatzanspruch führen, soweit sie nicht nach § 45 VwVfG geheilt werden oder nach § 46 VwVfG unbeachtlich sind[21]. Sinn und Zweck der Zuständigkeitsbestimmungen ist zudem die Gewährleistung einer sachlich richtigen Entscheidung, was regelmäßig auch den Interessen des Betroffenen dient[22].

---

besonderem Blick auf die Bauverwaltung; *Ossenbühl/Cornils*, Staatshaftungsrecht, S. 50 m.w.N.; *v. Franckenstein*, BauR 2003, 807, 808; neben der Verletzung der Amtspflicht macht sich der Behördenmitarbeiter unter Umständen auch disziplinarisch wegen einer Dienstpflichtverletzung verantwortlich, vgl. HessVGH, BRS 44 Nr. 198 (S. 462).

17 BGHZ 117, 83, 86; BGH, ZfBR 2002, 595; BGH, NJW 1991, 3027.

18 OLG Koblenz, MDR 2008, 746.

19 *Papier* in: MüKo-BGB, § 839 Rn. 218; dazu ausführlich *v. Franckenstein*, BauR 2003, 807 ff.

20 *Aichele/Herr*, NVwZ 2003, 415, 418.

21 *Papier* in: MüKo-BGB, § 839 Rn. 204.

22 BGHZ 117, 240, 244.

Im Kontext der Duldung ist vor allem die sog. „Bürgermeistergenehmigung“ relevant[23]. Wurde vor längerer Zeit dem Betroffenen eine „Genehmigung“ bzw. Erlaubnis für sein illegales Vorhaben durch den für eine Genehmigung unzuständigen Bürgermeister erteilt, kann dieses Verhalten als Amtspflichtverletzung eingeordnet werden.

3. *Fehlerfreie Ermessensausübung*

Amtspflichtwidrig handelt ein Behördenmitarbeiter auch, wenn er Ermessensschranken und Ermessensbindungen außer Acht lässt[24]. Zunächst hat der Beamte die Pflicht, den Sachverhalt im Rahmen des Zumutbaren gemäß § 24 VwVfG zu ermitteln, damit die Entscheidungsgrundlage nicht zum Nachteil des Betroffenen lückenhaft bleibt[25]. Eine Duldung ist auch dann ermessensfehlerhaft, wenn sich die Behörde von zweckfremden Ermessenserwägungen leiten lässt oder Nachbarrechte nicht oder nicht hinreichend würdigt. Insbesondere besteht auch die Pflicht zu verhältnismäßigem Handeln[26]. Amtspflichtwidrig handelt der Behördenmitarbeiter also, wenn er eine ermessensfehlerhafte bzw. rechtswidrige Duldung erteilt.

4. *Konsequentes Verwaltungshandeln*

Im engen Zusammenhang mit der Amtspflicht zur fehlerfreien Ermessensausübung steht die Amtspflicht zu konsequentem Verwaltungshandeln. Amtspflichten können sich nämlich auch aus einem vorangegangenen Tun ergeben, sofern hierdurch ein Vertrauenstatbestand für den Betroffenen entstanden ist. Die Behörde ist verpflichtet, eine in bestimmter Weise geplante und begonnene Maßnahme, auf deren Weiterführung der Betroffene vertraut und bestimmte wirtschaftliche Dispositionen getroffen hat, auch entsprechend durchzuführen[27].

Zunächst ist die faktische Duldung auszuklammern, weil diese als schlichte Untätigkeit kein Vertrauen des Betroffenen auf die Weiterführung einer Maßnahme hervorruft. Überhaupt kommt eine Amtspflichtverletzung bei einem Unterlassen nur dann in Betracht, wenn eine Pflicht zum Tätigwerden gerade auch gegenüber dem Geschädigten bestand[28]. Wenn aber das Einschreiten im Ermessen der Bauaufsichtsbehörde steht, kann die Behörde gegenüber dem Betroffenen nicht verpflichtet

---

23 Siehe oben 6. Teil. E.III.4.c).

24 *Papier* in: MüKo-BGB, § 839 Rn. 198; *Sprau* in: Palandt, BGB, § 839 Rn. 34; *Wöstmann* in: Staudinger, BGB, § 839 Rn. 142 ff.; *Ossenbühl/Cornils*, Staatshaftungsrecht, S. 49.

25 BGH, NJW 1989, 99; *Papier* in: MüKo-BGB, § 839 Rn. 194; *Wöstmann* in: Staudinger, BGB, § 839 Rn. 129; *Ossenbühl/Cornils*, Staatshaftungsrecht, S. 48.

26 *Papier* in: MüKo-BGB, § 839 Rn. 213; *Sprau* in: Palandt, BGB, § 839 Rn. 35; *Wöstmann* in: Staudinger, BGB, § 839 Rn. 135 ff.

27 *Sprau* in: Palandt, BGB, § 839 Rn. 40; *Wöstmann* in: Staudinger, BGB, § 839 Rn. 137; *Maurer* in: Isensee/Kirchhof, Handbuch des Staatsrechts Bd. IV, § 79 Rn. 132.

28 *Maurer*, Allgemeines Verwaltungsrecht, § 26 Rn. 22.

sein, einzuschreiten. Die Amtspflicht zu konsequentem Verwaltungshandeln wird deshalb vor allem dann relevant, wenn eine rechtswidrige qualifizierte Duldung vorliegt und entgegen der früheren Praxis gegen den rechtswidrigen Zustand eingeschritten wird.

In engem sachlichen Zusammenhang mit der Amtspflicht zu konsequentem Handeln steht der Grundsatz der Selbstbindung der Verwaltung[29]. So können sich besonders aus Verwaltungsvorschriften Amtspflichten ergeben[30]. Werden Duldungen vor allem bei großflächigen Schwarzbaugebieten aufgrund von Verwaltungsvorschriften höherer Baubehörden ausgesprochen, kann die Amtspflicht zu konsequentem Handeln verletzt sein, wenn die Bauaufsichtsbehörde entgegen der rechtmäßigen Verwaltungspraxis entscheidet und kein sachlicher Grund für die Versagung der Duldung besteht.

II. Drittbezogenheit und Schutzzweck der Amtspflicht

Der Schutzzweck rechtswidriger begünstigender Verwaltungsakte, allen voran der Baugenehmigung, aber auch der förmlichen Duldung oder sonstiger behördlicher Maßnahmen wie z.B. von Auskünften, bestimmt sich in erster Linie nach dem Vertrauen, das die betreffende Maßnahme begründen soll[31]. Weil aber selbst die rechtswidrige Baugenehmigung als den Bauherrn begünstigender Verwaltungsakt nicht in Rechte des Bauherrn eingreift, hat die Rechtsprechung durch das Tatbestandsmerkmal des Vertrauenstatbestands eine Haftungserweiterung entwickelt[32]. Nicht nur für die Frage, ob die Bauaufsichtsbehörde aufgrund des Vertrauensgrundsatzes an einem Einschreiten gehindert ist, sondern auch im Rahmen von Amtshaftungsansprüchen spielt also der Vertrauenstatbestand eine bedeutende Rolle. Weil der Schutz des Duldungsempfängers maßgeblich durch das Vertrauen bewirkt wird, das die Duldung vermittelt, liegt der Schwerpunkt der Prüfung des § 839 BGB auf Drittgerichtetheit und Schutzzweck der verletzten Amtspflicht[33].

Die Amtspflicht ist drittgerichtet, wenn sie gerade den Inhaber des geschützten Rechtsguts schützen soll. Das ist der Fall, wenn Zweck der Vorschrift zumindest auch die Wahrnehmung der Interessen des Einzelnen ist[34]. Da aber die Drittgerichtetheit in der Regel mit der Klagebefugnis zusammenfällt, welche bei Erlass einer den Betroffenen begünstigenden Maßnahme wie der Duldung für den Betroffenen entfällt[35], muss zur Bestimmung der Drittbezogenheit auf den Schutzweck der Amtspflicht zurückgegriffen werden. Der Schutzzweck der Amtspflicht ist aber nicht

---

29 *Papier* in: MüKo-BGB, § 839 Rn. 222.

30 *Grzeszick* in: Erichsen/Ehlers, Allgemeines Verwaltungsrecht, § 44 Rn. 16.

31 *Wöstmann* in: Staudinger, BGB, § 839 Rn. 170 und 580; *de Witt/Burmeister*, NVwZ 1992, 1039 ff.; BGHZ 117, 83, 90.

32 *de Witt/Burmeister*, NVwZ 1992, 1039, 1044.

33 Allg.: *Maurer* in: Isensee/Kirchhof, Handbuch des Staatsrechts Bd. IV, § 79 Rn. 133.

34 BGHZ 109, 163, 167; *Papier* in: MüKo-BGB, § 839 Rn. 227 ff.

35 *Wöstmann* in: Staudinger, BGB, § 839 Rn. 173.

nur für die Bestimmung des Kreises geschützter Dritter von Bedeutung, sondern dient auch als Kriterium zur inhaltlichen Bestimmung und sachlichen Begrenzung der Haftung[36].

Unterschiedlich wird die Frage beantwortet, an welcher Stelle des Tatbestandsaufbaus des Amtshaftungsanspruches der Vertrauensschutz zu berücksichtigen ist. Der BGH hat im „Mülheim-Kärlich-Urteil" vom 16.01.1997 in Abkehr von seiner früheren Rechtsprechung klargestellt, dass das Nichtentstehen einer „Verlässlichkeitsgrundlage" (Vertrauensschutz) nicht erst eine Frage des Mitverschuldens nach § 254 BGB sei[37], sondern bereits im Rahmen der objektiven Reichweite des Vermögensschutzes durch Amtshaftung (im objektiven Tatbestand beim Schutzzweck der verletzten Amtspflicht) zu berücksichtigen sei[38]. Eine Prüfung des Mitverschuldens nach § 254 BGB komme aber in Betracht, wenn je nach Sachlage ein schutzwürdiges Vertrauen nicht von vornherein ausgeschlossen werden könne[39].

1. *Schutzzweck von Auskünften der Bauaufsichtsbehörde*

Der Schutzzweck von Auskünften der Bauaufsichtsbehörden ist eines der Kernprobleme der Amtshaftungsansprüche in der Bauverwaltung. Hierzu existiert eine mittlerweile gefestigte Rechtsprechung des BGH, die sich vor allem an zwei Konstellationen verdeutlichen lässt. Nach der Rechtsprechung des BGH begründet eine in einem förmlichen Bauvoranfrageverfahren abgegebene mündliche Erklärung eines Sachbearbeiters, der zuständige Beamte des Bauamtes werde den beantragten Vorbescheid erlassen, kein schutzwürdiges Vertrauen dahingehend, dass der Vorbescheid entsprechend erlassen werde[40]. Auch wenn die Auskünfte objektiv falsch sind, sei ausschlaggebend, dass diese im Rahmen eines noch nicht abgeschlossenen Verwaltungsverfahrens abgegeben worden sind, sodass für den Betroffenen erkennbar sei, dass die Auskunft unverbindlich ist. Eine Haftungsbegründung behördlicher Auskünfte lässt sich danach also annehmen, wenn die Auskunft nicht nur eine Sachlage beschreibt, sondern im Sinne einer garantieähnlichen Erklärung als Grundlage für einen angestrebten Erfolg dient und Vertrauen schutzwürdig durch Investitionen betätigt wurde[41]. Übertragen auf die Situation der Duldung eines rechtswidrigen Zustands kann also eine Auskunft der Behörde, dass eine Duldung des rechtswidrigen Zustands in Betracht kommt und möglicherweise in Aussicht gestellt wird, nicht haftungsbegründend sein. In diesem Fall muss der Betroffenen wissen, dass es sich

36 *Wöstmann* in: Staudinger, BGB, § 839 Rn. 170; *Ossenbühl/Cornils*, Staatshaftungsrecht, S. 53.
37 So aber *Bömer*, NVwZ 1996, 749, 752 ff.
38 BGHZ 134, 268, 283 ff., 295 ff.; a.A. *Ossenbühl/Cornils*, Staatshaftungsrecht, S. 55 ff., die den Vertrauensschutz als Kausalitätsproblem zwischen dem Verhalten der Behörde und den Dispositionen des Bauherrn auffassen.
39 BGHZ 134, 268, 296 f.
40 BGHZ 117, 83, 90 f.
41 *V. Franckenstein*, BauR 2003, 807, 812; *de Witt/Burmeister*, NVwZ 1992, 1039, 1045.

nicht um eine endgültige Entscheidung handelt, sondern nur um die Auskunft einer zukünftigen Handlungsoption.

Anders hat der BGH aber im Fall einer schriftlichen und vom Amtsleiter unterzeichneten Mitteilung der unteren Bauaufsichtsbehörde entschieden, dass gegen ein Bauvorhaben keine planungs- und baurechtlichen Bedenken bestünden. Diese Mitteilung könne geeignet sein, bei dem Adressaten und auch bei Dritten (z.B. Erwerbsinteressenten) ein schutzwürdiges Vertrauen in die Richtigkeit der Auskunft zu begründen. Die Aussage könne Grundlage für Vermögensdispositionen sein, weil die Auskunft einem Bauvorbescheid angenähert sei[42].

Gemessen an diesen Grundsätzen können fehlerhafte Auskünfte über die Genehmigungsbedürftigkeit und über die Genehmigungsfähigkeit zwar kein schutzwürdiges Vertrauen auf den weiteren Bestand eines illegalen Vorhabens begründen[43], aber dennoch im Rahmen von Schadensersatzansprüchen haftungsrechtlich relevant werden. Denn in diesen Fällen wirkt die Behörde an der Entstehung des rechtswidrigen Zustands mit und veranlasst den Betroffenen gerade dazu, den Verstoß gegen öffentlich-rechtliche Vorschriften herbeizuführen. Dabei richtet sich die Reichweite des Vertrauensschutzes nach der Art der Auskunft, ob diese als Zusicherung, schriftlich oder mündlich erfolgte[44]. Eine Erklärung etwa in einem unvorbereiteten Telefongespräch birgt für den Betroffenen erkennbar einen geringeren Verlässlichkeitsgrad[45]. Einschränkend ist aber das Vertrauen in eine Auskunft dann haftungsrechtlich nicht schutzwürdig, wenn der Empfänger die Unzulänglichkeit der Auskunft kennt oder infolge grober Fahrlässigkeit nicht erkennt[46]. Besonderheiten bestehen dagegen bei genehmigungsfreien Vorhaben bzw. im Genehmigungsfreistellungsverfahren, weil mangels präventiver Kontrolle durch die Bauaufsichtsbehörde keine haftungsrelevanten Amtspflichten bestehen[47].

2. *Faktische Duldungen*

Rein faktische Duldungen aufgrund bloßen Nichteinschreitens begründen kein schutzwürdiges Vertrauen des Bauherrn in den weiteren Bestand des illegalen Zustands[48]. Fraglich ist dann aber, ob ein Schadensersatzanspruch in Betracht kommt, insbesondere in den Fällen, in denen sich ein bestimmtes Verhalten der Behörde in Bezug auf den rechtswidrigen Zustand nicht von der Hand weisen lässt, dieses jedoch nicht ausreicht, um im Sinne einer qualifizierten Duldung schutzwürdiges Vertrauen in den weiteren Bestand entstehen zu lassen. Hier sind besonders diejenigen Fallgruppen anzusprechen, in denen der Bauherr aufgrund von beanstandungslosen

42 BGH, NJW 1994, 2087, 2090 f.; *Wöstmann* in: Staudinger, BGB, § 839 Rn. 610.
43 Siehe oben 6. Teil. E.III.4.e).
44 BGH, NJW 2002, 432, 433; BGH, NJW 1994, 2087, 2090 f.
45 *Wöstmann* in: Staudinger, BGB, § 839 Rn. 151.
46 BGH, ZfBR 2002, 595 f.
47 *Mann*, FS Götz, S. 465, 475 f.
48 Siehe oben 6. Teil. E.III.2.

Ortsbesichtigungen, der Erteilung eines Schlussabnahmescheins oder einer Abgeschlossenheitsbescheinigung davon ausging, sein Vorhaben sei endgültig in seinem Bestand gesichert.

Bei derartigen Fallkonstellationen liegt aber der Schutzzweck der behördlichen Maßnahmen nicht darin, dem Betroffenen eine Verlässlichkeitsgrundlage für Dispositionen zu erzeugen. Anders als bei der Erteilung rechtswidriger Auskünfte über die Genehmigungslage fehlt es hier an einem konkreten Bezug zur baurechtlichen Zulässigkeit des Vorhabens, wodurch die Behörde an der Entstehung und Verfestigung des rechtswidrigen Zustands mitwirkt. In der rechtswidrigen Erteilung eines Schlussabnahmescheins bzw. einer Bescheinigung einer Bauzustandsbesichtigung liegt z.B. keine haftungsauslösende Amtspflichtverletzung, sondern lediglich in der rechtswidrigen Verweigerung oder Verzögerung der Erteilung, soweit der Bauherr dabei in seinen wirtschaftlichen Interessen betroffen ist[49]. Auch wenn die Behörde auf die Selbstanzeige des rechtswidrigen Bauwerks durch den Betroffenen schweigt[50], kann der Betroffene keine Investitionen im Vertrauen auf die Untätigkeit der Behörde tätigen und diese dann im Wege des Schadensersatzes zurückfordern.

3. *Rechtswidrige qualifizierte Duldungen*

Fraglich ist, inwieweit die Erteilung einer rechtswidrigen Duldung vom Schutzzweck der Amtspflicht umfasst ist. In formeller Hinsicht haben die Zuständigkeitsregelungen drittschützenden Charakter, weil sie gerade sicherstellen, dass der jeweilige Entscheidungsträger die nötige Fachkompetenz aufweist[51]. Wenn unzuständige Behörden zwar kein schutzwürdiges Vertrauen in den Bestand des illegalen Zustands auslösen können[52], so kann aber trotzdem im Rahmen der Amtshaftung unzuständiges Handeln Schadensersatzansprüche auslösen.

In materiell-rechtlicher Hinsicht ist wiederum der Grundsatz des Vertrauensschutzes von zentraler Bedeutung. Dieser hat in die Rechtsprechung des BGH zur Amtshaftung in den Fällen Eingang gefunden, in denen eine rechtswidrige Baugenehmigung erteilt wurde, die dann vom Bauherrn nicht ausgenutzt werden konnte[53]. Der BGH prüft, ob der Geschädigte auf die Baugenehmigung vertraut hat und vertrauen durfte und ob und inwieweit die Baugenehmigung eine „Verlässlichkeitsgrundlage" für wirtschaftliche Dispositionen bildet[54]. Aufgrund der besonderen Bedeutung des Baugenehmigungsverfahrens soll der Bauherr darauf vertrauen können, dass er mit dem Vorhaben entsprechend dem Genehmigungsbescheid beginnen kann,

---

49 *Müller*, NVwZ 1990, 1028, 1030.
50 BayVGH, BayVBl. 1999, 590, 592.
51 BGHZ 117, 240, 244 f.
52 Siehe oben 6. Teil. E.III.3.a).
53 Zur Amtshaftung im Rahmen von Baugenehmigungsverfahren *Wolke*, ZfBR 2004, 226 ff.
54 BGHZ 149, 50, 52 ff.; 144, 394, 397; 117, 83, 87, 90 f.; 109, 380, 394; BGH, NJW 2009, 1207, 1208 (Rn. 12).

ohne sein Vorhaben später wegen eines Widerspruchs zu öffentlich-rechtlichen Vorschriften wieder abbrechen zu müssen[55]. Insoweit besteht eine Amtspflicht, keine ungesicherten Vertrauenstatbestände in die Welt zu setzen[56]. Diese Fälle lassen sich gerade als Veranlassungsfälle charakterisieren, weil der Amtshaftungsanspruch erst durch das behördlich veranlasste eigene Verhalten des Bauherrn begründet wird[57].

Eine derart schutzwürdige Position wie bei einer rechtswidrigen Baugenehmigung besteht allerdings bei Duldungen gerade nicht. Die Duldung besitzt keine Legalisierungswirkung, stellt nicht die Übereinstimmung mit den Vorschriften fest und erteilt keine Baufreigabe. Allerdings ruft die qualifizierte Duldung das Vertrauen hervor, das rechtswidrige Bauwerk für einen bestimmten Zeitraum weiter behalten und nutzen zu dürfen und trägt damit zur Festigung oder möglicherweise sogar Intensivierung rechtswidriger Zustände bei. Wenn sich die Duldungszusicherung etwa wegen Verstoßes oder Nichtbeachtung von Nachbarrechten nachträglich als rechtswidrig oder im Fall des öffentlich-rechtlichen Vertrages als unwirksam herausstellt oder die Duldung ohne Zustimmung der Gemeinden oder anderer zu beteiligender Behörden erteilt wird[58], hat die Behörde einen ungesicherten Vertrauenstatbestand in die Welt gesetzt und damit gegen ihre Amtspflichten verstoßen. Die Duldung ist daher unter gewissen Umständen auch Verlässlichkeitsgrundlage für wirtschaftliche Dispositionen. Dies gilt vor allem, wenn der Betroffene im Vertrauen auf die Duldung Investitionen, z.B. zur Erfüllung von Bedingungen oder Auflagen, tätigt.

4. Schutzzweck von Duldungszusicherungen

Eine besondere Stellung nehmen Duldungszusicherungen ein. Wegen § 38 Abs. 3 VwVfG schützt die Zusicherung nur das Vertrauen darauf, dass im Moment ihrer Erteilung die von ihr festgestellten Voraussetzungen vorliegen, nicht aber das Vertrauen auf eine zukünftige noch unbekannte Entwicklung[59]. Grundsätzlich handelt also derjenige, der im Vertrauen auf die Zusicherung Vermögensdispositionen vornimmt auf eigenes Risiko[60]. Gleichwohl stellt die rechtswidrige Duldungszusicherung grundsätzlich einen Amtspflichtverstoß dar, auch wenn die Behörde nach § 38 Abs. 3 VwVfG nicht mehr an die Zusage gebunden sein sollte. In einem solchen Fall umfasst der Schadensersatzanspruch alle Schäden, die dem Betroffenen dadurch entstanden sind, dass er auf die Verbindlichkeit der Zusage vertraut hat[61].

---

55 *Papier* in: MüKo-BGB, § 839 Rn. 244; *ders.*, DZWir 1997, 221, 222.

56 BGH, NVwZ 2004, 638, 639; *Krohn* in: FS Boujong, S. 573 ff.

57 *de Witt/Burmeister*, NVwZ 1992, 1039.

58 Dazu BayVGH, BauR 2005, 81, 84.

59 *Kellner*, NVwZ 2013, 482, 483.

60 Etwas anderes kann sich aber ergeben, wenn die Behörde bei dem Empfänger falsche Vorstellungen über die Bindungswirkung der Zusicherung hervorruft, wenn sich also der Bürger der Tatsache nicht bewusst ist, dass die Bindung der Zusicherung bei geänderter Sach- und Rechtslage entfällt, vgl. *Kellner*, NVwZ 2013, 482, 484 f.

61 BGH, NVwZ 1994, 91.

5. *Rechtswidrige Versagung einer Duldung*

Fraglich ist, ob auch die rechtswidrige Versagung einer Duldung Amtshaftungsansprüche auslöst. Zumindest die rechtswidrige Versagung einer Baugenehmigung stellt eine Amtspflichtverletzung dar[62]. Bei der Duldung handelt es sich aber anders als bei der Baugenehmigung um eine Ermessensentscheidung, sodass eine Amtspflichtverletzung allenfalls dann in Betracht käme, wenn die Behörde wegen einer Ermessenreduzierung auf Null zur Duldung verpflichtet wäre.

Schutzzweck der in diesem Fall betroffenen Amtspflicht zu konsequentem Verhalten ist vor allem der Schutz von Vermögensinteressen. Der Betroffene ist insoweit schutzwürdig, als er wirtschaftliche Dispositionen getroffen hat und darauf vertrauen konnte, dass die Behörde nicht ohne triftigen Grund von ihrem bisherigen Verhalten abweicht[63]. Allerdings ist in diesem Fall § 839 Abs. 3 BGB zu beachten, wonach der Betroffene zunächst Primärrechtsschutz durch Erhebung einer Verpflichtungsklage oder einer allgemeinen Leistungsklage suchen muss.

6. *Grenzen des Vertrauensschutzes im Amtshaftungsrecht*

a) *Grenzen des § 48 Abs. 2 VwVfG analog*

Der amtshaftungsrechtliche Vertrauensschutz findet dort seine Grenzen, wo nach allgemeinem Verwaltungsrecht gemäß § 48 Abs. 2 VwVfG Vertrauensschutz ausscheidet[64]. Der Schadensersatzanspruch besteht selbstverständlich nicht, wenn der Betroffene die Rechtswidrigkeit der Duldung kannte oder infolge grober Fahrlässigkeit nicht kannte[65].

b) *Aufwendungen für Erweiterungs- und Umbaumaßnahmen*

Abweichungen von einer Duldung liegen nicht mehr im Schutzbereich der verletzten Amtspflicht. Der Betroffene kann also nicht Ersatz von Aufwendungen verlangen, durch die er den ermessensfehlerhaft geduldeten Bestand erweitert oder umgebaut hat, weil sich der Umfang der Duldung nur auf den konkreten Bestand oder die konkrete Nutzung bezieht. Wenn schon eine Haftung der Bauaufsichtsbehörde wegen einer rechtswidrigen, unter Befreiung von den Festsetzungen des Bebauungsplans erteilten Baugenehmigung nicht eintritt, wenn der Bauherr bei der Verwirklichung des Vorhabens in wesentlichen Punkten von der genehmigten

---

62 *Wolff/Bachof/Stober/Kluth*, Verwaltungsrecht II, § 67 Rn. 74.

63 *Wöstmann* in: Staudinger, BGB, § 839 Rn. 137.

64 *Papier* in MüKo-BGB, § 839 Rn. 250; *ders.*, DZWir 1997, 221, 224, wonach § 48 Abs. 2 S. 3 VwVfG Ausdruck eines allgemeinen Rechtsgedankens sei; *Krohn*, FS Boujong, S. 573, 582 ff.; *de Witt/Burmeister*, NVwZ 1992, 1039, 1045; a.A. *Bömer*, NVwZ 1996, 749, 753 f.

65 Ebenso wenig besteht ein Schadensersatzanspruch, wenn der Antragsteller die Rechtswidrigkeit einer Baugenehmigung kannte oder infolge grober Fahrlässigkeit nicht kannte, vgl. BGH, NJW 2002, 432, 433.

Planung abweicht[66], muss dies erst recht für die Abweichung von einer Duldung gelten.

c) Kausalität

Es ist nochmals klarzustellen, dass Aufwendungen, die nicht kausal durch die rechtswidrige Duldung entstanden sind[67], die Behörde nicht zum Schadensersatz verpflichten. Ebenso wie eine Haftung für Aufwendungen ausscheidet, die der Bauherr tätigt, bevor er im Besitz einer Baugenehmigung ist[68], kann der Betroffene auch nicht solche Aufwendungen als Schaden geltend machen, die er vor der Duldung getätigt hat.

III. Umfang des Schadensersatzes

Hat der betroffene Bürger einen Anspruch aus § 839 BGB i.V.m. Art. 34 GG, ist die Vermögenslage herzustellen, die bei ordnungsgemäßer Erfüllung der verletzten Amtspflicht eingetreten wäre. Es ist das negative Interesse zu ersetzen, der Betroffene ist also so zu stellen, als hätte sich der Amtsträger pflichtgemäß verhalten[69]. Im Fall einer fehlerhaften Auskunft kann der Betroffen z.B. den Ersatz des Schadens in Geld verlangen, der ihm durch Entscheidungen entstanden sind, die er im insoweit geschützten Vertrauen auf die Richtigkeit der Auskunft getroffen hat, soweit sich nicht ein durch die Auskunft nicht erfasstes Risiko verwirklicht[70]. Hätte der Amtsträger z.B. eine zutreffende Auskunft über Genehmigungserfordernisse und die materielle Rechtslage erteilt, wären Aufwendungen für die Errichtung eines rechtswidrigen Bauwerks nicht entstanden. Hätte die Behörde keine Folgemaßnahmen wie z.B. einen Balkon oder Sanitäreinrichtungen rechtswidrig genehmigt, wären die hierauf bezogenen Aufwendungen nicht getätigt worden oder Kosten für einen Innenausbau einer illegal genutzten Wohnung im Vertrauen auf die Duldung nicht entstanden[71]. Gleiches gilt auch für den Abschluss von Mietverträgen, z.B. im Vertrauen auf die Duldung einer Wohn- oder Ferienwohnnutzung, die bei Aufhebung der Duldung nicht erfüllt werden können. Auch Aufwendungen zur Erfüllung von Auflagen und Bedingungen, die einen duldungsfähigen Zustand ermöglichen, können ersatzfähig sein.

---

66 *Wöstmann* in: Staudinger, BGB, § 839 Rn. 581; *Krohn* in: FS Boujong, S. 573, 577.

67 Siehe oben 6. Teil. E.V.2.

68 BGH, NVwZ 2003, 376, 377.

69 BGH NJW 1991, 929, 931; *Sprau* in: Palandt, BGB, § 839 Rn. 77; *Wöstmann* in: Staudinger, BGB, § 839 Rn. 156.

70 BGH NJW 1991, 929, 931; *Sprau* in: Palandt, BGB, § 839 Rn. 41; *Wöstmann* in: Staudinger, BGB, § 839 Rn. 156.

71 VG Würzburg, Urt. v. 26.05.2008 – W 5 K 07.1551, juris Rn. 21.

IV. Ergebnis

Ein Schadensersatzanspruch wegen Amtspflichtverletzungen gemäß § 839 BGB i.V.m. Art 34 GG lässt sich dem Grunde nach immer dann begründen, wenn die Behörde den Betroffenen zu Dispositionen durch einen Mitwirkungsakt veranlasst hat, die zur Entstehung oder Intensivierung des rechtswidrigen Zustands führen. Das schließt einen Schadensersatzanspruch im Fall einer faktischen Duldung durch bloßes Nichteinschreiten aus. Besonderes Augenmerk ist bei der Prüfung darauf zu legen, ob das Verhalten der Behörde noch vom Schutzzweck der verletzten Amtspflicht umfasst ist, weil hier der Vertrauensschutz zu würdigen ist. Bei den Schadenspositionen sind mangels Kausalität alle Aufwendungen auszuklammern, die vor Erteilung der Auskunft oder Duldung getätigt wurden.

C. Entschädigungen nach dem BauGB

I. Keine Planungsentschädigung nach §§ 39–44 BauGB

Die §§ 39–44 BauGB regeln die Folgen planerischer Eingriffe in die Bodennutzbarkeit. Das sog. Planungsschadensrecht gewährt Kompensation, wenn durch Änderung oder Aufhebung der Festsetzungen eines Bebauungsplans die Bebaubarkeit eines Grundstücks eingeschränkt oder der Berechtigte hinsichtlich sonstiger Nutzungsmöglichkeiten beschnitten wird[72]. Dabei handelt es sich um ausgleichspflichtige Inhalts- und Schrankenbestimmungen des Eigentums zur Wahrung der Verhältnismäßigkeit von Eingriffen[73].

§ 39 BauGB gewährt Ersatz für Aufwendungen, die auf Grund von Vorbereitungen zur Verwirklichung eines Bebauungsplanes getätigt wurden[74]. Fraglich ist, ob die § 39 ff. BauGB auch Aufwendungen erfassen, die für eine geduldete bauliche Anlage getroffen wurden. Im Fall der Duldung werden Aufwendungen des Bauherrn aber gerade nicht im Vertrauen auf das Bestehen eines Bebauungsplans getätigt, weil der bestehende Zustand gerade den Festsetzungen eines gegebenenfalls bestehenden Bebauungsplans widerspricht. Investitionen werden allenfalls im Vertrauen auf den weiteren Bestand und Nutzungsmöglichkeiten infolge der Duldung getätigt. Ansprüche aus § 39 BauGB kommen demnach nicht in Betracht.

Gleichfalls kann der Betroffene keine Entschädigung nach § 42 BauGB verlangen. Nach dieser Vorschrift kann der Eigentümer eine angemessene Entschädigung in Geld verlangen, wenn die „zulässige Nutzung“ eines Grundstücks aufgehoben oder geändert wird und dadurch eine nicht nur unwesentliche Wertminderung des Grundstücks eintritt. Durch die Duldung einer illegalen Nutzung wird diese aber

---

72 BVerfG NVwZ 1999, 979, 980; *Battis* in: Battis/Krautzberger/Löhr, BauGB, Vorb. §§ 39–44 Rn. 1.

73 *Battis* in: Battis/Krautzberger/Löhr, BauGB, Vorb. §§ 39–44 Rn. 5 m.w.N.

74 *Battis* in: Battis/Krautzberger/Löhr, BauGB, § 39 Rn 1; *Finkelnburg/Ortloff/Kment*, Öffentliches Baurecht Bd. I, § 13 Rn. 22.

nicht zulässig, weil die Duldung anders als die Baugenehmigung keine Legalisierung des Vorhabens bewirkt[75]. Im Planungsschadensrecht nach den §§ 39 ff. BauGB führt die Duldung daher nicht zu einer Entschädigungspflicht.

II. Keine Entschädigung bei Baugeboten und Baupflichten nach §§ 176 ff. BauGB

Abbruchgebote i.S.v. § 176 Abs. 5 BauGB bei Baugeboten sowie Abbruchgebote i.S.v. § 179 Abs. 1 BauGB bei Rückbaugeboten lösen wegen der Vernichtung geschützter Eigentumssubstanz grundsätzlich Entschädigungspflichten aus, vgl. § 179 Abs. 3 BauGB. Das Rückbaugebot kann nach § 179 Abs. 1 S. 1 Nr. 1 BauGB etwa angeordnet werden, wenn die bauliche Anlage den Festsetzungen eines Bebauungsplans nicht entspricht und ihnen nicht angepasst werden kann oder bauliche Anlagen Missstände oder Mängel i.S.d. § 177 Abs. 2 und Abs. 3 S. 1 BauGB aufweisen, die nicht mehr durch Instandsetzungen behoben werden können. Nach § 179 Abs. 3 S. 1 BauGB kann der Eigentümer, Mieter, Pächter oder sonstige Nutzungsberechtigte dann Entschädigung für Vermögensnachteile verlangen, die durch die Beseitigung entstanden sind.

Das wirft die Frage auf, ob auch geduldete Bausubstanz zu einer Entschädigung nach diesen Vorschriften führen kann. Dafür ist es erforderlich, sich den Unterschied zwischen den Rückbaugeboten nach dem BauGB und den bauordnungsrechtlichen Rückbau- und Abbruchanordnungen zu vergegenwärtigen. Die bauordnungsrechtlichen Beseitigungsverfügungen zielen auf Rückbau und Beseitigung formell und materiell rechtswidriger Bausubstanz ab. Dagegen stellt das in § 179 Abs. 1 BauGB sowie in § 176 Abs. 5 BauGB geregelte Rückbaugebot eine städtebauliche Maßnahme dar, für die nicht die Bauaufsichtsbehörde sondern die Gemeinde zuständig ist[76]. Bleibt aber durch die Duldung das Vorhaben sowohl formell als auch materiell illegal, ist der Anwendungsbereich der Entschädigungspflicht nach § 179 Abs. 3 BauGB nicht eröffnet.

D. Enteignungsentschädigung für geduldete bauliche Anlagen und Nutzungen

Enteignungsentschädigung können wegen eines Rechtsverlusts oder eines infolgedessen eingetretenen Vermögensnachteils geleistet werden, vgl. §§ 95 Abs. 1, 96 BauGB oder nach Landesrecht Nordrhein-Westfalens §§ 10 Abs. 1, 11 EEG NRW. Fraglich ist, ob dem Bauherrn eine Enteignungsentschädigung für die geduldete bauliche Anlage und ihre Nutzung zu zahlen ist, wenn ein Grundstück i.S.d. Art. 14

---

75 Zur Legalisierungswirkung siehe oben 3. Teil. C.III. und 3. Teil. C.IV.

76 *Mitschang* in: Battis/Krautzberger/Löhr, BauGB, § 179 Rn. 2; *Muckel/Ogorek*, Öffentliches Baurecht, § 9 Rn. 28.

Abs. 3 S. 2 GG i.V.m. einem Enteignungsgesetz enteignet wird. Dies soll anhand der Enteignungstatbestände der §§ 85–122 BauGB untersucht werden.

I. Enteignungsentschädigung nach §§ 85 ff. BauGB

Steht auf einem Grundstück eine geduldete bauliche Anlage bzw. wird dort eine bestimmte rechtswidrige Nutzung durch die Behörde geduldet, ist problematisch, ob bei einer Enteignung des betroffenen Grundstücks i.S.d. §§ 85 ff. BauGB auch eine Entschädigung für Rückbau und die Einschränkung der Nutzungsmöglichkeit des geduldeten Bestands zu leisten ist. Bei den §§ 85–122 BauGB handelt es sich um eine gesetzlich ausgeformte Administrativenteignung, die als planakzessorisches städtebauliches Instrument der Güterbeschaffung in erster Linie der Planverwirklichung dient[77]. Die Enteignung ist nur zu den in § 85 BauGB bestimmten Zwecken zulässig und kann sowohl bebaute als auch unbebaute Grundstücke betreffen[78]. Hervorzuheben ist dabei die planakzessorische Enteignung nach § 85 Abs. 1 Nr. 1 BauGB, die dem Vollzug eines neu aufgestellten Bebauungsplanes dient. Grundsätzlich kann ein entschädigungspflichtiger Eingriff in den grundrechtlich geschützten Bestand des Eigentums vorliegen, wenn durch Änderungen des bestehenden Baurechts die konkrete Bebauungsmöglichkeit eines Grundstücks beseitigt oder eingeschränkt wird[79]. Des Weiteren können nach § 85 Abs. 1 Nr. 2 BauGB unbeplante Grundstücke im Innenbereich zur Schließung einer Baulücke enteignet werden. Nach § 85 Abs. 1 Nr. 5 BauGB kann zulässiger Enteignungszweck sein, ein Grundstück einer baulichen Nutzung zuzuführen, wenn ein Eigentümer die durch ein Baugebot festgesetzte Verpflichtung nicht erfüllt.

1. Gegenstand der Enteignung

Die Enteignung zielt auf die vollständige oder teilweise Entziehung einer konkreten subjektiven Rechtsposition i.S.d. Art. 14 Abs. 1 S. 1 GG ab. Damit übereinstimmend ist nach § 95 Abs. 1 S. 1 BauGB die entzogene Rechtsposition als solche, also der Rechtsverlust, zu entschädigen. Das führt dazu, dass nur solche Qualitätsmerkmale eines Enteignungsobjekts entschädigungsfähig sind, die auf einer rechtlich zulässigen (ausgeübten oder ausübbaren) Nutzung beruhen[80]. Voraussetzung ist also, dass die Duldung eine als Eigentum geschützte Rechtsposition vermittelt. Enteignungsfähige Rechtspositionen sind nur solche, die der Gesetzgeber nach Art. 14 Abs. 1 S. 2 GG auf der Ebene des einfachen Rechts ausgeformt hat und dem Einzelnen zugeordneten hat[81]. Ob die Duldung eine derart geschützte Rechtsposition darstellt, wird unterschiedlich beurteilt. Zumindest dürfte aber eine faktische Duldung, bei

77 *Battis* in: Battis/Krautzberger/Löhr, BauGB, Vorb. §§ 85–122 Rn. 10.
78 *Battis* in: Battis/Krautzberger/Löhr, BauGB, § 85 Rn. 2.
79 BGH, BRS 26 Nr. 8 (S. 166).
80 *Wünschmann* in: Spannowsky/Uechtritz, BeckOK BauGB, § 95 Rn. 1.
81 BVerfGE 58, 300, 330 f.; *Erbguth/Schubert*, Öffentliches Baurecht, § 2 Rn. 30.

der die Bauaufsichtsbehörde lange Zeit untätig bleibt, sodass zugunsten des Betroffenen kein Vertrauenstatbestand entsteht, keinen Eigentumsschutz begründen[82].

2. *Duldung als eigentumsrechtlich geschützte Rechtsposition nach Auffassung von Bracher*

Bracher ist der Ansicht, dass die Duldung in Form der Zusicherung nach § 38 VwVfG ein vermögenswertes Recht vermittelt, weil der Adressat die Anlage behalten und weiter nutzen dürfe. Bei Entzug dieser Rechtsposition liege eine Enteignung vor, die nach Maßgabe der Enteignungsgesetze i.V.m. Art. 14 Abs. 3 S. 2 GG zu entschädigen sei, wenn die Bindung an die Zusage noch bestehe oder im Fall der Befristung die Frist noch nicht abgelaufen sei[83]. Wenn die Bindung an die Zusage weggefallen sei, komme nur noch eine Billigkeitsentschädigung in Betracht, wie sie etwa in § 95 Abs. 3 BauGB vorgesehen ist. Sei die Duldungszusicherung befristet und die Frist zum Zeitpunkt der Inanspruchnahme noch nicht abgelaufen, so richte sich die Entschädigung in der Höhe nach § 95 Abs. 3 S. 2 BauGB[84].

3. *Rechtsprechung des BGH*

In einer Entscheidung hat der BGH die Ansicht vertreten, bei einer qualifizierten Duldung sei aufgrund der Entstehung schutzwürdigen Vertrauens eine Beseitigungsverfügung auf Dauer ausgeschlossen. Damit trete eine endgültige Substanzsicherung ein, sodass eine Enteignungsentschädigung zu leisten sei[85].

Anders hat der BGH bei einer Enteignungsentschädigung in Bezug auf eine geduldete Gewässerbenutzung entschieden[86]. Gegenstand der Entscheidung war die Enteignung eines Grundstücks aufgrund eines Planfeststellungsbeschlusses zum Ausbau einer Autobahn. Die Klägerin begehrte eine Enteignungsentschädigung für eine Stauanlage zur Ableitung von Wasser. Allerdings hatte die Klägerin keinerlei wasserrechtliche Erlaubnisse oder Gestattungen für die Gewässerbenutzung. Diese wurde durch die Wasserbehörde lediglich geduldet. Der BGH ist der Ansicht, dass es sich bei der illegalen, aber geduldeten Gewässernutzung nicht um eine entschädigungsfähige eigentumsmäßig geschützte Rechtsposition i.S.d. Art. 14 GG handelt. Nutzungen, die allein durch die Existenz einer baulichen Anlage ermöglicht werden,

---

82 *Bracher*, ZfBR 1987, 127, 131; so auch BGHZ 140, 285, 292 f. = NJW 1999, 1247, 1249; BGH, NVwZ 2003, 1546, 1548; zustimmend *Wünschmann* in: Spannowsky/Uechtritz, BeckOK BauGB, § 95 Rn. 43; a.A. wohl *Groß* in: Ernst/Zinkahn/Bielenberg/Krautzberger, BauGB, § 95 Rn. 101, für den Fall, dass durch eine langjährige faktische Duldung aus Gründen der Verhältnismäßigkeit ein Eingriffshindernis bestehe; zweifelnd aber im Ergebnis zustimmend *Aust/Jacobs/Pasternak*, Enteignungsentschädigung, Rn. 89.

83 *Bracher*, ZfBR 1987, 127, 131.

84 *Bracher*, ZfBR 1987, 127, 131.

85 BGH, NVwZ 2003, 1546, 1548 f.

86 BGHZ 140, 285 ff.

gehörten dann zur eigentumsrechtlichen Rechtsposition des Grundstückseigentümers, wenn das Bauwerk selbst nach Maßgabe der baurechtlichen Vorschriften Bestandsschutz im Sinne einer endgültigen Substanzsicherung gegenüber einem etwaigen behördlichen Abbruchverlangen genießt[87]. Der BGH führt aus, durch die Duldung habe sich noch keine eigentumsrechtliche Rechtsposition im Sinne einer endgültigen Substanzsicherung des Eigentümers ergeben. Die dem Eigentümer unter Umständen im Einzelfall tatsächlich auf absehbare Zeit verschaffte Möglichkeit, eine formell und materiell illegale Anlage oder Nutzung noch weiter aufrechtzuerhalten, werde nicht vom Eigentumsgrundrecht aus Art. 14 GG umfasst[88].

4. *Stellungnahme*

Gegen die Auffassung, dass bei der Enteignung eines Grundstücks eine Entschädigung für den Verlust der geduldeten Nutzungsmöglichkeit zu leisten sei, sprechen mehrere Argumente.

a) Wegfall der Bindung bei Rechtsänderung

Zunächst ist festzuhalten, dass die Bindung bei einer qualifizierten Duldung durch Zusicherung i.S.d. § 38 VwVfG[89] regelmäßig wegfallen wird, wenn die Behörde den Betroffenen wegen einer Enteignung zur Verwirklichung eines Bebauungsplans oder eines Planfeststellungsbeschlusses in Anspruch nimmt. Denn die Enteignung wird i.d.R. aufgrund von Planungen erfolgen, die erst nach Erteilung der Duldungszusicherung eingeleitet und zum Abschluss gebracht werden[90]. Weil dann die Bindung an die Zusicherung gemäß § 38 Abs. 3 VwVfG entfällt, besteht kein Unterschied mehr zur Situation einer faktischen Duldung, sodass ohnehin kein Anspruch auf Enteignungsentschädigung besteht. Gleiches gilt für den Widerruf der Duldung mit Rücksicht auf die Durchführung eines Enteignungsvorhabens[91]. Eine derartige Planung wird auch bei einem Duldungsvertrag zur Kündigung nach § 60 VwVfG führen.

b) Verfassungsrechtliche Argumente

Aber auch wenn die Bauaufsichtsbehörde in Ausnahmefällen eine Zusage erteilt, wenn bereits Planungen eingeleitet sind, die ein Einschreiten erforderlich machen werden, sprechen eigentumsdogmatische Gründe gegen die Möglichkeit, eine Enteignungsentschädigung beanspruchen zu können. Enteignungsfähige Rechtspositionen sind nur solche, die der Gesetzgeber nach Art. 14 Abs. 1 S. 2 GG auf der Ebene

87 BGHZ 140, 285, 291.
88 BGHZ 140, 285, 292 f.
89 Siehe oben 5. Teil. B.
90 *Bracher*, ZfBR 1987, 127, 131.
91 Dazu *Reisnecker* in: Brügelmann, BauGB, § 95 Rn. 190; siehe auch BGH, NJW 1970, 1178 für eine widerrufliche Baugenehmigung.

des einfachen Rechts ausgeformt und dem Einzelnen zugeordnet hat[92]. Nach dem bereits oben festgestellten Ergebnis stellt die Duldung kein vermögenswertes Recht dar, welches als Eigentum von Art. 14 Abs. 1 S. 1 GG geschützt ist[93]. Mangels einer Legalisierungswirkung entsteht keine rechtmäßige Eigentumsnutzung. Außerdem kann eine Duldung keinen dauerhaften Schutz vor behördlichem Einschreiten bewirken, weil sie anders als eine Baugenehmigung keinen Bestandsschutz vermittelt. Als Eigentum ist vielmehr nur geschützt, was dem Einzelnen nach Art. 14 Abs. 1 S. 2 GG durch die einfachen Gesetze als Eigentum zugeordnet ist. „Rechtmäßiges Eigentum" liegt also nur dann vor, wenn ein Vorhaben materiell legal ist oder wenn eine Baugenehmigung existiert. Allein Grundeigentum gewährt keinen Anspruch auf eine materiell illegale Bebauung[94]. Aus diesem Grund ist auch die oben erstgenannte Ansicht des BGH[95] abzulehnen, dass eine qualifizierte Duldung zu einer Enteignungsentschädigung führe, weil eine endgültige Substanzsicherung eingetreten sei. Als zutreffend ist aber die Entscheidung des BGH bezüglich der geduldeten Gewässerbenutzung zu bewerten[96].

Wenn keine eigentumsrechtlich geschützte Position vorliegt, kann auch kein entschädigungspflichtiger Eingriff in diese Rechtsposition gegeben sein. Vielmehr stellt die Beseitigung rechtswidrigen Eigentums keine Enteignung, sondern eine zulässige Inhalts- und Schrankenbestimmung des Eigentums dar[97]. Letztlich wird dem Betroffenen also keine schutzwürdige Eigentumssubstanz genommen. Er wird nur in seinem Vertrauen enttäuscht, einen rechtswidrigen Zustand weiter aufrecht zu erhalten, weil die Bauaufsichtsbehörde durch die Duldung ihr Ermessen in Bezug auf ein Einschreiten einschränkt und zugunsten des Bürgers einen Vertrauenstatbestand schafft.

c) Wertungsgesichtspunkte

Schließlich hat der „Schwarzbauende" die Ursache des Rechtsverstoßes i.d.R. durch den formell und materiell rechtswidrigen Bau selbst gesetzt. Es kann aber nicht Sinn und Zweck der Enteignungsentschädigung sein, den formell und materiell rechtswidrig bauenden Bürger auch noch im Enteignungsverfahren zu belohnen[98]. Er zieht die Vorteile aus der Duldung bereits aus dem Behalten und Nutzen der illegalen Anlage. Für eine Enteignungsentschädigung ist dann kein Raum mehr.

---

92 *Erbguth/Schubert*, Öffentliches Baurecht, § 2 Rn. 30.

93 Siehe oben 3. Teil. C.; auch *Rabe*, BauR 1977, 166, 174.

94 *Wöstmann* in: Staudinger, BGB, § 839 Rn. 587.

95 BGH, NVwZ 2003, 1546, 1548 f.

96 BGHZ 140, 285 ff.

97 BGHZ 54, 293, 296 f.; *Ossenbühl/Cornils*, Staatshaftungsrecht, S. 238; *Wolff/Bachof/Stober/Kluth*, Verwaltungsrecht II, § 71 Rn. 47.

98 So auch *Groß* in: Ernst/Zinkahn/Bielenberg/Krautzberger, BauGB, § 95 Rn. 101, der im Ergebnis aber eine Enteignungsentschädigung aufgrund des Wortlauts bejaht; siehe unten 8. Teil. D.II.1.

II. Billigkeitsentschädigung

Wenn zwar die Voraussetzungen einer Enteignungsentschädigung nicht vorliegen, kann aber, soweit dies in den Enteignungsentschädigungsgesetzen geregelt ist, eine sog. Billigkeitsentschädigung in Betracht kommen. Bei der Billigkeitsentschädigung handelt es sich um einen Härteausgleich, der mit der Enteignungsentschädigung als einem objektiven Wertausgleich nicht vergleichbar ist[99]. § 95 Abs. 3 S. 1 BauGB oder auch § 10 Abs. 3 S. 1 EEG NRW regeln eine Billigkeitsentschädigung für bauliche Anlagen, deren Rückbau „jederzeit aufgrund öffentlich-rechtlicher Vorschriften entschädigungslos gefordert werden kann“. Der Wortlaut bezieht sich nicht nur auf den Rückbau einer baulichen Anlage, sondern umfasst auch die vollständige oder teilweise Beseitigung[100].

1. *Jederzeitiger entschädigungsloser Rückbau*

Voraussetzung der Billigkeitsentschädigung nach § 95 Abs. 3 S. 1 BauGB ist, dass der Rückbau *„jederzeit auf Grund öffentlicher Vorschriften entschädigungslos gefordert werden kann“*. Mit Rücksicht auf den Eigentumsschutz des Art. 14 Abs. 1 GG dürften darunter nur formell und materiell rechtswidrige Bauten fallen[101]. Formell rechtmäßige Vorhaben sind durch die Baugenehmigung in ihrem Bestand geschützt, während materiell rechtmäßige Vorhaben nachträglich genehmigt werden können. Eine Ausnahme besteht bei formell und materiell rechtswidrigen Bauten allerdings dann, wenn aus Gründen der Verhältnismäßigkeit die Erteilung einer Ausnahme, Befreiung oder von Auflagen in Betracht kommt[102].

Das wirft die Frage auf, ob auch eine Duldung bewirkt, dass ein Rückbau nicht mehr jederzeit entschädigungslos gefordert werden kann. Dafür könnte zunächst der Wortlaut „jederzeit entschädigungslos“ sprechen[103]. Denn durch die Duldung kann die Bauaufsichtsbehörde an einem sofortigen Einschreiten gehindert sowie unter Umständen entschädigungspflichtig sein. Außerdem sind Bauten, die zwar materiell illegal, aber durch eine Baugenehmigung gedeckt sind, in ihrem Bestand geschützt, bis die Baugenehmigung zurückgenommen wird. Daraus wird teilweise gefolgert, für eine Billigkeitsentschädigung bleibe nur da Raum, wo der Rückbau ohne durch Vertrauens- und Verhältnismäßigkeitsgrundsatz eingeschränkt zu sein, jederzeit verlangt werden kann[104]. Das könnte auch bei einer faktischen Duldung

---

99 *Groß* in: Ernst/Zinkahn/Bielenberg/Krautzberger, BauGB, § 95 Rn. 95.

100 BT-Drucks. 13/6392, S. 72.

101 *Battis* in: Battis/Krautzberger/Löhr, BauGB, § 95 Rn. 11; *Breuer* in: Schrödter, BauGB, § 95 Rn. 50.

102 *Groß* in: Ernst/Zinkahn/Bielenberg/Krautzberger, BauGB, § 95 Rn. 101.

103 *Groß* in: Ernst/Zinkahn/Bielenberg/Krautzberger, BauGB, § 95 Rn. 101; *Aust/Jacobs/Pasternak*, Enteignungsentschädigung, Rn. 89.

104 *Groß* in: Ernst/Zinkahn/Bielenberg/Krautzberger, BauGB, § 95 Rn. 101; *Breuer* in: Schrödter, BauGB, § 95 Rn. 50; *Reisnecker* in: Brügelmann, BauGB, § 95 Rn. 184;

durch bloßes Nichteinschreiten der Fall sein, weil eine langjährige Untätigkeit unter Umständen eine großzügigere Restlaufzeit bzw. längere Beseitigungsfristen rechtfertigt. Folgt man dieser Ansicht würde es sich nicht mehr um eine Billigungsentschädigung, sondern um eine echte Enteignungsentschädigung handeln.

Diese Auffassung kann aber nicht überzeugen. Selbst wenn aufgrund einer Duldung zu dem derzeitigen Zeitpunkt nicht eingeschritten werden kann oder nach langjähriger Untätigkeit großzügige Beseitigungsfristen bzw. Restlaufzeiten angemessen sind, bedeutet das nicht, dass die Beseitigung nicht „jederzeit" im Sinne des § 95 Abs. 3 S. 1 BauGB erfolgen kann. Der Wortlaut der Vorschrift verlangt lediglich, dass die Beseitigung jederzeit erfolgen „kann", nicht aber „muss"[105]. Wenn die Beseitigung aufgrund zulässiger Ermessenserwägungen nicht erfolgt, weil sich die Behörde zur Duldung des rechtswidrigen Zustands entschlossen hat, folgt daraus nicht, dass die Beseitigung nicht mehr erfolgen kann, sondern lediglich aufgeschoben ist. Es tritt keine endgültige Substanzsicherung wie bei Vorliegen einer Baugenehmigung ein[106], die aus Vertrauensschutzgesichtspunkten nicht zurückgenommen werden kann und damit in der Konsequenz auch kein baurechtlicher Bestandsschutz. Anders als durch die Erteilung einer Baugenehmigung ändert sich nichts daran, dass weiterhin ein formell und materiell rechtswidriger Zustand gegeben ist. Der BGH führt dazu aus, dass die Regelung nicht den Schluss erlaubt, eine rechtswidrige, aber durch die Behörden hingenommene Nutzung, die mit der Notwendigkeit einer Enteignung des betroffenen Grundeigentums aus Gründen des Gemeinwohls entfällt, müsse enteignungsrechtlich entschädigt werden[107]. Außerdem dürfte die Einleitung eines Enteignungsverfahrens eine Änderung der Sach- und Rechtslage darstellen, die im Falle einer Duldungszusicherung diese nach § 38 Abs. 3 VwVfG entfallen lässt[108] bzw. einen Widerrufsgrund darstellen kann[109]. Daraus folgt, dass im Fall der Duldung allenfalls eine Billigkeitsentschädigung in Betracht kommt. Ein solches Rückbauverlangen stellt sich lediglich als Inhalts- und Schrankenbestimmung nach Art. 14 Abs. 1 S. 2 GG dar[110].

Daran anknüpfend greift auch nicht § 95 Abs. 3 S. 2 BauGB, wonach eine verhältnismäßig geminderte Entschädigung zu leisten ist, wenn der Rückbau entschädigungslos erst nach Ablauf einer Frist gefordert werden kann. Denn eine befristete Duldung ist nicht mit einer befristeten Genehmigung gleichzusetzen.

---

zweifelnd aber im Ergebnis zustimmend *Aust/Jacobs/Pasternak*, Enteignungsentschädigung, Rn. 89.

105 *Breuer* in: Schrödter, BauGB, § 95 Rn. 50.

106 Zur fehlenden Legalisierungswirkung der Duldung siehe oben 3. Teil. C.III.; zu den Rechtsfolgen des Vertrauensschutzes bei Duldungen siehe oben 6. Teil. E.VIII.

107 BGHZ 140, 285, 291 ff.

108 Siehe oben 8. Teil. D.I.4.a).

109 Dazu *Reisnecker* in: Brügelmann, BauGB, § 95 Rn. 190; siehe auch BGH, NJW 1970, 1178 für eine widerrufliche Baugenehmigung.

110 *Breuer* in: Schrödter, BauGB, § 95 Rn. 50.

2. *Maßstab der Billigkeit*

Bei der Billigkeitsentschädigung handelt es sich um einen Ausnahmetatbestand, der eine umfassende Interessenabwägung erfordert. In die Interessenabwägung soll die Schwere des Verstoßes gegen das öffentliche Baurecht, die Dauer des illegalen Zustandes, persönlich soziale Verhältnisse und auch eben die Duldung dieses Zustandes durch die Behörden mit einfließen[111]. Eine Entschädigung dürfte regelmäßig aber dann nicht in Betracht kommen, wenn es sich um einen vorsätzlichen formellen und materiellen Schwarzbau handelt[112]. Außerdem ist zu beachten, dass bei Rücknahme einer wirksamen Duldungszusicherung ein Entschädigungsanspruch nach § 48 Abs. 3 VwVfG einer Billigkeitsentschädigung vorgeht[113].

III. Ergebnis

Die Duldung vermittelt kein vermögenswertes Recht, das als Eigentum geschützt ist. Im Fall der Enteignung eines Grundstücks ist deshalb auch keine Enteignungsentschädigung für geduldete bauliche Anlagen und Nutzungen zu leisten. Dies gilt unabhängig von der Handlungsform, derer sich die Behörde bedient. Davon unberührt bleibt aber die Möglichkeit einer sog. Billigkeitsentschädigung oder die Möglichkeit, Ausgleich des Vertrauensschadens über § 48 Abs. 3 VwVfG oder § 839 BGB i.V.m. Art. 34 GG zu erlangen.

E. Verschuldensunabhängige Entschädigungsansprüche

Duldungen können auch im Zusammenhang mit verschuldensunabhängigen Entschädigungsansprüchen relevant werden. Die Landesgesetzgeber haben zum Teil eine derartige Eingriffshaftung der Behörden für rechtmäßige und rechtswidrige Maßnahmen gesetzlich geregelt. Beispielsweise regelt § 39 Abs. 1 lit. a OBG NRW die Haftung für eine Inanspruchnahme als Nichtstörer, während § 39 Abs. 1 lit. b OBG NRW die Haftung für rechtswidrige Maßnahmen bestimmt.

I. Entschädigung für rechtmäßige Maßnahmen

Ein Entschädigungsanspruch nach § 39 Abs. 1 lit. a OBG NRW kommt in Betracht, wenn der Betroffene als Nichtstörer in Anspruch genommen wird. Vertritt man mit *Ossenbühl* die Ansicht, dass Verzicht, Verwirkung und Verjährung von Eingriffsrechten möglich sind, weil die materielle Polizeipflicht erlösche und der Betroffene

111 *Groß* in: Ernst/Zinkahn/Bielenberg/Krautzberger, BauGB, § 95 Rn. 102; *Wünschmann* in: Spannowsky/Uechtritz, BeckOK BauGB, § 95 Rn. 43.

112 *Battis* in: Battis/Krautzberger/Löhr, BauGB, § 95 Rn. 11; *Breuer* in: Schrödter, BauGB, § 95 Rn. 51.

113 *Breuer* in: Schrödter, BauGB, § 95 Rn. 50.

infolgedessen nur noch als Nichtstörer im polizeilichen Notstand zu behandeln sei[114], könnte der Betroffene bei Beseitigung seiner rechtswidrigen geduldeten Anlage oder Untersagung der Nutzung einen Entschädigungsanspruch aus § 39 Abs. 1 lit. a OBG NRW geltend machen. Diese Ansicht ist jedoch aus den oben genannten Gründen abzulehnen[115]. Derjenige, der einen rechtswidrigen Zustand unterhält, bleibt im ordnungsrechtlichen Sinne verantwortlich, auch wenn die Behörde über einen längeren Zeitraum nicht einschreitet, sodass eine Inanspruchnahme als Nichtstörer in polizeilichen Notstand ausscheidet.

II. Entschädigung für rechtswidrige Maßnahmen

Der betroffene Bürger hat einen Anspruch auf Entschädigung nach § 39 Abs. 1 lit. b OBG NRW, wenn er durch eine rechtswidrige behördliche Maßnahme in seinen Rechten verletzt ist. Der Begriff der Maßnahme ist weit zu fassen. Dieser erfasst z.B. die Erteilung einer rechtswidrigen Baugenehmigung, auf deren Bestand der Betroffene vertraut hat und durch die Enttäuschung des Vertrauens einen Nachteil erlitten hat[116] oder die Erteilung falscher Auskünfte[117], letztlich jede nach außen wirkende Maßnahme einer Ordnungsbehörde[118]. Ein bauaufsichtliches Einschreiten trotz wirksamer Duldung durch Verwaltungsakt oder öffentlich-rechtlichen Vertrag kann als rechtswidrige Maßnahme angesehen werden. Allerdings wird eine solche Maßnahmen kaum zur Begründung eines Anspruches führen können, weil den Betroffenen ein Mitverschulden trifft, wenn er die Maßnahme nicht im Wege des Primärrechtsschutzes abwehrt[119].

Darüber hinaus kann die Erteilung einer rechtswidrigen Duldung, auf deren Bestand der Betroffene in schutzwürdiger Weise vertraut hat, als rechtswidrige Maßnahme qualifiziert werden. Auch die Erteilung fehlerhafter Auskünfte über die Genehmigungslage stellt eine rechtswidrige Maßnahme dar. Parallel zum Anspruch aus § 839 BGB i.V.m. Art. 34 GG kommt es auch bei einem Anspruch aus § 39 Abs. 1 lit. b OBG NRW auf den Schutzzweck der verletzten Norm an, welcher sich nach dem Vertrauen bemisst, das die konkrete Maßnahme begründen soll[120]. Keine Haftung tritt also wie bei der Amtshaftung ein, wenn die Rechtsverletzung nicht mehr vom Schutzzweck der verletzten Norm erfasst ist[121].

114 *Ossenbühl*, NVwZ 1995, 547 ff.
115 Siehe oben 6. Teil. B.II.3. und 6. Teil. C.I.
116 BGHZ 60, 112.
117 BGH, NJW 1994, 2087, 2088 f.; BGH, NJW 1978, 1522 ff.; einschränkend BGHZ 117, 83, 90 f.
118 *Ossenbühl/Cornils*, Staatshaftungsrecht, S. 517 f.
119 *Ossenbühl/Cornils*, Staatshaftungsrecht, S. 526.
120 Siehe oben 8. Teil. B.II.
121 *Ossenbühl/Cornils*, Staatshaftungsrecht, S. 519 und 523.

F. Ansprüche aus enteignendem und enteignungsgleichem Eingriff

Fraglich ist, ob Ansprüche aus enteignendem und enteignungsgleichem Eingriff von einem Duldungsempfänger geltend gemacht werden können.

I. Enteignender Eingriff

Ein enteignender Eingriff ist grundsätzlich gegeben, wenn durch rechtmäßiges Verwaltungshandeln in eine eigentumsrechtlich geschützte Rechtsposition eingegriffen wird. Ein solcher Fall kann bei Zufall- oder Unfallschäden angenommen werden, d.h. bei Beeinträchtigungen des Eigentums, die außerhalb der typischen Entwicklung liegen und deshalb nicht vorhersehbar sind[122]. Typische Fälle sind zufällige Beschädigungen eines Gebäudes im Rahmen ordnungsgemäß durchgeführter Kanalisations- oder Straßenbauarbeiten[123].

In Parallele zur Enteignungsentschädigung wird teilweise vertreten, dass auch bei einer Inanspruchnahme durch enteignenden Eingriff eine Entschädigung zu leisten sei, sofern im Zeitpunkt des Eingriffs die Bindung an eine Duldungszusage noch bestehe[124]. Dagegen spricht aber, dass geduldete Vorhaben bzw. Nutzungen keine eigentumsrechtlich geschützte Position darstellen[125]. Letztlich wird man daher mangels Eigentumseingriffs einen Anspruch wegen enteignendem Eingriff ablehnen müssen.

II. Enteignungsgleicher Eingriff

Im Gegensatz zum enteignenden Eingriff gewährt der Anspruch aus enteignungsgleichem Eingriff eine Entschädigung für Eigentumseingriffe durch rechtswidriges Verwaltungshandeln. Praktische Beispiele sind Beeinträchtigungen von Gewerbebetrieben durch nicht ordnungsgemäß geplante oder durchgeführte Straßenbauarbeiten, die Beeinträchtigung des Grundeigentums durch die rechtswidrige Erteilung einer Baugenehmigung für ein Nachbargrundstück oder die Verzögerung eines Bauvorhabens wegen Versagung des gemeindlichen Einvernehmens[126]. Ein solcher Anspruch dürfte bei der Duldung allerdings ebenfalls abzulehnen sein, weil das geduldete Vorhaben bzw. die geduldete Nutzung keine eigentumsrechtlich geschützte Rechtsposition darstellt[127]. Dieses Ergebnis lässt sich besonders am Beispiel der rechtswidrigen Erteilung einer Duldung festmachen. Wenn schon die rechtswidrige Erteilung einer Baugenehmigung keinen Eingriff in eine durch Art. 14 Abs. 1 GG

122 *Maurer*, Allgemeines Verwaltungsrecht, § 27 Rn. 109 m.w.N.
123 BGHZ 140, 200 ff.
124 *Bracher*, ZfBR 1987, 127, 131.
125 Siehe oben 3. Teil. C. und 8. Teil. D.I.4.
126 *Maurer*, Allgemeines Verwaltungsrecht, § 27 Rn. 90 m.w.N.
127 Siehe oben 3. Teil. C. und 8. Teil. D.I.4.

geschützte Rechtsposition darstellt, weil dem Bauherrn keine Eigentumssubstanz genommen wird, sondern nur unberechtigtes Vertrauen erzeugt wird, so muss das erst recht für eine rechtswidrige Duldung gelten. Denn Grundeigentum gewährt keinen Anspruch auf eine materiell illegale Bebauung[128].

G. Schadensersatzanspruch aus öffentlich-rechtlichem Vertrag

Haben Behörde und Bürger einen öffentlich-rechtlichen Duldungsvertrag geschlossen, so können sich daraus Pflichten ergeben, bei deren Verletzung vertragliche Schadensersatzansprüche entstehen. Über die Verweisungsnorm des § 62 VwVfG sind die Schadensersatzansprüche des bürgerlichen Rechts entsprechend anwendbar[129]. Von besonderer Bedeutung sind Schadensersatzansprüche wegen vorvertraglicher Pflichtverletzungen *(culpa in contrahendo)*, wenn die Behörde Aufklärungs- und Hinweispflichten aus dem Verwaltungsrechtsverhältnis verletzt[130]. Gemäß § 62 VwVfG i.V.m. § 311 Abs. 2 BGB entsteht mit Aufnahme von Vertragsverhandlungen, der Anbahnung eines Vertrages oder ähnlichen geschäftlichen Kontakten ein gesetzliches Schuldverhältnis mit Rücksichtnahmepflichten auf Rechtsgüter und Interessen des anderen Teils. Eine Haftung aus Verschulden bei Vertragsschluss kann sich z.B. ergeben, wenn der Duldungsvertrag nicht rechtswirksam zustande gekommen ist, der Bürger aber im Vertrauen auf die Rechtswirksamkeit Aufwendungen getätigt hat[131]. Eine haftungsbegründende Pflichtverletzung der Behörde kann auch angenommen werden, wenn sie unzutreffende Vorstellungen über das Erfordernis einer Genehmigung oder Mitwirkung Dritter oder anderer Behörden geweckt[132] oder sonstige Hinweis- oder Aufklärungspflichten verletzt hat[133].

H. Fazit

Die Untersuchung hat bestätigt, dass die Duldung besonders auch im Bereich des Schadensersatz- und Entschädigungsrechts Bedeutung erlangt. Vor allem der Amtshaftungsanspruch gemäß § 839 BGB i.V.m. Art. 34 GG kommt zur Anwendung, wenn die Bauaufsichtsbehörde den Betroffenen durch einen Mitwirkungsakt zu Dispositionen veranlasst hat, die zur Entstehung oder Intensivierung des rechtswidrigen Zustands führen. Bei diesem Mitwirkungsakt kann es sich entweder um fehlerhafte Auskünfte oder um rechtswidrige Duldungsentscheidungen handeln.

128 *Wöstmann* in: Staudinger, BGB, § 839 Rn. 587.
129 *Kopp/Ramsauer*, VwVfG, § 62 Rn. 20.
130 Dazu allg. *Kopp/Ramsauer*, VwVfG, § 62 Rn. 20 m.w.N.; *Fluck*, NuR 1990, 197, 200.
131 *Bonk/Neumann* in: Stelkens/Bonk/Sachs, VwVfG, § 62 Rn. 45 ff.; *Ossenbühl/Cornils*, Staatshaftungsrecht, S. 438.
132 BGHZ 142, 51, 63; BGH, NVwZ 2001, 116, 117.
133 *Bonk/Neumann* in: Stelkens/Bonk/Sachs, VwVfG, § 62 Rn. 51.

Der im Vordergrund stehende Vertrauensschutz ist dann im Rahmen der Prüfung des Schutzzwecks der verletzten Amtspflicht zu ermitteln. Allerdings können keine Aufwendungen als Schaden ersetzt werden, die vor Erteilung einer rechtswidrigen Auskunft oder Duldung getätigt wurden.

Neben der Möglichkeit, über § 839 BGB i.V.m. Art. 34 GG Schadensersatz zu verlangen, können auch verschuldensunabhängige Entschädigungsansprüche, wie z.B. in § 39 Abs. 1 lit. b OBG NRW geregelt, in Betracht kommen. Denn die Erteilung einer fehlerhaften Auskunft oder einer rechtswidrigen Duldung stellt sich als rechtswidrige Maßnahmen i.S.d. Vorschrift dar.

Eine Enteignungsentschädigung für die Beseitigung einer geduldeten baulichen Anlage oder für den Entzug ihrer Nutzungsmöglichkeit scheidet jedoch aus. Durch die Duldung entsteht kein als Eigentum geschütztes Recht. Davon unberührt bleibt aber die Möglichkeit, eine sog. Billigkeitsentschädigung zu verlangen, sofern diese wie in § 95 Abs. 3 S. 1 BauGB oder auch § 10 Abs. 3 S. 1 EEG NRW geregelt ist. Außerdem besteht auch die Möglichkeit, einen Ausgleich des Vertrauensschadens über § 48 Abs. 3 VwVfG, der eine Billigkeitsentschädigung ausschließt, oder über § 839 BGB i.V.m. Art. 34 GG zu erlangen.

9. Teil. Weitere Wechselwirkungen der Duldung

Die Rechtswirkungen von Duldungen beschränken sich nicht nur auf das Eingriffsermessen der Bauaufsichtsbehörden. Klärungsbedarf besteht auch hinsichtlich der Frage, wie sich die Duldung auf bauplanungsrechtliche Fragestellungen auswirkt, z.B. inwieweit geduldete bauliche Anlagen bei der Aufstellung von Bauleitplänen beachtlich sind. Ein weiterer Schwerpunkt soll auf die Wirkungen der Duldung im Recht der Ordnungswidrigkeiten gelegt werden. Darüber hinaus ergeben sich auch im Kontext zivilrechtlicher Wechselwirkungen Probleme.

A. Bauplanungsrechtliche Wechselwirkungen der Duldung

I. Außer-Kraft-Treten von Festsetzungen eines Bebauungsplans wegen Funktionslosigkeit

Seit dem Urteil des Bundeverwaltungsgerichts vom 10.03.1967 ist anerkannt, dass Bebauungspläne durch eine von ihren Festsetzungen abweichende tatsächliche Entwicklung außer Kraft treten können[1]. Ein Außer-Kraft-Treten eines Bebauungsplanes wegen Funktionslosigkeit wird immer dann angenommen, wenn die Verhältnisse, auf die sich die Festsetzung bezieht, tatsächlich einen Zustand erreicht haben, der eine Verwirklichung der Festsetzung auf unabsehbare Zeit ausschließt, und wenn dieser tatsächliche Zustand in seiner Erkennbarkeit einen Grad erreicht hat, der einem dennoch in die Fortgeltung der Festsetzung gesetzten Vertrauen die Schutzwürdigkeit nimmt[2]. Hierunter werden vor allem Fälle subsumiert, in denen die Bauaufsicht über Jahre hinweg Befreiungen von den bauplanerischen Festsetzungen erteilt hat. Ob auch durch Duldungen die Funktionslosigkeit des Bebauungsplans eintreten kann, ist dagegen problematisch. Ohnehin wird dem nur in Ausnahmefällen anwendbaren Außer-Kraft-Treten von Festsetzungen[3] noch restriktiver begegnet, wenn sich ein „Schwarzbauender" auf sie beruft. Deshalb ist fraglich, ob eine Funktionslosigkeit nur dann angenommen werden kann, wenn diese auf förmliche Baugenehmigungen und Befreiungen zurückzuführen ist oder ob auch Duldungen oder sogar die rein tatsächliche Situation ohne behördliche Mitwirkung ausreichen.

---

1 BVerwG, NJW 1967, 1291, 1292.

2 BVerwGE 54, 5, 11; OVG NRW, DVBl. 2015, 851; mit besonderem Bezug zum Gleichheitssatz nach Art. 3 GG *Pauly*, JZ 1997, 647, 650; *Pietzcker*, JZ 1985, 209, 215.

3 OVG NRW, DVBl. 2015, 849, 851.

1. *Behördliche Mitwirkung*

Schon umstritten ist, ob es als Voraussetzung für das Außer-Kraft-Treten eines Bebauungsplans überhaupt der Kenntnis der Behörde[4] bzw. einer behördlichen Mitwirkung bedarf[5] oder ob es auf die rein tatsächliche Entwicklung im betreffenden Gebiet und nicht auf eine vorhergehende Interessenabwägung ankommt[6]. Ein Außer-Kraft-Treten des Bebauungsplans erscheint vor allem unter dem Gesichtspunkt der Planungshoheit der Gemeinden gemäß Art. 28 Abs. 2 GG problematisch, wenn Bauaufsichtsbehörde bzw. Gemeinde keine Kenntnis vom rechtswidrigen Zustand haben[7]. Allerdings kommt es für die Bewertung der Rechtswirkungen einer Duldung auf die Funktionslosigkeit eines Bebauungsplans nicht auf die Frage der Kenntnis der Behörde an. Eine behördliche Duldung liegt ohnehin nur dann vor, wenn die Behörde auch Kenntnis vom rechtswidrigen Zustand hat. Ob das Außer-Kraft-Treten zusätzlich zu einer tatsächlichen Entwicklung eine behördliche Mitwirkung voraussetzt[8], muss ebenfalls nicht entschieden werden. Denn bei der Duldung liegt eine behördliche Mitwirkung vor, unabhängig davon, ob es sich um eine qualifizierte oder faktische Duldung handelt.

2. *Ausmaß und Offenkundigkeit*

Das Außer-Kraft-Treten von Festsetzungen eines Bebauungsplans ist an enge Voraussetzungen gebunden. Nach der Rechtsprechung des Bundesverwaltungsgerichts ist ein Außer-Kraft-Treten anzunehmen, wenn durch die Duldung eines rechtswidrigen Zustands, vor allem bei einer Vielzahl von „Schwarzbauten“ im selben Gebiet, tatsächlich ein Zustand erreicht wird, der schon ein Ausmaß angenommen hat, das einem in die Fortgeltung der Festsetzungen des Bebauungsplans gesetzten Vertrauen die Schutzwürdigkeit nimmt[9]. In einer weiteren Entscheidung hat das Bundesverwaltungsgericht einschränkend ausgeführt, dass eine Funktionslosigkeit nicht schon dann eintritt, wenn über längere Zeit von den Festsetzungen des Plan abgewichen worden ist, sondern daneben zusätzlich eine Offenkundigkeit der Gestalt treten müsse, dass durch diese Verhältnisse die Gesamtheit des Plans betroffen, die Abweichung mithin evident ist[10].

Ausmaß und Offenkundigkeit drücken sich zum einen im Verhältnis planwidriger Nutzungen zu rechtmäßigen Nutzungen, zum anderen in der Art und Weise der Duldungsentscheidung aus. Das OVG NRW wertet etwa einen Anteil von 75 %

---

4 OVG SH, Urt. v. 21.03.1995 – 1 L 54/94, juris Rn. 25.
5 *Pietzcker*, JZ 1985, 209, 215.
6 So BVerwG, NVwZ-RR 1998, 711; *Erhard*, NVwZ 2006, 1362, 1363 ff. mit ausführlicher Begründung.
7 Dazu *Erhard*, NVwZ 2006, 1362, 1363 f.
8 *Pietzcker*, JZ 1985, 209, 215.
9 BVerwGE 54, 5, 11.
10 BVerwGE 85, 273, 281 f.

planwidriger Wohnnutzungen in einem Wochenendhausgebiet als Indiz für eine Verselbständigung der tatsächlichen Verhältnisse[11]. Gerade bei der Duldung einer Vielzahl rechtswidriger baulicher Anlagen manifestiert die Behörde den Willen, die faktische Entwicklung unter Abweichung von der Planung zu billigen. Umstritten ist dagegen, ob die Funktionslosigkeit eines Bebauungsplans ein qualifiziertes Dulden erfordert. Teilweise wird vertreten, dass bereits eine faktische Duldung ausreichend sei. Eine Differenzierung nach genehmigter und ungenehmigter bzw. geduldeter baulicher Entwicklung sei nicht sachgerecht, weil ansonsten eine bauplanungsrechtliche Situation unter gefahrenabwehrrechtlichen Gesichtspunkten beurteilt werde. Außerdem könne eine den Festsetzungen entgegenlaufende tatsächliche Entwicklung selbst dem rechtstreuen Bauherrn entgegengehalten werden[12].

Auch wenn es für die Frage des Außerkrafttretens von Bebauungsplänen nicht auf die Wirkungen der Duldung auf das behördliche Eingriffsermessen und einen etwaigen Vertrauensschutz des Betroffenen ankommt, dürfte eine Offenkundigkeit aber nur im Fall qualifizierter Duldungen anzunehmen sein. Demnach tritt eine Funktionslosigkeit erst ein, wenn die entgegenstehende Wohnnutzung durch die Erteilung von Genehmigungen rechtlich gesichert oder qualifiziert geduldet wird[13]. Nicht ausreichend ist eine langjährige bzw. jahrzehntelange Untätigkeit. Entscheidend ist vielmehr, ob eine „Trendwende“ nicht ausgeschlossen ist, was nur der Fall ist, wenn eine verbindliche Erklärung gegenüber den Grundstückseigentümern erfolgt[14]. Neben dieser bauplanungsrechtlichen Auswirkung ist zu beachten, dass zumindest im Fall einer aktiven behördlichen Mitwirkung die Bauaufsichtsbehörde auch unter dem Gesichtspunkt der Gleichbehandlung bzw. Selbstbindung der Verwaltung an einem bauaufsichtlichen Einschreiten gehindert sein kann[15].

II. Entstehung eines Bebauungszusammenhangs durch geduldete Vorhaben

Zu problematisieren ist, ob auch die Duldung z.B. einer Vielzahl illegaler Wohnnutzungen zu einem Bebauungszusammenhang führen kann mit der Folge, dass sich die bauplanungsrechtliche Bewertung nach § 34 Abs. 1 BauGB richtet. Ein im Zusammenhang bebauter Ortsteil i.S.d. § 34 Abs. 1 S. 1 BauGB ist jeder Bebauungskomplex im Gebiet einer Gemeinde, der nach der Zahl der vorhandenen Bauten ein gewisses Gewicht besitzt und Ausdruck einer organischen Siedlungsstruktur ist. Maßgebend ist die Verkehrsauffassung. Entscheidend kommt es jeweils auf ein

---

11 OVG NRW, DVBl. 2015, 849, 851; OVG NRW, Urt. v. 26.06.2006 – 7 A 3730/04, juris Rn. 55 ff.; OVG NRW, Urt. v. 25.11.2005 – 7 A 2687/04, juris Rn. 38 ff.

12 *Erhard*, NVwZ 2006, 1362, 1364.

13 OVG NRW, DVBl. 2015, 849, 851 f.; OVG Rh.-Pf., BauR 2012, 903, 904; auch *Pietzcker*, JZ 1985, 209. 215.

14 OVG NRW, DVBl. 2015, 849, 852.

15 *Erhard*, NVwZ 2006, 1362, 1365 f.; *Pauly*, JZ 1997, 647, 650.

objektives Verständnis der Umstände des konkreten Einzelfalls an, wobei auf die tatsächlich vorhandene Bebauung abzustellen ist[16].

In der Rechtsprechung des Bundesverwaltungsgerichts scheint die Entstehung eines Bebauungszusammenhangs bei Duldungen jedenfalls anerkannt zu sein. Danach könne ein Bebauungszusammenhang vorliegen, wenn sich die zuständige Behörde mit einer von der erteilten Baugenehmigung abweichenden kontinuierlichen Wohnnutzung auf Dauer abgefunden habe[17]. Tatsächlich vorhandene, aber nicht genehmigte Nutzungen, hätten im Rahmen der Prüfung des § 34 BauGB nur dann außer Betracht zu bleiben, wenn das Verhalten der zuständigen Behörde hinreichend klar ergebe, dass ihre Beseitigung absehbar sei[18]. Dementsprechend hat der VGH Baden-Württemberg entschieden, die qualifizierte Duldung von 25 zur Wohnnutzung genutzten Wochenendhäusern über mehr als 20 Jahre führe zu einem Bebauungszusammenhang. Die insgesamt 25 geduldeten Wohnhäuser und 45 Wochenendhäuser sowie einige Nebengebäude seien als Ortsteil mit einer organischen Siedlungsstruktur zu bewerten, sodass keine Splittersiedlung zu befürchten sei[19].

Dagegen spricht auch nicht, dass nach der Rechtsprechung des Bundesverwaltungsgerichts die Regelannahme gilt, Gebäude, die etwa zu Freizeitzwecken nur vorübergehend genutzt werden, wie z.B. Wochenend- oder Gartenhäuser, seien keine Bauten, die für sich genommen ein die Siedlungsstruktur prägendes Element darstellen. Denn ausnahmsweise kann auch eine größere Ansammlung von Wochenendhäusern im Einzelfall einen im Zusammenhang bebauten Ortsteil im Sinne von § 34 Abs. 1 S. 1 BauGB bilden, wenn diese Ansammlung sich bei einheitlicher Gebietsstruktur faktisch wie ein aufgrund eines Bebauungsplans entstandenes Baugebiet im Sinne des Baugesetzbuchs und der Baunutzungsverordnung darstellt[20]. Durch eine Ansammlung von Wochenendhäusern kann z.B. ein faktisches Wochenendhausgebiet i.S.v. § 10 Abs. 1 BauNVO entstehen[21]. Nicht ausreichend für einen Bebauungszusammenhang ist aber eine Ansammlung von Wochenendhäusern auf großflächigen Grundstücken, die wegen der Weitläufigkeit der Bebauung nicht den Eindruck einer organischen Siedlungsstruktur mit einem gewissen Gewicht vermittelt[22].

Außerdem kann die jahrelange Duldung eines rechtswidrigen Zustands dazu führen, dass aufgrund des entstandenen Bebauungszusammenhangs weitere

16 BVerwGE 31, 22, 26; BVerwG, ZfBR 2007, 480; BVerwG, ZfBR 2000, 426.

17 BVerwG, BRS 63 Nr. 102; VGH BW, Urt. v. 16.04.2014 – 3 S 1962/13, juris Rn. 33.

18 BVerwGE 31, 22, 26; BayVGH, Urt. v. 11.11.1998 – 2 B 97.2507, juris Rn. 17.

19 VGH BW, Urt. v. 16.04.2014 – 3 S 1962/13, juris Rn. 33 ff.

20 BVerwG, ZfBR 2002, 808, 809; BVerwG, ZfBR 2002, 69 f.; BVerwG, ZfBR 2000, 428; BayVGH, Urt. v. 02.06.2006 – 1 N 03.1546, juris Rn. 17 ff.; OVG NRW, BRS 70 Nr. 187 (S. 882); ThürOVG, BRS 66 Nr. 95 (S. 453 f.).

21 OVG NRW, BRS 70 NR. 187 (S. 883) m.w.N.; ThürOVG, BRS 66 Nr. 95 (S. 453 f.).

22 Das OVG NRW hat zwölf Wochenendhäuser in einem Waldgebiet am Rand einer ehemaligen Mülldeponie als Splittersiedlung bewertet, vgl. OVG NRW, Beschl. v. 05.08.2011 – 2 A 2137/10, juris Rn. 21.

Vorhaben an § 34 Abs. 1 BauGB zu messen sind, weil sich die maßgebliche Umgebung nicht mehr gemäß § 34 Abs. 2 BauGB in eine der Gebietstypen der BauNVO einordnen lässt[23]. So kann etwa die Duldung einer illegalen Wohnnutzung in einem faktischen Wochenendhausgebiet dazu führen, dass sich die Umgebung nicht mehr nach § 34 Abs. 2 BauGB i.V.m. § 10 BauNVO beurteilen lässt. Des Weiteren kann etwa die Duldung von Gewerbebetrieben in einem faktischen allgemeinen Wohngebiet eine Beurteilung der Zulässigkeit nach § 34 Abs. 2 BauGB i.V.m. § 4 BauNVO ausschließen.

III. Berücksichtigung der Duldung bei der Planaufstellung

1. Planungserforderlichkeit

Ein städtebaulicher Missstand kann mit planerischen Mitteln beseitigt werden, indem das fragliche Gebiet durch die Aufstellung eines Bebauungsplans „überplant" wird. Bauleitpläne sind aber nach § 1 Abs. 3 S. 1 BauGB nur dann aufzustellen, sobald und soweit sie für die städtebauliche Entwicklung und Ordnung erforderlich sind. Das führt zu der Frage, ob eine jahrzehntelange Duldung von ungenehmigten Wohnnutzungen dazu führen kann, dass ein Bebauungsplan nicht mehr nach § 1 Abs. 3 S. 1 BauGB für die städtebauliche Entwicklung und Ordnung erforderlich ist, sodass sich im Ergebnis die faktischen Gegebenheiten gegen die gemeindliche Planung durchsetzen.

Nach der Rechtsprechung des Bundesverwaltungsgerichts sind Bauleitpläne erforderlich, wenn sie nach der planerischen Konzeption der Gemeinde als erforderlich angesehen werden können[24]. Die generelle Zulässigkeit einer Bauleitplanung ergibt sich bereits dann, wenn diese zur städtebaulichen Entwicklung und Ordnung in Beziehung steht und die Gemeinde gewichtige städtebauliche Allgemeinbelange ins Feld führen kann[25]. Will die Gemeinde einen lediglich geduldeten rechtswidrigen Zustand in einem bestimmten Gebiet mit den Mitteln der Bauleitplanung neuordnen, kann unter Hinweis auf eine jahrzehntelange Duldung also nicht die Erforderlichkeit der Planung verneint werden. Denn eine Bauleitplanung kann auch eine bereits vorhandene Bebauung überplanen, um einen bereits bestehenden städtebaulichen Zustand rechtlich festzuschreiben, selbst wenn sich die Bebauung weitgehend nach § 34 BauGB bestimmt[26]. Sogar wenn die Gemeinde bei der Erteilung einer Baugenehmigung ihr Einvernehmen erteilt hat, ist sie grundsätzlich nicht gehindert, eine dem Vorhaben widersprechende Bauleitplanung zu verfolgen[27]. Inwieweit die Belange des Bauherrn eines geduldeten Bauvorhabens bei der

23 BayVGH, Urt. v. 11.11.1998 – 2 B 97.2507, juris Rn. 17; *Pietzcker*, JZ 1985, 209, 215.
24 BVerwGE 133, 310, 314 (Rn. 17 ff.); BVerwG, NJW 1995, 2572.
25 BVerwGE 45, 309, 312; 34, 301, 305; *Battis* in: Battis/Krautzberger/Löhr, BauGB, § 1 Rn. 26.
26 BVerwG NVwZ-RR 1997, 83.
27 BVerwGE 120, 138, 144 f.

Planung zu berücksichtigen sind, ist aber im Rahmen der konkreten Abwägung nach § 1 Abs. 7 BauGB zu ermitteln. Außerdem würde die Gemeinde sogar gegen § 1 Abs. 3 BauGB verstoßen, wenn eine Bebauungsplanänderung nur dazu dient, eine vom ursprünglichen Plan abweichende Fehlentwicklung im privaten Interesse des betroffenen Bauherrn zu legalisieren, ohne dass zugleich städtebauliche Gründe für eine solche Änderung sprechen[28]. Private Interessen eines Bauherrn am Erhalt seines Bauvorhabens dürfen also keine Rolle spielen.

Zusammenfassend kann also selbst durch eine jahrzehntelange Duldung einer Planung nicht die Erforderlichkeit abgesprochen werden. Die Gemeinde muss sich bei der Planung nicht der „normativen Kraft des Faktischen" beugen, sondern darf auf die Einhaltung der Rechtsordnung hinwirken, um eine ordnungsgemäße städtebauliche Entwicklung unter angemessener Berücksichtigung gegenläufiger Interessen wiederherzustellen[29].

2. *Abwägungsbeachtlichkeit der Duldung bei der Planaufstellung*

In Planfeststellungsverfahren, Raumordnungsverfahren oder bei der Aufstellung von Flächennutzungs- und Bebauungsplänen als Bauleitplänen ist es Aufgabe der zuständigen Planungsbehörde, bei der Planaufstellung öffentliche und private Belange gegeneinander und untereinander abzuwägen, vgl. etwa § 1 Abs. 7 BauGB, § 17 S. 2 FStrG, § 8 Abs. 1 S. 2 LuftVG, § 7 Abs. 2 S. 1 ROG, § 14 Abs. 1 S. 2 LPlG NRW. Das Abwägungsgebot gilt nach § 1 Abs. 8 BauGB auch für die Aufhebung von Bebauungsplänen. Als spezifische Rechtsfigur sozialgestaltender, staatlicher Planung ist das Abwägungsgebot zentrales Gebot einer rechtsstaatlichen Planung[30]. Fraglich ist, ob ein formell und materiell rechtswidriges, aber geduldetes Bauwerk bei der Abwägungsentscheidung als privater Belang des Betroffenen relevant ist und die Nichtberücksichtigung zu einem Abwägungsfehler führt.

a) Zusammenstellung des Abwägungsmaterials

Bereits die Zusammenstellung des Abwägungsmaterials ist ein Vorgang planerischen Abwägens. Die Gemeinde muss darüber entscheiden, welche Belange für die Abwägung überhaupt in Betracht kommen können, und sie muss entscheiden, inwieweit das Abwägungsmaterial aufgrund der konkreten Umstände abwägungserheblich ist[31]. Nach der Rechtsprechung des Bundesverwaltungsgerichts ist das Abwägungsgebot verletzt, wenn in die Abwägung Belange nicht eingestellt werden,

---

28 OVG Rh.-Pf., BauR 1986, 412 ff.

29 NdsOVG, Urt. v. 08.09.2010 – 1 KN 129/07, juris Rn. 205 ff.; NdsOVG, Urt. v. 11.02.2014 – 1 KN 141/12, juris Rn. 36 ff.

30 *Battis* in: Battis/Krautzberger/Löhr, BauGB, § 1 Rn. 87.

31 *Battis* in: Battis/Krautzberger/Löhr, BauGB, § 1 Rn. 96.

die nach Lage der Dinge in der Abwägung hätten berücksichtigt werden müssen oder wenn die Bedeutung betroffener privater Belange verkannt wird[32].

Anerkannt ist, dass diejenigen privaten Belange, die nicht schutzwürdig sind, bei der Abwägung außer Acht gelassen werden dürfen[33]. Die Begriffe der öffentlichen und privaten Belange sind dabei weit auszulegen. Die öffentlichen Belange bezeichnen alle öffentlichen Interessen, die im Zusammenhang mit der städtebaulichen Entwicklung und Ordnung stehen. Dagegen umfasst der Begriff der privaten Belange insbesondere verfassungsrechtlich geschützte Rechte wie z.B. das Grundeigentum, grundstücksgleiche Rechte, Bestandsschutz sowie dingliche und obligatorische Rechte[34]. Interessen, denen wie beim nicht genehmigungsfähigen „Schwarzbau" ein „Makel" anhaftet, sind deshalb grundsätzlich nicht schutzwürdig[35]. Die privaten Interessen beschränken sich im Bauplanungsrecht aber nicht nur auf subjektiv-öffentliche Rechte oder auf das, was nach Art. 14 GG oder Art. 2 Abs. 2 GG verfassungsrechtlich gegen entschädigungslose Eingriffe geschützt ist[36]. Gerade dieser weite Anwendungsbereich lässt es sachgerecht erscheinen, auch lediglich geduldete bauliche Anlagen in die Abwägung einzustellen und nicht von vornherein aus der Abwägung auszublenden. Auch das Bundesverwaltungsgericht hat diese Auffassung in einem Beschluss vom 20.10.1993 angedeutet. Danach fallen unter nicht schutzwürdige Belange alle Positionen, denen der Schutz der Rechtsordnung versagt ist. Eine Grundstücknutzung, die nicht genehmigt sei und auch nicht genehmigt werden könne, brauche die Planungsbehörde – von Ausnahmen abgesehen (z.B. Duldungen) – nicht in ihre planerischen Erwägungen mit einzubeziehen[37]. Diese beispielhafte Nennung zeigt, dass Duldungen auch nach Ansicht des Bundesverwaltungsgerichts unter bestimmten Gesichtspunkten als abwägungsbeachtlicher Belang zu berücksichtigen sind.

b) Gewicht der Duldung bei der Abwägung

Das Bundesverwaltungsgericht äußert sich aber in der eben genannten Entscheidung nicht weiter über die Frage, welches Gewicht der Duldung bei der Abwägung der widerstreitenden Interessen zukommt. Das OVG Nordrhein-Westfalen hat mit Urteil vom 20.05.1994 die Aussage des Bundesverwaltungsgerichts inhaltlich näher bestimmt[38]. Danach könne die Rechtsprechung des Bundesverwaltungsgerichts nur so verstanden werden, dass die Duldung allenfalls dann zur Abwägungsbeachtlichkeit der Belange des Betroffenen führe, wenn sie ihm dauerhaften Schutz vor behördlichem Einschreiten vermittle. Deshalb könne nur einer Duldung eine solche

32 BVerwGE 34, 301, 309.
33 Grundlegend BVerwGE 59, 87, 103.
34 *Battis* in: Battis/Krautzberger/Löhr, BauGB, § 1 Rn. 101.
35 *Finkelnburg/Ortloff/Kment*, Öffentliches Baurecht Bd. I, § 5 Rn. 49.
36 BVerwGE 59, 87, 101.
37 BVerwG, NVwZ-RR 1994, 373.
38 OVG NRW, BRS 56 Nr. 32 = NWVBl. 1995, 294.

Bedeutung beigemessen werden, wenn sie sich auf die Dauer des Bestandes eines Bauwerks oder einer Nutzung beziehe und nicht nur auf einen befristeten kürzeren Zeitraum[39].

Die Auffassung des OVG Nordrhein-Westfalen ist allerdings nicht unproblematisch. Man wird der Duldung anders als der Baugenehmigung keine Rechtsposition zusprechen können, die einen dauerhaften Schutz vor behördlichem Einschreiten vermittelt[40]. Dennoch ist der Grundaussage des Urteils zuzustimmen, sodass folgende Differenzierung sachgerecht erscheint: Stellt sich die Duldung nur als eine Interimslösung für einen kurzen Zeitraum dar, so kann die Duldung nicht von planungsrechtlicher Relevanz sein[41]. Denn im Rahmen der Abwägung sind Interessen nicht schutzwürdig, bei denen der Betroffene nicht schutzwürdig auf den dauerhaften Bestand vertrauen darf[42]. Bezieht sich die Duldung aber auf einen längeren Zeitraum, etwa auf die Lebensdauer des Betroffenen, so sind seine Belange angemessen zu berücksichtigen. Es wäre nicht sachgerecht, seine privaten Belange nicht zu berücksichtigen, wenn die Bauaufsichtsbehörde zu erkennen gegeben hat, dass kein öffentliches Interesse an einer Beseitigung des Bauwerks oder einer Nutzungsuntersagung besteht. In diesem Fall hat die Bauaufsichtsbehörde den privaten Belangen des Betroffenen im Verhältnis zum öffentlichen Interesse an der Beseitigung den Vorrang eingeräumt.

Darüber hinaus lassen sich private Belange bei der Planaufstellung angemessen berücksichtigen, wenn Betroffenen, die z.B. ein Wochenendhaus rechtswidrig dauerhaft bewohnen, an die Einzelsituation angepasste Duldungsverträge angeboten werden, die einen schonenden Übergang zur plangewollten Nutzung sicherstellen[43].

IV. Legalisierung illegaler Bauten durch Überplanung

Anstatt rechtswidrige Zustände zu dulden können die zuständigen Planungsbehörden auch prüfen, ob eine Ansammlung illegaler Bauten mit bauplanungsrechtlichen Mitteln legalisiert werden kann.

1. Aufstellen eines Bebauungsplans

Stellt sich eine Ansammlung von mehreren Wochenendhäusern im Außenbereich mit dauerhafter Wohnnutzung als unzulässig heraus, kann die Gemeinde prüfen, ob sie diese Ansammlung durch Aufstellen eines Bebauungsplanes weiterentwickeln will[44]. Das Bundeverwaltungsgericht hat mit Urteil vom 11.07.2013 entschieden, § 10 Abs. 2 S. 1 BauNVO ermächtige den Satzungsgeber, in einem Sondergebiet, das der

39 OVG NRW, BRS 56 Nr. 32 (S. 90) = NWVBl. 1995, 294.
40 Siehe oben 6. Teil. E.VIII.
41 OVG NRW, BRS 56 Nr. 32 = NWVBl. 1995, 294, 297.
42 BVerwGE 59, 87, 103.
43 NdsOVG, BauR 2014, 954, 956.
44 NdsOVG, BauR 2014, 954 ff.; OVG SH, Urt. v. 17.07.2014 – 1 KN 3/14, juris Rn. 46.

Erholung dient, vorhandene gebietsfremde Bauvorhaben wie Wohngebäude durch Festsetzungen zu sichern, sofern das gesamte Plangebiet trotz der bestandssichernden Festsetzungen sein Gepräge als Gebiet zu Erholungszwecken wahre[45]. In einem vom Niedersächsischen OVG entschiedenen Fall hatte die Gemeinde durch Aufstellung eines Bebauungsplans versucht, die ungeregelte Wohn- und Wochenendhausbesiedlung planungsrechtlich zu bewältigen. Der neue Bebauungsplan setzte für das gesamte Plangebiet ein Sondergebiet „Wochenendhausgebiet" fest, in dem ausnahmsweise Wohnhäuser statt Wochenendhäuser zulässig sein sollten, wenn ihre Baugenehmigung nachgewiesen wurde. Gemessen an der oben genannten Rechtsprechung des Bundesverwaltungsgerichts muss die vorgenommene bestandssichernde Festsetzung als zulässig betrachtet werden, weil im zugrunde liegenden Sachverhalt die nach den Planfestsetzungen zulässigen Wohngebäude den Wochenendhäusern zahlenmäßig im Verhältnis 3 zu 92 deutlich untergeordnet waren[46].

Andererseits darf die Aufstellung eines Bebauungsplanes nicht vorgeschoben werden, um ein Nichteinschreiten gegen illegale Bebauung zu verdecken. So kann die Ausweisung eines Wochenendhausgebietes als „Etikettenschwindel" unzulässig sein, wenn die planende Gemeinde tatsächlich die Beibehaltung einer ganz überwiegend vorhandenen Wohnnutzung beabsichtigt und die Ausweisung als Wochenendhausgebiet ausschließlich als formalen Vorwand nutzt[47].

2. *Fremdkörperfestsetzungen*

Die BauNVO bietet die Möglichkeit, vorhandene bauliche Anlagen oder Nutzungen durch Fremdkörperfestsetzungen abzusichern. Gemäß § 1 Abs. 10 BauNVO kann im Bebauungsplan festgesetzt werden, dass Erweiterungen, Änderungen, Nutzungsänderungen und Erneuerungen von Anlagen allgemein zulässig sind oder ausnahmsweise zugelassen werden können, wenn bei Festsetzung eines Baugebiets nach den §§ 2 bis 9 in überwiegend bebauten Gebieten bestimmte vorhandene bauliche und sonstige Anlagen unzulässig wären. Die Vorschrift ermöglicht einen erweiterten Bestandsschutz für Fremdkörper in einem andersartigen Baugebiet, der über den Bestandsschutz, der sich aus der Baugenehmigung ergibt, hinausgeht. Die Nutzungen, die verändert werden können, werden durch die Fremdkörperfestsetzung nicht zulässig, sondern bleiben geduldet, während Veränderungen und Erweiterungen zulassungsfähig bleiben[48]. Dabei müssen die gebietsfremden und unzulässigen Nutzungen gebietsverträglich gestaltet werden[49].

Umstritten ist jedoch, ob hierdurch auch illegale bauliche Anlagen und Nutzungen gesichert werden können. Nach einer Ansicht müssen die vorhandenen baulichen Anlagen zu irgendeinem Zeitpunkt genehmigt worden sein oder wenigstens

45 BVerwG, NVwZ 2014, 72, 74.
46 NdsOVG, BauR 2014, 954.
47 OVG Rh.-Pf., NVwZ 1986, 677, 678.
48 *Fickert/Fieseler*, BauNVO, § 1 Rn. 132.
49 *Fickert/Fieseler*, BauNVO, § 1 Rn. 137.

passiven Bestandsschutz genießen, also zu einem früheren Zeitpunkt über einen gewissen Zeitraum genehmigungsfähig gewesen sein[50].

Nach der Gegenmeinung soll die Gemeinde auch nicht genehmigte bzw. nicht genehmigungsfähige Anlagen durch eine Festsetzung nach § 1 Abs. 10 BauNVO nachträglich legitimieren können[51]. Dieser Auffassung hat sich mittlerweile wohl auch das Bundesverwaltungsgericht angeschlossen. In einer Entscheidung vom 30.10.2007 führt das Bundesverwaltungsgericht aus, es sei nicht erforderlich, dass die Anlage bei Festsetzung des Baugebiets bereits vorhanden und bis dahin bauplanungsrechtlich zulässig war, sie also erst durch die Festsetzung des Baugebiets an sich bauplanungsrechtlich unzulässig werde[52]. Diese Ansicht kann einige gewichtige Argumente ins Feld führen. Neben der Entstehungsgeschichte[53] ergebe sich bereits aus dem Wortlaut des § 1 Abs. 10 BauNVO keine Beschränkung auf genehmigte und bestandsgeschützte Vorhaben. § 1 Abs. 10 Satz 1 BauNVO setze lediglich voraus, dass die baulichen Anlagen bereits „vorhanden“ sind, nicht aber, dass sie bis zur Festsetzung des Baugebiets bauplanungsrechtlich zulässig waren[54]. Auch Sinn und Zweck des § 1 Abs. 10 BauGB sprechen für eine weite Auslegung, da die Gemeinde die planerische Freiheit haben solle, aus städtebaulichen Gründen solche Anlagen nachträglich zu legalisieren und vorhandenen gebietsfremden Nutzungen Entwicklungschancen offenzuhalten[55]. Auf diese Weise können z.B. durch Fremdkörperfestsetzungen geduldete illegale Ferienhäuser oder Ferienwohnungen in einem allgemeinen Wohngebiet gesichert werden[56].

In jedem Fall muss aber nach § 1 Abs. 10 S. 3 BauNVO die allgemeine Zweckbestimmung des Baugebiets in seinen übrigen Teilen gewahrt bleiben. Außerdem darf die Vorschrift als flexibles Instrument nicht zu einer missbräuchlichen Anwendung zugunsten privater Belange führen[57].

---

50 NdsOVG, NVwZ-RR 2004, 817 f. unter Verweis auf BVerwG, ZfBR 2002, 687; *Fickert/Fieseler*, BauNVO, § 1 Rn. 139.

51 *Söfker* in: Ernst/Zinkahn/Bielenberg/Krautzberger, BauGB, § 1 BauNVO Rn. 108; *Ziegler* in: Brügelmann, BauGB, § 1 BauNVO Rn. 443 f.

52 BVerwG, BauR 2008, 326 f.

53 Dazu *Ziegler* in: Brügelmann, BauGB, § 1 BauNVO Rn. 443.

54 BVerwG, BauR 2008, 326 f.; *Söfker* in: Ernst/Zinkahn/Bielenberg/Krautzberger, BauGB, § 1 BauNVO Rn. 108.

55 BVerwG, BauR 2008, 326 f.; *Ziegler* in: Brügelmann, BauGB, § 1 BauNVO Rn. 443; *Söfker* in: Ernst/Zinkahn/Bielenberg/Krautzberger, BauGB, § 1 BauNVO Rn. 108.

56 Vgl. den „Handlungsleitfaden zur bauplanungsrechtlichen- und bauordnungsrechtlichen Zulässigkeit von Ferienwohnungen“ des Ministeriums für Wirtschaft, Bau und Tourismus des Landes Mecklenburg-Vorpommern, S. 6 und 9, abrufbar im Internet unter: http://www.regierung-mv.de/serviceassistent/download?id=125838 (abgerufen am 28.02.2016); dazu siehe oben 1. Teil. F.I.5.

57 *Fickert/Fieseler*, BauNVO, § 1 Rn. 135.

3. *Entwicklungssatzung*

Die Gemeinde kann nach § 34 Abs. 1 S. 1 Nr. 2 BauGB bebaute Bereiche im Außenbereich als im Zusammenhang bebaute Ortsteile festlegen. Voraussetzung ist allerdings, dass die Flächen im Flächennutzungsplan als Baufläche dargestellt sind und die Festlegung auch inhaltlich dem Flächennutzungsplan entspricht. Durch diese sog. Entwicklungssatzung werden die bisherigen bebauten Bereiche im Außenbereich bauplanungsrechtlich zum Innenbereich, sodass sich die Zulässigkeit dann nach § 34 Abs. 1 BauGB richtet[58].

4. *Ergänzungssatzung*

Die sog. Ergänzungssatzung oder Einbeziehungssatzung nach § 34 Abs. 4 S. 1 Nr. 3 BauGB ermöglicht die Einbeziehung einzelner Außenbereichsflächen in die im Zusammenhang bebauten Ortsteile, wenn die einbezogenen Flächen durch die bauliche Nutzung des angrenzenden Bereichs entsprechend geprägt sind[59]. Sollen also die einzubeziehenden Flächen der Wohnnutzung dienen, muss auch der angrenzende Bereich des Ortsteils durch überwiegende Wohnnutzung geprägt sein. Die Einbeziehungssatzung verstößt aber gegen § 34 Abs. 5 S. 1 Nr. 1 BauGB, wenn die Zulassung einer Dauerwohnnutzung zu Darstellungen eines Regionalplans und eines Flächennutzungsplans im Widerspruch steht[60].

V. Ergebnis

Die Untersuchungen der Duldung im bauplanungsrechtlichen Kontext zeigen die vielfältigen Auswirkungen der Duldung auf bauplanungsrechtliche Probleme. Zum einen können qualifizierte Duldungen Festsetzungen eines Bebauungsplans außer Kraft treten lassen. Des Weiteren können durch geduldete Vorhaben Bebauungszusammenhänge entstehen, die eine bauplanungsrechtliche Bewertung nach § 34 BauGB auslösen. Duldungen bewirken allerdings nicht, dass einer Planaufstellung die Erforderlichkeit nach § 1 Abs. 3 BauGB abzusprechen ist. Längerfristige Duldungen sind insbesondere bei der Abwägung privater und öffentlicher Interessen nach § 1 Abs. 7 BauGB zu berücksichtigen, wenn sie nicht nur für einen verhältnismäßig kurzen Zeitraum gelten. Einzelne illegale Wohnnutzungen in einem Sondergebiet zu Erholungszwecken können durch Festsetzungen gesichert werden, sofern das gesamte Plangebiet trotz der bestandssichernden Festsetzungen sein Gepräge als Gebiet zu Erholungszwecken wahrt. Darüber hinaus besteht die Möglichkeit einer Entwicklungs- oder Ergänzungssatzung, um einen rechtswidrigen Zustand mit planungsrechtlichen Mitteln zu legalisieren.

---

58 *Mitschang/Reidt* in: Battis/Krautzberger/Löhr, BauGB, § 34 Rn. 84 ff.

59 *Mitschang/Reidt* in: Battis/Krautzberger/Löhr, BauGB, § 34 Rn. 88 f.

60 OVG NRW, DVBl. 2015, 849, 853.

B. Wirkung der Duldung auf Baulasten

Mit Ausnahme der Bundesländer Bayern und Brandenburg haben die Landesgesetzgeber das Institut der Baulast in die Landesbauordnungen integriert. Bei einer Baulast handelt es sich um die Übernahme von öffentlich-rechtlichen Verpflichtungen eines Grundstückseigentümers gegenüber der Bauaufsichtsbehörde zu einem sein Grundstück betreffenden Tun, Dulden oder Unterlassen, die sich nicht schon aus öffentlich-rechtlichen Vorschriften ergeben, vgl. § 83 Abs. 1 S. 1 BauO NRW. Beispielsweise besteht bei der sog. Vereinigungsbaulast die Verpflichtung, zwei verschiedene Grundstücke baurechtlich als Einheit zu behandeln, um auf diese Weise etwa die Errichtung eines einheitlichen Gebäudes auf der gemeinsamen Fläche beider Grundstücke zu ermöglichen[61]. Bei der sog. Abstandsflächenbaulast übernimmt der Bauherr die Verpflichtung, bestimmte Flächen eines Grundstücks nicht mit abstandsflächenrelevanten Gebäuden zu bebauen und nicht für eigene Abstandsflächen in Anspruch zu nehmen, um auf diese Weise den Nachweis der Abstandsflächen eines fremden Gebäudes zu ermöglichen[62]. Auch Rückbauverpflichtungen nach der dauerhaften Aufgabe einer zulässigen Nutzung gemäß § 35 Abs. 5 S. 2 BauGB können als Baulasten eingetragen werden. Sinn und Zweck der Verpflichtung zu einer Baulast ist die Herstellung von Verhältnissen, die die Voraussetzung für die Rechtmäßigkeit eines Bauvorhabens bilden. Der Belastung des Grundstücks durch die Baulast entspricht einer in der Zulässigkeit des Bauvorhabens liegende Begünstigung, die entweder ein anderes benachbartes oder das belastete Grundstück betrifft[63].

Fraglich ist, wie sich die Duldung eines baulastwidrigen Zustands auf das Einschreiten der Bauaufsichtsbehörde auswirkt. Nach zutreffender Ansicht des OVG Nordrhein-Westfalen hindert zumindest die faktische Duldung nicht die Unterbindung einer baulastwidrigen Nutzung, was aus dem Gedanken folgt, dass aus der schlichten Untätigkeit kein Vertrauen in Bezug auf ein Nichteinschreiten entstehen kann[64]. Eine andere Situation ergibt sich aber dann, wenn die Bauaufsichtsbehörde den baulastwidrigen Zustand qualifiziert duldet. Wenn die Behörde bereits trotz eines Verstoßes gegen gesetzliche Vorschriften aufgrund einer qualifizierten Duldung an einem Einschreiten gehindert sein kann, dann muss dies erst recht gelten, wenn ein Verstoß gegen eine öffentlich-rechtliche Verpflichtung aus einer Baulast vorliegt.

---

61 Vgl. etwa § 4 Abs. 2 LBO BW; § 7 Abs. 1 HBauO.
62 Vgl. etwa § 7 S. 1 LBO BW; § 6 Abs. 2 S. 4 HBauO.
63 *Finkelnburg/Ortloff/Otto*, Öffentliches Baurecht Bd. II, S. 71.
64 OVG NRW, Beschl. v. 29.11.2013 – 7 A 1879/12, juris Rn. 5.

C. Wirkungen der Duldung im Recht der Ordnungswidrigkeiten

Nach den Bauordnungen der Länder erfüllt das ungenehmigte Bauen bzw. Nutzen den Tatbestand einer Ordnungswidrigkeit und kann mit einem Bußgeld geahndet werden, vgl. etwa § 84 Abs. 1 Nr. 13 BauO NRW. Bei oberflächlicher Betrachtung wäre es aus Sicht der Bauaufsichtsbehörde inkonsequent, ein Vorhaben zu dulden, dann aber ein Bußgeld aufgrund des Fehlens einer Baugenehmigung zu verhängen. Aus diesem Grund ist zu klären, ob der Duldung im Recht der Ordnungswidrigkeiten tatbestandsausschließende oder rechtfertigende Wirkung zugesprochen werden kann bzw. ob unter dem Gesichtspunkt der Vorwerfbarkeit des ordnungswidrigen Verhaltens eine Haftung des Betroffenen ausscheidet.

I. Tatbestand der Ordnungswidrigkeit

Der Tatbestand des § 84 Abs. 1 Nr. 13 BauO NRW ist vereinfacht gesagt erfüllt, wenn ein „Bauen ohne Baugenehmigung" vorliegt. Solange also eine Genehmigung wirksam ist, kommt ihr tatbestandsausschließende (und ggf. rechtfertigende) Wirkung zu[65]. Gegen die Annahme, dass auch einer Duldung tatbestandsausschließende Wirkung zugesprochen werden kann, spricht zunächst der eindeutige Wortlaut der Vorschrift, der allein auf das Vorliegen bzw. Nichtvorliegen einer Baugenehmigung oder Teilbaugenehmigung abstellt. Eine analoge Anwendung der Vorschrift auf die Duldung scheidet ebenfalls aus, weil die Duldung keine Legalisierungswirkung entfaltet und ihre Wirkung nicht mit den Wirkungen der Baugenehmigung gleichzusetzen ist[66]. Der Bußgeldtatbestand stellt allein auf die formelle Illegalität zum Zeitpunkt der Errichtung bzw. der Aufnahme der Nutzung ab. Formelle Illegalität liegt vor, wenn eine Genehmigung nicht erteilt wurde, diese erloschen, noch nicht wirksam, zurückgenommen oder widerrufen wurde[67]. Es kommt für das Fehlen der Genehmigung also allein auf den Tatzeitpunkt an, nicht aber darauf, ob die Genehmigung schon beantragt war und ob das Gebäude genehmigungsfähig ist[68]. Wenn selbst eine nachträgliche Baugenehmigung den Tatbestand nicht ausschließt[69], muss das erst recht für eine Duldung gelten. Im Fall der Duldung bleibt das Gebäude sowohl formell als auch materiell illegal, sodass der Tatbestand der Ordnungswidrigkeit erfüllt ist.

---

65 *Rengier* in: Karlsruher Kommentar OWiG, Vor §§ 15, 16 Rn. 21.

66 Siehe oben 3. Teil. C.III.

67 *Boeddinghaus/Hahn/Schulte*, BauO NRW, § 84 Rn. 22.

68 KG Berlin, Beschl. v. 03.07.1997 – 2 Ss 60/97, juris Rn. 8; *Rengier* in: Karlsruher Kommentar OWiG, Vor §§ 15, 16 Rn. 22b m.w.N.; ähnlich *Winkelbauer*, DÖV 1988, 723, 728 für die Strafbarkeit im Fall der Duldung im Wasserrecht, wonach die Strafbarkeit durch die Duldung nicht rückwirkend entfalle.

69 *Boeddinghaus/Hahn/Schulte*, BauO NRW, § 84 Rn. 24.

II. Rechtswidrigkeit

1. Kein Rechtsfertigungsgrund

Im Bereich des Wasserrechts wurde bereits die Diskussion geführt, ob die behördliche Duldung die Strafbarkeit gemäß §§ 324 ff. StGB entfallen lässt. Dabei wird vertreten, dass der Inhaber einer geduldeten Gewässernutzung durch die Duldung gerechtfertigt handelt[70]. Ob dies auch auf das Recht der Ordnungswidrigkeiten bei der baurechtlichen Duldung übertragbar ist, scheint fragwürdig. Denn der Tatbestand des Bauens ohne Baugenehmigung stellt allein auf den Zeitpunkt der Errichtung oder Aufnahme der Nutzung bzw. Änderung ohne Baugenehmigung ab. Zu diesem Zeitpunkt liegt die Duldung in aller Regel aber noch nicht vor, weil die Schaffung des rechtswidrigen Zustands der Duldung zeitlich vorgelagert ist. Aber selbst wenn Maßnahmen, die einer Genehmigung bedürfen, nach einer förmlichen, gegenüber dem Adressaten erklärten Duldung durchgeführt werden, bleibt das Handeln des Bauherrn mangels Legalisierungswirkung der Duldung rechtswidrig. Vor allem Erweiterungs- und Umbaumaßnahmen sind nicht mehr von einer Duldung erfasst. Die Durchführung dieser Maßnahmen führt sogar noch zu einer Intensivierung rechtswidriger Zustände. Einer solchen Intensivierung kann auch durch Bußgelder entgegengewirkt werden.

2. Keine behördliche Einwilligung

Auch eine Einwilligung in die Ordnungswidrigkeit durch eine Duldung scheidet aus, weil die meisten Bußgeldtatbestände nicht unmittelbare Individualrechtsgüter schützen, sondern primär Schutzgütern der Allgemeinheit dienen[71].

III. Vorwerfbarkeit

Zuletzt ist der Frage nachzugehen, ob der Betroffene infolge einer Duldung nicht mehr vorwerfbar i.S.d. § 1 Abs. 1 OWiG handelt. Vorwerfbar ist eine Handlung, wenn der Betroffene rechtswidrig gehandelt hat, obwohl er nach den Umständen des Einzelfalls fähig und imstande gewesen wäre, sich rechtmäßig zu verhalten. Dies ist gemäß § 11 Abs. 2 OWiG nicht der Fall, wenn sich der Täter der Rechtswidrigkeit seines Tuns oder Unterlassens nicht bewusst ist, etwa weil er eine Verbotsnorm nicht kennt oder diese zwar kennt, sein Verhalten aber in der konkreten Situation irrig für erlaubt hält. Er handelt aber erst dann nicht vorwerfbar, wenn er diesen Irrtum nicht vermeiden konnte[72]. Vermeidbar ist der Verbotsirrtum, wenn der Täter trotz der ihm nach den Umständen des Einzelfalls, seiner Persönlichkeit

---

70 *Schmitz* in: MüKo-StGB, Vor § 324 Rn. 99; *Dolde*, NJW 1988, 2329, 2331 ff.; *Fluck*, NuR 1990, 197, 203; differenzierend nach einzelnen Gebieten des Umweltverwaltungsrechts *Heider*, NuR 1995, 335, 339 ff.; *Wüterich*, UPR 1988, 248, 251.

71 *Rengier* in: Karlsruher Kommentar OWiG, §§ 15, 16 Rn. 9.

72 *Decker* in: Simon/Busse, BayBO, Art. 79 Rn. 50.

sowie seines Lebens- und Berufskreises zuzumutenden Anspannung des Gewissens die Einsicht in das Unrechtmäßige nicht zu gewinnen vermochte. Dabei trifft ihn im Zweifel eine Erkundigungspflicht[73].

Dem Betroffenen ist es jedenfalls zumutbar, sich über die Genehmigungsbedürftigkeit eines Vorhabens zu erkundigen, bevor er ein Bauvorhaben ausführt oder eine Nutzung aufnimmt. Daher wird in der Regel ein vermeidbarer Verbotsirrtum vorliegen, wenn der Bauherr die Genehmigungsbedürftigkeit eines Vorhabens nicht kannte. Etwas anderes kann allenfalls dann gelten, wenn sich der Betroffene bei der zuständigen Behörde nach der Genehmigungsbedürftigkeit erkundigt, aber aufgrund rechtsirriger Aussagen eines Behördenvertreters keinen Bauantrag stellt[74]. Gleiches dürfte auch dann gelten, wenn der Betroffene bei einer Fachbehörde eine Genehmigung in Unkenntnis der Tatsache einholt, dass noch eine weitere Genehmigung der Bauaufsichtsbehörde eingeholt werden muss. Das Niedersächsische OVG hat entschieden, dass es dem Bürger in diesem Fall nicht zugemutet werden könne, umfassende Kenntnis von sämtlichen Genehmigungen zu haben, da der Bürger im Normalfall davon ausgehe, dass eine Genehmigung für den Betrieb einer Anlage ausreiche[75].

Fraglich ist weiterhin, wie es sich auswirkt, wenn der Bürger ein Gebäude rechtswidrig errichtet, weil aufgrund einer bestimmten Verwaltungspraxis eine bestimmte Tätigkeit bislang nicht beanstandet und geahndet wurde. Grundsätzlich wird der ausdrücklichen oder stillschweigenden Duldung rechtswidrigen Verhaltens im Recht der Ordnungswidrigkeiten die gleiche Vertrauenswürdigkeit wie ausdrücklich erteilten Auskünften beigemessen[76], sodass sich der Betroffene in einem vermeidbaren Verbotsirrtum befinden könnte. Allerding muss weiter gelten, dass der Betroffene vor Errichtung eines Bauwerks oder der Aufnahme einer Nutzung zunächst die Bauaufsichtsbehörde kontaktiert und sich nicht auf die tatsächliche Praxis verlässt. Selbst ein Vertrauen in die Rechtmäßigkeit einer ausgeübten Tätigkeit wird zerstört, wenn die Behörde ihre Rechtsauffassung ändert[77]. Außerdem muss jedes Bauwerk oder jede Nutzung aufgrund der tatsächlich gegebenen baurechtlichen Situation und Umgebung eigenständig bewertet werden. Demnach befindet sich der Bürger nicht in einem unvermeidbaren Verbotsirrtum, wenn er sich lediglich auf eine Duldungspraxis verlässt.

---

73 BGH, NStZ 1996, 338, 339.

74 OLG Celle, NdsRPfl. 1962, 192 zur Auskunft, dass die Errichtung eines bestimmten Zaunes nicht genehmigungspflichtig sei; *Rengier* in: Karlsruher Kommentar OWiG, § 11 Rn. 69.

75 NdsOVG, BRS 47 Nr. 136 (S. 350).

76 *Rengier* in: Karlsruher Kommentar OWiG, § 11 Rn. 73.

77 *Rengier* in: Karlsruher Kommentar OWiG, § 11 Rn. 73; auch das OLG Düsseldorf hat in einem verkehrsrechtlichen Fall entschieden, der Irrtum, die Duldung verbotswidrigen Parkens durch die Polizei mache das Parken rechtmäßig, sei als vermeidbarer Verbotsirrtums anzusehen, weil das gesetzliche Verbot dadurch nicht berührt werde, vgl. OLG Düsseldorf, VRS 43, 381, 382.

IV. Ergebnis

Die Duldung hat im Recht der Ordnungswidrigkeiten keine tatbestandsausschließende Wirkung. Der Betroffene kann sich auch nicht auf einen Rechtfertigungsgrund berufen. Ausnahmsweise handelt der Betroffene aber nicht vorwerfbar, wenn er aufgrund einer rechtsfehlerhaften Auskunft der Behörde ein Vorhaben ohne Genehmigung ausführt oder sich lediglich um eine Fachgenehmigung bemüht und davon ausgeht, keine weiteren Genehmigungen zu benötigen.

Auch im Rahmen des Ordnungswidrigkeitsrechts gilt das Opportunitätsprinzip, sodass im Fall der Duldung auch von der Verhängung eines Bußgelds abgesehen werden kann[78]. Mit der Möglichkeit Bußgelder zu verhängen hat die Bauaufsichtsbehörde aber einen weiteren Handlungsspielraum, den Betroffenen zu rechtmäßigem Handeln zu bewegen bzw. ein zusätzliches Druckmittel, um ihn an die Vorgaben einer Duldung zu binden. Darüber hinaus wird das Bewusstsein des Bürgers gestärkt, dass der illegale Zustand, den er hervorgerufen hat, nur geduldet wird. Möglicherweise ergibt sich daraus ein Lerneffekt für die Zukunft. Auch in der Behördenpraxis ist es nicht unüblich, sich trotz einer Duldung die Möglichkeit offenzuhalten, Bußgelder zu verhängen. So beinhaltet z.B. das „Sanierungskonzept Moosinning“ in § 9 Abs. 3 eine deklaratorische Klausel, wonach die Erhebung von Bußgeldern von der Duldung nicht berührt sein soll[79]. Auf der anderen Seite darf die Erhebung eines Bußgeldes in keinem Fall erfolgen, um im Gegenzug eine Duldung zu erteilen. Darin läge aufgrund eines Verstoßes gegen das Kopplungsverbot ein klarer Ermessensfehlgebrauch, sofern die Voraussetzungen für eine Duldung nicht erfüllt sind.

D. Zivilrechtliche Wechselwirkungen

I. Auswirkungen auf das Notwegerecht gemäß § 917 BGB

Gemäß § 917 Abs. 1 S. 1 BGB kann der Eigentümer, wenn seinem Grundstück die zur ordnungsmäßigen Benutzung notwendige Verbindung mit einem öffentlichen Weg fehlt, von seinen Nachbarn bis zur Behebung des Mangels verlangen, dass sie die Benutzung ihrer Grundstücke zur Herstellung einer erforderlichen Verbindung dulden. Hierbei handelt es sich um das sog. Notwegerecht. Im Zusammenhang mit der Duldung ist das Tatbestandsmerkmal der *„ordnungsmäßigen Benutzung“* von praktischer Relevanz. Bei diesem Tatbestandsmerkmal ist problematisch, ob eine formell und materiell illegale, aber geduldete Nutzung, als ordnungsmäßige Nutzung anzusehen ist, die dem Eigentümer ein Notwegerecht einräumt. Insoweit wirft die Duldung mangels klarer gesetzlicher Regelungen also Fragen auf, die zu

78 *Mitsch* in: Karlsruher Kommentar OWiG, Einleitung Rn. 152.
79 Siehe oben 1. Teil. F.II.3.

einer Verunklarung der Rechtslage auch im Hinblick auf zivilrechtliche Streitigkeiten führen[80].

Das Bundesverwaltungsgericht hat entschieden, dass eine Nutzung, die gegen öffentlich- rechtliche Vorschriften verstößt, nicht durch eine faktische Duldung durch bloße Untätigkeit ordnungsmäßig im Sinne des Zivilrechts wird. Anders als im Fall der Erteilung einer Baugenehmigung trage die Behörde nicht durch eigenes aktives Handeln zur Erfüllung der in § 917 Abs. 1 S. 1 BGB genannten Tatbestandsvoraussetzungen bei, sondern verhalte sich im Gegenteil passiv[81]. Das OVG Nordrhein-Westfalen hat in einer Entscheidung offengelassen, ob die Frage einer „ordnungsmäßigen Benutzung" im Sinne von § 917 Abs. 1 S. 1 BGB im Fall einer unanfechtbaren qualifizierten Duldung anders als bei einer bloßen Hinnahme des baurechtswidrigen Zustands durch die Bauaufsichtsbehörde zu beurteilen sei[82].

Ob auch bei einer qualifizierten Duldung eine ordnungsmäßige Benutzung i.S.d. § 917 Abs. 1 S. 1 BGB vorliegt, lässt sich aber anhand der Rechtsprechung des Bundesgerichtshofs und des Bundesverwaltungsgerichts begründen. In der höchstrichterlichen Rechtsprechung des Bundesgerichtshofs und des Bundesverwaltungsgerichts besteht Einigkeit darüber, dass eine Grundstücksnutzung, die nach den Vorgaben des öffentlichen Rechts unzulässig ist, weil sie gegen öffentlich-rechtliche Vorschriften verstößt, ohne durch eine Baugenehmigung gedeckt zu sein, auch von der Privatrechtsordnung nicht als ordnungsmäßig anerkannt werden kann[83]. Es würde einen Wertungswiderspruch bedeuten, einen Zustand, für den öffentlich-rechtlich eine Legitimationsgrundlage nicht vorhanden ist, im Zivilrecht als ordnungsmäßig zu qualifizieren[84]. Anders formuliert ist eine ordnungsmäßige Benutzung zu bejahen, wenn zumindest ein formell legaler, wenn auch materiell illegaler Zustand vorliegt. Sogar bei rechtskräftiger Versagung einer Baugenehmigung kann die Ordnungsmäßigkeit nicht allein mit der materiellen Baurechtmäßigkeit bejaht werden[85]. Selbst bei einer materiell legalen Nutzung ist die Ordnungsgemäßheit also nicht gegeben, solange keine Baugenehmigung vorliegt. Die Gerichte stellen damit einheitlich auf die formelle Legalität ab. Für die Ordnungsmäßigkeit einer Nutzung bedarf es also einer Baugenehmigung, unabhängig davon, ob diese rechtmäßig oder rechtswidrig ist. Nur wenn ein Vorhaben genehmigungsfrei errichtet werden kann, kommt es ausschließlich auf die materielle Legalität an. Eine lediglich geduldete Nutzung erfüllt diese Anforderungen aber gerade nicht, weil sie die Nutzung nicht formell legalisiert. Folglich kann der Betroffene also auch im Fall der qualifizierten Duldung kein Notwegerecht nach § 917 Abs. 1 S. 1 BGB gegenüber seinem Nachbarn geltend machen. Gegen die Inanspruchnahme

---

80 OVG NRW, BauR 2010, 1213, 1214.
81 BVerwG, NVwZ-RR 1997, 271, 272.
82 OVG NRW, BauR 2010, 1213, 1214.
83 BVerwGE 50, 282, 290; BVerwG, NVwZ-RR 1997, 271 f.; BGH, NJW 2006, 3426, 3427 (Rn. 10); *Bassenge* in: Palandt, BGB, § 917 Rn. 4.
84 BVerwG, NVwZ-RR 1997, 271 f.
85 BVerwG, NJW-RR 1999, 165 f.

seines Grundstücks kann der Nachbar also einen Abwehranspruch aus § 1004 Abs. 1 BGB mit Erfolg geltend machen. Die Bauaufsichtsbehörde muss folglich schon im Rahmen der Duldungsentscheidung berücksichtigen, ob aufgrund der gegebenen baurechtlichen Situation eine wegemäßige Erschließung gesichert ist und nicht in schutzwürdige Nachbarrechte eingegriffen wird.

II. Duldung als Sachmangel beim Grundstückskauf

Soll ein Grundstück mit einer geduldeten Bebauung oder geduldeten Wohnnutzung verkauft werden, ist problematisch, inwiefern sich die Duldung auf das Sachmängelgewährleistungsrecht auswirkt. Das Kaufobjekt könnte einen Sachmangel gemäß § 434 BGB aufweisen. Ein solcher liegt etwa vor, wenn nach materiellem Recht eine Bebaubarkeit für Wohnnutzung nicht gegeben ist bzw. schon dann, wenn eine Baugenehmigung nicht vorhanden ist[86]. Das OLG Brandenburg hat trotzdem angenommen, dass zumindest im Fall einer qualifizierten Duldung durch rechtsverbindliche Erklärung der Behörde kein Sachmangel vorliege, wenn diese aufgrund ihrer Dauer „Bestandsschutz" gewährleiste[87]. Darauf kam es im zugrunde liegenden Sachverhalt aber nicht an, weil lediglich eine faktische Duldung vorlag, sodass ein Sachmangel angenommen wurde.

Die Ansicht des OLG Brandenburg kann aber nur bedingt überzeugen. Zwar ist zuzugeben, dass bei einer faktischen Duldung ein Sachmangel ohne weiteres zu bejahen ist. Das Gericht verkennt aber, dass auch die qualifizierte Duldung keinen baurechtlichen Bestandsschutz vermittelt und deshalb auch keine so starke Rechtsposition begründet, die sich gegen ein Beseitigungsverlangen nach Rechtsänderungen durchsetzt. Vielmehr besteht weiter eine Situation der formellen und materiellen Rechtswidrigkeit fort, sodass der Eigentümer sich nicht auf Dauer sicher sein kann, dass die Behörde nicht doch gegen den rechtswidrigen Zustand vorgeht.

Außerdem gehen durch einen Kaufvertrag Beseitigungspflichten einer Abrissverfügung im Wege der Einzelrechtsnachfolge auf den Käufer über[88]. Darüber hinaus enthalten die meisten Landesbauordnungen Regelungen zur Rechtnachfolge in eine Baugenehmigung. Für die qualifizierte Duldung eines rechtswidrigen Zustands gilt diese Regel jedoch nicht in gleicher Weise· da es darauf ankommt, ob eine Duldung grundstücks- oder personenbezogen erfolgt. Außerdem ist die Rechtsnachfolge vielfach konkludent oder ausdrücklich ausgeschlossen[89]. Gerade die Aufgabe einer illegalen Nutzung wird die Bauaufsichtsbehörde dazu nutzen, rechtmäßige Zustände herzustellen und den ehemals geduldeten Zustand zu beseitigen.

Im Ergebnis kann es daher nicht darauf ankommen, ob nun eine faktische oder qualifizierte Duldung vorliegt. Ein lediglich geduldeter Zustand ist mangels dauerhafter rechtlicher Absicherung stets als Sachmangel i.S.d. § 434 BGB zu bewerten.

---

86 OLG Brandenburg, Urt. v. 14.12.2006 – 5 U 71/06, juris Rn. 42 f.
87 OLG Brandenburg, Urt. v. 14.12.2006 – 5 U 71/06, juris Rn. 42 f.
88 *Grotefels* in: Hoppe/Bönker/Grotefels, Öffentliches Baurecht, § 16 Rn. 102 m.w.N.
89 Zur Rechtsnachfolge siehe oben 3. Teil. E.

E. Fazit

Im bauplanungsrechtlichen Kontext haben Duldungen vielfältige Auswirkungen. Durch qualifizierte Duldungen können Festsetzungen eines Bebauungsplans außer Kraft treten. Außerdem können durch geduldete Vorhaben Bebauungszusammenhänge entstehen, die eine bauplanungsrechtliche Bewertung nach § 34 BauGB auslösen. Jedoch lassen Duldungen nicht die Planerforderlichkeit nach § 1 Abs. 3 BauGB entfallen. Die privaten Belange eines Bauherrn sind aber bei längerfristigen Duldungen im Rahmen der Abwägung privater und öffentlicher Interessen nach § 1 Abs. 7 BauGB zu beachten.

Darüber hinaus kann die Gemeinde durch Überplanung eines Gebietes mit illegaler Bebauung rechtswidrige Zustände legalisieren und eine Neuordnung anstoßen. So können etwa einzelne illegale Wohnnutzungen in einem Wochenendhausgebiet durch Festsetzungen gesichert werden, sofern das gesamte Plangebiet trotz der bestandssichernden Festsetzungen sein Gepräge als Gebiet zu Erholungszwecken wahrt.

Durch die qualifizierte Duldung entfallen weder der Tatbestand der Ordnungswidrigkeit des Bauens ohne Baugenehmigung noch handelt der Betroffene gerechtfertigt. Ausnahmsweise kann die Vorwerfbarkeit des Handelns aber ausgeschlossen sein, z.B. wenn der Betroffene aufgrund einer rechtsfehlerhaften Auskunft der Behörde ein Vorhaben ohne Genehmigung ausführt. Mit der Möglichkeit Bußgelder zu verhängen, hat die Bauaufsichtsbehörde aber einen weiteren Handlungsspielraum, den Betroffenen zu rechtmäßigem Handeln zu bewegen.

Im zivilrechtlichen Kontext führt die Duldung nicht dazu, eine Nutzung als „ordnungsmäßige Benutzung“ i.S.d. § 917 Abs. 1 S. 1 BGB zu qualifizieren. Außerdem stellt ein lediglich geduldetes Bauwerk oder die entsprechende Nutzung beim Grundstückskauf einen Sachmangel i.S.d. § 434 BGB dar, weil keine materiell-rechtliche Bebaubarkeit gegeben ist.

Schlussbetrachtung

Der Begriff der Duldung eines rechtswidrigen Zustands ist und bleibt auch im öffentlichen Baurecht vielschichtig, kann aber auf verschiedenen Ebenen durch Systematisierungen greifbarer gemacht werden. Die vier Kernelemente des Duldungsbegriffs, das Vorliegen eines rechtswidrigen Zustands, die Kenntnis der Behörden des Sachverhalts, die tatsächliche und rechtliche Möglichkeit des Einschreitens und das Vorliegen eines Duldungswillens, können das Phänomen der Duldung zumindest eingrenzen. Ein weiterer Systematisierungsschritt vereinfacht die rechtliche Handhabung, wenn man zwischen der Duldung vor Erlass einer Bauordnungsverfügung und der Duldung nach Erlass der Bauordnungsverfügung durch zeitweises Absehen von Vollstreckungsmaßnahmen unterscheidet. Darüber hinaus ist eine Differenzierung zwischen faktischen Duldungen, die ein bloßes Nichteinschreiten durch schlichtes Unterlassen beschreiben, und qualifizierten Duldungen, die sich durch positives Tun in Form einer ausdrücklichen oder konkludenten schriftlichen Duldungserklärung der zuständigen Behörde auszeichnen, anerkannt.

Die Duldung stellt eine zulässige Handlungsoption der Behörde dar, um rechtswidrigen Zuständen in Ausnahmefällen zu begegnen. Dafür bedarf es keiner eigenständigen gesetzlichen Regelung in den Landesbauordnungen. Die gesetzliche Grundlage der Duldung ist im Opportunitätsprinzip verankert, das den bauaufsichtlichen Eingriffsbefugnissen als Ermessensvorschriften immanent ist. Eine konkrete Regelung ist auch wenig sinnvoll, weil das in den Ermächtigungsgrundlagen für bauaufsichtliches Einschreiten geregelte Ermessen gerade eine Reaktion auf den Einzelfall erlaubt. Das ist besonders in baurechtlichen Sachverhalten erforderlich, weil eine Vielzahl an Ermessenserwägungen rechtlicher, persönlicher, sozialer oder auch politischer und wirtschaftlicher Art in die Duldungsentscheidung einfließen können. Allerdings dient die Duldung gerade nicht dem Ziel der Verfestigung rechtswidriger Zustände, sondern muss immer auch den Zweck verfolgen, rechtmäßige Zustände mittel- und langfristig wiederherzustellen. Nur in diesem Fall ist die Duldung mit dem Zweck der bauordnungsrechtlichen Ermächtigungsgrundlagen vereinbar.

Auch wenn die Duldung einer Art der Gestattung eines rechtswidrigen Zustands nahekommt, bleibt sie doch in ihren Rechtswirkungen hinter der Baugenehmigung zurück. Duldung und Baugenehmigung stehen sogar in einem Exklusivitätsverhältnis zueinander. Im Fall der Duldung hält sich das Vorhaben nicht mehr im Rahmen der Gesetze, da mangels Legalisierungswirkung weiterhin ein formell und materiell rechtswidriger Zustand vorliegt. Folglich stellt das geduldete Vorhaben bzw. eine geduldete Nutzung auch keine von Art. 14 GG geschützte Rechtsposition dar und führt auch im Fall einer Grundstücksenteignung nicht dazu, dass eine Enteignungsentschädigung für die Beseitigung einer geduldeten baulichen Anlage oder für den Entzug ihrer Nutzungsmöglichkeit zu leisten ist. Daran anknüpfend führt eine zeitlich unbeschränkt erteilte Duldung zu einer Ermessensüberschreitung, weil aufgrund des tatsächlich gegebenen dauerhaften Ausschlusses des Eingriffsermessens eine genehmigungsähnliche Wirkung eintreten würde. Damit würden aber die gesetzlichen Anforderungen für die Erteilung einer Baugenehmigung umgangen. Folglich sollten förmliche Duldungen befristet werden. Die Befristung gewährleistet auch ein Höchstmaß an Rechtssicherheit. Der Betroffene ist sich bewusst, dass nach Ablauf der Befristung die Duldung wegfällt, während die Behörde die Möglichkeit hat, in bestimmten Abständen eine erneute Prüfung vorzunehmen und dementsprechend eine anschließende befristete Duldung zu erteilen.

Das Exklusivitätsverhältnis besteht darüber hinaus auch im Verhältnis der Duldung zum baurechtlichen Bestandsschutz. Aus der fehlenden Legalisierungswirkung folgt, dass die Duldung keinen formellen Bestandsschutz verleiht, der sich gegen Rechtsänderungen durchsetzt. Darüber hinaus hat der Betroffene im Fall einer bestandsgeschützten Anlage keinen Anspruch auf einen feststellenden „Duldungsverwaltungsakt“, weil bei genehmigungsbedürftigen Anlagen allein die nach altem Recht erteilte Baugenehmigung den Bestand absichert. Selbst wenn man einen materiellen Bestandsschutz anerkennt, wenn eine bauliche Anlage einmal materiell rechtmäßig war, besteht kein Bedürfnis nach einer förmlichen Duldung. Aufgrund der abschließenden Wirkungen der Baugenehmigung kann es keinen den Bestandsschutz feststellenden Duldungsverwaltungsakt geben. Das Rechtsschutzbedürfnis des Betroffenen ist durch die Möglichkeit der Erhebung einer Feststellungsklage ausreichend abgesichert.

Weil die Duldung in der gesamten Bandbreite verwaltungsrechtlicher Handlungsformen grundsätzlich in Erscheinung treten kann, erschwert dies die Bestimmung konkreter Voraussetzungen und Rechtsfolgen der Duldung und trägt zu Rechtsunsicherheiten sowohl auf Seiten des Bürgers als auch auf Seiten der Bauaufsichtsbehörden bei. In der behördlichen Praxis erweist sich die Duldung durch Aussetzung bzw. vorübergehendes Absehen von Vollstreckungsmaßnahmen als effektives und rechtssicheres Mittel. Dadurch, dass eine Bauordnungsverfügung weiterhin wirksam ist, bleibt dem Bürger bewusst, dass sein Verhalten von der Rechtsordnung grundsätzlich missbilligt wird, ausnahmsweise aber eine Duldung des Zustands aus besonderen Gründen für einen bestimmten Zeitraum möglich ist. Dieser Zustand sollte durch eine befristete Zusicherung gemäß § 38 VwVfG geregelt werden. Ohnehin stellt die durch die zuständige Behörde schriftlich erteilte Duldung eine Zusicherung des Nichteinschreitens i.S.d. § 38 VwVfG dar, die gemäß § 38 Abs. 3 VwVfG nur mit eingeschränkter Bindungswirkung ausgestattet ist, sodass die Duldung z.B. durch Umbau- und Erweiterungsmaßnahmen kraft Gesetzes ihre Wirksamkeit verliert. In formell-rechtlicher Hinsicht verlangt die Duldungszusicherung eine Beteiligung betroffener Dritter sowie die Beteiligung der Gemeinden nach dem Rechtsgedanken des § 36 BauGB zur Sicherung der gemeindlichen Planungshoheit. Materiell-rechtlich bedarf eine rechtmäßige Zusicherung einer zeitlichen Beschränkung durch Befristungen oder auflösende Bedingungen, sowie in geeigneten Fällen inhaltlicher Regelungen durch Bedingungen und Auflagen, die eine größtmögliche Anpassung des rechtswidrigen Zustands an den rechtmäßigen Zustand ermöglichen. Hat der betroffene Bauherr bereits Widerspruch oder Klage gegen die Bauordnungsverfügung erhoben, ist die Duldung nur unter der Bedingung zu erteilen, dass Widerspruch oder Klage zurückgenommen werden und die Verfügung bestandskräftig wird. Vor allem in diesem Fall kommt auch die Handlungsform des öffentlich-rechtlichen Vertrages bzw. Prozessvergleichs in Betracht, der das vertragliche Pendant zur Duldungszusicherung darstellt. Dieser hat als zweiseitige Regelung den Vorteil, dass der betroffene Bürger direkt in die Entscheidung mit eingebunden wird und die Akzeptanz behördlichen Vorgehens gesteigert wird. Durch gegenseitiges Nachgeben wird durch eine Befristung des Vertrages eine Anpassung an rechtmäßige Zustände gewährleistet. Die Wirksamkeit des Duldungsvertrages hängt wesentlich auch von der Zustimmung der Gemeinde und betroffener Dritter nach § 58 VwVfG ab.

Die Rechtswirkungen des in der Praxis am häufigsten vorkommenden Einschreitens nach langjähriger Untätigkeit lassen sich nicht unter den Gesichtspunkten von Verzicht, Verwirkung und Verjährung lösen. Ein bloßer Zeitablauf ohne Hinzutreten weiterer Umstände reicht also nicht aus, um ein Einschreiten der Bauaufsichtsbehörde abzuwehren. Adäquate Lösungen für die rechtlichen Wirkungen der Duldung lassen sich aber über die bekannten Ermessensgrenzen, namentlich über den Vertrauensschutz, das Verhältnismäßigkeitsprinzip sowie über den Gleichbehandlungsgrundsatz erzielen. Vor allem der Grundsatz des Vertrauensschutzes ist von tragender Bedeutung und Anknüpfungspunkt der Duldung im Rahmen der Ermessenserwägungen. Das Vertrauensschutzprinzip ist zentraler Bezugspunkt der Duldungswirkung und wird sowohl bei der Rücknahme der Duldung durch Verwaltungsakt als auch im Rahmen des Eingriffsermessens bei bauordnungsrechtlichen Verfügungen relevant.

Die faktische Duldung durch bloßes Nichteinschreiten hat keine vertrauensschutzbegründende Wirkung, weil es schon an einer wirksamen Vertrauensgrundlage fehlt. Faktische Duldungen können aber dann zu einem ermessensfehlerhaften Einschreiten führen, wenn sich die Behörde überhaupt nicht mit ihrem vorangegangen Verhalten im Rahmen der Ermessenserwägungen eines bauaufsichtlichen Einschreitens auseinandersetzt. Vertrauensschutzbegründende Wirkung hat allein die qualifizierte Duldung. Für diese Form der Duldung müssen die strengen Anforderungen der Zuständigkeit und Schriftform erfüllt sein. Daneben stellt die unmissverständliche und ausdrückliche Erklärung der Duldung das entscheidende Kriterium dar. Ob eine Erklärung als Duldung zu verstehen ist, muss durch Auslegung ermittelt werden. Diese Anforderung erfüllen zumindest die förmlichen Handlungsformen des VwVfG. Zusicherungen und öffentlich-rechtliche Verträge sind schon aus sich heraus verbindlich und schränken das behördliche Ermessen ein. Der Vertrauensschutz wird daher vor allem bei der Aufhebung der Zusicherung nach §§ 48, 49 VwVfG sowie bei der Frage einer Entschädigung nach § 48 Abs. 3 VwVfG und § 49 Abs. 6 VwVfG relevant. Daneben wird das Kriterium der unmissverständlichen Duldungserklärung aber nur in den seltensten Fällen erfüllt sein wie z.B. bei der Genehmigung von Folgemaßnahmen, die unmittelbar an den rechtswidrigen Zustand anknüpfen. Letztlich wird eine qualifizierte Duldung nur dann anzunehmen sein, wenn die Behörde in Kenntnis des rechtswidrigen Zustands die

Duldung ausdrücklich erklärt oder durch förmliches Handeln mit konkretem Bezug zu dem rechtswidrigen Zustand erkennen lässt, den Zustand zu erhalten oder sogar noch zu verfestigen.

Die Schutzwürdigkeit des Vertrauens darf jedoch nicht allzu hoch eingeschätzt werden. Einerseits wird es häufig an einer kausal auf der Vertrauensgrundlage aufbauenden Vertrauensbetätigung durch Investitionen fehlen, andererseits bringen z.B. nicht leicht rückgängig zu machende Umbau- und Erweiterungsmaßnahmen bzw. Nutzungsänderungen als vertrauensschädliche Maßnahmen den Vertrauenstatbestand zu Fall. Entscheidend für das Verständnis der rechtlichen Wirkung von Duldungen ist, dass die Behörde selbst bei schutzwürdigem Vertrauen nicht endgültig und auf Dauer an einem Einschreiten gehindert ist. Auch schutzwürdiges Vertrauen kann nur zeitweise das Ermessen der Bauaufsichtsbehörde binden und führt in Fortführung des Gedankens, dass eine Duldung nur befristet erteilt werden darf, allenfalls zu Übergangslösungen durch angemessene Fristen zur Wiederherstellung rechtmäßiger Zustände. Möglich sind z.B. Duldungen auf Lebenszeit des Betroffenen. Soweit möglich und messbar, kommt auch eine Entschädigung des Vertrauensinteresses in Betracht. Die Problematik der Rechtswirkungen der Duldung verschiebt sich somit auch in den Bereich des Schadensersatz- und Entschädigungsrechts. Besonders der Schadensersatzanspruch wegen einer Amtspflichtverletzung gemäß § 839 BGB i.V.m. Art. 34 GG kommt zur Anwendung, wenn die Bauaufsichtsbehörde den Betroffenen durch einen Mitwirkungsakt zu Dispositionen veranlasst hat, die zur Entstehung oder Intensivierung des rechtswidrigen Zustands geführt haben.

Im Hinblick auf den Gleichbehandlungsgrundsatz kann der Betroffene bei einer rechtmäßigen Duldungspraxis einen Duldungsanspruch aufgrund einer Ermessensreduzierung geltend machen, sofern bei vergleichbaren Sachverhalten die Voraussetzungen für eine Duldung erfüllt sind. Aus dem Grundsatz „Keine Gleichheit im Unrecht" folgt andererseits, dass der Betroffene keinen Anspruch auf Duldung hat, sofern er sich auf rechtswidrig geduldete Vergleichsfälle beruft. Der Betroffene kann lediglich einen „dilatorischen Abwehranspruch" geltend machen, wenn er sich darauf beruft, dass gegen andere vergleichbare rechtswidrige Bauten nicht vorgegangen wird und seine Inanspruchnahme ohne sachlichen Grund erfolgt. Das erfordert von der Behörde vor allem bei der Bekämpfung von Schwarzbauansammlungen Konzepte zur Gewährleistung systemgerechten Einschreitens.

Die Untersuchung der Duldung im nachbarrechtlichen Kontext hat ergeben, dass die qualifizierte Duldung als geschützte Rechtsposition den Duldungsadressaten selbst in die Lage versetzt, Ansprüche gegen Dritte wegen Verletzung nachbarschützender Normen geltend machen zu können. Erforderlich ist, dass kein unmittelbarer Zusammenhang zwischen der nachbarlichen Störung und den Umständen, die die materielle Rechtswidrigkeit begründen, vorliegt und sich die durch die Duldung vermittelte Rechtsposition gegen die nachbarliche Störung im Rahmen einer Interessenabwägung durchsetzen kann. Beruft sich dagegen ein drittbetroffener Nachbar auf die Verletzung nachbarschützender Normen durch die geduldete Nutzung und macht Ansprüche auf bauaufsichtliches Einschreiten geltend, hat der Nachbar einen Anspruch auf ermessensfehlerfreie Entscheidung gegen die Bauaufsichtsbehörde. Die Behörde hat im Rahmen einer Interessenabwägung die Intensität der Störung, die Dauer des Nichteinschreitens, die Verhältnismäßigkeit eines Eingriffs und bei einer qualifizierten Duldung einen etwaigen Vertrauensschutz des Nachbarn angemessen zu würdigen.

Bei falscher und unbedachter Anwendung ruft die Duldung Rechtsunsicherheit hervor. Unter Berücksichtigung des Grundsatzes, dass die Bauaufsichtsbehörde schon aus Gründen der Verhältnismäßigkeit gehalten ist, auf andere Weise rechtmäßige Zustände herzustellen, wird deutlich, dass die Duldung nur noch das letzte einer Reihe bauaufsichtlicher Mittel sein kann. In geeigneten Fällen dürfte es daher empfehlenswert sein, Entscheidungen nicht durch faktisches Dulden aufzuschieben, sondern Duldungen durch befristete Zusicherungen oder befristete Duldungsverträge eindeutig zu regeln. Auch dem betroffenen Bürger ist in seinem Interesse zu raten, sich aktiv um eine ausdrückliche und schriftliche Regelung zu bemühen, weil ihn die Beweislast für das Vorliegen einer Duldung trifft. Durch die so gewonnene Rechtsklarheit und Rechtssicherheit kann der Bürger dafür sensibilisiert werden, dass die Wiederherstellung rechtmäßiger Zustände auch bei der Duldung eines rechtswidrigen Zustands im Vordergrund steht.

Schriften zum Deutschen und Internationalen Bau-, Umwelt- und Energierecht

Herausgegeben von Axel Wirth

Band 1 Sebastian Ulbrich: Leistungsbestimmungsrechte in einem künftigen deutschen Bauvertragsrecht vor dem Hintergrund, der Funktion und der Grenzen von §§ 1 Nr. 3 und Nr. 4 VOB / B. 2007.

Band 2 Alice Müller: Nachhaltigkeit im öffentlichen Baurecht unter besonderer Berücksichtigung energieeffizienten Bauens und des Einsatzes erneuerbarer Energien. 2008.

Band 3 Petra Christiansen-Geiss: Voraussetzungen und Folgen des Koppelungsverbotes Art. 10 § 3 MRVG. 2009.

Band 4 Johannes Kuffer: Heilung unwirksamer Bauvertragsklauseln. 2009.

Band 5 Stefan Schifferdecker: Bindungswirkung städtebaulicher Wettbewerbe. Rechtliche und soziale Bindungen im Abwägungsprozess. 2009.

Band 6 Christian Felix Fischer: Die zweifelhafte Abnahmefiktion des § 640 Abs. 1 S. 3 BGB. Eine Untersuchung der Voraussetzungen und Rechtsfolgen, ihres Sinn und Zwecks sowie der Folgen für die Praxis. 2010.

Band 7 Jan-Bertram A. Hillig: Die Mängelhaftung des Bauunternehmers im deutschen und englischen Recht. 2010.

Band 8 Hajo Willner: Zahlungsansprüche von Bauunternehmern bei Störungen des Bauablaufs. Eine Untersuchung in Bezug auf VOB / B-Verträge. 2010.

Band 9 Kathrin Susanne Jansen: Die Mangelrechte des Bestellers im BGB-Werkvertrag vor Abnahme. 2010.

Band 10 Franz Weinberger: *Alliancing Contracts* im deutschen Rechtssystem. 2010.

Band 11 Mathias Schäfer: Leistungspakete im Eigenheimbau. Ein Rechtsvergleich USA – Deutschland. 2011.

Band 12 Andreas Schmidt: Abschlagszahlungen nach gesetzlichem Werkvertragsrecht. Analyse und Reformvorschlag unter besonderer Berücksichtigung des Bauvertrags. 2011.

Band 13 Robert Bach: Die Abwägung gemäß § 1 Abs. 7 BauGB nach Erlass des EAG Bau. 2012.

Band 14 Axel Wirth (Hrsg.): Fragen zum Öffentlichen und Privaten Baurecht im Internationalen Ländervergleich. Seminar zum Internationalen Baurecht. 2013.

Band 15 Stephanie Englert-Dougherty: Baulärm und Sozialadäquanz. 2016.

Band 16 Julian Linz: Die Haftung des Bausachverständigen – Tätigkeitsfeld und Haftungsausschluss. 2017.

Band 17 Jan D. Sommer: Die Duldung rechtswidriger Zustände im öffentlichen Baurecht. 2017.

www.peterlang.de

www.ingramcontent.com/pod-product-compliance
Ingram Content Group UK Ltd.
Pitfield, Milton Keynes, MK11 3LW, UK
UKHW022106051026
15623UKWH00003B/704

9 783631 722343